LES DÉBUTS DE L'ENSEIGNEMENT DE THOMAS D'AQUIN ET SA CONCEPTION DE LA *SACRA DOCTRINA*

BIBLIOTHÈQUE THOMISTE

Directeur : L.-J. BATAILLON, O. P.

LVIII

LES DÉBUTS DE L'ENSEIGNEMENT DE THOMAS D'AQUIN ET SA CONCEPTION DE LA *SACRA DOCTRINA*

avec l'édition du prologue
de son Commentaire des *Sentences*

par

Adriano OLIVA

Ouvrage publié avec le concours
de la Fondation Khôra de l'Institut de France

PARIS

LIBRAIRIE PHILOSOPHIQUE
J. VRIN

6, Place de la Sorbonne, V^{e}

2006

Imprimé en France

ISBN 2-7116-1827-7

www.vrin.fr

Ce livre constitue la publication partielle de la thèse *Le prologue du commentaire de Thomas d'Aquin au* Livre des Sentences *de Pierre Lombard. Étude critique, édition du texte et commentaire partiel*, conformément à la détermination du jury de thèse de la Faculté de théologie de l'Université de Fribourg (Suisse), qui, à l'unanimité, l'a approuvée le 28 juin 2002 avec la mention *summa cum laude*. Le jury était composé des Professeurs : G. Vergauwen, doyen et président, J.-P. Torrell, directeur de la thèse et premier censeur, R. Imbach, deuxième censeur, G. Emery, assesseur, L.-J. Bataillon, assesseur.

PRÉSENTATION

Le présent travail a pour but principal d'offrir une nouvelle édition du prologue du commentaire de Thomas d'Aquin sur les *Sentences* de Pierre Lombard. La réalisation de ce dessein comportait évidemment l'analyse de la tradition critique du texte à éditer ; pour ce faire, nous avons été conduit à étudier la chronologie de l'ensemble du commentaire et, par conséquent, à examiner, entre autres choses, divers points de doctrine spécialement significatifs.

L'analyse critique du texte du prologue est précédée par un aperçu sur le milieu historique où celui-ci a vu le jour. Certains éléments de cette introduction historique (chap. Ier, § 1) seront développés lors de notre examen de la chronologie des quatre Livres du commentaire (*Scriptum*) de Thomas (chap. V).

Il fallait donc, avant tout, déterminer les principes de critique textuelle applicables à l'édition d'un texte comme le nôtre, qui n'est qu'une partie d'un ouvrage beaucoup plus vaste et les présenter au lecteur. Ces principes sont exposés dans le chapitre Ier ; ils garantissent la qualité scientifique de notre édition, qui est fondée sur l'examen de tous les témoins manuscrits et de la plupart des éditions et établie en appliquant les règles d'édition critique élaborées par la Commission Léonine au cours de son histoire plus que centenaire. Cela était d'autant plus nécessaire que le texte que nous éditons est destiné à être repris dans la collection des *Opera Omnia* publiée par cette Commission. Cette même considération a déterminé aussi l'ampleur avec laquelle sont traitées certaines questions concernant, par exemple, les rectifications majeures apportées par Thomas à l'*exemplar* du commentaire au Ier Livre, la chronologie de son *Scriptum* ou la graphie du latin médiéval.

La description des manuscrits a été faite en fonction de notre édition. Nous avons présenté tous les témoins conservés, suivant deux critères : pour les manuscrits qui avaient déjà été décrits dans *Codices manuscripti operum Thomae de Aquino*, nous avons donné une description sommaire, sans omettre cependant de compléter et éventuellement d'amender la description publiée ; en revanche, pour les autres manuscrits, nous avons essayé de donner une description plus complète, surtout pour ceux que nous avons pu consulter directement, parmi lesquels tiennent une place particulière ceux qui sont conservés à la Bibliothèque Apostolique Vaticane.

La présentation des éditions imprimées a également été adaptée au but de notre travail : elle comprend tous les témoins dont nous connaissons l'existence et elle permet d'en formuler une première évaluation.

Muni de ces instruments, le lecteur, semble-t-il, sera en mesure d'évaluer notre étude de la tradition manuscrite et de la tradition imprimée (chap. III).

Le chapitre IV est consacré à un passage intégré à l'article 3 du prologue, concernant la théologie comme science *quasi subalternata* : pour découvrir la genèse de ce texte, nous avons été conduit à étudier les révisions majeures que Thomas a apportées à son commentaire du Ier livre des *Sentences* ainsi que certains aspects de la doctrine qui y est en cause.

La chapitre V approfondit le contexte historique de l'enseignement universitaire de Thomas : il cherche à déterminer la durée de la *lectura* en classe des *Sentences*, vers 1250, et essaie de nous faire, pour ainsi dire, participer au cours même de frère Thomas.

Le chapitre VI analyse la structure du prologue de Thomas et son genre littéraire, en insérant ce prologue dans le contexte des prologues aux commentaires des *Sentences* qui l'ont précédé et dont nous avons eu connaissance. Cela a permis de montrer l'originalité du plan du prologue de Thomas et de mettre en relief la valeur spéculative de ses choix.

Le dernier chapitre de la Ire partie (chap. VII) est consacré à l'examen de problèmes particuliers relatifs à la présentation de l'édition du texte, qui suit immédiatement.

La IIe partie contient le texte édité ; l'apparat des sources inclut plusieurs éléments d'un commentaire aux cinq articles du prologue, commentaire qui fera l'objet d'une monographie séparée.

Nous savons que dresser une liste de personnes à qui exprimer nos remerciements ne rend pas raison de la particularité de la gratitude que nous voudrions manifester à chacun pris individuellement. Qu'il nous soit néanmoins permis de commencer par remercier le Prof. J.-P. Torrell, O.P., promoteur de ce projet de thèse, qui nous accueillit à Fribourg en 1994, et avec lui le Prof. R. Imbach, qui, en cette même année, s'est appliqué à perfectionner notre formation intellectuelle et qui, maintenant à Paris, partage en amitié nos multiples recherches. Nous leur adjoignons volontiers les frères qui nous ont accompagné pendant cette année fribourgeoise, en particulier le Prof. G. Emery, O.P., ainsi que le Prof. G. Bedouelle, O.P., et la communauté de l'« Albertinum ». Un remerciement spécial va au Vice-Recteur le Prof. G. Vergauwen, O.P., président du jury de thèse en 2002 et qui nous a particulièrement soutenu en tant que *socius* du Maître de l'Ordre des Frères Prêcheurs.

Nous nous permettons de joindre dans un même inconditionnel remerciement le Fr. L. J. Bataillon, O.P. et le Fr. D. Ols, O.P., qui ont suivi chacun les différentes étapes de la gestation de cette thèse, en ont lu les rédactions successives et n'ont cessé de la gratifier de leurs si judicieux conseils. Si la lecture de ce livre est austère en raison de la matière traitée et de l'insuffisance de son auteur, la qualité du français et la clarté de l'exposé sont dues à l'abnégation avec laquelle le Fr. D. Ols s'est appliqué, par amitié, à la révision de cet ouvrage : il sait que nous voudrons toujours le payer de retour.

Nous exprimons aussi notre gratitude au Prof. R. Wielockx, qui, dans plusieurs domaines abordés ici, nous a spontanément communiqué les résultats de bien de ses recherches. Au Fr. Z. Pajda, O.P., nous adressons un remerciement spécial, car ses compétences exceptionnelles ont enrichi notre apparat des sources et il nous a été très utile dans plusieurs phases de la rédaction.

Notre gratitude est vive pour R. Hissette et G. Guldentops, qui ont revu ces pages à plusieurs reprises, et pour C. Luna qui a relu attentivement l'édition du texte.

À D. Bouthillier, à B. Faes de Mottoni et à O. Weijers, aussi bien qu'aux Fr. G. Berceville, O.P., E. Deronne, O.P., E. Panella, O.P., W. Senner, O.P. et S. Tugwell, O.P., qui ont relu une partie appréciable de ce travail et nous ont souvent encouragé, nous tenons également à exprimer notre reconnaissance. Nous unissons dans la même reconnaissance F. Gibiino, O.P., G. de Grandpré, O.P. et P. Krupa, O.P., ainsi que P. Bermon, M. Borgo, I. Costa, M. Morard, J.-P. Rothschild, A. Sulavik, dont l'aide nous fut précieuse à différents titres. Au Fr. B. G. Guyot, O.P., qui a relu notre texte et nos apparats avant la soutenance, nous exprimons notre gratitude pour son dévouement égal à l'austérité du travail accompli.

Que les Frères Franciscains de Grottaferrata dans la personne du gardien d'alors, le Fr. R. G. Mailleux, O.F.M., les Sœurs Missionnaires de l'Immaculée, ainsi que nos parents, notre sœur et notre frère, toute la famille et nos amis veuillent trouver ici l'expression de nos sentiments de gratitude : ils ont souvent porté avec nous le poids de ce travail.

La communauté de Saint-Jacques à Paris, où la Commission Léonine se trouve depuis le 10 juin 2003, nous a accompagné pendant la dernière révision de ce livre et nous lui en sommes reconnaissant.

Ceux qui ne sont plus de ce monde, mais qui ont suivi l'élaboration de cet ouvrage, connaissent mieux que nous-même nos sentiments : R.-A. Gauthier, O.P., et P.-M. Gils, O.P., qui, tous deux, lisaient encore ce travail quelques jours avant leur décès ; F. Langenbacher, O.F.M., et R. Mota, O.F.M., dont l'amitié nous a toujours beaucoup encouragé.

Je dédie ce livre à la mémoire de mes premiers précepteurs : L. Aichino, A. Caprile, M. De Martini et A. R. Verardo, O.P., ainsi qu'à celle de ma cousine Doriana, peintre céleste.

ABRÉVIATIONS

< >	uerba supplenda includunt
[ ]	uerba secludenda includunt
‘ ’	auctoritatem includunt
...	uerba omissa supplenda indicant in uariantibus
—	uerba omissa non supplenda indicat in uariantibus
/	lacuna unius litterae indicat
–	explet lemmatis partem in uariantibus non iteratam
a.	articulus
add.	addit, addunt
adn.	adnotatio, –nes
anon.	anonymus, –mi
arg.	argumentum
cap.	caput (chapitre)
cf.	confert, conferatur
cett	respicit tantum codices in apparatu adlegatos
cit.	opus laudatum ; ouvrage cité
cod.	codd codex, –dices
col.	columna, –nae
corr.	correxit
coni.	coniecimus
del.	deleuit
def.	deficit
d. ; dist.	distinctio, –nes
diu.	diuisio textus
e.a.	et alii, et aliae, et alia
ed.	edidit, –derunt
e.g.	exempli gratia
eras.	erasit
Expl.	explicit
exp.	expungit
f.	folium, folia
hom.	homoeoteleuton
Inc.	incipit

mg.	margo, in margine
inu.	inuertit, inuertunt
iter.	iterat, iterant
lac. ///	lacuna
lect.	lectio, lectiones
leg.	legitur
l. ; lib.	liber
litt.	littera
ms., mss	codex manu scriptus, codices ...
n.	numerus, numeri ; nota, notae
om.	omittit, omittunt
p.	pagina, –nae ; pars, -tes
Praef.	Praefatio
praem.	praemittit, praemittunt
pr.m.	prima manus
prol.	prologus
q.	quaestio, questio
qla	quaestiuncula
ras.	rasura
resp.	responsio
rest.	restituit, restituerunt
rubr.	rubrica
sec.m.	secunda manus
sol.	solutio
ss	sequentes
sup.	super
suppl.	suppleuit, suppleuerunt
s.u.	supra uersum
t.	tomus
transp.	transponit, transponunt
u. ; l.	uersus ; ligne, -gnes
uol.	uolumen

SIGLES DES LIVRES DE LA BIBLE

ANCIEN TESTAMENT

Gen.	Liber Genesis
Ex.	Liber Exodus
Lev.	Liber Leviticus
Num.	Liber Numeri
Deut.	Liber Deuteronomii
Ios.	Liber Iosue
Iud.	Liber Iudicum
Ruth	Liber Ruth
I Reg.	Liber I Regum (Liber I Samuelis)
II Reg.	Liber II Regum (Liber II Samuelis)
III Reg.	Liber III Regum (Liber I Regum)
IV Reg.	Liber IV Regum (Liber II Regum)
I Par.	Liber I Paralipomenon (Liber I Chronicorum)
II Par.	Liber II Paralipomenon (Liber II Chronicorum)
I Esdr.	Liber I Esdrae (Liber Esdrae)
II Esdr.	II Esdrae (Liber Nehemiae)
Tob.	Liber Tobiae
Iudith	Liber Iudith
Esth.	Liber Esther
Iob	Liber Iob
Ps.	Liber Psalmorum
Prov.	Liber Proverbiorum
Eccle.	Liber Ecclesiastes (Liber Qohelet)
Cant.	Canticum Canticorum
Sap.	Liber Sapientiae
Eccli.	Liber Ecclesiastici (Liber Siracidae seu Ben Sira)
Is.	Liber Isaiae prophetae
Ier.	Liber Ieremiae prophetae
Thren.	Threni (Lamentationes)
Bar.	Liber Baruch prophetae
Ez.	Liber Ezechielis prophetae
Dan.	Liber Danielis prophetae
Os.	Liber Osee prophetae
Amos	Liber Amos prophetae
Ioel	Liber Ioelis prophetae
Abd.	Liber Abdiae prophetae
Ionas	Liber Ionae prophetae
Mich.	Liber Michaeae prophetae
Nah.	Liber Nahum prophetae
Hab.	Liber Habacuc prophetae
Soph.	Liber Sophoniae prophetae
Agg.	Liber Aggaei prophetae
Zach.	Zacharias
Mal.	Liber Malachiae prophetae
I Mach.	Liber I Macchabaeorum
II Mach.	Liber II Macchabaeorum

NOUVEAU TESTAMENT

Mat.	Matthaeus
Marc.	Marcus
Luc.	Lucas
Io.	Iohannes
Act.	Actus Apostolorum
Ro. Rom.	Epistola Pauli ad Romanos
I Cor.	Epistola I Pauli ad Corinthios
II Cor.	Epistola II Pauli ad Corinthios
Gal.	Epistola Pauli ad Galatas
Eph.	Epistola Pauli ad Ephesios
Phil.	Epistola Pauli ad Philippenses
Col.	Epistola Pauli ad Colossenses
I Thess.	Epist. I Pauli ad Thessalonicenses
II Thess.	Epist. II Pauli ad Thessalonicenses
I Tim.	Epistola I Pauli ad Timotheum
II Tim.	Epsitola II Pauli ad Timotheum
Tit.	Epistola Pauli ad Titum
Philem.	Epistola Pauli ad Philemonem
Hebr.	Epistola ad Hebraeos
Iac.	Epistola Iacobi
I Petr.	Epistola I Petri
II Petr.	Epistola II Petri
I Io.	Epistola I Iohannis
II Io.	Epistola II Iohannis
III Io.	Epistola III Iohannis
Iudae	Epistola Iudae
Apoc.	Apocalypsis

PREMIÈRE PARTIE

PROLÉGOMÈNES À L'ÉDITION
ÉTUDE CRITIQUE ET LITTÉRAIRE

CHAPITRE PREMIER

NORMES ET CRITÈRES D' UNE ÉDITION SCIENTIFIQUE

1. LE CONTEXTE DE LA PRODUCTION DU *SCRIPTVM*

Nous possédons aujourd'hui les résultats de nombreuses recherches relatives à la production littéraire dans l'Europe du XIIIe siècle ; nous pouvons ainsi bénéficier d'instruments qui permettent de suivre la multiplication, la diffusion, l'usage et la conservation de ces textes[1]. L'ouvrage de J. Destrez sur la *pecia*, publié en 1935, a marqué une étape dans l'histoire de ce genre d'études et, pour ce qui concerne la production médiévale du livre en contexte universitaire, a déterminé la recherche contemporaine[2].

1. Pour un ouvrage de référence sur l'activité littéraire du moyen âge, cf. *Lo Spazio letterario del Medioevo* (sous la direction de G. CAVALLO, CL. LEONARDI, E. MENESTÒ ; Roma, 1992-1998) : le dernier tome a complété le secteur bibliographique ; dans ce secteur se distinguent déjà au moins trois publications : *Bibliographie annuelle du Moyen-Âge tardif* (Turnhout, 1991ss), *International Medieval Bibliography* (Leeds-Turnhout, 1967ss) et *Medioevo latino* (Spoleto-Firenze, 1980ss). – Les cahiers du CIVICIMA édités par O. WEIJERS : *Terminologie de la vie intellectuelle au moyen-âge*, Turnhout, 1988 et *Vocabulaire du livre et de l'écriture au moyen-âge*, Turnhout, 1989, revêtent déjà un caractère plus spécialisé ; d'autre part, un nouveau secteur de recherche unissant les sciences quantitatives et statistiques aux sciences du livre (codicologie, paléographie, etc.) est représenté par le recueil *La face cachée du livre médiéval. L'histoire du livre vue par Ezio Ornato, ses amis et ses collègues. Avec une préface d'Armando Petrucci*, Roma, 1997. – Pour ce qui concerne Thomas d'Aquin, il faut commencer par : L.-J. BATAILLON, « 'Status quaestionis' sur les instruments et les techniques de travail de saint Thomas et saint Bonaventure », dans *1274 - Année charnière - Mutations et continuités*, Paris, 1977, p. 647-658 ; ID., « Les conditions de travail des maîtres de l'université de Paris au XIIIe siècle », RSPT, 67 (1983), p. 417-432; et toujours se référer à J.-P. TORRELL, *Initiation à saint Thomas d'Aquin. Sa personne et son œuvre.* 2e édition 2002 revue et augmentée d'une mise à jour critique et bibliographique, Paris, 2002².

2. J. DESTREZ, *La Pecia dans les manuscrits universitaires du XIIIe et du XIVe siècle*, Paris, 1935. Et plus récemment : *La production du livre universitaire au moyen âge.* Exemplar *et* Pecia, éd. L. J. BATAILLON..., Paris, 1988 ; L.-J. BATAILLON, « Exemplar, Pecia, Quaternus », dans *Vocabulaire du livre et de l'écriture au Moyen âge*, Turnhout, 1989, p. 206-219 ; les recherches de R.-A. Gauthier constituent également une précieuse introduction à l'étude de ce système de copie : R.-A. GAUTHIER, « Saint Thomas et l'Éthique à Nicomaque », dans *Thomae de Aq., Opera Omnia*, ed. Leon., t. 48, p. IX-XIII. Un ouvrage qui tient compte des différents aspects de ce procédé de

L'enseignement universitaire au XIIIe siècle nous est connu d'une façon très inégale. Pour ce qui concerne Paris, nous possédons des chartes statutaires, comme celle de Robert de Courçon (1215) et celles qui remontent à la moitié du XIVe siècle ; mais nous ne connaissons pas la période durant laquelle elles ont été en vigueur, et nous ne savons pas quand et dans quelle mesure elles ont subi des modifications[3]. C'est pourquoi, par exemple, il est impossible, à ce jour, de suivre avec exactitude les étapes de l'introduction et du développement de l'enseignement des *Sentences* de Pierre Lombard à l'université de Paris[4] ;

copie est représenté par les deux volumes de : R. H. ROUSE & M. A. ROUSE, *Manuscripts and their Makers. Commercial Book Producers in Medieval Paris 1200-1500*, 2 vol., London, 2000 ; la récente publication de Giovanna Murano nous offre en même temps une vision d'ensemble et une étude minutieuse du fonctionnement de ce système de copie et des manuscrits qui en témoignent : G. MURANO, *Opere diffuse per* exemplar *e pecia*, Turnhout, 2005. Sur la découverte et l'étude de la pecia dans les éditions de la Léonine, il faut voir : C. LUNA, « L'édition léonine de saint Thomas d'Aquin : vers une méthode de critique textuelle et d'ecdotique », RSPT, 89 (2005), p. 31-110.

3. Les statuts de 1215 ont été publiés dans CUP, t. I, n. 20 ; ceux datables entre 1335-66 et 1385-87 (dans CUP, t. II, n. 1188, 1189, 1190) ont été étudiés et comparés à des documents contemporains par P. GLORIEUX, « L'enseignement au moyen âge. Techniques et méthodes en usage à la Faculté de Théologie de Paris au XIIIe siècle », AHDLMA, 43 (1968), p. 65-186. Dans le DTC, à l'article « Sentences » (t. 14, col. 1860-1884), P. Glorieux écrivait : « Les statuts, de date relativement récente [...], entérinent un état de choses existant depuis le début du XIIIe siècle pour Paris, et le complètent ou en précisent certains points » (col. 1861) ; cependant la continuité indéniable entre ces statuts, ceux de Robert de Courçon (1215) et ceux du XIVe siècle, ne doit pas nous dissimuler les évolutions et les changements qui se sont produits, sans que toutefois nous puissions les définir ni les dater ; dans le CUP, sans trop de succès, on peut contrôler les documents n. 16, 79, 135, 136, 191, 384 ; pour la faculté des arts voir en particulier : n. 137, 200, 246, 363, 433, 441, 453, 454, 461. La lecture de ces documents permet de saisir qu'une ambiance très animée accompagna la naissance et l'évolution de l'institution universitaire, comme en témoignent les sermons des maîtres et des chanceliers du temps : v. C. H. HASKINS, « The university of Paris in the sermons of the thirteenth century », dans *Studies in Mediaeval Culture*, New York, 1929, p. 36-71 ; il n'est donc nullement permis d'emprunter des éléments aux statuts du XIVe siècle pour les appliquer sans vérification préalable au siècle précédent. Pareillement la terminologie institutionnelle évolua de façon irrégulière et il n'est pas toujours facile d'en suivre les développements, comme le montre bien l'étude de J. VERGER, « 'Nova et Vetera' dans le vocabulaire des premiers statuts et privilèges universitaires français », dans *Vocabulaire du livre et de l'écriture au Moyen âge*, Turnhout, 1989, p. 191-205 ; repris dans : ID., *Les Universités françaises au Moyen Âge*, Leiden-New York-Köln, 1995, p. 37-52. – Les limites rencontrées dans la recherche et l'interprétation des sources ont été relevées avec précision par une étude sur l'enseignement à la faculté des arts, ses méthodes et ses instruments ; nous la devons à la grande spécialiste en ce domaine : O. WEIJERS, *Le maniement du savoir. Pratiques intellectuelles à l'époque des premières Universités (XIIIe-XIVe siècles)*, Turnhout, 1996. Pour ce qui concerne la faculté de théologie, il faut désormais se référer aux deux chapitres de L. SILEO, « Università e teologia » et « Il libro : forme d'insegnamento e generi letterari », dans *Storia della teologia nel Medioevo*, t. 2, p. 471-550 et p. 551-601.

4. L'opinion généralement reçue qui attribue à Alexandre de Halès l'introduction de la *lectura super Sententias* comme base de l'enseignement ordinaire à l'université est fondée sur le seul témoignage de Roger Bacon ; ce témoignage est néanmoins cohérent avec le fait que le commentaire d'Alexandre présente plus d'ampleur que ceux de ses prédécesseurs : cf. R. BACON, *Opus minus*, ed. J. S. BREWER, London, 1859, p. 329, l. 28-30 ; pour une compréhension correcte de ce passage voir : « Prolegomena », dans ALEXANDRI DE HALES, *Glossa in lib. I Sent.*, Quaracchi, 1951, p. 65-66, et [V. DOUCET], « Prolegomena », dans ALEXANDRI DE HALES, *Summa Theologica seu 'Summa fratris Alexandri' lib. III*, Quaracchi, 1948, p. 31 ; on peut voir

notre connaissance des autres centres d'études non universitaires de cette époque n'est pas plus satisfaisante[5]. Aussi, n'y-t-il pas lieu de s'étonner de ce que, même pour Thomas d'Aquin, connaître avec précision le moment et la durée de son enseignement des *Sentences* reste bien difficile[6].

D'ailleurs, si son *Scriptum* a fait l'objet de quelques études d'ordre critique ou littéraire[7], ce sont surtout les questions doctrinales qui ont attiré l'attention des chercheurs.

aussi : M. L. COLISH, « From the Sentence Collection to the 'Sentence' Commentary and the 'Summa' : Parisian Scholastic Theology, 1130-1215 », dans J. HAMESSE (éd.), *Manuels, programmes de cours et techniques d'enseignement dans les Universités médiévales*, Louvain-la-Neuve, 1994, p. 9-29. On peut lire avec profit une synthèse sur l'enseignement des *Sentences* et le commentaire de Thomas, par I. BIFFI, « Introduzione generale » in S. TOMMASO D'AQ., *Commento alle Sentenze di Pietro Lombardo e testo integrale di Pietro Lombardo. Libro primo. Distinzioni 1-21. Il mistero di Dio. La Trinità delle Persone – 1^a^ parte*, Bologna, 2001, p. 5-87.

5. Pour ce qui concerne les *Studia* en général, nous renvoyons avant tout à l'étude précise de A. MAIERÙ, « Tecniche di insegnamento », in *Le scuole degli Ordini mendicanti*, Todi, 1978, p. 307-352, à compléter par J. HAMESSE (éd.), *Manuels* ..., où l'on notera, en particulier, sur le point qui nous occupe : M. M. MULCHAHEY, « The Dominican Studium System and the Universities of Europe in the thirteenth Century. A Relationship redefined », p. 277-324. Au même auteur nous devons maintenant un gros ouvrage : M. M. MULCHAHEY, *'First the Bow is Bent in Study'. Dominican Education Before 1350*, Toronto, 1998, dont il faut user avec beaucoup de précautions, en distinguant attentivement le genre littéraire des différentes sources employées et en respectant leur chronologie : v. la note de L.-J. BATAILLON, « Chronique des doctrines médiévales », RSPT, 84 (2000), p. 358 ss et surtout l'importante critique de : S. PIRON, *Annales*, 60 (2005), p. 604-606. À propos des *Studia* dominicains il faut se référer désormais à W. SENNER, « Gli *Studia generalia* nell'Ordine dei Predicatori nel Duecento », dans « Ad un fine fur l'opere sue ». *Miscellanea di studi per commemorare i trent'anni di permanenza della Commissione Leonina (OP) nel Collegio di S. Bonaventura (OFM) di Grottaferrata (1973-2003)*, AFH, 98 (2005), p. 151-175 ; et on lira aussi avec profit : ID., *Johannes von Stergassen OP und sein Sentenzenkommentar. Teil 1* : *Studien*, Berlin, 1995, p. 75-124.

6. Voir pour l'ensemble : J.-P. TORRELL, *Initiation...*, p. 53-66, avec notre chap. V, ci-dessous.

7. De ce point de vue, les études les plus importantes sont celles de P.-M. GILS : « Textes inédits de S. Thomas. Les premières rédactions du 'Scriptum super Tertio Sententiarum' », RSPT, 45 (1961), p. 201-228 ; 46 (1962), p. 445-462 et p. 609-628 ; ID. « Codicologie et critique textuelle. Pour une étude du ms. Pamplona, Catedral 51 », dans *Scriptorium*, 32 (1978), p. 221-230 + tav. ; ID., « S. Thomas écrivain », dans *S. Thomae de Aq., Super Boeth. de Trin.*, ed. Leon., t. 50, p. 175-209, spécialement p. 208 n. 4, pour les trois rédactions du *Super librum II Sententiarum*. – À propos de la rédaction du IVe Livre : v. Th. KAEPPELI, « Zerstreute Autographblätter des hl. Thomas von Aquin. II. Das Autographblatt im Dominikanerkloster von Almagro », dans AFP, 2 (1932), p. 392-400 [avec édition de l'autographe de la d. 15, q. 4, a. 4, sol. 2, ad 3m « unde ut philosophus dicit... » jusqu'à la fin de l'a. 5, ad 3m « ratione essentie ideo »] ; A. ROBLES SIERRA, « Fragmento autógrafo del IV de las Sentencias de Santo Tomás », dans Escritos del Vedat, 10 (1980), p. 565-581 [avec édition de l'autographe de la d. 25, q. 1, a. 2, ad 2m « non ordinatur homo... » jusqu'à la fin de la q. 2 « et per hoc patet solutio ad obiecta », édition qu'il faut corriger d'après C. J. VANSTEENKISTE, RLT, 16 (1983), p. 35, n. 78]. – Voir également les études suivantes, qui concernent plutôt l'évolution doctrinale des contenus : A. HAYEN, « Saint Thomas a-t-il édité deux fois son Commentaire sur le livre des Sentences ? », RTAM, 9 (1937), p. 219-236 [avec les rectifications de P.-M. GILS, « Textes inédits... », p. 202] ; F. VON GUNTEN, « Gibt es eine zweite Redaktion des Sentenzenkommentars des hl. Thomas von Aquin ? », FZPT, 3 (1956), p. 137-168 ; M. B. CROWE, « The Date of St. Thomas's Commentary on the Sentences », ITQ, 24 (1957), p. 310-319. – On pourrait encore rappeler certaines études sur la première école thomiste et la polémique des *Correctoria* : cf. R.-A. GAUTHIER, « Les 'Articuli in quibus frater Thomas melius in Summa quam in Scriptis' », RTAM, 19 (1952), p. 271-326 ; ID., « Concordances », BT,

Bien que les quatre livres du *Scriptum* forment une certaine unité littéraire[8], ils doivent cependant, du point de vue de la critique textuelle, être considérés indépendamment les uns des autres, presque comme des ouvrages différents : en effet, chacun des livres est élaboré et transmis comme une entité propre[9].

P.-M. Gils, à la fin de sa précieuse étude « S. Thomas écrivain », pose la question :

> S. Thomas a-t-il *édité* lui-même ses œuvres ? En a-t-il gardé le contrôle ?

Et, en note, il répond :

> La tradition du *De Veritate* et celle du *Super B. De Trin.* postulent l'hypothèse que ses œuvres ont été adaptées et raccourcies au moment de l'édition [...]. Je pense que l'auteur s'en désintéressait une fois qu'elles lui étaient sorties des mains. Notre notion d'édition, de responsabilité et de correction ne doit sans doute pas être projetée telle quelle dans les habitudes du Moyen âge[10].

Mais, à l'incertitude due au caractère problématique du rapport entre l'auteur et la reproduction de ses œuvres, il faut ajouter que la copie par pièces est loin d'être une garantie de la qualité du texte. Qu'il suffise de citer à ce propos L.-J. Bataillon :

> L'examen de la tradition universitaire des textes conduit à une autre conclusion : les stationnaires, à Paris tout au moins, ne conservaient pas par-devers eux le modèle sur lequel ils avaient fait exécuter leurs *exemplaria* et, quand une *pecia* s'était détériorée, ils avaient recours à un autre manuscrit, sans qu'il y ait aucune garantie que la nouvelle *pecia* soit conforme au texte original. De cette façon, la « fidélité » d'un *exemplar* se détériorait, normalement, avec le temps[11].

9 (1954-56), p. 935-943, n. 1797-1800 ; ID., BT, 10 (1957-59), p. 869, n. 1897-98 (avec quelques rectifications et l'addition de nouveaux témoins) ; P. GLORIEUX, *Les premières polémiques thomistes : I. - Le* Correctorium corruptorii 'Quare', Kain (Le Saulchoir), 1927, p. 412-432, avec l'étude et la bibliographie de F.-X. PUTALLAZ, *Insolente liberté : controverses et condamnations au XIIIe siècle*, Paris, 1995.

8. Ils appartiennent au même genre littéraire et ils sont élaborés à l'occasion du même contexte d'enseignement ; en outre, l'étude du commentaire de Thomas d'Aquin au IIIe Livre – dont nous possédons une grande partie de l'autographe, un exemplar et des manuscrits issus de celui-ci – a servi à interpréter certaines particularités des autres Livres : v. par ex. le cas du ms. *Epinal, Bibl. mun. 100 (41)*, qui contient le *Secundus Thome* (P.-M. GILS, « S. Thomas écrivain »..., p. 208, n. 4), et pour le *Primus Thome*, on peut voir notre paragraphe sur les additions explicatives (*infra*, chap. III, 1.1.3.5).

9. Sur la base des recherches de J. Destrez, L.-J. Bataillon a montré que le commentaire au IVe Livre fut l'ouvrage de Thomas le plus demandé aux *librarii* : L.-J. BATAILLON, « L'Università », dans *Lo Spazio Letterario del Medioevo. 1 Il Medioevo Latino. (Vol. III) La Ricezione del Testo*, Roma, 1996, p. 415-427. – Pour ce qui concerne l'ordre dans lequel les Livres sont commentés voir ci-dessous chap. V.

10. P.-M. GILS, « S. Thomas écrivain », p. 208.

11. « L'esame delle tradizioni universitarie dei testi porta a un'altra conclusione : gli stazionari, almeno a Parigi, non conservavano presso di sé il modello anteriore sul quale avevano fatto eseguire i loro exemplaria, e quando una pecia si era rovinata prendevano un altro manoscritto, senza alcuna garanzia che la nuova pecia fosse conforme al testo originale. Così la

Le *Scriptum super primum Sententiarum* dans son ensemble n'a pas encore bénéficié de travaux comparables à ceux que P.-M. Gils a consacrés au Troisième et au Deuxième Livre ; ce sont plutôt des questions particulières qui ont été prises en considération : la doctrine sur les attributs divins, la théologie comme science subalternée, l'usage « in diuinis » du mot « Verbum », l'« alia lectura », et d'autres questions qui comportent des problèmes de critique littéraire auxquels nous avons consacré une étude au chap. IV.

2. PRINCIPES POUR UNE ÉDITION

2.1 Production et transmission du texte

L'édition critique d'un texte exige l'étude de la formation et de la transmission de celui-ci et dans le cas d'un ouvrage littéraire étendu, comme le commentaire à un Livre des *Sentences*, des critères spécifiques de recherche et de publication sont nécessaires[12].

La première tâche d'un éditeur est de prendre connaissance du support qui a transmis le texte. De ce point de vue, L. Boyle a incriminé avec justesse une certaine attitude des manuels de critique textuelle qui examinent la tradition d'un ouvrage uniquement du point de vue du texte, sans trop considérer la matérialité de la transmission, c'est-à-dire le support manuscrit[13].

Le texte d'ouvrages d'une certaine ampleur liés à l'enseignement à l'université, ou qui ont suscité l'intérêt des maîtres et des étudiants, peut avoir été transmis par la méthode de l'*exemplar-pecia*, qui est à l'origine de ce qu'on appelle la « transmission universitaire »[14] ; à celle-ci –à certaines conditions, on le verra – eut s'adjoindre une « transmission parallèle », distincte (« indépendante ») de la première. La distinction entre ces deux types de tradition textuelle ne porte pas d'abord sur la méthode de copie, mais sur la nature du modèle employé. En effet, à la différence de la tradition parallèle (indépendente de l'*exemplar*), une tradition universitaire dépend d'un *exemplar* (ou, éventuellement, de plusieurs) ; ce texte est normalement diffusé par des copistes de profession à partir des pièces de l'*exemplar* déposées chez les stationnaires ; cela n'empêche toutefois pas qu'il puisse aussi être transmis à partir de tout un manuscrit mais descendant de l'*exemplar*. Ce mode de

« fedeltà » di un exemplar andava normalmente peggiorando col tempo » (L.-J. BATAILLON, « L'Università », p. 425).

12. Pour qui entend se consacrer à l'édition de textes médiévaux le recueil suivant constitue une lecture fructueuse : J. HAMESSE (éd.), *Problèmes posés par l'édition critique des textes anciens et médiévaux*, Louvain-la-Neuve, 1992.

13. L. BOYLE, « 'Epistulae venerunt parum dulces'. La place de la codicologie dans l'édition de textes latins médiévaux », dans *Problèmes posés...*, p. 210.

14. L'usage de la reproduction par *exemplar-pecia* semble s'être étendu de la deuxième moitié du XIIe siècle à Bologne, jusqu'à la seconde moitié du XIVe siècle, quand, à la suite de la réduction de la population universitaire à cause de la « peste noire », la demande de livres a radicalement diminué : c'est l'hypothèse formulée à juste titre par L.-J. BATAILLON, « L'Università », p. 419 et 427.

transmission de manuscrit en manuscrit caractérise la tradition parallèle non universitaire, qui, elle, ne connaît pas d'*exemplar*[15].

Le « texte universitaire » d'une même œuvre peut être transmis par un seul ou par plusieurs *exemplaria* (soit dépendant les uns des autres, soit indépendants) ; de même que la tradition parallèle non universitaire peut soutenir des rapports variables avec l'archétype qu'elle transmet[16].

Étant donné que la reproduction d'un texte par *exemplar-pecia* répond à des critères précis, ceux-ci détermineront en conséquence les principes de son édition. L'*exemplar* est constitué de *pecie*, qui ont chacune une histoire individuelle : elles peuvent dépendre (ou non) d'un même modèle, avoir été refaites (ou échangées avec celles d'un autre modèle), avoir subi des modifications significatives dans le temps (usure, corrections, ...) chacune pour son propre compte ; la physionomie de l'*exemplar* peut donc présenter une variété textuelle (soit originaire soit acquise dans le temps) qui se répand dans les copies issues de lui[17]. Si l'on prend en considération l'ensemble de ces conditions, on percevra aisément l'importance qu'assume chacune des pièces et son rôle de 'cellule textuelle de base'. Ce qui, pour J. Destrez, restait une question, se révèle aujourd'hui comme une exigence astreignante, ainsi que l'écrit P.-M. Gils :

15. Nous ne connaissons cependant pas bien la méthode de copie suivie dans les couvents. P.-M. Gils a en effet rencontré la remarque suivante : « primus quaternus quem debeo petere a priore incipit peccata mortalia » (= début de la pièce 20 de la *Q. De malo* ; *cf.* P.-M. GILS, « Préface » à *S. Thomae de Aq., Q. de malo*, ed. Leon., t. 23, p. 24*). Cette remarque concerne-t-elle la pièce du stationnaire ou une pièce 'conventuelle' ? – Sur la distinction entre la transmission universitaire (par *exemplar*) et l'autre, il est nécessaire de se rapporter aux recherches de R.-A. Gauthier, à l'occasion des éditions suivantes : R. A. GAUTHIER, « Praefatio » *à S. Thomae de Aq., Sent. lib. Ethic.*, ed. Leon., t. 47-1, p. 57*-190*, spec. p. 177*-178* ; ID., « Préface » à *S. Thomae de Aq., Sent. lib. De anima*, ed. Leon., t. 45-1, p. 49*-128*, spec. p. 89* et 128*ng1036 ; ID., « Préface » à *S. Thomae de Aq., Q. de quolibet*, ed. Leon., t. 25, p. 38*-160*.

16. À propos de la circulation simultanée de deux *exemplaria* d'un même ouvrage, v. H. D. SAFFREY, « Introduction », in *S. Thomae de Aquino, Super Librum De Causis espositio*, Fribourg-Louvain, 1954 ; Paris, 2002², p. LXI-LXVI. Et à propos du rapport de la tradition non universitaire avec la tradition universitaire, v. R.-A. GAUTHIER, « Préface », à *S. Thomae de Aq., Sent. lib. De anima*, p. 89*, cité ci-dessous, n. 19.

17. Un cas exemplaire est constitué par l'exemplar : *Pamplona, Catedral 51* ; P.-M. Gils lui a consacré une étude unique en son genre : à partir des copies issues de cet exemplar, il révèle plusieurs de ses nombreuses vicissitudes (P.-M. J. GILS, « Codicologie... »). – Le caractère d'archétype de l'*exemplar* et ses différenciations ont été étudiés par : C. LUNA, « Die Ausgabe der Werke von Thomas von Aquin : philologische Begriffe und Modelle der Übertragung », dans *Thomas von Aquin. Werk und Wirkung im Licht neuerer Forschungen*, Berlin 1988, p. 342-358. – Pour ce qui concerne la duplication des pièces d'un même exemplar il faut consulter la liste de taxation de Solimano Martino, stationnaire bolonais, dans l'édition commentée de R. A. GAUTHIER, « Praefatio », in *S. Thomae de Aq., Sent. lib. Ethic.*, ed. Leon., t. 47-1, p. 86*-88*.

L'éditeur dont le chantier comporte une tradition par *exemplar* universitaire devra faire l'histoire, non seulement de chaque pièce, mais autant que possible, de chaque accident à l'intérieur de la même pièce[18].

Quant à la tradition parallèle non universitaire, nous avons dit qu'elle ne se distingue pas seulement de la tradition universitaire par la méthode de copie, mais surtout par la source de son texte. Les critères pour l'identification de cette tradition semblent très bien exprimés dans les lignes suivantes :

> [...] une tradition indépendante ne doit inclure aucun manuscrit à pièces ; elle doit, tout en charriant un lot de nouvelles fautes qui lui sont propres, combler les lacunes du texte de l'*exemplar*, et fournir un certain pourcentage de bonnes leçons qui ne soient pas seulement des corrections plus ou moins faciles de leçons douteuses ou fautives[19].

On peut ainsi éviter l'illusion d'identifier une tradition parallèle non universitaire là où il n'y a que des dépendances variées d'un modèle de la tradition universitaire, qui, comme on l'a dit, est bien loin d'être uniforme.

L'étude de la tradition parallèle non universitaire n'a plus comme unité textuelle de base la longueur de la pièce, mais l'œuvre dans toute son ampleur : cette tradition doit être analysée sur tous les témoins en vue d'en déterminer l'origine, la signification et l'importance. Il s'ensuit qu'une tradition parallèle non universitaire ne pourra pas être étudiée de façon véritablement critique pour une seule section de texte (correspondant éventuellement à la longueur d'une pièce), parce qu'on ne pourrait en tirer aucun résultat qui ait une valeur réellement critique. C'est, pour ainsi dire, la nature même de cette tradition parallèle qui exclut qu'on puisse en juger à partir d'une portion de texte et qui exige que l'on examine l'œuvre dans toute son extension.

C'est sur la base de ces éléments que nous avons établi les critères de notre édition.

18. P.-M. J. GILS, « Codicologie... », p. 225. – J. Destrez, prévoyant sans doute que sa réponse n'était pas définitive, s'était demandé : « La pecia ne fera pas que faciliter le travail d'édition ; elle le compliquera aussi. [...] Faut-il en conclure que chaque pièce nécessite une étude critique individuelle et que, pour éditer un ouvrage, il faut d'abord faire l'histoire de chacune des pièces de chacun des exemplaria ? Ce serait, peut-être, beaucoup demander... » (J. DESTREZ, *La pecia*, p. 84); la question est reprise par L.-J. Bataillon, qui répond : « C'est bien en effet ce qu'il faudrait faire », *in* L.-J. BATAILLON, « Problèmes posés par l'édition critique des textes latins médiévaux », RPL, 75 (1977), p. 246.

19. P.-M. GILS, « Préface », dans *S. Thomae de Aq., Q. de malo*, ed. Leon. t. 23, p. 29*. – R.-A. Gauthier avait ainsi décrit son expérience à propos de la famille italienne (indépendante, c.-à-d. non universitaire) de la *Sentencia libri De anima* : « Nous avons dû, pour la famille parisienne, établir autant de classifications des manuscrits qu'il y a de pièces [...]. On pourrait s'attendre à voir la famille italienne échapper à cet inconvénient et montrer plus de stabilité. Or c'est le contraire qui se produit : les variations de structure de la famille italienne sont plus nombreuses encore que celles de la famille parisienne, et, au lieu de se produire à un endroit fixe, elles interviennent n'importe où, sans autre règle que le caprice des scribes » (ed. Leon., t. 45-1, p. 89*).

2.2 *La présente édition*

Notre propos est de fournir l'édition d'un fragment de texte d'une longue œuvre littéraire qui a connu une transmission universitaire[20] ; or, sur la base de ce que nous venons d'écrire, il n'est pas possible de qualifier notre édition de véritablement critique. Une édition critique, en effet, doit pouvoir rendre compte de la physionomie précise de la tradition textuelle – additions, variantes, accidents ; elle doit remonter aux origines du texte et en déterminer les modifications successives[21]. Or cela n'est pas possible pour l'édition d'une partie d'un grand ouvrage, parce que dans le cas où l'on parviendrait à déterminer l'existence d'une tradition parallèle non universitaire, celle-ci, de par sa nature même, exigerait d'être étudiée sur toute la longueur de l'ouvrage ; et si en revanche l'on ne détectait aucune tradition parallèle dans la portion de texte édité, nous ne pourrions pas pour autant l'exclure sans avoir examiné l'œuvre dans son ensemble.

D'autre part, cependant, puisqu'une *pecia* constitue une « unité littéraire de base », il est possible d'en offrir une édition, réalisée suivant des critères précis, qui permettent d'établir le texte de cette pièce et de dégager les vicissitudes de sa transmission. Les critères sont les suivants:

– prise en considération de tous les témoins connus[22] ;

20. Le texte du Prologue que nous éditons couvre presque toute la première pièce du *Primus Thome*. L'appartenance de notre texte à une tradition universitaire est assurée du fait des manuscrits à pièces et est confirmée par la liste de taxation des *exemplaria* datant d'environ 1275 : « Super textum Sententiarum : super primum librum .xxxvij. pec' .ij. sol. » (la liste, publiée autrefois dans le CUP, t. 1, p. 646, est désormais éditée, avec d'autres documents importants, par G. MURANO, *Opere diffuse*..., p. 85 ; nous l'avions consultée sur le ms. *Città del Vaticano, BAV, Regin. 404*, f. 65 ; pour la datation de cette liste voir L.-J. BATAILLON, « Les textes théologiques et philosophiques diffusés à Paris par *exemplar* et *pecia* », in *La production du livre universitaire* ..., p. 155). – La transmission par pièces de ce premier Livre a été étudiée par : E. BOOTH, « The Three Pecia Systems of St. Thomas Aquinas's Commentary 'In I Sententiarum' », in *La production du livre universitaire* ..., p. 225-251 (dorénavant : E. BOOTH).

21. Ainsi était introduite la traduction œcuménique de la Bible : « Le but idéal poursuivi par la « critique textuelle » est de reconstituer, à partir de tous ces documents divergents, un texte ayant le plus de chance possible de se rapprocher du texte original. Il est, de toute manière, hors de question d'espérer remonter jusqu'au texte original lui-même » (« Introduction au Nouveau Testament », dans TOB, édition intégrale, Paris, 1972, p. 20). P. Bourgain, quant à elle, s'exprime ainsi dans une étude de référence : « Je proposerais pour ma part une définition de l'édition critique [...] : c'est une édition où tous les éléments de la documentation accessibles sont pris en compte et évalués avant d'être, en connaissance de cause, négligés ou exploités » : P. BOURGAIN, « Sur l'édition des textes littéraires latins médiévaux », in *Bibliothèque de l'École des chartes*, 150 (1992), p. 16.

22. Le recensement systématique des manuscrits des œuvres de Thomas d'Aquin a été entrepris par la Commission Léonine et publié dans : *Codices manuscripti Operum S. Thomae de Aquino*, (v. ci-dessous, chap. II, note 1). Toutefois, la nécessité de ce recensement avait été exprimée dès les débuts de la Léonine, pendant la deuxième moitié de 1879, quand le Card. T. M. Zigliara entreprit l'organisation de l'édition : v. P. M. de CONTENSON, « Documents sur les origines et les premières années de la Commission Léonine », dans *St. Thomas Aquinas 1274-1974. Commemoratives Studies*, vol. II, Toronto, 1974, p. 357-359 ; il y a une allusion indirecte à ce projet dans la « Praefatio » à *S. Thomae Aq., Secunda secundae Summae theologiae*, ed. Leon., t. 8, 1895, p. XI-XII (surtout p. XI, avant-dernier paragraphe) ; quant au besoin de collationner en

– classification des mss par provenance et données codicologiques[23] ;
– sondage (collation) de tous les mss sur un fragment de la pièce ;
collation sur toute la longueur de la pièce des manuscrits d'origine « universitaire » et de ceux qui, d'après le précédent sondage, pourraient dépendre de celle-ci ;
– sondages de tous les mss sur des variantes notables ;
– mise ensemble et évaluation des résultats pour identifier les différentes couches du texte et regroupement des mss en familles (en excluant en même temps les mss qui ne semblent pas se rattacher à la tradition universitaire).

On peut tout de suite constater que certains éléments de ce processus sont bien définis, tandis que certains autres dépendent de ce qu'on pourrait appeller des « hypothèses consenties » : si les analyses codicologique, paléographique et textuelle permettent de limiter l'arbitraire de l'éditeur[24], chaque édition critique reste cependant tributaire du jugement de celui-ci[25]. Cela sera encore plus vrai dans le cas de l'édition d'une seule *pecia* ; la vérification des hypothèses et la transparence de la méthode suivie détermineront la qualité de l'édition.

entier les témoins manuscrits, il est affirmé déjà dans le t. 4, 1888, p. IX-X et XI-XII. Sur ces sujets v. encore C. LUNA, « L'édition léonine… », cit.

23. On tiendra compte premièrement des indications de changement de pièce. Un signe de pièce dans la marge du ms. indique que celui-ci a été copié ou révisé sur un *exemplar* ; ce signe doit s'accompagner d'autres indices qui montrent que le manuscrit a été copié et non simplement révisé à partir d'un *exemplar* : changement d'encre, d'écriture, de module graphique, signes dans les marges ; et naturellement, en dernière analyse, c'est à la tradition du texte de confirmer ces données. – À propos de la révision d'un ms. sur un *exemplar* on lira avec profit l'étude et la documentation rassemblée par R. A. GAUTHIER, « Praefatio », dans *S. Thomae de Aq., Sent. lib. Ethic.*, ed. Leon., t. 47-1, p. 80*-83*.

24. « Ce qui fait la différence des meilleures éditions récentes avec les précédentes, ce n'est pas généralement l'ingéniosité des conjectures, c'est l'acribie de l'analyse de chaque témoin » (P. BOURGAIN, « Sur l'édition... », p. 12).

25. G. Pasquali écrivait dans l'introduction de la première édition de son livre *Storia della tradizione e critica del testo* : « Io sarò pago se chi avrà letto questo libro, rimarrà convinto che a ricostruire di sui manoscritti il testo originario di uno scrittore antico occorre fin da principio esercitare il giudizio e che questa facoltà non può essere sostituita da alcuna regola meccanica [...] » (G. PASQUALI, *Storia della tradizione e critica del testo*, Firenze, 1934 et 1952 p. XI). – Et encore P. Bourgain : « Le but doit être de présenter un texte qui, sans laisser de prise au non-sens, s'appuie sur la documentation existante pour se rendre aussi proche que *possible* de son état originel, en *tâchant* de déterminer *si* les matériaux rassemblés permettent d'atteindre cet état originel sous forme de texte d'auteur, d'origine du texte diffusé, notion proche de celle d'archétype, ou de texte moyen en circulation » (P. BOURGAIN, « Sur l'édition... », p. 17 [c'est nous qui soulignons]) – Sur les limites et le caractère toujours perfectible d'une édition critique, on peut voir L.-J. BATAILLON, « Problèmes posés... », p. 234 ; à propos des différentes couches de texte que l'éditeur retrouve et discerne : P.-M. J. GILS, « Codicologie... », p. 227 n. 15 et ID., « S. Thomas écrivain... », p. 208 n. 4. A. de Libera insiste lui aussi sur les limites du texte critique, limites auxquelles n'échappent pas même les ouvrages pour lesquels on dispose d'un autographe, quand celui-ci n'est pas à l'origine de la tradition du texte: c'est le cas, par ex., du *Super III Sent.* de Thomas (v. P.-M. GILS, cité dans cette note ; A. DE LIBERA, *L'art des généralités. Théories de l'abstraction*, Paris, 1999, p. 9).

Si en effet chaque pièce a une « physionomie » et une histoire individuelle que l'édition reconstitue, certaines de ses particularités seront cependant mieux saisies quand on aura réalisé l'édition de tout l'*exemplar* : malheureusement l'histoire de l'*exemplar* du *Primus Thome* nous reste en grande partie inconnue[26].

Sur la base des critères méthodologiques que nous venons d'exposer, nous avons donc préparé une « édition du texte universitaire » du Prologue du *Scriptum fratris Thome*. La valeur scientifique de cette édition ressort des critères qu'on vient d'exposer, mais elle ne pourra être appréciée qu'au terme de l'étude de la tradition manuscrite et, surtout, de certaines interventions « d'auteur » (v. chap. IV).

26. *Primus, Secundus, ... Thome* est le titre abrégé des commentaires aux livres des *Sentences*, selon l'usage du Moyen Âge (cf. P.-M. J. GILS, « Codicologie... », p. 221 n. 2). – P. M. Gils insistait sur l'importance de l'édition de chacune des pièces : « [...] l'édition critique d'un texte médiéval transmis par la voie universitaire reste aléatoire sans référence à l'image concrète de chacune des pièces de l'*exemplar* » (*Ibid.*, p. 221).

CHAPITRE II

LES TÉMOINS DU TEXTE

1. LES MANUSCRITS[1]

Ar¹ — Arras, Bibliothèque municipale 870 (588). XVe s. (1453), papier et parch., 298x205, f. 249, deux colonnes ; — *Super lib. I Sententiarum* f. 4ra-

1. La liste que l'on va lire est celle qui a été établie pour le futur tome 17 de l'édition Léonine, sur la base du catalogue suivant : *Codices manuscripti operum Thomae de Aquino*, t. I par H. F. DONDAINE - H. V. SHOONER, Roma, 1967, t. II et III par H. V. SHOONER, Roma, 1973 et Montréal–Paris 1985 ; le t. IV (à paraître) est édité par D. Bouthillier. De ce catalogue nous n'avons retenu que les annotations jugées importantes pour notre édition ; en revanche, nous avons souvent complété ses notices, soit en identifiant l'origine des écritures et de la décoration, soit en précisant des détails de composition, ou en renvoyant aux ouvrages parus depuis sa publication. À partir du ms. de Prague, les notices ont été rédigées par nous-même, en tenant compte des notes des Pères de la Commission Léonine et de celles de H. Shooner, qui ont été reproduites sur microfilms par les soins du Comité de Direction du *Mediaeval Institute* de l'université *Notre Dame* (Indiana – U. S. A.) grâce aux bons offices de Kent Emery Jr. Pour la description du ms. W², nous avons pu utiliser les précieuses notes de Robert Wielockx, que nous remercions vivement. Nous exprimons pareillement notre gratitude à Denise Bouthillier, qui a contrôlé pour nous les notes de H. Shooner sur le ms. *Rochester, Mayon Clinic Library, 1 Mv O 1948* (*Codices*, n. 2759A) et qui a bien voulu relire toutes nos descriptions des mss.

Les mss sont présentés selon les critères suivants : A) sigle ; B) ville, bibliothèque, fonds, cote actuelle et, entre parenthèses, éventuelles cotes antérieures ; datation, matière, dimensions en mm, nombre de folios (les feuillets de garde sont numérotés en chiffres romains ; une apostrophe placée après des chiffres romains indique qu'il s'agit de gardes situées à la fin du ms. ; un astérisque indique que les gardes ont été introduites récemment dans le codex ; la matière des gardes est éventuellement indiquée entre parenthèses) ; disposition du texte, genre et origine de l'écriture ; décoration ; nombre de cahiers, leur composition et leur présentation (un astérisque indique la présence des réclames à la fin du cahier) ; description des marges ; numérotation et titre courant ; description des gardes ; notes de possession ; éventuels titres de l'ouvrage et colophons ; feuillets blancs ; C) contenu, en latin normalisé, suivant les critères employés dans le catalogue publié par H. F. Dondaine et H. V. Shooner (un titre éventuellement attesté par le manuscrit, aussi bien que les *incipit* et les *explicit* d'éventuels ouvrages, seront reproduits entre guillemets, suivant la graphie médiévale), avec indication des « tituli quaestionum uel articulorum » par le seul mot : *tituli* ; D) le renvoi à *Codices*, n., ouvrira la section des indications bibliographiques. Les intitulés des Bibliothèques ont parfois changé ces dernières années, mais nous n'avons pas pu les mettre tous à jour : qu'on se réfère, dans ce cas, aux intitulés précédents. Les mots techniques ont été employés selon la définition qui est donnée par D. MUZERELLE, *Vocabulaire codicologique. Répertoire méthodique des termes français relatifs aux manuscrits*, Paris, 1985.

245va (f. 246ra-248ra *tituli* ; f. 248v *index quaestionum I partis Summae*). *Codices*, n. 57.

Ar² — Arras, Bibliothèque municipale 918 (307). XVe s. (1432), papier et parch., 278x205, f. 235, à longues lignes ; — *Super lib. I Sententiarum* f. 1r-233v. *Codices*, n. 59.

Bb — Bamberg, Staatliche Bibliothek, Patr. 146 (B.IV.32). XVe s., parch., 382x282, f. 179, deux colonnes ; f. 1r, mg. sup. : « Isti articuli ponendi sunt primo libro 2 dist. post 3 articulum », concernant la question anonyme suivante : — *Anonymus, <Q. de attributis diuinis>, inc.* « Consequenter queritur an attributa debeant dici de Deo... » (f. 1ra-2vb ; on trouve la même question dans le ms. Nü, *Codices*, n. 1986) ; — *Super lib. I Sententiarum* f. 3ra-176va (f. 176vb-179rb *tituli*). *Codices*, n. 122.

Bl — Barcelona, Biblioteca del Cabildo 45 (1631). XIIIe s., parch., 325x232, f. I+119(+2a), deux colonnes ; écrit par une seule main (sauf f. 117-119), d'origine parisienne, décoré selon le style parisien des années 1250-1270 (cf. P. Stirnemann[2], p. 69, cat. n° 36) ; recopié sur pièces, même s'il n'en conserve aucun signe ; dans les marges il nous transmet des notes de théologiens du XIIIe et du XIVe siècle ; — *Super lib. I Sententiarum* f. 1ra-116va (f. 117ra-119ra *tituli*) — f. 119v *quaestiunculae Super lib. II Sententiarum*. *Codices*, n. 150.

Ba² — Basel, Universitätsbibliothek B.III.10. XIVe s., parch., 320x210, f. A+170, deux colonnes, par plusieurs mains ; — f. Ir *excerpta ex Romano de Roma, Super I Sent., Prol.* — f. Iv *excerpta ex Bonauentura, Super I Sent., Prol.* — *Super lib. I Sententiarum* f. 1ra-169ra (f. 169ra-170rb *tituli*). *Codices*, n. 188.

Bo¹ — Bologna, Biblioteca del Collegio di Spagna 23. XVe s., parch. et papier, 228x167, f. III+248+II*, écrit à longues lignes (f. 246va-248vb sur deux colonnes), par plusieurs mains ; les f. I-II et I*-II* proviennent d'un missel du XIIe s. ; — *Super lib. I Sententiarum* f. 1r-243r (f. 243v-248vb *tituli*). *Codices*, n. 272 ; *I codici del Collegio di Spagna di Bologna*[3], n. 23.1.

Bg¹ — Brugge, Stadsbibliotheek 202. XIIIe s., parch., 333x233, f. 100+I', écrit sur deux colonnes par une seule main (sauf f. 1ra-2ra, écrits par une deuxième main, qui intervient souvent dans les marges) ; f. 2v et I' blancs ; — *Super lib. I Sententiarum* f. 5ra-100vb (f. 3ra-4va *tituli*) — « Vtrum pluralitas rationum secundum quas attributa differunt ullo modo sint [!] in Deo » f. 1ra-2ra (art. 3, à ajouter à la dist. 2 : v. chap. IV, § 2.1.2.2). *Codices*, n. 369.

Bg² — Brugge, Stadsbibliotheek 203. Deux mss reliés ensemble : f. 1ra-114vb et f. 115ra-230vb, dont nous décrivons ici le premier seulement. XIIIe-XIVe s., parch., 300x215, f. 114, deux colonnes, écriture universitaire parisienne ; le ms. conserve beaucoup de corrections dans les marges ; il

2. P. STIRNEMANN, « Fils de la vierge. L'initiale à filigranes parisienne : 1140-1314 », dans *Revue de l'art*, 1990, p. 69.

3. D. MAFFEI, E. CORTESE, A. GARCÍA Y GARCÍA, † C. PIANA, † G. ROSSI, et coll., *I codici...*, Milano, 1992, p. 40-41.

semble copié sur pièces même s'il n'en conserve aucun signe dans les marges ; — *Super lib. I Sententiarum* f. 1ra-113vb (f. 114ra-vb *tituli*). *Codices*, n. 370.

Bx^{1} — Bruxelles, Bibliothèque Royale de Belgique 489 (1560). XVe s., parch., 323x215, f. 182, deux colonnes, écrit par une seule main ; f. 180v-182v blancs ; — *Super lib. I Sententiarum* f. 1ra-177vb (f. 178ra-180rb *tituli*). *Codices*, n. 393[4].

Bx^{3} — Bruxelles, Bibliothèque Royale de Belgique 873-885 (1561). Composé de trois mss, dont nous décrivons le premier seulement (f. 1-93, 94-117, 118-160). XIIIe s., parch., 300x213, f. II+93, deux colonnes, écrit selon un module parisien, par deux mains : le copiste principal A et une main B qui intervient aux f. 75vb-78ra, 86ra-88ra, 91ra-fin pour écrire certaines pièces (v. ci-dessous, chap. III, § 1.1.4) ; la décoration, est, pour l'ensemble du ms, du style de l'exemple n. 46 du catalogue dressé par P. Stirnemann (p. 71), mais certains ornements renvoient plutôt aux nn. 43 et 44 ; P. Stirnemann a bien voulu examiner sur microfilm la décoration de ce ms. et l'a comparée à celle de notre N^{3}, décoration datable des années 1250 (bien que ce même style puisse se rencontrer encore dans les années 1280) ; cependant, P. Stirnemann nous a dit qu'à son avis le ms. pourrait avoir été écrit plusieurs années auparavant, juste après la moitié du XIIIe siècle. Les f. I-II (et 162) proviennent d'un livre liturgique des XIe-XIIe ss. ; les f. 1r et 160v présentent le tampon « Bibliothèque nationale » ; certains incidents de copie attestent que le ms. a été copié sur pièces (cf. ci-dessous, chap. III, § 1.1.4), et les marges en conservent également des signes de la main du copiste principal : « vij.p. » (f. 18ra), « xvij » (f. 46ra), « xviij » (f. 48vb) ; — *Super lib. I Sententiarum*, f. 1ra-93va. Les deux parties suivantes contiennent : — *Guillelmus de la Mare, Correctorium* f. 94ra-117vb — *Aegidius de Lessiniis, De unitate formae* f. 118ra-132va — *Anonymus*, *<Contra pluralitatem formarum> inc.* : « Sec (=Hec) sunt inconuenientia que sequuntur ponendo plures formas, suppositis principiis philosophie... » f. 132va-136ra — *Auerroes, De substantia orbis* f. 136va-141rb — *Alfarabi, De intellectu* f. 141rb-143vb — *Thomas de Aq., De ente et essentia* f. 144ra-148vb — *De aeternitate mundi* f. 148vb-150rb — *De mixtione elementorum* f. 150rb-151ra — *Ps.-Thomas de Aq.*, *<De sensu communi> inc.* : « Queritur de sensu communi. Et primo queritur que sit necessitas ponendi... » f. 151ra-152rb — *Ps.-Thomas de Aq.*, *<De quinque potentiis animae> inc.* : « Sunt autem secundum quosdam philosophos... » f. 152rb-156rb — *Thomas de Aq., De motu cordis* f. 156va-157va — *De principiis naturae* f. 157va-160ra. *Codices*, n. 400.

Bx^{4} — Bruxelles, Bibliothèque Royale de Belgique 20018 (1566). Composé de deux mss : f. 1-124 et f. 125-275 ; nous décrivons le premier. XIIIe-XIVe s., parch., 300x205, f. 124, deux colonnes ; écrit par une seule main, selon le module parisien (sauf f. 119-124v) ; les lettrines initiales ne se trouvent qu'aux f. 1-8, et manquent par la suite ; recopié probablement sur

4. Bx^{2} = Bruxelles, *Bibliothèque Royale de Belgique 669 (1601)* : f. I, garde, contenant des fragments des dist. 43-45. *Codices*, n. 398.

pièces ; f. 121, 124r et I' blancs ; — *Super lib. I Sententiarum* f. 1ra-119va (f. 119va-120vb *tituli*) — *Anonymus*, *<Principium super lib. II Sent.>*, *inc.* : « Tu fabricatus es auroram et solem... Verba ista scripta sunt in psalmo. Creaturarum consideratio inter philosophos et theologos diuersimode disceptatur... » f. 121ra — *Q. disp. de ueritate*, q. 8 (fragments des art. 13, 12, 14, 11) f. 122ra-123va — *Super lib. II Sententiarum* f. 125ra-274rb (*tituli* f. 274va-275vb). *Codices*, n. 429.

C^1 — Cambridge, Pembroke College Library 33. Début du XIVe s., parch., 344x235, f. I+297+I*, deux colonnes ; écrit par plusieurs mains d'origine insulaire et décoré selon un module anglais ; — *Super lib. I Sententiarum* f. 1ra-134rb (f. 134va-135vb *tituli*) — *Super lib. II Sententiarum* f. 136ra-295vb (f. 296ra-297va *tituli*). *Codices*, n. 495.

C^2 — Cambridge, Pembroke College Library 125. XIVe s., parch., 357x238, f. I+143, deux colonnes ; écrit par une seule main, écriture et décoration présentent les caractéristiques anglaises ; — *Super lib. I. Sententiarum* f. 1ra-142rb (*tituli* f. 142rb-143vb). *Codices*, n. 504.

C^3 — Cambridge, Peterhouse Library 47 (0. 4. 7). Fin du XIIIe s., parch., 378x265, f. III+214+VIII' ; écrit sur deux colonnes par plusieurs mains d'origine anglaise ; il comporte de nombreuses annotations marginales ; — *Super lib. I Sententiarum* f. 1ra-61va (f. 61va-62va *tituli*) ; — f. 62vb « Isti sunt articuli in quibus aliter Thomas videtur dicere in Scripto et in Summa »[5] ; — *Super lib. II Sententiarum* f. 63ra-128ra (f. 128rb-129ra *tituli*) ; f. 129rb « Hec sunt contrarietates inter secundum Scripti et diversas partes in Summa » ; f. 129v *index rerum* ; — *Super lib. III Sententiarum* f. 130ra-212va (f. 212va-213vb *tituli*, f. 214v et I'r *index rerum* ; f. I'va-II'ra, transcription d'un article omis dans le corps du ms. : d. 19, a. 5). *Codices*, n. 510.

C^4 — Cambridge, St. John's College Library C. 2 (52). Composé de deux mss : f. 1-122 et 123-251 ; nous décrivons le premier. Fin XIIIe début XIVe s., parch., 349x250, f. II-122, deux colonnes ; écrit par une seule main d'origine française, décoré selon le module parisien ; f. IIv et 121v-122v blancs ; dans les marges il présente plusieurs signes de pièces (comme également le deuxième ms., f. 123-251) ; d'après la note du f. Ir il a appartenu à Henri d'Estria († 1331) ; — *Super lib. I Sententiarum*, f. 1ra-121rb (f. Iva-IIrc *tituli*) — *Super lib. II Sententiarum*, f. 123rb-251vb. *Codices*, n. 535.

Ch — Chambéry, Bibliothèque Municipale 11. Fin du XIIIe s., parch., 298x212, f. 99, deux colonnes ; écrit par plusieurs mains, contient beaucoup de corrections marginales ; — *Super lib. I Sententiarum* f. 1ra-98rb (f. 98rb-99ra *tituli*). *Codices*, n. 576 ; C. HEID-GUILLAUME–A. RITZ, p. 62-63[6].

Db — Dubrovnik, Dominikanska Biblioteka 5 (36-V-1). XIVe s., parch., 343x133, f. 136, deux colonnes ; écrit par une main italienne, il présente de

5. Cf. R.-A. GAUTHIER, « Concordances », BT, 9, 1954-56, p. 936.

6. C. HEID-GUILLAUME – A. RITZ, *Manuscrits médiévaux de Chambéry. Textes et enluminures*, Paris, 2000, p. 62-63 (le *Super lib. I Sententiarum* paraîtra dans le t. 17 de l'édition Léonine).

nombreuses corrections ; — *Super lib. I Sententiarum* f. 1ra-133vb (f. 134ra-136rb *tituli*). *Codices*, n. 666.

Du — Durham, Cathedral Chapter Library B. I. 5. Début XIVe s., parch., 340x245, f. II+224+I', deux colonnes ; écrit par plusieurs mains d'origine anglaise, il présente une décoration également insulaire ; — *Super lib. I Sententiarum* f. 1ra-135va (f. 135vb-137ra *tituli*) — *Q. disp. de potentia* (deest q. 10, a. 5) f. 137rb-224ra (f. 224ra-va *tituli quaestionum et articulorum*). *Codices*, n. 675.

Er — Erfurt, Stadt- und Regionalbibliothek. Bibliotheca Amploniana Fol. 183. Fin du XIIIe s., parch., 294x205, f. II+137, deux colonnes (sauf f. Iv-IIr) ; écrit par une seule main italienne ; la décoration est également italienne ; les marges accueillent de nombreuses annotations, et les colonnes (1-548) sont numérotées dans la marge supérieure ; de la col. 4 (f. 22va) à la col. 86 (f. 22rb) le texte est marqué par des lettres apposées dans les marges, *a-d* pour la col. a, et *e-h* pour la col. b, mais à partir du f. 22v ces marques sont apposées entre les deux colonnes et vont de *a* à *f* ; une note au f. Ir est particulièrement intéressante : « Librum istum habui per Reverendum patrem fratrem petrum domini hanibaldi cardinalis felicis memorie quondam socium quem /// predicatorum conventus laudensis in dacia /// una cum suis libris » ; — *Super lib. I Sententiarum* f. 1ra-137vb (f. Iv-IIr *tituli*). *Codices*, n. 730.

E² — Erlangen, Universitätsbibliothek Erlangen-Nürnberg 502 (669)[7]. XVe s. (1461), papier, 297x215, f. 222, à longues lignes, par une main cursive ; f. 218r : « Expliciunt quaestiones...anno etc. m°cccc°lxj° sabbato ante festum nativitatis marie virginis. 1461. Hic liber comparatus est ... » ; — *Super lib. I Sententiarum* f. 2r-218r (f. 218v-222v *tituli*). *Codices*, n. 773.

Ev — Evanston (Ill.), The Northwestern University, The Charles Deering Library, s. n. Deuxième moitié du XVe s., papier, 320x215, f. 248, deux colonnes ; écrit par deux mains allemandes ; le bas des f. 1-5 est déchiré, avec perte d'écriture ; à l'intérieur de la d. 2, qui ne compte que quatre articles de Thomas d'Aquin, suivant l'indication qu'on lit aussi sur Nü (les deux mss ont un modèle commun : v. chap. III, § 3.3), l'a. 3 est remplacé par la même question anonyme sur les attributs divins que Bb et Nü transmettent dans les marges (sans qu'ils omettent l'a. 3 de Thomas) : « Consequenter queritur an attributa debeant dici de deo... Tertio queritur utrum huiusmodi nomina dicantur secundum puram equiuocationem de deo et de creaturis... Quarto queritur utrum huiusmodi attributa significent aliquid additum supra essentiam diuinam ... » ; — *Super lib. I Sententiarum* f. 1ra-169ra (f. 169ra-171ra *tituli* ; f. 171ra-172ra *index rerum*). *Codices*, n. 812

F¹ — Firenze, Biblioteca Medicea Laurenziana, S. Croce Plut. XXVIII dext. 1. XIVe s., parch., 310x250, f. I+126+II', deux colonnes ; présente beaucoup de corrections dans les marges ; les colonnes sont numérotées au sommet (1-478) ; f. 123v blanc ; — *Super lib. I Sententiarum* f. 2ra-121ra

7. E¹ = Erlangen, *Univ., 262 (163)* : contient un abrégé de passages du *Super lib. I Sent.*, mais pas du prologue : *Codices*, n. 764.

(f. 121ra-123rb *tituli* ; f. 124ra-125rb *index rerum*) — *Hugo de S. Caro, prologus Super Sent.*, inc. « Iuxta sanctorum traditionem... », f. 125va-126ra. *Codices*, n. 857.

F^{2} — Firenze, Biblioteca Medicea Laurenziana, Fiesolano 90. XIVe s., parch., 345x245, f. III+104, deux colonnes ; écrit par une main italienne (sauf f. Iv-IIv et 103-104, d'une autre main) et décoré selon un module italien ; très corrigé et annoté dans les marges (souvent par le copiste principal) ; f. Ir et IIIr blancs ; — *Super lib. I Sententiarum* f. 1ra-103va (f. Iva-IIvc *tituli*) — *De aeternitate mundi* f. 103vb-104ra. *Codices*, n. 900.

Gr — Graz, Universitätsbibliothek 886 (41/66 4°). XIIIe-XIVe s., parch., 214x147, f. 271, deux colonnes ; écrit par une main de l'Europe du nord — *prologus Super lib. I Sententiarum* f. 18ra-19vb — Prologus *Super lib. II Sententiarum* f. 19vb-20vb — *Prologus super lib. IV Sententiarum* f. 20vb-21vb — *<Hugo Ripelin>*, *Compendium* « Theologice veritatis » f. 22r-202r. *Codices*, n. 1064.

Kr^{1} — Kraków, Biblioteka Jagiellonska 1713 (AA V 27). Fin du XIIIe s., parch., 326x220, 408 pages (les folios étant numérotés sur le *recto* et le *uerso*) + II folios, deux colonnes (trois p. 1-3) ; écrit par un seul copiste (sauf p. 1-7), selon le module universitaire parisien ; au f. IIv, d'une main du XIVe s. : « Iste liber est fratris Heinrici de colonia studentis Argentine... » ; copié probablement sur pièces, même si les marges n'en conservent aucune trace ; les p. 8 et 216 sont blanches ; — *Super lib. I Sententiarum*, p. 9a-215a (p. 1a-3c *tituli*) — *Super lib. II Sententiarum*, qui se termine sur la d. 38, a. 3 : « sed quando per unum (*plus la réclame :*) quod uult in aliud », p. 217a-408b (p. 4a-7b *tituli*). *Codices*, n. 1306.

Kr^{2} — Kraków, Biblioteka Jagiellonska 1717 (305 ; AA V 23). Première moitié du XIVe s., parch., 292x205, f. III+318 pages (les folios sont numérotés au *recto* et au *uerso*), écrit sur deux colonnes par un seul copiste selon un module anglais ; les p. 315-318 sont blanches ; — *Super lib. I Sententiarum* p. 1a-308b (p. 308b-311b *tituli*). *Codices*, n. 1310.

Kr^{3} — Kraków, Biblioteka Jagiellonska 1730 (523 ; AA V 26). Début XVe s., parch. et papier, 303x217, f. I+p.480, écrit sur deux colonnes, sans aucune décoration ; — *Super lib. I Sententiarum* p. 1a-479b. *Codices*, n. 1322.

Lv — Louviers, Bibliothèque Municipale 7. XVe s. (1484), parch., 376x267, f. 216, deux colonnes ; écrit par Venceslao Crispo en écriture humaniste, finement décoré ; les fascicules sont de 5 diplômes (sauf le premier, f. 1-6) ; à l'intérieur de la deuxième couverture est conservée la cote de la bibliothèque des rois aragonais de Naples : « ala theologia vi° » ; f. 1, 2, 6v, 216v blancs ; — *Super lib. I Sententiarum* f. 7ra-216ra (f. 3ra-6ra « Catalogus questionum »). *Codices*, n. 1527.

Md — Madrid, Biblioteca Nacional 516 (B. 46 ; B. 37). XIIIe s., parch., 343x230, f. 72, deux colonnes (sauf f. 69v-72r) ; écrit par plusieurs copistes parisiens : A, f. 1r-4v et 6r-43r ; B, f. 5 ; C, f. 43v-61v ; D, f. 62r-69r ; E, f. 69v-70r ; F, f. 71r-72r ; dans la décoration, les exemples n. 44 et 43 du catalogue dressé par P. Stirnemann (cit., p. 71) alternent sur toute la longueur du ms. ; les marges attestent la correction par une même main, R (réviseur), de l'ensemble du codex ; f. 69ra « Explicit primus fratris thome » ; blancs f. 70v, 72v ; les marges conservent beaucoup de notes de mains différentes et un signe de pièce : f. 6ra « .iij.p$^{a.}$ » ; au premier cahier de six diplômes est ajouté le f. 5, qui contient l'article sur les attributs divins ajouté à la distinction 2 (cf. chap. IV, spéc. § 2.1.2.2) ; — *Super lib. I Sententiarum* f. 1ra-69ra (f. 69va-70rc *tituli*) — *Tituli Scripti super lib. III Sententiarum* f. 71ra-72rb. *Codices*, n. 1560.

Mm — Memmingen, Stadtbibliothek 2° 35. XVe s. (1474), papier, 308x223, f. 229, deux colonnes ; écrit par une seule main, soigneusement corrigé ; à la fin des articles sont souvent reproduits les lieux parallèles de la *Somme* ; f. 226v-229v blancs ; — *Super lib. I Sententiarum* f. 1ra-223vb (f. 224ra-226ra *tituli*). *Codices*, n. 1673.

Mo — Modena, Biblioteca Estense, " W. 1. 8 (Lat. 432 ; V. G. 4). Fin du XVe s. (circ. 1486-1490), parch., 370x260, f. I+448+II', écriture à longues lignes, par une seule main italienne ; il devait être accompagné du *Super lib. II Sent.* du ms. *Firenze, Laur., Plut. XXVI, 6* (*Codices*, n. 843) ; copié sur notre Ed^{2}, Venise 1486 (Hain *1474) ; — *Super lib. I Sententiarum* f. 6r-444r (f. 1r-4v « Capitula primi libri sententiarum » [scil. Petri Lombardi] ; f. 444r-448v *tituli*). *Codices*, n. 1699.

Mc — Montecassino, Archivio dell'Abbazia 399 (265 ; 818). XIVe s., parch., 315x225, p. 244, écrit sur deux colonnes par trois copistes italiens (A, p. 1-138 ; B, p. 139-150 ; C, p. 151-244), dont le troisième copie également le *Super lib. II Sent.*, *Montecassino, Abbazia, 315* (*Codices*, n. 1709) ; les marges présentent de multiples corrections ; — *Super lib. I Sententiarum* f. 1a-244b. *Codices*, n. 1711.

M^{1} — München, Bayerische Staatsbibliothek Clm. 6991. XVe s. (1476), papier, 320x213, f. 348 (num. 1-329 et 303-321)+I', deux colonnes ; écriture cursive par une seule main ; — *Super lib. I Sententiarum* f. 1ra-272ra (f. 272rb-275ra *tituli*) ; f. 275ra-b : « Isti sunt articuli in quibus opinio magistri sententiarum parisius non tenetur » ; f. 275rb-va : « Isti sunt errores condempnati parisius per episcopum et magistros parisius legentes », *expl.* : « acta[!] parisius Anno domini M°cc°.xl. in festo epifanie » (condamnations de 1241[8]) ; — *S. Augustini* : *Contra Academicos* ; *De ordine* ; *De magistro*. *Codices*, n. 1758.

M^{2} — München, Bayerische Staatsbibliothek Clm. 8014. Début XIVe s., parch., 314x215, f. 132, deux colonnes ; écrit par un seul copiste selon un module parisien, richement décoré ; les marges présentent de nombreux signes de pièces ; — *Super lib. I Sententiarum* f. 1ra-130rb (f. 130va-132ra *tituli*). *Codices*, n. 1780.

8. Cette copie des erreurs porte une troisième datation (*conflata* ?) par rapport aux deux autres connues : v. Fr. PELSTER, « Die Pariser Verurteilung von 1241. Eine Frage der Datierung », dans AFP 18 (1948), p. 405-417.

M^3 — München, Bayerische Staatsbibliothek Clm. 18065. XVe s. (1481-1482), papier, 413x283, f. II+412(-11), deux colonnes ; écrit par un même copiste de provenance allemande ; f. Iv, II, 186v-188v et 411-412 blancs ; — *Super lib. I Sententiarum* f. 1ra-184va (f. 184va-186rb *tituli*) — *Super lib. II Sententiarum* f. 189ra-406rb (f. 406va-410vb *tituli*). *Codices*, n. 1835.

M^4 — München, Bayerische Staatsbibliothek Clm. 21221. XIVe s., parch., 310x220, f. II+144, deux colonnes ; écrit par une seule main d'origine italienne, décoré selon le modèle péninsulaire ; les marges conservent plusieurs renvois à d'autres ouvrages de l'auteur ; f. I, 3, 4 et 144 blancs ; — *Super lib. I Sententiarum* f. 5ra-143va (f. 1ra-2va *tituli*). *Codices*, n. 1863[9].

N^1 — Napoli, Biblioteca Nazionale VII. B. 5. Début XIVe s., parch., 355x245, f. 106, deux colonnes (trois f. 106v) ; écrit par une main d'origine italienne et décoré selon le style péninsulaire ; 8 cahiers de 12 folios (au dernier, 2 folios ont été coupés), avec réclame située au-dessous du début de la col. b ; les marges conservent maintes corrections et des notes parfois très longues de la même main qui a écrit le *principium* (f. 106) ; provenant du couvent dominicain de la ville, San Domenico Maggiore, dont il conserve la cote : « XV. II. 2 » ; — *Super lib. I Sententiarum* f. 1ra-106ra ; — *Ia pars Summae* (*fragment de la* q. 53, a. 1) f. 106va ; — *Anonymus, Principium, inc.* : « Quia repleta est terra scientia dei ... Verbum propositum scribitur ysa. XI. in quo quidem verbo sacra theologia que proprie sapientia dicitur... »[10] f. 106va-c. *Codices*, n. 1916.

N^2 — Napoli, Biblioteca Nazionale VII. B. 17. Fin XIIIe s., parch., 335x245, f. 105(+15a), deux colonnes (sauf f. 105) ; écrit selon un module italien et décoré avec un certain soin ; il se compose de 9 fascicules, marqués tantôt par des lettres, tantôt par des chiffres (les cahiers sont de 12 folios, sauf le dernier, auquel 2 folios ont été coupés) ; les colonnes sont numérotées ; f. 1r, au-dessous de la col. a on lit, aux ultraviolets, un numéro que l'on peut déchiffrer comme « 18[47] » ou bien « 18[17] » ; marg. sup. f. 105r : « Iste liber est fratris Antonii de flumine de pal'c. [Palermo ?] Ordinis fratrum[?] predicatorum quem fecit //// //// de Lentino[?] » ; au f. 1r il conserve la cote « 23 » ; — *Super lib. I Sententiarum* f. 1ra-104vb (f. 105ra-vc *tituli*). *Codices*, n. 1926.

N^3 — Napoli, Biblioteca Nazionale VII. B. 33. Milieu du XIIIe s., parch., 320x215, f. 187, écrit sur deux colonnes selon un module universitaire parisien, la décoration est également parisienne ; composé à l'origine de 19 cahiers (l'astérisque indique la réclame) : 1^{6-2}(1-10)* 2^6(11-22)* 3^6(23-34)* 4^6(35-46)* 5^6(47-58)* 6^6(59-70)* 7^6(71-82)* 8^6(83-94)* 9^2(95-98) 10^6(99-110)* 11^6(111-122)* 12^6(123-134)* 13^{6-1}(135-145) 14^6(146-157) 15^{6-2}(158-167)* 16^{6-2}(168-177) 17^{6-1}(178-188) 18^6(189-200) 19^{6-2}(201-210) ; au 17e cahier manquait un folio entre f. 187 et 188 et au 19e les deux derniers folios ; aujourd'hui sont coupés, avec perte de texte : 2 folios entre f. 5 et 6 ; 1 f. entre

9. M^5 = München, *Bayerische Staatsbibliothek Clm. 317* : fragment.

10. Édité par TH. KAEPPELI, « Mittellungen über Thomashandschriften der Biblioteca Nazionale in Neapel », dans *Angelicum* 10 (1933), p. 112.

f. 138 et 139 ; 2 f. entre f. 166 et 167 ; 2 f. entre f. 177 et 178 et les f. 188-210 ; à partir du 8e fascicule, les diplômes sont marqués par une lettre à l'encre rouge dans la marge inf. du recto ; dans les marges sont conservées corrections et annotations, parmi lesquelles nous distinguons celles d'un utilisateur-réviseur, U^1, d'origine italienne, qui, au f. 1v mg. ext., restitue deux passages que le copiste principal avait omis par saut du même au même (homoeoteleuton) ; au f. 2r mg. int., il restitue le mot « particularia » (cf. cas n° 2, chap. III, § 1.1.3.2) et, au f. 5r mg. ext., il intègre, dans la présentation de la matière de la dist. 2, le titre du nouvel a. 3 (rectification B) et corrige le titre de l'ancien a. 3 en a. 4 : « Tercio [.IIII. *U^1, en interligne*] utrum illa [illa *effacé par U^1*] unitas [diuine essencie *ajoute U^1 en interligne*] compaciatur pluralitatem personarum » ; une main plus soignée, U^2, a gratté ensuite le titre écrit par U^1 dans la marge extérieure, et l'a écrit à nouveau dans la marge supérieure : « Tertio utrum pluralitas rationum secundum quas attributa differunt sit aliquo modo in deo uel tantum in intellectu ratiocinantis » (v. chap. IV, § 2.1.2) ; en outre de la correction du texte, au moins jusqu'au f. 17v, la main U^1 se charge également d'écrire, en marge, des notes de contenu (cf. f. 1v mg. int. « philosophus accipit sapientiam a sapere. set nos a sapore. » ; f. 14r mg. int.) ; f. 43v mg. inf. (en correspondance de la d. 21) : « et sic secundum hoc assignatur falsa secundum quid et simpliciter. posset et esse falsa consequentis. ab inferiori ad superius, negando, hoc enim quod dico [- siue *exp.*] deus quia [?] superius est ad patrem. set alius a deo, est inferius ad hoc quod est [- e *exp.*] alius a patre. quia in minus se habet » ; et, enfin, cette main inscrit des renvois à certains lieux parallèles du deuxième livre (v. f. 17r mg. ext.[11]) : il s'agit donc d'un utilisateur d'origine, qui, ayant trouvé des omissions dans le texte, y porte remède. À partir du f. 16r ce genre de corrections est fait par une main bien plus posée, mais le module est le même que celui de la main U^1 ; je désigne cette main par R : elle apparaît pour la première fois dans la marge intérieure du f. 16r et poursuit son œuvre de correction jusqu'à la fin du ms., y compris le texte du *Super II Sent.* (l'identité de main entre U^1 et R n'est pas exclue ; cependant je n'ai pas d'éléments certains pour l'affirmer). La main d'un deuxième utilisateur, U^2, apparaît pour la première fois au f. 1r, mg. ext., pour suppléer l'omission de six mots de la part du copiste principal, mais au f. 1v, mg. ext., cette même main écrit une note de contenu qui contourne une note de U^1 (celle-ci est donc intervenue antérieurement sur les marges). U^2 semble cependant le premier vrai utilisateur de ce codex (pour l'identification de cette main il faut tenir compte au moins de deux notes, à savoir, f. 7r mg. sup. et f. 2r mg. sup.) : il écrit parfois dans les marges des notes de contenu, du genre : « Volunt autem dicere quidam... » (f. 3r), « Huic tamen obuiare videtur... » (f. 8r mg. ext.), « Secundum hoc. nota quod dixerunt aliqui... »

11. Voici le texte du renvoi : « Qo. utrum sit composita ex materia et forma. secundo libro dist. xvij et de compositione angeli. secundo libro d. iij. ». Il faut remarquer que nous nous trouvons ici à la hauteur de dist. 8, a. 2 du Ier livre et que en dist. 3 du IIe livre on trouve un renvoi qui correspond à ce lieu : « Quere hoc idem supra I° libro d. 8. 2 articulo » (f. 107v mg. sup.) et cela par la main U^2.

(f. 12r mg. ext.) ; « Hic potest queri utrum deus potuerit mundum facere antequam fecit » (f. 91v mg. inf. ; le *Hic* est précédé par un « H », tracé selon le module habituel de la main U^2)[12] ; c'est cette main U^2 qui, au f. 2r mg. sup. et mg. ext., écrit le texte de la rectification D, sur la théologie comme science subalternée, en contournant une note de la même main, précédemment consignée au début de la marge ext. : « Huic contra. secundum philosophum... », concernant l'ad 1m de l'a. 4 du prologue (v. chap. IV, § 2.1.3). Nous croyons pouvoir assigner à cette même main certaines notes, parfois longues, dont les auteurs sont indiqués : « Vel dicendum cum aliis... Bona<ventura> » (f. 36v ; et aussi f. 23v), « Pe<trus de Tarantasia> » (32r, 93r). Je n'exclus pas l'intervention d'une troisième main, U^3, qui indique parfois le contenu du texte de pleine colonne ou bien qui écrit des notes dans les marges (par ex. f. 46r, mg. sup. et ext.). Enfin, au f. 57r mg. ext., une autre main, U^4, recopie le passage refait dans d. 27, q. 2, a. 2 sur la diction du nom « uerbum » en Dieu : cette main ne semble pas intervenir ailleurs dans les marges et elle recopie la rectification quand U^2 avait déjà écrit en marge une note de contenu, « Quomodo uerbum accipitur in diuinis », placée exactement à l'endroit où commence l'ancienne rédaction du texte destiné à être remplacé par le passage A (cf. chap. IV, § 2.1.1) . Les mains qui interviennent dans les marges de ce ms., ainsi que celle du copiste principal, sont toutes des mains italiennes, bien que la décoration du ms. soit parisienne, datable des années 1250. Le ms. provient du couvent dominicain de la ville, San Domenico Maggiore, dont il conserve les cotes à l'intérieur de la couverture : « XXXIV. I. 23 » (effacée) et « II. II. 16 » ; il transmet le texte du premier *exemplar* α, même s'il ne conserve pas de signes de pièces dans les marges; f. 98v blanc ; — *Super lib. I Sententiarum* f. 1ra-98rb — *Super lib. II Sententiarum* (jusqu'à d. 36, a. 2 : « Responsio. dicendum quod cum homo... ») f. 99ra-187vb. *Codices*, n. 1936.

Nü — Nürnberg, Stadtbibliothek Cent. II, 34. XIVe s., parch., 320x225, f. 248, deux colonnes (trois f. 117r-v et 190r-191r) ; écrit par trois copistes italiens : A, f. 1-115 et 192-248 (pour Thomas d'Aquin et Bonaventure de Bagnoregio) ; B, f. 116-117 ; C, 118-191 (pour Pierre de Tarantaise) ; la deuxième partie du ms. (f. 118-191, Pierre) a été placée ici par un relieur du XVe siècle ; f. 115va : « Explicit liber primus sentenciarum fratris thome de aquino ord. pred. (d'une autre main :) bene correctus » ; f. 116ra, avant la question anonyme sur les attributs divins : « Isti articuli ponendi sunt primo libro. secunda d<istinctione>. post tertium articulum. » ; f. 248ra : « Iste liber est /// fratrum ordinis predicatorum » ; f. 1r et 191v blancs ; — *Super lib. I*

12. Cette longue note concerne la d. 44 et se compose de passages extraits du Commentaire de Pierre de Tarantaise sur cette même distinction. Ces passages sont rassemblés dans l'ordre suivant : PETRI DE TARANTASIA, *Super I Sent.*, d. 44 : a. 4, resp. + a. 5, resp. + a. 5, ad 1m in contrarium + a. 5, ad 1m + a. 5, ad 5m (ed. Tolosae, 1652, t. 1, p. 365-366). La source n'est pas indiquée. Cette façon de composer un texte à partir de plusieurs réponses différentes est une caractéristique d'Annibald Annibaldi, mais ce texte ne se trouve pas dans son Commentaire, ni dans sa première ni dans sa deuxième rédaction (v. chap. IV, § 6.1).

Sententiarum f. 1va-115va (f. 116vb-117vc *tituli*) — *Anonymus*, *<Q. de attributis diuinis>*, *inc.* : « Consequenter queritur an attributa debeant dici de deo... Tertio queritur utrum huiusmodi nomina dicantur secundum puram equiuocationem de deo et de creaturis... Quarto queritur utrum huiusmodi attributa significent aliquid additum supra essentiam diuinam... » f. 116ra-vb (la même question est reproduite dans Bb, *Codices*, n. 122) — *Petrus de Tarantasia, Super lib. I Sent.* f. 118ra-189vb (f. 190ra-191rc *tituli*) — *Bonaventura, Super lib. I Sent.* f. 192ra-248ra — *Thomas de Aq., De aeternitate mundi, inc.* : « Supposito secundum fidem mundum non fuisse ab eterno, questio est utrum potuerit semper fuisse cum semper non fuerit. Et hec questio pertinet ad potentiam dei. Set ne in ambiguo procedamus... » ; *expl.* : « ...deus non possit facere quod sint infinita actu. Hec et ul'a [plura alia : *les autres mss de la même famille*] ad utramque partem adduci possunt. quid autem de hoc tenendum [- quod mundus habuit] sit diligens lector attendat. hoc tamen sine dubitatione tenendum quod mundus habuit durationis inicium, quia scriptura que mentiri non potest dicit hoc et sancti. vnde philosophorum opinio in hoc fuit erronea. Vtrum autem ipse deus ab eterno eum [ab eterno eum *iter.*] facere potuerit, ipse nouit, si enim non potuit hoc non propter eius inpotentiam fuit set propter inpotentiam creature que fieri non potuit ab eterno etsi deus eam facere potuit. § Explicit. » f. 248ra-vb (à propos de cette rédaction v. : ed. Leon., t. 43, p. 78). *Codices*, n. 1986.

O^1 — Oxford, Balliol College Library 51. XIIIe-XIVe s., parch., 318x217, f. 163, deux colonnes , écrit par un copiste anglais et décoré selon le style insulaire ; au f. 14rb il y a un renvoi à l'article sur les attributs divins à ajouter après l'art. 2 de la d. 2, mais l'article ne se trouve pas dans le ms. ; très corrigé dans les marges, il présente sur les feuilles de garde beaucoup de questions anonymes différentes ; le f. 163, mutilé (mm. 255x70), offre le commencement du *Super lib. III Sent.* ; 1v, 3v, 4r et 161 blancs ; — *Super lib. I Sententiarum* f. 5ra-158vb (f. 159ra-160vb *tituli*). *Codices*, n. 2083.

O^2 — Oxford, Lincoln College Lat. 95. XIIIe s. (avant 1286), parch., 280x200, f. 126, deux colonnes (trois, f. 125r ; à longues lignes f. 125v-126r) ; écrit par plusieurs copistes d'origine italienne, décoré selon le style péninsulaire ; les cahiers sont de 12 folios (f. 1-2 diplôme ; 87-97 un sénion auquel manque le dernier folio ; 98-107 quinion, 108-116 quinion auquel manque le dernier folio ; 117-124 quaternion ; 125-126 diplôme, dont le dernier folio est collé à la couverture) ; une main, qui apporte maintes corrections dans les marges, écrit au f. 81v (concernant la d. 27 q. 2 a. 2) : « Communitas parisiensis modo tenet quod verbum tantum personaliter dicatur et quod etiam frater Th. modo in hoc consentit non quod distinctio hic posita sit erronea, sed quia sancti communiter non utuntur hoc nomine nisi personaliter » ; d'une main italienne sont les fragments d'une « alia lectura fratris Thome » (f. 2vb « Isti articuli possunt poni in distinctione secunda primi libri secundum aliam lec<turam> fratris T<homae> », formule reprise à plusieurs endroits (cf. » s. a. l. » f. 16va, 17rb, 19vb, 20rb, 21ra, 30va, 123vb, et f. 30r marge inf. : « resumatur in principio huius columpne sec. a. l. ») ; la même main italienne écrit également les extraits d'Albert le Grand (v. ci-dessous) ; au sommet du f. 2r, on peut lire avec la lampe de Wood : « Frater Iacobbus Ray.<nucii> perusinus debet recipere de fratre <Nicolao de Mediolano> xlij. sol. pro isto libro. Et pro predicta pecunia predictus frater <Nicolaus promisit>... » (Iacopo di Ranuccio, † 13.08.1286, v. E. Panella[13], p. 369) ; en bas du f. 81r, à la mine de plomb : « fratris nicholuti » ; — *Super lib. I Sententiarum* f. 3ra-123va (f. 125r table alphabétique des matières) — *Anonymus*, *Super lib. I Sententiarum*, *prologus*, *inc.* (2ra) : « Ego in altisimis habito et tronus meus in colupna nubis. eccli. xxiiij. Omnium hominum qui aliquas scientias tradiderunt intentio fuit ad duo ... » — « alia lectura fratris T. » *super lib. I Sententiarum* : *excerpta*[14] *ex* d. 1-18, 23, 24, f. 1va-2vb, 4r-54v in marg., 67v-69v in marg., 123va-125ra — *Albertus Magnus*, « In secundo suo de anima, tractatu 3° », *excerpta* f. 125v-126r. *Codices*, n. 2117 ; E. PANELLA, *ibid.*, p. 369-395 ; ID., *Scriptores ...*, t. IV, p. 153.

O^{4} — Oxford, New College 116[15]. XIIIe-XIVe s., parch., 335x223, f. III+104(-79), deux colonnes , écrit par deux copistes (anglais ?) : A, f. IIIr-53r ; B, f. 53r-103v ; la décoration est anglaise ; les fascicules sont de 12 folios ; le deuxième copiste insère des signes de pièces qui diffèrent de la série de l'*exemplar* parisien (cf. E. Booth, p. 227 et p. 249-250) ; f. 102va : « Explicit liber primus thome » ; — *Super lib. I Sententiarum* f. IIIra-102va (f. 102vb-103vb *tituli*). *Codices*, n. 2155.

O^{5} — Oxford, Oriel College Library 8. Début XIVe s., parch., 392x265, f. 390(+3bis et 95bis)+II', deux colonnes ; écrit par un seul copiste (sauf f. 3-10, 111, 232v-234r, 390) ; décoration anglaise ; les colonnes sont numérotées de la façon suivante : 1-882 (pour les livres Ier et IIe des *Sentences*), 1-603 (pour le IIIe) ; f. 3r : « Isti sunt articuli in quibus uidetur esse repugnantia inter summam et primum et secundum scripti super sententias et etiam super 3 et quartum »[16] ; le f. 6ra-vb transmet l'article sur les attributs divins ajouté à la d. 2 du commentaire au Ier Livre, annoncé ainsi, à la fin de l'a. 2 de la même d. 2 (f. 16rb) : « hic deficit una questio de attributis secundum aliquos libros et ponitur in principio huius libri tali signo... » (cf. ci-dessous, chap. IV, § 2.1.2) ; le ms. contient plusieurs extraits d'autres ouvrages de Thomas (v. *Codices*) ; f. 1, 234v, 389v et I-II blancs ; – *Super I lib. Sententiarum* f. 11ra-110vb —

13. E. PANELLA, « Iacopo di Ranuccio da Castelbuono OP testimone dell' "Alia lectura fratris Thome" », MD, Nuova Serie 19 (1988).

14. M. F. JOHNSON, « Alia lectura fratris thome. A List of the New Texts of St. Thomas Aquinas found in Lincoln College, Oxford, MS. lat. 95 », RTAM 57 (1990), p. 34-61. Nous étions en train de corriger les épreuves de notre ouvrage quand est parue l'édition de ces fragments dans : THOMAS AQUINAS, *Lectura romana in primum Sententiarum Petri Lombardi*, ed. L. E. BOYLE & J. F. BOYLE, Toronto, 2006. Le titre de cet ouvrage ne doit cependant pas faire illusion. Il ne faut pas croire, en effet, que tous les textes qui y sont édités sortent directement de la plume de Thomas d'Aquin ou, s'il en sortent, qu'ils appartiennent à sa *Lectura romana*. Pour de plus amples éclaircissements, nous renvoyons à la recension de cet ouvrage que nous préparons pour la *Revue des Sciences philosophiques et théologiques*.

15. O^{3} = Oxford, *Merton College Library I.3.2* (Coxe 97) commence seulement à la dist. 8, q. 1, a. 1 : « agendum. set Dyonisius prius agit ... ».

16. Cf. R.-A. GAUTHIER, « Concordances », BT 9 (1954-56), p. 936.

Anonymus, Questio de dimensionibus interminatis, inc. : « Questio utrum sit ponere dimensiones interminatas in materia ante omnem formam substantialem que per adventum forme fiant terminate. Et primo videtur quod sic. Due enim forme... » f. 111ra-vb — *Super II lib. Sententiarum* f. 112ra-231ra (f. 231rb-232va *tituli*, corrigés et répétés par une autre main f. 232va-234rb) — *Super III lib. Sententiarum* f. 235ra-386va (f. 386vb-389ra *tituli*). *Codices*, n. 2166.

O^8 — Oxford, Lincoln College Lat. 4[17]. Moitié du XIVe s., parch., 323x227, f. I+241, deux colonnes ; écrit par un seul copiste anglais (sauf f. 241r), décoration anglaise ; au f. 241r, à la mine de plomb, le nombre de fascicules du ms. est ainsi indiqué : « XXti pecie scripte » et au f. 241v la note suivante est grattée : « Iste liber est fratrum predicatorum » ; f. I blanc ; — *Super lib. I Sententiarum, prologus*, (fragment, collé à l'intérieur de la couverture antérieure, *inc. prol.*, u. 77 : » fortiter et disponit omnia suauiter ... » ; *expl. art. 1,* u. 44 : « sicut patet in omnibus artibus ordinatis ») ; — *Q. disp. de ueritate* f. 1ra-235ra (f. 235rb-236vb *tituli quaestionum et articulorum*) ; — *IIa-IIae partis Summae* (fragm. de la q. 87 a. 1, sur un folio collé à l'intérieur de la couverture postérieure). *Codices*, n. 2114.

P^1 — Paris, BnF lat. 15337 (Sorbonne 570). Fin du XIIIe s., parch., 365x245, f. I+129, deux colonnes ; écrit selon le module parisien par deux copistes : A, f. 1-96 et 115-129 ; B, f. 97-114 ; la main B intervient pour réparer l'erreur suivante : le copiste principal, après avoir terminé la pièce 29 du texte de Thomas d'Aquin, poursuit avec la pièce 30 du Commentaire de Pierre de Tarantaise qu'il mène à son terme (f. 115ra l. 13-f. 129) ; le deuxième copiste reproduit donc ce qui manquait au Commentaire de Thomas d'Aquin (f. 97va-114vb l. 21), mais il ne termine pas son travail et abandonne le texte avant les cinq dernières distinctions ; les fascicules sont composés de 12 folios, sauf f. 97-114 et f. 127-129 (2 quinions mutilés des deux derniers folios) ; f. 52ra mg. : « XVIII. pe<cia> » ; les marges présentent beaucoup de corrections, surtout aux f. 53r-114v (H. V. Shooner est réticent dans sa description sur l'attribution de ces notes à Godefroid de Fontaines dans *Manuscrits datés*, t. III, p. 682 ; notre confrontation de ces notes avec les autographes de Godefroid nous permet d'exclure cette attribution et, d'autre part, R. Wielockx nous a communiqué que l'on peut exclure également l'attribution de ces notes à une des mains des secrétaires de Godefroid) ; inventorié dans la liste des mss du Collège de la Sorbonne de 1338, il est possible qu'il y figurait déjà en 1290 (cf. R.-H. Rouse[18], p. 64) ; — *Super lib. I Sententiarum* : A, du début jusqu'à la d. 37, q. 4, a. 1, arg. 2 : « ...contrarietas ut per se corrumpatur » (fin pièce 29), f. 1ra-96vb et 115ra, l. 1-13 ; B, du début de la d. 37, q. 4, a. 1, jusqu'à la d. 43, q. 1, a. 2 : « si mundus semper maneret » f. 97ra-114vb ; — *<Petrus de Tarantasia> Super lib. I Sententiarum*, du début de la d. 43, q. 1, a. 2, set c. 3 : « sed finitas ab actu et

17. O^6 = Oxford, *Oriel College 86, fragm. 33-34* (*Super I lib. Sententiarum*, d. 8, q. 3-5), *Codices*, n. 2171. Et encore O^7 = Oxford, *Wadham College Library W.5* (*Super I lib. Sententiarum*, fragm. d. 19, q. 4-5), *Codices*, n. 2180.

18. R.-H. ROUSE, « The Early Library of the Sorbonne », in *Scriptorium*, 21 (1967).

complemento... » (pièce 30) à la fin du commentaire, f. 115ra-129ra. *Codices*, n. 2346.

P² — Paris, BnF lat. 15338 (Sorbonne 572). Fin XIIIe s., parch., 365x275, f. 119, deux colonnes ; écrit par plusieurs copistes, écriture et décoration suivent le style parisien ; fascicules de 12 folios (le dernier est mutilé de deux folios) ; dans les marges il y a beaucoup de notes à la mine de plomb ; sur f. 1 (employé en fonction de garde), écrites par une main du XIVe s., on peut lire plusieurs questions sur la théologie, où Thomas est cité : « Utrum de credibilibus possit esse scientia... Utrum theologia sit scientia... Utrum theologia sit una scientia... » ; identifié dans l'inventaire de 1338 ; f. 2r on lit la rubrique : « Incipit liber primus super sententias fratris T. de aquino de ordine fratrum pred. » ; il semble avoir été copié sur pièces, même s'il n'en a pas conservé de signes ; — *Super lib. I Sententiarum* f. 2ra-119va. *Codices*, n. 2347.

P³ — Paris, BnF lat. 15761 (Sorbonne 569). Fin du XIIIe s., parch., 325x225, f. 155, deux colonnes (trois f. 1-2) ; écrit par un seul copiste, il n'a pas été décoré comme les espaces blancs le réclamaient ; les fascicules sont des sénions (f. 1-2 bifeuillet ; f. 147-155 quinion mutilé du dernier folio) ; probablement recopié sur pièces ; — *Super lib. I Sententiarum* f. 3ra-155vb (f. 1ra-2rc *tituli*). *Codices*, n. 2366.

P⁴ — Paris, BnF lat. 15762 (Sorbonne 571). XIIIe s. (avant 1290), parch., 335x240, f. 104, deux colonnes ; écrit par deux copistes : A, f. 1-65ra ; B, f. 65ra-104vb ; ce dernier scribe recopie également le ms. *Paris, BnF, lat. 15767* (*Codices*, n. 2372), qui reproduit le commentaire de Thomas *Super lib. II Sent.* (P⁹) : ces deux mss, à l'origine, formaient un seul codex (v. dans *Codices, n. 2367* la description du présent ms.), comme nous le confirme la qualité du parchemin : en effet, le scribe B a repris le travail laissé incomplet par le scribe A, mais, lorsqu'il eut complété le cahier commencé, il a utilisé un parchemin d'une autre qualité, sur lequel il a continué son travail jusqu'à la fin du Commentaire au IIe livre (*Paris, BnF, lat. 15767*) ; l'écriture et la décoration est parisienne ; les fascicules sont de 12 folios (le dernier est un quaternion, mutilé du folio final) ; en marge du f. 63r, la note : « hic deest quod suppletur in fine » annonce une longue omission qui va de la d. 27, q. 2, a. 2, arg. 3 : « persona est verbum et ita », à la d. 29, q. 1, a. 2, arg. 1 : « enim dicit Basilius... », cependant le texte omis ne se trouve ni à la fin de ce ms., ni dans celui qui lui était joint (*BnF, lat. 15767*) ; recensé dans les inventaires de 1290 et de 1338 ; vraisemblablement recopié sur pièces ; — *Super lib. I Sententiarum* f. 2ra-104va (f. 104va-b *index distinctionum*). *Codices*, n. 2367.

P⁵ — Paris, BnF lat. 15763 (Sorbonne 573). Fin du XIIIe s., parch., 335x235, f. 147+I', deux colonnes ; écrit par un seul copiste ; écriture et décoration parisiennes ; les fascicules sont de 12 folios (f. 4-23 et f. 132-141 de 10 folios ; 142-147 de 6 folios) ; copié sur pièces ; f. 144v-147v et 1r blancs (le f. I' contenait des notes qui ont été lavées) ; — *Super lib. I Sententiarum* f. 2ra-141rb (f. 142ra-144rb *tituli*). *Codices*, n. 2368.

P^{7} — Paris, Bibliothèque Mazarine 835 (1073 ; 412)[19]. Fin du XIIIe s., parch., 336x243, f. 102, deux colonnes ; écrit par les copistes du ms. *Paris, Mazarine 838* (*Codices*, n. 2546) reproduisant le Commentaire au IIe Livre (P^{11}); les fascicules sont de 12 folios (f. 1-6 de six ; f. 91-100 de dix ; f. 101-102 de deux) ; copié sur pièces ; — *Super lib. I Sententiarum* f. 1ra-99va (f. 99va-101rb *tituli*). *Codices*, n. 2543.

P^{8} — Paris, Bibliothèque Mazarine 836 (925). XIVe s. (1304), parch., 302x205, f. I+157, deux colonnes ; écrit par une même main et décoré selon le style parisien, il se compose de sénions (sauf f. 1-30 quinions, et 151-157 ternion augmenté d'un feuillet) ; f. 155ra : « Expliciunt questiones supra primum sententiarum secundum fratrem thomam de aquino de ordine fratrum predicatorum. scripte in hoc libro. Anno domini .M°. ccc°. quarto. circa festum pentecostes » ; f. 157r, à la fin de la table, le même copiste écrit : « Consummatum est opus » et, tout en bas, il ajoute : « Illuminacio valet III sol. ligatura XII d'. pergamenum XIIII sol. omnia circiter XVIII sol. par. et pena scriptoris non computatur. Mei Scilicet » ; au bas du f. 1r, d'une main du XVe s. : « Iste liber est sancti victoris parisiensis... » ; f. Iv, Claude de Grandrue († 1520), bibliothécaire, donne l'index suivant du ms. : « Tabula sequentium. | Scriptum Sancti thome de aquino super primum sententiarum | Cuius prologus.1. Prima distinctio.4. Decima.25. [*pour* f. 35] | Sextadecima.51. Vicesimaquarta.80. Quadragesima | .133. Quadragesima octaua.152. De contemplatione philosophie ... [trois mots]. C<arte>.157 », suivi de la cote : « H.10 » ; blanc f. 157rb-v ; — *Super lib. I Sententiarum* f. 1ra-155ra (f. 155ra-157ra *tituli*). *Codices*, n. 2544 ; G. OUY, t. 2, p. 66[20].

P^{9} — Paris, Bibliothèque Mazarine 837 (1057 ; 319). XVe s., parch., 326x235, f. I+164+I', écrit sur deux colonnes par une seule main ; composé de quaternions (f. 145-164 quinions) ; en haut du f. 1r, d'une main du XVIe s. : « Pro libraria Regalis collegii Campaniae alias Navarrae »; f. I, 164v et I' blancs ; — *Super lib. I Sententiarum* f. 1ra-162ra (f. 162ra-164ra *tituli*). *Codices*, n. 2545.

P^{10} — Paris, Bibliothèque inter-Universitaire de la Sorbonne 202. Début XIVe s., parch., 323x215, f. 157, deux colonnes ; recopié par trois copistes (d'origine anglaise pour le premier et le troisième, française pour le deuxième) : A, f. 1r-63r ; B, f. 63r-104v ; C, f. 105r-153v (cf. la note du f. 152rb dans *Codices*) ; décoration parisienne ; composé de sénions (f. 97-104 quaternion) ; les f. 154-157, d'un autre ms., conservent des passages de la Glose de Pierre Lombard sur l'Épître aux Romains ; — *Super lib. I Sententiarum* f. 1ra-152rb (f. 152va-153vb *tituli*). *Codices*, n. 2577.

Pr — Praha, Archiv Prazsk. Haradu, A. 17/2. XIIIe s. (c. 1290)[21], parch., 353x235, f. IV+116+IV', deux colonnes ; écrit par une main d'origine

19. P^{6} = Paris, *BnF lat. 15776* : *Super lib. I Sententiarum* (fragm. des d. 30-32) aux f. 254ra-256vb ; *Super lib. IV Sententiarum* f. 2ra-250rb ; *Codices*, n. 2381.

20. G. OUY, *Les manuscrits de l'Abbaye de Saint-Victor*, Tournhut, 1999.

21. Certainement antérieur à 1298 (v. f. IV'v), il transmet une question de Robert de Wynchelsey, encore désigné par le titre de maître : puisqu'il devint archevêque de Canterbury le

anglaise ; la décoration est également anglaise ; les cahiers se composent de 12 folios (sauf f. I-IV bifeuillet et f. 109-116 quaternion) ; f. Ir, d'une main anglaise : « Determinacio magistri Rob.<erti> de Wynchel.<sey> Questio est utrum ista duo sint compossibilia in deo, scilicet quod relationes differant ab essentia »[22] ; de la même main, et probablement du même auteur, on lit une longue note sur les relations divines, dans la marge inf. du f. 68v ; f. IIr, de la même main que la question précédente, on trouve un catalogue bien connu des ouvrages de Thomas d'Aquin : « Opera subscripta sunt que edidit uenerandus frater t'. de aquino de ordine fratrum predicatorum »[23] ; f. IIva-IIIrb, d'une autre main anglaise : « Ista sunt dubia de dictis fratris Thome de Aquino. in quibus uidetur aliud sentire in opere et aliud in summa et aliud in disputatis »[24] et dans la marge (une autre main ?) note la matière Livre par Livre, en commençant par le premier : « Variacio dictorum in prima parte summe et primo sententiarum » ; f. 116r-v (feuillet volant) deux questions sur la théologie : « Vtrum finis theologie sit operatio uel ueritas » et « Vtrum theologia sit scientia » ; au bas de f. 1r : « Liber magistri Iohannis Herttemberger de Cubito » ; f. III'v : « Pignus fratris Willelmi placy /// in cista de /// » ; f. IV'v : « Cautio fratris Wilh. Placii inpignorata in communi cista sancti Edmundi regis pro dimidia marcha die mercurii proximo post festum sancti Edwardi in marcio anno domini MCC nonagesimo septimo » (= 19 mars 1298) ; f. IV'v : « Memoriale f. sp. de ordine carmelitarum pro /// » ; Iv, IIIv, IV, 116, I'r-III'r, IV'r blancs ; — *Super lib. I Sententiarum* f. 1r-112v (f. 113r-114v *tituli* ; f. 114v-115v table comparative des matières des livres I-III, renvoyant aux lieux correspondants de la *Somme de théologie*). *Codices*, n. 2631[25] ; PATERA-PODLAHA, n. 29[26] ; J.-P. TORRELL, p. 6 -7[27].

Rn — Rouen, Bibl. municipale A. 206 (573 ; Gemmeticensis E. 8). Début du XIVe s., parch., 312x221, 108 fol., deux colonnes (f. 108rv pleines lignes) ; une seule main écrit le Commentaire, tandis que des mains différentes recopient la table (2ra-3vb) et les autres textes (f. 107vb et f. 108rv) ; les cahiers sont signés par une lettre, a–i, à l'angle inférieur externe du recto et portent tous la réclame au centre de la marge du dernier folio : ils se composent

13 février 1293, le ms. serait-il antérieur à cette date ? Voir H.-V. SHOONER, *Listes anciennes des écrits de Thomas d'Aquin*, Thèse présentée en vue de l'obtention du grade de *Philosophiae Doctor* (Ph. D.) en théologie, Collège Dominicain de Philosophie et de Théologie, Ottawa, 1974, p. 44-47.

22. La question est éditée, d'après deux autre mss, par A. G. LITTLE–F. PELSTER, *Oxford Theology and Theologians*, Oxford, 1934, p. 142-145.

23. Ce catalogue a été étudié et réédité par H.-V. SHOONER, *Listes anciennes...*, p. 48-50 ; on peut consulter cette liste dans un ouvrage plus facile d'accès : M. GRABMANN, *Die Werke...*[3], p. 96-99.

24. Cf. R.-A. GAUTHIER, « Les 'Articuli in quibus ...' », cit., p. 282.

25. Ro = Rochester, Mayo Clinic Library, 1 Mv O 1948 : *Super lib. I Sent.*, d. 26, II, a. 3, ad 3m– d. 27 (début) ; *Codices*, n. 2759A.

26. A. PATERA ET A. PODLAHA, *Soupis rukopisů knihovny metropolitní kapitoly Pražské*, Vol. I, Praha, 1910.

27. J.-P. TORRELL, « Les *Collationes in decem preceptis* de Thomas d'Aquin. Édition critique avec introduction et notes », dans RSPT, 69 (1985), p. 6-7, repris dans : ID., *Recherches thomasiennes*, Paris, 2000, p. 48-49.

de 12 folios (excepté un binion mutilé, f. 1-3, et un quaternion, f. 100-108) ; en cursive moderne (XVe s.) f. 1v : « Iste liber est de abbatia gemeticen<si>. Si quis eum alienauerit anathema sit. Amen » ; et un peu plus bas, d'une main postérieure : « Ex monast<erio> Gemm<eticensis> Congreg<ationis> S. Mauri » ; « ego mutuaui librum qui dicitur summa fratris bartholomei[28] et pro uadio recepi istum per manum magistri N. Lamberti ut per ipsius cedulam patet » ; f. 4r, de la main de l'annotateur principal (XIVe s.) : « Primus sententiarum fratris thome de aquino et est magistri /// » ; f. 107v mg. ext. : « De abbacia gemeticensi prope rothomagnum in normannia. Lacheur[?] » ; f. 108v : « In collegio de Berthoud prope portam bordellorum » ; d'une même main, du XIVe siècle, sont les questions anonymes suivantes : f. 3vb « Queritur utrum in Christo fuerit uera passio tristitie » ; f. 107vb, *Prol. Super lib. II Sent., inc.* : « Ego dominus et non est alter formans lucem ... Ysa. xxv. Dicuntur ista uerba, in quibus opus creationis uniuersaliter describitur ... » ; f. 108r : « Queritur utrum liceat sacerdoti penitus cessare a celebratione misse » ; f. 108r : « Queritur utrum uirginitas sit preferenda matrimonio » ; — *Super lib. I Sententiarum* f. 4ra-107va (f. 2ra-3vb *tituli*). *Codices*, n. 2815 ; H. OMONT, p. 142[29] ; G. NORTIER, p. 123[30].

Om — Saint-Omer, Bibl. de l'agglomération 122 (254). XVe s., parch., 312x231, f. I+158+II', deux colonnes ; écrit par plusieurs copistes (?), décoré selon le style parisien, f. 1r, lettrine initiale, colorée en bleu, violet et or ; il a appartenu à l'abbaye de Saint-Bertin (probablement sous la cote « 254 ») ; le colophon : « Explicit primus liber scripti sancti thome de aquino. per petrum monachi de genestie. pro et nomine /// » et f. 1r : « hunc librum acquisiuit frater Iohannes robins monachus /// et fecit eum scribi parisius per manus magistri petri de /// » ; f. 1v : « primum scripti sancti thome 2° f°. et ab ipso » ; f. 1r transmet un ample fragment d'une lettre close concernant « Merlo »[31] ; le ms. est très abîmé par l'humidité ; f. 1v, 158, I'-II' blancs ; — *Super lib. I Sententiarum* f. 2ra-156vb (f. 157ra-158rb *tituli*). *Codices*, n. 2826 ; M. MICHELANT et coll., p. 70[32].

28. Il peut s'agir de la *Summa de casibus* de Barthélemy de Sancto Concordio, recensé dans le catalogue des mss de l'abbaye de Jumièges, cit., au n. 606, p. 124.

29. *Catalogue général des manuscrits des bibliothèques publiques en France. Départements. t. I. Rouen,* par H. OMONT, Paris, 1886.

30. G. NORTIER, « Les bibliothèques médiévales des abbayes bénédictines de Normandie. Chapitre IV, La bibliothèque de l'Abbaye de Jumièges », dans *Revue Mabillon*, 48 (1958), p. 123.

31. Nous remercions vivement M. Morard qui, ayant transcrit ce document d'après une copie peu lisible, nous écrit, entre autres observations, que « Merlo » pourrait peut-être désigner Merlaut, arrondissement et canton de Vitry-le-François (Marne) et que le texte est « en moyen français par une main du XVe siècle (écriture cursive *bastarda currens* à main posée ; 1430-1460 env.) ».

32. *Catalogue général des manuscrits des bibliothèques publiques des départements*, t. III, par M. MICHELANT et collab., Paris, 1861. — Nous remercions vivement M. F. Trupin, Conservateur de la *Bibliothèque de l'agglomération de Saint-Omer*, qui nous a gracieusement envoyé copie du f. 1r et nous a confirmé que la cote « 254 » n'est pas une ancienne cote de la Bibliothèque publique.

Sa — Salamanca, Univ. 1840 (San Bartolomé 65 ; Pal. Real VI E 3 ; 405). Fin du XIVe s., parch., 281x196, I+149 fol., deux colonnes (trois f. 149) ; écrit par plusieurs mains, mais ainsi signé au f. 149r : « Explicit primus liber quem fecit Dominicus ihñis. Finis adest operis. mercedem posco laboris | Iam tibi seruiui. semper tua iussa subiui | Si bene letus ero. si non ueniam mihi quero | Qui scripsit totum debet habere potum. Amen » ; il se compose de 12 sénions, plus un ternion (f. 145-149, mutilé d'un folio) ; à l'intérieur de la dist. 2, qui compte 4 articles seulement, on peut lire la note suivante qui renvoie à l'article 3 sur les attributs divins (f. 8r) : « 3am questionem inuenies in fine libri, tali signo? », mais l'article en question ne s'y trouve pas ; d'une même main on trouve plusieurs notes dans les marges, entre autres au f. 110r et, au sujet de la volonté divine, f. 143r et 147r ; f. I blanc ; — *Super lib. I Sententiarum* f. 1ra-149ra (f. 149ra-vc *tituli*). *Codices*, n. 2838 ; BELTRÁN DE HEREDIA, n. 6, p. 201-201[33].

St — Stams, Zisterzienserstift 52 (H. 14 ; B 27?). XVe s., papier, 270x202, sans pagination, il compte 355 folios, écrit à longues lignes ; f. 355r : « Iste liber pertinet ad sanctum Iohannem baptistam in stambs » ; le seul ouvrage avec mention d'auteur est le commentaire de B. Welsch, tandis que les autres n'ont même pas de titre ; f. 9v, 18r-21v, 218v, 248, 328v-330v, 354v-355v blancs ; — Bernardus Welsch, *Super Sententias* (= Stegmüller, 104), f. 1r-218r — <Thomas de Aq.>, *Super lib. I Sententiarum*, Prol.–d. 4, q. 1 (présentation de la matière) « ... 3° de aliis locutionibus que ex ista littera concluduntur » f. 219-247v ;— *I pars Summae* q. 1–25, a. 1, arg. 3, « ... cum in deo accidens nullum sit. essencie autem » f. 249r-328r[34]. *Codices*, n. 2971 ; «Verzeichnis...», p. 474[35].

Sg — Stuttgart, Württembergische Landesbibliothek, Theol. fol. 339 (1635 ; II. F. 111). Plusieurs mss sont reliés ensemble dans ce codex : on en trouvera la liste ci-dessous, mais nous ne décrivons que celui qui contient le Commentaire de Thomas. XVe s., papier, 290x208, f. 236, deux colonnes ; écrit par deux mains d'origine allemande : A, f. 1-156v ; B, f. 157-236 ; les cahiers présentent tous la réclame et se composent de 6 diplômes (sauf le dernier, quinion auquel manquent deux folios) ; à l'intérieur de la couverture antérieure sont indiquées les ouvrages rassemblés dans ce codex : l'énoncé de la première ligne n'est plus lisible sauf pour les mots « <s>uper primo », mais à partir de la deuxième ligne le texte est clair : (1) « Castigatorium Egidii de Roma ordinis fratrum heremitarum sancti a<ugustini> /// <Cor>ruptorium librorum sancti

33. V. BELTRÁN DE HEREDIA, « Los manuscritos de Sancto Tomás en la Biblioteca Real de Madrid », dans *La Ciencia Tomista*, 34 (1926), p. 196-216.

34. D'après les notes de V.-H. Shooner, le reste du ms. contient : f. 331r-v notules de théologie trinitaire ; f. 332r-340r Canon de la messe et propre de la fête de la Trinité (avec gloses marginales et interlinéaires) ; f. 340v-352r symbole *Quicumque* avec commentaire ; f. 352v-354r petits extraits des Pères ; à défaut d'une reproduction de cette partie du ms. il est impossible de préciser davantage.

35. « Verzeichnis der Handschriften der Bibliothek des Stiftes Stams » [Anonyme, mais Adolf Harnach], dans *Die Handschriften-Verzeichnissse des Cistercienser-Stifte*, (Xenia Bernardina II, Pars secunda), bd. II, Wien, 1891, p. 463-479.

Thome de Aquino » (il s'agit du *Correctorium « Quare »*, du dominicain anglais Richard Knapwell[36]) ; (2) « De Indulgentiis datis pro animabus in purgatorio existentibus per /// » ; (3) « Consolatorium timorator conscientie johannis nider ordinis /// doctoris eximii » (cf. Hain 11807) ; un peu plus bas : « Monasterii Blaupurani 1635 » (il a appartenu ensuite à l'» Evang.-theol. Seminar », avec la cote « II. F. 111 »[37]) ; au milieu de cette même page : « Quocumque tollatur Blauburen semper meum fatur », ce qui est répété un peu plus bas, face à la cote « Cod. theol. fol. 339 » ; f. 1r, marge inf. indication de l'entrée à la Landesbibliothek : « 1928/g/413 » ; f. 236ra « Et sic est finis [suivent 8 mots effacés] » et un peu plus bas : « Per fratrem M.(ichalem[!]) R.(otwil) Professum In Ochsenhawsen. Quondam Hospitem Blaubürren [!] » (le nom et prénom sont complétés à l'encre rouge en interligne) ; f. 236v blanc ; — *Super lib. I Sent.* f. 1ra-236ra. *Codices*, n. 3015.

Tz — Tarazona, Bibl. de la Catedral 48. Fin XIIIe s., parch., 315x200, f. III+154, deux colonnes ; écrit par une seule main (table des articles y comprise), probablement originaire du nord de la France ; décoré dans le style anglais ; il se compose de 13 cahiers de 12 folios (10 f. pour le dernier), avec réclame (sauf aux 10e et 11e cahiers) et numérotation des cahiers au recto du premier feuillet et au verso du dernier, de 1 à 12 ; titre, de la main du copiste, au sommet de la colonne a du f. 1r : « primus thome » et d'une main du XIVe s., f. Ir : « primus sententiarum sancti thome » ; expl. f. 153ra : « Explicit liber primus thome » ; f. Ir, note de prix : « pro iiij ferton. » ; le f. Ir-v conserve des notes à la mine de plomb, illisibles sur le microfilm, tandis que les f. IIr et IIIr transmettent une série de brèves questions sur le Ier Livre, écrites à longues lignes en partie cachées dans la reliure (écriture située entre la fin du XIIIe et le début du XIVe s.) ; f. IIr : (1) « [?] <Vtrum> scientia theologie [4 mots couverts par une tache] dei et beatorum. Videtur quod non, quia in subalternante et subalternata, secundum philosophum, debet esse subiectum [suite illisible] » ; (2) « [?] <Ad> hoc quod aliqua relatio sit realis requiruntur tria. Primo quod fundamentum sit ens actu. Relatio ideo non entis ad ens uel non entis ad non ens non est realis. Item ... » ; (3) « [?] <V>trum pluralitas attributorum sint [!] ab intra. Dicunt quidam quod sic, quia si in deo est pluralitas rei que est ab intra, ergo multo forcius pluralitas rationis. Set pluralitas rei est ab intra. Ergo et pluralitas rationis est ab intra. Item ... » ; (4) « [?] Vtrum deum esse sit per se notum. Dicunt quidam quod sic [trois mots illisibles en interligne] quia omnes

36. P. GLORIEUX, *Les premières polémique thomistes : I. – Le Correctorium corruptorii « Quare »*, édition critique, Paris, 1927 (pour l'attribution de cet ouvrage à Gilles de Rome, v. p. xlv-xlix) ; pour l'identification de R. Knapwell comme auteur, v. L.-J. BATAILLON, « Bulletin d'histoire des doctrines médiévales. La fin du XIIIe siècle », RSPT, 75 (1991), p. 509 ; à propos des manuscrits du *Correctorium fratris Guillelmi* on peut se référer à A. OLIVA, « La deuxième rédaction du *Correctorium* de Guillaume de la Mare : les questions concernant la *I Pars* », dans *« Ad un fine fur l'opere sue ». Miscellanea di studi ...*, Grottaferrata, 2005 <AFH 98 (2005)>, p. 423-436.

37. Cf. P. LEHMANN, *Mittelalterlische Bibliothekskataloge Deutschlands und der Schweiz*, (Königlich Bayrischen Akademie der Wissenschaften in München), I. Bd. : Die Bistümer Konstanz und Chur, München, 1918, p. 14-15.

conditiones que requiruntur ad hoc quod aliquid sit per se notum inueniuntur. Que sunt tres ... » ; (5) « [?] <V>trum essentia anime sit idem quod potentia. Dicunt quod sic et adducunt rationes de materia prima, de forma actuali. Item auctoritas ... » ; (6) « [?] Vtrum possit demonstratiue probari generationem esse in diuinis. Respondeo quod non ratione principii actionis. 'Nulla scientia probat sua principia'. Set quia non habet aliquid prius per que [!] probet – quia theologia prior omnibus scientiis est – set articuli fidei sunt principia theologie. Ergo etc. » ; (7) « [?] Vtrum essentia generet. Videtur quod sic [? similius expositorium] Pater generat. Pater est essentia. Ergo essentia generat. Secundo ... » ; (8) « [?] <Vtrum> in deo sit potentia generandi, dico quod sic 3 rationibus. Primo, ratione perfectionis, quia quidquid est in creaturis perfectionis, totum debet actribui ipsi deo ... » ; (9) « [?] <V>trum illa potentia dicit aliquid absolutum uel relatiuum. Quidam dicunt quod dicit solam relationem – nam potentia dicit principium. Set principium dicit solam relationem. Ergo etc. Item ... » ; (10) « [?] <V>trum filius posset alium filium generare. [?] non posse dicitur quadrupliciter. Primo propter potentie impossibilitatem, sicut uinci est impossibile nec deus potest facere maius se. Secundo propter impossibile[!] coexistenciam ... » ; (11) « [?] <Vtrum> esse et essentia in creatura sit idem realiter. Dicunt aliqui quod sic ... » ; (12) « [?] <V>trum esse deo proprium. responsio. proprie dicitur contra metaphorice. sicut quedam nomina dicuntur de deo. Secundo non conuenit deo. Item, diuiditur contra improprie, sicut dicimus quod calor calefacit improprie ... » ; f. IIv : (13) « Vtrum anima [3 mots illisibles] et in qualibet parte corporis [?] est totum rationale, sicut anima rationalis est uniuersalis ... » ; (14) « D. 10. Vtrum Spiritus sanctus procedit ut amor uel per modum amoris. Si modus sumatur principiatiue, sicut artificiata procedit ab arte ... » ; (15) « D. 11. Vtrum si Spiritus sanctus non procederet a filio, utrum distingueretur ab eo. Quidam dicunt quod sic ... » ; (16) « D. 15. Vtrum missio inuisibilis faciat nos non esse in hoc mundo. Dicit tho.<mas> quod anima comparatur ad corpus et ad obiectum [cf. *In I Sent.* d. 15 q. 5 a. 3 resp.] ; per comparationem ad obiectum non sumus in hoc mundo, set in celo ; set contra hoc obiciunt aliqui ... » ; (17) « D. 17. Vtrum caritas sit aliquid creatum in anima. Dico quod sic. » ; (18) « Vtrum caritas sit actus. Quod sic probatur ex diffinitione[?] accidentis... » ; (19) « Vtrum caritas augeatur per additionem. Dicunt quidam quod sic. Nam caritas dei diffusa est in cordibus ... » ; (20) « Vtrum caritas augeatur in infinitum. Quidam dicunt quod non per rationes inductas at hec... » ; (21) « D. 19. Vtrum nunc eternitatis sit idem cum eternitate. aliter oportet dicere secundum philosophos et aliter secundum ueritatem, quia philosophi considerant euum et eternitas idem esse et hoc dicit ysidorus ... » ; (22) « Vtrum pater sit in filio uel e contrario. ... 'in' dicit indistinctionem existencie et secundum hoc recipitur in diuersis » ; (23) « D. 21. Vtrum dictio exclusiua addita correlatiuorum excludat aliquid. Quidam dicunt quod non ... » ; (24) « D. 22. Vtrum aliquod nomen proprie dicatur de deo. Dico quod quedam nomina important imperfectionem essentialiter ... » ; (25) « D. 26. Vtrum remotis relationibus remaneant ypostases distincte. Quidam dicunt quod ita se habent per ordinem deus, ypostasis, relatio, proprietas ... » ; f. IIIr : (26) « [?]9. Vtrum angelus est in loco. Dicunt aliqui quod sic, ratione connexionis ... » ; (27) « [?] <Vtrum p>lures angeli possint esse simul in eodem loco. dicit tho.<mas> quod non [cf. *In I Sent.* d. 37 q. 3 a. 3] ... » ; f. 153ra-154vb : la table des articles (de la main du copiste principal), se termine ainsi : « Explicit summa questionum. 27.4. » ; f. IIIv, au sommet gauche du folio, d'une main différente de celle qui écrit les questions dans les folios précédents : « Iste liber est fratris Rostagni de Anseduna », et au milieu du même folio on peut ainsi interpréter la note, biffée, d'une main plus tardive (fin XIVe) : « Iste liber est fratris Rostagni de Anceduna ordinis fratrum predicatorum de terminis [?] /// /// » ; f. 154vb d'une main cursive, contemporaine du copiste principal : « Iste liber est fratris Rostagni de anseduna ordinis predicatorum » (le fr. Rostagnus de Anseduna fut provincial de Province entre 1331-1333 et Procurateur général de l'Ordre en 1339-1348 ; cf. MOPH, t. 22, p. 145) ; — *Super lib. I Sententiarum* f. 1ra-153ra (f. 153ra-154vb *tituli*). *Codices*, n. 3052A.

Tt — Trento, Bibl. comunale W 3380[38] (Viennense 3380 ; Bibl. Episcopale 43). XVe s., papier, 293x202, f. I+332+I' ; notre description est limitée aux deux parties concernant Thomas d'Aquin (v. le contenu, ci-dessous). Écrit sur deux colonnes, par trois mains différentes : A, f. 203-204ra l. 5 ; B, f. 204ra l. 5-237vb l. 4 ; C, 285r-321v ; l'espace laissé blanc pour recevoir les lettrines décorées n'a pas été rempli ; blancs : f. I, 4 folios entre 202 et 203, 284bis, 327bis, 4 folios non numérotés à la fin ; — *Super lib. I Sent.* (jusqu'à la d. 3, q. 4, ad 3) f. 203ra-237vb ; — *Super lib. I Sent.* : abrégé (jusqu'à la d. 26) f. 285r-321vb ; — *L. A. Seneca, Epistulae ad Lucilium* f. 1r-100r ; — *Hieronymus, De uiris illustribus* (cap. XII) f. 100r ; — *L. A. Seneca, Epistulae ad familiares* f. 100r-101v ; — *Hildebertus Lavardinensis, Epitaphium Senecae* f. 102r ; — *S. Ambrosius, Exaemeron* f. 103r-166v ; *De Paradiso* f. 167r-183v ; *Liber de Cayn et Abel* f. 184r-202v ; — *Anonymi, Sermones et Orationes* (prononcées au Concile de Bâle) f. 238r-283r ; — *Guarinus Veronensis, Epistula ad Franciscum Barbarum* f. 283r-284v ; — *Franciscus Barbarus, Ius municipale Vicentinum* f. 284v. *Codices*, n. 3140 ; A. CETTO, cit., p. 492 ; S. GROFF–A. PAOLINI, p. 262[39].

Tr^{1} — Troyes, Bibl. municipale 506 (Clairvaux I. 48). XIIIe s., parch., 310x215, f. I+106 ; deux colonnes (six f. 1v) ; écrit par une main italienne, il présente une décoration parisienne ; le ms. se compose de 8 cahiers de 12 folios, un diplôme (f. I-1), un quinion (f. 86-94) auquel le dernier feuillet a été coupé ; sans réclames. Il contient deux ouvrages : les *Q. disp. de ueritate* (q. 1-5, a- 5), dont le texte soigné n'a pas demandé beaucoup de corrections

38. Ce ms. appartient au Musée National de Trente, qui l'a laissé, avec certains autres mss, en dépôt fiduciaire à la Bibliothèque Municipale ; on peut lire l'histoire et les documents les concernant dans : A. CETTO, « I codici viennesi della Biblioteca vescovile di Trento », dans *Studi trentini di scienze storiche*, 37 (1958), p. 483-497.

39. S. GROFF–A. PAOLINI, « I codici della Biblioteca comunale di Trento », dans *Studi trentini di scienze storiche*, 79 (2000), p. 262, n. W 3380.

(cf. ed. Leon., t. 22-1, p. 25*), et *Super lib. I Sent.*, dont le texte est très corrigé soit sur grattage soit dans les marges, par une deuxième main ; une troisième main (italienne ?) n'intervient que dans les marges où elle écrit des citations des Pères (Augustin, Hilaire et Denis), comme complément aux autorités citées par Thomas ou à intégrer au Commentaire ; elle ajoute aussi trois passages assez longs, le premier à l'exposition du texte du prologue (f. 3v, mg. inf.) : « In proemio tria notantur more rethorico. primo beniuolentia captatur. secundo docilitas preparatur horum igitur deo odibilem ecc[a.] tertio attentio excitatur non igitur debet hic labor ... [expl. :] In hoc autem tractatu tertio per inuentionis facilitate. Vt autem quod queritur » ; sur la page suivante, à propos de la division de la d. 1 (f. 4r, mg. inf.) : « In ista diuinorum doctrina duo prima facie sunt notanda. Videlicet exequendorum inquisitio quod facit prima distinctio et inquisitorum executio, quod facit secunda distinctio ... [*expl.*:] hic considerandum et ubique primo preponitur questio. secundo subditur solutio » ; et à propos de la d. 2, il introduit le thème de l'*exitus* et du *reditus* (f. 6r, mg. inf.) : « Distinctio prima prouidit de prosequendis. ista secunda prosequitur de preuisis. hec autem sunt diuina seu in deum [relata *sur rature*] per modum exitus uel per modum reditus. Vnde primo tractatur de relatis in deum per modum exitus. secundo de relatis in ipsum per modum reditus. infra li. iii. et rursum primo de relatis in deum quantum ad exitum personalem secundo de relatis quantum ad exitum naturalem. infra il. ii. et quoniam exitus personarum causa est exitus creaturarum. primo tractatur de diuinalibus personis. secundo de causalibus actributis. infra d. xxxv[a] ... [expl. :] dauid quoque eternam filii generationem. hic specialiter ostenditur distinctio personarum et primo quantum ad generationem filii. secundo quantum ad processum spiritus sancti paulo inferius. De spiritu sancto etiam expressa doctrina etc. » ; les deux ouvrages (dans l'état actuel du ms.) n'ont ni titre ni explicit ; f. 1r blanc ; — *Super lib. I Sententiarum* f. 2ra-94vb (f. 1v *tituli*) ; — *Q. disp. de ueritate* (q. 1-2 a. 5, fin, ed. Leon., t. 22-1, p. 65, l. 454) f. 95ra-106vb. *Codices*, n. 3184 ; A. DONDAINE, *Bulletin thomiste*, «Notes et communications», t. 3 (1933), p. 175*-176* ; J. DESTREZ, n. 61, p. 134[40] ; ed. Leon., t. 22-1, p. 25* et surtout p. 122*-123* ; *La bibliothèque...*, t. I, p. 166[41], t. II, p. 577-578.

Tr² — Troyes 776bis (Clairvaux I. 50). Fin du XIIIe s., parch., 283x196, f. I+279, deux colonnes ; écrit par plusieurs copistes : A, f. 3r-119r ; B, f. 1v-2v et 119v-130v ; C, f. 131r-154v ; D, f. 155r-279r ; mains et ornamentation françaises, avec initiales des Livres décorées en or, bleu, rose et blanc ; il se compose de 22 sénions, plus un diplôme (f. 1-2), un quaternion (f. 123-130) et un ternion dont le dernier folio est coupé (f. 275-279) ; les réclames des cahiers sont situées à l'extrémité droite de la marge inférieure ; les cahiers sont

40. J. DESTREZ, *Études critiques sur les œuvres de Saint Thomas d'Aquin, d'après la tradition manuscrite*, Paris, 1933, t. I.

41. A. VERNET et J.-FR. GENEST (coll.), *La bibliothèque de l'abbaye de Clairvaux du XIIe au XVIIIe siècle*, t. I, Paris, 1979 ; A. VERNET, J.-P. BOUHOT, J. FR. GENEST, *La bibliothèque de l'abbaye de Clairvaux du XIIe au XVIIIe siècle. T. II. Les manuscrits conservés. Première partie. Manuscrits bibliques, patristiques et théologiques*, Paris, 1997.

marqués par une lettre, à la mine de plomb, dans la marge inférieure du recto du premier folio. Les marges ont conservé beaucoup de corrections et d'ajouts au texte ; le ms. conserve des indications de pièces : f. 11rb « ij^{a} pe^{a} », 14rb « .3$^{a.}$ pe. » et 153rb « .viii. pe. » (concernant le Livre II, Tr^{3} dans l'édition Léonine) ; ni les deux Livres ni les tables qui les précèdent ne portent un titre (sauf le titre courant, qui indique au verso le Livre, « L I » et « L II », et au recto la distinction) ; f. 2vb « Expliciunt capitula primi libri fratris th. » ; f. 129rb « Explicit liber I^{us} Sententiarum fratris Th. de Aquin [!] » ; f. 130vb « Expliciunt ca.<pitula> ij libri fratris th. de Aquin [!] » (le deuxième Livre n'a pas d'*explicit*) ; f. 3r mg. inf. « Liber S. Marie clareuallis VI^{c}.xxxij [ce numéro est rayé et remplacé par le suivant :] ij^{c}.lxxxiiij » ; f. 179a on rencontre deux autres notes : « J. 50 » et, au-dessous, gratté « Q. 55 » ; f. 279v blanc ; — *Super lib. I Sententiarum* f. 3ra-129rb (f. 1va-2vb *tituli*) — *Super lib. II Sententiarum* f. 131ra-279ra (f. 129va-130vb *tituli*). *Codices*, n. 3193 ; *La bibliothèque...*, cit., t. I, p. 166 ; t. II, p. 578.

Va^{1} — Valencia, Bibl. del Cabildo 128 (xxxxii). XIIIe-XIVe s., parch., 314x214, f. 96+I', deux colonnes ; écrit par une seule main du Nord de l'Italie ; ornementation italienne, qui emploie exclusivement du rouge, avec initiales non filigranées (sauf au début de l'ouvrage), placées dans les marges, parce que le copiste ne leur a pas réservé l'espace requis ; les cahiers sont des sénions, avec réclames situées dans la marge inférieure en alinéa avec le début de la colonne b ; peu de corrections dans les marges, tandis qu'on en voit plusieurs sur grattage en plein texte ; le titre courant n'indique que les distinctions (« d » au verso et le numéro au recto) ; l'ouvrage est sans titre ; f. 94vb : « Explicit primus » et une ligne plus bas : « Incipiunt tituli questionum » ; f. 96v mg. sup. : « primus liber fratris thome [*plusieurs mots sont grattés ; sur une deuxième ligne la note continue* :] 1436. ij$^{a.}$ setembris [!] primus liber /// manu propria » ; f. 96vb, à la fin de la table des articles, de la main qui a écrit le ms. en entier : « Qui scripsit scribat et semper cum domino uiuat. uiuat in celis Johannes de moliano nomine felix. Amen. Amen. » (Giovanni Felici de Mogliano, dans la Vénétie, aujourd'hui province de Trévise, ou dans les Marches, province de Fermo ? En considérant que le ms. a été acheté à Padoue, dans la Vénétie [v. *infra*], l'on peut pencher plutôt pour Mogliano Veneto) ; dans la même colonne, un peu plus bas, d'une main du XVe s. : « Liber primus sancti thome super primo sententiarum est mej fratris Gregorij theologi sirac<usa>nj ex ord. predicatorum emptum padue ducatis .7. a fratre petro caramella prouincie regni kal. octobris 1452 ex eodem ordine » (Gregoire Prestomarco de Syracuse en novembre 1452 fut incorporé au collège des théologiens de l'université de Padoue, mais il semble qu'il n'y ait été reçu que le 26 juin 1469[42] ; Pierre Caramella de la *Provincia Regni*, serait-il le « Pietro del regno », dominicain, qui fut incorporé dans le même collège le 13

42. Suivant L. GARGAN, *Le Studio teologico e la biblioteca dei domenicani a Padova nel tre e quattrocento*, Padova, 1971, p. 98-99. V. aussi Th. KAEPPELI, *Scriptores...*, t. 2, p. 57.

août 1478[43] ?) ; au-dessous il y a encore une note de huit lignes effacée ; f. Ir blanc ; — *Super lib. I Sententiarum* f. 1ra-94vb (f. 94vb-96vb *tituli*). *Codices*, n. 3236 ; E. OLMOS CANALDA, p. 99-100, n. 128[44].

Va² — Valencia, Bibl. de la Universitad 590 (San Miguel B. Plut. 1 n. 11; 89-4-12 ; 430 ; 204). XIIIe-XIVe s., parch., 303x205, f. 141, deux colonnes, écrit (entièrement ?) par une main française ; les initiales des articles sont filigranées selon un style français, les initiales des distinctions sont dorées et peintes avec prédominance du vert, bleu et violet ; la lettrine initiale, f. 1ra, représente un maître en chaire, entouré de trois disciples, tous sont des religieux (dominicains en chape noire?) : une auréole a été ajoutée postérieurement au maître ; les cahiers sont tous des sénions (quinion f. 133-141, dont le dernier f. est coupé) avec réclames dans la mg. inf. sous le début de la col. b ; les folios sont numérotés au crayon de cinq en cinq ; f. 140r, à la fin de la table des articles, une main des XIVe-XVe s. écrit des vers mnémotechniques pour la distribution des fêtes des saints durant les 12 mois de l'année : « § Cisio. Ianus .e. Iul. sibi .pau. iungit .i. e .fe. man. mai. | An priscam fab. Ag. viii. eme. paulum ius a sc'do [...] § Mense. decembre. nichil iungas eu. dama. luciam. h'nc sequiturque thomas. contraque nat. steph. i9. pu. thomas phil. » ; f. 141v, des bribes de citations, par deux mains des XIVe-XVe s. : « bernardus. Quem dabis michi de numero prelatorum qui non magis inuiguilet[!] subditorum marsupiis euacuandis quam uicijs extirpandis. » (cf. *Bernardus Clar.*, *Sermones super Cantica Canticorum*, 77, [*Opera omnia*, t. 2, p. 262, l. 14-16], cité par Salimbene de Adam, *Cronica*, [CCCM 125, p. 211, l. 10-12]) ; et encore de la même main : « populea uirga .fratres[?]. regi///// » ; entre ces deux citations une note de douze lignes : « nota differencia inter uoluntatem beneplaciti dei et uoluntatem signi dei ... » ; tout en bas du f. 140v : « detur pro xiii. florenis. » ; sans titre, ni *explicit* ; f. 1r, mg. inf. : « Es dela Libreria de .S. Miguel delos Reyes. Lit. B. Plu. 1. n. 11 » ; sur la couverture figurent les armes des Ducs de Calabre et la cote « 430 » (cf. G. MAZZATINTI, n. 532[45]) ; f. 141r blanc ; — *Super lib. I Sententiarum* f. 1ra-139rb (f. 139rb-140va *tituli*). *Codices*, n. 3256 ; M. GUTIERREZ DEL CAÑO, n. 2307[46].

V¹ — Vaticano (Città del), Biblioteca Apostolica, Borgh. 319. XIIIe s., parch., 288x220, f. 77, deux colonnes ; écrit par deux mains[47] : A, recopie

43. Cf. L. GARGAN, *Lo Studio* ..., cit., p. 138 ; G. BROTTO – G. ZONTA, *La facoltà teologica dell'Università di Padova*, Parte I. (secoli XIV e XV), Padova, 1922, p. 247. Je remercie G. Cioffari, C. Longo et M. Miele qui ont relu mes descriptions des mss qui ont une connexion avec la ville de Naples ou la *Provincia Regni* des Dominicains.

44. E. OLMOS CANALDA, *Catálogo descriptivo de los códices de la Catedral de Valencia*, Madrid, 1928, p. 99-100, n. 128.

45. G. MAZZATINTI, *La biblioteca dei re d'Aragona in Napoli*, Rocca di S. Casciano, 1897, p. 159, n. 532 (204 de l'inventaire ; l'auteur s'est toutefois trompé en indiquant comme contenu du ms. « S. Thomae *Prima primae partis Summae* »).

46. M. GUTIERREZ DEL CAÑO, *Catálogo de los manuscritos existentes en la Biblioteca Universitaria de Valencia*, Valencia, s. d., t. III, p. 244, n. 2307.

47. Une troisième main, C, intervient dans les marges, une quatrième, D, écrit la table des articles, et une cinquième, E, transcrit l'article 3 sur les attributs divins (d. 2). Nous avons examiné avec R. Wielockx, que nous remercions vivement, les écritures et la composition des cahiers.

l'ensemble de l'ouvrage ; B, intervient à partir de la fin du cinquième cahier : 55rb l. 20-fin col. b ; 56ra l. 10 du bas-57va l. 5 ; 59ra l. 18-fin col. a ; 59rb l. 17 du bas-fin col. b ; 59vb l. 19-fin col. b ; 60ra l. 41-fin col. a ; 61ra l. 10-fin col. a ; 62rb l. 16-fin col. b ; 64ra l. 39-fin col. a ; 66rb l. 32-57 ; 66va l. 1-13 ; 70vb l. 3-45 ; 71rb-fin col. b ; ce genre d'interventions semble vouloir compléter un travail laissé inachevé par la main A qui commence souvent la copie au début d'une nouvelle colonne ; la transition du f. 62rb à la colonne suivante, f. 62va, permet de supposer des consignes strictes de travail entre les deux copistes : la main B termine d'écrire la col. b avec les mots « nichil autem simul mouetur et » et prétend compléter la phrase à la col. a du verso, en écrivant deux mots : « mutatum est. » et en les exponctuant ; la main A, en reprenant le travail, a biffé toute la dernière phrase écrite par B à partir de la dernière ligne du f. 62rb, c.-à-d. : « nichil autem ... mutatum est. » et l'a écrite à nouveau, en commençant au f. 62va, à partir du troisième mot ; ces deux mains présentent les caractéristiques des écritures de l'Italie centrale ; la composition des cahiers présente elle aussi des particularités (l'astérisque indique la présence de la réclame située dans la marge inférieure en alinéa avec le début de la colonne b) : 1^{5}(1-10)*, 2^{5}(11-20)*, 3^{6}(21-32)*, 4^{6}(33-44)*, 5^{6}(45-56), 6^{6}(57-68)*, $7^{6(-3)}$(69-77) ; le cinquième cahier comporte bien six diplômes, mais le relieur ne s'en est aperçu qu'après avoir cousu le fascicule en y incluant seulement les premiers cinq diplômes : pour réparer son erreur il fixe le sixième diplôme, à l'intérieur du cahier, avec une ficelle supplémentaire, ce qui témoigne d'une méthode peu professionnelle ; décoration italienne : les initiales, toutes rouges, ne présentent aucune filigrane, sauf f. 1ra (début du prologue) où quatre antennes (rouges et vertes), dentelées, de la hauteur de 4 lignes de texte, contournent l'initiale et f. 1rb (début des articles) où deux filaments rouges surmontent la lettrine tandis que deux autres descendent en dessous ; les signes de paragraphe, à l'encre noir foncé, ont une marque rouge au milieu ; le titre courant, à l'encre rouge, indique au verso la d<istinctio> et au recto le numéro correspondant ; numérotation mécanique au *recto*, mg. inf. droite ; dans les marges une troisième main italienne, C, intervient pour assumer en propre la correction des deux autres mains (lesquelles ne corrigent jamais en marge) ; les interventions de la main C deviennent très nombreuses à partir du deuxième cahier, tandis que dans le premier on n'en compte qu'une quinzaine ; au f. 76rb une quatrième main, D, encore italienne, écrit la table des dix premières distinctions : la d. 2 ne présente que quatre articles, sans mention de l'article 3 sur les attributs divins (cf. ci-dessous, le IVe chapitre) ; cet article 3 est transcrit par une autre main italienne, E, sur le folio 77r-v : « <C>irca secundum[!] sic proceditur. Videtur quod pluralitas rationum secundum quas attributa differunt nullo modo sint[!] in deo » (l'énoncé de cette question comme deuxième article, pourrait venir d'une mauvaise lecture de l'indication précisant qu'il faut placer cet autre article entre le deuxième et le troisième ; cf. ci-dessous, chap. IV) ; f. 1r mg. sup., le titre : « super primo sententiarum » est écrit encore d'une autre main, qui probablement intervient aussi dans les marges pour supprimer par « va- -cat » certaines corrections/intégrations de la main C ; sur la couverture antérieure, en cursive moderne : « Com. Super 1 Sent. » ; f. 76v au centre de la page, une image du Christ à l'encre noire ; le f. 1r mg. inf. présente une cote en chiffres romains, « Lviij », raturée et répétée (par le même copiste?) en chiffres arabes, » N° 58 » : il s'agit certainement d'une cote qui est en liaison avec l'appartenance du ms. à la bibliothèque pontificale d'Avignon[48], attestée dans l'inventaire de cette bibliothèque, rédigé en 1411, qui consacre une notice à notre ms., en nous transmettant aussi une note de possession aujourd'hui disparue : « 357. Item Liber quondam domini Abbatis monasterij sancti Stephani de bosco diocesis Exquilacensis super primo sentenciarum cop. pelle pargameni et inc. in 2° folio *me condicionis* et finit in penultimo *ut dicitur*. » (les mots repères coïncident avec ceux des f. 2ra et 75vb de notre ms. ; il est question du monastère de Santo Stefano del Bosco, diocèse de Squillace, aujourd'hui Catanzaro-Squillace, en Calabre, qui a été fondé par les chartreux en 1090 et a appartenu aux cisterciens de 1150 à 1513)[49] ; A. Maier a suggéré que ce ms. aurait pu passer de l'Abbé de *Santo Stefano del Bosco*, à la bibliothèque d'Anibald de Ceccano (Archevêque de Naples en 1326, cardinal de 1327 à 1350), pour aboutir, à la mort de celui-ci, dans la bibliothèque pontificale ; nous avons comparé les écritures de notre ms. avec celles qu'on trouve dans deux mss ayant appartenu à Annibald de Ceccano, le *Vat. lat. 4007* et le *Paris, BnF lat. 2470* : tandis que ces deux mss conservent des annotations attribuées à ce cardinal (M. DYKMANS, p. 10), ils ne présentent, cependant, aucune écriture identifiable à celles de notre ms.[50] ; sur le dos du ms., en encre noire et chiffres arabes, se trouve le numéro « 95. » ; rien ne permet d'affirmer avec certitude que ce ms. a été copié directement sur pièces, mais il ne fait pas de doute qu'il dépend d'un modèle qui l'a été (cf. chap. III, § 1.1.4 et surtout chap. IV, § 2.1.2.2) ; — *Super lib. I*

48. Cf. A. MAIER, « Handschriftliches zum "Opus metricum" Stefaneschis », dans *Italia Medioevale e Umanistica*, 10 (1967), p. 111-141, repris dans *Ausgehendes Mittelalter...*, t. III, p. 249-279, dont nous citons les p. 274-275.

49. Ce ms. pourrait aussi être identifié avec celui du n° 169 du catalogue de la bibliothèque de Grégoire XI, de 1375 (cf. F. EHRLE, *Historia bibliothecae romanorum Pontificum tum bonifatianae tum avenionensis*, Roma, 1890, t. I, p. 467). L'oeuvre de référence pour l'étude de cette bibliothèque est : M.-H. JULLIEN DE POMMEROL ET J. MONFRIN, *La bibliothèque pontificale à Avignon et à Peñiscola pendant le grand schisme d'Occident et sa dispersion. Inventaires et concordances*, Rome, 1991 (pour notre ms. v. p. 40-42, 333-337 et 963) ; l'inventaire de 1411 a été publié par A. MAIER, « Der Katalog der päpstlichen Bibliothek in Avignon vom Jahr 1411 », dans AHP, 1 (1963), p. 97-177, repris dans le recueil suivant, d'où nous citons : ID., *Ausgehendes Mittelalter. Gesammelte Aufsätze zur Geistesgeschichte des 14. Jahrhunderts*, t. III, éd. par A. PARAVICINI BAGLIANI, Roma, 1977, p. 119. À propos des cotes de la Bibliothèque pontificale d'Avignon, v. *ibid.*, p. 275, n. 83 et 86.

50. Cf. A. MAIER, « Handschriftliches zum "Opus metricum" Stefaneschis », dans *Italia Medioevale e Umanistica*, 10 (1967), p. 111-141, repris dans *Ausgehendes Mittelalter...*, t. III, p. 249-279, d'où nous citons, p. 277 ; L. DELISLE, *Le cabinet des manuscrits de la bibliothèque impériale*, t. I, Paris, 1868, p. 492 ; v. encore : M. DYKMANS, *Pour et contre Jean XXII en 1333. Deux traités avignonnais sur la vision béatifique*, Città del Vaticano, 1975, p. 9-13.

Sententiarum f. 1ra-76rb (f. 76rb tabula articulorum d. 1-10). *Codices*, n. 3433[51] ; A. MAIER, *Codices Burghesiani*, p. 363-364[52].

V^2 — Vaticano (Città del), Biblioteca Apostolica, Borgh. 362. XIIIe s., parch., 278x198, f. I(cart.)+104, deux colonnes ; écrit par deux mains, l'une, A, f. 3-95va, est d'origine parisienne ; l'autre, B, f. 97ra-104v, de provenance insulaire ; une troisième main, C, écrit la table des articles (f. 1ra-2ra) et de longs fragments de la *Q. de potentia* (f. 2rb-3rb, 14rb-vb, 95va-96vb, continuant dans les marges inf. du f. 97r-v) ; ornementation parisienne ; il ne semble pas y avoir de vrai titre courant, mais une main a indiqué la distinction dans la marge supérieure des folios, en la faisant souvent précéder d'un signe de paragraphe : « § .d. » (le numéro est en chiffres arabes). Le premier diplôme (f. 1-2) est ajouté au ms. qui se compose de neuf cahiers : 1^6(3-14), 2^6(15-26), 3^6(27-38), 4^6(39-50), 5^6(51-62), 6^6(63-74), 7^6(75-86), 8^5(87-96), 9^4(97-104) ; les cahiers n'ont pas de réclames, mais des traces de la numérotation des diplômes subsistent dans les deux premiers cahiers ; la numérotation mécanique au *recto*, mg. inf. droite, précède d'une unité une numérotation en chiffres romains inscrite par la main C et située au centre de la marge supérieure du même *recto* : cette numérotation en chiffres romains s'arrête au numéro « xiiii » (f. 15), car elle avait pour seul but d'indiquer la continuation de la *Q. de potentia*, qui reprend au folio « xiii », suivant cette numération (f. 14rv). Les marges ne présentent presque pas de corrections ; il faut remarquer, toutefois, quelques annotations à la mine de plomb, f. 11v-13r et 84v-88r et deux notes de la main C : l'une au f. 14r mg. sup., pour ajouter à l'exposition du texte de la d. 3 des passages de la Bible avec leur glose : « Super illud ro. ii.i.ii Gentes que legem non habent [...] Super illud ps. xlvi. illuminet uultum ut sciamus nos factos ad ymaginem dei et si a nobis deformata est ab ipso reformaretur » ; et l'autre au f. 79v mg. inf., pour intégrer au commentaire de la d. 38, l'abrégé d'un article de Bonaventure, *In I Sent.*, d. 38, a. 1, q. 1 (éd. Quaracchi, t. I, p. 669-670) : « xv. de trinitate ideo res future sunt quia deus eas nouit. Item diuina prescientia precedit omne futurum et iterum ponit futurum respectu cuius est. ergo prescientia est causa [...] ad hoc quod presciatur » ; de nombreuses annotations de pièces sont conservées : « p^{i}n^o secunde [*corrigé au-dessus en :* iiij^e] petie » (f. 12ra), « xi^a.p. » (f. 29ra), « xvii.p. » (f. 45ra), « xviii.p. » (f. 47vb), « xxv.p. » (f. 65vb), « xxxi » (f. 80rb), « xxxij^a » (f. 82va), « xxxiii^a » (f. 84vb), « <xx>xv » (f. 89va). Dès les gardes antérieures, plusieurs extraits de la *Q. de potentia* sont reproduits par la main C, laquelle prévient de l'omission de certains articles en renvoyant aux

51. Pour les fonds de la Bibliothèque Vaticane nous renvoyons aux ouvrages citées dans notre description ; et pour une bibliographie plus étendue v. : M. BUONOCORE, *Bibliografia dei fondi manoscritti della Biblioteca Vaticana (1968-1980)*, vol. I (Studi e testi, 318), vol. II (Studi e testi, 319), Città del Vaticano, 1986 ; CERESA M., *Bibliografia dei fondi manoscritti della Biblioteca Vaticana (1981-1985)*, (Studi e testi, 342), Città del Vaticano, 1991 ; M. BUONOCORE, *Bibliografia retrospettiva dei fondi della Biblioteca Vaticana*, I (Studi e testi, 361), Città del Vaticano, 1994 ; M. CERESA, *Bibliografia dei fondi manoscritti della Biblioteca Vaticana (1986-1990)*, (Studi e testi, 379), Città del Vaticano, 1998.

52. A. MAIER, *Codices Burghesiani Bibliothecae Vaticanae*, Città del Vaticano, 1952.

pièces qui les contiennent : f. 2rb mg. sup. « Deficit[?]. utrum motus celi quandoque deficiat. xiiii.pecia » (il s'agit de la q. 5, a. 5, qui se trouve précisément à l'intérieur de la quatorzième pièce[53]) et au-dessous de cette remarque (f. 2rb-2va) cette main commence la transcription de la q. 5, a. 6[54] ; autre note au sommet du f. 2v : « deficit. utrum cessante motu celi elementa remaneant. xv pecia et utrum cessante motu celi remaneat actio et passio in elementis. » (il s'agit de la q. 5, a. 7 et 8, transmis par la 15e pièce) ; suivent les articles suivants : f. 2va-3ra, q. 5, a. 10 ; f. 3ra-3va, q. 6, a. 1 ; f. 3va-3vb, q. 6, a. 4 ; 3vb, q. 6 a. 10, arg. 1-9 (*si ergo propria sponte uenirent* ed. Leon., t. 21, l. 80-81) après quoi on est renvoyé à la suite, f. 14rb, par ces mots : « uerte usque ad. xiii. folium et inuenies residuum » ; au f. 14rb, avant cette continuation, le lecteur est prévenu qu'il ne manque rien au texte du Commentaire des Sentences, auquel n'appartient pas le texte de la question qui suit : « hic nichil deficit nec sequens questio est de libro isto » ; la fin de l'a. 10 s'étend jusqu'au f. 14va ; f. 14va-b, q. 7, a. 4 (complet, sauf la dernière phrase ainsi abrégée : « hoc accidentale homini, non deo ») ; f. 95va, q. 3 a. 13 ; f. 95vb q. 3 a. 18 ; f. 96ra q. 3 a. 19 ; f. 96rb, q. 5 a. 2 ; f. 96rb, q. 5 a. 3 (l'article continue dans la mg. inf. du f. 97r et s'achève dans la mg. inf. du f. 97v). Au f. 104v, mg. inf. : « ystud scriptum fratris thome de aquino super primum sentenciarum, completum et uerax, est P.<etri> Rogerii de malomonte monachi case dei. quod emit anno domini M°.ccc°.xiiii. die dominica in octabis [*en interligne il y a un renvoi à deux mots rognés en marge par le relieur :* <patro>cini <uirgi>nis] beate marie. pretio lv. sol. turonensium a quodam ft[55][?] librario anglico » ; cette note, aujourd'hui lisible seulement avec la lampe de Wood, est écrite par la même main qui a écrit la note suivante dans le ms. *Borgh. 57* (f. 54v) : « jste liber est rotgerii de malomonte monachi case dei et decostitit xii. solidos bonorum parisiensium. Anno ab incarnatione domini M°.ccc°xii° die veneris ante festum omnium sanctorum. quem emit a bernardo de ///aela[?] claromontensis diocesis. exsequutoris [!] ... »[56] ; nous croyons

53. L'étude critique de la *Q. de potentia* a été commencé par le regretté R.-A. Gauthier, qui a achevé les premières dix questions que nous avons consultées sur son manuscrit. La pièce 14 va de la q. 5 a. 4 l. 67 à la q. 5 a. 6 l. 166 ; la pièce 15 va de la q. 5 a. 6 l. 166 à la q. 5 a. 10 l. 85. Ci-après nous citons le texte suivant la numérotation des lignes de l'édition Léonine, à paraître prochainement dans le t. 21.

54. Il faut remarquer que le passage de la 14e pièce à la 15e a été repéré par R.-A. Gauthier dans la q. 5, a. 6, à la fin de la *responsio* (l. 166) : si la main C n'avait pas eu accès à la pièce, comment aurait-elle pu transcrire ici l'a. 6 depuis son début ? La même remarque doit être faite pour le renvoi à la 15e pièce dans la mg. sup. du folio suivant : le passage de la 15e pièce à la 16e a été repéré dans la q. 5, a. 10, resp. (l. 85), mais ici la transcription de l'article 10 semble continue depuis son début : la main C, est-elle vraiment en train de recopier son texte sur les pièces ? Il semble plutôt qu'elle fait un choix d'articles et renvoie le lecteur aux pièces où les articles omis peuvent être repérés.

55. Il est difficile de dire si la première lettre est un « f » ou un « s » ; elle est suivie d'un premier trait d'une deuxième lettre peu identifiable, ressemblant plutôt à un « t » ; les deux lettres ont étés biffées (le scribe avait peut-être commencé à écrire le mot *st<ationario>*, mais lui aurait préféré *librario* ? À propos de ces deux termes, v. : R. H. ROUSE & M. A. ROUSE, « The Book Trade at the University of Paris, Ca. 1250 – Ca. 1350 », dans *La production du livre* ..., p. 41-43.

56. Cf. A. MAIER, *Codices Burghesiani*, cit., p. 75.

pouvoir identifier la main qui rédige ces notes avec celle de Pierre Roger lui-même, le futur Clément VI (1342-1352), qui écrit au f. 1v du ms. *Borgh. 316* : « Istum librum habui de monasterio case dei » et également dans le *Borgh. 346*, f. 95r : « istud scriptum est domini cardinalis rrothomagensis[!] » ; dans ces quatre notes de possession, les lettres *s*, *r*, *h*, *d*, *e*, *a*, *u/n/m*, et la liaison *nt*, sont tracées de manière identique : seule change la grandeur du module[57]. Le ms. a appartenu à la bibliothèque pontificale d'Avignon, recensé dans le catalogue de 1369, sous Urbain V, au n. 311 (310), puis dans celui de Grégoire XI, vers 1375, n. 165 (169) et enfin dans celui de 1411, n. 616[58]. Collée à l'intérieur de la couverture antérieure de notre ms. se trouve la note suivante, signée par L. Passerini : « Anonymi, Quaestiones Theologicę. | Codice Membranaceo del Secol. XIV, in fol. | Dopo le tre prime carte incomincia un Trattato, o Commento di S. Tommaso d'Aquino [*en interligne* : sullo Libro Sententiarum] che nel codice non ha titolo, ma che nell'ultima carta del medesimo è attribuito al medesimo [*effacé et remplacé en interligne par* : Santo] da scrittore sincrono, ma non della mano, né dell'inchiostro, con cui fu scritto il cod. stesso. Quindi si legge a mala pena, per essere sbiadita la scrittura dall'umidità, quanto segue [*il s'agit de la note du f. 104v, dont nous ne reproduisons ici que les variantes par rapport à notre transcription*] «Istud ... completum ... monachus [*et au-dessus, en interligne* : monachi] case dei quod emit anno domini M°.CCCXXIIIJ. ... in octavis beate marie. pretio LV libris torne [*effacé et remplacé par* : l(ibrarum) tornensium] de quodam fr. Hermanno monacho. L. Passarinij » ; en effet, l'ouvrage ne conserve ni titre ni *explicit* (cf. f. 95ra) ; le f. I est blanc ; la fin du premier cahier, du f. 14rb, ligne 41, au f. 14vb, était aussi blanche, mais cet espace a été rempli par la main C avec le texte de la *Q. de potentia* ; le même phénomène s'est produit à la fin du cahier suivant, f. 26vb, où 43 lignes de la dernière colonne sont restées blanches ; — *Super lib. I Sententiarum* f. 4ra-95va (f. 1-139rb-140va *tituli*) — <*Ricardus Rufus*[59]>, *Abreuiatio S. Bonauenturae Super I Sent.* (du Prol. à la d. 3, *alii*

57. Plusieurs brèves annotations marginales de *Borgh. 316* semblent de cette même main que nous identifions avec celle de Pierre Roger. A. Maier a pensé pouvoir rapprocher la main C de notre ms. de celle du jeune moine Pierre Roger, mais notre analyse des graphies ne nous permet pas de confirmer sa suggestion : v. A. MAIER, « Der literarische Nachlass des Petrus Rogerii (Clemens VI.) in der Borghesiana », dans RTAM, 15 (1948), p. 332-356 et 16 (1949), p. 72-98, repris dans : ID. *Ausgehendes Mittelalter...*, t. II, p. 255-315, en particulier p. 298, n. 66 : « [...] Hand, die möglicherweise die des jungen Petrus Rogerii sein könnte; ob sie est wirklich ist, wollen wir nicht entscheiden » ; v. encore *ibid.*, p. 255, n. 3 et : ID., « Die Borghese-Handschriften der Biblioteca Vaticana », dans *Traditio*, 6 (1948), p. 351-356, repris dans : ID., *Ausgehendes Mittelalter...*, t. II, p. 1-11, spécialement p. 6-7.

58. Les catalogues d'Urbain V et de Grégoire XI sont édités dans : F. EHRLE, *Historia bibliothecae romanorum pontificum tum bonifatianae tum auenionensis*, Rome, 1890, t. I, p. 309 et p. 467 (pour le catalogue d'Urbain V voir aussi : M. FAUCON, *La librairie des papes d'Avignon, sa formation, sa composition, ses catalogues (1316-1420)*, Paris, 1886, p. 121) ; le catalogue de 1411 est édité dans : A. MAIER, « Der Katalog der Päpstlichen Bibliothek in Avignon vom Jahr 1411 », dans AHP, 1 (1963), p. 97-177, repris dans : ID., *Ausgehendes Mittelalter...*, t. II, p. 77-157, surtout p. 154.

59. Voir F. PELSTER, « Die älteste Abkürzung und Kritik vom Sentenzenkommentar des hl. Bonaventura, ein Werk des Richardus Rufus de Cornubia (1253-1255) », dans *Gregorianum*, 17

dicunt quod proprie supponit) f. 97ra-104vb. *Codices*, n. 3437 ; A. MAIER, *Codices Burghesiani*, cit., p. 417-418.

V^3 — Vaticano (Città del), Biblioteca Apostolica, Ottob. lat. 622. Début XIVe s., parch., 276x189, f. II+152+I', deux colonnes ; écrit par deux mains d'origine insulaire : A, f. 1-138ra et B, f. 138ra-152va ; ornementation anglaise ; le titre courant, à l'encre rouge, indique le mot « <pro>logus » suivi d'un « d. » au verso et du numéro de la distinction au recto ; les 19 cahiers dont se compose le ms. sont tous des quaternions qui conservent les réclames, parfois rognées, aux folios 64, 88, 120, 128, 144, au bas de la marge interne ; dans les marges se trouvent quelques corrections de la main des copistes ; numérotation mécanique ; f. IIr, de la main du bibliothécaire dom L. Galletti osb, on lit la cote actuelle « Cod. Ottob. 622 » ; au-dessous de celle-ci, les cotes, rayées, de l'ancienne bibliothèque Ottoboni : « R. 9. 59. » et « I.VI.5. »[60] ; au centre de la page la note de propriété du Duc d'Altemps, qui entra en possession de l'ancienne bibliothèque Ottoboni en 1611 : « Ex codicibus Joannis Angeli Ducis ab Altaimps[!] » et au-dessous : « D. Thomæ lib. 1. Explicatio Magistri Sententiarum »[61] ; notre ms., étant d'origine anglaise, pourrait avoir fait partie de ces mss provenant des couvents mendiants anglais supprimés, avant 1545, et passés dans la bibliothèque du Cardinal M. Cervini[62] ; la cote actuelle est répétée à l'encre bleu au f. 1r, mg. inf. : « 622, ottob. », juste au-dessus du titre qui reprend l'« ex codicibus » du Ducs d'Altemps : « S. Thomæ Libri 1 explicatio » ; de la main du copiste B, f. 152va l. 9 : « Explicit liber primus thome. » ; la reliure a été refaite pendant le pontificat de Pie IX (1848-1878), comme l'indiquent ses armes imprimées en or sur le dos ; f. 152v, le reste de la col. a et la col. b sont blancs ; — *Super*

(1936), p. 195-200 ; et encore : L. SILEO, « I primi maestri francescani di Parigi e di Oxford », dans *Storia della Teologia nel Medioevo*, t. 3, p. 684-686.

60. Suivant G. Mercati, la première de ces cotes serait de Francesco Bianchini et la seconde d'un classement postérieur de la bibliothèque Ottoboni : G. MERCATI, *Codici latini Pico Grimani Pio e di altra biblioteca ignota del secolo XVI esistenti nell'Ottoboniana e I codici greci Pio di Modena, con una digressione per la storia dei codici di S. Pietro in Vaticano*, Città del Vaticano, 1938, p. 10-11 ; mais il faut voir également : J. BIGNAMI-ODIER, *Premières recherches sur le fond Ottoboni*, Città del Vaticano, 1966, p. 39. Pour la main de L. Galletti, cf. J. BIGNAMI-ODIER, *La bibliothèque vaticane de Sixte IV à Pie XI. Recherches sur l'histoire des collections de manuscrits*, avec la collaboration de J. RUYSSCHAERT, Città del Vaticano, 1973, p. 168.

61. Ce titre semble écrit par la même main qui a rédigé un des catalogues de la bibliothèque Altemps, constituant aujourd'hui le ms. *Ottob. lat. 2545*, qui dans l' « Armario XX » (f. 38v l. 3) enregistre l'entrée suivante : « D. Thomæ explicatio lib. mag. Sentenciarum, in fol. perg.^{ne} ». À propos de cette bibliothèque v. J. BIGNAMI-ODIER, *La bibliothèque vaticane...*, p. 53-55 ; et aussi la notice, avec bibliographie, de A. MEROLA, « Altemps, Giovanni Angelo », dans DBI, t. II, p. 550-551.

62. F. Fossier propose, avec un point d'interrogation, de rapprocher notre ms. avec l'entrée n. 64 du catalogue Cervini : F. FOSSIER, « Premières recherches sur les manuscrits latins du Cardinal Marcello Cervini (1501-1555) », dans MEFR 91 (1979), p. 412 ; N. R. KER, « Cardinal Cervini's Manuscripts from the Cambridge Friars », dans *Xenia Medii Aevi historiam illustrantia, oblata Th. Kaeppeli O.P.*, Roma, 1978, p. 57 et 60 ; G. MERCATI, *Codici latini Pico Grimani Pio...*, p. 134 (n. 37) ; H. M. BANNISTER, « A short Notice of some Mss. of the Cambridge Friars, now in the Vatican Library », dans *British Society of Franciscan Studies*, 5 (1914), p. 124-140.

lib. I Sententiarum f. 1ra-152va. *Codices*, n. 3478 ; *San Tommaso e San Bonaventura* ..., p. 41, n. 32[63].

V⁴ — Vaticano (Città del), Biblioteca Apostolica, Rossianus 160 (VIII. 99). Fin du XIIIe s., parch., 281x204, f. V(papier moderne)+151+V(papier moderne), deux colonnes ; le ms. est écrit très soigneusement par une première main, A ; une deuxième main, B, intervient à la dernière ligne du f. 143a, et recopie toute la col. b (elle copie également f. 1r-v?) ; une troisième main, C, écrit les neuf premières lignes du f. 84rb (cette intervention et celle du f. 143va, coïncident avec un changement de pièce, comme nous l'indiquons plus bas) : cette main C, intervient aussi pour les marges et écrit également les questions des f. 2-4 et 151r-v ; ornementation française ; le titre courant indique un « d » au verso et le numéro de la distinction au recto, avec alternance de bleu et de rouge, aussi dans les chiffres romains qui composent le numéro ; le ms. se compose de 14 cahiers : 11 sénions (f. 5-135 — entre f. 109 et 110 un folio manque au diplôme, sans perte de texte), qui conservent les réclames au centre de la marge inférieure ; les diplômes de chaque cahier sont signés, à l'encre rouge, dans la marge inférieure droite du *recto*, par une lettre (de « a » à « f »), accompagnée d'un signe supplémentaire (un ou plusieurs traits ou cercles), à l'encre rouge ; un binion sert de garde antérieure (f. 1-4) et à la fin se suivent : un quaternion (f. 136-143) et deux binions (f. 144-147 et f. 148-151 – le f. 151 servant de garde postérieure) ; le dernier binion est signé seulement par un trait (premier diplôme) ou par deux traits (deuxième diplôme) ; les marges présentent beaucoup de corrections de la main C, qui corrige le texte, annote le début des questions et des réponses ; en plus de la main C, deux autres mains interviennent dans les marges (l'une f. 6v, mg. ext. et int. et f. 30r, mg. int. ; l'autre après f. 39v, mg. inf.) ; de nombreux autres signes ont été laissés par les copistes qui ont utilisé ce ms. comme modèle (les pages pliées au centre des colonnes indiquent cet usage du ms.) ; plusieurs signes de pièces de la main du copiste A ont été conservés ; de plus deux changements d'écriture confirment que le ms. a été copié sur pièces : f. 84rb, les neuf premières lignes sont de la main C, qui termine la 20e pièce, et répète des passages de la 21e pièce que la main A a commencé de copier à partir de la 10e ligne (cf. E. Booth, p. 246 : d. 25, diu. textus) ; au f. 143va, dernière ligne, la main B commence à copier la pièce 36 (dans la marge le copiste principal a indiqué le numéro de la pièce 36 qui doit suivre ; cf. E. Booth, p. 247) et copie toute la col. b, jusqu'à la fin du cahier (elle termine avec une faute en écrivant *quamdam* au lieu de *quemdam* ; le mot est rayé et le copiste principal commence la col. suivante, 144ra, avec *quemdam*) ; numérotation mécanique ; f. 1r-2ra l. 10, (de la main B?) fragment de Thomas d'Aq., *Super Sent. lib. III*, Prol. jusqu'à la d. 1, a. 1, ad 2m ... *tamen nichil sibi accrescit* (ed. Moos, p. 10) ; au f. 2ra l. 11-2rb l. 4, suit une question sans indication d'auteur : « §Notandum autem sacram scripturam in sensibus

63. *San Tommaso e San Bonaventura nella Biblioteca Vaticana. Mostra in occasione del VII centenario*, Città del Vaticano, 1974.

multifaria est. habet enim quattuor sensus. vnus est allegoricus qui ex signis et dictis docet quid credendum. secundus tropologicus seu moralis qui docet quid agendum. tercius anagogicus et docet quid sperandum. [... *elle se termine sur les mots :*] nolite sanctum dare canibus. in hoc enim notantur illi quibus secreta sacre scripture debent occultari » ; suit immédiatement, f. 2rb l. 5, une question surmontée du nom de l'auteur, « henricus. », ayant le titre suivant : « Aliter dicit ydea apropriatio creature in deo et creature attributio. — hic est Notandum quod ista tria ydea perfectio creature in deo attributum [*pour* attribuunt ?]... » ; et au f. 2v, dans la marge, à la hauteur de la première ligne était probablement écrit le nom de l'auteur, aujourd'hui illisible ; la question correspondante commence ainsi : « § Circonscripta scientia conuenienter dicta <est?> etiam scientia que est in patria » ; au bas du f. 2v, où il est question de la contemplation de Dieu, il y a un renvoi (écrit avec une encre plus noire que le reste) à la q. 18, a. 1, des *Q. disp. de ueritate* de Thomas ; f. 3r l. 1 : « Quidam autem magister qui determinat quod de credibilibus preter lumen fidei in veritate luminis supernaturalis potest haberi scientia proprie, solvebat rationes... » et au f. 3r l. 17 commence une question qui reprend ce passage attribué dans la marge à « Valterus [!] » : « Deinde querebat ille magister qui solvebat predictas rationes sicut modo visum est, vtrum deus esset subiectum in sacra scriptura uel in libro sententiarum, quod est idem querere quod liber sententiarum est quedam summa tractatus sacre scripture et ideo illud quod est subiectum in tota sacra scriptura est subiectum in libro sententiarum. arguitur quod deus non est hic subiectum. ... » ; f. 3v l. 1 : « § deinde querebat idem magister utrum theologia sit scientia certissima. arguitur quod non. ... » ; f. 3v l. 16 : « queritur utrum theologia secundum quod est homini possibilis in vita ista subalternetur alicui scientie humanitus invente, scilicet, methaphisice vel alii[!] scientie phisice[!]. et arguitur quod sic. ... » ; f. 4r l. 1 : « § queritur utrum ista scientia theologie subalternet sibi scientias humanitus inuentas. dicendum quod ista theologia homini in vita ista possibilis non subalternat sibi alias scientias humanitus inuentas accipiendo secundum modum et rem, quia subalternatio est per descensum subiecti in subiectum ita quod illa que negantur in scientia inferiori probantur per scientiam superiorem. set istud non inuenitur in [sacra *transformé en*] scientia theologica respectu aliarum scientiarum. ergo etc. ... » ; f. 4v l. 1 : « Secundo ostendemus quod theologia nec est speculatiua nec practica considerando speculatiuum et practicus talis quod considerat philosophus practicus et speculatiuum. tertio videnda est opinio illorum qui dicunt quod theologia est affectiua. Propter primum sciendum est quod secundum theologum et philosophum practicus et speculativum dicunt [!] fine uel distinguntur ... » ; f. 4v l. 28, est indiqué l'auteur de la question qui suit, « henricus faber » : « Queritur utrum de credibilibus post fidem possit haberi ab homine in via habitus simpliciter scientificus uel, quod idem est, scientiam proprie dictam. arguitur quod sic. quia per nichil euacuatur fides nisi per videre. Set scire non est uidere. Ergo per scire non euacuatur fides. Ergo etc. ... » ; f. 151r mg. sup. (note fragmentaire) : « theologi non ... debent esse ... -titudine adhesionis non tantum est certitudo ... et ideo de credibilibus non est scientia » ; f. 151r, en pleine page, une question qui a le même incipit que celle du f. 4v l. 28 : « Queritur utrum de credibilibus possit haberi ab homine in uia habitus simpliciter scientificus uel quod idem est, scientia proprie dicta. arguitur <quod> non. Nam cuicumque repugnat cognitio sensus, memorie et experientie eidem repugnat [eidem *exponctué*] habitus simpliciter scientificus. Set credibilibus post fidem repugnat cognitio sensus, memorie et experientie. ergo etc. ... [*au verso, la question se termine ainsi :*] formaliter non idem significat, licet apud illos sit uniuersalis[?] » ; f. 151r mg. inf. avec indication de l'auteur, « Godefridus » : « quidam magister probat quod theologia non est scientia. aliquis non studeret in mathematicis nisi crederit deuenire ad aliquod demonstrabile in illis scientiis ac si omnibus diebus vite sue studeret in predictis[?] scientiis et in fine vite sue non deueniret ad minimum scibile in illis scientiis demonstratiue diceret se esse deceptum. Set studentes in theologia in fine vite sue non veniunt ad minimum scibile demonstratiue in theologia. ergo etc. prophetia est donum multum rarum et tamen fuerunt multi [*lacune*]. illud autem lumen in virtute cuius dicitur haberi scientia theologie est multum largum. conuenienter ergo non habemus illud lumen ... [*lacune*] fidem et caritatem. et tamen non potest se ostendere habere fidem nec[?] caritatem. dicendum quod si aliquis non dat proximo loco ... [*lacune*] caritatem ... alium. bene possumus iudicare quod aliquis non habet caritatem. set si habet caritatem nescimus. ut? si aliquis non conf-[*lacune*] aut si non credit resurrectionem ... se non habere fidem. set quod aliquis habeat fidem [*lacune*] non potest facere demonstrationem euidentem ... habet scientiam. si pateficitur habes. qui autem fi- [*lacune*] vidimus. » ; f. 151v mg. inf. . « § querendo [?] utrum theologia esset scientia speculatiua uel practica. dicebat quidam magnus quod nec est speculatiua nec practica, quia practica et speculatiua scientiis humaniter invente [... *et pour terminer :*] ergo ista scientia est doctrina ». À l'intérieur de la couverture du début, on trouve la note « Ross. 160 » sur un timbre en papier, et un peu plus bas, la cote de la bibliothèque des Jésuites de Wien[64] : « VIII, 99 » ; f. 1r, mg. inf., le tampon « Bibliotheca Rossiana » ; f. 1r, mg. sup., très effacé : « primus l. sententiarum » et f. 150vb : « Explicit rescriptum [!] primi libri magistri Sententiarum compositum per Beatum Thomam de aquino » (nous sommes ici en présence d'une main italienne : serait-ce celle du card. Domenico Capranica, archevêque de Fermo, dénommé « Firmanus »[65] ?) ; sur le dos du ms. est indiquée, par un sigle, la provenance de ce ms. de la bibliothèque du card. Domenico Capranica : « E. B. C. F. » (=

64. Cf. J.-B. WIMMER, « Thomasschriften », dans *Zeitschrift für katholische Theologie*, 43 (1919), p. 345-346.

65. Suivant les indications de C. Silva Tarouca, nous avons comparé cet *explicit* et quelques notes dans les marges des f. 6v et 30r, avec l'autographe de Domenico Capranica dans le *Ross. 262*, f. 237 et nous trouvons beaucoup d'éléments graphiques communs entre ces écritures, mais nous ne pouvons pas être certain de leur identité : cf. C. SILVA TAROUCA, « La biblioteca Rossiana », dans *La Civiltà Cattolica*, 73 (1922), p. 322. — Dans l'inventaire sommaire de la « Bibliotheca Collegii Capranicensis », conservé dans le ms. *Vat. lat. 3958*, f. 131r-132v, on lit une seule entrée pour Thomas d'Aquin (f. 132v) : « Thomas de Aquino. Arm. xii ».

« Ex Bibliotheca Cardinalis Firmani »[66]) ; — *Super lib. I Sententiarum* f. 5ra-149rb (f. 149rb-150vb *tituli*). *Codices*, n. 3523.

V⁵ — Vaticano (Città del), Biblioteca Apostolica, Urb. 137 (189). XVe s. (1473), parch., 346x241, f. II+215(+209bis, 210bis), deux colonnes ; écrit par une seule main, il présente une décoration très riche, comme l'exigeait la collection des Seigneurs d'Urbino à laquelle il était destiné : f. IIv, au centre de la page, entouré d'une guirlande, un rond peint des couleurs (de l'ext. à l'int.) or, bleu et or, rouge, contient le titre de l'œuvre écrit en or sur fond bleu : « In hoc|codice contine|tur primus sancti|thome svper se|ntentias » ; f. 1r une guirlande contourne le texte dans les marges supérieure, intérieure et inférieure, et englobe, dans la mg. sup., les armes de Federico da Montefeltro, comte d'Urbino (duc à partir du 21 août 1474) ; dans les lettrines, il y a alternance de la couleur bleue avec filigrane rouge et de la couleur rouge avec filigrane violet ; les tranches supérieure et inférieure sont peintes en or. Les marges ne présentent que quelques rares corrections, tracées avec beaucoup de soin (par ex., quelques omissions par homeoteleuton sont comblées dans la marge inférieure, au-dessous de la colonne concernée, par une main différente de celle du copiste principal) ; le ms. se compose de 21 quinions, plus un diplôme (f. I-II) et un quaternion (209bis, 210bis-215), avec les réclames au centre de la marge inférieure (dans quelques cahiers, les diplômes ont conservé des restes de numération) ; les folios sont numérotés au sommet droit du *recto*, avec la même encre que celle employée pour le titre courant (au verso *distinctio* et au recto le numéro correspondant) ; f. 1r, mg. sup., de la main qui écrit les titres courants : « Thomas Super primo Sententiarum » ; f. 1r, début de la colonne a, de la main du copiste : « Incipit sanctus thomas de aquino ordinis predicatorum. super primo libro sententiarum feliciter. » ; f. 208 : « Per me theodericum goch scriptum et completum in scarparia In conuentu sancti Augustini. 1473 »[67] ; les armes d'Alexandre VII (1655-1667) sont imprimées en or sur le dos de la couverture ; blancs f. Ir, 209, 210, 215 ; — *Super lib. I Sententiarum* f. 1ra-208vb (f. 209ra-213vb *tituli*, numérotés de 1 à 207). *Codices*, n. 3554 ; C. STORNAJOLO, p. 154[68] ; R. HISSETTE, cit., p. 282-290.

V⁶ — Vaticano (Città del), Biblioteca Apostolica, Vat. lat. 753. XIVe s., parch., 357x250, f. II (papier)+108 (106 numérotés, +37a, 51a)+I', deux

66. Comme nous l'apprend C. Silva Tarouca, cette indication est due à Giovanni Francesco de Rossi, qui entra en possession de la bibliothèque du Cardinal en 1842 : v. *ibid.*, p. 322 et surtout les travaux de C. M. Grafinger, que nous remercions pour la gentillesse avec laquelle elle s'est intéressée à nos recherches à la *Bibliothèque Apostolique* : C. M. GRAFINGER, *Beiträge zur Geschichte der Biblioteca Vaticana*, Città del Vaticano, 1997, p. 95-185.

67. Theodericum Goch fut actif non seulement au couvent de Scarparia, près de Florence, mais aussi à Florence même, dès 1465, comme l'atteste le colophon du ms. *Firenze, Laurenziana, Fiesol. 149*, f. 119vb, l. 54-59 (transcrit pour nous par R. Hissette, que nous remercions) : « Explicit Scotus super Secundo Sententiarum, finitus et completus per me Theodericum goch alamanum in Pallacio domini potestatis Florencie 1464 .16^a^ die octobris » (cf. A. M. BANDINIUS, *Bibliotheca Leopoldina Laurentiana...*, t. III, col. 93 ; et R. HISSETTE, « Le *corpus averroicum* des manuscrits vaticans *urbinates latins 220* et *221* et Nicoleto Vernia » dans *Miscellanea Bibliothecae Apostolicae Vaticanae*, t. III, Città del Vaticano, 1989, p. 290, n. 139).

68. C. STORNAJOLO, *Codices urbinates latini*, t. I, cod. 1-500, Romae, 1902.

colonnes ; écrit par une seule main d'origine italienne ; l'ornementation présente les caractéristiques italiennes : au f. 1, une guirlande qui couvre les deux tiers des marges supérieure et intérieure, contourne l'initiale « E », dans laquelle est représentée une image de saint Thomas avec auréole, tenant en main un livre fermé ; sont peintes (aux couleurs bleu, vert, rouge, rose et or) les initiales des trois premiers articles du prologue et les débuts des distinctions. Les cahiers conservent encore la réclame, placée au centre de la marge inférieure, et les diplômes de chaque cahier sont marqués par une lettre et un chiffre, dans la marge inférieure au *recto* ; sur le dernier folio du cahier, au *recto*, une croix est tracée au centre de la marge inférieure, en correspondance d'un chiffre arabe, tracé au *verso*, indiquant le numéro du cahier qui doit suivre (les deux sont tracés au plomb) ; le ms. se compose de 9 cahiers et un bifeuillet : 1^{6}(1-12)*, dont les diplômes sont marqués seulement par les chiffres, 1-6 ; 2^{6}(13-24)*, a1-a6 ; 3^{6}(25-36)*, b1-b6 ; 4^{6}(37-47 +37^{a})*, c1-c6 ; 5^{5}(48-56 +51^{a})*, d1-d5 ; 6^{6}(57-68)*, e1-e6 ; 7^{6}(69-80)*, f1-f6 ; 8^{5+1}(81-90), g1-g5 +(91-92=dipl.)*, g1^{bis} ; 9^{6}(93-104), h1-h6, +(105-106=bifeuillet), 11. Les marges conservent des corrections soignées du texte, avec indication des *auctoritates* et renvois à des passages parallèles ; il y a également des observations de caractère doctrinal (e. a. f. 9v) ; f. 12r et 99r conservent les marques de possession de « N<icolaus>.pp.V », et le ms. est recensé dans l'inventaire de ses mss, aussi bien que dans les inventaires de 1475, 1481 et 1533 (Manfredi, p. 143, n. 225 et p. LXVII) ; plusieurs signes de pièces, de la main du copiste, sont conservés (f. 10r, 12v, 15r, 20v, 23v, 45v, 59v, 71v, 74v, 86v, 89v, 92v). Au sommet droit du *recto* se trouve une numérotation ancienne, que nous suivons ; les colonnes sont numérotées (avec la même encre employée dans le titre courant) dans la marge supérieure, de 3 à 111 (f.1v-28v ; les 6 colonnes des f. 29r-30r sont numérotées, par la même main, comme suit : 120, 130, 140, 150, 160, 170) ; du f. 1 au 51^{a}r, le texte est marqué par les lettres « a-f », tracées entre les deux colonnes. Au f. 1r, mg. sup., titre d'une main italienne : « Scriptum fratris [*et au-dessus* : Sancti] thome de aquino super primum sententiarum » ; f. 1r, mg. inf., une note de possession dont on ne lit que la fin : « ... ordinis fratrum predicatorum » ; blanc f. 106v ; — *Super lib. I Sententiarum* f. 1ra-104vb (f. 105ra-106rb *tituli* : « Expliciunt problemata questionum primi Sentenciarum et sunt numero .cc^{a}.lxxiiii. »). *Codices*, n. 3296 ; A. Pelzer, p. 66[69] ; A. Manfredi, p. 225[70].

Ve — Venezia, Marciana, fondo ant. lat. 124 (1931). Milieu du XVe s.[71], parch., 370x265, f. II+140(+44^{a} et 133^{a})+II', deux colonnes ; écriture d'une

69. A. Pelzer, *Codices vaticani latini*, t. II – *pars prior*, cod. 679-1134, [Città del Vaticano], 1931.

70. A. Manfredi, *I codici latini di Nicolò V. Edizione degli inventari e identificazione dei manoscritti*, (Studi e testi, 359), Città del Vaticano, 1994.

71. Le Commentaire au deuxième livre, confectionné encore pour le card. Bessarion, *Venezia, Marciana, Ant. lat. 125 (1932)*, au f. 2r, sous les armes du cardinal porte la notice suivante : « BISARION CARDINALIS TUSCULANUS FIERI F. MCCCCLIII » (cf. J. Valentinelli, cit. ci-dessous, p. 63).

seule main, italienne comme l'ornementation ; f. 1r richement décoré, avec les armes du card. Bessarion dans la marge inf. et, de sa propre main, au f. IIv, collocation dans sa bibliothèque, titre et note de proprieté, en latin : « locus 18 [le chiffre *8* est écrit sur grattage] S. thomas de aquino super primo sententiarum. b. Cardinalis Tusculanj. » et en grec : « τοπος ιή [le numéro est écrit sur grattage] τοῦ ἁγίου Θωμα Ἐπὶ τῶ πρώτω τοῦ ἀποφάσεων : – κτῆμα βεσσαρίωνος καρδηνάλεως τοῦ τῶν τούθσκλων » ; on lit aussi la cote : « XCIII|4 » ; titre et *explicit* de la main du copiste, f. 1r mg. sup. : « Incipit primus liber Sententiarum » et f. 137vb : « Deo Laus.|Explicit primus liber sententiarum sancti thome. » ; blancs f. I-IIr, 140, et I'-II' ; — *Super lib. I Sententiarum* f. 1ra-137vb (f. 138ra-139vb *tituli*). *Codices*, n. 3588 ; VALENTINELLI, cod. III.85, t. 2, p. 63[72].

W¹ — Wien, Nationalbibliothek 1437 (Univ. 300 ; 143). XIIIe s., parch., 325x237, f. II+233, deux colonnes ; écriture d'origine française, tandis que la décoration, plus tardive, est d'inspiration italienne ; il conserve des signes de pièces dans les marges ; au f. Ir : « Istum librum ego Petrus de Pulka emi per ulricum Bedellum theologie facultatis Wyenne a Iohanne tunc notario uniuersitatis » et, à la ligne suivante, d'une autre main : « et ego thomas de haselpach emi eumdem a testamentariis eiusdem » ; un peu plus bas : « Librum hunc [...] in testamento legauit ad domum Collegii ducalis wienne aput fratres predicatorum pro studio theologie ... magister thomas de hassebach » (la même note se lit dans les mss du même fonds, n. 1414, 1489, 1536, 4813) ; f. 98ra : « Explicit liber primus fratris thome de aquino super sentencias magistri. » ; f. 97v (d'après les notes de la Commission Léonine, que nous n'avons pas pu vérifier ni sur microfilm ni sur ms.) : « Correctus lxxxxvii » ; — *Super lib. I Sententiarum* f. 1ra-98ra — *Super lib. II Sententiarum* f. 98ra-229va (f. Iv-IIr *tituli* l. I et II, *en partie*). *Codices*, n. 3664.

W² — Wien, Nationalbibliothek 1479 (Univ. 301)[73]. Milieu du XIIIe s., parch., 310x218, f. II+86(+40[a])+I', deux colonnes (trois f. 84-86) ; écrit en entier par une main que nous désignons par la lettre C[74], avec des interventions (décrites ci-dessous) d'une main du centre-sud d'Italie[75], que nous avons désignée par P (dans les marges on ne rencontre que deux autres mains : l'une, que nous désignons par R, f. 11vb, et une deuxième que nous désignons par S,

72. J. VALENTINELLI, *Bibliotheca manuscripta ad S. Marci Venetiarum*, t. II, Venetiis, 1869.

73. Pour rédiger la description de ce ms. nous avons pu consulter les notes de R. Wielockx, que nous remercions vivement.

74. Cette main avait été comptée autrefois parmi celles des collaborateurs de fr. Thomas d'Aquin : v. A. DONDAINE, *Secrétaires...*, p. 41-53 ; P.-M. Gils a jadis précisé le rôle de la main « C » dans le ms. *Vat. lat. 9851*, et il a montré que nous n'avons plus les éléments pour considérer cette main comme étant d'un des secrétaires de frère Thomas : P.-M. GILS, *Textes inédits...*, p. 203-204. Le niveau du texte qu'elle recopie dans notre W² exclut également un rapport privilégié avec l'auteur.

75. Une caractéristique de cette main est le *et* tironien tracé comme un « 2 », signe qu'elle utilise également, superposé, pour la terminaison *-ur*.

f. 14ra inf.) ; décoration parisienne[76] ; se compose de 6 sénions f. 1-71, + 2 folios f. 72+73, + 1 quaternion 74-81 (dont le premier diplôme 74+81 est placé devant les diplômes 75-80), + 1 diplôme 82+86, dans lequel sont insérés les f. 83-85 ; ancienne numérotation des colonnes, de 1 à 326 (f. 1-81), foliation moderne (avec saut du f. 40[a]) ; le copiste indique par la lettre « p », très légèrement tracée, le début de certaines pièces : f. 11vb, 24vb, 26vb, 34ra (mg. inf.), 38vb, 40bis ra, 44vb, 54ra, 60vb, 63ra, 65ra, 78ra (indications indirectes de changement de pièces aux f. 16ra et 46vb) ; une main, que nous désignons par la lettre P, représente le possesseur d'origine du ms., comme l'attestent certaines caractéristiques. La première intervention de P, au f. 5r-v, concerne l'insertion d'un article à la d. 2 (v. ci-dessous, chap. IV, § 2.1.2) ; la deuxième, f. 49v, un remaniement de la d. 27 (v. *ibid.*) ; la troisième pour sa part consiste à indiquer dans les marges la répartition des articles. La première intervention commence sur la marge intérieure du f. 5ra, où P insère un nouvel article 3 dans la *présentation de la matière* au début de la d. 2 (il s'agit de l'article sur les attributs divins) : « tertio utrum pluralitas rationum secundum quam[!] attributa differunt sit alico modo in deo uel tantum ex parte ratiocinantis » ; sur rature, il corrige le numéro des articles suivants (l'ancien trois devient quatre et le quatre cinq ; cependant il oublie [f. 5ra l. 18] de modifier l'énoncé de ce même paragraphe : « Ad euidentiam eorum que hic dicuntur, quatuor queruntur »). Une deuxième intervention de P toujours à l'intérieur de cette même distinction 2 concerne l'a. 2, dont une partie de la réponse principale était devenue superflue après l'ajout du nouvel article 3 : c'est encore P qui se charge de supprimer ce passage par un « va- -cat ». De plus, le cas suivant montre que le copiste principal (la main C) agit sur indication de P : ce dernier en effet inscrit le signe « ∞—| » dans la marge extérieure du f. 5va, à la hauteur de la fin de l'article 2 de la deuxième distinction, et le répète dans la marge inférieure, où il écrit lui-même le début du nouvel article 3 : « Circa[77] tertium sic proceditur. Videtur quod pl'aritas [*pour* pluralitas] rationum secundum quas[!] attributa differunt nullo modo sit in deo set tantum in intellectu

76. Patricia Stirnemann déclare avoir des difficultés à situer ce ms. après 1260 (communication orale, décembre 2000) ; R. Wielockx situe la décoration après 1250 et avant 1270 (lettre du 5 nov. 2001).

77. L'initiale « C– », comme nous l'a confirmé P. Stirnemann, est décorée par la même main qui réalise les autres initiales et en même temps que celles-là, comme le montre le fait que l'initiale « A– » de l' « Ad quintum » — qui se situe à la distance de trois lignes seulement de la fin de la colonne a, au-dessous de laquelle est notre initiale « C– » — n'a pas reçu d'antennes descendantes, qui auraient empêché la réalisation des antennes ascendantes de l'initiale « C ». Cela prouve que la décoration est postérieure à l'insertion dans le ms. de l'article 3 sur les attributs divins et détermine le *terminus ante quem* de cette addition. Il faut remarquer que c'est bien la main « P » qui exige la décoration de cette initiale « C » dans la marge inférieure de son ms., parce qu'en écrivant sur quatre lignes le début du nouvel article 3, il a laissé sur les deux premières lignes l'espace nécessaire pour recevoir l'initiale décorée et il a tracé — comme il est d'usage — avec un module plus grand la lettre « i » de « circa » (qui prend la forme d'un « J »). En effet, par la décoration de cette initiale « C », on rétablie l'esthétique de la page, qui avait été troublée par un oubli du copiste principal, lequel, dans la col. a, à la ligne 10, avait pris le début de l'ancien troisième article, « Ad tercium sic proceditur », pour un « ad tertium » de l'article 2, qui en vérité n'en a pas. On trouve la même erreur dans les mss Bx³, Md et V¹.

ratiocinantis. dicit enim dyonisius ca 1 de di. no. etc. articulum istum quere in fine primi libri ubi inuenies hoc signum † » ; or à la fin du ms., f. 82ra-83ra, on trouve précisément cet article, mais c'est le copiste principal qui l'a transcrit (le nouvel article 3 est précédé de la réponse aux trois arguments de l'a. 2 et il est suivi des arguments de l'ancien a. 3, devenu a. 4)[78]. Dans les tables, f. 84ra-86vc, écrites par le copiste principal, P intervient à nouveau, f. 84ra mg. inf., pour intégrer le titre du nouvel a. 3 dans la dist. 2 : « Vtrum pluralitas rationum secundum quam[!] attributa differunt sit tantum in intellectu ratiocinantis ». Dans la d. 27, a. 2, f. 40v, une intervention plus simple est introduite : P supprime par un « va- -cat » la première rédaction « cum enim uerbum [... *jusqu'à*] per modum intellectus procedens » (éd. Mandonnet, p. 659, n. 3) et la remplace dans la marge par le fameux passage refait sur la prédication du Verbe *in diuinis*, « Et ideo dicendum est cum aliis [... *jusqu'à*] de rebus autem iudicio [*lacune*] <s>apientes » (éd. Mandonnet, p. 659 l. 1-660 l. 9 ; cf. notre discussion sur ce passage, chap. IV, § 2.1.2). Les interventions de P dans les marges montrent qu'il est le possesseur d'origine du ms. : nous avons vu comment il a surveillé sa confection et nous voyons maintenant qu'il est le premier à s'en servir. En effet, il note soigneusement dans les marges, toujours à une même distance de la colonne, le début des distinctions, questions, arguments *contra*, solutions. Quant il arrive au f. 5v, à la hauteur de l'insertion du nouvel article, à l'endroit précis où il indiquerait régulièrement le début du quatrième article, il trouve déjà son signe de renvoi « ∞—| » à la marge inférieure pour l'insertion du nouvel a. 3 : pour cette raison il est obligé d'inscrire *Qo* (= questio) un peu plus à l'extérieur, sur la même ligne. Il est ainsi évident que c'est en cours de copie du ms. que P découvre l'existence de l'article ajouté dans la d. 2 ; mais le fait qu'en recopiant celle-ci le copiste principal ne l'ait pas trouvé sur son modèle, nous autorise à penser que c'est précisément au cours de la copie de ce ms. que l'article a été inséré sur l'*exemplar*. À la fin des tables, f. 86vc, note de la main que nous désignons S : « Nota quod in istis tribus cartibus precedentibus sunt due tabule. scilicet primi libri et secundi sententiarum secundum thomam de aquino. set secundus liber non est in volumine isto » ; f. Ir, deux mains du XIVe s. : « Primus Sancti Thome » et en-dessous : « [*lacune*] beati thome de aquino, super primo <?> sentenciarum » ; f. IIr, d'une main du XVe s. : « hunc librum testatus est ad librariam collegii <ducalis> magister Nicolaus de dinkelspuchel » († 1433) ; blancs f. Iv, IIv, 81v, 38v, I' ; — *Super lib. I Sententiarum* f. 1ra-81rb (f. 84ra-86vc, *tituli* l. I et II). *Codices*, n. 3667.

Wo — Worcester, Chapter Library, f. 107. Début du XIVe s., parch., 311x200, f. III+179+I', deux colonnes ; écriture, d'une seule main, et décoration anglaises ; se compose de 14 sénions (f. 1-168), et les derniers folios constituent probablement un 15e sénion (169-I'), mais nous n'avons pas

78. Il faut remarquer que le copiste C s'arrête de copier les arguments du nouvel a. 4 en correspondance avec la fin de la pièce 2. Cela étant, on peut imaginer que l'a. 3 ajouté par C à la fin du ms., avait été préparé pour être inséré à la suite du cahier de la pièce 2 (v. ci-dessous, chap. IV, § 2.1.2.2).

pu le vérifier ; on trouve, dans les marges, deux numérotations modernes : l'une, dans la marge supérieure du *recto*, va du début du Commentaire à l'avant dernier folio (1-179 ; c'est celle-ci que nous suivons) ; l'autre commence sur notre première garde antérieure, dans la marge inférieure du *recto*, et continue au-dessous de la col. a dans les folios suivants : elle commence, donc, par être en avant de trois unités sur l'autre, jusqu'au f. 7 (10), mais après elle s'arrête, pour reprendre au f. 13 avec le numéro 11, en retard, cette fois, de trois unités (la divergence continue de varier irrégulièrement par la suite, jusqu'au f. 175 où la deuxième numération présente le chiffre 108) ; sur le f. IIv, 17 lignes contiennent quelques propositions tirées du Commentaire de Thomas (la première de *In I Sent.*, d. 1, q. 2, a. 1, ad 2m), suivies d'une objection introduite par « contra tunc » ; les f. 177r-179v nous transmettent aussi de brèves questions, qu'on lit avec difficulté à cause de la pâleur de l'encre ; f. Iv, une ancienne cote biffée (« 97 » ?) et la cote actuelle, « 107 ». Sans titre, ni *explicit* ; le titre courant comporte l'indication de la lettre « d<istinctio> » au *verso* et du numéro correspondant au *recto* du folio suivant ; il est apposé par le rubricateur qui suit des indications inscrites au sommet de la marge supérieure, lesquelles, sur quelques folios, ont échappé à l'opération de rognure ; blancs f. Ir, IIr, III, I' ; — *Super lib. I Sententiarum* f. 1ra-175ra (f. 175ra-176vb *tituli*). *Codices*, n. 3790 ; J. K. FLOYER – S. G. HAMILTON, p. 52[79].

Zw — Zwettl, Stiftsbibl. 99. Deux mss indépendants sont reliés ensembles. Le premier, est du XIVe s., parch., 312x231, f. 105, deux colonnes ; écrit par une seule main et décoré avec sobriété ; numération moderne, qui inclut la garde antérieure et continue jusqu'à la fin du ms. suivant, lequel contient le *Super II Sententiarum* ; le titre courant, est du rubricateur, qui inscrit le « d<istinctio> » au *verso* et le numéro de la distinction au *recto* ; d'une écriture postérieure, f. 1r : « Item Thomas de Aquino super primum et Secundum librum Sententiarum Et pertinet presens liber ad monasterium beate Marie virginis in zwettl » ; au sommet du f. 1v est conservée une note d'une ligne, illisible sur microfilm ; f. 104va, de la main du copiste principal : « Explicit liber primus fratris thome ordinis predicatorum. » ; au sommet du f. 105r, simple annonce de la table suivante : « Incipit tabula super secundum sentenciarum » ; blanc f. 105v ; — *Super lib. I Sententiarum* f. 2ra-104ra (f. 104ra-v *tituli*). *Codices*, n. 3923.

2. LES ÉDITIONS

Dans le cadre précis de la publication de la 'tradition universitaire' du Prologue, l'étude des éditions a un seul but : celui de vérifier qu'elles ne transmettent pas un texte différent de ceux que nous découvrons dans les manuscrits.

79. J. K. FLOYER AND S. G. HAMILTON, *Catalogus of Manuscripts preserved in the Chapter Library of Worcester Cathedral*, Oxford, 1906.

Bien que nous ne voulions pas dresser le stemma des éditions, nous consacrerons cependant, à la fin du chap. III, quelques paragraphes à la transmission du texte imprimé et à cet effet nous reproduisons ci-dessous une liste succincte des publications[80].

Ed¹ — Cologne, 1480 (10 Juillet), « per Henricum Quentell ». — Hain 1473[81]. — Consulté sur microfilm l'exemplaire de la *Bibliothèque universitaire de Strasbourg, K 3540.*

Ed² — Venise, 1486 (21 Juin), « per Antonium de Strata Cremonensis ». — Hain *1474 ; Pell. 1063 ; CIBN T-156. – Consulté sur microfilm l'exemplaire de la *Bibl. « Les Fontaines », des Jésuites de Chantilly, AH-662-4* (aujourd'hui déposée à Lyon).

Ed³ — Venise, 1498 (3 Octobre), imprimé « sumptibus ... Octauiani Scoti ... per Bonetum Locatellum ». Édité « a fratre Cornelio Veronensi, in conuentu sancti dominici de Venetiis lectori », qui dédie la publication, par une lettre imprimée sur le f. 1v, à « Reverendissimo in Christo Patri Fratri Angelo Faele Veronensi ... congregationis Lombardie Vicario generali, Frater Cornelius Sambucus Veronensis »[82]. — Hain *1475 ; BAVI T-58. Consulté : *Cité du Vatican, Bibl. Ap. Vat., Inc. II. 67.*

Ed⁴ — Venise, 1503 (31 oct.), imprimé « per Simonem de Luere, pro domino Andrea Torresano de Asula »[83]. — Adams 1449 (t. 1, p. 50). Consulté sur microfilm l'exemplaire conservé à *Paris, Bibl. du Saulchoir, Rés. XVI. 2 Tho 10.1.*

Ed⁵ — Venise, 1519 (3 oct.), imprimé « mandato et sumptibus heredum ... Octaviani Scoti ». L'édition, publiée par les héritiers d'Octaviano Scoto, reprend Ed³, avec impression, au f. 1v, de la lettre de dédicace à « Angelo Faele », qui désormais n'était plus Vicaire général. — Consulté : *Roma, Bibl. Casan., C III 53, in CC.*

Ed⁶ — Lyon, 1520 (ad Kalendas oct.), imprimé pour « Jacobo q. francisco de Giunta et sociorum florentino » par « Jacobo Mit ». Édité par « Lambertus Campester » (Feldmann ? cf. R.-A. GAUTHIER, «Introduction» dans ed. Leon., t. 25-1, p. 31*), qui le dédie à Marino Carolo. — Consulté : *Bibl. de la Commission Léonine.*

Ed⁷ — Rome, 1570, « Apud hæredes Antonii Bladii, & Ioannem Osmarinum Liliorum socios ». Collection des *Opera Omnia* appelée « Editio Romana » ou « Editio Piana », t. 6[84]. — Consulté : *Bibl. de la Commission Léonine.*

80. La rédaction de ces notices a bénéficié de l'apport non négligeable du Fr. B.-G. Guyot, qu'il en soit vivement remercié.

81. Parmi les catalogues modernes, nous renvoyons à un des plus récents : CIE 5606.

82. Le frère Angelus Faella de Vérone remplit cette charge dans les années 1496-1499 ; v. R. CREYTENS, « Les vicaires généraux de la Congrégation dominicaine de Lombardie (1459-1531) », dans AFP, 32 (1962), p. 246-247 ; à propos du fr. Cornelius Sambucus de Vérone v. SOP, t. II, p. 42.

83. Au f. 154rb, on lit la note suivante : « Cartusię Neapolis ad usum D'Andreę 1561... ».

84. Voir R. A. GAUTHIER, « Praefatio », dans ed. Leon., t. 47-1, p. 52* ; et A. DONDAINE, « Introduction », dans ed. Leon., t. 22-1, p. 40*.

Ed⁸ — Venise, 1585 (1586 frontispice), « Apud Hæredem Hieronimi Scoti ». Pour les collections vénitiennes des œuvres de Thomas, on peut se référer à B.-G. GUYOT, dans : ed. Leon., t. 50, p. 15-16, et à la description de notre Ed⁹. — Adams 1454. Consulté : *Bibl. de la Commission Léonine.*

Ed^{8bis} — Venise, 1595. Il s'agit de la reprise de l'édition précédente. — Conservé : autrefois, *Lyon, Fourvière 1409.*

Ed^{9} — Venise, 1593, « Apud Dominicum Nicolinum, & Socios ». Le volume constitue le t. 6 d'une collection des *Opera Omnia*, qui (à la différence de la précédente, qui est une « collection artificielle ») a été conçue comme telle et doit donc être considérée comme la *prima ueneta*[85]. — Consulté : *Bibl. de la Commission Léonine.*

Ed^{10} — Anvers, 1612. Kessler, *Opera Omnia*, ed. Cosmas Morelles, OP, t. 6. — Conservé : *Paris, Bibl. du Saulchoir.*

Ed^{11} — Paris, 1659, « Apud Societatem Bibliopolarum ». Édité par Jean Nicolai. Cette publication, avec celle des trois autres Livres du Commentaire, est identique à l'édition de 1660 (Ed^{12}), mais avec page de titre différente. — Conservé : *Paris, BnF, D. 2620 vol. 1*[86].

Ed^{12} — Paris, 1660, « Apud Societatem Bibliopolarum ». Il s'agit du t. 7 de l'édition complète des œuvres de Thomas, édité par Jean Nicolai. — Consulté : *Bibl. de la Commission Léonine.*

Ed^{13} — Venise, 1747, imprimé par « Ioseph Bettinelli ». Il s'agit du t. 9 de l'édition des *Opera Omnia* désignée comme « Editio altera veneta » (v. Ed^{9}), édités par Bernardo M. De Rossi. — Consulté : *Bibl. de la Commission Léonine.*

Ed^{13bis} — Venise, 1776. C'est la reprise de la précédente. — Conservé : *Paris, Bibl. du Couvent de l'Annonciation, 33 C.*

Ed^{14} — Madrid, 1769, « apud Viduam Elisaei Sanchez – Blasius Romanus », Opera Omnia, t. 10. — Conservé : *Madrid, BN, 3/73896.*

Ed^{15} — Parme, 1856, « typis Petri Fiaccadori ». Il s'agit du t. 6 de la collection des *Opera Omnia* désignée comme « Editio Parmensis ». La préface de l'imprimeur nous apprend que cette édition se fonde sur celle de Venise de 1747 préparée par Jean M. de Rossi, tout en tenant compte de celle de Rome 1570 et, pour le texte de Pierre Lombard, d'une édition de J.-P. Migne, Paris 1841[87] (reprise ensuite dans PL 192, en 1855). — Consulté : *Bibl. de la Commission Léonine.*

Ed^{15bis} — New York, 1948, il s'agit d'un *reprinting* de l'édition précédente.

85. Cette affirmation se fonde sur la lettre que l'imprimeur de l' « Editio altera veneta » a placée au début de l'Ed^{13} (f. v, non num.).

86. V. le *Catalogue général des livres imprimés de la Bibliothèque Nationale* [de Paris], t. 187, « Catalogue des ouvrages de Saint Thomas d'Aquin », n. 264.

87. Nous avons consulté l'exemplaire de cette édition Migne conservé à *Chieri (Torino), Bibl. Convento San Domenico*. Nous tenons ici à remercier Roberto Giorgis, qui a mis à notre disposition des reproductions de cet exemplaire. Sur la base des fiches rédigées par B. G. Guyot, un autre exemplaire devrait être conservé à *Rome, Bibl. de Saint-Louis-des-Français*, mais, en mars 2002, il n'a pas été possible de le retrouver.

Ed^{15tris} — Stuttgart-Bad Canstatt, 1980. Il s'agit du t. 1 de la collection préparée pour l'*Index Thomisticus*, sous la direction de Roberto Busa. Le texte reprend Ed^{15bis}. — Consulté : *Bibl. de la Commission Léonine.*

Ed^{16} — Paris, 1873, imprimé « apud Ludovicum Vivès, bibliopolam editorem », d'où l'appellation de « Édition Vivès » des *Opera Omnia*, dont notre volume est le t. 7. Edité par Stanislas Edouard Fretté et Paul Maré[88]. — Consulté : *Bibl. de la Commission Léonine.*

Ed^{16bis} — Paris, 1882. Réimpression de la précédente collection. — Conservé : *Paris, Bibl. du Saulchoir, 339 B 114.*

Ed^{17} — Paris, 1929, « sumptibus P. Lethielleux, editoris ». Edité par P. Mandonnet. — Consulté : *Bibl. de la Commission Léonine.*

Le texte des éditions sera étudié, pour autant qu'il intéresse notre propos, au chap. III, § 4, après l'étude de la tradition textuelle des manuscrits et en référence à celle-ci.

88. La préface nous apprend l'existence de quatre éditions anciennes (p. VIII) : « Moguntina, Petri Scoeffer, 1469 ; Veneta, Nicolaï Genson, 1481 ; Basileensis, 1492 ; Veneta, Octaviani Scoti, 1497 » ; des trois premières nous n'avons pas trouvé de témoins, tandis que la quatrième pourrait être identifiée avec notre Ed^{3}.

CHAPITRE III

ÉTUDE DE LA TRADITION DU TEXTE

Le texte que nous éditons couvre presque toute la première pièce[1] du *Scriptum super I Sententiarum* de Thomas d'Aquin et comprend le fameux passage sur la théologie comme science subalternée sur lequel M.-D. Chenu avait jadis attiré l'attention dans *La théologie comme science au XIII*[e] *siècle*[2] ; ce passage étant une rectification rédactionnelle, il sera étudié dans un chapitre à part consacré aux rectifications majeures transmises par le *Primus Thome*.

Tenant compte des principes d'édition exigés dans le cas de notre édition, comme nous l'avons expliqué dans le chapitre Ier, c'est la « tradition universitaire » de ce Prologue[3] qu'il fallait avant tout cerner : en trouver les témoins et les classer. Nous avons donc commencé par étudier un sondage réalisé par Jean-Pierre Torrell, qui avait collationné tous les témoins de l'article 3 du Prologue ; cet article compte 841 mots, soit 1/7 de l'ensemble des 5869 mots dont se compose notre texte (la rectification sur la théologie comme science subalternée mise à part). On aurait pu espérer que le sondage reposant sur une base aussi large aurait fourni les éléments suffisants pour reconstituer les familles des mss. Malheureusement le nombre fort limité de variantes communes n'a permis d'obtenir de ce sondage que des résultats bien modestes : l'isolement de deux groupes de mss bien définis (il s'agit des familles β et ε), soit au total 17 mss.

Des 59 témoins restants, un groupe de 20 mss (dont 16 à pièces) se détachait sur la base de certaines variantes, mais l'irrégularité des lectures

1. Le début de la pièce 2 peut être repéré en : dist. 1, q. 1, a. 1, ad 1 (E. BOOTH, p. 231 et 245).

2. M.-D. CHENU, *La théologie comme science au XIII*[e] *siècle*, (pro manuscripto), Paris, 1943, p. 82 ; puis dans la coll. « Bibliothèque thomiste », 33, Paris, 1957, p. 76. Auparavant M.-D. Chenu était déjà intervenu une fois à propos de ce passage et il en avait remarqué le déplacement dans la succession des réponses de l'art. 3 : ID., « Recension » in *Bull. thom.*, t. V 14, (1937), n. 213-216, p. 153 ; v. ci-dessous, chap. IV, § 1.3.

3. Par le mot *Prologue*, employé sans autre précision, nous indiquons ces trois composantes : premièrement, l'introduction générale (ou prologue général) qui commence par la citation de l'Ecclésiaste *Ego Sapientia effudi flumina* ... et qui présente la matière des quatre livres que Thomas se dispose à commenter ; deuxièmement, les cinq articles concernant la *sacra doctrina* ; troisièmement, la division et l'exposition par Thomas du *Prologue* par lequel Pierre Lombard ouvre son *Livre des Sentences*.

communes rendait difficile la saisie des caractéristiques du groupe. À cause des mss à pièces, nous étions sûrement devant une tradition universitaire, mais l'origine et les modalités de la diffusion restaient inconnues. Nous avons donc collationné ces 20 témoins sur toute la première pièce et nous avons ainsi pu détecter avec précision l'origine de leur texte (cf. § 1.1.1). Il a été plus difficile cependant de déterminer les modalités de la transmission (cf. § 1.1.5).

Le texte de ces mss dépend en fait d'un même apographe. Le groupe de mss α* révèle le caractère primitif de la rédaction de ce texte. Celui-ci, une fois révisé et augmenté de certaines additions explicatives, nous a été transmis par les témoins les plus représentatifs de la famille α : une dizaine de mss dont les plus anciens sont W^2 et N^3. L'autre moitié des mss de cette famille témoigne de la dégradation de la pièce et de sa consomption. Le texte accrédité de la première pièce est certainement celui que transmettent les meilleurs représentants de α. Il est cependant possible que l'étude de la tradition complète du *Primus Thome* apporte des lumières ultérieures pour interpréter les variantes des mss de cette famille, en permettant ainsi de mieux discerner leurs rapports mutuels.

La multiplication du texte de la famille α, la plus diffusée, a dû vite user le support matériel de la *pecia*, comme l'attestent plusieurs mss, et il est devenu alors nécessaire de le refaire. Cela est attesté par un groupe de 8 mss, qui forment la famille β (§ 1.2) : celle-ci dépend d'une nouvelle pièce, et c'est ce fait, révélé par des variantes propres, qui avait permis de la repérer dès le sondage sur l'article 3. Sauf un, tous les témoins de cette famille sont copiés sur pièces.

À côté de cette famille universitaire β, nous avions déjà dégagé, dans le sondage préliminaire sur l'article 3, un dernier regroupement de mss, 9 en tout, que nous avons désigné par la lettre ε. Le texte ε est issu de celui des familles universitaires, mais il n'a pas connu de transmission par pièces à Paris[4] ; il n'est qu'une dérivation (et parfois même une dégradation) du texte universitaire. N'ayant pas donné lieu non plus à une tradition parallèle, le texte de cette famille n'apparaîtra pas dans l'apparat ; c'est pourquoi nous en avons présenté une étude détaillée au § 1.3.

Si l'on tient compte du nombre de mss ainsi classés, 37 + 2 (O^1 et O^5, cf. § 1.1.7) sur 76, il nous reste 37 mss, que nous n'avons pas pu situer. Ni dans le sondage préliminaire sur l'article 3, ni dans ceux qui ont suivi, nous n'avons pu repérer de variantes suffisantes pour situer ces témoins par rapport à la tradition universitaire. On ne voit pas qu'aucun de ces mss ait été copié sur pièces. Quelques-uns semblent contaminés par rapport à la tradition universitaire ; quelques autres n'ont pas révélé de variantes significatives qui auraient permis de les rattacher à l'une plutôt qu'à l'autre des différentes familles universitaires. Ce qui était important pour notre édition, c'était de pouvoir exclure de ces témoins l'existence d'une autre branche de la tradition

4. C'est aussi la conviction de E. Booth, qui, comme nous, a examiné cette famille sur toute la longueur de l'ouvrage (cf. E. BOOTH, cit., p. 239-241).

universitaire. Cela a été possible, grâce aux variantes repérées. Cependant, puisqu'une étude plus poussée des autres pièces pourrait permettre de détecter des sous-familles dans la première pièce (sans exclure également la possibilité d'une tradition parallèle), nous sommes bien conscient du caractère « limité », quoique scientifiquement justifié, de cette édition du texte universitaire.

1. Les familles universitaires

1.1 La famille α

Le sondage complet sur l'art. 3 du Prologue a dégagé un groupe de témoins qui présentent avec une certaine régularité les mêmes variantes ; nous les avons donc collationnés sur toute la pièce. Il s'agit des 20 mss suivants : Bl Bg^2 Bx^3 Bx^4 C^3 F^1 Kr^1 Md N^3 O^2 P^1 P^2 P^4 P^5 Tr^2 V^1 V^2 V^4 W^1 W^2. De ces mss, 16 sont sûrement copiés sur pièces[5] : Bl Bg^2 Bx^3 Bx^4 Kr^1 Md N^3 P^1 P^2 P^4 P^5 Tr^2 V^2 V^4 W^1 W^2 ; en revanche C^3 F^1 O^2 V^1, ne sont pas des mss à pièces ; nous les avons néanmoins pris en compte dans la présentation du groupe α, parce que, mises à part leurs variantes individuelles, ils transmettent le même texte α[6].

Les mss O^1 et O^5, qui ne sont pas à pièces, se rattachent aussi à cette famille par un intermédiaire qui corrige certaines fautes et en reproduit certaines autres (v. ci-dessous § 1.1.6). Dans la présentation qui suit des variantes de α, nous les séparons des autres mss par un point-virgule.

1.1.1 Le modèle de α

Nous avons isolé ci-dessous certaines leçons textuelles qui font ressortir la dépendance du groupe α d'un même modèle. Certaines de ces leçons renvoient immédiatement à l'usage propre de Thomas d'Aquin dans ses autographes ; nous l'avons signalé en note.

Pour renvoyer à notre édition, nous indiquons d'abord le titre de la section du texte (*Prol.* indique le prologue général) ; vient ensuite l'abréviation latine « u. » (*uersus*), qui désigne la ligne : elle est suivie du numéro de celle-ci. Dans la présentation des variantes ci-dessous, pour faciliter la lecture[7], nous séparons par un trait vertical (|) les différentes familles (α, β) et le sous-groupe O^1 O^5 (le lecteur voudra bien tenir compte du fait que dans les 11 variantes qui suivent, le sigle α inclut aussi la sous-famille α*, qui sera indiquée séparément à partir

5. Cf. ci-dessus leur description et l'étude de E. Booth, p. 227. Plus bas, nous consacrons un paragraphe à l'étude de la production de Bx^3 et Md depuis l'*exemplar*.

6. Dans la présentation des variantes, on range ces mss après ceux du même groupe qui sont à pièces. À ceux-là, il faut ajouter le fragment O^8, qui dépend certainement de cette famille, mais les deux seules variantes par lesquelles il s'y rattache, ne permettent pas de dire où il faut l'y situer.

7. Les variantes sont présentées selon les mêmes critères que ceux utilisés pour l'apparat critique du texte édité (chap. VII, § 2.1). Celles que précèdent immédiatement les signes typographiques suivants : deux-points (:), point-virgule (;) ou trait vertical (|), se réfèrent au lemme du texte donné avant le crochet droit ( ]). Les abréviations employées ont été élucidées au début de l'ouvrage, p. 11-12.

du § 1.1.3, qui lui est consacré ; dans une même variante, les mss à pièces sont indiqués généralement avant les autres).

1) Prol., u. 67 : fluuius][8] filius α (- C^3 F^1) : fluuius *rest. sec.m.* P^5 Tr^2 O^2 | filius C^4 P^7 (β)[9]
2) Prol., u. 69 : ita de][10] ita h' de α (- N^3? W^1) : ita et de F^1, *sec.m.* W^2 : ita+*ras.*+de Bg^2 : ita contra de (contra *sup. ras.* ?) Tr^2 : ita hoc de hoc de *sic* V^4 : ita de C^3 | ita h' de *pr.m.* O^5, ita et de *mg. sec.m.* O^5 | ita h' de β (= C^4 M^1 O^4 P^3 P^7 : ita hec de *pr.m.*, hec *exp. sec.m.* M^2 : ita+*ras.*+de V^6)
3) Prol., u. 84-85 : medicamenta][11] –mentis α (- P^5 C^3 ; –mentis *pr.m.* Bg^2, –menta *rest. sec.m.* Bg^2 : –menta *sup. ras., sec.m.* F^1, O^8) | –mentis O^1
4) a. 1, u. 18 : set][12] et α (- V^1 Bx^4 ; set *sec.m.* Bl Bg^2 N^3? P^5 Tr^2 W^2 O^2 O^8 : *non leg.* W^1) | et β (= C^4 O^4 M^2 P^3 : set *sup. ras.* P^7 : set *pr.m.*, et *sec.m.* M^1)
5) a. 3, u. 101 : set de fide][13] *om.* α (- F^1 O^2 V^1 : *suppl. ead.m.* W^2, *suppl. sec.m.* Bl Bg^2 Md N^3 P^4 P^5 V^4 C^3)
6) a. 3, u. 104 : cognitio][14] comunicatio Bg^2 Bx^3 P^2, 9^{i}tō Md P^4, *pr.m.* Bl N^3 V^4 W^2 (^{co}g^{i}tō *sec.m.* Bl N^3 V^4 W^2) : cognitio *om.* V^1
7) Prol. diu. et exp., u. 35 : est][15] quod *add.* α (quod *exp. sec.m.* Bx^3) | quod *pr.m.* O^1?, quasi *sec.m.* O^1

8. Il suffit de parcourir les exemples de ratures donnés dans P.-M. GILS, « S. Thomas écrivain » (p. 193-195) pour noter la facilité avec laquelle l'auteur, en écrivant, substitue des mots par assimilation, non seulement à un autre mot, mais aussi à une idée liée à celui-ci, comme dans l'exemple suivant (p. 194b) : « sequeretur quod christus haberet duos [- filios] patres ». À la ligne 64 de ce même Prologue, Thomas rapproche précisément le « Filius » et le « fluuius » : « Recte ergo ex ipsius Filii persona dicitur : *Ego quasi fluuius...* ».

9. Tous les témoins de β ont été contrôlés pour chacune de ces variantes.

10. Cf. P.-M. GILS, « S. Thomas écrivain », p. 195b.

11. Cette leçon se situe dans la phrase suivante : « Ita Christus etiam ut nos in finem eterne glorie induceret, sacramentorum medicamenta preparauit, quibus a nobis peccati uulnus abstergitur » (u. 83-85). Nous avons interprété la leçon *medicamentis* comme attraction de *quibus* et nous l'avons corrigée suivant la lecture *medicamenta*, attestée par quelques mss de α et par la famille β ; on pourrait cependant penser que l'objet de *preparauit* serait le *nos* du début de la phrase, éventuellement à intervertir avec *ut*, mais puisque aucun des manuscrits n'atteste cette inversion (ni d'autres variantes), il faut retenir la leçon *medicamentis* comme leçon erronée.

12. Cf. P.-M. GILS, « S. Thomas écrivain », p. 184b : « [sous la plume de S. Thomas] toutes les lettres sont susceptibles de manquer ».

13. Le problème textuel porte encore sur des syntagmes corrélatifs, « de fide infusa » et « de fide que est opinio fortificata rationibus », qu'il arrive souvent à Thomas de permuter, on l'a vu ci-dessus (v. n. 8).

14. Le problème posé ici par l'abréviation du mot *cognitio* (9g^{i}tō) se rencontre à nouveau dans un exemple cité ci-dessous : § 1.1.5, variante de l'a. 2, u. 38. Nous devons considérer que pour signifier seulement *co–* (non suivi de lettre nasale) Thomas n'utilise jamais le signe 9–, sauf pour les formes de *cognitio* / *cognoscere* abrégées toujours respectivement 9g^{i}– / 9g^{o}–. L'erreur qui se produit à partir du modèle de α dans les deux variantes en cause ici postule que leur modèle ait eu, pour *cognitio*, une forme abrégée analogue à celle qu'emploie Thomas d'Aquin. En même temps, il faut savoir que le mot *comunicatio*, impliqué lui aussi dans les deux variantes, est toujours abrégé par Thomas : 9^{i}tō. Voir P.-M. GILS, « S. Thomas écrivain », p. 189a.

15. De soi ce genre d'incident est peu significatif, susceptible de plusieurs explications. Cependant il est très fréquent sous la plume de Thomas lui-même : v. par ex. *Super Boet. De Trin.*, q. 3, a. 4 (ed. Leon., t. 50, p. 116, u. 174) ; q. 4, a. 1 (*Ibid.*, p. 122, u. 187) ; q. 4, a. 2 (*Ibid.*, p. 124, u. 128).

8) Prol. diu. et exp., u. 37 : Eccli. xxxvii][16] Eccli. xxxviii α (- Bx^4 Bl P^2 P^4 P^5 Tr^2 W^1 O^2) : Eccli. xxxviii *iter. et corr. eadem m.* P^1 | Eccli. xxxviii O^5, *pr.m.* O^1

9) Prol. diu. et exp., u. 88 : nullum] ullum α (= Bg^2 Bx^3 N^3 V^1 V^4 W^2, *pr.m.?* Md, *mg. sec.m.* C^3 : intellectum F^1, *sup. ras., ead. m.?,* Md : *lac. 4/5 litt.* O^2 : nulli P^2) | ull'um? O^1 : intellectum O^5 | nulla P^3 (β)

10) Prol. diu. et exp., u. 93 : est infinitum] est in infinitum α (- Bl Kr^1 P^2 P^5 V^2 W^1 : in *exp. sec.m.* Tr^2) : infinitum (est *om.*) N^3 P^4 : est diffinitum V^4 | est in infinitum O^5

11) Prol. diu. et exp., u. 131 : altum et nimis humile][17] altum et minus humile Bx^3 F^1 Md V^1 : altum nimis humile (et *om.*) N^3 P^1 P^2 V^2 W^2 C^3 : altum humile P^4 Tr^2 : humile Bl : altum et nimis humile et sublime V^4 | altum nimis humile (et *om.*) O^1 | humile et sublime (altum et nimis *om.*) β (= C^4 M^2 P^3 P^7 O^4 : et sublime altum et nimis humile V^6 : humile et altum Ar^1).

Dans sept de ces cas de variantes (1, 2, 3, 5, 7, 9, 11), la famille α est quasi unanimement impliquée. La dépendance d'un modèle unique, à l'origine de ces variantes, est ainsi attestée : si toutefois quelques témoins à pièces parviennent à retrouver le bon texte, cela peut relever de l'initiative des copistes (v. var. 1, 2, 3). Dans les autres cas de variantes, plusieurs témoins à pièces introduisent, parfois *secunda manu*, la bonne leçon (v. par ex. 4, 6, 8, 10) : celle-ci fut introduite comme correction sur leur modèle même. De la sorte, les deux genres de variantes attestent que la famille α provient bien d'un même modèle.

Le rapprochement entre le modèle dont α est issu et le comportement de Thomas d'Aquin écrivain n'est pas un pur hasard. Puisque ce phénomène revient dans plusieurs autres variantes de α (v. surtout le comportement de α*, § 1.1.3), une supposition nous semble plausible : l'existence pour le Ier Livre d'un autographe, dont doit dépendre, mais à travers son propre modèle, la pièce α.

Il est vrai que les cinq derniers cas de variantes, qui concernent la division et l'exposition du Prologue, apportent des leçons peu significatives, parce que corruptions faciles, aisément rectifiables. On en trouve toutefois du même ordre sous la plume de Thomas d'Aquin, nous l'avons signalé en note.

Aux onze variantes prises en considération ci-dessus, il faut en ajouter deux autres : l'une, relative à l'art. 3, u. 57, sera présentée ci-dessous, (§ 1.1.3.2), comme cas n° 2 ; l'autre concerne une conjecture que nous proposons dans :

prol. a. 3, u. 50 : depurati] *conieci cum sec.m.* W^2 V^2 Bx^4 ? | *ac* Pr ε ^{2}, Bb Ev : dispositi *sup.u.* P^3 : deputati *cett codd.*

Sur cette variante de l'article 3, nous avons examiné tous les manuscrits conservés ainsi que les éditions et nous avons constaté que la leçon « deputati » est attestée, de première main, par tous les mss de α ainsi que par tous ceux de

16. Nous trouvons des exemples analogues sous la plume de Thomas (v. *Super Boet. De Trin.*, q. 4, a. 2 [ed. Leon., t. 50, p. 125, u. 188]) ou qui sont dus à la difficulté d'interpréter son autographe (v. *Ibid.*, p. 23, n. 2 et 3).

17. V. P.-M. Gils, « S. Thomas écrivain », p. 182a.

β, par ε [1] (- Pr) et par la quasi-totalité des autres manuscrits (en revanche, les éditions, à l'exception de Ed[16] Ed[17], attestent « depurati »). Cependant, compte tenu de ce que, dans l'ad 1, le mot « deputati » serait superflu et malvenu, nous croyons pouvoir conjecturer que la leçon « deputati » soit une mauvaise lecture de « depurati », qui se situe à l'origine de la tradition manuscrite[18]. Dans d'autres ouvrages de Thomas, nous avons retrouvé des passages qui apportent une confirmation notable à la correction opérée dans cet ad 1[19].

1.1.2 La formation du texte de α

La collation de tous les mss de α sur l'ensemble de la pièce a mis en lumière certaines variantes textuelles qui nous renseignent sur l'origine et l'histoire du texte de cette famille.

Dans celle-ci, trois mss émergent : Bx[3] Md V[1]. Même s'ils apparaissent dans la presque totalité des leçons α (à l'exception de six cas présentés au § 1.1.5), ils présentent des variantes typiques, qui révèlent leur propre regroupement. À partir de sept variantes (réunies en cinq cas, v. § 1.1.3) tentons de déterminer les caractéristiques du groupe des mss Bx[3] Md V[1], désigné désormais par α*.

18. Le fait que Thomas trace habituellement de façon nettement distincte les lettres « r » et « t » nous conduit à penser que cette erreur se soit produite plutôt sur l'*exemplar* à partir de l'apographe que sur l'apographe à partir de l'autographe. Et si l'on tient compte des conclusions de l'étude de la tradition manuscrite développée dans la suite de ce travail, il faut constater que cette erreur a échappé à la révision de l'*exemplar* et que ce sont des utilisateurs qui, de seconde main, ont corrigé le texte par conjecture (c'est le cas de W[2], dont dépend V[2], ou des manuscrits tardifs, comme la famille ε [2] et les mss Bb Ev).

19. Pour la commodité du lecteur nous reproduisons ici le texte de prol. a. 3, ad 1 : « Ad primum ergo dicendum quod opus non est ultimum intentum in hac scientia, immo potius contemplatio prime ueritatis in patria, ad quam depurati ex bonis operibus peruenimus, sicut dicitur Mat. V 'Beati mundo corde'etc., et ideo principalius est speculatiua quam practica ». Voici quelques textes sur lesquels nous appuyons notre correction : *In III Sent.*, d. 23, q. 2, a. 5, arg. 6 (ed. Moos, p. 738-739) : « Fides est principaliter in intellectu speculativo. Sed speculativa vita sequitur activam : quia nullus pervenit ad contemplativae otium, nisi prius depuretur mens per exercitium activae. Ergo virtutes morales, quae pertinent ad vitam activam sunt prius [*ou* priores] fide » ; *Contra retrahentes*, c. 7 (ed. Leon., t. 41, p. C 51, u. 249-257) : « Hoc ergo habito, in promptu est ratio quare vita activa praecedat contemplativam : quia nisi homo per virtutes morales habeat animam a passionibus depuratam, quod pertinet ad vitam activam, non est idoneus ad divinam veritatem contemplandam, secundum illud Matth. V[8] : ''Beati mundo corde, quoniam ipsi Deum videbunt'', et hic imperfecta, et in futuro contemplatione perfecta » ; bien que daté du second séjour parisien, ce texte se réfère également au passage de Matthieu cité dans l'ad 1, passage à propos duquel nous lisons dans le *Super Matt.*, V, lect. 2 (ed. Marietti 1951, n. 434) : « [...] Et ideo dicitur 'Beati mundo corde' : quia sicut oculus videns colorem oportet quod sit depuratus, ita mens videns Deum » ; on peut voir encore *ScG*, IV, c. 91 (ed. Leon., t. 15, p. 285-286).

*1.1.3 Le caractère primitif de α**

Les 76 témoins du texte ont chacun été interrogés à propos des sept variantes qui suivent. Cela nous a permis de vérifier que ces variantes concernent exclusivement la famille α et quelques témoins qui en dépendent.

1.1.3.1 Cas n° 1

Un premier incident se trouve à l'a. 2, ad 2 (u. 48) : « ...aliqua participant aliquid unum secundum prius et posterius, sicut potentia et actus rationem entis, ... ». Il porte sur la leçon : « actus rationem entis ».

actus	rationem	entis]	textus
actus	rationem	actus	α* (actus ratione actus Bx^{3}: entis *rest. mg. sec.m.* Md V^{1}), O^{1}, *ac pr.m.* F^{1} N^{1} O^{5} (entis *rest. mg. sec.m.* F^{1} N^{1} O^{5})
actus	rationem	câtis	Bx^{4}
actus			(rationem entis *om.*) Zw, *pr.m.* P^{5}: *suppl. mg. sec.m.* P^{5}

Les variantes en cause ici manifestent le comportement du groupe α*, auquel se joignent les mss de α : Bx^{4} P^{5} F^{1}, plus le sous-groupe O^{1} O^{5}, ainsi que les deux témoins, N^{1} Zw, que nous n'avons pas pu assigner à une famille précise (cf. ci-dessous § 3.1).

La répétition de *actus* à la place de *entis* est une erreur facilement explicable qui a affecté le modèle de Bx^{3} Md (et aussi les modèles d'où proviennent V^{1} F^{1} N^{1} O^{1} O^{5}, qui ne sont pas des mss à pièces) ; les leçons des mss de α, Bx^{4} P^{5}, révèlent la dépendance d'un modèle sur lequel la faute avait été corrigée, mais dont la correction n'était plus immédiatement compréhensible (probablement à cause de la détérioration du support matériel de la pièce) : la leçon *causantis* de Bx^{4} autorise aussi la supposition que son copiste ait été induit en erreur par les deux leçons *actus* et *entis*, présentes dans son modèle ; quant au scribe de P^{5}, n'arrivant pas à discerner la bonne leçon, il choisit l'omission plutôt que l'erreur. Le scribe de Zw ou son modèle fait de même.

1.1.3.2 Cas n° 2

L'occurrence suivante apparaît dans le contexte de la question *utrum theologia sit scientia* (art. 3, ad 2.1, u. 56-57), à la fin de la réponse à l'objection qui contestait la scientificité de la *sacra doctrina*, parce que *nulla scientia est de particularibus* (immédiatement avant le *Vel dicendum* qui introduit le passage sur la subalternation de la théologie) ; la réponse dit que cette doctrine ne s'occupe pas des particuliers en tant que particuliers, mais comme exemples de comportement, et fait ensuite la comparaison suivante : « Et hoc usitatur etiam in scientia morali, quia operationes particularium, et circa particularia sunt ». Dans ce passage il s'est produit un accident qui concerne le lemme : « et circa particularia sunt ».

et	circa	particularia	sunt]	textus[20]
et	circa	operationes	sunt	α* (particularia *mg. rest. sec.m.* Md ; operationes *sup. ras.* V^1) W^1 O^1 (particularia *def.*, operationes *mg. ead.m.* Mc)
def.	*def.*	*def.*	sunt	V^2 W^2
et	circa	*def.*	sunt	O^2 F^2 Zw, *pr.m.* Bl Ba^2 Er N^3 Rn (particularia *mg. suppl.* Er N^3 Rn, *ead.m.?* Bl Ba^2)
def.	circa	*def.*	sunt	et *ac* particularia *sup.u.* Bg^2
def.	*def.*	*def.*	*def.*	Tr^1 : et circa particularia sunt *eras.* V^6
incerte		*def.*	sunt	Bg^1 : incerte (particularia sunt *om.*) Va^2
def.	circa	particularia	sunt	Db Mo
etiam	circa	particularia	sunt	Bb Ev Nü Sa
et	circa	particularia	*def.*	P^8 *P^9*
def.	*def.*	particularia	sunt	Bx^1 Bx^4 C^3 Kr^1 Kr^3 Lv Om P^1 V^4 : et circa *eras.* N^1
def.	*def.*	exempla	sunt	*M^1 Tr^2* : et exempla sunt P^4
def.	*def.*	particulares	sunt	P^2
et	circa	particularia	sunt	*mg. sec.m.* O^5 P^5
et circa operationes particularia sunt				Mm Sg
considerat que circa operationes sunt et particularia sunt				*Du*

Pour faciliter l'interprétation de ces variantes, voici le rappel (v. § 1.1) des mss copiés sur la pièce α : Bl Bg^2 Bx^3 Bx^4 Kr^1 Md N^3 P^1 P^2 P^4 P^5 Tr^2 V^2 V^4 W^1 W^2 ; s'y ajoutent ceux qui en dépendent de très près C^3 F^1 O^2 V^1.

L'accident qui s'est produit par la répétition du mot *operationes* substitué à *particularia* est du même ordre que la réitération de *actus* substitué à *entis* (v. cas n° 1) par le copiste du modèle dont dépend α*. Ce deuxième exemple manifeste très clairement l'état primitif du texte à son niveau α* : en effet l'erreur en cause est à l'origine de toutes les variantes repérées dans chacun des mss de α et ceux qui en dépendent, on va le voir immédiatement.

A) La rectification du texte, suite à la dittographie de *operationes*, a consisté dans le rétablissement du mot *particularia*, comme l'attestent les mss Md, Bl Bg^2 N^3 (α), Ba^2 Er Rn. Ainsi est restitué tout le sens premier du texte : « quia operationes particularium, et circa *particularia* sunt ». Il est important de préciser que l'addition de *particularia* dans la marge de Md est due à une main, R, qui s'est chargée de la révision de la copie de l'ensemble du ms., y compris l'article 3 ajouté à la dist. 2 (v. chap. IV, § 2.1.2.2). Dans N^3, une main U^1, qui a peut-être effectué la révision de la totalité du ms. (v. sa description au chap. II), ajoute en marge le mot *particularia* après *et circa* (le mot *operationes* ayant été omis par le copiste principal de N^3) : cette main intervient dans les marges du ms. antérieurement à la main U^2, qui a ajouté dans la marge supérieure du même folio le passage sur la théologie comme science subalternée (rectification D, à l'a. 3 du prologue ; v. chap. IV, § 2.1.3 et 3.3.5).

20. Dans ce tableau, l'abréviation *def.* (= *deficit in*) indique l'omission du mot dans les mss désignés à la suite des variantes ; les mss qui présentent la rectification sur la subalternation de la théologie sont indiqués en italique.

Dans Bl l'addition de *particularia* dans la marge semble due à son copiste principal : en effet, il marque cette intervention par le trait « H », caractéristique de toute une campagne de révision entreprise par lui[21], distincte d'une deuxième, marquée par le signe « —o ». De même dans Ba^2 le *ductus* de l'abréviation de « par »[*–ticularia*] est conforme aux habitudes du copiste principal ; cela vaut aussi pour le *ductus* typique de la lettre « a », dans ce même *particularia*, en Er.

B) La réaction des mss V^2 W^2 a consisté en la suppression de tout le passage *et circa operationes*, ce qui restitue partiellement à la phrase son sens précis : « quia operationes particularium sunt ».

Il faut constater que les mss pris jusqu'ici en considération font partie de la famille α (ou sont des mss non classés, qui en dépendent) et n'offrent pas, en plein texte, la rectification sur la théologie comme science subalternée.

C) Les mss Bx^4 C^3 Kr^1 P^1 P^2 P^5 Tr^2 V^4 appartiennent eux aussi à la famille α. Ils rétablissent *particularia* mais ils omettent *et circa*, comme l'avaient fait, quant à eux, V^2 W^2. Dès lors, le texte qu'ils proposent : « quia operationes particularium, particularia sunt » est dépourvu de sens. Leur leçon pourrait dépendre du fait qu'ils ne parviennent plus à discerner entre les deux corrections opérées sur la pièce (celle qu'adoptent d'une part V^2 W^2 et d'autre part Bl Bg^2 N^3, Ba^2 Er F^2 Rn), ou simplement du fait qu'un nouveau problème de lecture s'est posé à cet endroit.

Il faut observer qu'à la différence des précédents, ces mss comportent tous la rectification du passage sur la subalternation de la théologie en plein texte (ce que nous avons indiqué dans le tableau de la page précédente en écrivant le sigle de ces mss en italiques).

Relativement aux mss recensés dans ce cas n° 2, on peut, en premier lieu, constater que les mss de α ajoutant le passage sur la théologie comme science subalternée (Bx^4 C^3 Kr^1 P^1 P^2 P^5 Tr^2 V^4) sont aussi ceux qui réagissent à l'accident attesté déjà par α* : cela indique leur dépendance de l'*exemplar* α (on étudiera en détail, ci-dessous, si cette dépendance est directe ou indirecte). En second lieu, il faut aussi reconnaître que la restitution de *particularia*, attestée par les mss Md, Bl Bg^2 N^3, Ba^2 Er F^2 Rn, est certainement indépendante de la présence sur l'*exemplar* du passage de la théologie comme science subalternée.

En revanche, *particularia* a presque certainement été restitué lors d'une révision au cours de laquelle l'addition explicative « unde – manifestantur » (cf. ci-dessous, cas n° 5) a été introduite sur le modèle : en effet, le correcteur de Md, par une seule et même intervention dans la marge (f. 1v), corrige la répétition de *operationes* et ajoute l'addition explicative, mais la façon dont il procède est intéressante : il ne supprime pas, en plein texte, *operationes sunt*,

21. Cf. la note de f. 26r, mg. int.

mais il indique au lecteur qu'avant *operationes* il faut insérer la phrase suivante : « particularia sunt. unde – manifestantur »[22].

1.1.3.3 Cas n° 3

Dans le cadre de l'a. 5 est cité un passage célèbre d'Ambroise : « Preterea. Ambrosius : 'Tolle argumenta ubi fides queritur' » (a. 5, arg. 4, u. 12), mais quelques mss hésitent dans la référence à l'auteur. Le lemme concerné est : « amb' (ambrosius) ».

amb']	textus
I'o^{9} (= Ieronimus)	α*, Kr^{1} P^{5} Tr^{2} V^{4}, C^{3} F^{1} ; O^{1} *pr.m.* O^{5} (amb' *rest sec.m.* O^{5}) ; *ac* Bx^{1} Kr^{3} Mm Om P^{10} Sg Wo
I'o^{9} + *lac. 3/4 litt*	Bx^{4}
I'ab'	P^{1}
lac. 3/4 litt.	P^{2}

Même si cette variante intéresse un nombre relativement petit de mss, elle permet très bien de percevoir le défaut du modèle des mss Kr^{1} P^{5} Tr^{2} V^{4}, C^{3} F^{1} (α) + O^{1} O^{5}. La leçon erronée « I'o^{9} » remonte encore une fois à α*. La rectification « amb' » a été apportée sur la pièce : un groupe de mss de α l'a négligée (Kr^{1} P^{5} Tr^{2} V^{4}, C^{3} F^{1} + O^{1} et les mss non classés : Bx^{1} Kr^{3} Mm Om P^{10} Sg Wo), tandis qu'un autre groupe n'a pas su l'intégrer (Bx^{4} P^{1} P^{2} + O^{5}).

1.1.3.4 Cas n° 4

L'exposition du Prologue du Lombard nous offre encore un cas utile pour distinguer le regroupement des mss α* à l'intérieur de α et illustre le comportement de certains autres témoins de la même famille (Bx^{4} W^{1}, P^{1}) : « Contra. Beda 'Nulla falsa doctrina est que non aliqua uera intermisceat'. » (Prol. diu. et exp., u. 109). Lemme concerné : « contra. beda ».

contra. beda]	textus
contra. benedicendi	α*
contrahenda	P^{1} P^{7}
contra. beda benedicendi	Bg^{1} Bx^{4} W^{1}
contra. beda dicit	C^{1} C^{2} Du Er Kr^{2} M^{3} N^{2} O^{1} Pr Sg Wo
contra.	(beda om.) Bx^{1}

Cet exemple illustre avant tout la dépendance des témoins α* d'un modèle commun affecté par un accident ; la leçon des autres mss révèle la difficulté d'interpréter la correction portée sur ce modèle. Le fait que des mss de la famille α (Bx^{4} et W^{1}) offrent en plein texte erreur et correction assure qu'ils dépendent de ce modèle corrigé.

Il n'est pas difficile d'imaginer les problèmes graphiques qui peuvent avoir provoqué cette erreur : Thomas d'Aquin introduit habituellement l'autorité d'un *contra* par le verbe *dicit* (par ex. « Contra. Aug. dicit ... » ; « Contra. Sicut

22. Les autres mss apparaissant dans le cas n° 2 témoignent de la corruption du texte de la pièce dont il dépendent : nous pouvons y constater des essais individuels de correction et l'introduction de nouvelles fautes, comme le mot *exempla*.

dicit Boet. ... »). Mais cet usage est complètement délaissé par Thomas dans la division et l'exposition du Prologue du Lombard. Il est alors facile de penser que le scribe du premier apographe ait introduit après *beda* le verbe *dicit*, et qu'il l'ait ensuite supprimé conformément à l'usage adopté ici par l'auteur. Le copiste qui prépare la première pièce ne comprend pas la suppression et il écrit *benedicendi* (confusion d'autant plus facile, si le *dicit* était raturé)[23]. Bien entendu plusieurs autres explications seraient envisageables ; il est prudent toutefois de limiter les conjectures.

1.1.3.5 Cas n° 5

Nous regroupons ici trois cas de variantes du même genre :

a. 3, u. 57-58[24] : unde per exempla particularia ea que ad mores pertinent melius manifestantur] *def.* α* (*suppl. mg. sec.m.* Md), O¹ *pr.m.* O⁵

a. 3, u. 102[25] : scilicet articulorum] *def.* α*, Bg² Bx⁴, P¹ P⁵, *mg.* O⁵, F² Mo Zw : scilicet *sup.ras.* (articulorum) W² : est (articulorum) V²

a. 5, u. 22[26] : ut in uisionibus prophetarum] *def.* α* (*suppl. mg. sec.m.* Bx³), *pr.m.* P⁵, O¹ *ac pr.m.* O⁵ (*suppl. mg. sec.m.* P⁵, *ac* O⁵) : *transp. ante* ex parte (= reuelatiuus ut in uisionibus prophetarum ex parte infundentis) W¹

Les quelques expressions absentes du texte de α* et de certains autres mss relèvent du même style que ces additions explicatives, mises en lumière par P.-M. Gils dans l'autographe et la tradition manuscrite du Commentaire de Thomas au IIIᵉ Livre des *Sentences* : quelques-unes de ces additions, placées dans la marge de l'autographe, sont de la main du collaborateur S de frère Thomas[27], d'autres sont de la main de l'auteur lui-même, qui les a insérées soit au moment même où il écrivait (*in scriptione*) soit lors d'une relecture du texte ; d'autres enfin sont attestées seulement par la tradition manuscrite : elles furent insérées pendant une révision de l'apographe ou de l'*exemplar*[28]. Les

23. Le problème pourrait également remonter à l'autographe même de Thomas.

24. La phrase se trouve à la fin de l'art. 3, ad 2.1, u. 56-58 : « Et hoc usitatur etiam in scientia morali quia operationes particularium et circa particularia sunt, *unde per exempla particularia ea que ad mores pertinent melius manifestantur* ».

25. Article 3, ad 3, u. 102-103 : « Habitus istorum principiorum, scilicet articulorum, ideo dicitur fides et non intellectus, ... ».

26. Article 5, resp., u. 21-23 : « modus accipiendi ista principia debet esse reuelatiuus ex parte infundentis, ut in uisionibus prophetarum, et oratiuus ex parte recipientis, ut patet in Psalmis ».

27. Par ce sigle « S », qu'il a introduit pour désigner la main du collaborateur de Thomas qu'A. Dondaine avait indiquée comme « main E », P.-M. Gils voulait signifier tout ensemble « scribe », « socius » et « secrétaire » (P.-M. GILS, « Textes inédits... », p. 203) ; quelques années plus tard, cependant, Gils blâme l'usage de ce dernier mot : « Évitons le mot 'secrétaires' » (ID., « S. Thomas écrivain », p. 204b).

28. « Les quatre mots ajoutés [...] nous imposent d'admettre soit une certaine liberté du travail de transcription, soit une révision ultérieure faite sur un apographe par l'auteur » (P.-M. GILS, « Textes inédits... », p. 212). – Et, à propos de la valeur de ces additions, P.-M. Gils ajoute : « Elle [une glose explicative] est du même type que les additions marginales faites par S, qu'on trouve sur un certain nombre de pages de l'autographe et dont on peut lire plusieurs dans notre transcription de la d. 14, a. 1, sol. 2, du même type aussi que les nombreuses additions que S. Thomas apporte lui-même à son texte, soit *in scriptione*, soit en se relisant. Une grande partie du travail de la révision a consisté précisément dans ce genre d'explicitations. Si l'on mettait en

trois cas de variantes en cause ici témoignent – avec différents autres exemples – d'une révision apportée directement sur l'*exemplar*[29].

*1.1.3.6 Le caractère primitif du texte α**

L'absence des trois additions explicatives du cas n° 5, mais également la situation de α* dans les variantes des quatre cas précédents, révèlent que le texte transmis par Bx^3 Md et V^1 est à l'origine de la tradition de α : il témoigne de l'état de α avant une première révision.

Si l'on considère le cas n° 2, la faute attestée par α* se situe précisément à l'origine de toute la tradition de α. Dans les trois autres cas (n°1, 3, 4), il y a toujours quelques mss de α qui n'ont pas su interpréter la correction apportée à l'état du texte α* (cf. surtout le cas n° 3) ou qui ne l'ont pas insérée à l'endroit retenu par la tradition (cf. W^1 au cas n° 5, a. 5, et Bx^4 dans les cas précédents) ; l'hésitation de W^2 et V^2 au cas n° 5, a. 3, u. 101, est également très significative. Cela nous assure aussi que c'est d'un seul et unique modèle qu'est issu tant le texte α* que celui du reste de la famille α (et que les variantes de α* ne soient jamais le fait exclusif des trois mss qui représentent ce groupe α* confirme bien l'unicité du modèle : v. ci-dessous, § 1.1.5).

Avant d'aborder l'étude de l'évolution du texte de α, dont α* constitue l'état primitif, nous voulons nous assurer que ce niveau α* relève effectivement de l'*exemplar*. Pour ce faire, nous allons vérifier si les mss de α* ont bien les caractéristiques de copies sur *exemplar*.

1.1.4 Le texte de α transmis par pièces*

Le ms. Bx^3 présente trois signes de pièces tracés selon le *ductus* du copiste principal (A) et avec la même encre : « vij. p. » (f. 18ra), « xvij » (f. 46ra), « xviij » (f. 48vb). Les numéros indiquent la fin des pièces 7, 17 et 18, selon la liste des pièces établie par E. Booth[30]. Ces indications coïncident avec des signes de pièces tracés par le copiste principal de W^2 dans les marges de cet important ms.[31] Mais Bx^3 nous atteste 4 autres changements de pièces certains.

Le ms. est écrit par deux mains (A et B). Le premier changement d'écriture (passage de A à B) intervient au f. 75vb, u. 24 depuis le bas « set deus » (d. 37, q. 1, a. 1, arg. 1, éd. Mandonnet, p. 856, l. 6) ; il coïncide avec un changement de pièce indiqué dans W^2 (f. 63ra mg. int.). La main B continue son travail

doute leur authenticité thomiste, on mettrait par là même en doute l'authenticité thomiste de l'œuvre tout entière dans l'état révisé que nous connaissons par la tradition manuscrite » (*Ibid.*, p. 623). – Nous n'entendons pas, par ce parallèle, assimiler l'histoire de la tradition du commentaire au Ier Livre à celle du commentaire au IIIe : seule l'édition complète des Commentaires aux deux Livres permettra de faire des comparaisons précises.

29. Cf. P.-M. GILS, « Codicologie ... », cit., p. 228-230.

30. Cf. E. BOOTH, p. 245-247. Nous faisons référence à la liste des pièces dressée dans cette étude ; nous avons cherché toutefois à en vérifier les données et ne nous engageons pas sur son ensemble.

31. Voir ci-dessus la description du ms. Le copiste de W^2 n'indique pas les numéros des pièces, mais trace dans la marge une lettre « p », là où intervient un changement de pièce; voir respectivement : f. 15v, mg. ext. (fin de la pièce 7) ; f. 38v, mg. int. (fin pièce 17) ; f. 40[bis]r, mg. int. (fin pièce 18).

jusqu'au f. 78ra, mais laisse la moitié de la colonne non écrite; un signe de rappel « .. a » est tracé, suivi d'un deuxième signe « ..b » au sommet de la colonne b, où le texte est poursuivi de façon continue par la main A. Ce retour au copiste A (« contrarietas » d. 37, q. 4, a. 1, arg. 2, ed. Mandonnet, p. 878, l. 13) coïncide encore une fois avec une indication de pièce dans la marge intérieure du f. 65ra de W^2.

Ce qui s'est produit au folio 78r de Bx^3 est facilement explicable : la colonne b était déjà remplie par le copiste A, qui s'était chargé de la pièce 30 (selon la liste de E. Booth) ; le copiste B qui avait commencé la copie de la pièce 29 au f. 75vb, u. 24 depuis le bas, n'a pas su évaluer comment remplir tout l'espace blanc laissé par A (notons que la pièce 18 couvre exactement 9 colonnes écrite par A, entre f. 46ra-48vb, le même espace ici laissé libre pour la pièce 29). Cet accident constitue un signe certain de la copie sur pièces de ce ms.

Le changement d'écriture suivant (f. 86ra, u. 12, « inpositionis || vt attributum » ; d. 42, q. 1, a. 2, ad 4, éd. Mandonnet, p. 987, l. 12) coïncide avec une indication de changement de pièce dans un autre ms. de la famille α : W^1, f. 88v, mg. ext. À nouveau, la fin du travail de copie de la main B nous assure d'un changement de pièce : une fois encore, le copiste a mal calculé l'espace mis à sa disposition. Il s'interrompt au f. 88r à la fin de la colonne a, mais sans avoir terminé de copier sa pièce et confronté au fait de la copie de la colonne b par le copiste A. Il a donc fait un signe de rappel « o— », a terminé de recopier la pièce sur un feuillet d'appoint, sur lequel il a apposé le contresigne « o— », puis a placé ledit feuillet entre les f. 85-86 (là où il avait commencé la pièce). Le commencement de l'écriture de la main A au f. 88rb, « set alia secundum philosophum quia » (d.44, q. 1, a. 1, resp., éd. Mandonnet, p. 1017, l. 4) coïncide avec le commencement de la pièce « [xx]xv » dans un autre ms. de α, V^2, f. 89v, mg. ext.

Il faut enregistrer un manque évident de coordination entre les deux copistes.

Dans le ms. Md on trouve une seule indication de pièce, f. 6r, mg. int., « .iii.p^a », coïncidant avec l'indication de fin de pièce dans Tr^2 (famille α), f. 11r, mg. ext. : « .ii.p^a ».

V^1, quant à lui, bien qu'il transmette le même texte que celui de l'*exemplar*, ne présente aucun indice qui assure irréfutablement qu'il ait été copié sur pièces ; en revanche, certaines variantes de copie montrent que son modèle d'origine a été certainement copié sur pièces. À ce propos et, en général, pour compléter l'étude menée dans ce paragraphe, il est important de se référer au chap. IV, § 2.1.2.2.

1.1.5 L'évolution du texte α

Nous avons commencé par repérer les témoins de la famille α, grâce à un groupe de particularités textuelles, qui nous permettent peut-être d'entrevoir la rédaction de Thomas lui-même (§ 1.1.1) ; l'état primitif α* du texte de la pièce a ensuite été isolé (§ 1.1.3), de manière à établir qu'un seul et même modèle est à l'origine de toute la famille α (y compris α*). Il nous reste maintenant à approfondir le passage de l'état primitif α* à l'état révisé[32] de la famille α.

L'examen de toute la pièce 1 fait encore apparaître huit variantes propres à l'état primitif de α (= α*), dans lesquelles transparaissent des attitudes de Thomas écrivain (v. ci-dessus, § 1.1.1) :

a. 2, u. 8-9 : non reducuntur] ideo *praem.* α*, *ac* P^4 (ideo *exp. sec.m.* Md V^1, P^4)
a. 2, u. 23 : methaphisicam] mechanicam α* (mecha$^{\bar{a}}$ Bx^3 : methafisicam *sic* V^1), *ac* O^2
a. 2, u. 24 : et ad] ad (et *def.*) α* (et per *sec.m.* V^1), *om.* P^5
a. 2, u. 38 : cognitionem] comunicationem α* (- V^1), *pr.m.* O^1 : considerationem *pr. m.* N^3 (cognitionem *rest. mg.* N^3) : cognitionem *om. pr. m.* P^5 (*rest. mg. sec. m.* P^5)
a. 3, u. 19-20 : per rationes ... habitus] *hom. om.* α* (- Bx^3)
a. 5, u. 15 : parati] sunt *add.* α* : semper *add.* F^1
a. 5, u. 32 : ut] *def.* α* (ut *rest. sup.u. sec.m.* Bx^3) : quod O^2 F^1
Prol. diu. et exp., u. 72 : bigas id est] bigas (id est *def.*) α* (- V^1), (id est *sup. ras.*) C^3 : bigasa (id est *om.*) Tr^2

Ces quelques cas, joints aux cinq décrits ci-dessus, complètent la présentation du premier état de la pièce α (= α*) : il s'agit de méprises introduites lors de la première rédaction de cette pièce, qui ont ensuite été soigneusement rectifiées pendant sa révision (la variante de a. 3, u. 19-20 n'affecte que Md et V^1). Le fait que, dans les variantes en cause, quelques mss d'α rejoignent Bx^3 et Md, confirme l'appartenance de ces variantes à la même pièce. Cela nous engage à une étude plus approfondie de cette famille.

À travers les exemples qui suivent, nous pouvons tracer aisément l'évolution de la pièce 1 dans les mss qui la recopient. D'une part, quelques mss conservent les leçons caractéristiques de α* ; d'autre part, plusieurs mss de α n'ont pas les leçons de α*, parce qu'ils suivent les rectifications apportées sur la pièce lors d'une révision. Ces mss sont (classés par ordre décroissant de fidélité à la révision) : W^2 N^3 Bg^2 Bx^4 Bl V^2 Kr^1 W^1, plus O^2. D'une façon irrégulière, mais très fréquente, les mss suivants reproduisent la variante primitive de α* (classés par ordre décroissant de fidélité à la révision) : P^4 V^4 P^2 Tr^2 P^5 P^1, plus C^3 F^1. L'évocation de ces deux ensembles de mss ne signifie pas qu'ils constituent deux groupes distincts, relevant de modèles différents : comme on peut le voir dans les exemples qui suivent immédiatement, aucune variante ne justifie cette dualité de modèles.

Pour que les différents ensembles de mss de α (α*, les deux ensembles en cause ci-dessus, le sous-groupe O^1 O^5) puissent être repérés plus facilement, ils seront séparés ci-dessous par un trait droit (|) :

a. 1, u. 50 : quamuis philosophia determinet de] quamuis de (philosophia determinet *om.*) α* (philosophia determinet *mg. sec.m.* Md : philosophia sit *mg. sec.m.* V^1) | quamuis de W^1 | quamuis de *pr.m.* Tr^2 : quamuis (philosophia determinet de *om.*)

32. Nous avons évité d'indiquer par α^1 l'état primitif (= α*) de la pièce et par α^2 son état révisé, de manière à souligner l'unité et la continuité du texte de cette pièce et de son support matériel : il s'agit, à ce qu'il nous semble, d'un même et unique cahier retouché.

V^4 P^1, *pr.m.* C^3 : philosophia determinet *transp. post* de V^2 : quamuis philosophia (determinet de *om.*) Kr^1 : quamuis philosophia de (determinet *om.*) O^2 : quamuis sit de (philosophia determinet *om.*) F^1, *pr.m.* P^5 : quamuis philosophia sit de P^2, *sec.m.* P^5 | quamuis philosophia de existentibus sit scientia O^1

a. 1, u. 60 : tenet propositio] tenet proportio α* (propositio *rest. sec.m.* Md) | tenet (propositio *om.*) W^1 : tenet proportio O^2 | tenet (proportio *om.*) Tr^2, *pr.m.* P^2 P^5 V^4 (propositio *mg.* P^2 V^4 : ratio *mg.* P^5) | tenet proportio O^5 : propositio tenet (*inu.*) O^1

a. 2, u. 3 : instruitur homo] instruitur (homo *def.*) α* | instruitur Bx^4 | instruitur P^1, (homo *mg.*) P^5 : homo instruitur (*inu.*) F^1 P^2 | *inu.* O^5 : instruitur quis O^1

a. 3, u. 3 : principaliter est] principaliter (est *om.*) α* (est *suppl. sup.u. sec.m.* V^1) | principaliter Bx^4 | principaliter P^1 P^2 V^4, *pr.m.* Tr^2 : est *suppl. sup.u. sec.m.* Tr^2 : principaliter est *inu.* F^1 C^3 | est *transp. post* operandum O^1

a. 3, u. 64 : respuens] respiciens α* | Bx^4 (res^{ns} Bg^2) | P^5 F^1 *pr.m.* C^3, respuens *rest. sec.m.* C^3 : *lac. 4/5 litt.* P^2 : respuens *scribit et transp. post* principia *pr.m.* Tr^2, respiciens *sup.u. sec.m.* Tr^2 | respiciens O^1 : respuens communia principia *om.* O^5

a. 5, u. 33 : similitudines] –nem α* | Bl Bx^4 W^1 | P^1 P^2 P^5 V^4 C^3 F^1 | O^1

Prol. diu. et exp., u. 109 : discedent quidem a fide] discedenti quidam affidunt α* | discedenti quidam affident Kr^1 : discedenti quidam affidet Bx^4 V^2, *pr.m.* Bl N^3 ? ; discedent quidam affide *sec.m.* Bl N^3 | discedenti quidam affidunt *pr.m.* P^2 P^5 Tr^2 (affid. *sec.m.* P^2 P^5 Tr^2) : discedent quidam affide F^1 P^1 V^4

Les variantes qui suivent affectent parfois même les meilleurs témoins de la famille, comme W^2 N^3 et autres :

Prol. u. 82 : unde dicitur] unde recte dicitur α* (- V^1 : recte *mg.* Md) | Bl V^2 O^2 | P^5 Tr^2 F^1 | O^1 | unde recte (dicitur *om.*) β (unde recte dicitur V^6)

a. 2, u. 30 : aliqua] quando *praem.* α* ; *pr.m.* W^2 ; P^5 Tr^2 ; *nec non* V^6 (β)

a. 2, u. 38 : cognitionem] 9u^{i}cationem Bx^3, 9^{i}tionem Md ; considerationem *pr.m.* N^3 (*rest. mg.* N^3) ; cognitionem *om. pr.m.* P^5 (*rest. mg. sec.m.* P^5) : comunicationem *pr.m.* O^1

a. 2, u. 49 : esse] est α* ; Bl Kr^1 V^2 W^1 O^2 ; P^1, *pr.m.* V^4 F^1 (esse *rest. sec.m.* V^4 F^1) : esse *pr.m.* C^3, est *sec.m.* C^3 ; est O^1 : essentiam O^5

a. 3, u. 93 deductarum] –orum α* (- V^1) ; Bl, V^2 O^2 *pr.m.* N^3? ; P^1 P^4 V^4 : deducantur C^3 : deducitur O^1

a. 5, u. 9 : que^1] qui α* : que *mg. sec.m.* N^3, *sup.u.* P^4 F^1, *om.* P^2

Prol. diu. et exp., u. 25 : grece] gaze Bx^3 : *mg.* Md ; *mg.* N^3 : *om.* Bl Kr^1 ; P^2 P^4 V^4 C^3 : *sup.u.* Tr^2

Prol. diu. et exp., u. 68-69 : que … mouentem] *hom. om.* α* (- Md) ; *pr.m.* N^3 ; P^5 (*rest. mg. alia m.* N^3 ; P^5) : que ostendit caritatem *om.* C^3

Ces variantes confirment les caractéristiques de la révision qui est intervenue sur la pièce et que les cinq cas décrits ci-dessus (§ 1.1.3) ont déjà illustrée. On remarquera comment le fait de négliger un mot ou un syntagme inscrit dans la marge donne lieu à des inversions ou transpositions (a. 1, u. 50 ; a. 2, u. 3 ; a. 3, u. 3) ; on notera aussi le cas de ces mots transcrits différemment qui fait spontanément penser à la difficulté d'interpréter l'autographe de

Thomas[33] (a. 1, u. 60 ; a. 2, u. 38 ; a. 3, u. 64 et u. 93 ; a. 5, u. 33 ; Prol. diu. et exp., u. 109).

Or l'une des caractéristiques de l'utilisation, et donc de la détérioration, d'une pièce consiste normalement en ceci que des signes ou corrections arbitraires y sont introduits progressivement par les copistes. Si les variantes de ce type sont attestées par des témoins du texte détérioré, elles ne peuvent en tout cas affecter les plus anciennes copies ; c'est le cas de Bx^3 et Md, qui sont exempts de telles variantes. Cependant les variantes de la famille α qui n'affectent pas déjà α* (Bx^3 Md), ne fournissent pas d'indices évidents de retouches ou corrections arbitraires. Ces variantes ne sont que six sur toute la pièce :

Prol., u. 24 : unigenitus] nisi *praem.* Bl Kr^1, *pr.m.* W^2 (nisi *exp. sec.m.* W^2) ; P^1 C^3 F^1 (nisi *sup.u. sec.m.* P^2 ; O^1, *mg.* O^5) ; β
Prol., u. 28 : tum] *om.* N^3 V^2 ; P^1 P^2 P^4 V^4 C^3, *mg. sec.m.* P^5 Tr^2, *ac* β
a. 1, u. 33 : creaturas] –ram W^1 ; P^1 P^5 Tr^2 (–ram *sup. ras.* F^1) ; O^1
a. 1, u. 57 : ad dilectionem] quantum *praem.* O^2 ; V^4, *mg. sec.m.* P^5 C^3 ; quo *praem.* P^2 ; quantum *praem.* O^1 O^5
a. 2, u. 44 : multiplicare] –cari F^1 P^1 Tr^2 V^4 (*sec.m.* C^3) ; O^1
a. 3, u. 42 : causatis] creaturis Bg^2 ; C^3 F^1 ; O^1 O^5.

L'insertion de *nisi* dans Prol., u. 24, peut être spontanée de la part d'un copiste, par attraction avec le verset de Mt 11, 27 cité immédiatement avant. La suppression du *tum* corrélatif (Prol., u. 28) revêt plus d'intérêt et pourrait illustrer plus adéquatement le phénomène de retouches arbitraires que nous décrivons.

Dans ces deux exemples, la lecture de β (qui dépend de la pièce α, v. ci-dessous, § 1.2) confirme que le problème posé par ces variantes provient de la pièce α et n'est donc pas le cas isolé de quelques mss.

Ces deux exemples méritent donc d'être retenus comme illustrations possible du phénomène évoqué ici. Quant aux quatre autres exemples, ils sont trop ambigus pour entrer dans cette catégorie.

1.1.6 Le texte α

Après avoir présenté toutes les variantes de la famille α sur la première pièce, nous rassemblons ici les données acquises dans les paragraphes précédents.

La famille α dépend d'une seule pièce, la première qui ait été réalisée. Le texte qu'elle transmet a un double caractère : primitif et révisé. Certains mss transmettent le texte tel qu'il a été transmis originairement à l'*exemplar* : c'est l'état α*. Quelques autres mss témoignent d'une révision soignée de la pièce,

33. En plus des références déjà données, v. P.-M. GILS, « Saint Thomas écrivain », p. 185b et 186b.

qui comporte la correction des dittographies, l'insertion de certaines additions explicatives, la rectification de certaines mauvaises lectures imputables à celui qui a préparé la pièce ou l'apographe (cf. les exemples des cinq cas, § 1.1.3). Au fur et à mesure que la pièce est recopiée, il devient plus difficile d'interpréter les corrections apportées par la révision ; dès lors, les copies transmettent de plus en plus souvent des fautes originaires, typiques de α*.

Pour cette raison, nous avons présenté ci-dessus les témoins de α en ordre décroissant de fidélité à la révision de la pièce et nous avons identifié les meilleurs représentants de la pièce révisée. C'est bien entendu le texte de la pièce α révisée, reconstitué à partir de la collation de tous ses témoins, qui sert de base à notre édition.

En raison du caractère primitif du texte de α*, il sera bon non seulement de le reproduire dans l'apparat des variantes, mais aussi d'en signaler l'importance en reproduisant le sigle α* en caractères gras ; ensuite, nous indiquerons, le cas échéant, les autres mss de α qui ont conservé la même leçon du texte primitif (dans l'apparat, pour éviter aux lecteurs des hésitations, on a toujours distingué le comportement de α* du reste de la famille α, y compris pour les variantes communes relevant de l'apographe, présentées au § 1.1.1).

1.1.7 Le modèle du sous-groupe O^1 et O^5

La fréquence avec laquelle les deux mss O^1 et O^5 accompagnent α* peut être reconnue à travers les variantes de celui-ci. O^1 et O^5 sont très proches de α*, quand les autres témoins de α s'en éloignent (cf. les 5 cas, § 1.1.3) : ils attestent cependant certaines additions explicatives (cf. cas n° 5). Ils ne partagent pas toutes les variantes communes à l'ensemble de la famille (v. § 1.1.1) ; en revanche ils partagent les uniques variantes de α où α* est absent (v. § 1.1.5). Ce ne sont pas des mss à pièces, ils ne servent donc pas à la restitution de la tradition universitaire. N'ayant pas de variantes propres, ils ne révèlent donc pas une tradition parallèle (tout au moins par rapport à cette première pièce). Pour ces deux dernières raisons, ils ne seront pas repris dans l'apparat des variantes, mais les leçons qui les affectent sont toutes recensées dans cette introduction avec celles de la famille α.

L'étude de O^1 et O^5 tout au long du commentaire du Ier Livre permettrait de mieux préciser où ils se situent dans le stemma général. Leurs caractéristiques, décrites ci-dessus, trahissent l'accès à un modèle dérivé de la pièce α, sur lequel des corrections ont été apportées, car ces deux mss ne partagent pas toutes les variantes communes à l'ensemble de cette pièce (§ 1.1.1) ; s'ils atteignent irrégulièrement le caractère primitif du texte α*, ils ne remontent jamais au-delà du niveau α.

1.2 La famille β

Nous avons dénommé β un groupe de mss dégagé par le sondage préliminaire sur l'article 3 : Ar^1 C^4 M^1 M^2 O^4 P^3 P^7 V^6.

Voici les variantes du groupe, à l'article 3 :

u. 2 : est opus] *inu.* β (- P^7), ε, P^5
u. 42-43 : magis etiam diuina dicenda est] magis etiam est diuina dicenda β (magis est dicenda P^3) : magis dicenda est diuina ε
u. 53-54 : scientia est] *inu.* β (est *sup.u.* C^4 P^7 : est *om.* O^4), V^2 P^2 : scientia (est *om.*) P^1
u. 59 : doctrina] scientia β, N^3
u. 92 : a natura] per naturam β (- C^4 V^6)
u. 97 : Ad id] Ad illud β

Et à l'intérieur de l'addition sur la subalternation de la théologie :

u. 67 : duo est] *inu.* β, N^3
u. 68 : tantum dicitur] *inu.* β (- Ar^1), Bx^1 Mm : dicitur (tantum *om.*) Bb Nü P^5 Rn
u. 77 : utuntur] utimur β
u. 87 : principia] cognita *add.* β, N^3, ε
u. 88 : istud] illud β, P^1, ε

De ces mss nous avons collationné sur toute la pièce C^4 O^4 P^3 V^6 ; ainsi avons-nous pu repérer entre eux un nombre significatif de variantes communes : on note, en effet, 74 variantes communes à C^4 et O^4, 49 à C^4 et P^3, 48 à O^4 et P^3, 34 à C^4 et V^6, 36 à O^4 et V^6, 27 à P^3 et V^6 (puisque nous donnons dans l'apparat toutes les variantes de cette famille, elles ne seront pas recensées ici).

Étudions la caractéristique de β : les onze variantes énumérées ci-dessus sont propres à cette famille et caractérisent son modèle (les rencontres avec les témoins α : N^3 P^1 P^2 P^5 V^2 sont dues à des fautes individuelles de leurs copistes respectifs ; la famille ε apparaît ici parce qu'elle dépend de β) ; des exemples complémentaires sont fournis dans les apparats. Il ne s'agit pas de réactions aux erreurs rencontrées dans α, mais de particularités provenant de la confection de la pièce β : inversions de mots et retouches peu significatives (comme *illud* substitué à *id* ; addition du mot *cognita*, etc.), mais aussi introduction d'erreurs (comme *utimur* substitué à *utuntur*).

En même temps β a bien réagi aux erreurs de α* passées dans α : β a intégré dans son texte les additions explicatives et aucun de ses mss n'est impliqué dans les cinq cas de variantes qui ont manifesté l'origine de la famille α (v. § 1.1.3).

La famille β reprend quelques erreurs de α, et cela permet de reconstituer le stemma du texte de la tradition universitaire :

Prol., u. 24 : unigenitus] nisi *praem.* β ; Bl Kr^1, *pr.m.* W^2 (nisi *exp. sec.m.* W^2) ; P^1 C^3 F^1, *sup.u. sec.m.* P^2 (α) ; O^1 O^5
Prol., u. 28 : tum] *om.* β ; N^3 V^2, P^1 P^2 P^4 V^4 C^3, *mg. sec.m.* P^5 Tr^2 (α)
Prol. u. 82 : Vnde dicitur] unde recte (dicitur *om.*) β (unde recte dicitur V^6) ; unde recte dicitur α* (- V^1 : recte *mg.* Md), Bl V^2, F^1 P^5 Tr^2 O^2 (α) ; O^1
a. 1, u. 18 : Set] et C^4 O^4 P^3 (β) ; α (- V^1 : set *rest. sec.m.* Bl Bg^2 N^3? P^5 Tr^2 W^2 O^2 : *non leg.* W^1)
Prol. diu. et exp., u. 131 : nimis altum et nimis humile] nimis humile et sublime (altum et nimis *om.*) C^4 P^3 O^4 : nimis et sublime altum et nimis humile V^6 (β) ; nimis altum et minus humile α*, F^1 : nimis altum nimis humile (et *om.*) N^3 P^1 P^2 V^2

W^2 C^3 : nimis altum humile P^4 Tr^2 : nimis humile Bl : altum et nimis humile et sublime V^4 ; nimis altum nimis humile (et *om.*) O^1.

La dépendance de β par rapport à la pièce α devient évidente à partir de ces cinq variantes ; en particulier, il faut considérer que les deux cas de variantes des lignes 24 et 28 du Prol. sont probablement des variantes introduites au fil des copies sur la pièce α (v. § 1.1.5), mais absentes de l'apographe dont il dépend, parce que inconnues de α*. Mais c'est la dernière variante (Prol. diu. et exp., u. 131) qui nous assure que β a été préparé à partir de la pièce α : cette variante concerne un problème qui a surgi dès la confection de la pièce α et auquel β propose une solution tout à fait nouvelle, qui ne dépend point d'une éventuelle interprétation de la graphie du modèle originaire de α, mais d'une conjecture sur le contenu de la phrase ; cela permet de penser que β ne recourt pas, dans cette pièce, à l'apographe, qui a causé dans α le problème de lecture (ou, du moins, on peut croire que, dans cet apographe, β n'a pas su interpréter d'éventuels éléments graphiques).

À ce stade, il nous est aisé de tracer le profil de β : il s'agit d'une pièce nouvelle, confectionnée à partir du texte de α corrigé. Cette pièce n'a pas seulement intégré les additions explicatives et la plupart des corrections de α, mais également les trois rectifications majeures apportées au *Primus Thome*, notamment le passage sur la théologie comme science subalternée à l'a. 3[34].

1.3 La tradition universitaire du texte du Prologue

L'étude des deux familles dont le texte est transmis par pièces, ce pourquoi elles sont désignées comme « familles universitaires », nous a montré l'existence d'une pièce originaire α, qui a connu deux étapes : un état primitif, représenté par α*, et un état révisé et diffusé (on peut dire « autorisé ») que nous désignons simplement par la lettre α (parce qu'il reprend α* corrigé).

Une seconde pièce β, qui fait partie d'un deuxième *exemplar*, comme nous l'a montré l'étude de E. Booth, n'est que la reprise de α, avec révision et correction à plusieurs endroits. Les solutions que β adopte à l'égard des problèmes textuels de α ont confirmé la dépendance directe de β par rapport à α, sans laisser supposer que β ait pu recourir au modèle dont α est issu.

Certaines fautes (v. ci-dessus, § 1.1.1) du modèle de α permettent d'entrevoir qu'à l'origine de la tradition universitaire, il y a probablement l'autographe de frère Thomas lui-même.

On peut difficilement penser qu'un des scribes professionnels qui assuraient la confection des *exemplaria* ait été en mesure de déchiffrer l'écriture de saint Thomas ; on est donc conduit à supposer entre l'autographe et l'*exemplar* l'intermédiaire d'un apographe confectionné par quelqu'un qui

34. Cf. ci-dessous, chap. IV. Les études de E. Booth ont mis en lumière un deuxième jeu de pièces suivi par les mss de notre famille β, ce qui confirme la confection d'un nouvel *exemplar*. À propos des deux séries de pièces, il écrit : « The [...] two series stem from the same source, the later being a revision of the earlier » (E. BOOTH, p. 229 et 235-239).

était capable de déchiffrer la *littera* de Thomas, c'est-à-dire, probablement, un collaborateur expérimenté de Thomas lui-même.

La pièce du premier *exemplar* est une simple copie de cet apographe, qui lui transmet probablement certaines mauvaises lectures de l'autographe. Pour cette raison la pièce elle-même a été très tôt révisée (il s'agit du passage de α* à α corrigé), tandis que le modèle (l'apographe) a été mis de côté.

Il est alors normal de constater que β ne va pas au-delà du texte de α, c'est-à-dire que la première pièce du deuxième *exemplar* ne remonte pas à l'apographe, parce que la révision du texte a été apportée directement sur la pièce α et non sur l'apographe.

2. La famille dérivée ε

2.1 L'ancêtre commun de la famille ε

Plusieurs variantes affectent sur toute la longueur de la pièce les mss C^1 C^2 Du Kr^2 M^3 Pr Tz V^3 Wo ; nous commençons par relever ici toutes celles manifestées par le sondage préliminaire sur l'article 3 :

u. 2 : est opus] *inu.* ε, β (- P^7), P^5
u. 4 : et Ps.] Ps. (et *om.*) ε
u. 30 : ista scientia quamuis sit] quamuis ista scientia sit ε (- M^3 V^3)
u. 32 : et in operatione] in operatione (et *om.*) ε (-Du), *ac* Bb Ev N^1 N^2 P^7 P^8
u. 33-34 : quantum ad quid practica est et etiam speculatiua] quantum ad aliquid practica est quantum ad aliquid speculatiua est ε
u. 34: scientia omnis] *inu.* ε, Bg^2 Mc N^1 N^2 O^1 P^3 P^{10} Rn Tr^1 Tt Va^1 Va^2
u. 37 : intellectus] et *praem.* ε, Tr^2 F^1 O^1 O^2
u. 37 : est sapientia] *inu.* ε (- M^3), Ar^2 M^4 N^1 N^2 Tr^1
u. 40 : ipsarum causarum] *inu.* ε, Bb P^4 : *om.* Kr^1
u. 42 : causatis] creaturis ε, Bg^2 C^3 F^1 (α), O^1 O^5
u. 42-43 : magis etiam diuina dicenda est] magis dicenda est diuina ε : magis etiam est diuina dicenda β (magis est dicenda P^3)
u. 53-54 : scientia est] *inu.* ε (M^3 V^3), β (= P^3 V^6 : est *om.* C^4 O^4), Bx^4 P^2 C^3 : est *om.* P^1 (α) : *inu.* O^1
u. 59 : principiis primis] *inu.* ε
u. 61 : et principia] principia (et *om.*) ε (- Kr^2 M^3 V^3)
u. 64 : respuens] respiciens ε (Du Kr^2 M^3 V^3 Wo : expuens *pr.m.* Pr, respuens *rest. sec.m.* Pr : respuens *scribit et transp. post* principia *pr.m.* Tz, respiciens *sup.u. sec.m.* Tz) ; α* ; Bx^4 (res^{ns} Bg^2), F^1 P^5 *pr.m.* C^3, respuens *rest. sec.m.* C^3 : *lac. 4/5 litt.* P^2 : respuens *scribit et transp. post* principia *pr.m.* Tr^2, respiciens *sup.u. sec.m.* Tr^2 (α) ; respiciens O^1 : respuens communia principia *om.* O^5
u. 87 : principia] cognita *add.* ε, β
u. 88 : istud] illud ε, β, P^1
u. 94 : qui est] quod est ε (-V^3)
u. 95 : ex eis] ex hiis ε (- M^3 V^3)
u. 97 : Ad id] ad illud ε (- M^3 V^3), β
u. 103 : et ideo] et (ideo *om.*) ε, (- Wo : ideo *sup.u.* C^1), P^1

u. 104 : defectiua cognitio] *inu.* ε : defectiua communicatio Bg^2 Bx^3 P^2, 9^{i}tō Md P^4, *pr.m.* Bl N^3 V^4 W^2 (cog^{i}tō *sec.m.* Bl N^3 V^4 W^2) : cognitio – defectu *hom. om.* V^1 Bx^3 (α)
u. 106 : excrescit] crescit ε
u. 107 : quodam modo] alico modo ε (- V^3)

Ce nombre de vingt-quatre cas de variantes indicatives de la famille ε est relativement élevé par rapport à ceux rencontrés dans les autres familles à l'occasion du même article 3[35]. De plus nous avons collationné sur toute la pièce les mss C^1 M^3 Pr V^3 Tz et nous avons recueilli des résultats semblables : la plupart des variantes de ε par rapport au texte universitaire consistent en des inversions. Cela indique que ε dépend d'un modèle propre, différent des deux rencontrés jusqu'ici : α et β.

2.2 L'origine de la famille ε

E. Booth, qui a soigneusement étudié cette famille, n'a pas repéré de mss à pièces[36]. Certaines variantes du sondage sur l'art. 3 dont il vient d'être question, communes à ε et aux représentants des deux autres familles, peuvent être fortuites : p. ex. u. 2 ; u. 42 ; u. 53-54 ; u. 88 ; u. 97. Quelques autres donnent l'impression que ε est un texte composé de α (u. 64 ; u. 104) + β (u. 42-43 ; u. 87) ; à celles-ci on pourrait encore ajouter :

Prol. u. 82 : Vnde dicitur] unde recte dicitur ε (- Pr Tz), α* (- V^1 : recte *mg.* Md), Bl V^2 O^2 ; F^1 P^5 Tr^2 (α), O^1 : unde recte (dicitur *om.*) β (unde recte dicitur V^6)
a. 1, u. 57 : ad dilectionem] quantum *praem.* C^1 Pr Tz (ε), O^2, V^4, *mg. sec.m.* P^5 C^3 : quo *praem.* P^2 (α) : quantum *praem.* O^1 O^5
a. 2, u. 3 : instruitur homo] *inu.* C^1 Pr Tz V^3 (ε), F^1 P^2, O^5 : instruitur (homo *om.*) α*, Bx^4, P^1, (homo *mg.* P^5) : instruitur quis O^1
a. 2, u. 44 : scientiam multiplicare] – tiam – cari C^1, M^3 V^3 (– tia – cari Pr Tz) ε, F^1 P^1 Tr^2 V^4 (*sec.m.* C^3) α, O^1
Prol. diu. et exp., u. 93 : est infinitum] est in infinitum C^1 Pr Tz (ε), α (- Bl Kr^1 P^2 P^4 P^5 V^2 W^1) : in *exp. sec.m.* Tr^2 : infinitum (est *om.*) N^3 P^4 : est diffinitum V^4, O^5

À propos du texte de cette famille, E. Booth a écrit : « Because of the number of English mss which contain it, it can be called the 'English' text as a matter of convenience, but this does not imply that it has an English origin »[37]. Et après avoir analysé deux accidents qui affectent toute la tradition (donc le modèle), il conclut : « ... the 'English' text was basically a scholar's working copy »[38]. Et notre auteur décrit ainsi le travail de ce « scholar », en termes qui

35. Aux variantes recensées ici, il faut ajouter celles que nous citons dans les notes suivantes.

36. O^4 fait exception : dépendant de β jusqu'à la dictinction 20, il passe ensuite au texte de ε et reproduit dans les marges certains signes de pièces d'un *exemplar* en 41 pièces, auquel J. Destrez a assigné une origine oxfordienne (E. BOOTH, p. 239-241).

37. E. BOOTH, p. 228.

38. E. BOOTH, p. 241 ; les deux incidents consistent dans l'insertion d'une note marginale en plein texte : « Huius contrarium uidetur dicere in Summa parte prima questio 33 art. 4 ad 3 », insérée à la dist. 4, q. 1, a. 3, (éd. Mandonnet, p. 134, l. 28) ; le deuxième consiste à indiquer la

rejoignent nos propres hypothèses concernant l'origine de ce texte : « Most likely this scholar editor worked with a revised text [= notre β] alongside his original/amended text [= notre α], weighing one reading against the other, but ready to alter both, or even passages on which they were agreed, deciding finally on aesthetic rather than on textual grounds, yet always with intelligence »[39].

Certains choix (ou bévues) de ce « compilateur » révèlent cependant un travail accompli par quelqu'un de pressé. Aux quelques variantes présentées ci-dessus, nous ajoutons les exemples suivants, choisis hors du sondage sur l'a. 3 (nous soulignons la leçon de ε, en plaçant le lemme correspondant du texte universitaire entre crochets droits) :

Prol., u. 25-27 : « Flumina ista intelligo fluxus eterne processionis quia [qua] Filius a Patre et Spiritus Sanctus ab utroque ineffabili modo procedit. »
Prol., u. 42-43 : « ... dicitur ex persona Filii : *Ego quasi trames aque immense de fluuio* ; de [in] quo notatur ordo [et ordo] creationis et modus. »
Prol., u. 61 : « Recte ergo ex ipsius persona Filii [Filii persona] dicitur ... »
Prol., u. 79 : « cum sit uerus et naturalis Filius Dei [Dei Filius] »
Prol. quest., u. 2-3 : « an sit plures uel una [una uel plures] »
a. 5, u. 18-19 : « secundum considerationes [– nem] materie »
a. 5, u. 51-52 : « ex similitudinaribus [– riis] locutionibus »
Prol. diu. et exp., u. 12 : « In prima mouet [ponit] causas mouentes »
Prol. diu. et exp., u. 19 : « *aliquid* sonat in modicitatem uel mediocritatem » (*add.* ε)
Prol. diu. et exp., u. 45 : « hominis per peccatum spoliati gratia uel gratuitis (*add.* ε) et uulnerati in naturalibus »

Ces quelques exemples montrent bien qu'à l'origine de ce texte il y a quelqu'un (pas nécessairement un « scholar », mais peut-être un ou plusieurs étudiants) qui s'est façonné un texte à partir de l'*exemplar* α, aussi bien que de l'*exemplar* β. Voici donc l'origine de la famille ε. Puisque les sondages ont révélé un sous-groupe, nous allons immédiatement le présenter, pour compléter ensuite la présentation de cette famille.

2.3 Le sous-groupe ε^2 (M^3 V^3)

Parmi les mss recensés dans cette famille, M^3 et V^3 constituent un cas à part. E. Booth, qui les groupe dans la famille ε, ne relève pas que dans l'a. 3 ces deux mss ne proposent pas la rectification du passage sur la théologie comme science subalternée, insérée en plein texte dans tous les autres témoins de ε.

citation d'un passage de la Somme (I, q. 5, a. 2, resp.) en dist. 8, q. 1, a. 3, resp. (éd. Mandonnet, p. 200, l. 4).

39. E. BOOTH, p. 241.

Pour comprendre comment cela a pu se produire, nous avons sur toute la pièce collationné C^1 M^3 Pr Tz V^3 ; le résultat est que, en raison de variantes qui leur sont propres, M^3 et V^3 forment un sous-groupe[40], dépendant d'un modèle propre ε^2, par opposition aux autres membres de toute la famille représentés par ε^1 ; à l'origine, le sous-groupe ε^2 est issu du même modèle que ε^1, comme l'attestent leurs variantes communes, recensées dans le sondage sur l'article 3 (§ 2.1). M^3 et V^3 recopient, quant à eux, indépendamment l'un de l'autre leur modèle propre, ce que prouvent leurs leçons divergentes[41]. L'intermédiaire ε^2 a dû laisser tomber le passage sur la subalternation de la théologie, lequel était probablement écrit dans les marges du modèle à l'origine de toute la famille ε[42].

2.4 La physionomie de la famille ε

L'étude de la famille ε nous a permis d'exclure qu'il s'agisse d'une famille universitaire, dérivant d'un *exemplar* propre, bien que, par ailleurs, son texte dépende de la tradition universitaire et, pour cette raison, ne constitue pas une tradition « parallèle ». Il s'avère donc inutilisable pour la restitution de toute tradition. De son texte, nous avons donné un échantillon assez large dans cette introduction, mais, vu notre but qui est d'éditer la tradition universitaire, il serait vain (et même trompeur) de reproduire ses leçons dans l'apparat des variantes[43].

40. En plus des variantes de l'art. 3, citées ci-dessus, voici les autres cas où M^3 et V^3 lisent contre C^1 Pr Tz : Prol., u. 36 et ipsa] ipsa (et *om.*) M^3 V^3 || Prol., u. 101 uidit] uidet C^1 Pr Tz || Prol. quest., u. 3 una uel plures] plures uel una C^1 Pr Tz || a. 1, u. 16 potest haberi] *inu.* C^1 Pr Tz || a. 1, u. 39 in statu uie] in statu uite M^3 V^3, Pr || a. 1, u. 40 immediate] immediatam M^3 V^3 || a. 2, u. 24 et ab ipso] ab ipso (et *om.*) C^1 Pr Tz || a. 2, u. 32 ipse est] *inu.* C^1 Pr Tz || a. 2, u. 47 duplex] dupliciter C^1 Pr Tz || a, 2, u. 47 aliquid] aliquo C^1 Pr Tz | a. 4, u. 7 sic] sicut C^1 Pr Tz || a. 4, u. 36 multa huiusmodi] *inu.* C^1 Pr Tz || a. 4, u. 37 aliquid magis] *inu.* M^3 V^3 || a. 4, u. 44 illud predicatum de eo] quod predicatur de eo C^1 Pr Tz || a. 5, u. 2 quanto modus est] *marg.* C^1 Pr Tz || a. 5, u. 6 cuius contrario] *inu.* M^3 V^3 : contrarium huius C^1 Pr Tz || a. 5, u. 26-27 insitorum] infinitorum Pr *pr.m.* C^1 Tz || a. 5, u. 29 etiam] *om.* C^1 Pr Tz || a. 5, u. 53 argumentatio] argumentum C^1 Pr Tz.

41. Voici la liste des divergences entre M^3 et V^3 : Prol., u. 6 de sapientia prodierunt] dei sapientia prodierunt V^3 || Prol., u. 12 per] *om.* V^3 || Prol., u. 14 tantum] tamen V^3 || a. 1, u. 5 de creatore] de creatione V^3, Pr Tz || a. 2, u. 23 rebus] omnibus *praem.* M^3, C^1 Pr Tz : *add.* V^3 || a. 2, u. 44 oportet istam] debet istam : debet ista Pr Tz || a. 3, u. 107 quodammodo] alico modo M^3, C^1 Pr Tz || a. 5, u. 7 aliis modis procedat] aliis procedit modis M^3, C^1 Pr Tz : procedit aliis modis V^3 || a. 5, u. 22 ut^1] unde V^3 || a. 5, u. 40 debet esse] *inu.* M^3, C^1 Pr || a. 5, u. 63 quasi] *om.* M^3, C^1 Pr Tz.

42. Sur le modèle de α le passage avait aussi été inséré dans la marge, comme l'atteste P^5 (cf. chap. IV, § 1.3).

43. À propos d'une « famille anglaise » il faut lire les remarques de P.-M. Gils : « A vrai dire une branche anglaise inspire toujours une certaine méfiance. On sait par expérience que les maîtres et les étudiants d'Outre-Manche avaient le souci de disposer, avant de quitter Paris, d'un texte dûment corrigé, et que, à défaut de modèle autorisé, ils n'hésitaient pas à 'corriger' eux-mêmes de façon à pouvoir lire un texte intelligible », dans « Préface » à *S. Thomae de Aq. Opera, Q. de malo*, ed. Leon., t. 23, p. 26*-27*.

3. Les témoins fluctuants

Le sondage préliminaire sur l'art. 3 du prologue et l'analyse de cinq cas de variantes de la famille α (§ 1.1.3) ont permis de repérer la tradition universitaire du texte, que nous avons étudiée ensuite sur toute la longueur de la pièce. D'un côté, nous avons pu isoler les mss qui représentent certainement cette tradition et nous les avons classés par familles[44]. Nous avons également identifié et étudié la famille dérivée ε, avec ses témoins. De la sorte, 39 mss ont été classés.

Dans les 37 témoins restants, dont aucun n'est à pièces, des liens de parenté sont apparus, décrits ci-dessous. Même si ces mss ne transmettent que le texte de la tradition universitaire, leurs variantes ne nous ont pas permis de rattacher avec évidence l'un ou l'autre à l'une des deux familles α ou β ; pas davantage, leurs variantes ne signalent parmi eux aucun représentant d'une tradition parallèle.

Puisque notre but était d'identifier la tradition universitaire, en vue de l'éditer, et puisque ce but a été atteint ; puisque, d'autre part, les sondages supplémentaires de tous les mss sur 5 cas de variantes typiques n'ont pas donné de meilleurs résultats que le sondage préliminaire sur l'art. 3, nous avons jugé inutile de collationner sur toute la pièce les 37 mss restants.

3.1 Liste des variantes

Voici les variantes, à l'occasion desquelles les témoins fluctuants figurent dans le sondage général sur l'article 3[45] :

1) u. 1 sit practica] *inu.* Bb : practica (sit *om. pr.m.*) Nü , (sit *sup.u. sec.m.* Nü)
2) u. 3 principaliter est] *inu.* Sa (*om.* Mo) ; C^{3} F^{1}(α)
3) u. 3 est] *om.* Rn Va^{2}, α* (*suppl. sec. m.* V^{1}), Bx^{4} P^{1} P^{2} V^{4} : *rest. sec. m.* Tr^{2} (α) : est *tr. post* operandum O^{1}
4) u. 4 et] *om.* Ev M^{1} N^{1} (est et *om. pr.m.* N^{2}, et *tantum rest. sec.m.* N^{2}) : uel Rn ; et *om.* P^{2} *pr.m.* Bg^{2}, *sup.u. sec.m.* Bg^{2} (α), *ac* O^{5} ; ε (- Du : et *rest. sup.u. sec.m.* Tz)
5) u. 6-7 nobilissima scientiarum] nobilissima scientia N^{2} : scientia nobilissima Lv N^{1}
6) u. 7 Practice autem ... sui gratia] *hom. om.* Bo^{1} Bx^{4} Mo Zw
7) u. 8 cum ista] scientia *add.* Va^{1} ; O^{1}
8) u. 8 erit] est Ch Db Tt
9) u. 9 tantum ea] *inu.* Bo^{1} Ch E^{2} St Zw ; Pr Wo (ε)
10) u. 13 est] *om. pr.m.* Bb Db (*rest. sec.m.* Bb Db) ; P^{4} (α), O^{5}
11) u. 13 secundum Philosophum] *om. pr.m.* P^{8} (*marg. sec.m.* P^{8}) ; Pr (ε)
12) u. 16-18 Preterea. Omnis scientia ... Ergo non est scientia] *om.* N^{1} : *iter. et exp.* O^{5}

44. Il faut cependant tenir compte du fait que les témoins fluctuants tributaires de la famille α ne se rattachent pas tous au même niveau du texte qu'elle transmet : quelques-uns seulement de ces mss témoignent du texte corrompu de la pièce α détériorée.

45. Dans une même variante, un point-virgule sépare les mss non classifiés (fluctuants) de ceux qui sont classés dans une famille, laquelle est indiquée entre parenthèses. La valeur de cette indication est différente d'un cas à l'autre, selon la valeur de la variante même et selon l'importance des témoins de la famille qui y figurent.

13) u. 17 Hec autem] *om.* F^2 : sed hec V^6 (β)
14) u. 17 scientia] *om.* N^2 ; F^1
15) u. 17 ex] *om.* Db ; C^3 ; *pr.m.* O^5, *suppl. sec.m.* O^5
16) u. 19 aliquis habitus] *inu.* P^9 P^{10}
17) u. 19-20 per ... habitus] *hom. om.* Er (*rest. sec.m.* Er) ; α* (- Bx^3)
18) u. 20 aliquis habitus] per rationes inductas *add.* P^{10} ; W^1 : *add. partim et exp.* O^2 (α) ; M^1 V^6 (β)
19) u. 20-21 tota hec doctrina] hec tota doctrina Bb Er Ev Lv Nü Zw ; V^2 W^1(α) : hec doctrina tota Ba^2 N^1 ; O^1 : tota doctrina hec Mo : hec scientia tota Ch
20) u. 22 Augustinus] boecius Va^1 ; O^1
21) u. 23 Ergo est scientia] *om.* Bb Ev Nü : ergo. Ar^1 (β)
22) u. 26 ista] hac Du Va^1 ; O^1
23) u. 27 Ergo non est sapientia] ergo non est scientia Zw ; *pr.m.* Bx^3, P^5 (α), *ac* O^5 (sapientia *rest. sec.m.* Bx^3 O^5 P^5) : ergo non est scientia uel sapientia E^2 N^1
24) u. 28 loquimur] *om.* Bo^1 *sup. ras.* Ch
25) u. 28 ergo] igitur Bx^1 Sg
26) u. 28 hanc] istam Lv N^1 O^5
27) u. 30 sit una] *om. pr.m.* N^1 N^2
28) u. 31 humanam perfectionem] *inu.* Bo^1 Ch F^2 Lv N^1 N^2 Zw
29) u. 32 et^1] *om.* Bb Ev N^1 N^2 P^8 ; P^7 (β), *ac* ε (- Du)
30) u. 33-34 et etiam speculatiua] et speculatiua (etiam *marg.*) Er, N^1 ; (etiam *om.*) N^3 V^4 (α) : quantum ad aliquid speculatiua est Tt ; ε : et etiam quantum ad aliquid speculatiua est Va^1
31) u. 34 scientia omnis] *inu.* Bg^2 Mc N^1 N^2 P^{10} Rn Tr^1 Tt Va^1 Va^2 ; O^1 ; P^3 (β) ; ε
32) u. 34 principaliter] specialiter uel *praem.* E^2 St : *om.* Rn Va^2
33) u. 34 pensanda est] *inu.* Bb Nü
34) u. 35 prime ueritatis] *inu.* M^4 O^1
35) u. 36 principaliter] specialiter siue *praem.* E^2 St : specialiter Bl (α)
36) u. 36 speculatiua est] *inu.* Bo^1 P^9
37) u. 36 sint] sunt Mm ; V^4 (α), *ac* ε (- C^1)
38) u. 37 scientia] et *add.* Bb Bx^1 Er E^2 Ev F^2 Lv Mc Mm Mo Om Sg St Tt Va^1 ; *ac* Bg^2 F^1 (α) ; O^2 ; O^1 ; ε (- M^3 V^3) : et *praem. et add.* Bo^1 Ch Zw ; *ac* Kr^2 (ε)
39) u. 37 dicimus] dicendum Bx^1 M^3 Sg : dicitur P^2 (α), *pr.m.* V^6, dicimus *rest. mg. sec.m.* V^6 (β)
40) u. 37 est sapientia] *inu.* Ar^2 M^4 N^1 N^2 Tr^1 ; ε (- M^3)
41) u. 38 altissimas causas] *inu.* P^9 P^8
42) u. 38 et principalis] principalis (et *om.*) *pr.m.* Bb ; Tz (ε) : et *rest. sec.m.* Bb Tz : principalis (et *om.*) Ar^1 M^2 (β)
43) u. 38 et ordinatrix] ordinatrix (et *om.*) Bg^2 M^4 ; P^3 P^7 (β)
44) u. 39 et est] est (et *om.*) P^9 ; Du Pr Wo : *inu.* Kr^2 (ε)
45) u. 39 est etiam] est (etiam *om.*) M^4 N^1 N^2 Sg Va^1 Va^2 ; P^2 (α), P^7 (β), *ac* ε (*om.* C^2)
46) u. 40 ipsarum causarum] *inu.* Bb ; ε ; P^4 : *om.* Kr^1 (α)
47) u. 41 a Deo] immediate *praem.* Lv N^1 ; O^1
48) u. 42 assumptas] sumptas N^1 N^2 Tt Va^1, *sec.m.* Er (assumptas *pr.m.* Er !) : acceptas P^8 P^9
49) u. 42 Vnde et] unde (et *om.*) M^4 P^9 *pr.m.* Tt ; Bx^4 (α) M^1 (β)
50) u. 42-43 magis etiam diuina dicenda est] etiam magis dicenda est diuina (magis etiam *inu.*) E^2 P^9 St Tt : etiam *om.* Ch Sa ; O^1 : magis est etiam dicenda diuina P^8 : magis etiam dicenda est diuina (diuina *transp. post* est) Bo^1 N^2 *pr.m.* Sg ; M^3 (ε) :

magis dicenda est diuina (etiam *om.* *et* diuina *transp.* *post* est) Lv N^1 Om Tz Zw ; ε : magis etiam est diuina dicenda (est *transp.* *ante* diuina) β : magis est diuina dicenda O^4 (β) : magis etiam est doctrina dicenda diuina M^2 (β) : magis est dicenda P^3 (β)

51) u. 44 autem] *om.* Va^2 ; O^5

52) u. 45 in VI] VI (in *om.*) Rn St ; (α)

53) u. 46 est, scientia] est et scientia F^2 Sg St : et scientia (est *om.*) Bx^4 (α)

54) u. 46 cum scientia] cum (scientia *om.*) Er ; W^1 : cum sapientia *pr.m.* P^2 (α)

55) u. 46 de conclusionibus] ex conclusionibus Db ; Bl (α)

56) u. 48 ergo] igitur Sg : *marg.* F^2 : *om.* O^1

57) u. 48 opus] operari Bx^1 Mm : operatio P^2 P^5 Tr^2 C^3 (α), *ac* M^1 V^6 (β)

58) u. 50 depurati Bb Ev Mo P^8 ; Pr $ε^2$; *sec.m.* Bx^4 ? V^2 W^2] deputati *cett* ; dispositi *sup. u.* P^3

59) u. 51 principalius] primum Bb Ev Nü : *sup. ras* N^1

60) u. 52 Alia duo concedimus] alia duo (concedimus *om.*) Ba^2 ; P^2 : *om.* O^2 (α)

61) u. 53 id] illud Bb Er Ev N^2 Nü Sg Va^2, *mg.* P^{10} ; V^2 C^3, *sup.u.* V^4 (α), *ac* Kr^2 V^3 Wo (ε)

62) u. 53-54 scientia est] *inu.* Bo Om P^8 ; ε (- M^3 V^3), *ac* Bx^4 Kr^1 (α) ; O^1 ; P^3 (β) : scientia (est *om.*) C^4 O^4 *pr.m.* M^2 P^7 V^6 (est *sup.u. sec.m.* M^2 P^7 V^6) scientia est ut dictum est *om.* M^4

63) u. 54 obicitur] ostenditur Zw : opponitur Ve : queritur O^1 : arguitur Tt : quod est *add.* O^5 : arguitur quod est Ar^2

64) u. 54 de particularibus dicendum] de partibus dicendum E^2 Zw ; M^1 (β) : de particularibus partibus Ch

65) u. 54-55 est de particularibus] est de partibus E^2 Zw

66) u. 55 particularia sunt] particularia (sunt *om.*) Bx^1 (sunt *marg.*) C^4 (β)

67) u. 55 sunt exempla] exempla (sunt *marg.*) N^1 (sunt *om.*) O^5

68) u. 56 usitatur etiam] *inu.* E^2 St V^5 ; Bg^2 N^3 (α) : usitatur (etiam *om.*) Bb Ev F^2 Nü ; usitatur et O^1

69) u. 56 operaciones] sunt *praem.* Bx^1 : per *praem.* Mc : est circa *praem.* P^8 P^9

70) u. 59 ista doctrina] ista scientia Mm P^9 P^{10} ; N^3 V^4 (α), β (- M^2)

71) u. 59 pro] de Tr^1 : ex Bx^1 ; *pr.m.* P^5, pro *rest. sup.u. sec.m.* P^5 (α)

72) u. 59 principiis primis] *inu.* Lv N^1 N^2 ; ε

73) u. 60 qui per] quem F^2 : per *om.* Va^1 : quia per O^5

74) u. 61 et principia] principia (et *om.*) Tr^1 Va^1 Va^2, *pr.m.* P^8 (et *sup.u. sec.m.* P^8) ; ε (- Kr^2 M^3 V^3) : in principia P^1 *pr.m.* C^3, et principia *rest. sec.m.* C^3 (α)

75) u. 61 naturaliter nobis insita] nobis naturaliter insita *inu.* Ar^2 Ch Tr^1 ; O^1 : naturaliter insita nobis P^8 P^9

76) u. 62 qui] quia Sa Zw ; V^1 (α*)

77) u. 63 nota essent] non essent Bb Mo *pr.m.* N^2 (nota *marg.* N^2) ; M^1 P^3 (β) : nota sunt Ar^2 M^4 Ve : nota non sunt P^2 (α)

78) u. 63 nota essent sine lumine intellectus agentis] nota essent si lumen intellectus agentis non esset E^2 St : *om.* Bg^2 (α)

79) u. 64 respuens] respiciens Ar^2 Bo^1 Ch Lv M^1 N^1 Om Va^1 Va^2, *pr.m.* P^8 (respuens *sup.u. sec.m.* P^8) : respiciens uel respuens N^2 ; respiciens α*, Bx^4 F^1 P^5 ; O^1 ; *sec.m.* Tr^2 C^3 (respuens *pr.m.* Tr^2 C^3) : res^{ns} *pr.m.* Bg^2 (respuens *mg. sec.m.* Bg^2) : *om.* P^2 (α) ; respuens communia principia *mg. sec.m.* O^5 ; respiciens ε (- C^1 C^2 Pr *pr.m.* Tz)

80) u. 65 solum] *om.* Lv N^1

81) u. 91 principiorum primorum] *inu.* Bo^{1} E^{2} Lv M^{2} N^{1} N^{2} P^{9} Rn Sg Tt Va^{1} Va^{2} ; Bg^{2} O^{2} (α) : principiorum (primorum *om.*) F^{2} Om Sa Zw ; O^{1}
82) u. 92 alias] aliquas Bb Ev Nü Va^{1} Ve
83) u. 93 primis principiis] *inu.* F^{2} Ve
84) u. 93 deductarum] –ctorum F^{2} ; α* (- V^{1}) ; Bl N^{3} P^{1} P^{4} V^{2} V^{4} : deducitur O^{1} : deducuntur Bx^{1} Mm Sg Va^{1} : deductus est P^{9}
85) u. 93 etiam] *om.* Db Lv : et Ev Nü Tt Va^{1} Zw ; C^{2} M^{3} Pr (ε)
86) u. 94 fidei] *om. pr.m.* Db (*sup.u. sec.m.* Db) : *om.* O^{1}
87) u. 94 quasi habitus] *inu.* F^{2} M^{4}
88) u. 94 principiorum] primorum *praem.* E^{2} St
89) u. 95 eis] hiis F^{2} ; ε (- M^{3} Pr V^{3} Wo)
90) u. 97 id] illud Bx^{1} Er Ev Lv P^{9} Sg Tr^{1} Va^{1} Va^{2} Ve Zw ; P^{2} C^{3} (α), β (- P^{3} P^{7} : aliud M^{2}), ε (- M^{3} Pr V^{3})
91) u. 97 dicendum quod] *om. pr.m.* Db, O^{2} (α) : *sup.u. sec.m.* Db, O^{2}
92) u. 98 sapientia est] *inu.* Er, Nü Sa : est *sup.u.* P^{3} (β)
93) u. 98 certissimus] –ssima Bo^{1} Va^{2} : habitus *add.* P^{9}, *add. sup.u. sec.m.* P^{8} ; aliquis *add.* F^{1} : theologus *add.* V^{4} (α)
94) u. 99 falsum est] *inu.* Lv N^{1} N^{2} P^{9} Tt
95) u. 99 fidelis] *transp. post* firmius E^{2} St
96) u. 99 firmius] firmus Lv Va^{2} *pr.m.* P^{8} ; W^{1} W^{2} (α), V^{3} (ε)
97) u. 100 etiam] in E^{2} Ev : his Om : etiam *om.* Ar^{2} ; P^{2} (α)
98) u. 100 infra] *marg.* Ba^{2} Zw
99) u. 101 set de fide] *om.* Kr^{3} Mc Om *pr.m.* Ba^{2} Bg^{1} (*marg. sec.m.* Ba^{2} Bg^{1}) ; α* (- V^{1} ; *suppl. sec.m.* Md), Bx^{4} Kr^{1} P^{1} P^{2} V^{2} W^{1}, *pr.m.* Bl N^{3} Tr^{2} V^{4} W^{2} C^{3} : set de fide que est *marg. sec.m.* P^{4} (α) : set de fide acquisita N^{1} Tt, *mg.* Rn Sa ; *marg.* Tr^{2} C^{3} (α) : set acquisita Lv ; ε
100) u. 102 istorum principiorum] *inu.* F^{2} Bg^{2} (α) : istorum *transp. post* articulorum M^{2} : principiorum *om.* Ch : principiorum scilicet articulorum ideo *om.* O^{1}
101) u. 102 scilicet articulorum] *om.* F^{2} Mo Zw ; Bg^{2} Bx^{4} P^{1} P^{5} (α), *mg.* O^{5} ; *def.* α*
102) u. 103 supra rationem sunt] sunt supra rationem Bx^{1} Mm Sg
103) u. 103 et ideo] et (ideo *om.*) P^{9} ; O^{1} ; ε (- Wo, ideo *sup.u.* C^{1}) : et ideo *mg.* M^{4}
104) u. 104 ualet] ualeat Bg^{1} : potest Ar^{2} Va^{1} Va^{2} ; W^{1} : potest *praem.pr.m.* P^{1} (α)
105) u. 104 Et] *sup.u.* F^{2} ; *om.* P^{4} (α)
106) u. 104 sic] si Ar^{2} ; *pr.m.* P^{5} (α), O^{5} : sic *om.* Sg Ve : perfecte *pr.m.* P^{7} (β)
107) u. 104 cognitio] communicatio Bg^{1} Sa V^{5}, *pr.m.* M^{4} ; α* (= Bx^{3}, 9^{i}tō Md : cognitio *om.* V^{1}) ; Bg^{2} P^{2} V^{4}, *pr.m.* Bl N^{3} W^{2} (α)
108) u. 106 excrescit] crescit *pr.m.* N^{1} ; ε
109) u. 106 ut] quod N^{1} N^{2} Lv : ubi *pr.m.* E^{2} (ut *sec.m.* E^{2})
110) u. 106-107 comprehendat] –dantur P^{7} Zw : –dunt *pr.m.* V^{5} : apprehendat Ar^{1} : cognoscat Sg : comprehendit C^{1} M^{3} (ε), V^{6} (β)
111) u. 107 tunc] ita E^{2} St : ratio M^{4}
112) u. 107 quodammodo] alico modo E^{2} St ; ε.

Après avoir dressé la liste des variantes des mss non classés, nous regroupons ci-dessous les témoins présentant des caractéristiques communes. Deux critères sont appliqués : l'un se base sur des données externes, tels la datation des mss et le fait qu'ils aient connu ou non la rectification sur la subalternation de la théologie dans l'art. 3 ; l'autre critère invoque la parenté de leurs textes.

3.2 Témoins sans addition du passage sur la subalternation

Nous distinguons un premier groupe de mss qui remontent au XIIIe et au XIVe siècle ; il s'agit des témoins suivants : Bo^1 Ch ; Bg^1 ; Db ; E^2 St ; Er ; F^2 ; Lv N^1 N^2 + Tt ; Mc ; M^4 ; Rn ; Tr^1 ; Va^2 ; Zw.

Bo^1 et Ch ont en commun les variantes : 9, 24, 28, 38, 50, 79.

E^2 St offrent neuf variantes communes : 9, 32, 50, 68, 78, 88, 95, 111, 112, à l'occasion desquelles ils se retrouvent souvent avec des mss de α, dont leur texte doit dépendre.

Lv N^1 N^2 ont ensemble les variantes : 5, 28, 72, 79, 81, 94, 109 ; Lv et N^1 : 19, 26, 47, 50, 99 ; N^1 et N^2 : 27, 31, 40, 45, 48. Toutes les variantes communes à Lv et N^2 se retrouvent dans N^1. À ces trois mss se joint Tt pour les variantes : 81, 94 ; il lit avec N^1 et N^2 en : 31, 48 ; avec Lv en : 81, 94 ; avec N^1 en : 99.

De la parenté de ces mss ainsi établie, il appert que leur texte dépend d'un même modèle remontant à α, non sans intermédiaires et contaminations.

Parmi les témoins plus tardifs, les suivants n'ont pas la rectification à l'art. 3 : Ba^2 Kr^3 Mo Sa V^5 Ve. Rappelons ici que Mo a été copié sur Ed^2 (v. leur description respective).

3.3 Témoins avec addition du passage sur la subalternation à l'article 3

Un groupe de témoins, des XIIIe-XVe siècles, présente le passage sur la théologie comme science subalternée : P^8 P^9 ; P^{10} ; Va^1 ; Nü Bb Ev.

P^8 et P^9 présentent les lectures suivantes qui leur sont exclusives : 41, 48, 69, 75, 93. De plus P^8 contient des lectures de deuxième main, communes avec P^9, qui ont été intégrées de première main dans celui-ci : 11, 50, 74, 79, 93, 96. Pour cette raison et en tenant compte aussi du fait que P^8 est daté de 1304 tandis que P^9 est du XVe siècle, on peut conclure que P^9 a été copié sur P^8.

Nü Bb Ev : les deux derniers témoins Bb et Ev datent du XVe s., mais ils dépendent sûrement d'un modèle commun avec Nü (XIVe s.) ; en effet les trois ont les variantes pures : 21 et 59. Les trois sont encore ensemble aux cas suivants : 19, 61, 68, 82 ; et se rencontrent respectivement : Nü et Ev sur la variante 85, Bb et Ev sur les variantes 29, 58. Mais Nü et Bb, qui ont en commun les variantes pures 1 et 33, doivent de ce fait dépendre aussi d'un même intermédiaire ; ils introduisent du reste encore par les mêmes mots la question anonyme sur les attributs divins, destinée à remplacer celle de Thomas d'Aquin (v. leur description au chap. II).

Il y a ensuite certains témoins plus tardifs : le ms. Om et un petit groupe de trois mss, Bx^1 Mm Sg, qui présentent quelques variantes communes : 25, 57, 84.

3.4 Conclusion

L'enquête menée sur les témoins fluctuants nous permet d'exclure – dans l'état actuel de la recherche – l'existence de mss qui soient indépendants de la tradition universitaire, laquelle tient son origine de α. Tout au moins est-il acquis que les variantes recensées ne témoignent pas d'un état du texte antérieur ou parallèle à celui de α.

4. QUELQUES REMARQUES SUR LE TEXTE DES ÉDITIONS

Les observations suivantes sont basées sur la collation des trois premières éditions, sur l'article 3 du prologue qui a servi de sondage pour l'étude de la tradition manuscrite et sur l'examen des autres éditions consultées à des endroits sélectionnés, cités ci-dessous.

Étant donné qu'une édition ne se limite pas à la première pièce de l'*exemplar* mais s'étend à l'ensemble de l'ouvrage, la valeur de notre étude est certainement relative, puisqu'elle ne considère que le Prologue. Cependant notre enquête a fourni des indications utiles pour l'usage prudent des éditions.

4.1 Le cas isolé de la première édition connue

Ed^1, dépend du texte du deuxième *exemplar*, famille β, d'après lequel cette édition transmet le passage de la théologie comme science subalternée, ajouté à l'art. 3 (aussi bien que les rectifications aux dist. 2 et 27 – v. chap. IV – ; pour la d. 27, q. 2, a. 2 lire aussi, ci-dessous, § 4.3). Mais cette dépendance de β se situe au niveau des mss non classés, tels les mss allemands Mm et surtout Sg, dont on peut observer les variantes ci-dessus, § 3.1 et 3.3. Cette édition a sans doute été ignorée par les suivantes.

4.2 À l'origine de la tradition imprimée

Le sondage sur l'article 3 a montré que Ed^2 et Ed^3 dépendent d'un texte qui remonte à α et omet le passage sur la théologie comme science subalternée. Ed^2 a beaucoup de variantes en commun avec le ms. Tt (témoin tardif de la deuxième moitié du XVe s.), ce qui nous permet de situer le texte de cette édition dans la tradition manuscrite. Ce ms. Tt n'a cependant pas été classé (v. ci-dessus, § 3.1 et 3.2), car il présente une dépendance de α avec une très forte contamination de ε. Cette même contamination est constante dans le texte de la tradition imprimée de la première pièce.

Toutes les éditions suivantes, offrent des caractéristiques régulières à partir de Ed^2. C'est donc en partie de celle-ci qu'elles dépendent, avec des modifications, bien sûr, très importantes (v. au paragraphe suivant, par ex., ce qui concerne la rectification A).

Les deux exemples suivants permettent de tracer ainsi le profil de la transmission du texte imprimé à partir de Ed^2. À l'article 3, l. 42-43 : « magis etiam diuina dicenda est », Ed^2 ajoute « quam methaphysica », et toutes les éditions suivantes reprennent cette addition, jusqu'à Ed^{17} : or, cette addition n'est attestée par aucun des mss conservés[46]. Dans le Prol. diu. et exp., l. 35-36 : « uerum est ex consideratione propriarum uirium. Set ex consideratione », les deux occurrences de *consideratione* sont remplacées par *confidentia* à partir de Ed^{2} et dans toutes les éditions postérieures consultées. Pour cette variante, les mss Tt et O^{5} (mais de seconde main dans la première occurrence de O^{5}) ont eux aussi le mot *confidentia*.

4.3 Le rôle de Ed^{3} dans la transmission du texte imprimé

Il faut cependant reconnaître que cette influence de Ed^{2} sur toute la tradition passe à travers Ed^{3}, comme le montrent bien les trois exemples suivants. Dans le Prol. diu. et exp., l. 76-77 nous lisons à propos de l'habitus de charité : « hunc nullus potest scire se habere certitudinaliter (set potest cognoscere per aliqua signa probabilia) nisi per reuelationem » ; le sens de la phrase est moins évident si l'on supprime la parenthèse que nous y avons insérée : pour cette raison, plusieurs mss ont transformé le « nisi » en « uel », ce qui enlève à la phrase sa propre signification ; cette solution a été adoptée par Ed^{1}, mais elle ne se trouve dans aucune édition ultérieure. Ed^{2} adopte une deuxième solution qui garde le « nisi », mais remplace « cognoscere » par « conicere » : cette substitution se trouve également dans plusieurs mss (en particulier dans la famille ε, laquelle cependant remplace aussi « nisi » par « uel »). Ed^{3} maintient la variante de Ed^{2}, mais place le « nisi per reuelationem » avant « set ... probabilia » : or, cette transposition est adoptée précisément par toutes les éditions suivantes que nous avons pu consulter.

Laissons de côté un moment la première pièce pour passer à la 23e, où nous rencontrons le cas d'une rectification (A) apportée par l'auteur dans la dist. 2, q. 2, a. 2, à propos de la prédication du mot « uerbum » en Dieu. Nous connaissons l'existence de deux rédactions de la *responsio* (v. ci-dessous, chap. IV, § 2.1.1), dont la première est attestée par les trois témoins de α*, par deux mss de α (N^{3} W^{2}) plus O^{1} O^{5}, un ms. de ε (Pr) et quatre autres non classés (Bo^{1} Bg^{1} Ch F^{2}), soit un total de 12 mss[47]. Or, Ed^{2} atteste précisément cette rédaction ancienne, tandis que Ed^{3} la remplace par la deuxième version. À part Ed^{2}, aucune édition ne témoigne de la première rédaction, jusqu'à l'éd. Vivès (Ed^{16}), qui met en note le texte de la première rédaction tout en observant que les mss (consultés par les éditeurs) ne l'attestent pas[48].

Un troisième exemple, qui montre bien le rôle de Ed^{3} dans la transmission du texte imprimé, se trouve encore dans la première pièce, mais à la suite du texte que nous éditons ici, dans la dist. 1, diu. textus : « In secunda prosequitur suam intentionem *et in duas partes diuiditur*. Secunda, ibi: *Hec itaque* »[49]. On trouve ce même texte dans toutes les éditions à partir de Ed^{3}. Les mss, mais

46. À l'exception du ms. Mo, naturellement, qui est postérieur à cette édition et de toute évidence en dépend.

47. Il faut bien sûr y ajouter le ms. Mo, qui a été copié sur Ed^{2}.

48. Ed^{16}, p. 343, n. 4

49. Ed^{3} f. 7vb ; Ed^{7} (Piana) f. 3vb ; Ed^{17} (Mandonnet) p. 30.

également Ed^{1} et Ed^{2}, ont en revanche la leçon suivante : « In secunda prosequitur suam intentionem. secunda d.<istinctione> ibi *Hec itaque* », parce que Thomas veux souligner ici le fait que la première distinction se poursuit (*prosequitur*) dans la deuxième, qui commence par les mots « *Hec itaque uera* ». Or, dans quelques mss le d.<istinctione> est omis et le texte est donc imparfait (mais toujours compréhensible), parce que « in secunda » et « secunda ibi » se réfèrent tous deux à la seconde distinction « *Hec itaque* ». Ed^{3} a introduit une proposition, « et in duas partes diuiditur », suivant laquelle « secunda, ibi », devient la deuxième partie de « in secunda », ce qui n'a plus de sens (de plus le premier terme de cette distinction « in duas partes » n'est exprimé nulle part ailleurs). Pour restituer le texte, il faut rétablir le « d.<istinctione> » ; dès lors il apparaît que le premier terme de comparaison est la première distinction dont il est en train de présenter la division du texte.

Nous avons consulté ce passage dans tous les mss et les éditions, et s'il est vrai que quelques mss omettent le « d. » (qui indique le renvoi à la distinction suivante), toutes les éditions, à la suite de Ed^{3} comportent cette omission. Cela prouve que le texte de Ed^{3}, tout autant que celui de Ed^{2} (comme on l'a déjà vu), a conditionné les éditions suivantes.

Il y a cependant une exception : Ed^{12} de Jean Nicolai. Ce grand érudit s'est aperçu de l'incohérence du texte et il est intervenu en ajoutant encore un passage : « In secunda prosequitur suam intentionem et in duas partes diuiditur : Prima incipit ibi, *Id ergo,* &c. Secunda, ibi, *Hoc itaque*, &c. ». Les mots *Id ergo* ne renvoient pas à la deuxième distinction, mais bien à la première, et, à l'intérieur de celle-ci, ils ouvrent la deuxième partie de la division du texte : « In secunda secundum desiderium, ibi, *Id ergo in rebus considerandum*, &c. ». La solution de J. Nicolai donnait ainsi lieu à une deuxième incohérence. Cependant les éditions suivantes n'ont pas tenu compte de l'addition de J. Nicolai et ont continué à reproduire le texte diffusé à partir de Ed^{3}.

En revanche, nous avons a pu trouver un exemple qui montre la diffusion du texte de J. Nicolai par les éditions suivantes.

4.4 L'influence de l'édition de J. Nicolai

Nous lisons dans le Prologue, a. 1, l. 43-44 : « ipsa [theologia] utitur in obsequium sui omnibus aliis scientiis, quasi usualis, ... » ; or dans toutes les éditions qui suivent celle de J. Nicolai, à la place de « usualis » on lit « vassallis », ce qui comporte non seulement le changement de mot, mais également de sujet d'attribution, qui passe de « ipsa [theologia] » à « aliis scientiis ».

Comme nous l'avons montré dans les sources implicites, l'usage de l'adjectif « usualis » pour déterminer le rôle d'une science par rapport à certaines autres, bien que rare, est cependant attesté par la tradition aristotélicienne. La substitution du mot n'est pas due à un problème de lecture, mais elle est ainsi justifiée dans la marge par J. Nicolai : « [vassallis] id est, quasi subditis vel ministris ; vt explicatur *Vassallis* nomen in Capitularibus Caroli Magni l. 3. c. 73. quod hîc metaphorice vsurpatur, non vt prius inepte *vsualis* ». J. Nicolai nous confirme donc que jusqu'à son époque on a écrit *usualis* (ce qu'on a pu vérifier sur les manuscrits conservés). Or, cette grave (et relativement récente) dégradation du texte a été reprise par toutes les éditions suivantes.

L'*Editio altera veneta* (Ed^{13}) en particulier et, à travers elle, la *Parmensis* (Ed^{15}), nous informent, dans leur introduction, qu'elles sont fondées sur le texte de l'édition de J. Nicolai.

4.5 La nouveauté de l'édition « Vivès »

Le recours aux mss et à certaines éditions anciennes fait de l'édition préparée par Stanislas Edouard Fretté et Paul Maré une source imprimée très utile. Le texte de cette édition dépend lui aussi de celle de J. Nicolai (et il est donc peu fiable), mais le recours aux mss a permis aux éditeurs de retrouver le passage sur la théologie comme science subalternée, ajouté à l'article 3, et les anciennes éditions consultées leur ont fait connaitre la première rédaction de la réponse sur la prédication du mot « uerbum » en Dieu (attestée dans Ed^2), qu'ils ont placée en note (d. 27, q. 2, a. 2 ; Ed^{16}, Vivès, p. 343, n. 4) ; ces deux remaniements ont été repris par Ed^{17} (Mandonnet), qui dépend de l'édition Vivès. En note sont signalées certaines variantes par rapport à l'édition de Parme, lesquelles sont très importantes pour identifier la tradition du texte.

On a déjà constaté que le texte de toutes les éditions, à partir de Ed^2 et Ed^3, dépend du texte de α, avec manque de la rectification D dans toute la tradition, jusqu'à l'éd. Vivès, Ed^{16} (concernant la rectification D, v. ci-dessous, chap. IV). Nous pouvons cependant ajouter que le texte de α, transmis par la tradition imprimée, ne correspond pas parfaitement au niveau de α corrigé (celui qui atteste les rectifications A et D), mais plutôt au niveau de α* (ou bien à un niveau intermédiaire). L'éd. Vivès, Ed^{16}, et l'éd. Mandonnet, Ed^{17}, signalent en note plusieurs divergences avec l'éd. de Parme, Ed^{15} : or, ces divergences correspondent normalement à la différence entre l'état du texte de α révisé, attesté par l'éd. Vivès (et Mandonnet) et l'état du texte avant la révision de α*, attesté grosso modo par l'éd. de Parme (aussi bien que par les éditions antérieures, sauf Ed^1, qui dépend de la famille β) ; si l'on considère que la tradition imprimée, jusqu'à Parme, atteste certaines rectifications qui marquent le passage de l'état du texte α* à l'état du texte α révisé, on peut même dire que l'état du texte transmis par cette tradition correspond à celui des mss N^3 et W^2, plutôt qu'à celui des mss Bl, Bx^4, Kr^1, les meilleurs témoins de l'*exemplar* α[50].

50. Nous nous bornons à citer trois exemples. En dist. 7, q. 1, a. 2, resp., on trouve deux rédaction d'un passage : une première rédaction attestée par α* et une autre attestée par W^2, N^3 (en marge), par les meilleurs témoins de α et par toute la tradition des imprimés : cela montre que la tradition des édition atteste parfois la révision de α. Voici la version α* (en caractèsres cursifs) : « Similiter dico quod, cum proprietas realiter sit ipsa essentia, *aliquis actus egreditur ab ipsa essentia secundum quod ipsa est paternitas et iste actus est generare*, unde principium genera-

L'importance de cette observation apparaît évidente si l'on considère, enfin, que le texte du Ier livre des *Sentences* qui a été utilisé pour la réalisation de l'*Index thomisticus* est celui de Parme et non celui de Vivès ! En utilisant ce précieux instrument de travail, il faut savoir que, non seulement on n'analyse pas un texte critique, mais qu'on interroge un texte fautif, qui omet plusieurs passages dus à une révision de l'auteur. Pour combler ces manques, on peut toujours se référer aux notes des éditions Vivès et Mandonnet, qui relèvent les divergences avec l'édition de Parme et indiquent ainsi certains textes qui peuvent, en partie, remonter à la révision de l'*exemplar* α. Faute d'édition critique, c'est certainement à l'édition Vivès (reprise par Mandonnet) qu'il faut donner la préférence[51].

4.6 La consultation des éditions imprimées

Nous venons de voir dans le cas de l'édition « Nicolai » aussi bien que dans celui de l'édition « Vivès » combien l'intervention de l'éditeur a pu être importante et différemment louable. L'arbitraire avec lequel le mot *usualis* a été remplacé et l'innocence avec laquelle sa substitution a été reprise par la suite, nous obligent à pratiquer avec beaucoup de prudence l'interprétation littérale de Thomas d'Aquin à partir de l'actuelle tradition imprimée.

Il est évident que le recours à l'ancienne *Editio Piana*, Ed^7, nous met à l'abri des plus récentes interventions arbitraires sur le texte, mais il ne nous protège pas des plus anciennes, ni de la contamination du texte transmis, ni du fait que celui-ci ignore, en partie, les rectifications d'auteur attestées par l'*exemplar* α révisé.

La comparaison du texte de l'*Editio Piana* avec celui de l'édition Vivès (ou Mandonnet), d'une part, pourrait dénoncer (étant donné le recours de Vivès

tionis est essentiale sub ratione relationis » ; en revanche voici la nouvelle version de α (éd. Mandonnet, p. 179) « essentia secundum quod est paternitas est principium huius actus qui est generare, non sicut agens sed sicut quo agitur ». En revanche, deux exemples tirés de la dist. 37, q. 3, a. 1, resp., nous montrent que le texte de Parme et de la tradition précédente, manque de plusieurs phrases, qui remontent à cette meme révision de l'*exemplar* α : « dico autem operationem communiter secundum quod se angelus habet ad corpus contentum in loco per modum presidentis uel ministrantis, aut alio modo agentis uel pacientis » (éd. Mandonnet p. 870-871 – cf. p. 871, n. 1) ; et quelques lignes plus bas, il y a encore un passage qui appartient au niveau α* du texte, qui est attesté par toute la tradition des imprimés jusqu'à l'éd. de Parme (p. 303a) : « Angelus et quaelibet substantia incorporea non potest esse in corpore vel in loco nisi per operationem, quae effectum aliquem in eo causat. Hoc autem contingit multipliciter » ; en revanche, la version du texte α révisé, n'est attesté qu'à partir de l'éd. Vivès (éd. Mandonnet, p. 871) : « Angelus et quaelibet substantia incorporea non potest esse in corpore vel in loco nisi per operationem, quae effectum aliquem in eo *facit, vel praesidendo, vel ministrando, vel aliquo modo agendo, ut dictum est ; vel eciam a corpore in ea efficitur, quae in passione spirituum solum accidit ; unde de hoc nihil ad praesens. Effectum autem facit in loco* multipliciter ». À propos de ces passages, on peut voir chap. IV, § 2.1 in extenso, spécialement n. 16.

51. Serait-il souhaitable qu'une prochaine édition électronique de l'*Index thomisticus* puisse intégrer les notes de l'éd. Vivès ? Le cas échéant, il faudrait éviter à tout pris de produire un nouveau texte, qui soit le résultat d'une contamination de l'édition de Parme par celle de Vivès.

aux sources manuscrites) certains passages contaminés du texte de Ed^7 et nous pousser à interroger la tradition manuscrite de α pour les clarifier ; d'autre part, l'édition Vivès, nous permet d'avoir accès à plusieurs passages de la révision de l'auteur, et de combler ainsi quelques lacunes de l'*Editio Piana.*

5. La tradition universitaire du Prologue : principes de l'édition

Nous avons repéré deux familles universitaires du texte du Prologue : α et β ; nous avons étudié l'origine de chacune et leurs rapports mutuels. Cela permet de formuler aisément les critères pour établir ce texte transmis par *exemplar–pecia.* À l'intérieur de α, on a pu isoler α*, qui représente un état de texte primitif et imparfait, peu diffusé, mais qui, une fois révisé, a donné lieu au texte α corrigé ; on a jugé nécessaire de représenter en apparat α*, parce qu'il nous renseigne lui aussi sur l'état de l'apographe. C'est en revanche le texte de la pièce α révisée que nous avons voulu reproduire d'après ses meilleurs témoins (W^2 N^3 Bg^2 Bl W^1 V^2 Kr^1 Bx^4). Les variantes de la pièce refaite β seront notées en apparat, d'après trois mss : C^4 O^4 P^3.

Le texte de ε, qui ne représente pas une famille universitaire, ne sera pas reproduit en apparat, parce qu'il est dépourvu d'intérêt pour cette édition ; dans cette introduction, cependant, nous avons procédé à une étude exhaustive de cette famille, en en recensant toutes les variantes.

Le *stemma* qui suit synthétise les analyses menées pour l'édition de notre texte :

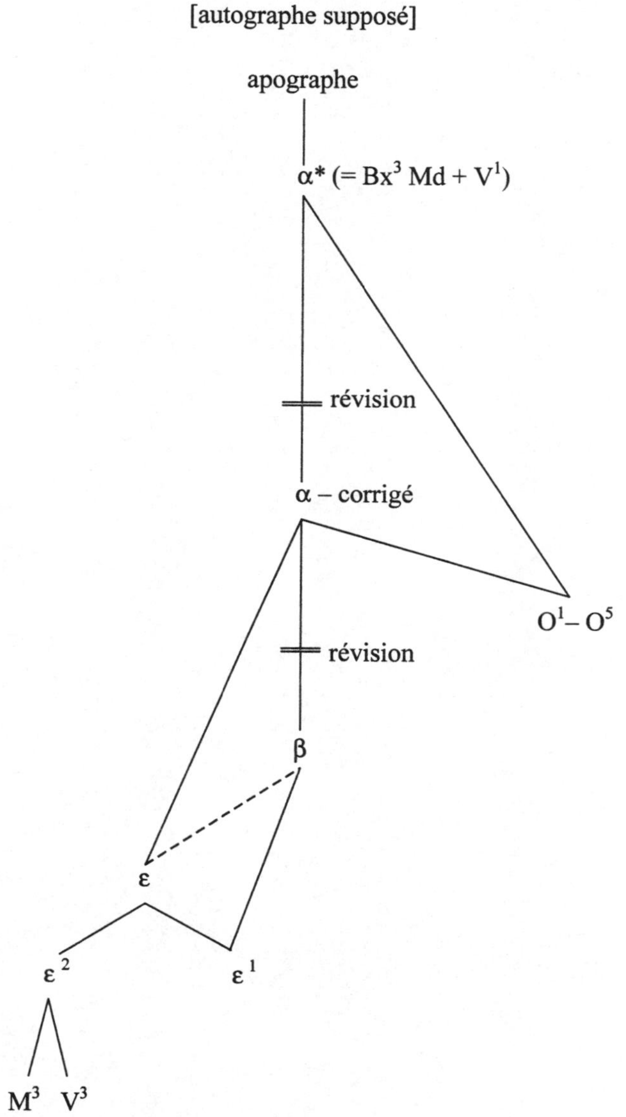

CHAPITRE IV

LES RECTIFICATIONS MAJEURES DU *PRIMVS THOME*

Arrivé à ce stade de notre recherche, nous devons nous efforcer de déterminer l'origine du passage sur la théologie comme science subalternée, ajouté à l'article 3 du *Prologue* que nous éditons (lignes 67-90)[1]. M.-D. Chenu avait jadis attiré l'attention sur le fait que dans certains mss, comme dans certaines éditions, ce passage, introduit significativement par un *Vel dicendum*, était absent. Nous avons donc procédé au relevé des mss qui attestent ce passage, nous en avons étudié la tradition textuelle et nous en avons établi une reconstitution : c'est la première partie de ce chapitre IV.

Cette rectification[2] (D) est, comme nous le verrons, ignorée de α^* ; elle a été ajoutée dans les marges de la pièce α, tandis que la pièce β l'a probablement intégrée en plein texte.

Afin de pouvoir déterminer avec plus de précision le moment de cette insertion sur le premier *exemplar*, nous avons étudié les deux autres rectifications importantes apportées au premier livre, à savoir : la rectification (A) à la dist. 27, a. 2, d'un passage sur la locution du Verbe *in diuinis* et l'intégration, à la dist. 2, de tout un article (B) sur les attributs divins (éd. Mandonnet, a. 3) ; l'analyse du contenu de ces rectifications nous a permis de mettre en évidence certaines évolutions doctrinales que nous avons ensuite confrontées avec les résultats de la critique textuelle appliquée à ces trois interventions de l'auteur dans son commentaire au premier livre des *Sentences*.

La tradition manuscrite de ces trois interventions comporte au moins cinq mss (W^2 N^3 + Md V^1 Bx^3) qui témoignent, chacun à sa façon, du moment où elles ont été effectuées sur l'*exemplar*.

1. C'est un devoir de justice que de remercier vivement, au début de ce chapitre, R. Wielockx pour tous les travaux généreusement accomplis qui nous ont permis de parvenir à des conclusions assurées. Il reste, évidemment, que nous seul sommes responsable des interprétations ici présentées et des éventuelles imperfections de notre étude.

2. Nous employons le mot « rectification » pour désigner d'une façon générique la modification d'un passage du texte par un autre texte, modification, qui, dans un cas, comporte le remplacement d'une première rédaction par une deuxième (le texte A), dans un deuxième cas, le développement d'une doctrine (le texte B développe plus amplement le texte C, *In I Sent.*, d. 2, a. 2 resp.), enfin, dans un troisième, une rectification, en un premier moment alternative, voire facultative, d'un premier texte par un nouveau (texte D).

Nous commencerons par étudier la tradition textuelle de la rectification à l'art. 3 du Prologue, pour la comparer ensuite avec celle des deux autres rectifications.

1. LA THÉOLOGIE COMME SCIENCE SUBALTERNÉE DANS LE PROL., A. 3 (TEXTE D)

1.1 Liste des témoins du texte D

La rectification est attestée par les mss suivants de α : Bx^{4} Kr^{1} P^{1} P^{2} P^{5} Tr^{2} V^{4} (+ C^{3} ; *mg. alia manu* N^{3}), en plus de tous les témoins de β (= Ar^{1} C^{4} M^{1} M^{2} O^{4} P^{3} P^{7} V^{6}) et de ceux de ε^{1} (= C^{1} C^{2} Du Kr^{2} Pr Tz Wo). Elle est présente en plein texte dans les mss suivants non classés : Ar^{2}, Bx^{1}, M^{2}, Mm, Om, P^{9}, P^{10}, Sg, Va^{1} ; on la trouve aussi dans les marges de : Bb M^{4} Nü ; *mg. alia manu* sur : N^{1} P^{8} Rn Sa.

1.2 Le texte

Tous les mss qui ont ce passage D ont été collationnés. La liste complète des variantes communes à au moins deux mss est reproduite ci-dessous et analysée au paragraphe suivant.

1.2.1 Les variantes communes dans : In I Sent., *prol., a. 3, resp. 2.2-B*

1) u. 67 duo est] *inu.* β (- P^{7}), Bb N^{3} Nü Om P^{8} P^{9} Rn Sg
2) u. 68 set] *om.* P^{9} : *mg.* Sa : *non leg.* P^{8} : scilicet Bb
3) u. 68 tantum dicitur] *inu.* β (- Ar^{1}), Bx^{1} Mm : tantum *om.* Bb Nü P^{5} Rn
4) u. 69 quod] quia V^{4} C^{3} (α)
5) u. 70 autem] *om.* ε^{1} (*suppl. s.u. sec.m.* C^{1}), P^{2}
6) u. 70 duobus] *om.* N^{3} : omnibus Om : duabus C^{2} Pr
7) u. 70 scientia] alia *add.* Bb Nü
8) u. 70 Ex primo] quia *praem.* Bb Nü : habet *praem.* Sa Tr^{2} : enim *add.* Ar^{1} Va^{1}
9) u. 71 est] *sup.u.* C^{1} C^{4} : sit Sa Va^{1} : *sec.m.* Nü : habet esse P^{10}
10) u. 71 enim] autem M^{4} N^{1}
11) u. 72 Ex secundo] habet *add.* C^{1} : autem *add.* Ar^{1}
12) u. 72 aliquibus] *om.* Ar^{1} : aliq^{9} Wo
13) u. 72 set] et Ar^{1} N^{3} P^{3}
14) u. 73 sunt] sicut P^{1} : sicut *add.* M^{1}
15) u. 74 habentia] habent Ar^{2} C^{3} Du Va^{1} Wo : habentibus M^{2}
16) u. 74 si] *om.* Va^{1} *pr.m.* M^{4}
17) u. 74 demas] auferas P^{8} P^{9} : *om.* Sa
18) u. 75 autem] uero Bb Nü
19) u. 75 que] *om.* Bb Nü : *mg. sec.m.* M^{4} : quod Pr
20) u. 75 subalternantur] subalternate Bb Nü
21) u. 76 scientiis] sed ex eis procedunt *add.* Mm Sg
22) u. 77 et] *om.* Ar^{2} C^{1} : etiam C^{3} Om
23) u. 77 utuntur] utimur P^{1} P^{2} Tr^{2} (α), β (- Ar^{1} P^{7} V^{6} : utuntur *rest. sec.m.* P^{3}), Ar^{2} Bx^{1} M^{4} Om Wo *pr.m.* Va^{1} : *mg.* C^{2}
24) u. 77 pro] *om. pr.m.* P^{5} : *sup. ras.* P^{3} : *lac. 2/3 litt.* M^{4} : ex C^{4} : tanquam Mm
25) u. 77 in] *om.* Bb Nü V^{4}

26) u. 77-78 set in ... per principia per se nota] *om.* Wo : per principia per se nota *om.* P^8 P^9
27) u. 79 a qua] que P^2 Tr^2 V^4 C^3 (α), N^1 Om P^{10} V^6 : quam M^1 : aliqua Tz
28) u. 79 a qua etiam supponit que] supponit ab ea omnia que Bb Nü : omnia *praem.* que Ar^2
29) u. 81 que sunt] *om.* Bb Nü
30) u. 81 uisualis] est *praem.* P^8 P^9 : add. M^2
31) u. 81-82 aliqua scientia] *inu.* N^1 N^3 P^5 Rn Tr^2 : aliqua alia O^4 : una scientia Nü Om : scientia una Bx^1 Mm Sg : scientia ab aliqua P^2
32) u. 82 alia dupliciter] altera Mm Sg : altera dupliciter Nü : autem dupliciter *pr.m.* M^4 : dupliciter *om.* N^3
33) u. 83 superior est] *inu.* Nü P^9
34) u. 84 scientia] illa *praem.* Mm Sg : *praem. mg. sec.m.* Va^1
35) u. 85 perfectissime cognoscit] *inu.* Mm P^8 P^9 Sg
36) u. 86 subalternata] alternata M^1 Mm
37) u. 87 principia] cognita *add.* β, $ε^1$ (- Kr^2), N^3 P^8 P^9 P^{10}
38) u. 87 sic] sicut Bx^4 Om *pr.m.* Bx^1 : ita N^3
39) u. 87 qui] que Bx^1 *pr.m.* Tr^2 : ε (quem Du)
40) u. 88 istud] illud β, $ε^1$ (= Du Pr Tz Wo), N^1 P^1 P^9 Va^1 : ista Bx^1 Mm Sg : eos Ar^1 : isti *pr.m.* M^4
41) u. 88 ad probandum ulterius] ulterius ad probandum M^2 Nü
42) u. 89 scientia] *om.* M^4 P^9
43) u. 90 sua] *om.* Du *pr.m.* Wo (*suppl. s.u. sec.m.* Wo)

1.2.2 La restitution du texte

Les variantes de ce passage montrent un texte homogène, qui n'a pas subi de modifications importantes ; leur analyse est faite à partir des familles auxquelles les mss appartiennent.

Les mss de la famille α qui attestent le texte D sont : Bx^4 Kr^1 P^1 P^2 P^5 Tr^2 V^4 + C^3 ; parmi eux Bx^4 et Kr^1 offrent un texte pratiquement sans défauts : Bx^4 figure à la variante n. 38 sic] sicut (variante minime du point de vue critique) et Kr^1 ne paraît dans aucune variante. Les variantes des autres témoins de α font apparaître des fautes qui ne servent même pas à révéler leur parenté : C^3 : n. 4, n. 15, n. 22, n. 27 ; — P^1 : n. 14, n. 23, n. 40 ; — P^2 : n. 5, n. 23, n. 27, n. 31 ; — P^5 : n. 3, n. 24, n. 31 ; — Tr^2 : n. 23, n. 27, n. 31, n. 39 ; — V^4 : n. 4, n. 25, n. 27.

La famille β figure dans les variantes : n. 1, n. 3, n. 23, n. 37, n. 40. Nous avons vu qu'elle dépend d'une nouvelle pièce par rapport à α : cela est vrai aussi pour ce passage. À part la variante au n. 23, les autres sont des « fautes » de copie qui, présentes dans tous les témoins, attestent que la variante était intégrée au texte de la pièce β, (alors qu'elle ne l'était pas dans le texte de la pièce α). Cette situation textuelle est confirmée par l'addition de *cognita* (n. 37), due au travail de révision qui a présidé à la confection de la pièce β.

La famille dérivée $ε^1$ présente deux variantes caractéristiques de β, n. 37 et n. 40, mais ses mss ont aussi certaines variantes en commun avec α, ce qui confirme la caractéristique de cette famille (v. chap. III).

Les manuscrits qui offrent le texte D dans leurs marges dépendent soit de α soit de β[3].

Cette analyse des variantes communes aux mss qui transmettent la rectification D nous permet de conclure que cette rectification se présente comme un tout homogène, dépendant d'une source unique représentée par Bx^4 et Kr^1. Bien qu'il soit très fidèle à cette source, le texte de la famille β atteste cependant une intervention de « révision » (n. 37), du genre des interventions relevées lors de l'étude de la tradition de β ; en revanche, les autres variantes propres à cette famille β peuvent être considérées comme dues simplement au copiste qui a écrit la pièce β.

Le texte reproduit sera donc celui de Bx^4 et Kr^1, c'est-à-dire le texte qui avait été ajouté dans les marges de la pièce α (v. le § suivant).

1.3 La place de l'insertion du passage D dans l'art. 3 du prologue

Tous les mss qui attestent le texte D sur la théologie comme science subalternée, ainsi que toutes les éditions, l'insèrent immédiatement après la réponse à la première objection de la quaestiuncula 2 (réponse 2.1, dans notre éd.), comme si l'on pouvait choisir entre les deux textes (*uel dicendum*). Or, en réalité, l'objection à laquelle notre texte D fournit une réponse est la deuxième de la quaestiuncula 2 (2.2, dans notre éd.) : « Omnis scientia procedit ex principiis per se notis ... », de telle sorte que notre texte devrait suivre la deuxième réponse de la quaestiuncula 2 (ad 2.2-A, dans notre éd.) et non la première.

L'erreur d'insertion s'explique codicologiquement sans difficulté : la nouvelle réponse est formulée comme une réponse concurrente, « uel dicendum », et écrite dans la marge de l'*exemplar*, en face de la réponse primitive ad 2.2-A. Un signe de renvoi a été placé en marge au début de la nouvelle réponse « uel dicendum » et un appel de note, qui lui correspond, a, à son tour, été placé à l'intérieur du texte, avant la rédaction primitive[4]. Le fait que toute une série de mss de α aient inséré cette réponse concurrente avant la réponse primitive, suppose que cet appel de note soit devenu, à un certain moment, un signe d'insertion[5].

3. La parenté entre les mss non classés (chap. III, § 3.3) Bb et Nü est confirmée par le fait qu'ils ont 10 variantes en commun ; de même, la parenté entre P^8 et P^9 est confirmée par 7 variantes en commun et celle de Mn et Sg par 6 variantes en commun.

4. Concernant ce genre de renvois on peut lire : A. PELZER, « L'édition Léonine de la Somme contre les Gentils », dans RNSP, 22 (1920), p. 217-245, spéc. 232-233, repris dans : ID., *Études d'histoire littéraire sur la scolastique médiévale*, Louvain, 1964, p. 336-368, spéc. p. 354-355 ; R.-A. GAUTHIER, « Introduction » dans *Saint Thomas d'Aquin. Somme contre les Gentils*, Paris, 1993, p. 30-31. On peut aussi se référer à : J. MOGENET, « Introduction », dans *Autolycus de Pitane. Histoire du texte, suivie de l'édition critique des traités de la sphère en mouvement et des levers et couchers*, Louvain, 1950, p. 61-64.

5. La présence de ce signe de renvoi est confirmée par le comportement isolé de P^5, un ms. à pièces de la famille α. Son copiste n'insère pas le texte D parmi les réponses aux objections, mais à l'intérieur de la réponse principale (placé avant *dicimus quod*, u. 37 ; P^5 f. 3rb). Une telle erreur n'est pas le fruit de la réflexion d'un copiste qui essaie de placer au bon endroit le texte D ; il faut plutôt supposer que le copiste a identifié, à l'intérieur du corpus de l'article, un signe quelconque

À quel niveau du texte cela s'est-il produit ? La tradition manuscrite est unanime à indiquer trop haut dans le texte l'endroit où la réponse devrait être intercalée. La *pecia* du deuxième *exemplar* β situe l'insertion à la même place que l'*exemplar* α ; font de même les mss de la famille ε et les mss non classés. Il faut donc en conclure que ce déplacement qui affecte toute la tradition manuscrite du texte D a pour origine la manière d'insérer ce texte dans l'*exemplar* α.

Ayant constaté qu'il s'agit d'une erreur d'insertion et que celle-ci remonte à l'*exemplar* α, nous n'avons pas hésité à rectifier, dans notre édition, la place du texte D. Nous abandonnons donc l'ordre selon lequel la tradition manuscrite transmet les réponses aux objections et, en suivant la logique interne du texte, nous faisons du texte D une réponse à l'argument 2 de la 2e quaestiuncula (ad 2.2-B, dans notre édition) auquel elle se réfère.

L'avantage de ce changement est de permettre un meilleur accès au contenu du texte, tout en respectant et en mettant en évidence la chronologie des deux réponses.

On est ainsi mis en mesure d'interpréter la première version de la réponse à la lumière de la seconde rédaction (texte D) et, de cette façon, on est moins heurté par l'affirmation suivant laquelle les principes de foi sont des articles per *se noti habenti fidem*[6].

Il nous reste à nous interroger sur l'origine du texte D. Pourquoi a-t-il été inséré dans la marge de l'*exemplar* ? Pour répondre à cette première question, il faudra analyser les contenus du texte D aussi bien que ceux de la réponse originaire ad 2.2-A, dont le texte D est une réponse concurrente.

Enfin il faudra aussi rechercher à quand remonte ce texte D et quand il a été inséré sur la *pecia* 1 de α, que nous éditons. L'étude de cette question nous conduira à examiner à nouveau le fait que le texte D ne fut pas inséré à sa place parmi les réponses aux objections de l'a. 3 du prologue.

2. L'ORIGINE DE LA RECTIFICATION À L'ARTICLE 3

Cette étude se propose deux buts. Le but principal est l'analyse de la tradition textuelle de trois rectifications majeures au *Primus Thome*, en vue de découvrir s'il y a des rapports entre elles et quelle place y occupe la rectification à l'a. 3. Les résultats – limités à la critique textuelle – permettront de situer la rectification D dans l'ensemble de la rédaction du prologue.

Le but secondaire est de comparer les résultats de l'investigation précédente avec ceux de la critique interne, de même qu'avec quelques données

ressemblant à un signe d'insertion qui correspondait à celui qui était placé au-dessus du texte D. Voir, ci-dessous, la description de N^3 (§ 3.3.5).

6. M.-D. CHENU, dans une « Recension » du *Bulletin thomiste* (t. V 14, 1937, n. 213-216, p. 153), avait remarqué la place erronée du texte D parmi les réponses aux objections ; mais, par la suite, il a oublié cette observation.

tirées du domaine historique et de la réception du texte, afin de chercher à situer ces rectifications dans la chronologie des œuvres de Thomas d'Aquin.

2.1 La tradition des rectifications majeures du Primus Thome

Trois grandes rectifications au commentaire de Thomas d'Aquin sur le Ier Livre des *Sentences* sont connues depuis longtemps et ont été étudiées du point de vue de leur contenu. C'est d'un autre point de vue que l'enquête menée dans ce paragraphe 2.1 envisage ces rectifications. Elle se fonde sur l'analyse de tous les soixante-seize témoins du *Primus Thome* et utilise un sondage sur chacune des rectifications effectué par nos confrères de la Commission Léonine. Les résultats de ces sondages seront d'abord exposés et ensuite interprétés. L'ordre de présentation des rectifications, inverse de celui du *Commentaire*, dépend de la situation découverte à la suite de notre analyse critique.

Les textes examinés se situent dans trois pièces différentes : nous avons présenté la première dans le chapitre III ; les deux autres, les pièces 2 et 23, ont été étudiées à partir de sondages sur tous les mss ; ces sondages ont mis en lumière l'existence, là aussi, des deux familles universitaires α et β, qui se comportent comme dans la première pièce.

Voici un tableau synthétique des quatre textes du *Primus Thome* que nous examinons dans le présent chapitre:

Texte A	pièce 23	d. 27 q. 2 a. 2 resp.	2e rédaction sur la locution du Verbe
Texte B	pièce 2	d. 2	article 3 sur les attributs divins
Texte C	pièce 2	d. 2 a. 2 resp.	fin de la *responsio* (remplacée par l'a. 3)
Texte D	pièce 1	prol. a. 3	sur la subalternation de la théologie

2.1.1 La doctrine sur la locution du Verbe à la d. 27 q. 2 a. 2 – [Texte A]

Au cours de l'exposé de sa théologie trinitaire Thomas d'Aquin se pose une question à laquelle, au long de sa carrière d'enseignant, il donnera plusieurs réponses[7]. À la question « utrum <uerbum in diuinis> dicatur essentialiter uel personaliter tantum », il donne une première réponse : « Et ideo dicendum est cum aliis quod *oportet in diuinis Verbum accipere dupliciter, scilicet essentialiter et personaliter, sicut et amor qui est proprium Spiritui Sancto ponitur. Cum enim Verbum sit similitudo ... a principio per modum intellectus procedens* » (cf. Mandonnet, p. 659, n. 3, en partie ; v. ci-dessous, § 3.1.1). Cette première solution sera réélaborée dans une deuxième rédaction (que nous appelons texte A, indiqué en italique) : « Et ideo dicendum est cum aliis quod *hoc nomen Verbum ex uirtute uocabuli potest et personaliter et essentialiter accipi. Non enim significat ... nisi quatenus sacra Scriptura eis utitur* » (cf. éd. Mandonnet, p. 659-660 ; v. ci-dessous, § 3.1.1).

7. La discussion à propos de cette rectification, mais du point de vue de son contenu, peut être suivie dans : A. F. VON GUNTEN, O.P., « *In principio erat Verbum.* Une évolution de saint Thomas en théologie trinitaire », in *Ordo sapientiae et amoris* ..., ed. C.-J. PINTO DE OLIVEIRA, Fribourg (CH), 1993, p. 119-141.

Or, la première rédaction n'est attestée que par les trois témoins de α*, par le premier état de deux mss de α (N^3 W^2), plus O^1 O^5, un ms. de ε (Pr) et cinq non classés (= Bo^1 Bg^1 Ch F^2 Mo), soit un total de 13 mss.

Les 63 mss restants du *Commentaire* ont de première main la deuxième rédaction de la réponse.

De ces 63 mss il faut cependant rapprocher aussi W^2 et N^3. Dans W^2, sur le f. 49v, c'est le possesseur d'origine (main italienne) du ms. qui a rajouté cette deuxième rédaction et a exponctué la première[8]. Dans N^3, c'est encore un utilisateur italien du texte du ms., main U^4, qui recopie dans la marge du f. 57r le passage A, sans, cependant, supprimer la première rédaction du texte : il faut observer que cette main U^4 insère en marge le passage A au-dessous d'une note de l'utilisateur, U^2, qui avait auparavant indiqué en marge la matière de l'article (première rédaction) : « Quomodo uerbum accipitur in diuinis » ; puisque cette note de contenu est située précisément à la hauteur où commence le texte de la première rédaction qui sera remplacé par le passage A, la main U^4 a été obligée de commencer son travail juste au-dessous de la note : il est donc certain que le passage A a été inséré après que l'utilisateur U^2 ait apposé ses notes de lecture (on peut rappeler ici que la main U^2 est celle qui a ajouté au f. 2r mg. sup. la rectification D, concernant la théologie comme science subalternée – v. la description de ce ms. au chap. II et, ci-dessous, § 3.3.5). Enfin, on est en mesure d'affirmer que 65 mss attestent le texte A et que seulement trois mss à pièces, Bx^3 Md V^1 (ou son modèle), qui constituent la famille α*, n'ont pas du tout eu accès au texte A.

2.1.2 Le nouvel article 3 sur les attributs divins à la distinction 2 – [Texte B]

La première version de la d. 2 comporte quatre articles seulement, comme l'attestent de première main 9 mss : les 3 de α*, les 2 de α qu'on vient de rencontrer (N^3 W^2), plus O^1 O^5 (v. chap. III, § 1.1.7) auxquels s'ajoutent 2 mss non classés (Bg^1 Sa).

Les 67 mss restants présentent, après l'a. 2, un nouvel a. 3 sur les attributs divins (considéré autrefois comme une question sur les attributs divins, disputée par Thomas d'Aquin en Italie)[9].

*2.1.2.1 La phase la plus ancienne de l'*exemplar *α et le texte B*

Des neuf mss qui, dans leur premier état, n'ont pas le texte B, sept réparent ce manque (Bg^1 Md N^3 O^5 Sa V^1 W^2) ; et les deux mss restants (Bx^3 O^1)

8. Voir au chap. II la description de ce ms. Les mss O^5 et Pr ont également en marge, *alia manu*, cette deuxième rédaction.

9. Cf. les études suivantes : A. DONDAINE, « Saint Thomas a-t-il disputé à Rome la question des attributs divins? (I Sent., dist. 2 q.1 art. 3) », dans « Notes et communications du Bulletin Thomiste » (Le Saulchoir, Kain et Etiolles) t. 4/ 10 (1930-1933), 171*-182* [rec. in: BT, t. 4 / 11 (1934) p. 136 : « La question d'authenticité: L'article 3 du Commentaire est-il de saint Thomas? »]. Et encore : ID., « Saint Thomas et la dispute des attributs divins (I Sent., d.2, a.3): Authenticité et origine », in AFP, 8 (1938), 253-262 ; B. M. LEMAIGRE, « Perfection de Dieu et multiplicité des attributs divins. Pourquoi S. Thomas a-t-il inséré la dispute des attributs divins (*I Sent*., d. 2 q.1 a. 3) dans son commentaire des Sentences? », dans RSPT, 50 (1966), 198-227.

attestent indirectement l'existence de ce texte B. Md présente le texte B sur un folio inséré (f. 5), mais corrigé par le correcteur attitré du codex. V^1 présente le texte en fin de volume mais sur le support d'origine du codex ; W^2 en fin de volume et de la main du copiste du codex. À la hauteur de la d. 2 a. 2, O^5 et Bg^1 renvoient, par une notice *ad hoc*, au texte B situé au début de chacun des volumes. N^3 annonce l'article dans la présentation de la matière de la d. 2 et une note, aujourd'hui effacée, après la fin de l'a. 2 devait y renvoyer, mais, étant mutilé, ce codex n'offre plus le texte B. Une notice y renvoie « in fine libri » dans Sa, mais le texte B fait défaut. Sur ces neuf mss qui comportent la première rédaction de la d. 2, deux à première vue font exception, O^1 Bx^3, car le texte B n'y figure pas. Avant la version non revue, O^1 porte les annotations suivantes : dans la marge, à la hauteur de la l. 6 (à partir du bas) du f. 14ra, où, en pleine page, commence la version non revue, se trouve une *crux* ; en pleine page, exactement avant le premier mot du texte C (*inc.*: « non tantum ex parte ipsius ratiocinantis ... »), un trait perpendiculaire marque cet endroit précis. Après le texte C, exactement à la ligne où il finit, le même correcteur a marqué dans la marge la fin de son travail. O^1 signale donc la présence d'un problème exactement à l'endroit où est écrit le texte C qui doit être remplacé par le texte B. Vient enfin Bx^3, qui présente lui aussi les signes d'une interruption de copie au début et à la fin du texte C et qui devrait être remplacé par le nouvel a. 3, le texte B ; nous verrons au paragraphe suivant que ce ms. présente, à cet endroit, la même situation codicologique que celle des deux autres mss du groupe α* auquel il appartient, bien qu'aujourd'hui le texte B ne soit plus attesté par le codex, qui a été mutilé de ses gardes et cousu avec d'autres mss.

2.1.2.2 L'attestation du texte B par les plus anciens témoins connus de α

Une étude codicologique plus attentive des témoins de l'*exemplar* α permet de préciser les éléments indiqués ci-dessus.

Commençons par les mss qui ne suppriment pas la première version (texte C) et ne recopient pas de première main le texte B, mais connaissent pourtant manifestement, dès leur copie des *pecie* 2 et 3, l'existence de ce texte B. Des hésitations de copie significatives situées au passage de la *pecia* 2 à la *pecia* 3 montrent que les mss Bx^3 Md et V^1 (ou le ms. à pièces dont celui-ci dépend) ont transcrit la *pecia* 3 avant de recopier la fin de la *pecia* 2.

Md est le plus fortement marqué à cet égard. La *pecia* 3 y commence au f. 6ra. Elle y est indiquée de façon explicite par la main du copiste du texte de pleine page. L'existence même de cette indication constitue une exception notable ; c'est en réalité le seul cas dans tout le ms. L'indication se lit en marge de la l. 22 du texte. D'ailleurs, les premiers mots de la *pecia* 3 commencent avec un début de ligne (l. 22). De plus, il faut remarquer que c'est la même main qui écrit, mais que la plume a été retaillée, et cela précisément à partir du début de la *pecia* 3, c'est-à-dire de la l. 22. Le nombre des signes qui aboutissent sur la réglure monte d'un coup à partir de cette l. 22. Avant celle-ci, on trouve de 35 à 42 signes par ligne. À partir de la l. 22, on trouve de 46 à 49 signes. Avant la l. 22, les traits de l'écriture sont plus gros. Ils sont plus réguliers à partir de la l. 22. Enfin, il y a une anomalie à la fin de la l. 21 : la présence d'un signe de paragraphe suivi de « Item » étonne pour deux raisons. D'abord, le texte est interrompu par un point placé après « Item », au milieu de la ligne d'écriture, de sorte que le début de phrase « Item » reste sans suite ; en second lieu, le « Item » est superflu, car on le trouve au début de la ligne 22, en tête de l'objection qu'il introduit. Ce phénomène autorise l'hypothèse suivante : la transcription du texte de la *pecia* 3 commençait *déjà* à la ligne 22 quand, sur la ligne 21, le copiste a achevé la copie de la *pecia* 2. Malgré le recours à une écriture plus espacée et plus large, et l'insertion d'un nouveau signe de paragraphe de « Item », le copiste ne parvint pas jusqu'à l'extrémité de la ligne prévue pour recevoir cette fin de *pecia.* À cela s'ajoute une dernière donnée codicologique : à l'endroit exact où commence le texte de la première version (« non tantum ex parte ipsius ratiocinantis, sed etiam ex proprietate ipsius rei ... »), texte C qui, rendu caduc par le texte B (f. 4vb, l. 7 à partir du bas), devait être supprimé, le copiste principal a noté en marge : « caue hic »[10]. Le modèle du ms. devait donc comporter à cet endroit une notice, ce qui a conduit notre scribe à apposer ici ce mémento. Cette notice se limitait à indiquer l'existence d'un texte de remplacement, sans le fournir : en effet, le scribe a laissé à la fin de cette *pecia* 2 un blanc à peu près égal au texte à remplacer ; si la nouvelle version avait été portée sur son modèle, il l'aurait évidemment recopiée à la fin de cette *pecia* 2. Ainsi donc le copiste de Md, recopiant la *pecia* 2, n'a pas eu accès à un *exemplar* qui comportât le texte B, mais il a été informé, par une note de ce même *exemplar*, de l'existence de ce texte B et de l'endroit précis où celui-ci devait être introduit pour substituer la version précédente[11]. Par la suite, le texte B a été recopié sur un folio inséré dans le cahier, dont il constitue le f. 5 (*recto* et *verso*) ; le fait que la main qui a recopié ce texte B soit contemporaine de celle qui a copié la *pecia* 2 et le fait que ce folio porte les corrections du réviseur attitré qui a corrigé le ms. de bout en bout (main R) montrent bien que sa confection est de très peu postérieure à la copie de la *pecia* 2. On trouvera les *specimina* permettant l'identification assurée de cette main R du correcteur travaillant indifféremment dans les f. 1-4, 6-10, 67-68, et au f. 5, entre autres dans les notes marginales situées à ces endroits : f. 1v mg. int. à la hauteur de la l. 35; f. 4v dans une note située dans la marge supérieure et relative au texte se lisant en pleine page à la l. 21; f. 5v, mg. ext., à la hauteur de la l. 8 à partir d'en bas.

Tout au long du ms, on trouve certaines notes marginales dues à la main R qui représentent des rectifications ou des additions explicatives portées sur l'*exemplar* α au moment de sa première révision, révision dont témoignent,

10. Nous tenons à remercier vivement le P. V. Sánchez qui a contrôlé pour nous ce ms. et nous a mis en mesure d'exploiter de façon adéquate les éléments importants qu'il fournit.

11. Le fait que le copiste principal de Md ait recopié le texte C, sachant que celui-ci devait être remplacé par B, ne doit pas nous surprendre : le copiste a probablement voulu accomplir son travail pour qu'on ne lui reproche une omission, mais, par la note « caue hic », il a prévenu le commettant de la copie ou le correcteur, qu'il fallait porter attention à cet endroit et, éventuellement, amender la copie, en tenant compte de la note de l'*exemplar* qui nous est inconnue.

entre autres, les mss : W² N³ (v. chap. III, § 1.1.5 et, pour les additions explicatives, § 1.1.3). Pour la *pecia* 1, que nous éditons, nous nous bornons à prendre en considération une seule de ces notes marginales, qui nous offre un bon exemple pour situer chronologiquement le texte B par rapport à la révision de l'*exemplar* α, présentée au chapitre précédent. Au f. 1v mg. int., à la hauteur de la l. 35, la main R, dans une même note marginale, apporte une rectification et une addition explicative : « particularia sunt. vnde per exempla particularia ea que ad mores pertinent melius manifestantur » (voir cas n° 2 et n° 5 au chap. III, § 1.1.3.2 et 1.1.3.5) ; comme on vient de le dire, ce même réviseur R intervient sur le f. 5 pour rectifier notre texte B. Or, il faut remarquer que le copiste principal de Md a connaissance (« caue hic ») de l'existence du texte B quand il copie les pièces 2 et 3, tandis qu'il n'a pas encore accès à la révision de l'*exemplar* représentée par les interventions marginales du genre des cas n° 2 et 5 : cela signifie que le texte B a été ajouté à l'*exemplar* un peu avant la révision, à laquelle n'a pas eu accès le copiste principal de Md, mais seulement le réviseur R.

Autrement dit, l'intégration du texte B s'est faite de façon contemporaine à la confection de Md. C'est au plus tard lorsqu'elle est parvenue à la fin de la copie de l'*exemplar* α, que l'équipe réalisant Md a pu avoir accès au texte B, dont la *pecia* 2 lui avait déjà annoncé l'existence, avant la révision du ms. Md.

V¹ montre à son tour des faits codicologiques significatifs du point de vue qui intéresse ici. D'abord le copiste de V¹, comme celui de Md, a laissé un blanc à la fin de la *pecia* 2. Ce blanc est visible sur toute la seconde moitié de la l. 40 du f. 4vb.

L'autre fait codicologique significatif se situe à la l. 14 de ce même f. 4vb en V¹. À cet endroit, se trouve un passage marqué aussi en Md. Il s'agit du début de la seconde partie de l'a. 2 de la d. 2, c'est-à-dire du texte C, supprimé, par certains mss, suite à la présence du texte B qui en développe plus explicitement le contenu. Le texte C commence par les mots « non tantum ex parte ipsius ratiocinantis ... », situés en V¹, à la moitié de la l. 14 du f. 4vb. La première partie de cette ligne (« relinquitur quod sunt diuersa ratione. ») suit une trajectoire parfaitement parallèle aux lignes précédentes de la même colonne et se termine par un point fortement marqué, placé exactement sur la même trajectoire que ce début de ligne. En revanche, tout de suite après le « point », avec le début de la seconde partie de la ligne 14, l'écriture montre des signes de discontinuité. D'abord, les premiers mots (« non tantum ») de cette seconde partie sont placés nettement plus haut. Ensuite, toute la seconde partie elle-même de la ligne (« non tantum ex parte ipsius ratiocinantis, set ex ») offre une image exceptionnelle dans cette colonne. Elle suit une pente descendant de gauche à droite pour aller rejoindre, avec le dernier mot de la ligne (« ex »), la distance normale à l'égard de la réglure que l'écriture respecte ailleurs dans cette colonne. Bref, il y a eu interruption de l'écriture très exactement avant le premier mot du texte C, devenu inutile suite à l'insertion du texte B. L'interruption située à cet endroit précis trouve son explication dans le fait que, comme l'équipe de Md (v. le « caue hic »), le copiste de V¹ (ou celui du ms. dont il dépend), fut au courant, dès la réalisation de la copie de l'a. 2, que l'ancien texte C (dernière partie de la *responsio*, à partir de « non tantum ex parte ipsius ratiocinantis ») devait être remplacé par le nouvel a. 3, le texte B[12].

Bx^3 ne se dissocie pas des deux autres mss du texte α*, Md et V^1, bien que le copiste nous ait laissé moins d'indices du problème qu'il rencontre en recopiant la fin de la pièce 2. Là où commence le texte C, « non tantum ex parte ipsius ratiocinantis » (f. 6ra, l. 10), le copiste manifeste plusieurs hésitations : il commence bien par écrire « non tantum » sur la même ligne directrice des mots précédents ; ensuite, il écrit « ex parte » un peu au-dessous de la ligne (qui est pourtant tracée) ; enfin, à partir de » ipsius ratiocinantis » la taille des lettres devient plus grande et la direction de l'écriture change, par rapport à celle des mots précédents, qui suivent correctement la ligne directrice qui apparaît encore aujourd'hui. L'on peut donc être certain qu'à cet endroit, qui correspond au début du texte C (texte qui deviendra superflu à la suite de l'insertion du nouvel article 3, texte B), l'écriture de la pièce 2 avait été interrompue par le copiste et reprise successivement.

Observons ensuite le début de la pièce 3, « Item natura » (f. 6ra, l. 35) : ces mots commencent au milieu de la ligne (ce que les copistes font, parfois, pour dissimuler le changement de pièce, qui pourrait déranger le lecteur[13]) ; le début de la pièce (l. 35), avec le signe de paragraphe qui est devant, ne suit pas les mots précédents : il a été écrit parallèlement à la ligne directrice 34 (qui est tracée), tandis que les premiers mots de la l. 35 suivent une pente descendante, comme les mots de la l. 33 au-dessus : ce phénomène ne s'explique guère, car les lignes directrices sont tracées. Ce qu'il faut remarquer c'est la suite du début de la pièce 3 : les premiers mots de la ligne 36 ne sont pas écrits

12. Le comportement du copiste principal de V^1 à la fin de la pièce 2 et au début de la pièce 3, tel que nous venons de le décrire, semble bien conduire invinciblement à reconnaître une copie sur pièces, comme dans le cas de Md. On est cependant retenu sur cette voie, quand on observe que, dans son ensemble, le ms. V^1 ne présente pas les caractéristiques d'un ms. recopié sur pièces : nous avons contrôlé le ms. en correspondance des changements de pièces attestés par d'autres mss et nous n'avons relevé aucune trace certaine de dépendance de l'*exemplar*. Cela étant, les phénomènes que nous avons décrits peuvent très facilement s'expliquer à partir du modèle de V^1, qui aurait pu avoir en marge une indication ou un signe qui aurait obligé le copiste de V^1 à interrompre son travail avant d'écrire le texte C (« non tantum ex parte… »), comme il arrive aux copistes de Bx^3 et de Md (qui note en marge le « caue hic ») ; le fait que le début de la pièce 3 soit placé en début de ligne, laissant blanche la moitié de la ligne précédente, peut s'expliquer par le fait que ce début de pièce aurait pu être considéré comme un début d'article par le copiste de V^1, étant donné que ces trois mss, Bx^3 Md V^1, ont traité le début de l'ancien a. 3 comme si c'était la réponse à une troisième objection de l'article 2. Enfin, dans le style de l'écriture du copiste principal de V^1, on ne remarque aucun changement entre l'interruption coïncidant avec le début du texte C (« non tantum ex parte … ») et la fin de la pièce 2, ce qui ne nous oblige pas à imaginer que dans V^1 le texte correspondant à la pièce 3 ait été copié avant la fin de la pièce 2, comme cela a été le cas de Md. En revanche, même si, comme il semble, V^1 s'est limité à reproduire son modèle sans dépendre directement de l'*exemplar*, ce ms. nous garantit néanmoins que le copiste de son modèle s'est trouvé exactement dans la même situation que les copistes de Bx^3 et de Md.

13. Dans notre manuscrit cela arrive au moins une autre fois, au f. 86ra, u. 12 (v. au chap. III, § 1.1.4, notre description des changements de pièces dans le ms. Bx^3).

parallèlement aux lignes directrices qui étaient tracées depuis la ligne 1 jusqu'à la 34, sur les deux colonnes : ces premiers mots de la l. 36 sont tracés en diagonale, descendant de gauche à droite. La deuxième lettre de la l. 36 « non [potest totam…] » touche presque la ligne directrice (non tracée) de la l. 35, et l'écriture descend peu à peu jusque sous les premiers mots de la pièce 3 (qui se trouvent au milieu de la l. 35) ; ensuite, le reste de la ligne 36 est écrit parallèlement à la directrice des lignes qui se trouvent au-dessus. Ce phénomène ne peut s'expliquer que par un fait : la première moitié de la ligne 35 (où se termine la pièce 2) n'avait pas encore était écrite quand on écrivait les premiers mots de la ligne 36 (*pecia* 3). En outre, le copiste ne s'est pas rendu compte immédiatement du fait que son écriture suivait une direction oblique et c'est seulement plusieurs lignes au-dessous de la l. 36 qu'il se reprend : cela s'explique par le fait qu'à partir de la l. 35 jusqu'à la fin de la colonne les lignes directrices ne semblent plus avoir été tracées. Or, au-dessus de la l. 36 on constate un phénomène semblable : lorsqu'il arrive à la l. 33, le copiste doit tenir compte que la l. 36 suit un dessin irrégulier et, pour cette raison, il commence à infléchir son écriture de la gauche vers la droite, afin de sauvegarder un interligne entre la l. 34 et la l. 35, là où se situe le passage de la deuxième à la troisième pièce.

Que Bx^3, à la différence de Md et V^1, ne conserve pas le nouvel article 3 pourrait provenir du fait que Bx^3 a été relié avec d'autres mss (dont les gardes ont été supprimées) et que pendant ces opérations, il aurait pu perdre les traces de ce texte B, comme ce fut le cas pour N^3 et O^5, par exemple. Les données recueillies jusqu'ici suffisent amplement à illustrer le comportement du groupe α* auquel Bx^3 appartient avec Md et V^1 : dès leur lecture de la fin de la *pecia* 2 de l'*exemplar* α, les équipes chargées de la réalisation de ces trois mss étaient au courant de l'existence du texte B, sans pouvoir toutefois en disposer et donc en calculer l'étendue.

Il faut considérer ensuite le cas de W^2 et celui de N^3, qui attestent de première main le texte C à la fin de l'article 2, mais le suppriment après coup, une fois en possession du texte B.

En ce qui concerne W^2, le copiste transcrit la pièce 2 dans son état non révisé : en effet, au début de la distinction 2, il n'annonce que quatre articles, (ce qui implique l'absence du nouvel article 3 [texte B]) et il recopie de première main le texte C. C'est dans un second temps seulement, que le possesseur d'origine[14] du codex a ajouté dans la marge, au début de la distinction 2, l'annonce du nouvel a. 3 (texte B) et a supprimé après coup (*vacat*) la fin de l'a. 2, c'est-à-dire le texte C. En outre, il a ajouté dans la marge inférieure une notice renvoyant à la fin du volume, en annonçant le texte B placé à cet endroit. Et, de fait, le copiste principal a recopié le texte B à la fin du volume, avant les tables des articles du commentaire *super I et II Sent.* Ces tables, qui primitivement ne signalaient pas le nouvel a. 3 de la d. 2, ont été rectifiées après coup par le possesseur d'origine.

14. V. la description du ms. au chap. II.

N^3, codex mutilé à la fin, présente, sur le point qui nous occupe, d'intéressantes analogies avec W^2. Comme dans celui-ci, le premier utilisateur du codex (qui en fait également une première révision), main U^1, se charge d'intégrer, dans la présentation de la matière de la dist. 2, le titre du nouvel a. 3 (texte B) et il modifie le numéro de l'article, qui de 3 devient 4 et il en corrige l'intitulé : « Tercio [.IIII. *U^1, en interligne*] utrum illa [illa *effacé par U^1*] unitas [diuine essencie *ajoute U^1 en interligne*] compaciatur pluralitatem personarum » ; une main plus soignée, U^2, a gratté ensuite le titre écrit par U^1 dans la marge extérieure, et l'a écrit à nouveau dans la marge supérieure : « Tertio utrum pluralitas rationum secundum quas attributa differunt sit aliquo modo in deo uel tantum in intellectu ratiocinantis » (f. 5r) ; c'est ce même utilisateur U^1 qui restitue le mot « particularia » (cf. cas n° 2, chap. III, § 1.1.3.2 ; voir également la description du ms. au chap. II) et qui comble d'autres lacunes dues au fait que le codex a été copié au moment où l'*exemplar*, qui en était au stade α*, allait être révisé. Comme W^2, N^3 donne d'abord la première version de la *responsio* de dist. 2, a. 2 (texte C), que l'utilisateur U^1 supprime par un *va-cat*, quand ce texte devient superflu du fait de la présence du texte B. Au f. 5vb, l'ancien article 3 a été transformé, par la main U^1, en article 4, et, dans la marge, se trouvait une note, aujourd'hui effacée, qui devait renvoyer à la fin du codex, à présent mutilé, et indiquer qu'on y trouverait le nouvel a. 3.

Les témoins immédiats et précoces de l'*exemplar* α, Bx^3 Md V^1 W^2 N^3, n'offrent donc pas le texte B de première main. Cependant, les observations faites ci-dessus montrent que, lors même de la copie de la *pecia* 2, l'existence de ce texte B est connue. En effet, le copiste principal de Bx^3, celui de Md et celui de V^1 interrompent leur travail ; le copiste principal de W^2 transcrit de sa main le texte B ; un utilisateur d'origine du ms., U^1, l'annonce en N^3. Les deux mss Bx^3 et N^3, qui ne conservent plus le texte B, ont pu le perdre quand ils ont été mutilés de leur partie finale ; quant aux mss V^1 et W^2, ils le conservent chacun en fin de volume, tandis que Md l'a inséré dans la d. 2, à l'intérieur du premier cahier, sur le f. 5, sur lequel intervient le réviseur du ms., main R, qui intègre les additions explicatives et la révision de l'*exemplar* qui venait d'être accomplie. En conclusion : bien que les copistes de ces mss n'aient pu trouver ce texte B (non plus que l'indication de supprimer le texte C) au moment où ils ont copié la *pecia* 2, ils sont assurément parvenus à en prendre connaissance en cours de copie, ou, dans le cas de W^2 et de N^3, au moment de la révision de la copie.

*2.1.2.3 La nouvelle phase de l'*exemplar *α, enrichi, à la d. 2, d'un nouvel a. 3*

Le ms. W^2, témoin immédiat de l'*exemplar* α, offre le texte B en fin de volume, dans un agencement qui mérite d'être examiné. Sauf compléments occasionnels dus au possesseur d'origine, le copiste responsable de l'ensemble du texte du *Super I Sent.*, transcrit aussi d'un même mouvement, à la fin du volume, le nouvel a. 3 (texte B), mais le fait précéder et suivre de portions de texte qui n'en font pas partie. On y rencontre, dans l'ordre suivant : (a) les deux réponses aux arguments qui concluent l'a. 2 de la d. 2 ; (b) le nouvel a. 3 ;

(c) les deux premiers arguments du nouvel a. 4 (ancien a. 3) plus l'« Item natura » par lequel commence le troisième argument. Autrement dit, le copiste termine son ajout à l'endroit même où se termine la *pecia* 2 de l'*exemplar* α, c'est-à-dire par les mots « Item natura », qui constituent la réclame de la *pecia* 3 (v. ce que nous venons de dire à propos de la fin de la *pecia* 2 dans Md, ci-dessus, § 2.1.2.2). Cette façon singulière dont W^2 transcrit le nouvel a. 3 (texte B) étonne au premier abord, car W^2 représente une copie tout à fait ordinaire de l'*exemplar* α et pour compléter ce ms. il aurait suffi de recopier ce qui lui manquait, à savoir le texte B tel quel. En revanche, la manière dont W^2 présente le texte B trouve sa raison d'être au niveau du travail du stationnaire. Celui-ci se devait non seulement de mettre à la disposition de ses clients le texte B, mais encore d'en assurer l'intégration sans erreur à l'endroit voulu de la *pecia* 2 et également d'indiquer la suppression du texte C, comme l'atteste le comportement de Bx^3, Md et V^1 (v. ci-dessus, § 2.1.2.2).

Le texte rectifié tel qu'il nous est attesté par W^2 N^3 et Bl Bg^2 F^1 P^4 V^2 W^1 O^2, entre autres, comporte la suppression du texte C de la *pecia* 2, mais aussi l'insertion sur la même *pecia* du nouvel article 3, avant le début de l'ancien article 3, devenu 4. Or, pour faire cela sans trop perturber le travail des copistes la meilleure façon de faire a été de supprimer la fin de la *pecia* 2 (et les mss Bx^3, Md, V^1, témoignent précisément de ce fait), depuis le texte C (« non tantum ex parte... ») jusqu'à la deuxième objection de l'ancien a. 3 (« Item natura... »), et d'ajouter un folio, comme W^2 nous l'atteste, avec les contenus de la nouvelle fin de la *pecia* 2 : (a) réponses aux objections de l'a. 2 ; (b) nouvel article 3 ; (c) fin de la *pecia* 2 jusqu'à « Item natura... » (= a. 4, arg. 1-2). On remarquera d'ailleurs que le texte B correspond exactement à l'espace écrit d'un folio (*recto* et *verso*) dans les mss Md et V^1 et, à peu de chose près, à un folio (*recto* et *verso*) dans le ms. W^2.

Voici, en conclusion, comment on peut se représenter les phases de l'histoire de l'*exemplar* α.

Nous constatons que les copistes qui dépendent directement de α, recopient la version primitive de l'article 2 (Bx^3, Md, V^1 et aussi N^3, W^2) et ne rencontrent le texte B que lorsqu'ils arrivent à la fin de l'*exemplar* ou, à tout le moins, lorsqu'ils ont recopié la *pecia* 3. Nous nous trouvons devant une situation semblable à celle qui affecte le *Super III Sent.* : dans un cas comme dans l'autre, Thomas est intervenu sur le texte alors que l'*exemplar* avait déjà été mis en circulation[15].

De toute façon, la distance temporelle entre la réalisation de l'*exemplar* et l'introduction du texte B ne saurait avoir été importante puisque, comme le montre la révision de Md, le texte B est au plus tard contemporain de la première révision de tout l'*exemplar* qui a donné lieu à l'état révisé et autorisé de α représenté par W^2 et N^3.

En effet, les témoins précoces de l'*exemplar* α qui ont recopié l'ancienne version de l'a. 2 et n'ont trouvé le texte B qu'à la fin de l'*exemplar* ont pu tenir

15. V. P.-M. GILS, « Codicologie ... », cit., p. 229-230.

compte de la mention, placée à la fin de la *pecia* 2, qui invitait à transcrire à cet endroit la nouvelle version. On doit donc supposer que les scribes ont laissé un blanc, correspondant à la place occupée par le texte C, avec l'intention d'y recopier la nouvelle version. Mais, quand ils ont eu en main cette nouvelle version, ils se sont rendu compte qu'elle excédait de beaucoup la place laissée disponible. Ils ont alors recopié, à cet endroit, le texte primitif (texte C).

Cela explique que, lorsqu'ils ont recopié, en un second temps donc, comme on vient de le voir, la fin de la *pecia* 2, les scribes des trois mss de α*, Bx^3, Md et V^1 (ou son modèle), aient omis d'indiquer le début de l'ancien article 3 et l'aient présenté comme s'il s'agissait d'une réponse à une troisième objection.

Assez rapidement toutefois, le stationnaire a dû juger préférable de fixer à la *pecia* 2 un folio supplémentaire, qui ne contienne pas seulement le texte B, mais aussi la fin de l'a. 2, après suppression du texte C. À partir de ce moment, tous les copistes de la *pecia* 2 de l'*exemplar* α intègrent, de première main, le texte B dans leur copie.

2.1.2.4 La suppression du texte C à la d. 2 a. 2 resp.

L'insertion du nouvel article 3 rendait inutiles les quelques lignes consacrées dans la rédaction primitive de l'article 2 à la matière maintenant amplement développée dans ce nouvel article. C'est pourquoi le passage « ... non tantum ex parte ratiocinantis ... idem significatur per nomina synonima » (= Texte C ; cf. éd. Mandonnet, p. 62-63) a été supprimé dès l'insertion du nouvel article 3.

Cependant la suppression de ce texte C ne devait pas être bien visible sur la *pecia* (et, d'ailleurs, la nouvelle *pecia* β ne le supprimera pas). En conséquence, comme on vient de le voir (§ 2.1.2.2), le copiste de Bx^3 ainsi que celui de Md transcrivent se passage en un second temps ; à la hauteur du début de ce texte C, le copiste principal de Md note en marge « caue hic » et le copiste de V^1 s'interrompt avant de copier le texte C. Le possesseur d'origine (main P) de W^2 et l'utilisateur d'origine U^1 de N^3 le suppriment par un « vacat » ; seulement 7 mss de α (= Bl Bg^2 F^1 P^4 V^2 W^1 O^2) attestent cette rectification de la pièce et ils ignorent donc le passage ; les mss restants de α n'ont plus accès à cette indication de supprimer le texte C. Parmi les mss non classés, 10 n'attestent pas le passage C. Nous devons noter qu'ici, comme c'est aussi le cas pour la rectification de la d. 27 (v. ci-dessus, § 2.1.1), N^3 et W^2 présentent *prima manu* la même situation critique que α*.

Des deux familles universitaires, seule α témoigne de cette rectification à l'a. 2 de la d. 2.

2.1.3 La subalternation de la science théologique – [Texte D]

L'étude de la tradition manuscrite de l'a. 3 du *Prologue* (cf. ci-dessus § 1.3) a montré l'existence d'un passage ajouté concernant la théologie comme science subalternée.

Cette rectification est de première main dans 31 mss ; 8 autres l'ont en marge. 37 mss, en revanche, n'en présentent aucune trace. 7 seulement des mss qui l'ont en plein texte ont été recopiés sur la pièce α (= Bx^4 Kr^1 P^1 P^2 P^5 Tr^2 V^4), mais tous les témoins de β l'ont de première main. Il n'y en a pas trace dans α*.

Le ms. W^2 ne l'offre pas non plus, mais la façon dont elle est attestée par le ms. N^3 est très significative. Le ms. N^3 est très ancien (v. sa description au chap. II) et il s'accorde avec W^2 pour les deux rectifications majeures étudiées jusqu'ici. En effet, lorsqu'il recopie la *pecia* 1, le copiste principal de N^3, à une seule exception près, ne reproduit pas le texte au niveau de α*, mais il atteste la révision de celui-ci : sur les cinq cas énumérés ci-dessus (chap. III, § 1.1.3), par exemple, seul fait exception le cas n° 2 (*ibid.*, § 1.1.3.2) ; en revanche, dans les *pecie* suivantes, on constate que ce même copiste de N^3 n'a pas accès à la *pecia* α révisée, mais reproduit α* ; dans les marges de N^3, les premiers utilisateurs (U^1 et parfois U^2) reproduisent certains passages refaits ou certaines notes intégrées au moment de la révision de α[16]. On constate, donc, que le texte de N^3 s'accorde parfois plutôt avec α*, et plus précisément avec Md (v. p. ex. le comportement de Md décrit ci-dessus, § 2.1.2). Cela pour ce qui concerne le

16. Au f. 12r, mg. ext., U^1 transcrit la version refaite du passage suivant (*In I Sent.*, d. 7, q. 1, a. 2 ; éd. Mandonnet, p. 179) : « *uel* essentia secundum quod est paternitas est principium huius actus qui est generare, non sicut agens sed sicut quo agitur » ; en plein texte le copiste avait l'ancienne version, propre au texte de α* (en italique, ci-après) : « Similiter dico quod, cum proprietas realiter sit ipsa essentia, *aliquis actus egreditur ab ipsa essentia secundum quod ipsa est paternitas et iste actus est generare*, unde principium generationis est essentiale sub ratione relationis ». On aura remarqué que la main U^1, qui reproduit en marge le nouveau passage « essentia secundum ... quo agitur », le fait précéder par un « uel », et le présente donc comme un passage alternatif à la première rédaction ; on constate la même chose pour le ms. V^1, où la nouvelle version, écrite en marge, est précédée par « aliter » : ce comportement dérive du fait que, dans les deux cas, le réviseur est en réalité un utilisateur, qui, en révisant, se montre intéressé à conserver les successives versions du texte ; en revanche, le correcteur attitré du ms. Md, la main R, supprime par « va-cat » l'ancienne version écrite en plein texte et la remplace en marge par la nouvelle. Bx^3 ne connaît que la première rédaction, tandis que W^2 n'atteste que la nouvelle rédaction, en plein texte. Cela nous porte à penser que N^3 a été recopié un peu avant W^2. En revanche, au f. 76v, mg. inf., c'est la main U^2 qui écrit une addition explicative, inconnue du copiste principal de N^3, du groupe α* et aussi du copiste principal de W^2 (c'est la main du possesseur d'origine qui l'intègre en marge, f. 64r) : (N^3 f. 76v, mg. inf., U^2) « dico autem operationem communiter secundum quod se angelus habet ad corpus contentum in loco per modum possidentis [*pro* presidentis] uel ministrantis, aut alio modo agentis uel pacientis » (*In I Sent.*, d. 37, q. 3, a. 1 ; éd. Mandonnet p. 870-871 – cf. p. 871, n. 1) ; quelques lignes plus bas, on rencontre un autre passage appartenant au niveau α* du texte, attesté aussi par le copiste principal de N^3 et par celui de W^2 (cf. ed. Parmensis, p. 303a) : « Angelus et quaelibet substantia incorporea non potest esse in corpore vel in loco nisi per operationem, quae effectum aliquem in eo causat. Hoc autem contingit multipliciter » ; ni les mss de α*, ni les utilisateurs de N^3, ni le copiste principal de W^2 n'attestent la nouvelle rédaction (qui, en revanche, est écrite par la main P de W^2 dans f. 64r mg. ext. ; cf. éd. Mandonnet, p. 871) : « Angelus et quaelibet substantia incorporea non potest esse in corpore vel in loco nisi per operationem, quae effectum aliquem in eo facit, vel praesidendo, vel ministrando, vel aliquo modo agendo, ut dictum est ; vel etiam a corpore in ea efficitur, quae in passione spirituum solum accidit ; unde de hoc nihil ad praesens. Effectum autem facit in loco multipliciter ».

copiste principal de N^3, dont le travail est très proche de l'origine de la tradition du texte α.

Il est naturellement plus difficile de dater le travail des réviseurs et des utilisateurs, qui apparaît plus libre et plus imprévisible (v. la note précédente). Nous pouvons cependant observer que la main U^2 écrit de nombreuses notes de travail dans les marges et indique souvent le contenu des articles ; on a vu au § 2.1.1 que cela arrive dans le contexte de la rectification A : l'utilisateur U^4 qui en écrit le texte en marge ne peut pas commencer à l'écrire à la hauteur du texte à remplacer, mais il est obligé de commencer plus bas, car U^2 a déjà indiqué en marge la matière de l'article, dans sa version originaire. On est donc conduit à penser que l'utilisateur U^2 n'avait pas eu accès au texte A quand il annotait le texte du ms., tandis qu'au f. 2r mg. sup., c'est lui qui a écrit le texte D sur la théologie comme science subalternée. Cela ne permet certes pas de prouver l'antériorité du texte D par rapport au texte A, mais indique cependant que le travail de U^2 se situe à un moment assez proche de la révision de l'*exemplar* α, car cet utilisateur n'a évidemment pas eu accès direct au texte A, texte attesté par toute la tradition, sauf α*. D'autre part, l'utilisation du ms. par U^2 a duré vraisemblablement un certain temps : non seulement l'encre des notes marginales écrites par lui change souvent de qualité, mais, parmi ces notes, quelques-unes citent parfois des passages du commentaire de Bonaventure et parfois de celui de Pierre de Tarentaise (commentaire qui est contemporain de celui de Thomas d'Aquin) en indiquant le nom de l'auteur ; certaines autres notes sont le fruit d'une compilation de passages de Pierre, qui n'est cependant pas cité[17] ; des autres, encore, évoquent plusieurs textes parallèles[18]. Nous n'avons relevé, dans les annotations de U^2, aucune citation de textes postérieurs aux deux commentaires que nous avons mentionnés.

Revenons maintenant à la marge supérieure du f. 2r de N^3 et observons la façon dont la main U^2 écrit la rectification D : le texte D est proposé comme réponse facultative (« Vel dicendum... ») de la première réponse, écrite par le copiste principal à partir de la l. 8 de la colonne a. Mais U^2 ne s'est pas limité à reproduire la nouvelle réponse, telle qu'elle est attestée par toute la tradition, en la faisant précéder de « Vel dicendum » ; il a cru important de préciser le début et la fin de l'ancienne réponse dont la nouvelle est la concurrente possible. Si cela ne suffit pas à prouver l'accès direct de U^2 à l'*exemplar* au moment

17. Au f. 91v, mg. inf., en correspondance de d. 44, q. 1, a. 2, U^2 écrit : « Hic potest queri utrum deus potuerit mundum facere antequam fecit », note qui se compose de passages extraits du Commentaire de Pierre de Tarantaise sur cette même distinction. Les passages sont rassemblés dans l'ordre suivant : *Super I Sent.*, d. 44 : a. 4, resp. + a. 5, resp. + a. 5, ad 1m in contrarium + a. 5, ad 1m + a. 5, ad 5m (ed. Tolosae, 1652, t. 1, p. 365-366). Il faut observer que cette façon de composer un texte à partir de plusieurs réponses différentes est une méthode très pratiquée par Annibald Annibaldi, mais le texte de cette note ne se trouve pas dans son Commentaire, ni dans sa première ni dans sa deuxième rédaction (v. ci-dessous, § 6.1).

18. « Huic contra. secundum philosophum 'materia et finis non concidunt in idem'. 'Christus finis legis' etc. Sicut in uirtutibus que sunt in finem ut sunt theologice idem est materie [materialium? *pr.m.*] obiectum et finis; in cardinalibus autem non; ita in hac scientia que est de

où il reproduit le texte D, cependant la façon dont le passage D est reproduit, nous permet de nous imaginer, même visuellement, la façon dont, sur l'*exemplar*, cette note avait été ajoutée et explique facilement son déplacement dans toute la tradition (v. ci-dessus, § 1.3).

On ne doit pas être surpris si, quand il écrit le texte de la rectification D, U^2 est obligé de contourner une note qu'il avait lui-même écrite précédemment (c'est la note « Huic contra. secundum philosophum ... » citée dans la note précédente) : cela confirme que U^2 est un utilisateur du ms. plutôt qu'un réviseur de celui-ci. Cependant, il est important de noter que l'encre utilisée par U^2 sur les folios 1r-v, 2r-v, 3r-v, 4r est toujours la même (moins noire à partir du f. 4v) et que donc U^2 a ajouté le texte D au moment même où il annotait le début du commentaire de Thomas.

La conclusion qu'il faut tirer de ce paragraphe comporte au moins deux éléments. Premièrement, le fait que la rectification D soit attestée par un nombre inférieur de mss par rapport aux autres rectifications n'implique pas qu'elle leur soit postérieure : il suffit de considérer le cas de la rectification C, qui est attestée elle aussi par un nombre inférieur de mss par rapport aux rectifications B et A : on a constaté qu'en fait elle est attestée par les mss les plus anciens et les meilleurs de la famille α, même si elle est ensuite négligée par des témoins successifs. Deuxièmement, l'attestation du passage D par un des anciens utilisateurs du ms. N^3 nous assure de l'ancienneté de ce passage, bien qu'il ne nous permette pas, à lui seul, de le dater avec précision. On peut supposer que le fait que ce passage soit attesté par moins de témoins que les rectifications B et A est dû, tout au moins en partie, à ce qu'il était indiqué comme facultatif.

2.1.4 Les rectifications majeures dans les familles universitaires α et β

À ce point de notre analyse, les motifs de l'ordre suivi pour examiner les rectifications apparaissent clairement : les rectifications de la d. 27 (texte A) et de la d. 2 (texte B et texte C) présentaient une affinité critique, qui, du coup, les dissociait du problème de l'a. 3 du *Prologue* (cf., entre autre, la différence du nombre de mss impliqués). Nous avons commencé par étudier la d. 27, parce que l'insertion devait prendre place à l'intérieur même du texte d'une

fine, idem esse potest materia et finis, non sic in aliis scientiis que sunt de rebus que sunt ad finem, non tamen ut ad finem. uel sic duplex materia. *ex qua.* hec non accidit. *circa quam* et hec concidit » (la citation d'Aristote, dans l'ensemble des œuvres de Thomas, n'est invoquée que dans *In II Sent.*, d. 36, q.1 a.5 arg.4, où il renvoie au IIe livre de la *Physique* ; « finis enim legis Christus », vient de Rom. 10,4). Cette note, écrite par la main U^2, concerne l'a. 4, ad 1, du prologue de Thomas (dans notre éd., l. 39-44). Du point de vue de la doctrine et de la rédaction, cette note peut être mise en parallèle avec Pierre de Tarentaise, *In I Sent.*, prol. a. 3, ad 2m (ed. Tolosae, 1652, p. 5) et aussi avec Bonaventure, *In I Sent.*, prooem., q. 1, ad 2m (ed. Quaracchi, p. 8). Dans la *Summa fr. Alexandri*, bien que l'ensemble du raisonnement soit développé de façon différente, on trouve cependant la comparaison entre les vertus théologales, pour lesquelles « idem est materia sive obiectum et finis » et les vertus « quae sunt eorum quae sunt ad finem » (on ne parle pas de vertus morales ou cardinales), pour lesquelles « est alia materia virtutis, alius finis », et l'article se conclut : « Unde non sequitur: 'Christus est finis, ergo non est materia' » (tract. introd., c. 3 [ed. Quaracchi, p. 7]).

responsio, ce qui se prête à fournir plusieurs éléments paléographiques favorables à la découverte de la tradition textuelle (v. l'exemple de W^2 et de N^3). En revanche, l'insertion d'une unité de texte comme un article complet (texte B) entre deux autres articles constitue une opération assez 'propre' du point de vue paléographique, alors qu'en matière de tradition textuelle les impuretés sont souvent plus utiles. Puisque l'étude de ces deux interventions avait pour but de clarifier l'insertion du texte D, celui-ci restait donc le dernier à prendre en considération.

Après l'analyse paléographique et codicologique, nous revenons brièvement aux données de la tradition textuelle de ces rectifications, famille par famille.

La famille α, dans son état originaire (α*), représenté par Bx^3 Md et V^1, atteste que le passage B ne faisait pas partie du texte primitif de la pièce 2 quand celle-ci a été écrite. Bx^3 Md et V^1 (+ W^2 et N^3) témoignent toutefois que le texte B a été ajouté à l'*exemplar* peu après que celui-ci eut commencé à être mis en circulation.

Le texte A, quant à lui, est inconnu à l'état originaire de l'*exemplar* α, c.-à-d. aux trois mss de α*, plus la première main de N^3 et de W^2. Cependant, le possesseur d'origine de W^2 écrit de sa main le texte A en marge du texte primitif et il nous en fournit la première attestation.

Les deux mss à pièce N^3 et W^2 (auxquels O^1 et O^5 se joignent encore une fois ; pour la situation de ces deux mss par rapport à la pièce α, v. chap. III, § 1.1.7) attestent le premier stade de la famille α révisée : le texte de leur première main est exempt des interventions qui introduisent les quatre rectifications ; mais ils sont très proches des moments où l'*exemplar* a reçu la rectification B à la dist. 2 (v. § 2.1.2). Le fait que le texte C, absent dans les meilleurs témoins de α, soit seulement exponctué dans W^2 et N^3 confirme que ces deux mss ont été confectionnés à un moment très rapproché des deux interventions opérées sur la pièce concernée de la dist. 2.

L'insertion en plein texte des passages A et B, avec absence de C, constitue le stade le plus abouti de la pièce α. Celui-ci est attesté de première main par les mss : Bl Bg^2 P^4 V^2 W^1, plus O^2 et F^1 ; mais déjà α*, qui avait omis dans un premier temps le texte C, ainsi que les mss W^2 et N^3, qui ont seulement exponctué le texte C, témoignent des rectifications B et C.

Le texte D se différencie des autres interventions, parce qu'il s'agit d'une rectification facultative (« Vel dicendum... ») et cela a pour conséquence qu'un nombre moindre de manuscrits la prennent en compte et en témoignent. Cependant son attestation par N^3, d'un côté, et par Bx^4 et Kr^1, de l'autre, situe ce texte très haut dans la tradition de α, au même niveau que les rectifications B et C.

En effet l'étude du passage D (§ 3.1) nous a montré que, sur les 20 mss qui représentent le texte α, 8 seulement (Bx^4 Kr^1 P^1 P^2 P^5 Tr^2 V^4 + C^3) reproduisent la rectification de première main. Nous avions pris aussi en considération l'hypothèse selon laquelle ces 8 mss, porteurs de la rectification D, auraient été les témoins d'une pièce dédoublée : dans ce cas, l'ignorance de D par 12 mss de α se serait expliquée par l'absence de la rectification sur la pièce d'origine (modèle) ; cependant, les variantes de la famille α dans la *pecia* 1 nous ont conduit à exclure cette supposition (v. chap. III, § 1.1.5).

Il suffit de considérer le comportement des huit mss de α qui ont ajouté le texte D (v. chap. III, § 1.1.5) et de les suivre dans la liste des variantes de cette rectification (cf. ci-dessus l'ensemble du paragraphe 3.1), pour voir qu'ils dépendent d'une pièce usagée. Cependant, les mss Bx^4 et Kr^1, qui attestent en plein texte le passage D, offrent, pour l'ensemble de la *pecia* 1, un texte correct, sans aucune faute dans la rectification D. De son côté, N^3, qui est parmi les plus anciens mss de α, atteste également le passage D, inséré dans la marge supérieure du f. 2r par l'utilisateur U^2, qui a révisé le ms. du début à la fin. Si l'on considère l'ancienneté de l'attestation du texte D de la part de N^3 (v. ci-dessus, § 2.1.3) et la présence de ce passage dans Bx^4 et Kr^1, c'est-à-dire à un moment où la *pecia* 1 de α n'est pas encore abîmée par l'usage, on peut conclure que la rectification D est vraisemblablement contemporaine aux autres rectifications majeures.

Nous examinerons, dans le § 3.3, si la critique interne confirme les résultats auxquels nous a conduit la critique textuelle (et, en particulier, l'étude des mss N^3, Bx^4 et Kr^1), à savoir que la rectification D a été elle aussi insérée sur l'*exemplar* peu après la mise en circulation de celui-ci.

2.2 Première conclusion relative à la tradition textuelle des rectifications majeures

L'étude de la tradition textuelle des rectifications majeures dans le *Super I Sent.* a révélé que les rectifications dans les dist. 27 (texte A) et dist. 2 (texte B) sont attestées respectivement : le texte A, par 65 mss (dont tous les mss à pièces, sauf ceux de α*, c'est-à-dire Bx^3, Md et V^1 [ou son modèle]) ; le texte B, de première main par 67 mss, auxquels il faut ajouter 9 mss qui en prennent connaissance en cours de copie. Si l'on considère que les mss connus sont, au total, 76, on peut facilement constater que les deux rectifications A et B ont été apportées sur la pièce α à la même époque ; et cela, même si la rectification B est pratiquement contemporaine à la mise en circulation de l'*exemplar* et contemporaine, ou même antérieure, à la toute première révision de l'*exemplar*, qui a donné lieu au passage du niveau α* du texte à son niveau α, alors que la rectification A est totalement inconnue au niveau α* de l'*exemplar* ; les cinq mss non classés (+ O^1 et O^2) qui n'attestent pas le passage A confirment une certaine circulation du texte avant l'insertion de A (ce qui n'est pas attesté dans le cas du texte B).

La situation de l'insertion D à l'article 3 du prologue se présente tout à fait différemment : le texte D se trouve dans 31 mss seulement (et, en marge, dans 8 autres), qui tous ont les deux autres rectifications. En plus, de ces 31 mss, 7 seulement (+ C^3 ; *mg. alia m.* N^3) sont des mss copiés sur la pièce α (qui compte 18 mss + C^3 F^1). De cela on ne peut cependant pas conclure que l'insertion D dans la *pecia* 1 de l'*exemplar* α soit postérieure aux rectifications A, B et C.

Étant donné, d'une part, que la rectification D est apposée dans le ms. N^3 par celui qu'on peut considérer comme son premier utilisateur (la main U^2) et que Bx^4 et Kr^1 intègrent cette modification à un moment où la pièce n'est pas encore abîmée par un usage prolongé et étant donné, d'autre part, que le texte D, tel qu'il est transmis par la tradition, se présente comme un texte facultatif (*Vel dicendum*) et que, de plus, il a été inséré dans l'article à une place erronée, on ne peut tirer de conclusion sur la chronologie relative des insertions que nous étudions ici qu'après avoir examiné le texte D et son contenu sous les deux aspects que nous venons d'évoquer.

En outre, on peut dire sans hésitation que les insertions des textes A et B doivent être tenues pour proches dans le temps, en raison de leur situation particulière en W^2 ; le fait cependant que α^* (+ N^3) n'atteste pas du tout le texte A, tandis que cette famille tient compte de la rectification B, suggère que le passage A a été inséré sur l'*exemplar* un peu plus tard que le passage B.

3. Notes de critique littéraire sur le texte des rectifications majeures

3.1 Le texte A : deuxième rédaction de In I Sent., *d. 27, q. 2, a. 2, resp.*

3.1.1 Évolution de la doctrine de Thomas sur l'acception de uerbum *en Dieu*

Au § 2.1.1, nous avons présenté, du point de vue de la tradition manuscrite, le problème relatif à la révision d'un article concernant la locution du 'verbe' en Dieu. Comme on le sait, cette révision est due à une évolution de la doctrine de Thomas sur le verbe mental, question qui peut être abordée, dans son ensemble, à partir de la dernière des études que lui a consacrées le savant subtil et pénétrant qu'a été Fr. von Gunten[19]. Pour ce qui concerne plus directement les textes du *Super I Sent.*, ils ont été examinés, avec la précision qu'on lui connaît, par G. Emery[20], qui les a mis en relation avec les textes des auteurs un peu antérieurs ou contemporains à Thomas d'Aquin. Pour notre part, nous nous limiterons à comparer, plus sommairement, quelques données de ces textes, afin de mettre simplement en évidence les éléments qui en indiquent la succession chronologique ; pour ce faire, nous reproduirons la première rédaction (complète, comme elle se lit dans les mss[21]), suivie de la seconde version (texte A) disposée face au lieu parallèle de la *Q. disp. de ueritate*, q. 4, a. 2 ; c'est nous qui indiquons en caractères italiques et gras les passages les plus importants pour comparer les trois textes.

19. A. F. von Gunten, O.P., « *In principio ...* », cit., p. 119-141.
20. G. Emery, *La Trinité créatrice*, cit., p. 414-430.
21. Le texte des éditions est, en effet, tronqué.

Ire rédaction : *In I Sent.*, d. 27, q. 2, a. 2
(cf. éd. Mandonnet, p. 659 n. 3)

Et ideo dicendum est cum aliis quod ***oportet*** in divinis Verbum accipere dupliciter, scilicet essentialiter et personaliter, sicut et amor, qui est proprium Spiritui Sancto, ponitur. Cum enim verbum sit *similitudo* ipsius *rei intellectae*, prout est *concepta* in intellectu, et *ordinata ad manifestationem*, vel ad se, vel ad alterum, ista species in divinis *potest accipi dupliciter*: vel secundum quod dicit *id quo* aliquid formaliter in divinis intelligitur; et sic, cum ipsa essentia per se ipsam intelligatur et manifestetur, ipsa essentia erit verbum; et sic verbum et intellectus et res cujus est verbum, non differunt nisi secundum rationem, sicut in divinis differt quo intelligitur et quod intelligitur et quod intelligit; vel secundum quod *species intellecta nominat aliquid distinctum realiter ab eo cujus similitudinem gerit*; et sic verbum dicitur personaliter, et convenit Filio, in quo manifestatur Pater, sicut *principium manifestatur in eo quod est a principio* per modum intellectus procedens.

Texte A

In I Sent., d. 27, q. 2, a. 2, resp. (éd. Mand., p. 659, u. 1 – p. 660, u. 12)	***De ueritate***, q. 4, a. 2, resp. (ed. Leon., t. 22.1, p. 123, u. 76-145)
Et ideo dicendum est cum aliis, quod hoc nomen verbum *ex virtute vocabuli potest* personaliter et essentialiter accipi. *Non enim significat tantum relationem*, sicut hoc nomen Pater, vel Filius, *sed imponitur ad significandum rem* aliquam absolutam simul cum respectu, sicut hoc nomen scientia; sed in hoc differt, quia relatio quae importatur hoc nomine scientia, non est relatio originis, secundum quam referatur scientia ad illud a quo est; sed est relatio secundum quam refertur ad illud ad quod est, scilicet ad scibile; *sed hoc nomen verbum importat relationem secundum quam refertur ad illud a quo est, scilicet ad dicentem.*	Responsio. Dicendum, quod verbum secundum quod in divinis *metaphorice* dicitur, prout ipsa creatura dicitur verbum manifestans Deum, procul dubio ad totam pertinet Trinitatem : *nunc autem* quaerimus de verbo secundum quod *proprie* dicitur in divinis. Quaestio autem ista in superficie videtur esse planissima propter hoc quod *verbum originem quamdam importat* secundum quam in divinis personae distinguuntur ; sed interius considerata difficilior invenitur,
Hujusmodi autem relationes in divinis contingit esse dupliciter:	eo quod in divinis invenimus *quaedam quae originem important non secundum rem sed secundum rationem tantum*,
quaedam enim sunt reales, quae requirunt distinctionem realem, sicut paternitas et filiatio, quia nulla res potest esse pater et filius respectu ejusdem; *quaedam autem sunt relationes rationis tantum*, quae non requirunt distinctionem realem, sed rationis, sicut relatio quae importatur in hoc nomine operatio. Habet enim operatio *respectum implicitum ad operatorem a quo* est: nec in divinis differunt operans et operatio, *nisi ratione tantum.*	sicut hoc nomen operatio, quae procul dubio importat *aliquid* procedens *ab operante*, et tamen iste processus non est *nisi secundum rationem tantum*, unde operatio in divinis non personaliter sed essentialiter dicitur, quia in Deo non differt essentia, virtus et operatio ; unde non statim fit evidens utrum hoc nomen verbum processum realem importet sicut hoc nomen Filius, vel rationis tantum, sicut hoc nomen operatio, et ita utrum personaliter vel essentialiter dicatur.

Si igitur relatio importata hoc nomine verbum *sit relatio rationis tantum*, sic nihil prohibet quin essentialiter dicatur, ***et videtur sufficere ad rationem verbi, secundum quod a nobis in deum transumitur***; quia in nobis, ut dictum est, art. praec., ***nihil aliud est verbum nisi species intellecta, vel forte ipsa operatio intelligentis***: et neutrum eorum realiter distinguitur ab essentia divina.

Si autem importet *relationem realem* distinctionem exigentem, ***oportet*** quod personaliter dicatur, quia non est distinctio realis in divinis nisi personarum.
Et est simile de amore, qui secundum eamdem distinctionem essentialiter et personaliter dicitur, ut supra dictum est, dist. 18, quaest. 1, art. 1. Sed tamen *in usu sanctorum et communiter loquentium* est quod hoc nomen verbum relationem realiter distinguentem

Unde ad huius notitiam sciendum est quod *verbum intellectus nostri*, secundum cuius similitudinem loqui possumus de verbo divino, est *id ad quod operatio* intellectus nostri *terminatur*, quod est *ipsum intellectum*, quod dicitur *conceptio* intellectus, sive sit conceptio significabilis per vocem incomplexam ut accidit quando intellectus format quidditates rerum, sive per vocem complexam ut accidit quando intellectus componit et dividit. *Omne* autem *intellectum in nobis est* aliquid *realiter* progrediens *ab altero*, vel sicut progrediuntur a principiis conceptiones conclusionum, vel sicut conceptiones quidditatum rerum posteriorum <a> quidditatibus priorum, *vel saltem sicut conceptio actualis* progreditur ab habituali cognitione ; et hoc universaliter verum est *de omni* quod a nobis intelligitur, sive per essentiam intelligatur sive per similitudinem : *ipsa enim conceptio est effectus actus intelligendi*, unde etiam quando mens intelligit seipsam, eius *conceptio* non est ipsa mens sed *aliquid expressum a notitia* mentis.
Ita ergo verbum intellectus in nobis ***duo** habet **de sua ratione***, scilicet quod est *intellectum*, et quod est *ab alio expressum. Si ergo secundum utriusque similitudinem* verbum dicatur in divinis, tunc non solum importabitur per nomen verbi processus rationis sed etiam rei, si autem secundum similitudinem alterius tantum, scilicet quod est intellectum, sic hoc nomen verbum in divinis non importabit processum realem sed rationis tantum sicut et hoc nomen intellectum ; ***sed hoc non erit secundum propriam verbi acceptionem*** quia si aliquid eorum quae sunt de ratione alicuius auferatur iam non erit propria acceptio ; unde verbum *si proprie* accipiatur in divinis *non dicitur nisi personaliter*, si autem accipiatur *communiter poterit etiam dici essentialiter.*

Sed tamen,

importat, ut dicit Augustinus, quod verbum idem est quod sapientia genita; et ideo ista quaestio parum valet, quia non est de re, sed de vocis significatione, quae est ad placitum; unde in ea plurimum valet usus, quia nominibus utendum est ut plures, secundum philosophum; de rebus autem judicandum secundum sapientes. Cum enim de rebus constat, frustra in verbis habetur controversia, ut dicit magister, Lib. 2, dist. 14. Sed tamen ea quae in divinis dicuntur, non sunt extendenda nisi quantum sacra Scriptura eis utitur.

quia « nominibus utendum ut plures » secundum Philosophum, usus maxime est aemulandus in significationibus nominum,

et quia *omnes sancti communiter* utuntur nomine verbi prout personaliter dicitur, ideo hoc magis dicendum est quod personaliter dicatur.

Il suffit de parcourir à la suite ces trois textes, pour s'apercevoir du changement d'opinion de la part de Thomas à propos de la prédication essentielle et personnelle du verbe en Dieu : le texte révisé (A) développe sensi-blement la première rédaction et anticipe certains points de la question du *De ueritate.*

Dans la première rédaction, le sujet est traité d'un point de vue éminemment théologique, qui commande même la référence à la conception du verbe mental[22] ; dans la deuxième rédaction (texte A), on distingue immédiatement une analyse du mot « verbe » *ex virtute vocabuli* et une autre selon qu'il est *in usu sanctorum*.

Ce qui, à notre avis, manque à la conception du verbe mental exprimée dans la première rédaction, c'est le processus de production de ce verbe. Thomas fournit une description précise (et presque exhaustive) des fonctions du verbe : *similitudo rei intellectae* ; *concepta in intellectu* ; *ordinata ad manifestationem vel ad se vel ad alterum*. Puis, selon les deux éléments qui constituent cette similitude, il la transpose *in divinis* : 1) si on entend la similitude en tant qu'elle fait formellement connaître quelque chose (*id quo aliquid formaliter intelligitur*), alors l'essence divine joue le rôle de verbe, en tant que *per seipsam intelligatur et manifestetur* (on retrouve ici les deux éléments de la définition du verbe donnée ci-dessus) ; 2) le nom de verbe peut encore être pris dans le sens que la *species intellecta* désigne (*nominat*) une chose réellement distincte de ce qu'elle représente (*aliquid distinctum realiter ab eo cuius similitudinem gerit*). Remarquons que cet *aliquid* exprime bien la réalité propre du verbe, mais il n'est pas dit comment il se forme, comment on peut rendre compte de ce procès d'émanation ou *exitus* qui le caractérise[23]. Or, si sous ce deuxième aspect le nom de verbe 'convient' au Fils, *in quo manifestatur Pater* (description d'une fonction), l'explication de cette

22. V. G. EMERY, *La Trinité créatrice*, cit., p. 416, n. 3.

23. « Ratio verbi, ut dictum est, completur in quadam emanatione et exitu ab intellectu » (*In I Sent.*, d. 27, q. 2, a. 1, ad 3m ; éd. Mandonnet, p. 656) ; cf. G. EMERY, *ibid.*

manifestatio se trouve dans l'activité causale du Père, qui en tant que principe est manifesté par celui qui est *a principio, per modum intellectus procedens*. C'est là une affirmation cohérente avec l'énoncé de la définition de verbe et avec l'enseignement de la foi et des Pères[24], mais qui, cependant, n'explique pas la production du verbe du point de vue de l'acte de connaissance.

Cette conception, qui reconnaît comme 'propres' au verbe la *conceptio in* et la *manifestatio ad*, permet à Thomas d'affirmer la coexistence, en Dieu, d'un verbe essentiel et d'un verbe personnel.

Dans la deuxième rédaction, en revanche, Thomas insiste plus sur l'*a quo* du verbe, en développant une observation qu'il a bien présente à l'esprit depuis la première rédaction[25] ; mais, dans cette nouvelle réponse non plus, il ne se résout pas à choisir et il conclut : « in nobis, ut dictum est[26], nihil aliud est verbum nisi species intellecta, vel forte ipsa operatio intelligentis », l'un et l'autre en Dieu n'étant pas réellement distincts. La réflexion sur la connaissance de l'intellect humain, développée plus longuement dans ce nouveau texte (A) pour être appliquée plus adéquatement à Dieu, montre que Thomas cherche à préciser la relation du verbe à l'acte de connaître, en disant que le verbe n'est rien d'autre que la *species intellecta*, ou, peut-être (*forte*), *ipsa operatio intelligentis*. Cette définition du verbe est encore appliquée par Thomas à l'essence divine ; en même temps, la raison pourquoi il convient (« oportet ») d'attribuer à Dieu le verbe en tant que relation d'origine, *a quo*, découle du fait que seulement ce genre de relations comporte une distinction réelle et donc – en Dieu – personnelle : ainsi, c'est une exigence purement théologique qui rend inévitable d'appliquer à Dieu la prédication personnelle du verbe[27].

Dans le *De ueritate* la relation *ab alio* devient partie constitutive de la conception du verbe dans tout procès de connaissance : « verbum intellectus in nobis duo habet *de sua ratione*, scilicet quod est intellectum, et quod est ab alio expressum », et, par conséquent, attribuer un verbe à Dieu, comporte proprement (« de sua ratione ») une relation *ab alio* réelle et donc personnelle :

24. « Augustinus accipit verbum prout dicit realem exitum et distinctionem a dicente, et non secundum quod ad rationem verbi sufficit distinctio rationis; et ideo accipit verbum tantum personaliter » (*In I Sent*., d. 27, q. 2, a. 2, ad 5m ; éd. cit., p. 661).

25. « [...] notitia non dicit totam rationem verbi: quia notitia et sapientia dicuntur per modum quiescentis et manentis in eo cujus sunt; et ideo nunquam dicuntur nisi essentialiter, quamvis possint esse appropriata: sed verbum dicit quamdam emanationem intellectus, et exitum in manifestationem sui; et ideo, quia exitus iste potest intelligi vel secundum rem distinctam, prout Filius exit a Patre, vel secundum rationem tantum, prout intelligere est ab intellectu divino; ideo verbum quandoque essentialiter et quandoque personaliter dicitur » (*Ibid*., ad 1 ; éd. cit., p. 660).

26. En présentant le deuxième groupe des *alii*, il avait dit : « [...] si inquiratur quid sit istud verbum quo aliquis sibi loquitur, non invenitur esse nisi conceptio intellectus. Conceptio autem intellectus est vel operatio ipsa quae est intelligere, vel species intellecta. Unde *oportet quod verbum vel dicatur ipsa operatio intelligendi, vel ipsa species quae est similitudo rei intellectae*; et sine utroque istorum non potest quis intelligere: utrumque enim istorum est id quo quis intelligit formaliter » (*Ibid*., resp. ; éd. cit., p. 658).

27. L'observation finale, selon laquelle la question soulevée par cet article est une question de mots et non réelle, est bien exposée dans F. VON GUNTEN, « *In principio* ... », cit., p. 124-127.

« unde verbum si proprie accipiatur in divinis non dicitur nisi personaliter, si autem accipiatur communiter poterit etiam dici essentialiter ».

Un deuxième élément doit être remarqué dans le contenu de la question *De ueritate* : Thomas y insiste sur la réalité du verbe, distinct de l'intellect *a quo* aussi bien que de l'acte de connaître ; il est l'*effectus actus intelligendi*, un *aliquid expressum a notitia mentis*. Cette conception du verbe mental sera encore précisée dans les œuvres de la maturité[28]. Nous nous limiterons à citer ce texte important de la *ScG*, l. I, c. 53 : « ex hoc quod intentio intellecta est similis alicui rei, sequitur quod intellectus, formando huiusmodi intentionem, rem illam intelligat » ; ici l'acte de connaissance d'une chose est intrinsèquement lié à la production du verbe (*intentio intellecta*). C'est à la suite de cet acquis que Thomas, dans *ScG*, l. IV, c. 11, après avoir analysé les différents genres et degrés de connaissance créée, pourra interpréter la génération *in divinis*, selon le modèle de la connaissance que l'intellect a de soi-même : tout en restant identique à soi-même par essence, il a une appréhension de soi en tant que connaissant, qui produit une *intentio intellecta* ou verbe[29]. Il nous semble ainsi avoir mis en évidence, à la suite de ceux qui ont magistralement interprété ces textes, certaines étapes du parcours qui a conduit Thomas à préciser sa conception du verbe mental[30].

Si donc, pour certains éléments de contenu et de style, le texte A et la question *De ueritate* peuvent être rapprochés, l'étude de la doctrine et de son évolution conduit à situer sans aucun doute la deuxième rédaction de *In I Sent.*, d. 27, q. 2, a. 2 (texte A) avant la question *De ueritate*[31]. Il y a donc tout lieu de

28. V. G. RABEAU, *Species. Verbum. L'activité intellectuelle élémentaire selon Thomas d'Aquin*, Paris, 1938, p. 62-77 et 87-104 ; H. PAISSAC, *Théologie du Verbe. Saint Augustin et saint Thomas*, Paris, 1951, p. 117 ss. ; F.-X. PUTALLAZ, *Le sens de la réflexion chez Thomas d'Aquin*, Paris, 1991, p. 243-248.

29. « [...] etiam intellectus noster, seipsum intelligens, est in seipso, non solum ut idem sibi per essentiam, sed etiam ut a se apprehensum intelligendo. Oportet igitur quod Deus in seipso sit ut intellectum in intelligente. Intellectum autem in intelligente est intentio intellecta et verbum. Est igitur in Deo intelligente seipsum verbum Dei quasi Deus intellectus: sicut verbum lapidis in intellectu est lapis intellectus. Hinc est quod Ioan. 1, 1 dicitur: *verbum erat apud Deum*. Quia vero intellectus divinus non exit de potentia in actum, sed semper est actu existens, ut in primo probatum est; ex necessitate oportet quod semper seipsum intellexerit. Ex hoc autem quod se intelligit, oportet quod verbum ipsius in ipso sit, ut ostensum est » (*ScG*, l. IV, c. 11 [ed. Leon., t. 15, p. 33a]). Concernant la doctrine de la *ScG* sur le verbe (ou bien proféré par l'intelligence créée, ou bien par Dieu) il faut lire : G. EMERY, « Le traité de saint Thomas sur la Trinité dans la *Somme contre les Gentils* », RT, 96 (1996), p. 5-40 [24-26, spéc. n. 93].

30. La conclusion de ce parcours peut être observée dans la question *De potentia*, q. 8, a. 1, resp. (fruit de l'enseignement romain, vers 1265-1266) et dans la *Somme de théologie*, I, q. 34, a. 1. Le thème du verbe mental a fait l'objet de discussions importantes aussi dans la première école thomiste. Un aperçu en est donné dans Z. PAJDA, *Hugo Sneyth et ses Questions de l'âme*, Paris, 1996, p. 15-31 et 61-71 (v. l'édition de la *Q. de uerbo*, p. 132-165, et aussi de la *Q. de mente*, p. 83-131).

31. L'enseignement du *De ueritate* sera perfectionné dans les ouvrages successifs, à commencer par la *Somme contre les Gentils* ; enfin, pendant son deuxième séjour d'enseignement à Paris, Thomas aura encore l'occasion de confirmer sa doctrine : v. THOMAS DE AQ., *Q. de quolibet*, V, q. 5, a. 2, resp. et ad 1 : « Ad primum ergo dicendum, quod intellectus intelligit aliquid dupliciter : uno modo formaliter, et sic intelligit specie intelligibili qua fit in actu ; alio

penser que l'insertion du texte dans l'*exemplar* est, elle aussi, antérieure à la dispute *De uerbo* (1256-1257) des *Q. disp. de ueritate.*

3.1.2 Annibald Annibaldi et son témoignage de l'évolution de Thomas

Annibald Annibaldi lit les *Sentences* à Paris sous la première régence de Thomas, 1256-1259[32]. Il rédige son propre commentaire en ayant sous les yeux le *Scriptum* de Thomas, mais aussi celui de Pierre de Tarentaise, et d'autres ouvrages de Thomas, comme nous le montrons dans l'appendice de ce chapitre à propos du *Super Boet. De Trinitate.* Son commentaire *In I Sent.*, d. 27, q. 2, a. 1 ne fait donc pas exception en ne s'inspirant pas du *Scriptum* de Thomas, mais directement de sa pensée plus mûre, consignée dans le *De ueritate*, q. 4, a. 2 resp. (reproduit au paragraphe précédent dans la colonne de droite). Voici la *responsio* d'Annibald :

> « Dicendum, quod uerbum in diuinis *proprie* loquendo, *non potest dici nisi personaliter*[33]. Et hoc patet si inspiciamus quid sit *uerbum in mente nostra*, quod nihil aliud esse inuenitur quam aliquid *actualiter intellectum siue conceptum intellectus*, quod est *uocis uerbo pronunciabile*[34]. Omne autem *actualiter intellectum*, siue conceptum, uel excogitatum a nobis, est *expressum ab aliquo* siue exortum, *saltem sicut actualiter consideratum oritur ex habituali cognitione*[35] : Et ideo si in diuinis omnino proprietas uerbi seruetur, uerbum significabit quod est *realiter ab alio exortum*[36]. Omne autem tale est

modo sicut instrumento quo utitur ad aliud intelligendum, et hoc modo intellectus uerbo intelligit, quia format uerbum ad hoc quod intelligat rem » (ed. Leon., t. 25-2, p. 374-375 ; le *Quodlibet* a été disputé pendant le carême 1271). Cette doctrine de Thomas a été retenue aussi par Gilles de Rome et a été visée dans la censure portée contre ce dernier : v. R. WIELOCKX, dans *Aegidii Romani, Opera Omnia, III.1. Apologia*, Firenze, 1985, p. 157-160 et 207-208.

32. Cf. TH. KAEPPELI, *Scriptores ...*, t. II, p. 174. – Le *Commentaire* d'Annibald a connu deux rédactions successives (voir le paragraphe suivant) ; il a été imprimé dans plusieurs collections des *Opera Omnia* de Thomas d'Aquin, à partir de l'*Editio Piana*, t. 17, Roma 1570, dont nous suivons le texte, pour les raisons expliquées ci-dessous (§ 6.1).

33. « [...] unde verbum *si proprie* accipiatur in divinis *non dicitur nisi personaliter* » THOMAS DE AQ., *Q. disp. de ueritate*, q. 4, a. 2, resp. (ed. Leon., t. 22-1, p. 124, l. 136-138). – Il faut remarquer que l'adverbe *proprie* n'est pas attesté dans le lieu parallèle du commentaire de Thomas à la d. 27.

34. « Unde ad huius notitiam sciendum est quod *verbum intellectus nostri*, secundum cuius similitudinem loqui possumus de verbo divino, est id ad quod operatio intellectus nostri terminatur, quod est *ipsum intellectum*, quod dicitur *conceptio intellectus*, [...] *significabilis per vocem* [...] » *Ibid.* (p. 123, l. 100-106). – Il faut remarquer que le mot *mens* ne se trouve ni dans la première ni dans la seconde réponse de Thomas dans la d. 27, tandis que, dans ce texte du *De ueritate*, il revient trois fois.

35. « *Omne* autem *intellectum in nobis est* aliquid *realiter* progrediens *ab altero*, vel sicut progrediuntur a principiis conceptiones conclusionum, vel sicut conceptiones quidditatum rerum posteriorum <a> quidditatibus priorum, *vel saltem sicut conceptio actualis progreditur ab habituali cognitione.* [...] Ita ergo verbum intellectus in nobis duo habet de sua ratione, scilicet quod est *intellectum*, et quod est *ab alio expressum* » *Ibid.* (p. 124, l. 109-125).

36. « Si ergo *secundum utriusque similitudinem* verbum dicatur in divinis, tunc non solum importabitur per nomen verbi processus rationis sed etiam rei, [...] *secundum propriam verbi acceptionem* [...] » *Ibid.* (p. 124, l. 125-136).

personale in diuinis : Et ideo uerbum, loquendo proprie, non dicitur nisi personaliter, & huic etiam attestatur communis usus scripturae »[37].

Le passage final revêt une importance particulière, parce qu'il ne dépend plus de la *Q. disp. de ueritate*, mais de la deuxième version (texte A) de *In I Sent.*, d. 27, q. 2, a. 2 : « Sed tamen in usu sanctorum et *communiter* loquentium [...] ea quae in divinis dicuntur, non sunt extendenda nisi quantum sacra *Scriptura eis utitur* » (v. paragraphe précédent). En lisant la dist. 27 du Ier livre des *Sentences* le bachelier de Thomas est bien au courant de la pensée de son maître régent ; il en atteste l'évolution du texte A à la q. 4, *De uerbo*, des *Q. disp. de ueritate*, et on peut donc y voir une confirmation de ce que semblait démontrer l'examen de l'évolution de la doctrine de Thomas sur le verbe.

3.2 Le texte B : éléments de critique interne et observations sur le style

3.2.1 Deux citations faites par Thomas dans la rectification B

Bien qu'ayant fait l'objet de plusieurs études, comme nous l'avons vu (§ 2.1.2 in extenso), le nouvel article 3 de la distinction 2, qu'on avait coutume de désigner comme « dispute romaine sur les attributs divins », nous réserve encore des surprises.

Dans la réponse principale de cet article, nous trouvons un renvoi à l'homélie 15 de Chrysostome sur Jean. Ce renvoi présente des particularités utiles pour discerner le moment où Thomas rédige ce texte : « [...] sicut etiam Chrysostomus dicit, quod Angeli laudant Deum, quidam ut majestatem, quidam ut bonitatem, et sic de aliis, in signum quod ipsum non vident visione comprehendente »[38]. On peut commencer par constater qu'il arrive à Thomas de renvoyer à cette homélie 15 (n. 1 ; et parfois aussi à 15, 2), lorsque, dans les passages parallèles de ses autres œuvres, il traite du sujet de notre article 3 (v. *De ueritate*, q. 8, a. 1, arg. 1 et 4 ; et ad 1 [ed. Leon., t. 22-2, p. 215 ; p. 218-219] ; a. 4, set c. 4 [*ibid.*, p. 230 et aussi p. 231, l. 221] ; *I pars*, q. 12, a. 1, arg. 1 et ad 1 [ed. Leon., t. 4, p. 114-115]). Cependant, *I Sent.*, d. 2, a. 3 fait figure d'exception à quatre points de vue.

Premièrement, les termes de la citation ne réapparaissent pas dans les deux œuvres que nous venons de mentionner (*De ueritate* et *I pars*), ni d'ailleurs en aucune autre œuvre où, parce que Thomas y traite du sujet de notre a. 3, on pourrait s'attendre à le voir mentionner Chrysostome[39].

37. HANNIBALDUS DE HANNIBALDIS, *In I Sent.*, d. 27, q. 2, a. 1, resp. (ed. Piana, t. , f. 26v).

38. « Unde una re visa diversas conceptiones formaret, et diversa nomina imponeret, sicut etiam Chrysostomus dicit, quod Angeli laudant Deum, quidam ut majestatem, quidam ut bonitatem, et sic de aliis, in signum quod ipsum non vident visione comprehendente; sed conceptio perfecte repraesentans eum est verbum increatum; et ideo est unum tantum. Sic ergo patet quod pluralitas nominum venit ex hoc quod ipse Deus nostrum intellectum excedit » (*In I Sent.*, d. 2, a. 3, resp. ; ed. Mandonnet, p. 70).

39. *In III Sent.*, d. 14, a. 1, qla 4-5 ; *I pars* ; *ScG*, l. I, c. 35 ; *Comp. theol.*, c. 25 ; *Resp. de 108 art.*, n. 1-3 ; *De potentia*, q. 7, a. 5-6 ; et en aucune des ces quatre autres œuvres : *Super Boetium* ; *Catena aurea* ; *Super Ioannem* ; *Quodlibeta.*

Deuxième donnée exceptionnelle de cet article 3 : la prétendue citation de Chrysostome est immédiatement suivie d'une remarque, à première vue non attendue dans ce contexte, selon laquelle Chrysostome aurait écrit le passage cité pour signifier que, dans la vision bienheureuse, les anges ne jouissent pas d'une vision exhaustive (« in signum quod ipsum non vident visione comprehendente »). Dans les œuvres de Thomas, aucun des lieux parallèles à l'article 3 ne comporte cette remarque. Ces mêmes lieux parallèles ignorent une observation faite par Thomas dans l'article 3 en marge de la pseudo-citation de Chrysostome et qui est la suivante : si les bienheureux, en possession de la présence immédiate de l'essence divine à leur intellect, imposent à la réalité divine, vue ainsi immédiatement, un nom *par l'intermédiaire d'une conception créée*, ils devront forcément lui imposer plus d'un seul nom. Aucune conception créée, en effet, ne peut prétendre à représenter l'infini.

En troisième lieu, les autres œuvres qui recourent à l'homélie 15 de Chrysostome (*De ueritate* et *I pars*) utilisent, en revanche, un passage authentique, cité selon la version de Burgundio de Pise.

Quatrième trait exceptionnel du *In I Sent.*, d. 2, a. 3. Alors que le passage sous examen, a. 3, et un passage du *De ueritate* (q. 8, a. 4, set c. 4) visent apparemment le même endroit de l'homélie 15,1 de Chrysostome, Thomas se garde bien, dans le *De ueritate*, de formuler ce renvoi en forme de citation et d'attribuer cette citation sous le nom de Chrysostome ; il se limite à dire : « Praeterea, angeli cum sint facti ad laudandum Deum, secundum hoc quod cognoscunt eum laudant ipsum ; sed non omnes aequaliter eum laudant, ut patet per Chrysostomum Super Iohannem ; ergo quidam in eo plura cognoscunt quam alii ; et tamen angeli minus cognoscentes vident Deum per essentiam ; ergo videns Deum per essentiam non omnia videt »[40].

Pour envisager une explication à l'anomalie que présente notre texte B (*In I Sent.*, d. 2, a. 3), comparé à l'ensemble des autres écrits de Thomas sur ce sujet, il nous faut nous tourner vers Albert le Grand.

Nous pouvons, en effet, remarquer, dans le commentaire de ce dernier aux *Sentences*, un renvoi à Chrysostome qui nous permet de comprendre comment s'est formée la pseudo-citation qui nous occupe. Albert écrit : « Item, idem [= Chrysostome] ibidem ad hoc ponit duas rationes, quarum unam innuit his uerbis : 'Quomodo creabile uidebit increabile?' [...] Secundam innuit sic : 'Quia diuina natura simplex est et uno modo se habens' ; si ergo uiderent, equaliter uiderent ; quomodo igitur alter laudat eam ut gloriam, alter ut maiestatem, alter ut sanctitatem ? »[41]. Ces textes, dont Albert nous assure qu'il les cite directement (*in originali*[42]) dans la traduction de l'homélie, se lisent

40. THOMAS DE AQ., *Q. disp. de ueritate*, q. 8, a. 4, set c. 4 (ed. Leon., t. 22-2, p. 230, l. 160-167).

41. ALBERTUS MAGNUS, *In I Sent.*, d. 1, a. 15, arg. 2 (cf. éd. Borgnet, t. 25, p. 34) ; dans l'argument précédent, Albert s'est préoccupé de nous dire qu'il a bien sous les yeux le texte même de l'homélie : « Chrysostomus super eumdem [Jean 1, 18] in originali » (*ibid.*).

42. Cette même information se retrouve dans un autre ouvrage d'Albert, contemporain à celui-ci : ALBERTUS M., *De resurr.*, a . 9, arg. 1 (ed. Colon., t. 26, p. 327, l. 1-2).

ainsi dans la version de Burgundio[43] : « Quod autem creabilis nature est. qualiter et uidere poterit quod increabile est » et un peu plus haut : « Si enim ipsam uiderunt naturam nequaquam diferenter eam considerassent. Simplex enim quedam est et infigurabilis et incomposita et incircumscriptibilis. non sedet. neque stat. neque ambulat » ; et nous pouvons ainsi constater qu'Albert ne cite pas à la lettre, mais en abrégeant sa source ; cela est encore plus évident pour la dernière phrase, *si ergo ... ut sanctitatem*, à propos de laquelle nous lisons dans l'Homélie : « Quia ipsum quod est Deus non solum prophete. set neque angeli uiderunt neque archangeli. Set si interrogaueris eos. audies de substantia nichil respondentes. 'gloria uero in excelsis Deo' solum cantantes 'et in terra pax hominibus bona uoluntas'. et si a cherubin uel a seraphin concupiueris aliquid discere: misticam sanctimonii melodiam audies et qum 'plenum est celum et terra gloria eius.' Si superiores virtutes inuestigaueris nichil aliud inuenies. quam /// opus est eis laudare Deum. 'laudate eum' ait 'omnes virtutes eius' »[44].

Il est évident que cette phrase de l'Homélie est la source[45] d'Albert, qui a été, à son tour, la source de Thomas ; mais la prétendue citation de Thomas comporte certaines particularités qui renvoient à un autre texte important d'Albert, que Thomas connaissait fort bien : le commentaire des *Noms divins* du Pseudo-Denys.

Nous retrouvons dans ce commentaire (c. 1, a. 1) exactement toutes les autorités de Chrysostome que nous venons de citer, disposées dans le même ordre que dans le *Super I Sent.*, d. 1, a. 15 (l'autorité du *sed contra* est également la même dans les deux articles). En particulier, on retrouve la citation qui est ici en cause : « Item, alia ratio sua talis est: divina substantia est simplex ; ergo si videtur, eodem modo ab omnibus videtur. Sed non omnes angeli vident eum eodem modo, cum diversimode laudent ipsum, quidam ut sapientiam, quidam ut maiestatem; ergo non vident substantiam ipsius»[46] ; on s'aperçoit immédiatement qu'ici, par rapport à la formulation du *Scriptum*[47], Albert s'éloigne encore plus de l'Homélie et fait apparaître l'attribut de sagesse, tandis que gloire et sainteté disparaissent ; ensuite, dans la réponse à l'objection, Albert fera apparaître la bonté et tous les autres attributs : « [...] quia et scientia et bonitas et omnia quorum rationes haberi possunt, substantia eius [= Dei] sunt » (c. 1, a. 1, ad 3 [p. 11, l. 23-25]).

43. JOANNES CHRYSOSTOMUS, *Homiliae super Joannem*, 15, trad. par Burgundio de Pise (nous citons les deux passages d'après le ms. *Ottob. 227*, respectivement f. 26rb et f. 26ra ; cf. PG 59, col. 98).

44. *Ibid.*, (*Ottob. 227*, f. 26ra-b).

45. Nous ne sommes pas en mesure d'exclure qu'Albert cite ce passage d'après un intermédiaire, mais nous n'en avons pas trouvé d'autres exemples chez les auteurs contemporains et antérieurs.

46. ALBERTUS MAGNUS, *Super Dionysium De diuinis nominibus*, c. 1, a. 1, arg. 3 (ed. Col., t. 37-1, p. 10, l. 12-17).

47. « 'Quia diuina natura simplex est et uno modo se habens' ; si ergo uiderent, equaliter uiderent ; quomodo igitur alter laudat eam ut *gloriam*, alter ut *maiestatem*, alter ut *sanctitatem* » (ALBERTUS M., *In I Sent.*, d. 1, a. 15, arg. 2 [cit. ; nous soulignons]).

Thomas y fait écho en écrivant : « [...] sicut etiam Chrysostomus dicit quod *angeli laudant Deum, quidam ut maiestatem, quidam ut* bonitatem, et sic de aliis [...] » ; la référence à la *bonitatem* et le renvoi explicite aux autres attributs, peut dériver de la réponse ad 3 d'Albert ; en outre, la permutation entre *sapientia* et *bonitas* perd de sa signification du fait que l'article 3 [texte B], comme déjà l'a. 2, prenait ces deux termes comme points de référence (la permutation des corrélatifs est courante dans les autographes de Thomas).

L'influence de ce passage d'Albert explique bien aussi une remarque qui, en vertu du contexte de la rectification B, pourrait sembler surprenante. Quand Thomas d'Aquin ajoute tout de suite après la prétendue citation : « in signum quod ipsum non vident visione comprehendente » et place, de la sorte, la prétendue citation de Chrysostome dans le contexte d'une distinction, de la part de Chrysostome, entre vision et compréhension, il ne fait qu'emboîter le pas à son maître. Dans le même article où Thomas a trouvé la prétendue citation de Chrysostome, il a trouvé également ce raisonnement d'Albert qui, en s'appuyant d'ailleurs sur un nouvel emprunt, littéral cette fois, à l'homélie 15, 1 de Chrysostome, conclut en ces termes : « Ergo per dictum evangelii non excluditur nisi perfecta comprehensio, sed per hoc non removetur quin videri possit ; ergo Deus visibilis est creato intellectui »[48].

Du même coup, on s'explique la position tout à fait exceptionnelle du texte B par rapport à l'ensemble de l'œuvre de Thomas. En effet, après avoir admis, sur la foi de Zach. 14,9 (« In die illa erit Dominus unus, et nomen eius unum ») que, dans la vision, les bienheureux sont en mesure de nommer la réalité vue par un seul nom, il continue en faisant remarquer que, si ce nom que les bienheureux imposent à la réalité vue exprime la conception qu'ils en ont (et qui est nécessairement une conception créée et donc finie), ils doivent alors forcément lui imposer plusieurs noms, finis eux aussi et également inadéquats à exprimer cette réalité infinie. On ne peut manquer de constater que, sur ce point encore, Thomas ne fait que montrer combien il a assimilé le cours d'Albert sur les *Noms divins* du Pseudo-Denys. En effet, c'est précisément la réponse à la troisième objection de l'art. 1 du chap. 1 de ce cours qui fournit à Thomas tous les éléments nécessaires pour appliquer cette pseudo-citation de Chrysostome au fait que les anges ou les bienheureux, même s'ils atteignent la substance de Dieu, n'en demeurent pas moins très loin de la pénétrer, ne l'approchant que par certains aspects qui ne sont ni identiques entre eux ni identiques d'un bienheureux (ange ou être humain) à un autre. Le texte d'Albert met en rapport de façon intéressante pour notre propos la coexistence de la simplicité de la substance divine et de la multiplicité des attributs, d'un côté, avec le fait que tous les bienheureux voient l'essence divine, mais chacun seulement sous un certain aspect, selon un certain attribut[49].

48. ALBERTUS M., *Super Dion. De diu. nom.*, c. 1, a. 1, arg. 3 (cit., p. 10, l. 48-51).

49. Voici le texte d'Albert : « Ad secundam rationem eius [de Chrysostome] dicendum quod, quamvis Deus sit simplex in substantia, est tamen multiplex in attributis, quorum ratio vere est in ipso sine aliqua reali pluralitate. Si autem videretur Deus pertranseundo substantiam eius cognitione 'quid est', omnes aequaliter eum viderent et laudarent. Nunc autem videtur attingendo

Les particularités du passage du commentaire d'Albert sur les *Noms divins* expliquent bien aussi une autre citation de Thomas. Dans le *Super IV Sent.*, d. 49, a. 1, arg. 1, Thomas renvoie encore à un passage de l'homélie 15, 1 de Chrysostome sur Jean : « [...] exponit Chrysostomus quod 'nec ipse celestes essentie, ipsa dico Cherubim et Seraphim, ipsum ut est unquam uidere potuerunt' »[50], qui se trouve cité, de la même façon, dans le sermon *Seraphim stabant*[51] ; on trouve plusieurs fois chez Albert cette manière de citer Chrysostome[52]. En revanche, quand ce passage sera cité dans le *De ueritate*, dans la *Catena in Ioannem* et dans la *I pars*, Thomas le cite selon la traduction de Burgundio de Pise, qu'il a sous les yeux[53].

Mais une citation du *De ueritate* sert également de preuve : alors que Thomas fait référence au passage de Chrysostome qu'il exploite dans l'a. 3 de *In I Sent.*, d. 2 (texte B) dans la reformulation d'Albert, il se garde bien, cette fois, de le présenter comme une citation littérale de Chrysostome. En écrivant

ad substantiam eius sine medio, secundum quod ipse se obicit. Et cum uni se obiciat secundum unam rationem, alteri secundum aliam, unus videt quod non videt alius, quamvis omnes videant eius substantiam, quia et scientia et bonitas et omnia quorum rationes haberi possunt, substantia eius sunt» *Ibid.*, c. 1, a. 1, n. 3 (cit., p. 11, l. 13-25) ; pour le caractère technique, chez Albert, suivant Augustin et, indirectement, Marius Victorinus et Plotin, de l'expression « attingere » par rapport à « comprehendere », v. R. WIELOCKX, « Zur 'Summa theologiae' des Albertus Magnus », ETL, 66 (1990), p. 94-98, spéc. n. 55-64. V. aussi : « Similiter cum intellectus accipiat Deum, non comprehendendo quiditatem eius, quo modo solum esset necessarium ut cognosceret omnia quorum est ratio, sed secundum quod obicit se ei secundum hanc vel illam rationem, non oportet quod cognoscat omnia quorum est ratio, et tamen cognoscit ipsum per modum sui, quia uterque modus est modus eius secundum quod est ... » *Ibid.*, n. 6.7 (cit., p. 11, l. 49-56).

50. Texte établit à partir des mss : *Angers, Bibl. mun., 209*, f. 234ra et *Assisi, Bibl. com., 119*, f. 297vb (témoins de l'*exemplar* parisien) ; *Linz, Studienbibl., 439*, f. 313ra et *Dubrovnik, Dominik. bibl., 8*, f. 262va (témoins indépendants) ; cf. ed. Piana, t. 6, f. 247va.

51. « [...] dicit Crisostomus quod 'nec ipse celestes essencie Dei essenciam ut est nunquam uidere potuerunt » THOMAS DE AQ., *Sermo 12 :* « Seraphim stabant » (ed. Leon., t. 44,1, u. 181-183 [édition à paraitre] ; v., *ibid.*, l'introduction de L. J. Bataillon).

52. V. ALBERTUS MAGNUS, *De resurrectione*, a. 9, arg. 1 (ed. Col., t. 26, p. 327, 1-4 : « Contra est auctoritas Chrysostomi super eundem locum in originali ») ; ID., *In I Sent.*, d. 15, a. 15, arg. 1 (ed. Borgnet, t. 25, p. 34b, avec la note : « Chrysostomus, super eumdem locum *in originali* ») ; ID., *Super Dion. De diuinis nominibus*, c. 1, 17 (ed. Col., t. 37,1, p. 9, u. 73- 10, u. 1) ; ID., *Super mysticam theologiam Dion.*, 1 (ed. Col., t. 37,2, p. 453, u. 28-31). Il faut remarquer qu'à deux reprises Albert souligne que la citation qu'il fait est prise *in originali*. À ce propos, L. J. Bataillon écrit, dans l'« Introduction » citée à la note précédente : « L'origine de la formulation d'Albert n'a pas encore été élucidée : on peut penser soit à une réécriture de Chrysostome, soit à une autre traduction par ailleurs inconnue. Tant Hugues de Saint-Cher que Guerric de Saint-Quentin, dans les citations données par H.-F. Dondaine et B.-G. Guyot, usent de la formulation de Burgundio » (v. H.-F. DONDAINE, « L'objet et le medium de la vision béatifique chez les théologiens du XIIIe siècle », dans RTAM, 19 [1952], p. 60-130 ; H.-F. DONDAINE-B.-G. GUYOT, « Guerric de Saint-Quentin et la condamnation de 1241 », dans RSPT, 44 [1960], p. 225-242).

53. THOMAS DE AQ., *Q. disp. de ueritate*, q. 8, a. 1, arg. 4 : « Praeterea, Chrysostomus dicit Super Iohannem "Ipsum quod est Deus, non solum prophetae, sed nec angeli nec archangeli videre potuerunt" » (cit., p. 215, l. 22-24) ; *Catena in Ioannem*, 1, 18 (éd. Marietti, p. 343a) ; *I pars*, q. 12, a. 1, arg. 1 : « Chrysostomus enim, *super Ioannem* [...], sic dicit : *Ipsum quod est Deus, non solum prophetae, sed nec angeli viderunt nec archangeli* » (ed. Leon., t. 4, p. 114a). Et, dans la réponse à l'argument il observe, à propos du texte qu'il citait dans l'objection : « Et Chrysostomus, parum post verba praedicta subdit [...] » (*Ibid.*, p. 115a).

« sed non omnes aequaliter eum laudant, *ut patet per* Chrysostomum Super Iohannem »[54], Thomas montre qu'il a connaissance du remaniement du texte de Chrysostome de la part d'Albert et il évite soigneusement une formule du type « sicut etiam Chrysostomus dicit ... » (texte B).

En bref, on peut dire que si, au début de sa carrière (dans le texte B et dans le sermon 12), Thomas est tributaire de la façon dont Albert, dans son commentaire sur le Pseudo-Denys, cite, en le remaniant, le texte de Chrysostome et présente cette réfection comme une vraie citation, il se gardera, par la suite, de le faire, se limitant à renvoyer à Chrysostome, comme en *De ueritate*, q. 8, a. 4. Et, dans ce même *De ueritate*, q. 8, a. 1, au lieu du remaniement d'Albert, nous trouvons les termes mêmes de la traduction de Burgundio. Plus tard encore, quand, dans la *I pars*, Thomas utilisera à nouveau l'homélie 15, 1 (et 2), il n'empruntera à Albert que la thèse générale et le remaniement de la première citation mais le second remaniement, qui avait donné naissance à la pseudo-citation de Chrysostome, est remplacé par le texte de Burgundio.

Le fait donc qu'à partir des *QQ. de ueritate*, Thomas n'utilise plus le remaniement d'Albert constitue, sinon une preuve, du moins un indice quant à l'antériorité de la rectification B par rapport à cet ouvrage et confirme sur ce point les indications de la critique textuelle.

Enfin, il faut prendre en considération une deuxième citation présente dans ce texte B. L'ad 6m (éd. Mandonnet, p. 72) répond à une objection qui repose sur une autorité du Damascène, citée seulement cinq fois par Thomas, soit quand il parle des propriétés des personnes trinitaires (*In I Sent.*, d. 15, q. 2, a. 1, arg. 1 et ad 1m ; *In III Sent.*, d. 1, q. 2, a. 1, arg. 1 et ad 1m), soit quand il traite des attribut divins (*In I Sent.*, d. 2, a. 3, arg. 6 et ad 6m ; *Q. de potentia*, q. 7, a. 6, arg. 2 et ad 2m), soit enfin quand il traite des idées divines (*I pars*, q. 15, a. 2, arg. 4 et ad 4m). Voici la citation dans notre a. 3, arg. 6 : « Damascenus dicit, quod in Deo omnia sunt unum praeter ingenerationem et generationem et processionem »[55] ; dans la réponse à cet argument, nous constatons un fait qui nous surprend, car ici Thomas estime que ces trois propriétés sont le constitutif des personnes : « [...] in Deo omnia sunt unum re, praeter ingenerationem, generationem, et processionem, quae constituunt personas re distinctas » ; il ne tient donc pas compte de la doctrine qu'il a enseignée, et écrite, lorsqu'il commente les dist. 26 et 28 de ce même Ier Livre, où il a exclu formellement que l'« ingeneratio » ou plus précisément l'« innascibilitas » puisse être le constitutif de la personne du Père, parce qu'elle ne dit pas une relation d'origine (cf. *I Sent.*, d. 26, q. 2, a. 3, resp. et d. 28, q. 1, a. 2, resp.). Ne pouvant pas attribuer ce fait à une simple distraction, il faut

54. THOMAS DE AQ., *Q. disp. de ueritate*, q. 8, a. 4, set c. 4 (cit., p. 230, l. 162-164).

55. Voici le texte complet de l'argument : « Praeterea, Damascenus dicit, quod in Deo omnia sunt unum praeter ingenerationem et generationem et processionem. Si ergo sapientia et bonitas et hujusmodi attributa sunt in Deo, secundum quod in ipso sunt, non habent aliquam pluralitatem. Ergo pluralitas rationum quam nomina significant, non est in Deo, sed in intellectu nostro tantum » (éd. Mandonnet, p. 64 ; pour la citation : J. DAMASCENUS, *De fide orthodoxa*, I, c. 2 [éd. BUYTAERTH, p. 14, l. 23-24]).

plutôt penser qu'au moment où l'article 3 fut écrit, Thomas n'était pas occupé à traiter des « propriétés personnelles » ou des « propriétés des personnes » de la Trinité, matière des distinction 26 et 28 de *In I Sent* et que le commentaire de ces deux distinctions n'avait pas encore été fait. Mais, si cette rectification B a bien été introduite par Thomas avant qu'il ne commente les distinctions 26 et 28, comme nous venons de le montrer, il faut expliquer pourquoi cette rectification est absente du stade primitif de l'*exemplar*. L'hypothèse la plus vraisemblable est que Thomas lui-même a écrit le texte B à l'occasion d'une des relectures auxquelles il soumet ses ouvrages (v. l'autographe du *Super III Sent.*), mais que cette rectification a été omise au moment de la confection de l'apographe ou de l'*exemplar* et récupérée au moment de la révision de ce dernier.

3.2.2 Éléments stylistiques de la rectification B et renvois internes au commentaire sur le Ier Livre

L'élément stylistique de *In I Sent.*, d. 2, a. 3 (texte B) qui nous retiendra principalement est la formule qui introduit l'article : « Circa tertium sic proceditur. Videtur quod pluralitas... ». Nous devons, en effet, chercher à déterminer quel est le rapport entre cette formule originelle et un autre *incipit*, attesté par quelques mss : « Queritur utrum pluralitas... ».

3.2.2.1 La formule «Circa tertium sic proceditur »

L'*incipit* « Circa tertium » témoigne d'une habitude de Thomas qui peut être très précisément située à l'intérieur de sa carrière d'« écrivain » (soit au sens de scribe, soit au sens d'auteur de textes). Pour ce faire, nous examinerons, en utilisant, là où la chose est possible, les autographes de Thomas, la nette évolution que l'on remarque dans la rédaction de la formule d'ouverture des « articuli » (qui sont eux aussi des « questiones » [!] subalternes d'une « questio » proprement dite [subalternante, pourrait-on dire], et, comme on le verra, le cas des formules d'introduction des « questiones » proprement dites est tout différent, qu'il s'agisse de questions disputées ou de questions d'un commentaire).

Dans le ms. *Naples, Bibl. Naz., I. B. 56*, qui contient le cours d'Albert sur Denys écrit de la main de Thomas, on rencontre constamment la formule: « Circa primum (secundum ...) sic proceditur »[56]. Dans le *Super III Sent.* de Thomas, on ne trouve *aucun* exemple de l'emploi de cette formule. La vérification sur l'autographe nous permet d'avancer cette affirmation en toute certitude.

56. R. Wielockx nous écrit (21-01-2002) que « cette formule est tout à fait absente des autographes d'Albert. Y manquent pareillement les formules qui, sous la plume de Thomas, suivent l'expression « Circa primum (secundum ...) sic proceditur ». La première est une formule où figure « videtur » suivi par l'énoncé de la question. La seconde est une formule où figure généralement « enim » dans une sorte de premier argument concernant l'énoncé de la question. Il peut être utile de noter que cette structure reste attestée chez S. Thomas d'une extrémité à l'autre de sa production littéraire ».

Pas plus que dans le *Super III Sent.*, la formule « Circa... » ne se rencontre dans le *Super IV Sent.* (vérification, pour les d. 1-22, dans l'éd. Moos et, pour les d. 23-50, dans l'éd. de Parme). Dans le *Sup. Boetium de Trinitate* (dont on conserve une partie autographe), nous trouvons, sans aucune exception, « Ad primum (secundum ...) sic proceditur». La *ScG*, dont nous possédons l'autographe pour une bonne partie, ne peut donner lieu à une vraie comparaison, puisque cet ouvrage ne comporte pas de questions divisées en articles. Dans la *I Pars*, enfin, on ne trouve que la formule « Ad primum (secundum ...) sic proceditur ».

Il est facile de tracer l'évolution de Thomas vers l'usage exclusif de « ad » pour introduire les articles. Dans *In I Sent.*, après quelques hésitations limitées au Prologue et aux d. 1-2, dès la d. 3, c'est « Ad » qui se lit de façon systématique. Après le Prol. et les dist. 1-2, « Circa » apparaît une seule fois, en d. 39, q. 1, a. 1 (il est à noter que cette unique apparition se trouve dans un a. 1).

Le *Super II Sent.* présente le même comportement que celui mis en œuvre à partir de la d. 3 du Livre I. On trouve cependant « Circa ... » en : d. 21, q. 1, a. 1 ; d. 39, q. 1, a. 1 ; d. 40, q. 1, a. 1. On remarquera qu'il s'agit, dans ces trois cas, du premier article de la question.

Et, certainement, l'évolution de Thomas n'est pas sans raison : on pose une question (« queritur ») « au sujet », « autour » de quelque chose. Le « Circa » est alors à sa place : on dit, en effet, naturellement *quaerere circa.* En revanche, quand on va développer l'étude du problème posé et qu'on veut l'indiquer par le mot « procedere » on dira difficilement *procedere circa*, mais plutôt *procedere ad.*

La « questio », à la différence des « articuli », est classiquement introduite par « Circa » chez Thomas. L'emploi de « Circa ... » dans les « articuli » n'est pas tout à fait significative lorsqu'elle se trouve dans le premier article, car, en raison du voisinage avec la formule d'introduction de la « questio », il peut y avoir contamination. Les emplois vraiments significatifs de la formule « Circa ... » se trouvent dans les art. 2 et suivants d'une « questio ». On notera que, dans *In I Sent.*, d. 2, la formule « Circa » se lit précisément dans les art. 2 et 3.

C'est donc pour la dernière fois dans le *Super I Sent.* et, tout au plus, dans le *Super II Sent.* (trois cas dans un art. 1) que l'on trouve quelques réapparitions de la vieille habitude qui, aux débuts de la carrière de Thomas scripteur (autographe de Naples), fut omniprésente.

La ligne de démarcation est nette avec l'autographe du *Super III Sent.* À partir de ce moment, Thomas n'utilisera, comme introduction des articles, que la formule « Ad primum (secundum ...) sic proceditur ».

*3.2.2.2 L'*incipit *du texte B et les renvois internes au* Super I Sent.

On peut se demander si, comme le voulait A. Dondaine, la formule « Queritur utrum », qui est l'*incipit* de certaines copies de l'article 3, ne serait pas un reste de question disputée (v. ci-dessous, § 4.1). À ce propos, il faut tout d'abord remarquer que cette formule ne se rencontre que dans quatre mss où l'article est recopié sur un folio à part, au début du ms. (Bg¹ O⁵) ou à l'intérieur (Md) ou dans une collection de *miscellanea* (*München, Clm. 317*)[57]. Cela est vraisemblablement dû à l'initiative du copiste. En effet, à l'intérieur de l'article, au début de la *responsio*, il y a une référence à l'article précédent : « sicut supra dictum est », attestée par tout le reste de la tradition du *Super I Sent.*, aussi bien que par trois de ces témoins[58] (*Clm. 317* fait exception). Et il y a encore une autre phrase, au début de cette *responsio*, attestée elle aussi par toute la tradition et par tous les témoins qui ont recopié cet article sur un folio détaché (y compris *Vat. lat. 784* ; mais à l'exception de O⁵ et *Clm. 317*), ce qui montre que le modèle recopié par ces mss transmet l'article 3 prêt à être inséré dans le *Super I Sent.* : « [...] quia ex hoc pendet totus intellectus eorum que in I libro dicuntur ».

Nous venons de noter deux exceptions : O⁵ et *Clm. 317*. Ce dernier ms. contient, immédiatement après notre a. 3, un autre extrait du *Super I Sent.*, prol. a. 1 (cf. *Codices*, n. 1718). La proximité immédiate des deux extraits met le codex munichois en étroite relation avec le commentaire *Super I Sent.* : en effet, l'a. 1 du prologue n'a pas de tradition textuelle indépendante de celle du *Super I Sent.*, et ces deux extraits (d. 2, a. 3 et prol., a. 1) constituent ainsi deux cas typiques de ce phénomène bien connu qui fait que les commentaires de Thomas ont régulièrement donné lieu à de prétendus opuscules, qui ne sont, en réalité, que des extraits de l'un ou l'autre commentaire. On trouve là, sans doute, l'explication d'une singularité de *Clm. 317* qui, contrairement à tous les autres témoins de l'a. 3, ne comporte pas les deux renvois internes (l'un à l'article précédent, l'autre à l'ensemble du Iᵉʳ Livre) : ces renvois ont vraisemblablement été supprimés par le scripteur pour adapter son texte à l'usage qu'il se proposait d'en faire ; c'est d'ailleurs probablement cette même intention qui l'a conduit à transcrire le prologue de *Super I Sent.* immédiatement après notre texte B.

En revanche, il est moins facile d'expliquer pourquoi le copiste de O⁵ omet le deuxième renvoi interne (mais non pas le premier). Il est, en effet, occupé à insérer le nouvel a. 3 (texte B) dans le Iᵉʳ Livre et, dans son texte, il omet précisément le passage suivant qui renvoie à ce Iᵉʳ Livre (et qui justifie donc, en quelque sorte, l'insertion) : « [...] ut diligenter explicetur, quia ex hoc pendet totus intellectus eorum que in I libro dicuntur ». Par ailleurs, si l'on compare cette omission avec celle de *Clm. 317*, on s'aperçoit que, par rapport à *Clm. 317*, O⁵ laisse trois mots de plus (*ut diligenter explicetur*), ce qui permet d'exclure que les deux mss aient un ancêtre commun. Ainsi le comportement de *Clm. 317* peut être isolé par rapport au reste de la tradition et être considéré

57. Les mss connus qui comportent ce texte B à part sont les suivants : Md, O⁵, *Clm. 317*, qui commencent avec « Queritur » ; Bg¹ V¹ et *Vat. lat. 784* (cf. A. DONDAINE, « Saint Thomas et la dispute », cit., p. 253, n. 1, où il faut lire *Vat. Borgh. 319* [V¹] à la place de *310*).

58. C'est également le cas de *Vat. lat. 784*, où cet article est présenté comme question disputée à Rome (v. le § 4.1 ci-dessous), mais il s'ouvre par « Circa tertium ».

comme tirant son origine exclusivement du compilateur de cette collection de *miscellanea*. L'omission dans O^5 est isolée elle aussi. Il faut cependant remarquer que la phrase omise a tout à fait l'aspect d'une addition explicative ; elle aurait pu être originellement écrite dans la marge du modèle de O^5, mais, à partir d'α*, elle est attestée par toute la tradition. Mais cela ne suffit pas à isoler O^5 du reste de la tradition, parce que ce ms., comme tous les autres témoins du *Super I Sent.*, au début de la *responsio*, atteste de première main la référence à l'article précédent de la même distinction 2 : « sicut supra dictum est ».

À notre avis, compte tenu qu'il n'y a pas de tradition de cet article 3 qui ne soit pas dépendante de la tradition du commentaire du Ier Livre, il faut interpréter l'incipit « Queritur utrum pluralitas attributorum [...] » comme le fait isolé de quelques copistes.

3.2.3 La chronologie relative du texte B selon la critique textuelle et interne

Nous avons constaté que l'*incipit* « Circa tertium », constitue à lui seul un témoignage précieux de l'époque où cet article a été mis en forme pour être inséré dans l'*exemplar* du commentaire du Ier Livre.

Pour ce qui concerne la critique littéraire, l'étude de la citation de Chrysostome nous a conduit à placer la rédaction du texte B avant celle de la q. 8 du *De ueritate*. Et il nous a aussi paru vraisemblable que ce texte B soit antérieur au commentaire des dist. 26 et 28 du Ier Livre.

Toutes ces données de critique interne, de rédaction et de style concordent parfaitement avec la critique textuelle, qui situe sans aucun doute le texte B avant le texte A, lequel se situe, lui aussi certainement, avant la q. 4 du *De ueritate*. Cela concorde avec l'indice de datation que la formule d'incipit « Circa » nous offre, puisque cette formule est certainement antérieure à la rédaction du *Super III Sententiarum*.

3.3 Les contenus du texte D et la place de celui-ci dans le In I Sent.*, prol., a. 3*

3.3.1 L'indication de M.-D. Chenu relative à la rectification D

Dans son étude sur le statut de la théologie au XIIIe siècle, M.-D. Chenu avait attiré l'attention sur le fait suivant : dans les éditions *Piana* (Roma, 1570) et *Parmensis* (Parme, 1856), ainsi que dans un ms. parisien (*BnF, lat. 15762* = P^4), l'a. 3 du prologue du commentaire de Thomas sur les *Sentences* est privé d'un passage sur la subalternation de la théologie (texte D). Après avoir comparé ce passage avec le commentaire de Thomas sur le *De Trinitate* de Boèce (spéc. q. 2, a. 2, ad 5) et avec les lieux parallèles dans la *Somme de théologie*, M.-D. Chenu avait conclu que ce texte ajouté au *Prologue* était postérieur au commentaire sur Boèce et que l'évolution doctrinale qu'on y décèle inviterait à le dater du séjour romain de Thomas[59]. Notre étude montre

59. M.-D. CHENU, *La théologie comme science au XIIIe siècle* (pro manuscripto), Paris, 1943, p. 82 ; puis dans la coll. « Bibliothèque thomiste » 33, Paris, 1969[3], p. 76, où, dans la note 1,

que la question se pose d'une façon plus complexe et qu'on ne peut plus s'accommoder de l'hypothèse retenue autrefois par M.-D. Chenu.

3.3.2 Critique interne de la rectification sur la théologie comme science subalternée

C'est, en effet, dès le *Super III Sent.* que Thomas expose la théorie de la foi (et de la théologie, qui est une fonction de la foi) comme science subalterne de la science bienheureuse, théorie qui est celle même énoncée dans la rectification D, présentée comme concurrente de la première réponse ad 2.2-A. En tant que science subalternée, cette foi infuse et divine ne « voit » pas ses principes (les articles de foi) comme Dieu, dans sa science subalternante, les voit, mais les suppose et les croit : « Unde fides nostra ita se habet ad rationem diuinam, qua Deus cognoscit, sicut se habet fides illius qui *supponit* principia subalternate scientie a scientia subalternante, que per propriam rationem illa probauit »[60].

Dans le même article, Thomas développe toute la *solutio* 1 pour nier en termes formels que, pour le croyant, les articles de foi soient évidents : « per se noti »[61]. À la différence de celui qui connaît intuitivement et de celui qui conclut scientifiquement, celui qui croit, en tant que tel, n'atteint pas des principes évidents : « credens [...] ad principia *per se nota* non perducitur »[62].

Et encore dans la dist. 23, Thomas insiste en des formules méritant d'être citées à leur tour : « Sed quia uoluntas hoc modo non determinat intellectum ut faciat inspici que creduntur sicut inspiciuntur principia *per se nota* uel que in ipsa resoluuntur, sed hoc modo ut intellectus firmiter uni adhereat, ideo certitudo que est a scientia et intellectu est *ex ipsa euidentia* eorum que certa esse dicuntur, certitudo autem fidei est *ex firma adhesione* ad id quod creditur »[63].

Dans son livre sur la théologie comme science au XIIIe siècle, M.-D. Chenu a cité plusieurs passages du *Super III Sent.* d'où ressort à première vue un parallélisme sans nuances entre la lumière qu'est l'intellect agent et la lumière qu'est la foi infuse, comme entre les principes scientifiques éclairés par celui-là et les articles de foi illuminés par celle-ci. M.-D. Chenu citait ce passage-ci : « lumen infusum quod est habitus fidei *manifestat* articulos sicut lumen intellectus agentis *manifestat* principia naturaliter cognita »[64]. Le contexte de cet ad 4 mérite cependant d'être pris en considération, pour les trois nuances précises qu'il impose au texte cité.

l'auteur formule l'hypothèse que ce texte aurait fait partie de la lecture romaine des *Sentences*, dont parle Ptolémée de Lucques (v. la note 70 ci-dessous).

60. *In III Sent.*, d. 24, a. 2, sol. 2, ad 3 (cf. éd. Moos, p. 770, n. 63). Nous avons contrôlé sur l'autographe et sur l'*exemplar* de *Pamplona* (*Bibl. del Cabildo, 51*) les passages du *Super III Sent.* cités dans ce chapitre.

61. *Ibid.*, sol. 1, ad 2m (cf. éd. Moos, n. 53).

62. *In III Sent.*, d. 23, q. 2, a. 2, sol. 1 (cf. éd. Moos, p.726, n. 143).

63. *In III Sent.*, d. 23, q. 2, a. 2, sol. 3 (cf. éd. Moos, p. 728, n. 156).

64. *In III Sent.*, d. 23, q. 2, a. 1, ad 4 (cf. éd. Moos, p. 721, n. 121) ; M.-D. CHENU, *La théologie*, cit., p. 65.

D'abord, Thomas ne perd pas de vue que la foi peut être dite « argumentum » pour cette raison précise qu'elle est avant-goût de la vision future, dans laquelle la vérité est connue en plénitude : « [Fides] potest dici argumentum inquantum est prelibatio future uisionis, in qua ueritas plenarie cognoscitur ». Dans le texte cité par Chenu, la manifestation opérée par l'habitus de la foi ne peut donc pas produire une connaissance plénière, puisque cette connaissance plénière est réservée à la vision. Deuxième nuance : dans cet ad 4, où toute son attention se concentre sur le sens à donner à la foi en tant qu'elle peut être dite « argumentum » (cf. Heb. 11, 1 selon la Vulgate), il est bien naturel que Thomas ait intérêt à accentuer tout ce qui éclaire le côté argumentatif ou ratiocinant de la démarche croyante. Et, du coup, bien loin de mettre simplement sur un pied d'égalité les principes naturels et les articles de foi en tant que tous deux jouissent de la faveur d'une irradiation directe de la lumière, qu'elle soit intellect agent ou foi infuse, Thomas met l'accent ailleurs. Il n'hésite aucunement à comparer ici le rapport de la lumière (intellect agent ou foi infuse) aux principes respectifs (principes de raison ou articles de foi) avec le rapport reliant ces principes à leurs conclusions respectives. Or, en tant que la lumière infuse se rapporte aux articles de foi comme ceux-ci se rapportent à leurs conclusions théologiques, la foi infuse, autant que les articles de foi, mérite le nom de « argumentum » : « Ipsum lumen quo manifestantur principia, sicut principiis manifestantur conclusiones, potest dici argumentum ipsorum principiorum ». Dans ces conditions, puisque non seulement les conclusions théologiques mais aussi leurs principes ne relèvent pas ou pas simplement du domaine de la connaissance immédiate, rien d'étonnant à ce que de tels principes ne puissent pas prétendre à une équivalence simple avec des principes évidents.

Nuance finale : au tout premier début de cet ad 4, Thomas définit lui-même le sens du mot « manifester ». Un argument, dit-il, est un processus de la raison allant des choses connues à celles qui sont inconnues mais qu'il s'agit de tirer au clair : « argumentum est processus rationis de notis ad ignota manifestanda ». Et non content de cette définition, il en éclaire le sens par cette autre définition, tirée de Boèce : un argument, c'est une raison qui fait foi d'une chose douteuse, « ratio rei dubie faciens fidem ». Et ainsi, de définition en définition, finalement c'est la « foi » qui finit par définir la « manifestation ». Et, corrélativement, c'est la manifestation même qui, au lieu d'imposer sans plus son régime de clarté, se voit déterminée, en définitive, par le sens lui venant de ce clair-obscur qui caractérise l'adhésion de la foi chrétienne.

Les autres passages cités par M.-D. Chenu[65], bien loin de simplement énoncer un parallélisme entre les articles de foi et les principes de la raison, montrent que les articles de foi devront attendre la vision bienheureuse pour devenir évidents (« per se noti ») comme le sont, au contraire, dès à présent, les principes de la raison : «Termini principiorum naturaliter notorum sunt comprehensibiles nostro intellectui : ideo cognitio que consurgit de illis

65. M.-D. CHENU, *La théologie comme science au* XIIIe *siècle*, Paris, 1969^3, p. 65.

principiis est uisio ; sed non est ita de terminis articulorum. Vnde in futuro, quando Deus uidebitur per essentiam, articuli erunt ita *per se noti* et uisi sicut modo principia demonstrationis »[66].
Et, loin de démentir la doctrine du *Super III Sent.*, la question *De ueritate* utilise la théorie de la subalternation des sciences exactement comme elle est utilisée dans le texte D, pour montrer que la connaissance des principes est limitée et que le mot connaissance est plutôt applicable aux conclusions : « [...] ille qui habet scientiam subalternatam *non perfecte attingit ad rationem sciendi* nisi in quantum eius cognitio continuatur quodammodo cum cognitione eius qui habet scientiam subalternantem ; nihilominus tamen *inferior sciens* non dicitur de his quae supponit habere scientiam, sed *de conclusionibus* quae ex principiis suppositis *de necessitate* concluduntur ; et sic etiam fidelis potest dici habere scientiam de his quae concluduntur ex articulis fidei »[67]. S'il est vrai que, dans ce texte, on parle de démonstration nécessaire, plutôt que de principes nécessaires (comme c'était le cas dans le texte D, l. 70-71), le nerf de l'argumentation y est le même et l'imperfection et l'infériorité de la science subalternée y sont pareillement affirmées.

Comme déjà dans le *Super III Sent.*, Thomas, dans la réponse immédiatement précédente à celle du *De ueritate* qu'on vient de citer, met en parallèle d'un côté « lumen naturae » et « lumen fidei » et de l'autre les connaissances respectives qui s'en suivent, mais il ne fait pas allusion à la connaissance des principes. Dans cette équivalence, en continuité avec son commentaire au IIIe Livre, Thomas insiste sur l'imperfection de la connaissance selon la foi, à partir de l'imperfection du *lumen divinitus infusum* : « [...] quamvis lumen divinitus infusum sit efficacius quam lumen naturale, non tamen in statu isto participatur a nobis perfecte sed imperfecte ; et ideo contingit [...] quod non ducimur per illud lumen infusum in visionem eorum propter quorum cognitionem datur [...] »[68].

Dans *In I Sent.*, prol., a. 3, ad 2 (première rédaction ; éd. 2.2-A), nous trouvons l'équivalence parfaite entre *lumen fidei infusum* et *lumen intellectus agentis*, d'un côté, et la connaissance parfaite des *articuli fidei* et des *premiers principes*, de l'autre[69]. Comme on l'a vu, cette équivalence n'est plus la même

66. *In III Sent.*, d. 24, a. 2, sol. 1, ad 2 (cf. éd. Moos, p. 768-769, n. 53).
67. THOMAS DE AQ., *Q. disp. de uer.*, q. 14, a. 9, ad 3 (ed. Leon., t. 22,2, p. 464, l. 158-168).
68. *Ibid.*, q. 14, a. 9, ad 2 (cit., p. 463-464, l. 148-155) ; v. aussi l'objection 2.
69. Comme on peut le voir dans l'apparat des sources, Thomas a directement emprunté l'équivalence à la *Summa aurea* (comme l'atteste aussi l'emploi, à la l. 64, du mot *respuere*, qui ne fait pas partie du vocabulaire usuel de Thomas) : GUILLAUME D'AUXERRE, *Summa aurea*, III, tr. 12, c. 1 (éd. Ribaillier, p. 199, l. 59-72) : « Quarto modo dicitur fides *argumentum non apparentium* propter articulos fidei, qui sunt principia fidei per se nota. Unde fides sive fidelis respuit eorum probationes. Fides enim, quia soli veritati innititur, in ipsis articulis invenit causam quare credat eis, scilicet Deum, sicut in alia facultate intellectus in hoc principio : 'Omne totum est maius sua parte', causam invenit per quam cognoscit illud, quoniam si in theologia non essent principia, non esset ars vel scientia. Habet ergo principia, scilicet articulos, qui tamen solis fidelibus sunt principia ; quibus fidelibus sunt principia per se nota, non extrinsecus aliqua probatione indigentia. Sicut enim hoc principium 'Omne totum est maius sua parte', habet aliquantam illuminationem per modum nature illuminantis intellectum, ita hoc principium 'Deus

dans le *Super III Sent.*, et dans le passage du *De ueritate* qu'on vient de citer, on ne parle plus de connaissance des principes et la parfaite équivalence est devenue un simple parallèle.

La doctrine du texte D contraste avec celle de la première version de la réponse ad 2.2-A : dans ce texte D, il est expliqué que les sciences *inferiores* (subalternées) « non sunt ex principiis per se notis », mais utilisent des principes qui « *in ueritate* non sunt principia per se nota » ; de plus, quand ce texte parle de la théologie, il la met en parallèle avec les sciences *inferiores* et l'appelle *inferior scientia*, elle qui « articulos fidei qui infallibiliter sunt probati in scientia Dei supponit et eis credit ». Par son contenu, ce texte D se situe, avec le *Super III Sent.*, le *Super Boetium De Trin.* et les lieux parallèles des ouvrages postérieurs[70], en contraste avec la première version de la réponse (éd., 2.2-A) à l'arg. 2, qla 2, de *In I Sent.*, prol. a. 3.

Mais le « Vel dicendum » qui introduit le texte D et laisse ainsi au lecteur le choix entre l'ancienne réponse et la nouvelle (ce qui n'est le cas ni pour le texte A, qui remplace la version primitive, ni pour le texte B, qui remplace le texte C) trahit une hésitation de la part de Thomas, hésitation qui aura totalement disparu à partir du traité sur la foi du *Super III Sent.* On est donc fondé à affirmer que ce texte D est antérieur à ce traité.

En effet, dès le *Super III Sent.* au plus tard, Thomas d'Aquin considère sans ambiguïté les articles de foi comme des principes qui, au lieu d'être rendus

est remunerator omnium bonorum', et alii articuli habent in se illuminationem per modum gratie, qua Deus illuminat intellectum. Unde Ysaias : *Nisi credideritis non intelligetis* ».

70. V. *I pars*, a. 1, a. 2 (et ci-dessous, § 3.3.4). On peut voir également les notes marginales de notre ms. O^2, désignées comme « alia lectura », où, à trois endroits différents, la théorie de la subalternation est appliquée à la doctrine sacrée : H.-F. DONDAINE, « 'Alia lectura fratris Thome' ? (*Super I Sent.*) », MS, 42 (1980), p. 311, l. 1-4, 15-34 ; p. 314, l. 43-48 ; p. 315, l. 14-19. – Après avoir constaté que la doctrine de ces passages semble conforme à celle du texte D aussi bien qu'à celle du *Super III Sent.*, nous n'avons pas cru nécessaire de l'étudier en détail, avant qu'une édition complète de ces notes ne soit disponible, d'autant plus que H.-F. Dondaine a mis en doute que ces notes puissent être attribuées à la lecture romaine sur les *Sentences* dont a parlé Ptolémée ; d'avis contraire est L. E. BOYLE, « Alia lectura fratris thome », MS 45 (1983), p. 422 ; l'article est repris dans L. E. BOYLE, *Facing History : a different Thomas Aquinas*, éd. par J. HAMESSE, Louvain-la-Neuve, 2000, p. 93-106 [p. 97-98]. Nous nous bornons à observer qu'à partir de l'article de H.-F. Dondaine, on a spontanément cru devoir joindre à toutes les notes marginales du ms. O^2 l'expression « secundum aliam lecturam fratris thome », alors que celle-ci n'en accompagne en réalité qu'un certain nombre (peu importe par ailleurs si l'expression renvoie au commentaire parisien ou au commentaire romain : v. L. E. BOYLE, « Alia lectura ... », cit., p. 421, n. 6.). L'édition de l'ensemble de ces passages permettra de comprendre plus précisément la valeur de cette attribution. Celui qui a recopié les notes dans les marges du ms. O^2 de la lecture parisienne de Thomas *Super I Sent.* a travaillé soigneusement : les passages qu'il recopie ne sont pas des notes prises pendant un cours, mais ils sont écrits calmement, sur des lignes tracées d'avance (comme le montre le microfilm du ms.) ; le scribe recopie des textes rédigés. – Bien que ces notes marginales de O^2 aient été découvertes par L. J. Bataillon, qui en avait confié l'étude et l'éventuelle publication à H.-F. Dondaine, qui préparait l'édition du *Super I Sent.* pour le compte de la Commission Léonine, cependant leur édition intégrale est en préparation par les soins de John Boyle, qui a travaillé en collaboration avec le regretté Leonard E. Boyle. Les incipit de ces notes ont été publiés par M. F. JOHNSON, « Alia lectura fratris thome. A List of the New Texts of St. Thomas Aquinas found in Lincoln College, Oxford, MS. lat. 95 », RTAM, 57 (1990), p. 34-61.

évidents par la foi infuse, sont l'objet de l'adhésion de foi, fondée non pas sur la vision de Dieu, mais sur sa révélation.

3.3.3 Quelques témoins d'une discussion récente à l'université de Paris

Il est enfin un dernier élément dont il faut tenir compte : les lieux parallèles au texte D présents chez certains auteurs un peu antérieurs ou presque contemporains de Thomas : Eudes Rigaud, Guillaume de Méliton, Albert le Grand et Bonaventure de Bagnoregio.

Eudes Rigaud

Dans la *Q. de scientia theologiae*, Eudes Rigaud commence par traiter des principes à partir desquels la théologie se développe comme science ; l'a. 1 offre deux textes complémentaires, dont le premier affirme une connaissance évidente des principes de la théologie, grâce au *lumen fidei* : « theologia [...] non procedit per rationes humanas, sed habet rationes proprias et principia propria [...] quae quidem habent evidentiam per gratiam fidei et sunt manifesta animae illuminatae per fidem, licet non sint manifesta animae infideli »[71]. Avant d'en venir au deuxième texte, il faut immédiatement remarquer le parallèle entre ce texte et la première formulation de la réponse de Thomas *In I Sent*, prol. a. 3, qla 2, ad 2 (ad 2.2-A), où Thomas affirme l'évidence des principes de la théologie connus par la foi ; ce parallèle est confirmé par la réponse à l'arg. 1 de la question rigaldienne, où est expliqué par quel genre d'évidence les croyants reçoivent les principes de la théologie : « [...] sicut in aliis scientiis sunt principia quae sunt omnibus nota (sicut sunt dignitates) ; sunt etiam suppositiones [...] quae sunt principia illi scientiae et supponuntur in illa ; sunt etiam conclusiones, — sic etiam dicendum est in theologia quod sunt dignitates, quae omnibus sunt manifestae, scilicet quod « Deus est summe bonus, super omnia diligendus » et quod « summe iustus » et huiusmodi, et eorum cognitio est scripta in corde nostro sicut cognitio principiorum ; sunt etiam suppositiones, et istae sunt articuli fidei; sunt etiam conclusiones, quae sequuntur ex illis dignitatibus et ex illis suppositionibus »[72] ; mais il ne faut pas croire que les *suppositiones*, à cause de la place qui est la leur, n'aient pas elles aussi leur évidence[73].

Grâce aux minutieuses recherches de Leonardo Sileo et à ses précieuses éditions, nous sommes en mesure de constater que cette question a occupé les maîtres du milieu du XIIIe siècle, comme l'atteste une objection de maître

71. ODO RIGALDI, *Q. de scientia theologiae*, a. 1, resp. (éd. L. Sileo, *Teoria ...*, t. 2, p. 11, l. 110-118).

72. *Ibid.*, ad 1 (p. 12-13, l. 136-146).

73. V. la suite de l'ad 1 (l. 147-155), citée ci-dessous. – Leonardo Sileo a traité avec précision du développement de la doctrine de la subalternation en théologie, en revendiquant pour Eudes Rigaud sa juste place et en nous donnant une interprétation correcte de la pensée de Thomas d'Aquin : les quelques observations qui suivent ne sont qu'un complément, qui exigerait lui-même des précision ultérieures, étrangères à l'objectif que nous nous proposons ici (v. L. SILEO, *Teoria ...*, t. 1, p. 278-298).

Willermus[74] transmise par le fameux ms. *Douai 434, I*, aussi bien que par l'anonyme de la *Q. de divina scientia*[75].

Cependant, dans la première rédaction de sa réponse *In I Sent.*, prol., a. 3, qla 2, ad 2 (éd., 2.2-A), Thomas semble s'inspirer directement d'un auteur de la génération précédente, Guillaume d'Auxerre, ainsi qu'on peut l'inférer d'emprunts littéraux à la *Summa aurea* (v. ci-dessus, note 69) ; c'est de cette même source que provient l'équivalence *principia per se nota / lumen* que nous avons étudiée plus haut.

En revanche, l'équivalence proposée par Eudes Rigaud pour expliquer comment les principes de la théologie (c.-à-d. les articles de foi) sont *manifesta* lui évite de dire qu'ils sont *per se nota* – et il manifeste ainsi une plus grande attention au texte d'Aristote que nous allons citer – ; Eudes reconnaît, en effet, un statut particulier aux articles de foi : d'un côté, ce sont bien des *suppositiones*, puisque, comme c'est le cas dans les autres sciences, ils ne se prouvent pas, mais, de l'autre côté, ils diffèrent des *suppositiones* de toutes les autres sciences en ce que, pour les connaître, la raison ne suffit pas, mais il faut le secours de la grâce de la foi : « Conveniunt enim in hoc quod sicut in aliis scientiis suppositiones non probantur, sic et in theologia supponuntur articuli fidei. Sed in hoc est differentia, quia in aliis scientiis suppositiones sunt manifestae ipsi rationi sine adminiculo extrinseco, sicut « a puncto ad punctum contingit rectam lineam ducere » et quod « unitas est indiuisibilis » et huiusmodi. Sed in theologia indigent adminiculo gratiae fidei »[76]. Si ce texte n'est pas immédiatement clair, son explication n'admet pas de doutes (et la position prise par Guillaume de Méliton le confirme [v. ci-dessous]). Eudes, pour permettre la connaissance des principes de la théologie, c'est-à-dire des articles de la foi, remplace le *lumen rationis* par la grâce de la foi, mais il tient toujours que ces principes de la théologie sont *évidents*, même si cette évidence provient non de la raison, mais de la foi, et c'est cela précisément que Thomas refusera dans sa deuxième rédaction du prologue, texte D : une évidence par la foi, *in statu viae*.

Il pourrait peut-être se trouver quelqu'un pour objecter à cette interprétation les *Seconds Analytiques* d'Aristote, qui semblent bien enseigner que les *suppositiones* d'une science ne sont pas dotées d'évidence première, contrairement aux *dignitates*, même si leur existence et leur signification nominale s'imposent sans démonstration ; selon Aristote, pour les attributs essentiels,

74. « Item, in omni scientia cognitio principiorum notitia est, et illis incognitis alia ignorantur; sed principia theologiae sunt articuli fidei. Ergo illis ignoratis non est scientia; ergo infidelis non potest habere scientiam theologiae » MAGISTER WILLERMUS, *De fine theologiae* (ms. *Douai 434, I*, f. 15ra-16ra ; éd. L. Sileo, *ibid.*, p. 126, l. 211-214) ; dans le ms. la réponse n'a pas été copiée.

75. « Item, in scientia duo sunt: quaedam per se nota, ut principia, quorum acceptio dicitur intellectus, et ex his per se notis sciuntur alia, ut conclusiones; et dicuntur « scita » quae ex per se notis veniunt in notitiam. Hoc non est in theologia, cuius principia sunt articuli qui non cognoscuntur nisi per fidem; ergo quae sequuntur ex his, non sunt scita sed credita » ANONYMUS, *Q. de divina scientia*, (ms. *Praha, Univ. IV. D. 13*, f. 79rb-80vb ; éd. L. Sileo, *Teoria ...*, t. 2, p. 131-132, l. 25-30).

76. ODO RIGALDI, *Ibid.*, ad 1 (p. 13, l. 147-155).

« c'est seulement la signification de chacun d'eux qui se trouve posée ; [...] par contre, l'existence de ces notions est démontrée, tant à l'aide des axiomes communs qu'à partir des conclusions antérieurement démontrées »[77]. Mais, quoi qu'il en soit des difficultés que, comme le montre bien M. Mignucci[78], ces textes ont depuis toujours posées aux commentateurs, l'interprétation d'Eudes, elle, ne fait pas de doute ; les passages que nous venons de citer nous renseignent à ce propos : « suppositiones non probantur », « suppositiones sunt manifestae ipsi rationi », et c'est cela qui lui permet d'affirmer, dans la réponse principale, que les articles de foi « habent evidentiam per gratiam fidei et sunt manifesta animae illuminatae per fidem, licet non sint manifesta animae infideli ». Et cela l'amène à tirer cette conclusion intrépide, qui ne laisse place à aucune équivoque quant au sens de sa doctrine : « [...] aeque bene certum est theologo quod Abraham genuit Isaac, sicut geometrae quod triangulus habet tres »[79]. Chez le théologien aussi bien que chez le géomètre, la certitude dérive d'une évidence, conformément au principe *sicut in aliis scientiis suppositiones non probantur, sic et in theologia supponuntur articuli fidei.*

Guillaume de Méliton

Guillaume de Méliton, qui emprunte à Eudes Rigaud l'articulation en *dignitates, suppositiones, conclusiones* et l'équivalence *suppositiones / articuli fidei,* se préoccupe de préciser que les *suppositiones* ne sont pas *per se notae*[80] ; ce qui, à proprement parler, consiste à affirmer exactement ce que

77. ARISTOTE, *Organon. IV Les Seconds Analytiques*, I 10, [76b3-11], trad. et notes par. J. TRICOT, Paris, 1938, p. 55-56 ; et dans la trad. de Jacques de Venise : « Sunt autem propria quidem et que accipiuntur esse, circa que scientia speculatur que sunt per se, ut unitates arithmetica, geometria autem signa et lineas. Haec enim recipiunt esse. Horum autem passiones per se, quid quidem significet unaqueque, accipiunt, ut arithmetica quidem quid inpar aut par aut quadrangulus aut cubus, geometria vero quid irrationale aut reflecti aut curvare, quod autem sint demonstrant perque communia et ex his que demonstrantur » (AL IV.1-4, p. 23 l. 22-24, l. 5). V. aussi ARISTOTELES, *Anal. Post.*, I, 10, 76b16-22 (trad. de Jacques de Venise, AL IV.1-4, p. 24, l. 10-18) où l'on insiste sur le fait que ces principes sont manifestes.

78. M. MIGNUCCI, *L'argomentazione dimostrativa in Aristotele. Commento agli Analitici Secondi. I*, Padova, 1975, p. 195-311 ; et ID., *La teoria aristotelica della scienza*, Firenze, 1965, p. 259-271.

79. ODO RIGALDI, *Ibid.*, ad arg. (p. 17, l. 220-222) ; cf. *Ibid.*, a. 2, ad arg. (p. 27, l. 164-175).

80. « [...] sicut in alis scientiis sunt dignitates, quae sunt principia per se nota, et suppositiones, *quae non sunt per se notae*, et conclusiones, sic et in theologia. In theologia enim sunt principia ut dignitates quod 'Deus est summe bonus, summe iustus', similiter 'Non facias alii quod tibi non vis fieri' et huiusmodi, quae naturaliter sunt humanae menti impressa. Suppositiones sunt quidam articuli fidei, qui non sunt humanae menti naturaliter impressi, ut de trinitate personarum et Incarnatione. Ex his eliciuntur conclusiones quaedam, [...]. Quantum ad primam acceptionem est sapientia ; quantum ad secundam fides ; quantum ad tertiam scientia. Sic igitur, quantum ad quaedam acceptio theologiae dicitur sapientia ; quantum ad quaedam dicitur fides, et quantum ad hoc differt ab aliis. [...] acceptio fidei, secundum quod hic sumitur fides, certissima est. Quantum autem ad tertiam est scientia et cum aliis convenit. Sic igitur patet quomodo sapientia et quomodo scientia » B. PERGAMO, « De quaestionibus ineditis Fr. Odonis Rigaldi, Fr. Gulielmi de Melitona et codicis Vat. lat. 782, circa naturam theologiae deque earum relatione ad Summam theologicam Fr. Alexandri Halensis », AFH, 29 (1936), p. 311-312 ; v. l'adaptation de cette doctrine dans la question publiée p. 312-313. – L'application chez Guillaume, comme aussi chez Eudes, de cette hiérarchie de la connaissance théologique en *sapientia, fides, scientia*, se

Eudes avait déjà dit, parce qu'être *per se notae* revient de soi aux *dignitates* comme Aristote l'affirme[81].

En réalité, tant chez Eudes que chez Guillaume, la théorie des *suppositiones* ne sert pas à formuler une vraie subalternation des principes de la théologie, mais seulement à donner un statut scientifique à des principes qui, de soi, n'ont rien d'évident (p. ex., *quod Abraham genuit Isaac*) : chez ces deux théologiens manque la doctrine de la subalternation de la théologie par rapport à la science de Dieu et des bienheureux[82] ; quant aux *suppositiones*, qui jouent un rôle subalterné à celui des *dignitates*, elles risquent de faire de la théologie révélée une science subordonnée à la sagesse des *dignitates*. Cette imprécision de ses maîtres n'a pas échappé, nous semble-t-il, à Bonaventure, puisque dans son prologue aux *Sentences*, il insiste tant sur la *determinatio distrahens* (qui fait intervenir de nouveaux principes selon lesquels la *linea* est considérée en tant que *visualis*, et non comme *recta*), et que, au Livre III de son commentaire, il parle des *principia intrinseca* de la théologie, en modifiant les formules de ses deux maîtres[83].

Summa fr. Alexandri

La *Summa fratris Alexandri* consacre un article entier à la question : *utrum modus sacrae Scripturae sit certitudinalis* ; le thème de la connaissance des articles de foi y est ainsi traité : « [...] sunt principia veritatis ut veritatis, et sunt principia veritatis ut bonitatis. Dico ergo quod aliae scientiae procedunt ex principiis veritatis ut veritatis per se notis ; haec autem scientia procedit ex principiis veritatis ut bonitatis et *per se notis ut bonitatis*, quamvis occultis ut veritatis »[84]. Comme on l'imagine immédiatement, l'acception du *verum ut bonum*, distingue les sciences pratiques des sciences spéculatives, qui ont pour objet le *verum ut verum* et le *bonum ut verum* (le *verum ut bonum gratuitum*, distingue la *sacra doctrina* de la philosophie morale, qui a pour objet le *verum ut bonum morale*)[85]. Or, dans ce contexte, cela revient à affirmer que la

situe dans un article qui, par son contenu, est parallèle à l'a. 3 du prol. de Thomas (où se trouve la double rédaction qui nous occupe).

81. « Non est autem suppositio neque petitio, quod esse necesse est propter se ipsum et videri necesse » ARISTOTELES, *Anal. Post.*, I 10, 76b23-24, trad. par Jacques de Venise (AL IV.1-4, p. 24, l. 19-20).

82. Une objection de la *Q. de subiecto theologiae* (transmise par le ms. *Douai 434, I*, et donc à situer un peu avant Eudes Rigaud) prend en considération ce type de subalternation : « [...] sicut dicitur quod linea visualis habeat se ut scientia subalternans et subalternata, ita videtur quod scientia de Deo et creaturis se habeant. Nec est ratio ea univocans » – l'argument concerne évidemment le sujet de ces deux sciences (ANONYMUS, *Q. de subiecto theologiae*, arg. 3 [éd. L. Sileo, *Teoria ...*, cit, t. 2, p. 116, l. 23-25]).

83. V. ci-dessous.

84. *Summa fr. Alexandri*, tract. intr., q. 1, c. 5, a. 2, ad 2m (ed. Quaracchi, t. 1, p. 9b) ; cet article semble propre à la *Summa*, d'après *Prolegomena* (t. 4, p. 247 ; la formule « verum ut bonum », sous-jacente à cette distinction, semble provenir d'Alexandre : v. *ibid.*, p. 197).

85. *Summa fr. Alexandri*, tract. intr., q. 1, c. 2 (*ibid.*, p. 5b). – Albert le Grand critique fortement cette théorie : « Unde bene concedo, quod nulla est solutio dicentium, quod fides est in verum per modum boni : hoc enim est impossibile, cum innitatur primae veritati propter se : si

théologie procède de principes *per se noti ut bonitatis* et implique une vraie compréhension de ces principes, ce qui nous ramène, en somme, à la position de Guillaume d'Auxerre.

Albert le Grand

Dans un article qui pose la question de savoir si la théologie est une science spéculative ou pratique, parallèle à l'intitulé de l'a. 3 du prol. de Thomas, Albert le Grand formule l'hypothèse que la science sacrée soit ou bien une science morale, ou bien une science subordonnée à la doctrine morale enseignée par les Père et contenue surtout dans l'Écriture sainte[86]. Dans la réponse à cette hypothèse Albert nie que la science sacrée soit une science morale, car la fin ultime de cette science n'est pas « ut boni fiamus » (qui est la fin des sciences morales), et ensuite il dit : « Nec tamen sequitur quod ipsa sit moralis Philosophia, vel illi subalternata : moralis non est quia mores non sunt ultimus finis ut habitum est : subalternata non est, quia scientia subalternata accipit principia et causas subalternantis : sed ista scientia non accipit ab aliqua, sed propria habet principia fidei et proprias causas secundum intentionem meriti, ideo non accipit ab aliis, sed aliae famulantur ei »[87]. D'une part, on constate qu'Albert ne pense pas à introduire une subalternation de la théologie par rapport à la science de Dieu, ce que Thomas sera le premier à faire. D'autre part, la vraie préoccupation d'Albert dans ce texte est de nier que la théologie soit subalternée à la philosophie morale et quant à ses fins (*causas* sous-entend *finales*) et quant à ses principes (*ista scientia non accipit ab aliqua, sed propria habet principia fidei ... ideo non accipit ab aliis, sed aliae famulantur ei*). Or, dans l'objection à laquelle répond ici Albert, il n'est pas question de subordination à la philosophie morale, mais plutôt à la doctrine morale fondée sur la révélation de l'Écriture et sur l'enseignement des Pères : est-ce cette doctrine qu'Albert appelle philosophie morale dans sa réponse ? Nous ne le croyons pas. Dans la *Solutio* de l'article aussi bien que dans l'ad 1, Albert fait référence aux « Philosophi » et aux « scientiae quae a Philosophis sunt inventae » à partir des « principia quae sub ratione sunt ». Albert parle donc bien de « moralis Philosophia » au sens propre et il nie que la science sacrée soit subordonnée à celle-ci, non seulement quant à ses fins, mais aussi quant à ses principes, car la science sacrée « habet principia fidei ».

À notre avis, ce glissement de sens entre l'objection 3, où l'on parle de doctrine morale sacrée, et la réponse à celle-ci, où l'on parle de philosophie

enim tenderet in eam in ratione boni, jam non inniteretur ei propter se, sed propter bonum, quod falsum est » ALBERTUS M., *In III Sent.*, d. 23, a. 2, ad 3 (éd. Borgnet, t. 28, p. 408).

86. « Sed contra : 3. Vita Patrum, prophetia, et Evangelia, et lex, et episolae, et omnia sigillatim quae sunt in ea, sunt praecepta tendentia in observatione mandatorum in opere : ergo erit moralis, vel illi subalternata » ALBERTUS M., *In I Sent.*, d. 1, a. 4, s. c. (cit., p. 18).

87. ALBERTUS M., *In I Sent.*, d. 1, a. 4 : « Vtrum [theologia] sit scientia speculatiua uel practica », (éd. Borgnet, t. 25, p. 19a). À propos de la théorie de la connaissance théologique chez Albert, et en particulier sur notre sujet, il faut se référer à : W. SENNER, « Zur Wissenschaftstheorie der Theologie im Sentenzenkommentar Alberts des Großen », dans *Albertus Magnus doctor universalis 1280/1980*, Mainz, 1980, p. 335-337.

morale, se comprend bien dans le contexte de la doctrine, que nous venons de rencontrer chez Eudes Rigaud, d'une possible subordination des *suppositiones* aux *dignitates*. Or, puisque Albert lui-même dit que cette science a pour principes propres les « principia fidei », il est opportun que nous lisions son traité de la foi, dans le commentaire au IIIe Livre des *Sentences*, pour voir ce que dit Albert à propos de la connaissance de ces « principia », qui, avec la subalternation, constituent au fond la matière même de notre présente recherche.

Eudes Rigaud, comme l'explique bien L. Sileo, avait fondé son « épistémologie théologique sur trois coefficients complémentaires : la connaissance selon la nature, la connaissance selon la révélation, la connaissance selon la science »[88] ; « trois coefficients » auxquels correspondent respectivement les *dignitates*, les *suppositiones* et les *conclusiones*.

Albert utilise cette triade plusieurs fois dans ses œuvres[89], mais il la modifie, en plaçant ensemble *dignitates* et *suppositiones* et en les appellant *antecedentia*[90]. Albert peut prendre ensemble *dignitates* et *suppositiones*, parce que, à la différence d'Eudes, il ne limite pas les *dignitates* aux connaissances que l'on peut atteindre par la seule raison naturelle, sans la révélation : « Et primo oportet meo iudicio supponere hoc quod exigit credere Deum et Deo : et hoc est Deum esse et verba sua in Scriptura esse vera : et illa sunt suppositiones, et dignitates. Articuli autem ipsi, ut conclusiones principales scientiae ... Et haec omnia oportet credere et accipere per fidem, secundum quod large accipitur »[91].

Si Albert regroupe au même niveau *suppositiones* et *dignitates* (en intervertissant l'ordre des *Seconds Analytiques*), c'est parce qu'il soumet leur appréhension au *credere*, à la connaissance de foi, bien qu'il distingue les *praeambula fidei* des articles de foi, comme il l'avait déjà affirmé au début de son commentaire des *Sentences* : « Voco autem credibile generaliter acceptum : praeambulum articulo, sicut Deum esse veracem, Deum esse,

88. Comme le montre L. Sileo, Eudes Rigaud fonde « l'epistemologia teologica su tre coefficienti complementari: la conoscenza secondo natura, la conoscenza secondo rivelazione, e la conoscenza secondo scienza » (L. SILEO, *Teoria* ..., cit., t. 1, p. 293 et ss).

89. Ces formulations sont analysées par W. SENNER, « Zur Wissenschaftstheorie ... », cit., p. 327-331.

90. « Solutio. Dicendum, quod si nos loquamur de assensu prout respicit *antecedentia et consequentia* ad ipsos articulos, tunc *esse credibile est in fide* : quia tunc semper creditur, et numquam intelligitur quod erit in historia canonicorum librorum : et credere quod antecedit intelligere, erit in credibilibus in quae potest ratio naturalis : et credere quod praecedit intelligentia veritatis, erit respectu credibilium quae non apprehenduntur per rationem, ut Deum esse trinum et unum, et huiusmodi » ALBERTUS M., *In III Sent.*, d. 24, a. 10, sol. (éd. Borgnet, p. 469).

91. « Dicendum, quod sicut in aliis scientiis quaedam sunt principalia et quaedam substantialia, ut principales conclusiones artis : quaedam autem consequentia, ut conclusiones secundariae : ex quibus tamen ulterius potest aliquid inferri in opere artis, sicut in geometria, suppositiones et theoremata, et corollaria : sic etiam est in fide. Et primo oportet meo iudicio supponere hoc quod exigit credere Deum et Deo : et hoc est Deum esse et verba sua in Scriptura esse vera : et illa sunt suppositiones, et dignitates. Articuli autem ipsi, ut conclusiones principales scientiae : et ea quae pertinent ad bonos mores, ut corollaria consequentia. Et haec omnia oportet credere et accipere per fidem, secundum quod large accipitur » ALBERTUS M., *In III Sent.*, d. 24, a. 8, sol. (éd. Borgnet, t. 28, p. 465).

sacram Scripturam a Spiritu sancto esse factam, Scriptura non posse excidere, et huiusmodi. Et similiter articulos qui secundum divisionem eorum qui ediderunt *Credo in Deum*, sunt duodecim [...] »[92]. Et pour sauvegarder le fonctionnement correct de la raison humaine, qui connaît les principes grâce au *lumen intellectus*, Albert introduit un « simplum lumen, quod facit aliqualiter scire veritatem credibilis articuli » ; ce *lumen* permet aussi bien la connaissance des *dignitates* (et des *suppositiones*) que des *articuli*[93].

À partir de ces éléments, nous croyons pouvoir affirmer qu'Albert ne partage pas l'explication d'Eudes Rigaud à propos de la connaissance évidente que le croyant aurait des articles de foi ; il reste cependant difficile de définir en quoi consiste la simplicité de la « simplicem scientiam » dont Albert parle et déterminer quel type de connaissance intellectuelle est ainsi produite, si elle n'est pas une connaissance évidente.

Bonaventure de Bagnoregio

Bonaventure lui aussi recourt, dans son commentaire des *Sentences*, à la notion de subalternation ; prooem., q. 2, ad 4m, il l'applique au procédé (*modus*) de la science théologique : il y distingue deux façons de reconduire la théologie des *Sentences* à la doctrine de l'Écriture sainte, l'une qui ferait des *Sentences* une *pars principalis* de l'Écriture, et l'autre qui la reconduirait à celle-ci selon une certaine subalternation[94]. Ce mode propre de subalternation est expliqué par Bonaventure avec la formule de la *determinatio distrahens*, qui exprime bien le rôle des principes de la science subalternée, qui opèrent une dis-traction, un déplacement, par rapport à ceux de la science subalternante, en permettant ainsi le développement d'une 'nouvelle' science. Et si Thomas d'Aquin, dans sa nouvelle réponse ad 2.2-B de l'a. 3 du prol. (éd., l. 78-81), exprime d'une façon plus claire ce concept, il sacrifie cependant ce

92. ALBERTUS M., *In I Sent.*, d. 1, a. 2, sol. (éd. Borgnet, t. 25, p. 16a).

93. « [...] diffinitio Dionysii datur de fide secundum proprium effectum, quem habet in credente : sic enim in eo quod ipsa est primum natura in aedificio spirituali, fundat et locat in veritate crediti sive articuli et speratae beatitudinis : in eo autem quod habet aliquid cognitionis, locat per consensum certissimum veritatem crediti in nobis : in hoc autem quod non est veritas complexionis, sicut in propositione [proportione *éd.*], quae dignitas vocatur, vel principium syllogismi, ideo dicuntur in ipsa creduli habere simplicem veritatis scientiam, id est, simplum lumen, quod facit aliqualiter scire veritatem credibilis articuli. Et sic patet quod tria facit fides [...] in eo autem quod est simplex lumen simile veritati primae, dat simplicem scientiam veritatis credibilium » (ALBERTUS M., *In III Sent.*, d. 23, a. 3 ad 1 [éd. Borgnet, t. 28, p. 410]). V. aussi le passage de la dist. 24, a. 10, sol., cité dans la note 90.

94. C'est la distinction reprise par Thomas d'Aquin (qui cependant la conçoit comme distinction propre au mode de la subalternation) dans le texte D, *In I Sent.*, prol., a. 3, ad 2.2-B : « Potest autem aliqua scientia esse superior alia dupliciter : uel ratione subiecti, ut geometria que est de magnitudine superior est ad perspectiuam que est de magnitudine uisuali; uel ratione modi cognoscendi, et sic theologia est inferior scientia que in Deo est » (éd., l. 81-84). Quand Jean Pecham reprendra Bonaventure, il adoptera la distinction formulée dans ce texte par Thomas (v. ci-dessous).

qui dans la formule bonaventurienne mettait l'accent sur le rôle des principes propres à la science subalternée[95].

De plus, Bonaventure insiste beaucoup sur la subalternation de la certitude, qui est une qualité essentielle de la science et joue un rôle privilégié dans son commentaire du traité de la foi du *Super III Sent.* Ce thème se retrouve dans le texte D de Thomas, sans qu'il y soit cependant très développé, parce qu'il avait déjà été pris en considération dans l'argument précédent (qla 2, arg. 1 [éd., 2.1, avec les sources]).

Le rapprochement formulé chez Eudes Rigaud et Guillaume de Méliton entre la connaissance scientifique par *dignitates*, *suppositiones*, *conclusiones*, d'une part, et la théologie, d'autre part, se retrouve dans le commentaire de Bonaventure sur le IIIe Livre, sous la forme *antecedentia, principalia, consequentia*[96]. Les *antecedentia*, placés en premier, correspondent parfaitement aux *dignitates* ; il faut cependant remarquer une certaine confusion de langage, parce que Bonaventure dit que les *dignitates*, ou *principia communia*, sont supposées (*supponuntur* ; ce verbe serait propre au deuxième niveau, celui des *suppositiones*) ; en deuxième position, Bonaventure place les *principia propria* des sciences, qui sont *intrinseca principia suarum demonstrationum* : de la sorte il les identifie comme *illa, ad quae fidei illuminatio directe dirigit, et ista dicuntur articuli*. Bonaventure ne dit pas si les *intrinseca principia* possèdent une évidence pour celui qui, illuminé directement par la foi, procède à partir d'eux, par voie de démonstration, dans l'articulation du savoir théologique ; mais l'expression *principia intrinseca* rapproche le texte de Bonaventure de celui d'Eudes Rigaud, plutôt que de celui de Guillaume de Méliton. Enfin, viennent les *consequentia*, tirés (*elici*) des principes intrinsèques, dans un rapport de stricte dépendance (*habent sequi*).

Nous avons déjà eu l'occasion de montrer le parallélisme entre les idées discutées dans ces textes et les deux rédactions de la réponse ad 2 de Thomas, dans son a. 3, qla 2 ; en particulier, la réfutation contenue dans le texte D reprend précisément le même genre d'exemples que ceux utilisés par les maîtres franciscains. Certes, il ne fait pas de doute que l'intention de Thomas,

95. « [...] non *quaelibet* determinatio trahens in partem facit subalternationem scientiae, sed determinatio quodam modo *distrahens*. Nam scientia de linea recta non dicitur subalternari geometriae, sed scientia de linea visuali, quoniam haec determinatio quodam modo trahit ad alia principia » (BONAVENTURA DE BAGNOREGIO, *In I Sent.*, procem., q. 2, ad 4 [ed. Quaracchi, p. 11a-b]) ; ce concept a été très bien expliqué par L. SILEO, « La 'via' teologica di Bonaventura da Bagnoregio », dans *Storia della teologia nel Medioevo*, t. 2, p. 719-721. – À notre avis, il faut rapprocher de cette idée une autre expression de Bonaventure, « intrinseca principia », appliquée aux principes des sciences proprement dits (v. note suivante).

96. « Sicut in aliis scientiis videmus esse quaedam *principia communia*, quae supponuntur, sicut dignitates ; quaedam vero sicut *principia propria* illarum scientiarum, ut sunt intrinseca principia suarum demonstrationum ; quaedam vero sunt sicut consequentia, sicut sunt conclusiones corollariae : per hunc etiam modum in doctrina fidei *antecedentia* sunt illa quae sunt de dictamine iuris naturalis ; *principalia* vero sunt illa, ad quae fidei illuminatio directe dirigit, et ista dicuntur articuli ; *consequentia* sunt illa quae ex illis articulis possunt elici et ad illos articulos habent sequi » (BONAVENTURA DE BAGNOREGIO, *In III Sent.*, d. 25, a. 1, q. 1, resp.[ed. Quaracchi, t. 3, p. 535a] ; v. aussi *Ibid.*, d. 24, dub. 3 [*ibid.*, p. 530b]).

dans ce texte D, n'est pas d'entrer en polémique avec ces positions des maîtres franciscains, mais bien de reformuler sa pensée : il entend cependant éviter toute ambiguïté sous-jacente à l'application en théologie du schéma des *dignitates, suppositiones, conclusiones*. L'application, par Eudes Rigaud, de ce schéma à la certitude du géomètre et du théologien se trouve contredite par le texte D, qui range la théologie parmi les sciences inférieures, tandis que les sciences supérieures : « [...] sunt ex principiis per se notis, sicut geometria et huiusmodi habentia principia per se nota, ut 'si ab equalibus equalia demas' etc. » (éd., l. 73-75). En plus, la référence à la certitude, par laquelle s'ouvre le texte D, ne serait pas de soi nécessaire, parce que Thomas vient d'en traiter dans la réponse immédiatement précédente ; cependant, la certitude, tant dans l'acquisition des principes que dans le procès démonstratif, constitue précisément une des applications de la théorie de la subalternation, autant dans sa forme tripartite en *dignitates, suppositiones, conclusiones* (Eudes Rigaud, Guillaume de Méliton), que dans celle des sciences *superiores* / *inferiores* mise en œuvre par Bonaventure dans son prologue.

Les considérations que nous venons de proposer relativement aux maîtres qui enseignaient, ou avaient enseigné peu auparavant, les *Sentences* quand Thomas d'Aquin arriva à Paris en 1251 ou 1252 permettent, à notre avis, de mieux apprécier son attitude lorsque, encore bachelier, il fait appel à l'autorité de Guillaume d'Auxerre[97] pour énoncer la première version de sa doctrine sur la connaissance que l'on a des principes de la théologie, c'est-à-dire des articles de la foi[98].

Et, de façon plus générale, cette étude a montré comment, dans les années 1240-1255, était étudié ce thème de la connaissance des principes de la théologie. Nous sommes donc maintenant en état de mieux situer et de mieux apprécier les efforts successifs de Thomas pour appliquer à la théologie la doctrine de la subalternation des sciences.

3.3.4 Observations sur certains contenus de la théorie thomiste de la subalternation en théologie

Si l'on considère les éléments mis en œuvre dans la discussion parisienne des années 1240-1250 sur la connaissance des articles de foi et des principes de la connaissance de foi, on peut constater que la double rédaction par Thomas de *In I Sent.*, prol., a. 3, qla 2, ad 2, trouve sa place naturelle si on la situe avant la rédaction du *Super III Sent.*

97. GUILLAUME D'AUXERRE, *Summa aurea*, III, tr. 12, c. 1 (éd. Ribaillier, p. 199, l. 59-72), cité à la note 69.

98. Devenu enseignant à Rome, il reformulera cette doctrine au début de la *I pars*, en insistant spécialement sur le rôle du *lumen* dans la connaissance des principes : « [...] hoc modo sacra doctrina est scientia, quia procedit ex principiis notis lumine superioris scientiae, quae scilicet est scientia Dei et beatorum. Unde sicut musica credit principia tradita sibi ab arithmetico, ita doctrina sacra credit principia revelata sibi a Deo » (*I pars*, q. 1, a. 1, resp. [ed. Leon., t. 4, p. 9]).

Dans le texte D, avant d'appliquer la théorie de la subalternation, Thomas commence par relever deux éléments nécessaires à la science : la certitude et l'acquisition d'un savoir.

La référence du texte D à la certitude étonne quelque peu, car l'argument 2.2 (« Omnis scientia procedit ex principiis per se notis que cuilibet sunt manifesta »), auquel ce texte D répond, ne requérait en rien l'intervention de cette notion. Il ne s'agit cependant pas d'un ornement purement gratuit. Ce recours à la certitude permet à Thomas d'affirmer qu'il n'y a pas de science *de contingentibus*, ce qui est, en fait, un complément à la réponse précédente (réponse ad 2.1), qui avait déjà énoncé qu'il n'y a pas de science *de particularibus*. Ce rapport indéniable avec le texte de la réponse ad 2.1 montre bien que notre texte D doit être placé après cette réponse, comme rédaction concurrente de la première réponse ad 2.2.

De plus, il importe de souligner que, dans le texte D, conformément à l'enseignement des *Seconds Analytiques*[99], la certitude de la science est présentée comme qualité de la démonstration *ex necessariis* et est attribuée pour ce motif à la théologie[100]. Or, dans deux lieux parallèles où Thomas parle à la fois de la certitude et de la subalternation des sciences pour les appliquer à la théologie, il ne fait plus intervenir la certitude comme qualité de la démonstration *ex necessariis*, mais il fait appel au rôle de l'intellect ou à son *lumen*. On le constate déjà dans le *Super Boet. De Trinitate*, où il écrit, dans notre contexte : « certitudinem per intellectum »[101] ; et surtout, dans ce même commentaire, il faut se référer à la fameuse q. 6, a. 1, où sont étudiées les modalités des sciences spéculatives : ici la certitude obtenue par démonstration *ex necessariis* est attribuée aux sciences mathématiques[102], tandis qu'aux sciences divines est réservée une certitude suivant le *modus intellectus*[103].

99. On peut lire les références en note à *In I Sent.*, prol., a. 3, arg. 2.1 et réponse 2.2-B (éd., l. 13 et l. 70).

100. « [...] in scientia duo est considerare, scilicet certitudinem, quia non quelibet cognitio set certitudinalis tantum dicitur scientia. [...] Ex primo [= le fait que la science possède une certitude] habet quod est ex necessariis: ex contingentibus enim non potest causari certitudo » *In I Sent.*, prol., a. 3, ad 2.2-B (éd., l. 67-71, avec les notes).

101. « [...] sicut patet in scientiis subalternatis : quia earum conclusiones sicut ex proximo principio procedunt ex fide eorum quae supponuntur a superiori scientia, set sicut a principio primo ab intellectu superioris scientis, qui de his creditis certitudinem per intellectum habet » (THOMAE DE AQ., *Super Boet. De Trinitate*, q. 2, a. 2, ad 7 [ed. Leon., t. 50, p. 96, l. 167-172]).

102. « [...] dicimur disciplinabiliter procedere, quando processus noster ad certam cognitionem perducit, que scientia dicitur ; quod quidem maxime contingit in mathematicis scientiis : cum enim mathematica sit media inter naturalem et diuinam, ipsa est utraque certior » (ID., *Super Boet. De Trinitate*, q. 6, a. 1, II (cit., p. 160, l. 229-234 ; v. aussi l. 225-231) ; « [...] intellectus humanus a phantasmatibus accipiens facilius capit horum cognitionem, et certius, quam intelligentie alicuius, uel etiam quam quiditatem substantie, et actum et potentiam et alia huiusmodi. Et sic patet quod mathematica consideratio est facilior et certior quam naturalis et theologica » *Ibid.*, (p. 161, l. 270-276).

103. « [...] intellectualiter procedere non attribuitur scientie diuine quasi ipsa non ratiocinetur procedendo de principiis ad conclusiones, set quia eius ratiocinatio est intellectuali considerationi propinquissima, et conclusiones eius principiis » ID., *Super Boet. De Trinitate*, q. 6, a. 1, ad 1 (cit., p. 163, l. 396-401 ; v. aussi l. 424-430). Cette question a été récemment étudiée par P. PORRO, « Il posto della metafisica nella divisione delle scienze speculative di Tommaso d'Aquino (*Super*

Pour souligner l'évolution de Thomas, nous nous bornerons à observer, en second lieu, que, dans la première question de la *I pars*, c'est le *lumen* de la science subalternante qui vient presque structurer l'exposition de la théorie de la subalternation : « hoc modo sacra doctrina est scientia, quia procedit ex principiis notis lumine superioris scientiae »[104]. Pour éviter définitivement l'équivalence entre d'une part principes naturels de la raison / principes révélés (articles de foi), et, d'autre part, *lumen* naturel de l'intellect / lumière surnaturelle de la foi, Thomas conçoit une équivalence qui subordonne non plus seulement les principes mais aussi le *lumen* par lequel les principes sont connus : il pose d'un coté le *lumen naturale intellectus* (pour connaître l'arithmétique et la géométrie) et le *lumen superioris scientiae* (pour connaître la musique et la perspective), et de l'autre côté suppose le *lumen* de Dieu et des bienheureux, ainsi qu'un *lumen superioris scientiae* (pour connaître la doctrine sacrée).

Il n'est pas difficile de s'apercevoir que ce parallèle est claudicant : la musique et la perspective procèdent des principes de leur science supérieure, l'arithmétique et la géométrie, mais tout en recourant aux principes immédiatement connus au moyen du *lumen naturale intellectus* et en les utilisant (« non respuens communia principia », dit Guillaume d'Auxerre) ; en revanche, la *sacra doctrina* ne procède que des principes de la science supérieure, celle de Dieu et des bienheureux, sans accès immédiat au principe même de cette science supérieure qui est Dieu lui-même. Quand donc, en conclusion de l'article, Thomas établit une analogie relativement à la façon dont la musique et la *sacra doctrina* « croient » leurs principes, qui viennent respectivement de l'arithméticien et de Dieu, l'analogie est vraiment fondée sur la différence. La continuité assurée par le *lumen naturale intellectus* dans le cas des sciences humaines, la *sacra doctrina* la reçoit de la foi[105].

De cela deux conséquences s'ensuivent : l'une est le fait que la *sacra doctrina* atteindra son *terminus* en tant que science seulement dans la patrie (c'est l'objet du premier article du prologue des *Sentences* comme de *I pars*, q. 1, a. 1). On retrouve ainsi un des deux éléments qui ouvrent le texte D :

Boetium De Trinitate, QQ. V-VI) », dans G. D'ONOFRIO (éd.), *La Divisione della Filosofia e le sue Ragioni*, Cava de' Tirreni, 2001, p. 185-249 [p. 221-249].

104. « Duplex est scientiarum genus. Quaedam enim sunt, quae procedunt ex principiis notis *lumine naturali intellectus*, sicut arithmetica, geometria, et huiusmodi. Quaedam vero sunt, quae procedunt ex principiis notis *lumine superioris scientiae*, sicut perspectiva procedit ex principiis notificatis per geometriam, et musica ex principiis per arithmeticam notis. Et hoc modo sacra doctrina est scientia, quia procedit ex principiis notis lumine superioris scientiae » *I pars*, q. 1, a. 2, resp. (ed. Leon., t. 4, p. 9).

105. « [...] ille qui habet scientiam subalternatam *non perfecte attingit ad rationem sciendi* nisi in quantum eius cognitio continuatur quodammodo cum cognitione eius qui habet scientiam subalternantem » THOMAS DE AQ., *Q. disp. de uer.*, q. 14, a. 9, ad 3 (ed. Leon., t. 22-2, p. 464, l. 158-162, nous soulignons). On peut rapprocher de ce texte une autre formule concernant le rôle du *lumen* : « [...] cognitionem [...] immediate ex diuino lumine inspiratam. Et hec est doctrina theologie » ID., *In I Sent.*, prol., a. 1, resp. (éd., l. 39-41).

« quod ipsa [scientia] est terminus discipline »[106]. Et la seconde conséquence regarde précisément le deuxième élément du début de ce texte B, à savoir que la *sacra doctrina* procède *ex necessariis*. L'approfondissement opéré par Thomas lui fait découvrir qu'il n'est pas possible de l'affirmer absolument, puisque nous n'avons pas accès immédiat aux principes premiers de cette science, dont le principe est en vérité Dieu seul. Nous pouvons seulement, dans la foi, attribuer à ces principes une certaine nécessité, subordonnée à celui qui seul est nécessaire, Dieu lui-même.

On comprend donc que la certitude dans le procédé scientifique est premièrement *secundum intellectum*, comme Thomas le dit pour la théologie philosophique aussi bien que pour la théologie révélée, dans le *Super Boetium De Trinitate*[107]. Mais, naturellement, en tenant compte de ses prédécesseurs, Thomas avait déjà appliqué cette connaissance *secundum intellectum* au domaine de la foi, en le distinguant du domaine de la seule raison, dès le prologue sur les *Sentences*[108] : « [...] magis enim fidelis et firmius assentit hiis que sunt fidei quam etiam primis principiis rationis. [...] Habitus autem istorum principiorum, scilicet articulorum, ideo dicitur fides et non intellectus, quia ista principia supra rationem sunt et ideo humana ratio ipsa perfecte capere non valet. Et sic fit quedam defectiua cognitio, non ex defectu certitudinis cognitorum, set ex defectu cognoscentis »[109]. Dans la *Somme de théologie* la certitude de la *sacra doctrina* sera à nouveau présentée comme provenant « ex lumine divinae scientiae, quae decipi non potest »[110]. Notre texte D, qui propose une certitude *ex necessariis*, fait en partie exception, même dans le contexte du prologue dans lequel il s'insère. Dans la rectification D, cette affirmation d'une certitude scientifique (qui ne peut formellement être ni affirmée ni niée de la théologie) n'est pas mise explicitement en rapport avec la théorie de la subalternation qui est développée immédiatement après. On peut cependant avancer que cette connexion y est présente de façon implicite.

Comme on l'a remarqué en présentant la théorie de Bonaventure sur la subalternation, dans le texte D, Thomas, à la suite d'Aristote, commence par

106. Il faut observer que dans la *Somme de théologie*, q. 1, a. 2, Thomas subalterne la *sacra doctrina* à la « scientia Dei et beatorum », tandis que dans les *Sentences* il ne parlait que de la « scientia Dei » : ce changement ne sert pas seulement à affirmer une continuité entre la « beatificans cognitio » (*Comp. theol.*, I cap. 2 ; ed. Leon., t. 43, p. 83, lin. 6-7) *in via* et *in patria*, mais surtout permet à Thomas de souligner la différence entre la foi et la vision : dans la vision les bienheureux auront la compréhension des articles de foi, et donc leur science pourra être, d'une certaine façon, subalternante de la *sacra doctrina ;* en revanche, par la foi, le croyant n'atteint pas une connaissance immédiate des principes, par laquelle il serait à mesure de fonder la *sacra doctrina* en tant que science (concernant « beatificans cognitio », v. P. KRUPA, « Teologia jaco narzędzie 'Poznania uszczęśliwiającego' w Compendium theologiae świętego Tomasza z Akwinu », dans *Studia Theologica Varsaviensia*, 39 [2001], p. 47-61 ; résumé : p. 59-61).

107. THOMAS DE AQ., *Super Boet. De Trin.*, q. 6, a. 1, III, ad 1 et ad 4 (ed. Leon., t. 50, p. 163).

108. Dans le prologue des *Sentences*, Thomas utilise souvent la certitude qu'une discipline possède pour désigner sa scientificité (v. *In I Sent.*, prol., a. 2, ad 1 et ad 3).

109. *In I Sent.*, prol., a. 3, ad 3 (éd., l. 99-105).

110. *I pars*, q. 1, a. 5, resp. (ed. Leon., t. 4, p. 16).

présenter la subalternation en général, entre sciences supérieures et sciences inférieures ; ensuite il fait une distinction entre subalternation « ratione subiecti » et subalternation « ratione modi cognoscendi ». Et il conclut en disant que « theologia est inferior scientia que in Deo est » (éd., l. 84) ; c'est une connaissance imparfaite qui suppose et emprunte ses principes (prouvés dans la science de Dieu, qui lui les connaît parfaitement), et « procedit ad probandum ulterius illa que ex articulis sequntur » (éd., l. 88-89). Dans la façon de procéder de la théologie, on pourrait donc retrouver le caractère de certitude qui distingue les sciences par démonstration[111]. En vérité, la conclusion est plus nuancée, parce que Thomas, ayant insisté sur l'imperfection de notre connaissance des principes, ne peut conclure qu'avec une analogie : « Est ergo theologia scientia quasi subalternata » (éd., l. 89) ; d'où il s'ensuit que l'application à la théologie de la certitude scientifique se fait à la manière des « sciences divines » et est limitée à ce qui concerne l'argumentation, comme il est dit dans la q. 6 du *Super Boetium De Trinitate*, déjà citée[112].

En conclusion, on peut remarquer que la théorie de la subalternation dans la note D ne comporte aucune référence au *lumen intellectus agentis* ou au *lumen fidei*, sur lesquels s'était en revanche fondée la réponse originaire ad 2.2-A ; toutefois, ce silence n'est pas du tout révélateur d'une période particulière de l'évolution de Thomas dans la formulation de la théorie de la subalternation théologique. Il faut également remarquer un autre silence de la part de Thomas : il n'est jamais question de *sacra doctrina* dans ce passage, tandis que trois fois nous trouvons le mot *theologia*[113] : la fréquence de ce mot avec les formules *superior / inferior scientia* dans le contexte de la subalternation des sciences, est attestée également dans le *Super Boetium De Trinitate*, comme on l'a déjà remarqué[114] ; cela explique très bien que M.-D. Chenu ait daté le passage D de la même période que ce commentaire.

111. On trouve encore une certaine insistance de Thomas sur la nécessité de la conclusion démonstrative en théologie, dans les *Q. disp. de ueritate* : « [...] *inferior sciens* non dicitur de his quae supponit habere scientiam, sed *de conclusionibus* quae ex principiis suppositis *de necessitate* concluduntur ; et sic etiam fidelis potest dici habere scientiam de his quae concluduntur ex articulis fidei » (THOMAS DE AQ., *Q. disp. de uer.*, q. 14, a. 9, ad 3 [ed. Leon., t. 22-2, p. 464, l. 163-168]).

112. Nous pouvons nous référer aussi aux explications des définitions de la foi dans le *Super III Sent.*, où il est dit que le rôle de la certitude intellectuelle n'appartient à la foi que dans sa dimension argumentative, mais non en tant que foi à proprement parler : *In III Sent.*, d. 23, q. 2, a. 1, ad 8 (cf. éd. Moos, p. 722, n. 129) ; à compléter par l'importante explication de l'acte de foi, qui considère que, bien qu'au moyen de la volonté, l'acte de croire est émis par l'intellect selon ses caractéristique propres, qui incluent la science et donc la certitude : *In III Sent.*, d. 23, q. 2, a. 2, sol. 1 et 3 (cf. éd. Moos, p. 725, n. 138-140 ; et p. 728-729, n. 155-157).

113. Dans le prologue aux *Sentences* de Thomas le mot *theologia*, pour désigner la *sacra doctrina* se trouve : 3 fois dans l'a. 1 ; 4 fois dans l'a. 4 ; 1 fois dans l'a. 5 ; dans l'a. 2, on trouve une fois *theologus* ; dans l'a. 3, *theologia* se trouve seulement dans le passage D. Dans *I pars*, q. 1, *theologia* ne sera employé que 3 fois dans l'a. 1, et une fois en citation à l'a. 7. En revanche, en considération du contexte, dans le *Super Boet. De Trinitate*, le mot *theologia* est employé couramment.

114. « Ad quintum dicendum, quod aliqua scientia continetur sub alia dupliciter : *uno modo ut pars* ipsius, quando scilicet *subiectum eius est pars aliqua subiecti illius*, sicut planta est quedam

Comme l'on sait, la théorie de la subalternation de la théologie, telle que Thomas l'a conçue, a été critiquée et refusée même par certains de ses disciples[115]. Nous nous bornerons à noter, dans le paragraphe 6 de ce chapitre, comment a évolué, chez les premiers disciples de Thomas, la formulation de cette théorie, où l'on peut d'ailleurs facilement retrouver trace d'emprunts faits à ses prédécesseurs[116].

pars corporis naturalis, unde et scientia de plantis continetur sub scientia naturali ut pars ; *alio modo* continetur una scientia sub alia *ut ei subalternata*, quando scilicet in superiori scientia assignatur propter quid eorum de quibus scitur in scientia inferiori solum quia, sicut musica ponitur sub arismetica » (*Super Boet. De Trinitate*, q. 5, a. 1, ad 5 [ed. Leon., t. 50, p. 140, l. 294-304]).

115. Voir U. KÖPF, *Die Anfänge der Theologischen Wissenschaftstheorie im 13. Jahrundert*, Tübingen, 1974, p. 145-149 ; qui, pour ce qui concerne la première école thomiste, est à compléter par : J.-P. TORRELL, « Le savoir théologique chez les premiers thomistes », dans RT, 97 (1997), p. 26-29. Une étude moins détaillée, mais fort utile, est celle de L. SILEO–F. ZANATTA, « I maestri di teologia della seconda metà del Duecento », dans *Storia della Teologia nel Medioevo*, t. 3 p. 9-225. Rappelons l'édition du texte connu jadis sous le nom de « Defensio S. Thomae » : P. PICCARI, « La *Opinio de difficultatibus contra doctrinam fratris Thome* di Erveo di Nedellec. Edizione critica », MD, n. s., 26 (1995), p. 5-193.

116. Nous étudions ci-dessous (§ 6) la réception de cette doctrine dans les commentaires de quelques disciples de Thomas. Limitons-nous ici à observer deux choses : l'une concernant le Commentaire de Gauthier de Bruges, l'autre celui de J. Pecham. Gauthier de Bruges, dans son *Super I Sent.*, prol., a. 3 (éd. par J. BEUMER, « Die vier Ursachen der Theologie. Nach dem unedierten Sentenzenkommentar des Walter vom Brügge OFM », dans *Franziskanischen Studien*, 40 (1958), p. 377-78 [p. 361-381]) développe une discussion sur la façon dont les sciences subalternantes et les sciences subalternées connaissent leurs principes : il faut noter que pour son contenu ce texte est en parfait accord avec la rectification de Thomas à l'art. 3 de son prologue (l. 67-90), cependant nous n'avons remarqué aucune dépendance littérale entre ces deux passages ; en revanche, dans l'a. 4 : « Quarto queritur de fine huius scientie, hoc est, an sit practica vel speculativa », Gauthier pourrait se référer (v. *ibid.*, p. 380, l. 21-25) à la théorie de la subalternation de la science théologique d'après la *Somme de théologie*, à laquelle il emprunte l'opinion de Thomas sur la question de savoir si la *sacra doctrina* est une science spéculative ou pratique (*I pars*, q. 1, a. 4 [ed. Leon., t. 4, p. 14] ; pour la subalternation : *ibid.*, a. 2 [p. 8-9]). J. Pecham, dans son Commentaire, reprend une discussion concernant la subalternation des *Sentences* du Lombard par rapport à la *sacra Scriptura*, développée déjà par Bonaventure (*In I Sent.*, proem., q. 2, ad 4m ; ed. Quaracchi, t. 1, p. 11), mais Jean Pecham y introduit une distinction par laquelle il s'éloigne de son maître Bonaventure. J. PECHAM, *Super I Sent.*, prol., a. 2 (ms. *Napoli, BN, VII. C. 2*, f. 2vb-3ra), présentation de l'argument (f. 2vb) : « <Q>Veritur de forma. et hic multiplicantur questiones. forma enim intelligi potest uel modus procedendi uel genus scientie. et queritur de utroque. de modo procedendi in hoc libro sententiarum queruntur duo. primo an liceat inquirere. secundo an expediat. [...] Item modus scientie superioris assumendus est ad inferiorem sicut discendunt demonstrationes geometrie in perspectiuam. Set scriptura sacra est superior hoc libro. ergo sicut illa non est demonstratiua uel inquisitiua ita nec ista esse dicitur » ; réponse (f. 3ra) : « Ad secundum. quod modus scientie superioris etc. dicendum quod ueritatem habet in scientiis quarum una altera subalternatur quod non est in proposito. qum subiectum scientie subalternate addit super subiectum scientie subalternantis secundum rem. sicut perspectiua supra geometriam. Verum autem intelligibile non addit super verum credibile secundum rem. set tantum per modum tractandi uel intelligendi. quamuis pro tanto liber iste habeat modum subalternacionis quia innititur scripture testimoniis. Set secundum veritatem non est dicenda scientia alia a scriptura sacra set quedam explanacio eorum que in scriptura sacra continentur ». Compte tenu du fait que la subalternation chez Thomas d'Aquin concerne toujours la *sacra doctrina* par rapport à la science de Dieu et des bienheureux, il faut remarquer qu'on trouve chez Jean Pecham une distinction à propos de la *théorie* de la subalternation, présente également dans la

L'étude de la critique interne des deux réponses à l'arg. 2.2, l'ad 2.2-A et l'ad 2.2-B, nous a fourni ainsi plusieurs indices qui nous serviront ultérieurement pour dater notre texte D et, éventuellement, son insertion sur l'*exemplar* α.

3.3.5 L'incipit Vel dicendum *et l'insertion du texte D sur la* pecia *1 de α*

La signification de la formule *uel dicendum quod* (éd., l. 67) est évidente : elle introduit une autre réponse, concurrente possible de celle qui précède. L'autographe du *Super III Sent.* conserve quelques exemples de cas analogues, dus à la main de Thomas lui-même ou de son collaborateur E (cf. éd. Moos, p. 34, n. 106 ; p. 348, n. 96 ; p. 423, n. 151 ; p. 441, n. 63 ; p. 846, n. 158).

L'analyse des contenus du texte D nous a montré que celui-ci reprend tous les éléments de la réponse originaire ad 2.2-A et propose une solution toute nouvelle. Or, à partir du *Super III Sententiarum*, la doctrine du texte D (réponse ad 2.2-B) devient la seule solution admise par Thomas à propos de la connaissance des articles de foi par les fidèles en cette vie. Par conséquent, il faut supposer que Thomas n'a pu placer la réponse 2.2-B comme réponse concurrente de la première version ad 2.2-A, qu'avant l'enseignement du traité de la foi au IIIe livre des *Sentences* ; nous proposons donc de dater cette réponse ad 2.2-B de l'année scolaire où il enseigna le Ier et le IIe Livre, c'est-à-dire avant Noël 1253 (si l'on fait commencer l'enseignement des *Sentences* en 1252) ou bien avant Noël 1254 (si l'on fait commencer cet enseignement en 1253).

La place erronée de l'insertion du texte D (réponse ad 2.2-B) parmi les réponses aux objections de l'a. 3 nous amène à nous représenter presque visuellement l'emplacement du texte D à côté de la réponse dont il est le concurrent. Cela nous aide à comprendre un problème posé par la critique textuelle – qui joue un peu le rôle de *domina* dans cette introduction.

L'étude de la tradition textuelle des rectifications majeures dans le *Super I Sent.* a révélé que les textes A et B ont été insérés sur l'*exemplar* α à la même époque, même si le texte B y a été inséré quelque temps avant le texte A. En revanche, le fait que le texte D soit attesté par un nombre moindre de mss, pourrait faire penser qu'il est postérieur aux deux autres ; à ce propos toutefois, la critique interne, on vient de le voir, ne laisse place à aucun doute.

Comme il arrive souvent en matière de critique textuelle, c'est la découverte de l'erreur d'un scribe qui a permis de résoudre cette apparente contradiction.

Nous devons tout d'abord observer que les trois textes insérés sur l'*exemplar* α du *Super I Sent.* sont de nature différente. Le plus ancien, le texte B, développe plus amplement que le texte C la doctrine sur les attributs divins. Le passage A doit remplacer un point de doctrine sur lequel Thomas a

rectification de Thomas à l'a. 3, qui distingue la subalternation *ratione subiecti* et *ratione modi cognoscendi* : *In I Sent.*, prol., a. 3 (éd., ad 2.2-B, l. 81-84) ; v. également : *Super Boet. De Trinitate*, q. 5, a. 1, ad 5 (ed. Leon., t. 50, p. 140, l. 294-304).

modifié sa position. Le texte D, en revanche, ne s'impose pas comme texte devant remplacer la première version de la réponse 2.2-A, mais comme son possible concurrent : *uel dicendum quod.*

De ce fait, la réponse ad 2.2-B (texte D) se présente comme une note marginale, parallèle à la réponse ad 2.2-A. Elle partage la situation de certaines autres notes marginales conservées dans l'autographe du *Super III Sententiarum* (v. ci-dessus, dans ce même paragraphe). À un moment donné de l'existence de la pièce 1 de l'*exemplar* α, l'insertion du texte D devient obligatoire : le signe d'insertion est placé à un endroit erroné sur la pièce, avant la réponse originaire dont elle est la concurrente. Ce déplacement parmi les réponses suppose la transformation de l'appel de note situé à l'intérieur du texte en un signe d'insertion, ce qui a probablement déterminé le glissement du passage D dans le texte courant, à l'endroit, évidemment fautif, attesté unanimement par la tradition manuscrite. Cet incident peut être situé à un moment précis de l'existence de la *pecia* : quand celle-ci commence à être usagée, comme nous l'attestent les mss de α qui transmettent le passage D : à l'exception de Bx^4 et Kr^1, les autres témoins, P^1 P^2 P^5 Tr^2 V^4 C^3, représentent la phase plus détériorée de la *pecia* 1 de l'*exemplar* α (v. chap. III, § 1.1.5).

Le ms. N^3 nous permet de bien nous représenter la façon dont cette note a été insérée sur les marges de l'*exemplar* : comme je l'ai dit plus haut, un des premiers utilisateurs du ms., la main U^2, a écrit la rectification D dans les marges du f. 2r et a bien délimité la première version de la réponse, de manière que les deux réponses soient même visuellement concurrentes.

Si nous ne sommes pas en mesure de déterminer la date exacte de cet incident, nous pouvons cependant indiquer avec précision l'époque à laquelle le texte D peut avoir vu le jour. La critique littéraire de ce texte nous a permis de le placer avant l'enseignement du traité de la foi au *Super III Sententiarum* : avant Noël 1253 ou Noël 1254[117] ; pour cette raison, il faut supposer qu'à l'origine le passage D a été écrit comme une note facultative[118] en marge ou bien de l'autographe du *Super I Sententiarum*, ou bien de son premier apographe, ou bien de son premier *exemplar*.

4. NOTES SUR LE CONTEXTE HISTORIQUE DES TROIS RECTIFICATIONS AU *PRIMUS THOME*

À partir de la conclusion de l'étude précédente, nous devons essayer de répondre à certaines questions qui ne relèvent ni de la critique textuelle ni de la critique interne, mais plutôt du domaine de l'histoire et de la réception du texte.

117. Sur la datation de l'enseignement de Thomas sur les *Sentences*, v. chap. V, § 3.2 et § 4.
118. V. ci-dessus, note 4.

4.1 Une fausse piste : l'art. 3 sur les attributs divins identifié comme question disputée

A. Dondaine avait situé le nouvel a. 3 de la d. 2 du *Super I Sent.*, texte B, durant le séjour romain de Thomas d'Aquin, suivant l'indication du ms. *Vat. lat. 784* (f. 248vb) : « Hanc questionem disputauit Thomas et determinauit Rome et debet collocari in suo loco, scilicet distinctione secunda primi libri sententiarum, ut sit questio tertia secunde distinctionis » (ce ms., du XIVe s. [vers 1317], fait partie de la collection préparée à Avignon pour Jean XXII ; le texte B s'y trouve regroupé avec plusieurs opuscules [le ms. ne contient pas de *Super I Sent.*])[119]. Un ms. du *Super I Sent.* un peu plus ancien (il porte une note datée 1316), *Durham, Chapter B.I.5*, donne, au f. 7v *mg. ext.*, une notice analogue : « Ista questio non est descripta, set fuit disputata ab actore in curia »[120]. C'est-à-dire : cette *questio* (= le nouvel article, ajouté après le 2e) n'appartient pas originairement au *Commentaire* (dans lequel elle se trouve insérée dans le ms. – *descripta* pour *de scripto*), mais elle a été disputée *in curia* par l'auteur du *Scriptum*. Si l'on tient compte, au moins provisoirement, du témoignage de *Vat. lat. 784* qui, comme nous venons de le voir, situe à Rome la dispute supposée, on doit exclure que la *curia* dont on parle ici soit celle de l'évêque de Paris : ce devrait être la curie romaine ; mais les papes qui ont régné durant le séjour romain de Thomas (Urbain IV [1261-1264] et Clément IV [1265-1268]) n'ont jamais résidé dans la Ville et donc leur curie non plus.

Si maintenant nous portons notre attention sur le texte dans lequel la note du *Vat. lat 784* voit une dispute romaine, nous constaterons qu'il s'agit sans aucun doute d'un passage extrait d'un ms. du commentaire aux *Sentences*, et cela, parce qu'il commence par l'incipit « Circa tertium », parce que, au début de la *responsio*, il renvoie au contenu de l'article précédent, parce qu'il présente la remarque suivante : « [...] quia ex hoc pendet totus intellectus eorum quae in I libro dicuntur » (v. ci-dessus § 3.2.2 in extenso). La note du ms. Du est écrite à l'intérieur même du commentaire, à la hauteur du début de l'article. Il faut donc constater que l'origine de ces deux notes ne doit pas être recherchée dans les textes mêmes auxquels elles se réfèrent, mais, éventuellement, dans des notices indépendantes de la tradition textuelle de l'a. 3.

Les conclusions qui nous sont imposées par la critique textuelle et par la codicologie (v. les mss de α^*, W^2 et N^3, § 2.1.2) ont montré l'antériorité du texte B par rapport au texte A, qui lui-même est certainement antérieur à la rédaction de la q. 4 du *De ueritate* (1256-1257). Ces éléments assurés ruinent l'autorité de la note du ms. *Vat. lat. 784* qui situe la dispute à Rome (et donc entre 1265 et 1269)[121]. Et, si *Vat. lat. 784* ne peut donc nous être d'aucune

119. A. DONDAINE, « La Collection des œuvres de saint Thomas dite de Jean XXII et Jaquet Maci », *Scriptorium* 29 (1975), 127-152.

120. Il s'agit du ms. Du, qui appartient à la famille ε aussi pour la pièce 2 où se trouve le texte B.

121. L'occasion de la prétendue dispute avait été mise en relation avec les accusations soulevées contre Pierre de Tarentaise, à propos desquelles Thomas aurait rédigé la *Responsio de 108 articulis*. En vérité, la datation de cet opuscule repose sur une indication de la première édition

utilité pour situer chronologiquement l'a. 3, la notice du ms. Du, à elle seule, ne nous fournit aucune précision à ce sujet : elle nous indique tout au plus que l'a. 3 serait le fruit d'une dispute soutenue par Thomas *in curia* : ce pourrait être la curie romaine (en Italie), ce pourrait être la curie de l'évêque de Paris, et ce pourrait même être (pourquoi pas ?), toujours à Paris, la cour du roi de France.

En vérité, la contemporanéité des deux notes affectant les mss fait penser pour celles-ci à une provenance commune, indépendante de la tradition manuscrite de l'a. 3, et plutôt liée à ce milieu avignonnais où les faits et gestes de la vie de Thomas commençaient à être connus, pendant qu'on envisageait le procès de canonisation[122]. On peut conjecturer qu'une tradition, peut-être historiquement fondée, d'une dispute sur les attributs divins soutenue par Thomas devant la curie pontificale aura vu dans le texte B – transcrit par quelques mss du *Super I Sent.* au début ou à la fin du codex avec une mention d'insertion dans la d. 2 – une page où l'on pouvait facilement reconnaître la dispute en question et qui pouvait être présentée comme telle au pape Jean XXII[123].

4.2 Le témoignage des disciples de Thomas à propos des rectifications majeures

On a déjà vu au paragraphe 3.1.2 que l'existence du texte A est attestée en même temps que la q. 4, *De uerbo*, des *Q. disp. de ueritate*, par Annibald.

Ici nous rendons compte du fait qu'Annibald n'a pas utilisé le texte B, qui est, en revanche, attesté par Bombolognus de Bologne, vers 1266-1267.

Nous étudierons ensuite la réception du texte D, à laquelle nous consacrerons aussi un appendice à la fin du chapitre.

de la *Tabula aurea* de Pierre de Bergame (1473), selon laquelle Jean de Verceil (Maître de l'Ordre dominicain de 1264 à 1283) est supposé être le destinataire de la *Responsio* ; H.-F. Dondaine le reconnaît dans sa préface à l'édition de la *Responsio* : « À ce jour, nous ne connaissons pas d'autre document confirmant l'indication de la Tabula ; s'il n'y a là qu'une conjecture, à vrai dire facile, elle est très vraisemblable : elle propose un contexte historique satisfaisant ». Pour l'ensemble de la discussion voir H.-F. DONDAINE, « Préface », dans *S. Thomae de Aq., Opuscula*, ed. Leon., t. 42, p. 265-267 ; J.-P. TORRELL, *Initiation 1*, p. 171-206.

122. À propos des débuts du procès, v. CL. LE BRUN-GOUANVIC, « Introduction » à *Ystoria...*, p. 7-13 (et ci-dessous, chap. V, § 1.1.1.1). – Il faut placer, à la même époque que celle de la rédaction de ces deux notes, un événement attesté par les trois mss Nü Bb Ev, dont le plus ancien, Nü, est du début du XIVe siècle. Nü et Bb présentent, pour la dist. 2, les cinq articles de Thomas, mais on trouve à la fin de Nü et au début de Bb une question anonyme (du début du XIVe s. ?) sur les attributs divins, comportant quatre articles, avec l'indication : « Isti articuli ponendi sunt primo libro. secunda d<istinctione>. post tertium articulum. ». Cette indication est suivie par Ev, qui transcrit la question à l'intérieur de la dist. 2, en supprimant dans le même temps l'a. 3 de Thomas (ces mss, quant à la pièce 1, ont été étudiés parmi les non classés, chap. III, § 3.3).

123. Pour l'attitude de ce pape envers Thomas, on peut commencer par voir A. WALZ, « Papst Johannes XXII. und Thomas von Aquin. Zur geschichte des Heiligsprechung des Aquinaten », in *St. Thomas Aquinas 1274-1974. Commemoratives Studies*, vol. I, Toronto, 1974, p. 29-47.

4.2.1 La réception de l'a. 3 sur les attributs divins dans la d. 2

Annibald Annibaldi lit les *Sentences* à Paris comme bachelier de Thomas (1256-1259). Son commentaire suit de près celui de son maître, mais pas uniquement : dans sa distinction 2, les deux premiers articles sont composés à partir du commentaire, d. 2, de Pierre de Tarentaise, repris à la lettre pour certains passages, adapté pour d'autres. En particulier, dans son a. 2, Annibald met à la suite la *responsio* des articles 2 et 3 de Pierre, en reprenant la définition de la *ratio* : « ratio nichil aliud est quam intentio in intellectu perceptibilis », formule qu'on ne trouve pas chez Thomas (nulle part dans ses œuvres selon cette formulation)[124]. Pour ses deux derniers articles, Annibald est passé directement à Thomas, qui est plus incisif que Pierre, tandis que dans les deux premiers articles, Annibald avait préféré Pierre, qui a simplifié le style un peu recherché de Thomas. L'a. 3, notre texte B, ne semble pas attesté par Annibald, comme d'ailleurs les deux premiers ne le sont qu'à travers Pierre de Tarentaise.

Le *Scriptum* d'Annibald ne nous fournit donc aucun élément positif : nous pouvons seulement constater son silence à l'égard du texte B, mais cela n'implique pas du tout qu'il ne lui était pas connu. Il suffit de retourner à *In I Sent.*, d. 27, q. 2, où nous avons vu qu'Annibald utilise la nouvelle rédaction, texte A, de Thomas à propos de la prédication du Verbe : des trois articles de Thomas, Annibald ne résume que la version refaite de l'a. 2, sans tenir compte des deux autres.

Bombolognus de Bologne[125], en revanche, utilise ce même texte B dans son propre *Commentaire*[126]. La datation de la *Lectura* de Bombolognus est moins sûre que celle d'Annibald ; cependant elle peut être fixée entre 1265 et 1270 et probablement entre 1266 et 1268. En effet, Bombolognus, dans son *In I Sent.*, prol., a. 1, arg. 1 (édité dans les pages qui suivent : § 6.2), semble citer le IIIe livre du *De anima* suivant la révision de la traduction par Guillaume de Moerbeke : « Vnde III De anima 'uniuersale' Philosophus appellat

124. Cf. HANNIBALDUS DE HANNIBALDIS, *In I Sent.*, d. 2, a. 1, a. 2 (ed. Piana, f. 4r-v) ; PETRI DE TARANTASIA, *In I Sent.*, d. 2, q. 1, a. 2 et 3 (ed. Tolosae, p. 20) ; ce dernier article est l'un de ceux qui lui seront ensuite reprochés : cf. S. THOMAE DE AQ., *Responsio de 108 articulis*, art. 3 (ed. Leon., t. 42, p. 280).

125. Pour la vie et la *Lectura* de Bombolognus v. A. D'AMATO, « Bombologno de Musolinis da Bologna », dans *Sapienza*, 1 (1948) p. 75-90 et 232-252 ; à propos de la datation de la lecture cf. aussi A. DONDAINE, « Saint Thomas et la dispute ... », p. 257. Les deux chercheurs ont accepté le témoignage d'une note dans le ms. *Bologna, Bibl. univ., 1506*, f. 100v, laquelle précise que Bombolognus a écrit sa lecture avant que Thomas ne « rédige » la *Somme de théologie* (cf. ci-dessous).

126. Le texte de Bombolognus est transmis dans : *Bologna, Bibl. univ., 1506*, f. 11rb-12ra (pour la tradition manuscrite v. ci-dessous § 6.2). – Le texte B de Thomas est utilisé par Bombolognus comme article 3 dans sa dist. 2 ; les mots par lesquels l'article commence correspondent à ceux du texte B tel qu'il se trouve dans le Commentaire de Thomas et non tel qu'il a circulé sous forme de dispute, indépendamment du *Scriptum* de l'auteur. Bombolognus emprunte les objections au Commentaire de Pierre de Tarentaise (ed. Tolosae, 1652, p. 20), mais il choisit celui de Thomas dans la réponse principale.

'scibile' »[127] ; cette traduction a été datée par R.-A. Gauthier (à partir de l'utilisation de Thomas dans la *Somme*) des années 1266-1267. Si, comme il se doit, l'on fait crédit à la note d'un utilisateur du manuscrit antérieure à 1323, Bombolognus aurait rédigé son commentaire au Ier Livre des *Sentences* avant d'avoir pris connaissance de la *Somme de théologie* de Thomas d'Aquin[128] : or, il semble que la diffusion en Italie de la *I pars* soit attestée avant la fin de 1268, ce qui constuerait le *terminus ad quem* du commentaire de Bombolognus[129].

Ainsi, l'utilisation par Bombolognus de l'a. 3, nous fournit une attestation historique de sa diffusion et réception à travers le *Primus Thome*, avant 1268, au plus tard.

4.2.2 La réception du texte D par les premiers disciples de Thomas

Dans un appendice à ce chapitre nous étudions en détail les prologues des commentaires des *Sentences* de deux disciples de Thomas : Annibald Annibaldi et Romain Orsini de Rome, qui ont probablement été tous les deux bacheliers de Thomas à Paris, Annibald pendant sa première régence et Romain pendant la seconde.

Les résultats sont à la fois fructueux et décevants.

Le premier résultat a été de détecter deux rédactions du commentaire d'Annibald au Ier livre des *Sentences*, au moins jusqu'à la d. 22. La deuxième rédaction de ce prologue (qui est celle des éditions courantes) s'ouvre par un article qui traite de la subalternation de la théologie : s'il est certain

127. Dans les différentes traductions, cette citation n'a pas été retrouvée à la lettre. Le lieu auquel se réfère ici l'auteur pourrait être indiqué dans la conclusion du chapitre consacré à l'intellect possible, où le mot *scibile* est employé pour désigner l'objet de la connaissance intellectuelle (donc universelle) : « Et ipse [c.-à-d. l'intellect] autem intelligibilis est sicut intelligibilia. In hiis quidem enim que sunt sine materia, idem est intelligens et quod intelligitur ; sciencia namque speculatiua et sic scibile idem est » (ARIST., *De anima*, III, 430a2-5, trad. par Guillaume de Moerbeke [éd. R.-A. GAUTHIER, dans ed. Leon., t. 45-1, p. 214]). Il faut noter que *scibile* pour ἐπιστητὸν est employé exclusivement par la traduction de Guillaume, tandis que celle de Jacques de Venise utilise *speculatiuum* (*ibid.*, éd. R. A. GAUTHIER, dans *Anonymi Magistri artium Lectura...*, p. 447) et celle de Michel Scot *scitum* (*ibid.*, ed. F. STUART CRAWFORD, p. 434, n. 15) ; or la révision de la *Vetus* par Guillaume peut être placée aux environs des années 1266-1267 (les premiers emplois que nous connaissons sont ceux de Thomas d'Aquin vers 1267-68 : cf. R.-A. GAUTHIER, « Préface » dans *S. Thomae de Aq., Sentencia libri De anima*, ed. Leon., t. 45-1, p. 281*) et cela constitue certainement un indice pour la datation du Commentaire de Bombolognus.

128. Sur le verso du dernier folio du ms. qui ne contient que le *Super I Sent.* de Bombolognus (*Bologna, Bibl. univ., 1506*, f. 100v), on peut lire : « Istud est originale primum huius scripti. Et est de manu dicti fratris Bombologni. Qui fuit contemporaneus venerandi doctoris et admirandi fratris thome de Aquino. eiusdem ordinis predicatorum. qui nondum fecerat Summam in theologia. Anima utriusque doctoris requiescat in pace. Amen. Amen ». Sans vouloir prendre à la lettre le *nondum fecerat Summam* (parce que cette formule veut dire que Bombolognus n'a eu connaissance de la *Somme* de Thomas qu'après avoir accompli son commentaire, sans que cela implique nécessairement que Thomas n'ait pas commencé à travailler à la *I^a^ Pars* quand Bombolognus achevait son commentaire), il faut cependant admettre qu'on veut fournir ici une indication chronologique précise. Dans une étude que nous espérons prochaine de ce manuscrit, nous montrerons que cette note est digne d'être tenue en considération, bien que nous n'en connaissions pas l'auteur.

129. V. J.-P. TORRELL, *Initiation 1*, p. 212-213.

qu'Annibald a quasiment recopié le *Super Boet. De Trinitate*, q. 2, a. 2, il ne nous a pas été possible d'affirmer avec certitude qu'il utilise le passage D ni non plus, le cas échéant, la *I pars*.

En revanche, la première version de son prologue ne fait pas mention de la subalternation. Cela ne prouve rien pour ce qui regarde l'existence éventuelle du texte D dans le ms. du commentaire de Thomas qu'il avait sous la main : comme on l'a vu, dans la d. 2 et dans la d. 27 Annibald passe sous silence plusieurs articles du commentaire de Thomas. Dans le cas du passage A, dans la d. 27, c'est seulement la dernière phrase de l'article d'Annibald qui nous a permis de voir qu'il avait probablement sous la main le texte A (v. ci-dessus, § 3.1.2).

Le cas de Bombolognus, qui ne semble pas non plus utiliser le texte D, peut s'expliquer facilement : il n'a probablement eu accès qu'à un ou des mss ne comportant pas le texte D.

La fait, enfin, que Romain Orsini ait pu utiliser tardivement (vers 1269-1270) ce texte D n'est d'aucune utilité pour le situer chronologiquement, puisque nous avons établi qu'il est antérieur au *Super III Sent.* de Thomas.

5. Conclusion : L'apport de l'étude des rectifications majeures

Malgré la longueur, la minutie et la disparité des études menées dans ce chapitre, il est paradoxalement aisé d'en tirer les conclusions.

Tout d'abord, la critique interne nous permis de fixer comme *terminus ante quem* de la rédaction du texte A, la *responsio* de l'a. 2 de la q. 4 des *Q. disp. de ueritate*, dont la discussion eut lieu au cours de l'année scolaire 1256-1257 ; c'est à cette même époque que remonte l'insertion de ce texte dans l'*exemplar* : la tradition manuscrite et quelques données paléographiques et codicologiques concordent avec les résultats de la critique interne. Le témoignage d'Annibald, *In I Sent.*, d. 2, q. 2, a. 2, constitue un indice indirect du dépassement de la doctrine du texte A par celle de la q. 4 des *Q. disp. de ueritate*.

En second lieu, sur la base des données livrées par la paléographie, la codicologie et la critique textuelle, nous avons pu démontrer que le texte B a été ajouté à l'*exemplar* α un peu avant le texte A (v. § 2.2) et que la rectification C est concomitante à la rectification B. Les résultats produits par l'examen de quelques citations transmises par le texte B s'accordent parfaitement avec les données de la critique textuelle et avec les résultats de l'analyse du style (v. § 3.2). Une étude élargie du contenu pourrait apporter des précisions supplémentaires ; cependant, la complexité d'une telle étude – surtout si l'on tient compte des polémiques y afférentes (v. Pierre de Tarentaise[130]) et de certaines prises de position particulières (v. Guillaume de

130. En tenant compte des résultats de notre étude à propos de *In I Sent.*, d. 2, a. 3 (texte B), on peut se référer à H.-F. Dondaine, « Préface » dans *S. Thomae de Aq., Opuscula*, ed. Leon., t. 42, p. 264-266.

la Mare[131]) – nous conduirait bien au-delà de l'objectif que nous nous étions fixé : situer le texte D à l'intérieur de la production théologique de Thomas d'Aquin.

L'identification de ce texte avec une dispute soutenue en Italie par Thomas étant exclue, la poursuite de l'analyse des contenus de la rectification B permettrait sans doute de découvrir des éléments nouveaux.

Enfin, sur la base des données de la critique interne et de la tradition textuelle, nous avons décrit comment apparaît la rectification D sur la *pecia* 1 de l'*exemplar* α (v. § 3.3.5) : antérieure à l'enseignement du *Super III Sententiarum* sur la foi (d. 23-24), la réponse ad 2.2-B a été transcrite en marge de l'*exemplar* comme réponse concurrente possible de la réponse originaire, ad 2.2-A. Transcrite parallèlement à la réponse originaire, elle devait d'abord y figurer originairement comme réponse facultative : c'est précisément ce que montre l'erreur d'insertion à laquelle elle a donné lieu. Du reste, la tradition manuscrite est unanime à toujours attester le passage D comme insertion fautive parmi les réponses aux objections, et cela même après un certain temps de circulation de la *pecia* 1 de α, comme également dans la *pecia* 1 de l'*exemplar* β, qui est une copie de celle de l'*exemplar* α.

Cet accident d'insertion s'accorde admirablement avec une observation faite par P.-M. Gils, qui, par sa fréquentation des autographes de Thomas, avait acquis une connaissance particulièrement approfondie des habitudes littéraire de celui-ci. À propos de l'attitude de Thomas à l'égard de ses œuvres, P.-M. Gils écrit : « l'auteur [Thomas] s'en désintéressait une fois qu'elles lui étaient sorties des mains »[132]. Nous croyons que ce jugement concorde avec les résultats de notre recherche sur les trois rectifications. L'étude du passage refait sur la locution du Verbe (texte A) nous a permis de constater qu'Annibald, bachelier de Thomas, en rédigeant son commentaire des *Sentences* ne reprend pas la doctrine contenue dans le texte refait de la d. 27 (texte A), mais qu'il recopie l'article de la q. 4 du *De ueritate*, auquel Thomas a confié sa nouvelle conception de la doctrine de la locution du Verbe. Si d'un côté le bachelier se soucie de citer la dernière version de la doctrine du maître, confiée au *De ueritate* – tout en laissant de coté la version refaite (texte A) du *Super I Sent.* – on constate en même temps que Thomas ne s'est pas préoccupé de faire apporter sur les marges de l'*exemplar* de son commentaire à la d. 27 une nouvelle version de la doctrine concernant la locution du Verbe *in divinis*. Nous constatons également que Thomas, après avoir pris une position claire et nette, dans le traité de la foi du *Super III Sent.*, à propos de la connaissance des articles de foi par le croyant, ne s'est pas préoccupé de faire supprimer la première version de la réponse, l'ad 2.2-A, mais les deux réponses sont restées concurrentes possibles.

131. Cf. GUILLELMUS DE LA MARE, *In I Sent.*, d. 2, q. 2 (éd. H. KRAML, p. 63-65 ; à propos de la datation de ce commentaire, v. L. J. BATAILLON, « Guillaume de la Mare. Note sur sa régence parisienne et sa prédication » dans AFH, 98, 2005, p. 368-422 ; B.-M. LEMAIGRE, « Perfection ... », cit., p. 224-227.

132. P.-M. GILS, « S. Thomas écrivain », (cit., p. 208, n. 6).

5.1 Chronologie des trois rectifications majeures au Super I Sent.

Notre accord avec P.-M. Gils, que nous venons de citer, nous confirme dans la conclusion à laquelle nous sommes arrivé, à savoir que les trois rectifications majeures au *Super I Sententiarum* sont de très peu postérieures à la rédaction de cet ouvrage. En même temps, nous ne devons pas être surpris, si nous ne pouvons pas être plus précis sur le moment de l'insertion obligatoire, dans l'a. 3 du prologue, du passage sur la théologie comme science subalternée (texte D).

Par le fait qu'il est attesté par Bx^4 et Kr^1, par la façon dont il se trouve en marge d'un des plus anciens mss, N^3, mais aussi par sa teneur même, le passage D nous permet de dater à la fois le texte du commentaire au Ier livre des *Sentences* et la révision de ce texte. Si, en effet, l'on convient avec nous qu'il est raisonnable de dire que le texte D a été inséré sur l'*exemplar* avant l'enseignement du traité de la foi du *Super III Sent.* (enseignement qu'il faut placer avant Noël 1253 ou Noël 1254, suivant que l'on fixe le début de l'enseignement des Sentences en 1252 ou en 1253) il faut alors admettre que l'*exemplar* α circulait avant cette date et qu'avant cette date il avait déjà subi la révision qui marque le passage du stade du texte α* au stade révisé α (en effet, le copiste principal de N^3 atteste déjà la révision de l'*exemplar* α, au moins pour la première *pecia*). Or, le ms. Md témoigne que la rectification C et le texte B (nouvel a. 3 sur les attributs divins) sont eux aussi antérieures à la révision de l'*exemplar* qui donne lieu au passage de α* à α, et il s'ensuit donc que le texte B et la rectification C sont eux aussi antérieurs à Noël 1253 ou à Noël 1254. Enfin, si la rectification A est absente du texte au niveau de α* et aussi au moment où les copistes principaux de W^2 et de N^3 ont recopié la distinction 27, il faut remarquer que le possesseur d'origine (main P) de W^2 – qui avait indiqué au copiste principal (main C) d'intégrer à la fin du ms. le texte B et qui avait supprimé lui-même le texte C – écrit de sa main le texte A en marge et supprime l'ancienne rédaction. Ainsi donc, la rectification A apparaît contemporaine ou à peine postérieure aux autres.

6. Appendice : réception du texte D par les premiers disciples de Thomas

6.1 La théologie comme science subalternée et la double rédaction du Super I Sent. *d'Annibald*

Les *questiones* du prologue du *Scriptum Anibaldi*[133], dans les éditions, comme dans la moitié des mss, s'ouvrent par un article sur la théologie comme science, qui développe la théorie de la subalternation : cet article semble bien dépendre de la rectification D à l'a. 3 du prologue de Thomas[134]. Au premier abord cela nous avait semblé impossible : d'une part, nous venions de voir que

133. Écrit tantôt avec une h, tantôt sans, le nom d'Annibald ne prend jamais deux n dans les mss que nous avons consultés.

134. Voir ci-dessous l'étude faite dans le § 3.4.1.

la chronologie relative des trois rectifications place en dernier lieu celle sur la subalternation, suggérant ainsi de la repousser au plus tôt au temps de l'enseignement magistral de Thomas (après 1256) ; mais, d'autre part, nous trouvions qu'Annibald l'aurait utilisée dans le prologue de son commentaire des *Sentences*, enseigné au début de la carrière de Thomas comme régent (automne 1256).

Ayant eu l'attention attirée par une note marginale de l'édition Piana, nous avons résolu le problème par l'examen des manuscrits, qui révèlent deux rédactions successives du texte d'Annibald. La note de l'édition Piana dit ceci : « Hæc prima quæstio in antiquo exemplari non habetur, et tria ultimo quæsita superfluunt »[135]. *Hæc prima quæstio* ne se rapporte pas (comme on pourrait le penser) au 1er article du prologue, mais à la 1re question, qui comprend deux articles, bien qu'elle en annonce cinq. Pour résoudre l'énigme et comprendre exactement cette note, nous comparerons les différentes façons dont ce prologue se présente dans les mss et dans les éditions anciennes[136].

Mss de la Ire rédaction : *Cambridge, Univ. Libr. Mm. II.* (XIVe s.) : livres I-IV ; *Paris, Mazarine, 879* (XIIIe s.) : livres I-II ; *Paris, BnF, lat. 15782* (XIIIe s.)[137] : livres I et IV ; *Troyes, Bibl. Mun., 427* (XIIIe-XIVe s.) : livres I-IV ; et ms. *564* (fin XIIIe s.) : livres I-IV ; *Vaticano, BAV, Ottob. lat. 182* (XIIIe s.)[138] : livres I-IV.

Mss de la IIe rédaction : *Paris, Mazarine 878* (XIIIe-XIVe s.) : livres I-IV ; *Paris, BnF, lat. 3085 A* (XIVe s.) : II et I ; *Pistoia, Bibl. Capitolare, C. 75* (XIIIe s.) : livres I-III ; *Roma, Bibl. Angelica, 217* (XIIIe-XIVe s.) : livre I ; *Tarragona, Bibl. Públ., 35* (XIVe s.) : livres I-IV.

135. Ed. Piana, t. 17, f. 1r, *mg. ext.* ; cette note (comme le texte, pour ce qui a pu en être vérifié) est reproduite d'après l'éd. de Rome, 1556, f. 1v. Pour la commodité des lecteurs nous faisons référence à l'éd. *Piana*, qui a le même texte et la même division que l'édition de Rome 1556.

136. Nous présentons ci-dessous une liste provisoire des éditions. Pour les mss nous suivons la liste dressée par TH. KAEPPELI, (cit., p. 175), qui énumère 12 exemplaires du commentaire du Ier Livre, dont l'un est acéphale : *Carpentras, Bibl. Inguibertine*, 124 (L. 140), (XVe s.), *inc.* f. 4ra : *Cupientes aliquid* (Explication du Prologue) ; nous remercions Damien Ruiz, qui nous a fourni une description du ms. de Carpentras et nous en a obtenu une copie ; et également Athanasius Andrew Sulavik, qui a contrôlé pour nous le ms. de Cambridge. Le ms. de Tarragona n'a été consulté que sur microfilm, mais tous les autres ont été vus directement, ce qui nous a permis de préciser la datation de certains d'entre eux.

137. Ce ms. présente le prologue de la première rédaction (bien que les numéros des articles y ait été changés, par une main moderne, conformément à l'ordre des éditions) ; dans la suite de son texte, le ms. suit normalement la première rédaction et il insère en marge la deuxième ; cependant il témoigne de la circulation contemporaine des deux rédactions, puisqu'il lui arrive de mettre en plein texte la deuxième rédaction (de la main du copiste principal), suivie de la première rédaction, comme par exemple en : d. 2, q. 2, a. 1, ad 1 (f. 6ra) ; d. 17, a. 1, resp. (f. 28va) et a. 2 (f. 29rb-va).

138. Signé par un certain « Iohannes (Joh'es) dominici », Jean Dominici, italien, probablement copiste professionnel, qui reproduit le commentaire d'Annibald sur les quatre Livres des *Sentences*.

La liste des éditions : cette liste a pour but de permettre d'identifier les parutions successives[139]. La première édition a été publiée à Bâle, en 1492, par N. Kessler[140] et l'on en conserve plusieurs exemplaires[141] ; suivent : Rome, 1555-56, par A. Bladum[142] ; Rome, 1560, par A. Bladum – V. Luchinus[143] (Adams 1452) ; Rome, 1570, coll. des *S. Thomae ... Opera Omnia ..., Piana*, t. 17 ; Paris, 1574, par Guillaume Chaudière[144] (Adams 1453) ; Venise, 1593, coll. des *S. Thomae ... Opera Omnia ..., Veneta*, t. 17[145] (Adams 1455) ; Venise, 1595, coll. des *S. Thomae ... Opera Omnia ..., Veneta*, t. 17[146] ; 1660, Paris, coll. des *S. Thomae ... Opera Omnia ...* (par I. Nicolai), t. 11 ; Parme

139. Nous remercions Bertrand Georges Guyot, qui nous a permis de recourir à ses propres notes sur ces éditions.

140. Cet incunable est décrit par Copinger, n. 579 (ont été vérifiés les exemplaires suivants : *Antwerpen, Museum Plantin-Moretus, R.7.6* ; *London, British Museum, IB. 37638* [BMC III-770] ; *Paris, BnF, Rés. D. 11593*), titre (f. Ir) : « Sancti Thome de Aquino scripta | ad Hanibald episcop super quat|tuor libros sententiarum ». Au f. 153v, se lit le colophon : « Scripta beati Thome ad Hanibaldum eum | in quatuor libros sententiarum finiunt feliciter in offi= | cina Nicolai kesler ciuis Basiliensis impressa An | no a partu virginis salutifero Mcccc.xcij ». C'est probablement à cette édition d'Annibald que se réfère le titre de la publication suivante des *Sentences* de Pierre Lombard (Hain 10197) : « TExtus Sententiar cum conclu|sionib[9] Heinrici gorichem. nec|n scriptis scti Thome de Aqui | cno ad Hanibaldum episcopum. » En réalité, cette édition ne comprend pas l'œuvre d'Annibald, comme nous l'apprennent plusieurs catalogues, entre autres : *Londres, British Museum, IB.37633* (BMC III-770), et *Roma, BN, 71.8.D.17* (IGI 7644). Athanasius Andrew Sulavik a consulté pour nous les incunables du *British Museum* que nous citons ci-dessus ; nous l'en remercions vivement.

141. En plus des trois cités à la note précédente, nous connaissons encore l'existence des exemplaires suivants : *Bonn*, (*Voullieme n° 1140*) ; *Cambrai, Bibl. mun., 10114* ; *Chalons, Bibl. mun., 1320* ; *Lyon, Bibl. de la ville, n° 562* ; *Madrid, BN, 1835* (peut-être un aussi à Bressanone / Brixen, *Bibliothèque du Séminaire diocésain*).

142. De cette édition semblent dépendre toutes les suivantes. – Nous avons consulté l'exemplaire de la Bibliothèque de la Commission Léonine. D'autres exemplaires sont conservés également à : *Napoli, BN, 164.A.7* ; *Roma, BN, 68.13.B.2* ; *68.13.B.52* ; *68.13.G.32* ; *Roma, Bibl. Angelica, L.11.4*.

143. Nous connaissons cette édition seulement à travers le *Catalogue général des livres imprimés de la Bibliothèque Nationale* [de Paris], t. 187, « Catalogue des ouvrages de Saint Thomas d'Aquin », n° 282, qui décrit l'imprimé *Paris, BnF, D. 10245*. L'édition est aussi conservée à : *Antwerpen, Mus. Plantin B.533* ; *Paris, Bibl. de l'Institut catholique*.

144. Nous avons consulté l'exemplaire de *Roma, Bibl. Angelica, M.9.37* qui conserve seulement le *Commentaire* des livres I et II ; l'exemplaire de *Toulouse, Bibl. des Dominicains, 012 A. THO*, comporte les quatre Livres, comme nous l'a aimablement communiqué S.-Th. Bonino, que nous remercions vivement. L'exemplaire de la bibliothèque de Paris, *BnF, D. 88592* est décrit dans le *Catalogue des livres imprimés ...*, t. 187, n° 283 : « 1574. – Parisiis, *Apud M. Sonnium.* In-8°, pièces limin., 616 ff ». En plus nous connaissons l'existence de deux autres exemplaires : *Chantilly, Bibl. de la ville* ; *l'Arbresle (Lyon), Bibl. des Dominicains, 997 69*.

145. À propos de cette collection vénitienne et de la suivante (1595) v. ci-dessus, chap. II, § 2, Ed[9]. Nous avons consulté l'exemplaire de la Bibliothèque de la Commission Léonine.

146. À notre connaissance un exemplaire est conservés à Paris, *Bibl. du Saulchoir*, et un second était autrefois conservé à Lyon, *Fourvière 1409* (transféré aujourd'hui dans la Bibl. universitaire ?). – La collection d'Opuscules de Thomas publiée à *Anvers*, 1612, *apud Iohannem Keerbergium* (qui reprend celle de *Mayence*, 1611, par *B. Lippius*), dans son titre (qui reproduit celui de la *Piana* à travers *Venise 1593*), annonce le *Scriptum* d'Annibald, qui ne se trouve cependant pas dans l'exemplaire consulté à la Bibliothèque de la Commission Léonine.

1868, coll. des *S. Thomae ... Opera Omnia ...*, *Parmensis*, t. 22 ; Paris, 1878, coll. des *S. Thomae ... Opera Omnia ...*, éd. Vivès, t. 30[147].

Nous allons maintenant comparer la présentation des articles du Prologue du Commentaire d'Annibald telle qu'on la trouve dans les mss[148] et les éditions.

ANIBALDVS ANIBALDI, *Super I Sent.*, prologi questiones

Ière Rédaction – A	IIe Rédaction – B	Éditions (à partir de 1492)
...de quo in ps. 64 'replebimur in bonis domus tue'.	...de quo in ps. 64 'replebimur in bonis domus tue'.	...de quo in ps. 64 'replebimur in bonis domus tue'. [Questio prima[149].]
deficit	Hic queruntur quinque. Primo, utrum theologia sit scientia. Secundo, quid sit eius subiectum. Tertio, utrum sit sapientia. Quarto, de comparatione eius ad alias scientias. Quinto, quomodo doceri debeat.	Hic queruntur quinque. Primo, utrum theologia sit scientia. Secundo, quid sit eius subiectum. Tertio, utrum sit sapientia. Quarto, de comparatione eius ad alias scientias. Quinto, quomodo doceri debeat.
deficit	Ad primum sic proceditur et uidetur quod theologia non sit scientia.	Ad primum sic proceditur et uidetur quod theologia non sit scientia.
deficit	Ad secundum sic proceditur et uidetur quod deus non sit subiectum huius scientie.	Ad secundum sic proceditur. Videtur quod deus non sit subiectum huius scientie. [Questio secunda.]
Hic queruntur quinque. Primo, utrum sacra doctrina dicatur sapientia. Secundo, qualiter ad alias doctrinas se habeat. Tertio, quis sit idoneus eius auditor. Quarto, quis possit esse		Hic queruntur quinque. Primo, utrum sacra doctrina dicatur sapientia. Secundo, qualiter ad alias doctrinas se habeat. Tertio, quis sit idoneus auditor eius. Quarto, quis possit esse

147. Cette édition est la seule à présenter des divisions et des expositions du texte pour les IV Livres des *Sentences* ; en revanche, les autres éditions, comme les mss, ne présentent que de très brèves divisions et expositions du texte, et ceci seulement pour le IIIe Livre. L'édition Vivès a emprunté ces divisions et expositions au ms. *Paris, Mazarine, 878*, où celles-ci sont insérées dans le Commentaire d'Annibald ; elles n'appartiennent cependant pas à ce Commentaire, mais à celui de Pierre de Tarantaise. De ce fait, dans le IIIe Livre, sont mélangées les divisions et expositions dont Annibald est l'auteur, avec celles de Pierre de Tarentaise.

148. Le texte a été collationné sur tous les mss de chaque rédaction.

149. Les énoncés *Questio prima* et *Questio secunda* sont absents de l'édition de 1492 ; à partir de l'édition Romae 1556, est reproduite en marge la note citée : « Haec prima quaestio in antiquo exemplari non habetur, et tria ultimo quæsita superfluunt ».

eius doctor. Quinto, quomodo doceri debeat.		eius doctor. Quinto, quomodo doceri debeat.
Ad primum sic proceditur et uidetur quod sacra doctrina sapientia dicenda non sit.	Ad tertium sic proceditur. Videtur quod sacra doctrina sapientia dicenda non sit.	Ad primum sic proceditur et uidetur quod sacra doctrina sapientia dicenda non sit.
Ad secundum sic proceditur et uidetur quod hec doctrina non sit aliis doctrinis excellentior.	Ad quartum sic proceditur et uidetur quod hec doctrina non sit aliis excellentior.	Ad secundum sic proceditur. Videtur quod hec doctrina non sit aliis doctrinis excellentior.
Ad tertium sic proceditur et uidetur quod non omnis homo sit idoneus auditor huius doctrine.	deficit	Ad tertium sic proceditur. Videtur quod non omnis homo sit idoneus auditor huius doctrine.
Ad quartum sic proceditur et uidetur quod non hominis sit docere istam.	deficit	Ad quartum sic proceditur. Videtur quod non hominis sit docere istam.
Ad quintum sic proceditur et uidetur quod sacra doctrina non debeat tradi uerbis habentibus multiplicitatem sensuum.	Ad quintum sic proceditur et uidetur quod sacra doctrina non debeat tradi uerbis habentibus multiplicem sensum.	Ad quintum sic proceditur. Videtur quod sacra doctrina non debeat tradi uerbis habentibus multiplicem sensum.

Ce tableau montre précisément ce qui s'est produit dans les éditions à partir de celle de 1492 : elles commencent par énoncer les titres des cinq articles de la deuxième rédaction, mais elles n'en reproduisent que les deux premiers, regroupés en une première question ; vient ensuite l'énoncé des titres des cinq articles de la première rédaction, regroupés eux aussi en une deuxième question. Une note de l'édition de 1555-56 montre que son artisan, le Fr. Tommaso Neri, a comparé l'édition avec un manuscrit de la première rédaction, où il constate l'absence de la première question (qu'il connaît par l'édition dont il dépend) : *hæc prima quæstio in antiquo exemplari non habetur* ; et en même temps il remarque que les trois derniers énoncés de cette première question sont de trop : *et tria ultimo quæsita superfluunt.*

Le texte de ce prologue dans les éditions est donc un texte composé des deux traditions manuscrites. Le tableau le montre très bien. Cependant ce n'est pas seulement à partir de cette comparaison relative au prologue que nous parlons de double rédaction, mais sur la base de quelques sondages dans l'ensemble de l'œuvre.

Une étude plus poussée des mss nous a permis de découvrir un certain nombre de passages élaborés à nouveau (réponses principales et ad 1), écrits en plein texte dans les mss témoins de la IIe rédaction indiqués ci-dessus. On ne trouve cependant des exemples de ce phénomène que dans le Ier Livre, du prologue jusqu'à la dist. 22.

Ce qui nous permet de distinguer la *première* et la *deuxième* rédaction, c'est le premier article du Prologue dans les éditions : « Ad primum sic proceditur et uidetur quod theologia non sit scientia » ; cet article, absent dans la première rédaction, reprend presque à la lettre un article du commentaire par Thomas du *De Trinitate* de Boèce, dont l'autographe est certainement postérieur à celui du commentaire sur les *Sentences*. Mais il ne serait pas impossible qu'Annibald se soit inspiré du passage sur la subalternation, texte D, ajouté par Thomas à l'art. 3 de son prologue sur les *Sentences*, aussi bien que de *I pars*, q. 1, a. 2. Voici en synopse ce premier article d'Annibald et ses sources[150] (nous avons souligné seulement quelques passages parallèles dont la correspondance n'était pas immédiatement évidente) :

Annibaldus Annibaldi *In I Sent.*, Prol., a. 1 (deuxième rédaction)	Thomas de Aquino *In Boet. De Trin.*, q.2 a.2 et, en italique, la réponse de *I Pars*, q. 1, a. 2
<arg.> 1. Videtur quod theologia non sit scientia. Omnis enim scientia est de apparentibus. Sed est theologia de credibilibus, quae non sunt apparentia. Heb. 11: 'Fides est substantia rerum sperandarum...' ergo theologia non est scientia.	<arg.> 6. Preterea. Fides est de non apparentibus. Set scientia est de apparentibus, quia per scientiam apparent ea que in scientia traduntur. Ergo de diuinis que fide tenentur non potest esse scientia.
<arg.> 2. Praeterea, cujuslibet scientiae principium est intellectus: theologiae autem intellectus non est principium, sed finis, secundum illud Isa. 7: 'Nisi credideritis non intelligetis'; ergo theologia non est scientia.	<arg.> 7. Preterea. Cuiuslibet scientie principium est intellectus, quia ex intellectu principiorum venitur in scientiam conclusionum. Set in his que sunt fidei intellectus non est principium set finis, quia ut dicitur Ys. vii « Nisi credideritis non intelligetis ». Ergo de diuinis que fidei sunt non potest esse scientia.

150. Le texte d'Annibald est celui imprimé dans la *Piana*, Romae 1570, f. 1, vérifié sur tous les témoins mss. Le commentaire de Thomas sur Boèce est édité dans : *S. Thomae de Aq., Opera Omnia,* ed. Leon., t. 50, (le passage que nous citons se trouve aux p. 94-97). Le texte de la *I Pars* est repris de l'ed. Leon., t. 4, p. 9. Le texte du prologue du *Super I Sent.* que nous éditons se trouve à l'a. 3, u. 67-90. Quand à l'intérieur d'une même colonne nous introduisons une citation d'un autre ouvrage, nous en reproduisons le texte en caractère italique.

<arg.> 3. Praeterea, *prima principia* in scientiis sunt omnibus nota, et de quibus dubitari non potest: sed articuli fidei, qui sunt quasi principia theologiae, non sunt omnibus noti et dubium recipiunt; ergo theologia non est scientia.	<arg.> 5. Preterea. Omnis scientia procedit ex principiis per se notis, que 'quisque probat audita', aut ex principiis que ab his fidem habent. Set articuli fidei, qui sunt prima principia in fide, non sunt huiusmodi : quia neque sunt per se nota, neque ad principia per se nota resolvi possunt demonstratione, ut dictum est. Ergo de diuinis que fide tenentur non potest esse scientia.
<arg.> 4. Praeterea, scientia, secundum Augustinum 12 de Trin., principaliter est de rebus humanis; unde scientia ponitur perfectio inferioris rationis, quae temporalia disponit: theologia autem principaliter ordinatur ad divina; ergo non est scientia.	<arg. 1.> uidetur quod de diuinis que fidei subsunt, scientia esse non possit. Sapientia enim contra scientiam diuiditur. Set sapientia est diuinorum. Non ergo scientia. [Cf. La réponse d'Annibald ad 4.]
<1.> Sed contra est quod Apostolus dicit, 1 Cor. 8: 'De his autem quae idolis sacrificantur, scimus quod omnem scientiam habemus.' Sed hoc ad nullam aliam scientiam pertinet, nisi ad theologiam; ergo theologia est scientia.	<set c.> 3. Preterea. Apostolus de cognitione fidelium loquens, I Cor. viii, dicit « Set non omnium est scientia ». Et sic idem quod prius [= quod de alia intelligi non potest nisi de ea ... que est scientia fidei.]
<2.> Praeterea, Augustinus, 12 de Trin., dicit: 'Illud tantum huic scientiae attribuitur quo fides saluberrima, quae ad veram beatitudinem ducit, gignitur, nutritur, defenditur, roboratur.' Sed hoc non nisi ad theologiam pertinet: ergo theologia est scientia.	<1.> Set contra est quod Augustinus dicit XII De Trinitate « Huic scientie tribuo illud tantum, quo fides saluberrima, que ad ueram beatitudinem ducit, gignitur, defenditur, roboratur ». Ergo de his que sunt fidei est scientia.

Annibaldus Annibaldi *In I Sent.*, Prol., a. 1 (deuxième rédaction)	Thomas de Aquino *In Boet. De Trin.*, q.2 a.2 et, en italique, la réponse de *I Pars*, q. 1, a. 2	Thomas de Aquino *In I Sent.*, Prol., a. 3, u. 67-90 (sur la subalternation)
Respondeo. Dicendum, quod ad rationem scientiae duo requiruntur: unum ex parte conclusionum, scilicet quod est ex aliquibus principiis necessario deducantur: aliud ex parte principiorum, scilicet quod sint certa.	Responsio. Dicendum, quod cum ratio scientie consistat in hoc quod ex aliquibus notis alia necessario concludantur, hoc autem de diuinis contingat, constat de diuinis esse scientiam[152].	Vel dicendum quod in scientia duo est considerare scilicet certitudinem, quia non quelibet cognitio sed certitudinalis tantum dicitur scientia. Item quod ipsa est terminus discipline : omnia enim que sunt in scientia ordinantur ad scire. Ex hiis autem duobus habet scientia duo. Ex primo habet quod est ex necessariis : ex contingentibus enim non potest causari certitudo ; ex secundo quod est ex aliquibus principiis ; set hoc est diuersimode in diuersis,
Sed hoc dupliciter contingit in diversis scientiis. Quarumdam[151] enim scientiarum principia sunt simpliciter per se nota in illa scientia: sicut est de primis scientiis, quae ex primis principiis immediate procedunt, sicut patet de Arithmetica et Geometria.	*[Summa theologiæ, I Pars, q. 1 a. 2 :] Respondeo dicendum sacram doctrinam esse scientiam. Sed sciendum est quod duplex est scientiarum genus. Quaedam enim sunt, quae procedunt ex principiis notis lumine naturali intellectus, sicut arithmetica, geometria, et huiusmodi.*	quia superiores scientie sunt ex principiis per se notis, sicut geometria et huiusmodi habentia principia per se nota, ut 'si ab equalibus equalia demas' etc.
Quarumdam vero scientiarum principia sunt certa quasi in alia scientia superiori certificata, sicut principia Perspectivae in	*Quaedam vero sunt, quae procedunt ex principiis notis lumine superioris scientiae, sicut perspectiva procedit ex*	Inferiores autem scientie, que superioribus subalternantur, non sunt ex principiis per se notis, sed supponunt

151. Voici un autre texte de Thomas sur la subalternation, qu'en rédigeant ce *respondeo* Annibald a dû avoir sous les yeux : « Ad quintum dicendum, quod etiam in scientiis humanitus traditis sunt quedam principia in quibusdam earum que non sunt omnibus nota, set oportet ea supponere a superioribus scientiis, sicut in scientiis subalternatis supponuntur et creduntur aliqua a scientiis superioribus, et illa non sunt per se nota nisi superioribus scientibus. Et hoc modo se habent articuli fidei, qui sunt principia huius scientie, ad cognitionem diuinam : quia ea que sunt per se nota in scientia quam Deus habet de seipso, supponuntur in scientia nostra, et creduntur ei nobis hec indicanti per suos nuntios, sicut medicus credit phisico quatuor esse elementa » (*Super Boetium De Trinitate*, q. 2, a. 2, ad 5m ; *ibid.*, p. 96). Quand il rédige sa *responsio*, Annibald doit avoir eu ce texte présent à l'esprit, même s'il s'en écarte, parce que pour formuler la réponse à sa propre objection 3, dont l'énoncé avait été emprunté à l'objection 5 de Thomas, il s'abstient d'y recourir.

152. Annibald ne reprend pas la suite du *respondeo* (cf. ed. Leon., t. 50, p. 95) ; il faut encore remarquer que dans les passages parallèles de Thomas sur la subalternation des sciences l'expression *principia prima* (et ses formes déclinées) ne se trouve jamais utilisée ; en plus Thomas n'emploie *scientia prima* que pour désigner la métaphysique (et très rarement).

Geometria. Unde perspectiuus certus est de suis principiis per viam credulitatis, credens et supponens ea a Geometria.	*principiis notificatis per geometriam, et musica ex principiis per arithmeticam notis.*	conclusiones probatas in superioribus scientiis et eis utuntur pro principiis, que in ueritate non sunt principia per se nota, sed in superioribus scientiis per principia per se nota probantur, sicut perspectiua que est de linea uisuali et subalternatur geometrie, a qua etiam supponit que probantur de linea in quantum linea, et per illa tamquam per principia probat conclusiones que sunt de linea in quantum uisuali. Potest autem aliqua scientia esse superior alia dupliciter: uel ratione subiecti, ut geometria que est de magnitudine superior est ad perspectiuam que est de magnitudine uisuali; uel ratione modi cognoscendi,
Haec autem duo in theologia inueniuntur. Nam et conclusiones aliquae ex principiis deducuntur: sicut 1 Cor. 15, Apostolus probat resurrectionem futuram, per hoc, quod Christus resurrexit. Sunt etiam et ipsius principia certa; non quia simpliciter per se nota ipsi theologo; sed per viam credulitatis, in quantum supponit eam a Deo qui habet eam per superiorem scientiam:	*Et hoc modo sacra doctrina est scientia, quia procedit ex principiis notis lumine superioris scientiae, quae scilicet est scientia Dei et beatorum. Unde sicut musica credit principia tradita sibi ab arithmetico, ita doctrina sacra credit principia revelata sibi a Deo.* [*In Boet. De Trin.* q. 2, a. 2, ad 5m]: Et hoc modo se habent articuli fidei, qui sunt principia huius scientie, ad cognitionem diuinam : quia ea que sunt per se nota in scientia quam Deus habet de seipso, supponuntur in scientia nostra, et creduntur ei nobis hec indicanti per suos nuntios, sicut medicus credit phisico quatuor esse elementa.	et sic theologia est inferior scientia que in Deo est. Nos enim imperfecte cognoscimus illud quod ipse perfectissime cognoscit. Et sicut scientia subalternata a superiori supponit aliqua et per illa tamquam per principia procedit, sic theologia articulos fidei qui infallibiliter sunt probati in scientia Dei supponit et eis credit, et per istud procedit ad probandum ulterius illa que ex articulis sequntur. Est ergo theologia scientia quasi subalternata diuine scientie a qua accipit principia sua.

et ad haec per viam credulitatis cognoscenda infunditur mentibus fidelium lumen fidei, sicut ad cognoscenda principia per se nota datur lumen naturae.

[*In I Sent.*, Prol., a. 3, ad 2.2-A, u. 59-61 :][153]
<2.2-A> Ad aliud dicendum quod ista doctrina habet pro principiis primis articulos fidei, qui per lumen fidei infusum per se noti sunt habenti fidem, sicut et principia naturaliter nobis insita per lumen intellectus agentis.

Annibaldus Annibaldi
In I Sent., Prol., a. 1
(deuxième rédaction)

Ad primum ergo dicendum, quod quamvis credibilia de quibus est theologia, non sint apparentia secundum lumen naturae, sunt tamen apparentia secundum lumen fidei.

Ad secundum dicendum, quod scientiarum primarum proximum principium est intellectus: earum vero scientiarum, quae sua principia ab aliis supponunt, proximum principium est credulitas principiorum ab aliis

Thomas de Aquino
In Boet. De Trin., q.2 a.2
et, en italique, la réponse de *I Pars*, q. 1, a. 2

Ad sextum dicendum, quod apparentia scientie procedit ex apparentia principiorum; quoniam scientiam non facit apparentia principia, set ex hoc quod apparent principia facit apparere conclusiones; et per hunc modum scientia de qua loquimur non facit apparentia ea de quibus est fides, set ex eis facit apparere alia per modum quo de primis certitudo habetur.

Ad septimum dicendum, quod cuiuslibet scientie principium est intellectus semper quidem primum, set non semper proximum ; immo aliquando est fides principium proximum scientie, sicut patet in

153. Ce texte, dans toute la tradition manuscrite, suit immédiatement la rectification sur la subalternation. Il est utilisé aussi par Pierre de Tarentaise : *In I Sent.*, Prol., a. 1, ad 3 (ed. Tolosae, p. 3b). S'il est vrai que Thomas modifiera la formulation de ce passage (v., par ex., *De ver.*, q. 14, a. 9, ad. 2m [ed. Leon., t. 22, p. 463-464] *Super Boet. De Trin.*, q. 2, a. 2, ad 5m [cit., p. 96]), il me semble qu'Annibald construit ici son parallèle entre *lumen fidei* et *lumen naturae* à partir du prol., a. 3, du *Scriptum* de Thomas et en tenant compte de la modification apportée par Thomas dans les textes successifs, y compris la rectification D : « theologia est inferior scientia que in Deo est. [...] theologia articulos fidei qui infallibiliter sunt probati in scientia Dei supponit et eis credit, et per istud procedit ad probandum ulterius illa que ex articulis sequntur » (l. 84-89).

suppositorum: primum vero earum principium est intellectus. Perficitur tamen certitudo istarum scientiarum cum per viam resolutionis in ipsum intellectum primorum principiorum perveniunt. Et similiter hujus scientiae proximum principium est fides eorum, quae divinitus revelantur: primum vero principium est intellectus quo Deus ista intelligit: qui est etiam hujus scientiae finis, inquantum per hanc scientiam homo praeparatur ad hoc quod deiformiter credibilia intelligat, vel perfecte in patria, vel semiplene in via.

scientiis subalternatis : quia earum conclusiones sicut ex proximo principio procedunt ex fide eorum que supponuntur a superiori scientia, set sicut a principio primo ab intellectu superioris scientis, qui de his creditis certitudinem per intellectum habet. Et similiter huius scientie principium proximum est fides, set primum est intellectus diuinus cui nos credimus ; set finis fidei est nobis ut perueniamus ad intelligendum que credimus, sicut si inferior sciens addiscat superioris scientis scientiam, et tunc fient ei intellecta uel scita, que prius erant tantummodo credita.

Ad tertium dicendum, quod in primis scientiis principia sunt omnibus per se nota et indubitabilia: in secundis vero scientiis proxima principia nec omnibus nota sunt nec indubitabilia, nisi quando per resolutionem deventum fuerit ad intellectum primorum principiorum, et sic hujusmodi scientiae principia possunt habere dubitationem, quousque perventum fuerit ad statum gloriae, in quo de eis plenus intellectus habetur.

Ad quartum dicendum, quod scientia dupliciter accipitur. Uno modo secundum quod dividitur contra sapientiam, et sic loquitur Augustinus. Alio modo secundum quod includitur in ratione sapientiae: quia secundum Philosophum in sexto

Ad primum ergo dicendum, quod sapientia non diuiditur contra scientiam sicut oppositum contra suum oppositum, set quia se habet ex additione ad scientiam : est enim sapientia, ut dicit Philosophus in VI Ethicorum, capud omnium scientiarum,

Ethicorum, sapientia scientia quaedam est: et sic scientia non solum est de humanis, sed de divinis. Et sic theologia est scientia.	regulans omnes alias in quantum de altissimis principiis est, [...] et secundum hoc scientia dividitur contra sapientiam sicut proprium contra diffinitionem.

La comparaison de l'article d'Annibald avec celui de Thomas sur Boèce, ne permet pas de doutes : le bachelier profite du travail de son maître. Il en reproduit des passages tels quels, il en résume quelques-uns, il en paraphrase certains autres.

Quand Annibald rédige la réponse principale, une des sources qu'il a sous les yeux doit être l'*ad quintum* du *Super Boetium* q. 2, a. 2, qui a pour thème la subalternation de la théologie. Nous supposons cela, parce que, pour la rédaction de ses objections, il emprunte la troisième à l'objection 5 dudit article 2 du *Super Boetium* ; mais lorsqu'il rédige sa réponse *ad tertium*, il évite d'employer l'*ad quintum* du *Super Boetium* : la raison en est qu'il l'a déjà utilisé dans sa réponse principale.

Et pourtant, la brève réponse de Thomas à l'*ad quintum* ne lui suffit pas. À notre avis, il recourt à la *I pars*, q. 1, a. 2, *responsio*, dont il suit évidemment la structure littéraire aussi bien que l'argumentation ; il semble reprendre également l'article 3 du prologue de Thomas sur les *Sentences*. On constate alors qu'Annibald ne se limite pas à utiliser le passage ajouté sur la subalternation (Prol. a. 3)[154], mais cite également la réponse *ad 2.2* sur le *lumen fidei infusum*, qui, dans les manuscrits, suit immédiatement la rectification, en la modifiant selon la précision de doctrine faite par Thomas dans les ouvrages ultérieurs[155].

La méthode selon laquelle Annibald rédige sa *responsio*, en utilisant plusieurs textes à la fois, se retrouve dans sa façon de réemployer neuf arguments de l'article 2, q. 2 du *Super Boet. De Trinitate* : il ne recopie pas à la lettre, mais il réécrit le texte de Thomas. Si Annibald avait tiré ces neuf arguments de plusieurs articles différents de Thomas, il nous aurait été difficile d'identifier leur provenance précise. Et, en effet, c'est ce qui se produit dans la *responsio* principale de l'article du prologue d'Annibald, dans laquelle nous n'avons pu identifier ses sources avec une certitude absolue.

Si l'utilisation de la *Somme de théologie* se trouve un jour confirmée par l'étude de tous les passages refaits du commentaire d'Annibald au Ier Livre, elle nous fournira alors une donnée sûre pour fixer après 1266[156] le *terminus post quem* de ce remaniement.

154. Peut-être convient-il de rappeler ici que la rectification dans l'a. 3 est attestée par tous les mss du deuxième *exemplar* (notre famille β) ainsi que par 8 mss (sur 20) de la famille α.

155. V., par ex. : S. THOMAE DE AQ., *Q. de ver.*, q. 14, a. 9, ad. 2m (ed. Leon., t. 22, p. 463-464) ; *Super Boet. De Trin.*, q. 2, a. 2, ad 5m (ed. Leon., t. 50, p. 96).

156. Cette date correspond au début de la rédaction de la *I Pars*. – Certains des passages refaits par Annibald et dont nous avons déjà parlé, sont reproduits dans les notes de l'édition Vivès de son Commentaire (il faut remarquer à ce propos que ces passages, mis en note par l'éditeur,

En rédigeant la première rédaction de son enseignement sur le Ier livre des *Sentences*, le bachelier Annibald n'a pas utilisé la rectification à l'art. 3 du prologue de son maître Thomas ; cela ne doit pas surprendre et ne prouve pas qu'à ce moment le texte D n'existait pas encore : en effet, ni dans la première ni dans la deuxième rédaction de son commentaire Annibald n'utilise le texte B, qui pourtant avait été ajouté à l'*exemplar* avant le texte A, qu'en revanche il utilise probablement (v. ci-dessus § 3.2.2). À notre avis, c'est seulement quand il aura simultanément à sa disposition trois textes de Thomas : le Commentaire sur Boèce, la *I Pars* et la rectification à l'article 3 du Prologue sur les *Sentences*, qu'Annibald révisera son Commentaire, en remplaçant deux articles de son ancien Prologue. Si l'utilisation de la *I pars* vient à être confirmée, on saura alors qu'Annibald a effectué cette révision alors qu'il était cardinal, puisqu'il a été créé en 1262.

6.2 Bombolognus de Bologne et Romain Orsini de Rome : à propos de la subalternation

Il s'agit de deux confrères et disciples de Thomas, dont le deuxième, appartenant à la famille Orsini de Rome, lit probablement les *Sentences* à Paris comme bachelier de Thomas entre 1269 et 1272[157] ; le frère Romain a fait précéder son Commentaire des *Sentences* par un prologue assez long, qui comprend deux questions[158]. De Bombolognus de Bologne[159], nous ne savons

sont en plein texte dans le ms. auquel ils sont empruntés : *Paris, Mazarine, 878*). Nous espérons pouvoir publier tous ces passages.

157. Cf. Th. KAEPPELI, *Scriptores* ..., t. III, p. 332-333 ; nous ne connaissons de lui que son Commentaire au Ier et au IIe Livre (et ce dernier incomplet), transmis par un seul ms., *Vaticano, Pal. lat. 331*.

158. La 1re question comprend 4 articles ainsi énoncés : « <C>irca ea que tacta sunt queremus in introitu huius operis. Primo de causis huius scientie et secundo de quibusdam conuenientibus ad causas. Et quia finis est causa causarum, et efficiens motus a fine in materia formam indicit, et queremus primo de causa finali. Secundo <de> efficiente. Tercio de materiali, siue subiecto. Quarto de formali. Et quia a fine, secundum philosophum in tercio De anima, dicitur scientia speculatiua uel practica – speculatiua uero sistit in sola ratione ; practica uero ulterius cognitionem ad opus ordinat – ideo queramus primo utrum scientia ista sit practica uel speculatiua » (f. 2ra). Voici l'énoncé de la deuxième question en 3 articles : « <P>ostquam quesitum est de causis theologie, quia ex suis causis consequitur res denominationem et nobilitatem et unitatem et diuersitatem, ideo queremus : primo utrum theologia possit dici scientia uel magis proprie dicatur sapientia. Et primo quod non sit scientia uidetur ». Article 2 : « Secundo. Dato quod sit scientia, queritur utrum sit necessaria et uidetur quod non ». Article 3 : « Tertio. Dato quod sit scientia queritur utrum sit una et uidetur quod non ».

159. Cf. TH. KAEPPELI, *Scriptores* ..., t. I, p. 246-247. Nous connaissons seulement un ms. du Commentaire de Bombolognus au Ier Livre : *Bologna, Bibl. univ., 1506*, f. 3ra-98va ; le Commentaire (anonyme dans le *codex*) du ms. *Brescia, Bibl. civ. Queriniana, B. VI. 2*, f. 1-136, que Kaeppeli lui attribue, n'a pas le même texte que celui du ms. de Bologne et les articles du Prologue sont tout à fait différents (les deux Commentaires restent à comparer cependant, car le texte de Brescia réutilise celui de Bologne ; s'agirait-il d'une deuxième rédaction du Commentaire de Bombolognus ?). Nous ne donnons pas ici une description complète de ces mss, nous la réservons pour la publication complète de ce Prologue. L'ouvrage intitulé *Expositio litteralis I Sent.* (TH. KAEPPELI, p. 247, n. 686), attribué également à Bombolognus, est en réalité un recueil des divisions et expositions du texte du Lombard, transmises, il est vrai, par le Commentaire

pas s'il lit les *Sentences* à Paris[160] ; en rédigeant cependant son propre *Commentaire*[161], il suit celui de Thomas, dont il cite, comme on l'a déjà dit, la rectification B sur les attributs divins ; nous avons proposé de situer la rédaction de cet ouvrage après 1266 et avant la diffusion de la *I pars* (1268).

Nous présentons en synopse les textes qui traitent de la théologie comme science subalternée à l'intérieur des Prologues de ces deux disciples de Thomas, en tenant compte bien sûr aussi de la *Somme* de celui-ci (nous soulignons quelques passages plus importants) :

Bombolognus de Bologna, *In I Sent.*, Prol. a. 1	Thomas de Aqvino, *In I Sent.*, Prol. a. 3	Romanus de Roma, *In I Sent.*, Prol., q. 2, a. 1
Ad primum sic proceditur[162]. Videtur quod theologia non sit scientia. Quia scientia cum sit 'de hiis que impossibile est aliter se habere', ut dicitur ii Posteriorum[163], scientia est de uniuersali, quod semper manet. Vnde III De anima 'uniuersale' Philosophus appellat 'scibile'[164].	<2.1>Vlterius queritur utrum sit scientia et uidetur quod non. Nulla enim scientia est de particularibus secundum Philosophum.	<2> Item[165]. Omnis scientia est de uniuersali.
Set doctrina theologie pro magna parte non est uniuersalium set singularium, ut patet in narracione ystorica tam ueteris quam noui tetamenti. Ergo etc.	Set in sacra Scriptura traduntur gesta particularium hominum sicut Abraham, Ysaac, etc. Ergo non est scientia.	Set hec circa singularia gesta hominum uersatur. Ergo non est scientia.

complet de Bombolognus, mais celles au moins que nous avons collationnées appartiennent toutes au Commentaire de Pierre de Tarantaise.

160. Le P. A. D'Amato s'exprime ainsi : « [...] siamo indotti a credere che egli abbia commentato le Sentenze a Parigi tra la fine del 1266 e il 1268 » (A. D'AMATO, cit., p. 83).

161. Le Prologue comprend 7 articles : « Ad euidenciam dicendorum queruntur 7. Primo, utrum theologia sit scientia. Secundo, utrum sit una scientia. Tercio de subiecto. Quarto cui parti philosophie supponatur. Quinto de necessitate. Sexto de modo, an conueniat ei modus inquisitiuus per rationes et argumenta. Septimo de auctore » (f. 3va).

162. Le texte est transcrit d'un microfilm du ms. *Bologna, Bibl. univ., 1506*, f. 3va-4rb. Nous remercions L. Cinelli et M. Morard qui ont contrôlé sur le ms. certaines leçons difficiles à déchiffrer.

163. Cf. ARIST., *Anal. post.*, I, 73a21, trad. par Jacques de Venise (AL IV.1-4, p. 12, l. 8–9) ; et *Ibid.*, 88b30–35 (p. 65, l. 11–15).

164. Cf. ARIST., *De anima*, III, 430a2-5, trad. par Guillaume de Moerbeke (éd. R.-A. Gauthier, dans ed. Leon., t. 45-1, p. 214). – Il faut peut-être aussi rappeler une affirmation qu'Aristote avait faite un peu plus haut et qui pourrait avoir inspiré l'observation de notre auteur : « scientia autem uniuersalium » (ARIST., *De anima*, II, 417b23, trad. par Jacques de Venise [éd. R. A. Gauthier, dans *Anonymi Magistri artium Lectura...*, p. 281]). V. ci-dessus, n. 115.

165. Le texte que nous transcrivons est celui du ms. *Vaticano, Pal. lat. 331*, f. 3va-3vb.

<3.> Preterea omnis uera scientia habet principia per se nota ex quibus procedit. Set articuli fidei, qui dicuntur esse principia theologie, non sunt per se noti, cum sint crediti et eorum habitus sit fides[166]. Ergo etc.	<2.2> Preterea. Omnis scientia procedit ex principiis per se notis que cuilibet sunt manifesta. Hec autem scientia procedit ex credibilibus que non ab omnibus conceduntur. Ergo non est scientia. <2.3> Preterea. In omni scientia acquiritur aliquis habitus per rationes inductas. Set in hac doctrina non acquiritur aliquis habitus quia fides cui tota hec doctrina innititur non est habitus acquisitus set infusus. Ergo non est scientia.	<1.> Et primo quod non sit scientia uidetur. Omnis enim scientia procedit ex principiis per se notis. Theologie autem principia non sunt per se nota, immo omnem racionem habitam excedunt. Ergo theologia non est scientia.
Contra. Dicit Augustinus de [sce iii c. barré][167] quod 'theologia est scientia de rebus que ad salutem hominis pertinent'.	Contra. Augustinus, De Trinitate 'Theologia est scientia de rebus que ad salutem hominis pertinent'. Ergo est scientia.	Contra. viii De Trinitate[168] 'scientia est diuinarum humanarumque rerum cognitio'. Ergo est scientia.
<Ad 1> Ad illud ergo quod primo obicitur, quod scientia est de uniuersali, [[169]ad hoc quod de alio super scientiam requiritur, quod sit permanens, quia 'scientia est eorum que impossibile est aliter se habere'. Et ideo scientia non potest haberi de particulari, generabili et corruptibili, ut philosophus dicit 7	<2.1> Ad id quod ulterius queritur dicendum quod ista doctrina scientia est, ut dictum est ;	

166. Après *fides* il écrit *fus* et il le rature.

167. La même citation se trouve dans : THOMAS DE AQ., *In I Sent.*, Prol., a. 3, s.c. 2.3 (*textus*, u. 22-23).

168. Cf. AUG., *De Trin.*, XIV, I (CCSL 50A, p. 423-424, n. 3, spéc. l. 48-63). Ce même passage avait été cité par Pierre de Tarentaise, dans le *corpus* de l'article parallèle de son Prologue, tandis que, dans le *Set contra*, Pierre avait reproduit la même autorité que celle utilisée par Thomas et Bombolognus, avec une variante : « [...] ad salutem *anime* pertinent » (PETRI DE TARANTASIA, *In I Sent.*, Prol., a. 1, resp. [ed. Tolosae, p. 3, vérifié sur un ms. à pièces du XIIIe s., le *Vat. lat. 926*]). Nous allons voir que Bombolognus se sert également du texte de Pierre, dans l'ad 1 et l'ad 3 de son a. 1, comme nous l'indiquons en note dans la 1re colonne.

169. Le passage entre crochets de *ad hoc* jusqu'à *gesta etc.* est en marge, de la main du copiste principal.

metaphysice[170] 'quod particularium corruptibilium non est diffinitio quia cum absentantur ab intellectu[171], idest a materia, presentia et cognitione, non manifestant utrum sint uel non sint'. Item secundo requiritur quod illud permanens rationem habeat alicuius uniuersalitatis uel in predicando uel in exemplando' etc. Et ideo de singulo particulari non est scientia. Dicendum ergo quod huiusmodi gesta etc.]
dicendum quod huiusmodi gesta particularia in sacra Scriptura non proponuntur ut particularia, set ut uniuersalia [quia ut *sup.u.*] quedam exemplaria ad gesta aliorum hominum. Propter quod, secundum quod uniuersale dicitur 4 modis[172]: in predicando, ut aliquis ; in exemplando, ut figura sigilli ad ceras figurandas et uita Iob ad

et quod obicitur de particularibus dicendum quod non est de particularibus in quantum particularia sunt set in quantum sunt exempla operandarum.

<Ad 2> Quod obicitur quod est de particularibus, dicendum quod non est de particularibus in quantum particularia, set in quantum ex eis aliquod uniuersale resultat utpote aliquod uniuersale exemplum comparando. Vnde solet distingui a quibusdam[173] multiplex uniuersale, quoddam per predicationem, ut homo ;

170. Cf. ARIST., *Metaph.*, VII, 1039b27–1040a9, trad. par Michel Scot (éd. dans Auerr., *In Metaph. VII*, Venetiis 1562, t. VIII, f. 201v) : « Et ideo neque definitio, neque demonstratio est substantiarum sensibilium particularium, habent enim materiam, quæ quidem habet naturam, quæ potest esse et non esse. [...] quæ enim corrumpuntur, non sunt manifesta apud habentes cognitionem, quando recedunt a sensu ».

171. En fin de ligne, il commence par écrire *in-*[*tellectu*], puis, sans rien supprimer, reprend *intellectu* au début de la ligne suivante.

172. Ce passage est tiré de Pierre de Tarentaise, *In I Sent.*, Prol., a. 1, ad 2 (ed. Tolosae, p. 3) : « vniuersale quippè aliquid dicitur quatuor modis ; aut in prædicando, vt species de indiuiduis ; aut in exemplando, vt forma de sotularibus faciendis ; aut in significando, vt Iacob habens duas vxores ad omnes viros perfectos in vtraque vita significando ; aut in causando, vt Deus, qui est causa vniuersalis creationis omnium ; & Christus causa vniuersalis Redemptionis omnium hominum. Omne igitur, de quo hic agitur, est vniuersale aliquo horum quatuor modorum » ; à propos de cette division v. THOMAS DE AQ., *In Periherm.*, I 10 [17b1] (ed. Leon., t. I*-1, p. 51, l. 130-166, avec les annotations).

173. Cf. Bombolognus, dans la 1re colonne, avec la note précédente relative à Pierre de Tarentaise.

uitam multorum hominum ; in significando, ut Jacob, qui contraxit cum Lia et Rachel, significat quemlibet iustum qui se exercet in uita actiua et contemplatione ; in causando, ut Deus. Omne autem de quo hic agitur est uniuersale aliquo istorum quatuor modorum et est talis modus procedendi ualde competens huic scientie, cum ipsa sit ad informationem uite et morum et ad contemplationem diuinorum misteriorum. <Ad 3>[174] Ad aliud, de principiis per se notis, dicendum quod principiorum complexorum quedam sunt nota a parte rei et a parte nostra, ut principia communia, sicut dignitates – dignitas enim est quam necesse est esse propter se et uideri propter se. Quedam nota sunt a parte rei set non a parte nostra semper, ut principia propria alicuius scientie, sicut 'positio que diuiditur in suppositionem et diffinitionem', ut habetur primo Posteriorum[175]. Vnde et Boetius dicit in libro de Ebdomadibus

Et hoc usitatur etiam in scientia morali quia operationes particularium et circa particularia sunt, unde per exempla particularia ea que ad mores pertinent melius manifestantur.

quoddam per exemplaritatem, ut forma artificis ad cuius exemplar alia fiunt ; quoddam per significationem.

<Ad 1>[177] Quod autem primo obicitur quod theologie principia non sunt per se nota, dicimus quod,

sicut secundum Boetium communes animi conceptiones quedam sunt

174. À la source du raisonnement de cet ad 3, nous pouvons facilement reconnaître l'article sur le même sujet développé dans le *Super Boetium De Trinitate*, q. 2, a. 2 : « Responsio. Dicendum, quod cum ratio scientiae consistat in hoc quod ex aliquibus notis alia necessario concludantur, hoc autem de diuinis contingat, constat de diuinis esse scientia. Set diuinorum notitia dupliciter potest estimari : uno modo ex parte nostra, et sic nobis cognoscibilia non sunt nisi per res creatas, quarum cognitionem a sensu accipimus ; alio modo ex natura ipsorum, et sic ipsa sunt ex seipsis maxime cognoscibilia, et quamuis secundum modum suum non cognoscantur a nobis, tamen a Deo cognoscuntur et a beatis secundum modum suum » (ed. Leon., t. L, p. 95, u. 54-65).

175. ARIST., *Anal. post.*, I, 72a18-21, trad. par Jacques de Venise (AL IV-1.4, p. 9, l. 3-5).

quod 'comunes animi conceptiones dupliciter sunt, nam quedam sunt communia que omnes suscipiunt, ut omne totum est maius sua parte, quedam alicuius scientie que non omnes probant, set docti'[176].		omnibus note, ut quod totum est maius sua parte, quedam uero sapientibus solum, ut intentionalia in loco non esse,
Dico ergo quod articuli sunt propria principia theologie per se nota et credita per lumen fidei ipsis fidelibus, ignota infidelibus, qui hoc lumine carent.	<2.2-A> Ad aliud dicendum quod ista doctrina habet pro principiis primis articulos fidei, qui per lumen fidei infusum per se noti sunt habenti fidem, sicut et principia naturaliter nobis insita per lumen intellectus agentis. Nec est mirum si infidelibus nota non sunt, qui lumen fidei non habent, quia nec etiam principia naturaliter insita nota essent sine lumine intellectus agentis. [...] [« Rectification D » :]	sic quarumdam scientiarum principia sunt omnibus nota, quarumdam uero solum sapientibus, id est lumine fidei inlustratis. Et talia sunt principia theologie.
	<2.2-B> Vel dicendum quod in scientia duo est considerare [...]	Vel dicendum quod
	Inferiores autem scientie, que superioribus subalternantur, non sunt ex principiis per se notis, sed supponunt conclusiones probatas in superioribus scientiis et eis utuntur pro principiis que in ueritate non sunt principia per se nota, sed in superioribus scientiis per principia per se nota	sicut inferioris scientie principia aliquando probantur in superiori et tunc supponuntur quasi per se nota inferiori, sic principia theologie sunt per se manifesta in cognitione diuina et quasi probata ; et quia ista scientia quodam modo illi cognitioni subalternatur,

176. BOET., *De ebdomadibus* [= *Quomodo substantiae*...], I (éd. Rand–Steward, p. 40, l. 18-27). Bombolognus a indiqué ici la référence à Boèce, passée sous silence par Pierre de Tarentaise, *In I Sent.*, Prol., a. 1, ad 3m (éd. Tolosæ, p. 3) : « Principia per se nota, seu communes animi conceptiones duplicia sunt, quædam enim sunt communia, quæ omnes suspiciunt, vt Omne totum majus est sua parte ; quædam propria alicuius scientiæ, quæ non omnes, sed docti probant, vt, In omni, quod est citra primum, differunt esse, & quod est. Non omnis scientia procedit ex communibus principijs, quæ per se nota sunt omnibus, imò ex proprijs, quæ solùm sapientibus : sic Theologia procedit ex articulis fidei, qui per se noti sunt non omnibus, sed fidelibus, quia in genere credibilium omnia alia per ipsos probantur, ipsi vero non ». Pour l'utilisation de Pierre de Tarentaise par Bombolognus, v. A. D'AMATO, cit., p. 241ss et la conclusion de notre paragraphe.

177. En plus de Bombolognus, v. le texte de Pierre de Tarentaise cité à la note précédente.

Sunt autem articuli per se noti et certi non quantum[178] ad speculationem, fides enim ut dicit Augustinus[179] est 'credere quod non uides', set solum quantum ad inhesionem

et inde est quod habitus articulorum dicitur fides et non intellectus, quia cum sint supra rationem humanam non potest humana ratio ipsos perfecte capere et sic fit quedam defectiua cognitio, non ratione certitudinis cognitorum, set ratione cognoscentis. Tamen ratio manuducta per fidem excrescit ut possit plenius ea intelligere. Secus est tibi in theologia et in aliis scientiis: quia in aliis scientiis intelligere introducit credere – ideo tibi quis assentit quia intelligit ; in theologia credere introducit intelligere, quia fides purificat et mundat et vivi<ficat> cor. Vnde ysa. 7, secundum aliam translationem 'nisi credi<deritis> non intelligetis'[180].

probantur, sicut perspectiua que est de linea uisuali et subalternatur geometrie, a qua etiam supponit que probantur de linea in quantum linea [*la suite de la réponse est résumée par Romain Orsini dans l'ad 1*] <3.> Ad id quod ulterius queritur, an sit sapientia, dicendum quod propriissime sapientia est, sicut dictum est. Et quod obicitur quod non est certissimus, dicimus quod falsum est: magis enim fidelis et firmius assentit hiis que sunt fidei quam etiam primis principiis rationis.

[...] Habitus istorum principiorum, scilicet articulorum, ideo dicitur fides et non intellectus, quia ista principia supra rationem sunt et ideo humana ratio ipsa perfecte capere non ualet. Et sic fit quedam defectiua cognitio, non ex defectu certitudinis cognitorum, set ex defectu cognoscentis. Set tamen ratio, manuducta per fidem, excrescit in hoc ut ipsa credibilia plenius comprehendat et tunc ipsa quodammodo intelligit. Vnde dicitur Ysa. VII, secundum aliam litteram 'Nisi credideritis, non intelligetis'.

ideo sufficit ei quod sua principia ibi sint manifesta, et ea supponit quasi per se nota, sicut in perspectiua multa supponuntur de linea que probantur in geometria.

178. Avant *quantum*, il écrit *quid*, pour *quidem* ?

179. Cf. AUG., *In Ioh.*, 40, 9 (CCSL 36, p. 355, l. 7-8) ; *In Ps. 109*, 8 (CCSL 40, p. 1608, l. 25-26) ; *Sermo 126* (éd. dans *Rev. Bénédictine*, 69, p. 185, l. 75).

180. Is. 7, 9 (v. la note à notre édition de THOMAE DE AQ., *In I Sent.*, Prol. a. 3, l. 107-108).

Cette comparaison montre bien que, de l'art. 3 du prologue de Thomas, Bombolognus a utilisé les textes qui précèdent et suivent le passage sur la subalternation ; à ce passage toutefois il n'emprunte rien, ni dans cet article ni dans les suivants (cf. f. 3vb-6va). Les objections 1 et 3 de Bombolognus reproduisent précisément le raisonnement de Thomas dans les objections 2.1-2.3 de son a. 3, y compris l'argument *in contrario* (cf. éd. u. 12-23). La réponse ad 3 de Bombolognus utilise sans solution de continuité les réponses 2.1 et 2.2-A de Thomas, mais elle ignore la rectification sur la théologie comme science subalternée, qui se situe précisément entre elles. Cette constatation nous permet seulement de conclure qu'il ne l'a pas utilisée ; tout au plus pourrions-nous inférer qu'il ne la connaissait pas ou, plutôt, que le manuscrit du commentaire de Thomas qu'il utilisait ne la possédait pas.

Si nous nous tournons maintenant vers Romain Orsini de Rome († avant le 28 mai 1273)[181], qui lit les Sentences vers 1270-1272 (ou même un peu avant), nous constatons facilement qu'il a pu connaître ce passage. Parmi les textes élaborés par Thomas au sujet de la subalternation, la rectification à l'art. 3 du prologue est la seule à utiliser à la fois certaines expressions, telles que : *vel dicendum*, *inferioris scientie*, ainsi que l'exemple *de linea* ; nous retrouvons précisément tout cela employé par frère Romain dans son ad 1.

Enfin l'utilisation par ces deux auteurs du *Scriptum* de Pierre de Tarentaise ne doit pas nous surprendre : nous avions déjà rencontré un cas d'utilisation analogue dans la dist. 2, q. 1, a. 2 du commentaire plus ancien d'Annibald (v. § 3.3.1). Tout ceci dénote aussi la façon dont ces auteurs utilisaient leurs prédécesseurs : avec une certaine liberté qui au besoin dissimulait l'emprunt[182].

Grâce à la lecture parallèle de tous ces textes, on constate que Bombolognus et Romain se servent certainement non seulement de la doctrine, mais aussi du schéma du prologue de Thomas sur les *Sentences*. Cependant le passage sur la théologie comme science subalternée, ajouté à l'art. 3 de ce prologue, n'a influencé en rien la rédaction de Bombolognus, tandis que, selon toute vraisemblance, il a été utilisé par Romain dans la rédaction de son propre Prologue, q. 2, a. 1, ad 1.

181. Cf. TH. KAEPPELI, *Scriptores ...*, t. III, p. 332 ; J.-P. TORRELL, *Initiation*, p. 362.

182. Les divisions et expositions de la *littera* du Lombard dans le *Commentaire* de Bombolognus en constituent un très bel exemple : nous avons constaté, d'après un sondage, que Bombolognus les a recopiées de celles de Pierre de Tarentaise, avec de petites modifications qui lui permettent d'en faire son bien propre. Cela est probablement à l'origine d'une fausse attribution, qui n'a pas été remarquée par les études consacrées à ce personnage (cf. A. D'AMATO, p. 87-90) : la main qui, dans la note (f. 100v, citée ci-dessus), nous assure que le ms. est autographe et nous informe sur l'époque où vivait son auteur attribue également à Bombolognus des *litteralia*, c.-à-d. l'ensemble des divisions et expositions de la *littera* du Lombard, qui furent ajoutées par une deuxième main au ms. autographe (aux f. 100r-114ra) ; en réalité elles sont de Pierre de Tarentaise lui-même et ne coïncident pas précisément avec celles de Bombolognus.

CHAPITRE V

OBSERVATIONS SUR LA CHRONOLOGIE ET L'ORDRE DES *LIVRES* COMMENTÉS

Dans ce chapitre, nous nous proposons d'analyser plusieurs données concernant la lecture scolaire des *Sentences* de la part de Thomas d'Aquin. Après une relecture des sources[1] (§ 1), nous étudierons trois références de l'auteur à son enseignement, à partir desquelles nous chercherons à déterminer la durée de celui-ci (§ 2). Enfin (§ 3), sur la base des renvois aux différents livres à l'intérieur du *Scriptum*, nous déterminerons l'ordre de rédaction du *Commentaire*, livre par livre, et éventuellement l'ordre dans lequel ces livres ont été enseignés.

1. LE PREMIER ENSEIGNEMENT UNIVERSITAIRE DE FRÈRE THOMAS D'AQUIN

Notre enquête chronologique est délimitée par deux termes : d'un côté, le transfert de Thomas de Cologne à Paris et, de l'autre, sa promotion à la maîtrise. À l'intérieur de cette période, nous chercherons à déterminer le commencement et l'achèvement de sa lecture scolaire sur les quatre *Livres des Sentences* en tant que bachelier. Pour cela, il sera nécessaire d'avoir déterminé où et quand Thomas a lu *cursorie* certains livres de la Bible, afin de savoir quelle a été la première tâche universitaire remplie par frère Thomas : lecture de la Bible ou lecture des Sentences ?

1. Par ce mot, nous désignons les documents de l'époque et les premières biographies contemporaines de la canonisation (1323). Mais il ne faut pas perdre de vue que la valeur historique de ce matériel n'est pas homogène : les actes administratifs contemporains, comme dans notre cas les bulles pontificales, dans la mesure où ils sont tenus pour authentiques par la science diplomatique, n'ont évidemment pas besoin d'une vérification extrinsèque du même genre que celle exigée pour les affirmations des biographes ou celles des témoins du procès de canonisation (qui sans vérification adéquate ne peuvent pas être considérées comme indubitablement certaines).

1.1 Quand, selon les anciens biographes, Thomas est-il venu de Cologne à Paris ?

Dans sa récente édition de l'*Ystoria sancti Thome de Aquino*, Cl. le Brun-Gouanvic, qui a soigneusement reconstitué la tradition manuscrite de la biographie écrite par Guillaume de Tocco, écrit, à propos de ce déplacement depuis Cologne : « S. Thomas arriva très probablement à Paris pour la rentrée universitaire de 1252, mais aucun document ne permet de fixer la date de son arrivée de façon précise »[2]. De fait, l'année 1252 est celle sur laquelle s'accordent, sans grandes divergences, tous les biographes modernes. Quelques-uns dépendent directement des anciennes biographies ; quelques autres parviennent à cette datation à partir de la promotion de Thomas à la maîtrise en théologie en 1256[3].

1.1.1 Le témoignage de l'historien Ptolémée dei Fiadoni de Lucques

Les premiers écrits sur la biographie de Thomas d'Aquin offrent eux aussi des indications convergentes à propos de la date de son transfert de Cologne à Paris.

Nous commencerons, comme l'avait fait H. Denifle[4], par examiner le témoignage de l'*Historia ecclesiastica noua* (1313-1316) de Ptolémée dei Fiadoni de Lucques, qui écrit : « Post hoc [c.-à-d. après le séjour à Cologne] uadit Parisios [parisios uenit *Paris, BnF, lat. 5125* f.77ra]. Annorum XXV erat, cum primum uenit Parisios, ubi infra trigesimum annum et Sententias legit, et conuentum in theologia siue licentiam recepit. [et licentiam recepit *Ibid.*] »[5]. En quelle année Thomas aurait-il eu vingt-cinq ans selon la chronologie de Ptolémée ? On aurait cru pouvoir le calculer à partir de l'âge que celui-ci attribue à Thomas au moment de sa mort : « Obiit autem quinquagesimo uite sue anno. Alii dicunt XLVIII »[6], ce qui implique qu'avant le 7 mars 1274 il avait

2. CL. LE BRUN-GOUANVIC, *Ystoria...*, p. 121, n. 13 et 14.

3. À propos de cette dernière date, v. ci-dessous. – Le point de référence de cette étude est J.-P. TORRELL, *Initiation*, p. 53-55 ; les positions des différents auteurs de ce siècle, avant 1962, ont été discutées dans A. WALZ-P. NOVARINA, p. 71ss, ce à quoi nous renvoyons. Les thèses de J. Weisheipl et S. Tugwell seront analysées ci-dessous.

4. Cf. CUP, I, n. 270, p. 307, note 1.

5. PTOLOMAEI LUCENSIS, *Historia ecclesiastica nova*, L. 22, cap. 21, (éd. L. A. Muratori, *Rerum italicarum scriptores*, t. XI, Mediolani 1727, col. 1152). Cette édition dépend des mss *Milano, Ambr. C.285 inf.* et *Padova, Capit. A.41*. Sur base des indications fournies par A. Dondaine, cité dans cette note, nous avons aussi vérifié le texte sur les mss suivants : *Paris, BnF, lat. 5125; 5125A; 5126; Valladolid, Bibl. Univ. y de S. Cruz 247 (216)*. Pour sa part, le prof. Ludwig Schmugge, qui prépare l'édition critique, a contrôlé les textes que nous reproduisons sur tous les autres mss connus ; nous lui en sommes très reconnaissant. – À propos des contacts de Ptolémée avec Thomas d'Aquin et de la valeur du témoignage de son *Historia* (publiée entre 1313 et 1316) voir A. DONDAINE, « Les 'opuscula fratris Thomae' chez Ptolémée de Lucques », AFP 31 (1961), p. 142 ss, à compléter par la notice de E. PANELLA dans ID. *Scriptores...* t. IV, p. 318-325, spéc. p. 324 pour la datation des mss.

6. PTOLOMAEI LUCENSIS, *Historia ecclesiastica nova*, L. 23, cap. 10, (éd. L. A. Muratori, t. XI, col. 1170 ; on y lit toutefois à tort XLIV au lieu de XLVIII, nombre attesté par tous les mss, comme l'a vérifié le prof. L. Schmugge).

terminé la quarante-neuvième année de sa vie et il était dans sa cinquantième ; ou, comme veulent 'certains autres', il avait achevé sa quarante-septième année et il était entré dans la quarante-huitième. Cela implique qu'il aurait atteint sa vingt-cinquième année au moins après le 7 mars 1249 (ou 1251, selon l'opinion des *alii*[7]) : puisque vraisemblablement le passage de Cologne à Paris devait se faire pendant l'été (après le chapitre général et avant le début des leçons), on peut aisément le situer entre 1249-1250 (ou 1251-1252, selon les *alii*). Le fait que Ptolémée n'indique pas de date pour le voyage de Cologne à Paris, mais l'âge de Thomas, lui permet d'être nuancé ; et si, de prime abord, il semble, dans ce chapitre de son *Historia*, partager l'opinion de la mort de Thomas dans la cinquantième année de sa vie, cela n'était pas le cas dans le livre précédent de son ouvrage.

En effet, dans le livre XXII, quelques lignes avant le passage où il affirme que Thomas quitta Cologne pour Paris à l'âge de vingt-cinq ans, Ptolémée avait ainsi rapporté la prise d'habit de Thomas : « Cum autem iam esset XVI annorum, habitum fratrum Predicatorum assumpsit, et in eo in pura innocentia uixit XXXII annis uel circa »[8]. Ainsi il apparaît clairement que Ptolémée, en rédigeant le livre XXII de son ouvrage, considérait que Thomas était mort dans sa quarante-huitième année (en 1274) ; il reste a interpréter le *uel circa*. À notre avis, Ptolémée ne veut pas mettre en doute que Thomas était dans sa quarante-huitième année : cette donnée est admise comme valide (16+32=48) ; le *uel circa* indique qu'il est difficile de déterminer si Thomas a vécu dans la vie religieuse précisément trente-deux années. D'autre part, si, dans ce chapitre, Ptolémée avait pensé que Thomas était mort durant la cinquantième année de sa vie (comme il le dit au livre suivant), il aurait vraisemblablement choisi cette date et laissé la quarante-huitième année comme concurrente. Il faut conclure sans hésitation qu'au XXIIe livre de son *Historia ecclesiastica nova*, Ptolémée pense que Thomas est mort au cours de sa quarante-huitième année ; dans ce cas, il serait né à une date située entre le 7 mars 1226 et le 6 mars 1227.

Puisque la notice concernant le passage de Cologne à Paris à l'âge de vingt-cinq ans se trouve dans le livre XXII, juste après la notice de la prise d'habit, il faut donc calculer l'âge de vingt-cinq ans en tenant compte qu'à ce moment-là Ptolémée pense que Thomas est mort pendant sa quarante-huitième année (c'est l'opinion des *alii*) ; il en résulte que Thomas serait venu de Cologne à Paris après le 7 mars 1251 et avant le 6 mars 1253, ou, plus vraisemblablement, pendant la période de suspension des cours, durant l'été 1251 ou 1252.

1.1.1.1 Les traditions sur l'âge de Thomas d'Aquin au moment de sa mort

Ptolémée dei Fiadoni vient de nous apprendre qu'il existait deux opinions à propos de l'âge auquel était parvenu Thomas à sa mort : dans le livre XXII de son *Historia ecclesiastica noua* (1313-1316), il avait retenu celle de la mort

7. Cf. le paragraphe suivant.

8. PTOLOMAEI LUCENSIS, *Historia ecclesiastica nova*, L. 22, cap. 20, (éd. L. A. Muratori, *Rerum italicarum scriptores*, t. XI, col. 1151).

pendant la quarante-huitième année ; dans le livre suivant il change d'avis et adopte celle qui fixe pendant la cinquantième année l'âge de la mort. F. Pelster avait attribué ce changement au fait que Ptolémée aurait pris connaissance d'une œuvre de Bernard Gui, dans laquelle il est dit que Thomas serait mort : « etatis sue anno quinquagesimo tum decurrente »[9]. L'œuvre en question, intitulée *Flores chronicorum seu catalogus pontificum Romanorum*, a connu plusieurs rédactions, et, dans la première, qui date des années 1311-1314/16, cette référence à l'âge de Thomas est absente : « Ad predictum consilium [*sic*. Concile de Lyon, 1274] uocatus fuerat frater Thomas de Aquino ordinis predicatorum doctor egregius et famosus qui cum uenisset de Neapoli apud Ortanum in Campania egrotare cepit declinauitque in Fossam Nouam monasterium cisterciensis ordinis ubi sui consanguinei erant patroni, ibique cum multa deuotione migrauit ad Dominum, qui cum morte appropinquasset, primo symbolum fidei confessus, dehinc doctrinam suam exposuit in manu ecclesie, et in hiis uerbis, susceptis primo deuote ecclesiasticis sacramentis, transiit ex hoc loco ; fertur autem ibidem miraculis claruisse »[10]. C'est seulement dans la deuxième rédaction, postérieure à 1314/16 qu'est attesté le passage suivant, après les mots *migrauit ad Dominum* : « nonis Martii, anno Domini MCCLXXIII, etatis suae anno quinquagesimo tum decurrente »[11]. Cependant, si l'on compare les dates des différentes rédactions, il faut bien avouer qu'il est difficile, faute d'éditions critiques, d'établir avec certitude si l'un des deux historiens peut dépendre de l'autre : Ptolémée termine son ouvrage en 1316 et Bernard Gui commence sa deuxième rédaction en 1314/16. Ce qu'il faut retenir, c'est qu'à ce moment-là, avant donc que Guillaume de Tocco ne commence en 1317 son enquête en vue de la canonisation[12], on

9. F. PELSTER, « Die älteren Biographen des hl. Thomas von Aquino. Eine kritische Studie » *Zeitschrift für katholische Theologie* 44 (1920), p. 264-65; et ID., « La giovinezza di S. Tommaso d'Aquino. Studio critico sulle fonti », *La Civiltà Cattolica* 74/1 (1923), p. 396.

10. Ce passage de la première rédaction, conservée dans cinq témoins, est ici édité à partir de deux mss que L.-J. Bataillon a transcrits pour nous : *Paris, BnF, lat. 4974*, f.168r ; *BnF, nouv. acq. lat. 1171*, f. 98r ; pour l'ensemble, cf. TH. KAEPPELI, *Scriptores* ..., t. I, p. 212.

11. Cité d'après : *Recueil des histoires des Gaules et de la France*, t. 21, depuis MCCXXVI jusqu'en MCCCXXVIII, par MM. GUIGNIAUT et DE WAILLY, Paris, 1855, p. 702 (édité d'après le ms. : *Paris, BnF lat. 4976*). – L'indication de la date de mort suit le style *ab Incarnatione*.

12. Cf. CL. LE BRUN-GOUANVIC, « Introduction », dans *Ystoria*, p. 10-16. – À la différence de ce qu'affirme cet auteur (*Ibid.*, p. 10), ce n'est qu'en 1317, pendant l'Avent, que Guillaume de Tocco se rendit à Salerne, en compagnie de Thomas d'Aversa, pour y vénérer la relique de la main de Thomas et vérifier si elle émettait un parfum prodigieux, comme on le racontait. À cette date, Guillaume de Tocco, comme le lui a demandé le chapitre provincial célébré quelques mois plus tôt, vient de commencer son enquête pour instruire la cause de canonisation de Thomas (Tocco n'est pas présent lorsque cette relique miraculeuse, jusqu'alors en possession du comte de Marsico, neveu de Thomas, est offerte au couvent dominicain de Salerne). On peut facilement préciser la date et les circonstances de ce voyage de Guillaume à Salerne, d'après le témoignage que, pendant l'été 1319, Thomas d'Aversa donne au procès de Naples : « iam est annus et dimidius transactus et fuit de tempore adventus Domini » (*Naples* [= *Processus Canonizationis S. Thomæ, Neapoli*, éd. M.-H. Laurent, dans *Fontes vitae s. Thomae Aquinatis, Documents inédits publiés par la « Revue Thomiste »*, fasc. IV, Saint-Maximin, s.d.] *95*, p. 402) ; v. également le récit de Tocco, *Ystoria* 69-70, p. 211-212.

rencontre l'opinion qui fixe pendant la cinquantième année l'âge de Thomas à sa mort.

Le passage des *Flores chronicorum* de B. Gui, première rédaction, nous donne en plus un renseignement unique, méconnu de tous les autres biographes. Il nous indique le lieu où Thomas tomba malade sur la route qui le conduisait au concile : *Ortanum*[13]. Bernard Gui, qui seul connaît cette indication locale, montre qu'il a puisé, déjà avant 1316, à des sources fort bien renseignées[14].

Cette indication concorde avec la précision donnée au procès de Naples par l'abbé de Fossanova et Barthélemy de Capoue, entre autres, suivant laquelle Thomas a parcouru la route intérieure de Naples à Rome et non la route maritime, la *via Appia*[15].

Pour conclure à propos du témoignage de Ptolémée, il faut donc reconnaître qu'il est le premier à nous mettre au courant de la divergence quant à l'âge de Thomas au moment de sa mort, quand il écrit : « Obiit autem quinquagesimo uite sue anno. Alii dicunt XLVIII ». Qui peut-on reconnaître dans ces *alii* ? Pour trouver quelque renseignement à ce propos, il faut s'adresser aux procès de canonisation. Barthélemy de Capoue, *logotheta et prothonotarius regni Sicilie*, au procès de Naples déclare : « ... non est verisimile secundum humanum ingenium quod potuisset fieri tam brevi tempore sicut vixit idem frater Thomas qui in quatragesimo octavo anno finisse dicitur communiter dies suos, divina officia, lectiones ... »[16]. *Dicitur communiter* : il s'agirait donc de l'opinion la plus répandue, probablement partagée par la famille de Thomas avec laquelle ce haut fonctionnaire du Royaume a dû avoir des contacts officiels, mais aussi par les frères dominicains que cet important personnage connaît bien[17]. Ptolémée avait déjà donné cette indication dans sa première chronologie de la vie du Maître, mais nous avons vu qu'ensuite il lui a préféré la nouvelle estimation de la mort au cours de la cinquantième année.

13. Selon toute probabilité, il s'agissait d'*Ortum*, dans le diocèse d'*Atella*, sur la route de Naples à Aversa, aujourd'hui « Orta d'Atella ». L'existence de ce lieu au moyen âge est attestée par un paiement de dîmes en 1324 : « Presbiter Nicolaus Busonus pro ecclesiis S. Maximi et S. Donati de Orto tar. sex » (dans *Rationes decimarum Italiae nei secoli XIII e XIV. Campania*, par M. INGUANEZ, L. MATTEI-CERASOLI, P. SELLA, Città del Vaticano, 1942, p. 253, n. 3696). – En revanche, Barthélemy de Capoue, dans son témoignage au procès de Naples, raconte que cet accident serait arrivé une fois passé Teano, en descendant vers Borgonuovo (cf. *Naples 78*), c.-à-d. environ 50 km au nord d'Orta d'Atella. À ce propos on peut voir A. WALZ, *Luoghi di San Tommaso*, Roma, 1961, p. 109.

14. B. Gui, dans le prologue de cet ouvrage, nous apprend qu'en 1311 il a déjà passé plus de cinq ans à réunir la matière des *Flores* : on peut voir cela dans l'étude très importante de A.-M. LAMARRIGUE, « Les prologues de Bernard Gui : l'affirmation de préoccupations techniques », dans *Les prologues médiévaux*, Turnhout, 2002, p. 171.

15. Cf. CL. LE BRUN-GOUANVIC, « Note » au chap. LVI de l'*Ystoria*, p. 192, n. 7 ; A. DONDAINE, « Introduction », dans *S. Thomae de Aq., Epistola ad Bernardum abbatem Casinensem*, ed. Leon. t. 42, p. 404-405.

16. *Naples 83*, p. 384 (nous avons pris de l'apparat la variante *humanum ingenium* à la place de *humanum genus*).

17. Cf. CL. LE BRUN-GOUANVIC, « Introduction », dans *Ystoria*, p. 8.

Une date plus tardive est offerte, toujours au procès de Naples, par deux moines cisterciens de Fossanova, qui avaient vu Thomas au moment de sa mort : ils témoignent qu'à leur avis il semblait âgé de cinquante ans à peu près[18].

Revenons à Ptolémée : il écrit au moins trois ans avant le procès et il fait état dans son livre XXIII des deux opinions qui également feront partie des témoignages entendus à Naples. Que faut-il supposer derrière son changement d'avis, sinon l'incertitude sur l'âge de Thomas à sa mort ? S'il opte pour le décès pendant la cinquantième année, c'est peut-être qu'il s'est rendu compte que cette donnée est approximative, ce qui est normal alors, et qu'il ne faut pas vouloir être trop précis.

Sur ce point (comme souvent, d'ailleurs, en matière de chronologie ou d'historicité des faits), Guillaume de Tocco n'apporte pas de nouvelles données. Lui, qui a su utiliser à plusieurs reprises dans son *Ystoria* le témoignage de Barthélemy de Capoue et les matériaux que ce dernier avait regroupés[19], s'en écarte quelque peu dans la détermination de l'âge au moment de la mort. Cependant il propose une nouvelle indication *quarante-neuf ans non encore accomplis* : s'agirait-il d'une précision par rapport au témoignage de Barthélemy de Capoue ? La façon dont il a rédigé le chapitre LXV de son *Ystoria* montre qu'il connaît bien la divergence de ses sources et il semble la résoudre par l'allégorie[20]. Son récit est repris quasi à la lettre par Bernard Gui, qui rédigea sa biographie de Thomas entre 1324-1326[21].

18. Octavianus de Babuco : « Interrogatus quanto tempore cognovit dictum fratrem Thomam ante eius obitum, dixit quod per annos quatuor vel circa. Interrogatus in quibus locis vidit eum, et conversatus fuit cum ipso et servivit sibi, dixit quod vidit ipsum et conversatus fuit cum eo et servivit ei in castro Magentie, ... et ad monasterium Fosse-Nove. ... Interrogatus cuius etatis erat tempore obitus sui, dixit quod erat, ut sibi videbatur, annorum quinquaginta vel circa » (*Naples 15*, p. 286-287). Nicolaus de Piperno : « Interrogatus de tempore quo vidit eum in dicto monasterio infirmum, dixit quod sunt anni quadraginta quinque vel circa. ... Interrogatus cuius etatis erat, dixit quod secundum suam estimationem videbatur sibi quod fuerit quinquagenarius vel sexagenarius » (*Naples 19*, p. 291).

19. Cf. *Naples 79*, p. 178 et l'entrée « B. de Capoue » dans l'index de l'*Ystoria*, p. 280.

20. Nous citons presque en entier le chapitre LXV « De tempore obitus dicti doctoris » : « Obiit autem predictus doctor anno domini millesimo ducentesimo septuagesimo quarto, predicti dompni pape Gregorii decimi anno quarto, anno uero sue uite .XLIX°., indictione secunda, septimo die Martii, hora matutinali. Congruum enim fuit diuine prouidentie ut illius mensis tempore Deus suo doctori ad eternam uitam assignaret introitum, quo ab eterno prouiderat producere uniuersum, et Deo predictus doctor in suis assimilaretur operibus, ut quasi completo sexto die scribendi opere, septimus dies sibi succederet pro quiete; et quadragesimum nonum annum sue uite perficiens, quinquagesimum inchoaret eterne glorie iubileum » (*Ystoria*, p. 205 ; conformément aux manuscrits, nous avons rétabli l'adjectif *matutinali*, qui, dans l'édition de l'*Ystoria*, est écrit *matitunali* à deux reprises dans ce même chapitre 65).

21. BERNARD GUI, *Vita S. Thomae Aquinatis*, c. 39, ed. Prummer, p. 205. Cette édition, fondée sur *Vat. lat. 3847*, après les mots *vite autem sue anno XLIX terminante et anno quinquagesimo inchoante*, omet un passage important, qui termine le chapitre 39 : « Conueniens enim fuit ut xlix[m] et ultimum annum uite sue perficiens. transiret in annum quinquagesimum eterne leticie iubileum » (*Vat. lat. 3847*, f. 45rb ; ms. comparé à : *Vat. lat., 1218*, f. 168v ; *6218* ; *Firenze, BN, Conv. soppr. D. 2. 76*, f. 87vb ; *BN, Conv. soppr. F. 6. 1189*, f. 19r). Ce passage montre d'une façon plus évidente encore la dépendance de B. Gui à l'égard du récit de Tocco, *Ystoria* 65 (p. 205) : « Congruum enim fuit [...] quadragesimum nonum annum sue uite perficiens,

La divergence d'opinions, attestée par Ptolémée et par le procès de canonisation, nous apprend surtout une chose : que déjà les contemporains de Thomas ne savaient pas quel âge précis il avait au moment de sa mort. Il est instructif de citer à ce propos le témoignage d'un personnage bien renseigné sur les sources de la vie et surtout de l'œuvre de Thomas d'Aquin, Jean de San Gimignano. Dans son recueil de *Sermones de sanctis* (vers 1325), il insère deux panégyriques sur Thomas d'Aquin, qui venait d'être canonisé ; dans le deuxième de ceux-ci, il écrit : « Quis unquam magister alius tot et talia opera scripsit, siue exponendo, siue querendo et disputando, siue ratiocinando, et in tanto modico tempore uite, quia solum 49 annis legitur uixisse, in quorum 26 opera sua dicitur scripsisse. Et 62 libros scripsisse reperitur, preter alia 7 opera que fuerunt ab eo legente uel predicante collecta »[22] ; c'est évidemment au récit de l'*Ystoria* de Tocco (qui est le premier à fixer la mort de Thomas à la quarante-neuvième année de son âge) que Jean de San Gimignano se réfère en rédigeant ce sermon et il semble bien vouloir inviter à la prudence : on lit (*legitur uixisse*), se borne-t-il à constater, que Thomas aurait vécu quarante-neuf ans : il ne s'engage pas davantage.

Puisque la chronologie de la vie de Thomas a été reconstituée presque entièrement à partir de son âge présumé au moment de sa mort, l'approximation qui entoure ce dernier affecte nécessairement aussi le calcul de toutes les autres dates.

Après ces considérations, qui ne constituent qu'en apparence une digression et qui nous permettent de mieux cerner la méthode ou, pour mieux dire, les habitudes de travail des premiers écrivains nous renseignant sur la vie de Thomas, nous pouvons maintenant revenir à la question qui nous intéresse et interroger ces écrivains sur la date du transfert de frère Thomas de Cologne à Paris.

1.1.2 Le biographe officiel de Thomas

Guillaume de Tocco, dont l'*Ystoria sancti Thome de Aquino* a connu quatre rédactions en cinq ans (1318-1323), a certainement subi l'influence de Ptolémée. Pour sa part, Cl. le Brun-Gouanvic a bien reconnu l'importance capitale à accorder à Ptolémée parmi les biographes anciens de Thomas ; cependant, selon elle, il n'est pas assuré que l'œuvre écrite de Ptolémée ait été

quinquagesimum inchoaret eterne glorie iubileum ». – Remigio de' Girolami exprime la même idée (voir, à ce propos, E. PANELLA, « Note di biografia domenicana tra XIII e XIV secolo », AFP, 54, 1984, p. 265-266).

22. Sermon *Magister scimus quia uerax es* (*Firenze, BN, Conv. soppr., G. I. 516*, f. 49ra et *Conv. soppr. J. I. 41*, f. 360ra), cité par H.-V. Shooner, qui fait remarquer que cet auteur est en train de se référer à une série d'ouvrages de Thomas identique à la liste anglaise de Prague (cf. ci-dessus, chap. II, notre ms. Pr) : H.-V. SHOONER, *Listes anciennes des écrits de Thomas d'Aquin*, Thèse présentée en vue de l'obtention du grade de *Philosophiae Doctor* (Ph. D.) en théologie, Collège Dominicain de Philosophie et de Théologie, Ottawa, 1974, p. 46 ; à propos de Jean de San Gimignano v. A. DONDAINE, « La vie et l'oeuvre de Jean de San Gimignano », AFP 9 (1939), p. 150-154.

une source de Guillaume[23]. Pourtant, si l'on admet, comme elle le fait, que Guillaume a mené son enquête avec soin, on imagine difficilement qu'il ait laissé tomber même un seul des renseignements que Ptolémée lui fournissait.

À propos de la date qui nous intéresse ici, il faut remarquer que, dans un remaniement de son *Ystoria*, Guillaume, voulant préciser davantage le moment de la venue de Thomas à Paris, indique le nom du Maître de l'Ordre qui l'y aurait envoyé : Jean de Verceil[24] ; or celui-ci n'occupe cette charge que durant les années 1264-1283 : Tocco l'a confondu (vraisemblablement dans sa tentative pour compléter sa source) avec Jean de Wildeshausen, dit Jean le Teutonique, Maître de l'Ordre dominicain de 1241 à 1252. Ce qu'on peut retenir de cette précision, c'est que, selon Tocco, le transfert de Thomas ne s'est pas passé pendant le gouvernement d'Humbert de Romans (1254-1263) et qu'il aurait eu lieu avant la mort de Jean de Wildeshausen, survenue le 3 ou le 4 novembre 1252, à Strasbourg[25].

1.1.3 Le témoignage de Bernard Gui

Bernard Gui, qui s'est servi de l'*Ystoria* de Tocco pour rédiger sa biographie de Thomas, conclut celle-ci par un appendice, intitulé *Epilogus*, où il fournit une chronologie détaillée du saint[26]. Cette chronologie dépend de celle de Ptolémée au livre XXII de son *Historia* et de l'*Ystoria* (chap. 65) de Tocco. Si nous avons constaté, avec la mention d'*Ortanum* dans le contexte du voyage de Thomas pour Lyon en 1274, que Bernard ne se limite pas à répéter ses sources, mais est capable d'apporter des précisions de son cru[27], cela ne

23. À ce propos elle écrit : « Ptolémée de Lucques est, des biographes anciens, celui qui a le mieux connu Thomas d'Aquin. Comme Guillaume de Tocco, il fut son auditeur à Naples, mais ses contacts avec le maître furent bien plus étroits et plus fréquents. Il ne fait pas de doute que sa fréquentation de saint Thomas est antérieure à la période napolitaine. [...] Les *Breves Annales* et l'*Historia ecclesiastica* constituent, pour la connaissance de la vie de saint Thomas, des sources de haut intérêt mais malheureusement peu abondantes » (CL. LE BRUN-GOUANVIC, *Ystoria*..., p. 19-20) ; et encore : « Dans sa déposition, Tocco fait allusion aux œuvres de Ptolémée de Lucques : « Et multa de eius sanctitate scripsit » (*Naples 60*). Les a-t-il vraiment lues, ou cette appréciation lui est-elle dictée par des conversations avec son confrère ? [...] les preuves de la sainteté de Thomas d'Aquin étaient le seul aspect que pût retenir Guillaume des écrits d'un confrère plus philosophe et historien que lui. [...] Les écrits de Ptolémée restent une source possible de l'*Ystoria* [...] » (*Ibid.*, p. 28).

24. *Ystoria*, p. 120, très bien interprété par J.-P. TORRELL, *Initiation*, p. 53.

25. Cf. *Cronica Ordinis*, ed. Reichert, MOPH 1, p. 337 ; et la notice que lui consacre TH. KAEPPELI, *Scriptores* ..., t. III, p. 47. – La mort de Jean de Wildeshausen avait été déjà considérée comme *terminus ante quem* du départ de Cologne par J.B.M. DE RUBEIS, "Dissertatio I", in S. THOMAE AQUINATIS, *Commentum in quatuor libros Sententiarum,* vol. 2 pars altera, Parmae 1858, t. VII-B, p. 1262, réimprimée dans S. THOMAE AQUINATIS, *Opera Omnia*, ed. Leon. t. 1, p. 163.

26. Pour donner sa juste importance à ce petit écrit, il faut tenir compte de ce qu'a dit A.-M. LAMARRIGUE (cit., p. 185) : « Établir des dates précises et exactes est fondamental dans la conception qu'a Bernard Gui de l'œuvre historique ».

27. Cela a été relevé aussi par Cl. le Brun-Gouanvic, qui semble cependant minimiser l'importance des données que nous apprenons seulement à travers B. Gui : « Ainsi il ne demeure dans la *Legenda* de Bernard Gui que peu de sources non identifiées. Parmi ces très rares ajouts figure la mention d'un acte notarié que Réginald aurait fait dresser à Fossanova pour assurer les

semble pas être le cas pour les éventuelles différences relevables entre sa chronologie et celles de Ptolémée et de Tocco. Dans cet *Epilogus*, nous lisons sous la plume de Bernard : « ... admirabilis in scientia, factus est baccalaureus in theologia Parisius, etatis anno XXVII, Dominice uero incarnationis MCCLII[28] paulo plus minusue »[29]. Par rapport à Ptolémée, il a augmenté de deux ans (en le faisant passer de vingt-cinq à vingt-sept ans) l'âge atteint par Thomas au début de son enseignement sur les *Sentences* à Paris et il a fixé ce début en 1252 environ ; tout cela s'explique, parce qu'il a augmenté de « presque » deux ans (*anno XLIX terminante*) l'âge de Thomas au moment de sa mort : « ... aetatis suae anno XLIX terminante et anno quasi quinquagesimo inchoante »[30].

Ce détail prouve à nouveau que les dates de la biographie de Thomas sont calculées en fonction de son âge présumé au moment de sa mort ; c'est sans doute la raison de l'annotation prudente *paulo plus minusve* accompagnant les dates fournies par l'*Epilogus*[31].

En augmentant de deux ans l'âge de Thomas au moment de sa venue de Cologne à Paris, Bernard évite l'incongruité que nous avons relevée entre le livre XXII et le livre XXIII de l'*Historia* de Ptolémée. Nous constatons cependant que la date proposée par B. Gui finit pour coïncider avec celle calculée par Ptolémée, que nous avons située entre le printemps 1251 et le printemps 1253.

droits de l'Ordre sur la dépouille de saint Thomas » (« Introduction », à l'*Ystoria*, p. 22-23) ; le texte de B. Gui est le suivant : « et frater Raynaldus socius eius fecerat inde recipi publicum instrumentum » (B. Gui, *Vita* 45 p. 209 ; Vat. lat., 3847, f. 47ra-b). – S'il est vrai que Bernard Gui aurait pu apprendre sans doute ces particularités en France, dans le milieu de la curie pontificale, il faut cependant tenir compte, qu'entre 1317 et 1318 il avait été en Italie, pour accomplir une mission que Jean XXII lui avait confiée (cf. TH. KAEPPELI, *Scriptores* ..., t. I, p. 205 ; P. AMARGIER, « Éléments pour un portrait de Bernard Gui », dans M.-H. VICAIRE [ed.], *Bernard Gui et son monde* [« Cahiers de Fanjeaux » 16], Toulouse–Fanjeaux 1981, p. 24-25).

28. Le chiffre *II* est écrit sur rasure d'un *III*, dans le ms. *Vat.lat. 3847*, f. 70v.

29. BERNARDUS GUIDONIS, *Vita S. Thomae. Cronica brevis de progressu temporis sancti Thomae de Aquino (Epilogus)*, ed. Prümmer, p. 257. Cette édition de la *Vita* est très mauvaise : nous l'avons contrôlée sur le *Vat. lat. 3847*, f. 70r-v (ms. daté de 1324-1326/28, sur la base d'une note autographe de Bernard Gui, au f. 1r ; cf. Prümmer, p. 164-165) et sur *Vat. lat., 1218*, f. 205v-207 ; *6218*, f. 101v-103v ; *Firenze, BN, c.s. D. 2. 76*, f. 104rb-105ra ; *c.s. F. 6. 1189*, f. 44r-v.

30. BERNARDUS GUIDONIS, *Epilogus*, p. 258 ; également *Vita* 39, p. 205. – Il faut remarquer qu'ici Bernard ne reprend ni ses *Flores chronicorum* IIe rédaction, ni le livre XXIII de l'*Historia* de Ptolémée, mais qu'il dépend de l'*Ystoria* de Tocco.

31. Dans cet *Epilogus*, seules les dates de naissance, du magistère en théologie, du Concile de Lyon et de la mort ne sont pas suivies de ladite annotation. De plus, Bernard Gui n'est pas parvenu à supprimer toutes les incohérences qui affectent sa chronologie – reprise de celle de Ptolémée –, si on en change le point de départ : l'âge de Thomas au moment de sa mort. Ainsi, Gui dit que Thomas entra chez les Dominicains vers l'année 1240 à l'âge de 14 ans : cela équivaut à dire qu'il était né en 1226 et que, mort en 1274, il avait 48 ans (comme l'avait dit Ptolémée). Mais le même Gui, évoquant la mort de Thomas, dit qu'il avait vécu 35 ou 36 ans dans l'Ordre dominicain, ce qui équivaut à dire qu'il mourut âgé de 49 ou 50 ans, et donc qu'il était né en 1224/25. Cf. *Epilogus*, (ed. Prümmer, p. 257 et p. 258, corrigée sur les mss cités) : « ... intrauit ordinem predicatorum etatis sue anno circiter XIIII circa annum Domini MCCXL paulo plus minusue » et « ... anno XLIX terminante et quasi quinquagesimo inchoante, ab ingressu vero ordinis fratrum predicatorum anno XXXV uel XXXVI ».

1.1.4 Conclusion

Les données des premières biographies n'offrent pas nécessairement des témoignages indépendants, à part le cas de Ptolémée et Barthélemy de Capoue, qui concordent sur le fait que Thomas mourut pendant la quarante-huitième année de sa vie ; faute d'éditions critiques, il est difficile de préciser davantage.

Nous devons cependant recueillir la convergence de ces sources : selon Bernard Gui le transfert de Cologne à Paris doit être situé en 1252, *paulo plus minusve* ; suivant Guillaume de Tocco, on pourrait même préciser : avant novembre 1252 ; selon Ptolémée dei Fiadoni de Lucques nous avons retenu l'été 1251 ou 1252[32].

Quelques dates selon les sources biographiques de Thomas			
Sources	Âge de Thomas au moment de sa mort, en 1274	Année du début de l'enseignement de Thomas à Paris	Année de naissance de Thomas
Ptolémée, *Hist.*, l. 22 (1313-16) (cf. § 1.1.1)	Cum autem iam esset XVI annorum, habitum fratrum Praedicatorum assumpsit, et in eo in pura innocentia vixit XXXII annis vel circa: cela implique qu'il était dans sa 48e année en 1274	Annorum XXV erat, cum primum venit Parisios, ubi infra trigesimum annum et Sententias legit, et conventum in theologia sive licentiam recepit: donc en 1251 ou 1252, d'après notre calcul	entre 7-3-1226 et 6-3-1227, d'après notre calcul
Ptolémée, *Hist.*, l. 23 (cf. *ibid.*)	Obiit autem quinquagesimo uitae suae anno. Alii dicunt XLVIII	en 1248 ou 1249, s'il mourut durant sa 50e année ; en 1251 ou 1252, s'il mourut durant sa 48e année	entre 7-3-1223 et 6-3-1224 ; entre 7-3-1226 et 6-3-1227
B. Gui, *Flores chron.*, IIe réd. (1314/16-1319) (cf. § 1.1.1.1)	anno quinquagesimo tum decurrente		entre 7-3-1223 et 6-3-1224
G. de Tocco, *Ystoria*, Ire réd. (1317 ss.) (cf. *ibid.*)	quadragesimum nonum annum sue uite perficiens, quinquagesimum inchoaret eterne glorie iubileum		entre 7-3-1225 et 6-3-1226

32. Cf. ci-dessus, § 1.1.1. – La date de 1251 est celle qui a été retenue par Simon Tugwell, dans *Albert & Thomas. Selected writings*, p. 209 et 211.

Barthélemy de Capoue, *Procès de Naples* (1319) (cf. *ibid.*)	in quatragesimo octavo anno finisse dicitur communiter dies suos		entre 7-3-1226 et 6-3-1227
B. Gui, *Vita* (1324-1326) (cf. *ibid.*)	uite autem sue anno XLIX terminante et anno quinquagesimo inchoante		entre 7-3-1225 et 6-3-1226
B. Gui, *Epilogus* (1324-1326) (cf. *ibid.*)	etatis sue anno XLIX terminante et anno quasi quinquagesimo inchoante	etatis anno XXVII, Dominice vero incarnationis MCCLII paulo plus minusue (1251-1252)	entre 7-3-1225 et 6-3-1226

1.2 La fin de l'enseignement des Sentences *et la promotion au magistère*

1.2.1 Quelques dates certaines

Bien que la fin de l'enseignement scolaire sur les *Sentences* ne coïncide pas nécessairement avec la promotion au magistère, il est hors de doute, cependant, qu'il fallait l'avoir accompli pour obtenir la chaire de maître. En vue de préciser les dates entre lesquelles Thomas, en tant que bachelier, commenta en classe l'œuvre du Lombard, il nous faut chercher à déterminer à quel moment il reçut la maîtrise. Cela comportait, comme on sait, deux étapes : la collation de la *licentia* et la soutenance d'un *principium* ; en plus, à Paris, il était nécessaire d'être reçu dans le *consortium magistrorum*, et d'être titulaire d'une chaire : *regere*[33]. Les sources biographiques sont riches d'épisodes intéressants relativement au magistère de Thomas, mais elles ne s'accordent pas sur la chronologie : pour Ptolémée, Thomas n'aurait pas encore atteint l'âge de trente ans, quand il reçut la *licentia*, et donc cela se passa avant une date à placer entre le 7-3-1256 et le 7-3-1257 (à ce moment-là Ptolémée considère que Thomas est mort pendant la quarante-huitième année de sa vie) ; Guillaume de Tocco ne précise aucune date ; Bernard Gui avance 1254 (en omettant la formule prudente « paulo plus minusue »)[34]. La chronologie proposée par

33. À ce propos, cf. J.-P. TORRELL, *Initiation*, p. 73-78 et Olga Weijers, cit. à la note suivante.

34. Nous avons déjà cité le passage de Ptolémée : « Annorum XXV erat, cum primum uenit Parisios, ubi infra trigesimum annum Sententias legit, et conuentum in theologia siue licentiam recepit. [et licentiam recepit. *Paris, BnF, lat. 5125* f.77ra] ». Pour G. de Tocco, cf. *Ystoria* 17, p. 126-128. La datation proposée par B. Gui a des conséquences aussi sur la date de naissance (l'éd. Prümmer est fautive ; nous suivons les mss, y compris, en particulier, *Vat. lat., 3847*) : « ... assumptus est ibidem ad magisterium sacre teologie etatis sue anno fere XXX inchoante sub anno domini MCCLIIII. Vixit autem postquam ad magisterium theologie fuit assumptus annis circiter XX » (ed. Prümmer, p. 257). B. Gui fixe en 1254 la réception de la maîtrise, ce qui lui permettra de dire qu'à la fin de sa vie Thomas avait été Maître pendant presque 20 ans (« magisterii autem sui anno XX », *Epilogus*, p. 258). Et si en 1254 Thomas est presque au début de sa trentième année, il s'en suit qu'il serait né entre 1224-1225. – Pour la signification des mots *licentia, conuentus, principium,* cf. O. WEIJERS, *Terminologie...*, p. 385-390, 401-404, 413-420.

Ptolémée est la plus proche des sources documentaires que nous allons présenter.

Deux lettres pontificales envoyées au chancelier de l'université de Paris fournissent deux éléments sûrs de chronologie : l'époque à laquelle Thomas a obtenu la *licentia docendi* (avant le 3 mars 1256) et l'époque de son *principium* (avant le 17 juin 1256)[35]. Ainsi le *terminus ante quem* de l'achèvement de la *lecture* en classe des *Sentences* est certainement le mois de mars 1256, soit, plus probablement, la fin des leçons de l'année scolaire 1254-1255, si l'on suit l'hypothèse de Ptolémée de Lucques ; tandis que suivant Bernard Gui il faudrait avancer cette date d'un an, à la fin des cours de l'année scolaire 1253-1254. L'achèvement de la *Lecture* scolaire n'implique d'ailleurs pas que le bachelier ait terminé la rédaction de son *Scriptum*, et qu'il l'ait remis aux stationnaires : nous allons revenir sur ce point dans la conclusion[36].

1.2.2 Une légende née d'une équivoque : la dispense d'âge pour le magistère

Frère Pierre de Montesangiovanni, moine prêtre de l'Abbaye de Fossanova, qui connaissait déjà personnellement frère Thomas, alla lui rendre visite au château de Maenza où celui-ci s'était arrêté pendant le voyage vers le Concile de Lyon et entendit de sa bouche le récit de sa promotion au magistère, récit dont nous retenons les détails suivants : « Ipse frater Thomas ad magnam instantiam dicti prioris [*de l'abbaye de Fossanova*] narravit sibi quod cum iniunctum fuisset sibi *per priorem suum Parisiensem* de mandato cancellarii Parisiensis ut pararet se ad recipiendum magisterium in theologia, et ipse reputaret se inhabilem ad hoc propter iuventutem,... »[37] ; ce témoignage est utilisé par Guillaume de Tocco dans son *Ystoria*, enrichi de remarques intéressantes : « Post decursum studii [studiose uel] fructuose completum, cum tempus instaret quo baccellarii theologie erant Parisiensi cancellario preferendi [presentandi *suivant la famille* β], *non seruato ordine secundum anticipationem temporis consueto*, mandauit predictus cancellarius priori Parisiensi ordinis fratrum predicatorum ut ex parte sua mandaret predicto fratri Thome ut ad recipiendum magisterium in theologia, *non obstante consuetudine qua erant sibi alii preferendi*, sine contradictione aliqua se pararet. Qui humiliter se excusans propter defectum scientie et etatis, ... »[38].

35. Cf. CUP, I, n. 270, p. 307 et n. 280, p. 321.

36. Guillaume de Tocco dit : « Vnde scripsit in baccellaria et principio sui magisterii super quatuor libros Sententiarum... » (*Ystoria*, p. 122).

37. Et le texte continue : « et positus in perplexitate quodam quid ageret, dedit se in oratione circa quoddam altare ubi sibi obdormienti apparuit in sompnis quidam frater Predicator... » (*Naples 49*, p. 331 ; nous soulignons).

38. Voici la continuation : « optinere quod excusaretur non potuit propter preceptum obedientie quod coegit. Qui humiliter suscipiens onus impositum, ad locum orationis se contulit consuetum, in quo prostratus cum lacrimis orauit Deum ut ad suscipiendum et exequendum magisterium scientiam et gratiam dignaretur effundere, quem dignatus fuerat adhuc indignum multis gratiis preuenire. Et incipiens psalmum ''Saluum me fac, Deus, quoniam diminute sunt ueritates a filiis hominum'', diu orans cum lacrimis obdormiuit. Et ecce ad eum nuntius celitus missus est frater quidam antiquus eiusdem ordinis admodum reuerendus, ... » (*Ystoria* 17, p. 126-127 ; nous soulignons). V. le lieu parallèle chez B. Gui, également très développé (*Fontes*, p. 179).

L'*Ystoria* se réfère donc, elle aussi, à l'initiative du chancelier parisien et au jeune âge du candidat, mais elle ajoute une circonstance exceptionnelle de cette promotion. Analysons, premièrement, la partie du texte de Tocco dont la signification est claire : « le chancelier 'commande' (*mandauit*) au prieur parisien de 'commander' au frère Thomas de se disposer à recevoir le magistère, en dépit de la coutume (*consuetudo*) selon laquelle il aurait fallu lui en préférer (lui présenter) d'autres »[39]. De quelle 'consuetudo' s'agit-il ? Nous croyons pouvoir éclairer le sens de ce passage par une détermination du chapitre général des Frères prêcheurs de 1301, laquelle ne peut se référer qu'au *studium* parisien : il est ordonné énergiquement que l'ordre de présentation des candidats à la licence soit celui de la lecture des *Sentences* (« in presentacione bacallariorum. et eorum expedicione. ille ordo servetur, qui actenus est servatus. ita quod posterius in lectura sentenciarum nullatenus preponatur »)[40]. Que cette règle ait pu remonter jusqu'au temps de Thomas d'Aquin, comme le prétend Tocco, nous l'ignorons, mais il faut bien observer que l'ordination de 1301 a été reprise par le chapitre général de 1317, donc peu de temps avant la première rédaction de l'*Ystoria*[41] !

Dans la citation de Tocco que nous sommes en train d'examiner, il y a un autre passage qui, étant plus difficile, a été mal interprété. Il faut avant tout rappeler que l'initiative du chancelier de l'université qui s'adresse au prieur du couvent est tout à fait compréhensible, si l'on considère qu'à cause des luttes entre mendiants et séculiers la promotion à la licence des religieux avait été contrariée. Or, le chancelier communique au prieur de Saint-Jacques de faire préparer le frère Thomas d'Aquin à recevoir le magistère en théologie, « non seruato ordine *secundum anticipationem temporis* consueto », phrase qui a été ainsi interprétée par Cl. le Brun-Gouanvic, éditrice de l'*Ystoria* : « S. Thomas n'avait pas les trente-cinq ans réglementaires »[42]. Mais en réalité, contrairement à ce que suppose cette affirmation, l'anticipation dont il est question ici n'est autre que celle de la date à laquelle Thomas aurait dû être admis au magistère, s'il avait attendu son tour. Il s'agit du temps prévu par l'ordre suivi habituellement (« anticipatio » signifie aussi prévision). Il n'est donc pas

39. « ... mandauit predictus cancellarius priori Parisiensi ordinis fratrum predicatorum ut ex parte sua mandaret predicto fratri Thome ut ad recipiendum magisterium in theologia, *non obstante consuetudine qua erant sibi alii preferendi*, sine contradictione aliqua se pararet » (cit., p. 127 ; nous soulignons).

40. « Item. Districte iniungimus et ordinamus inviolabiliter observari. quod in presentacione bacallariorum. et eorum expedicione. ille ordo servetur ; qui actenus est servatus. ita quod posterius in lectura sentenciarum nullatenus preponatur. nec licenciam aut recipere vel recepta uti valeat. nisi magistro. vel eo mortuo vel amoto ; Ipsius magistri vicario ex causis racionabilibus aliter videretur. Si quis autem contrarium per se vel per alium fieri procuraverit ; magisterio in theologia perpetuo sit privatus » (MOPH 3, p. 306).

41. Voici l'ordination de 1317 : « Item. Ordinamus quod in bacalareis Parisiensibus ordinarie presentandis alternacio de extraneo et intraneo inviolabiliter observetur secundum consuetudinem communem in ordine approbatam et hactenus observatam, et super hoc nulla alia licentia expectetur » (MOPH 4, p. 102). Dans l'édition de l'*Ystoria*, p. 127, rien n'est dit à ce propos.

42. CL. LE BRUN-GOUANVIC, note à *Ystoria* 17, p. 127, n. 4, avec renvoi au Statut de Robert de Courçon de 1215. Cette interprétation est courante : v., par ex. J.-P. TORRELL, *Initiation*, p. 74.

question, dans cette phrase, du fait que Thomas n'aurait pas eu l'âge requis pour obtenir le magistère. D'où vient donc cette interprétation ? Si l'on continue la citation de Tocco on y lit : « [Thomas] humiliter se excusans propter defectum *scientie et etatis*, optinere quod excusaretur non potuit propter preceptum obedientie quod coegit »[43]. Si l'on convient que Tocco dépend ici du témoignage de Pierre de Montesangiovanni, qui avait dit : « et ipse [*c.-à-d. Thomas, devant le magistère à assumer*] reputaret se *inhabilem ad hoc propter iuventutem* », nous ne devons pas interpréter le « *propter defectum scientie et etatis* » de Tocco dans le sens juridique des termes, comme s'il n'avait pas encore atteint un âge prescrit par les règlements (que, pour cette période-là, nous ne connaissons pas avec précision) : Tocco ne fait que répéter le *inhabilem propter iuventutem* de Pierre de Montesangiovanni.

Avant de comparer les différents récits de cet événement exceptionnel, analysons sa première attestation, celle des *Vitae Fratrum*, ouvrage diffusé du vivant de frère Thomas, quand il se trouvait à Orvieto[44] : « Cum cancellarius Parisiensis disposuisset dictum fratrem [*scil.* Thomam] ad legendum in theologia licenciare in crastinum[45], dictus frater ipsa nocte vidit in sompnis, quod quidam dabat ei librum et dicebat : ''*Rigans montes de superioribus suis, de fructu operum tuorum saciabatur terra*''. Unde ipse frater in principio suo hoc idem accepit pro themate »[46]. En quoi ce fait est-il extraordinaire et prodigieux ? Il est extraordinaire parce que Thomas a été prévenu seulement la veille que le lendemain il aurait dû soutenir son *principium* pour recevoir la *licentia docendi* (ce qui n'est sans doute pas si invraisemblable qu'il semble, si l'on veut bien considérer les conflits qui régnaient alors à l'Université et dont témoigne le fait que ce même *principium* de Thomas aurait été troublé par des étudiants de l'extérieur du couvent : on a pu vouloir ne pas donner à l'opposition le temps de s'organiser[47]) ; ce fait est prodigieux, parce que Thomas, aurait reçu pendant la nuit le thème de son *principium*. Tout se serait donc passé dans la plus grande précipitation, si l'on prend au sens strict la version des *Vitae Fratrum*.

Si l'on compare maintenant l'ensemble du récit de Tocco avec le témoignage de Pierre de Montesangiovanni au procès de Naples (v. ci-dessus, n. 37), avec celui de Pierre de Caputio[48], mais aussi avec celui de Guillaume

43. *Ystoria* 17, p. 127 (nous soulignons).

44. Cf. TH. KAEPPELI, *Scriptores*..., t. II, p. 35.

45. L'éditeur des *Vitae fratrum* a placé une virgule avant *in crastinum*, ce qui donne à la phrase le sens suivant : « le lendemain de la décision du chancelier, Thomas, pendant la nuit, a reçu le thème de son *principium* » ; au vrai, cette interprétation n'est pas impossible, mais elle est semble peu probable. En effet, dans ce cas, on attendrait *in crastino die*, plutôt que *in crastinum*, et on ne voit guère le sens qu'aurait le démonstratif *ipsa* dans *ipsa nocte*.

46. *Vitae Fratrum*, IV 24, p. 216.

47. Cf. J.-P. TORRELL, *Initiation*, p. 114.

48. Pierre de Caputio répète le texte des *Vitae Fratrum* : « ... cum ipsi fratri Thome fuisset mandatum ut pararet se ad recipiendum magisterium in sacra theologia, et ipse propter hoc staret in contemplatione, in cella sua, ut eligeret aliquam auctoritatem de divina scriptura super qua posset fundare sermonem suum, quidam in habitu Predicatorum, canus et venerabilis aspectus, apparuit ipsi fratri Thome et dixit ei : ''Quid cogitas, propone hanc auctoritatem : Rigans montes

de Tocco lui-même[49], on se rend immédiatement compte que Tocco, dans l'*Ystoria*, transforme cet événement, et y ajoute le fait que Thomas aurait été préféré aux autres étudiants, qui auraient dû devenir maître avant lui. De cette particularité, il n'y a pas trace dans les autres récits : Tocco l'aurait-il apprit pendant son enquête en vue de la canonisation ? Et de qui l'aurait-il appris ? L'*Ystoria* n'a d'autre but que la canonisation de Thomas et l'édification des lecteurs : Tocco se préoccupe, par exemple, de montrer que Thomas est un exemple d'obéissance religieuse, même quand sa promotion à la maîtrise se fait dans des circonstances exceptionnelles, sans respecter l'ordre habituel de la promotion.

Ce récit n'a, en fait, que deux sources indépendantes : les *Vitae Fratrum* et l'évocation de cet événement faite par Thomas lui-même peu de temps avant sa mort au château de Maenza et reprise dans le témoignage du frère Pierre de Montesangiovanni. Pierre de Caputio cite la plupart des éléments du récit des *Vitae Fratrum*, à l'exclusion de la référence au prieur et au chancelier. Tocco, dans son témoignage au procès, identifie le personnage qui indique à Thomas le thème du *principium* avec un « frater quidam de Caputio senex » ce qui nous porte à penser qu'il fait une confusion avec le témoin Pierre de Caputio (v. note 49). Ces deux sources indépendantes font intervenir, en plus de frère Thomas, trois personnages : le chancelier de l'université, le prieur du couvent et le personnage âgé qui parla à Thomas. L'*Ystoria* de Tocco dépend certainement du témoignage de Pierre de Montesangiovanni (elle lui emprunte plusieurs phrases) et, en revanche, ne semble pas connaître les *Vitae Fratrum*. D'où Tocco aurait-il su que Thomas a été préféré aux autres candidats à la maîtrise ? Son *Ystoria* constitue-t-elle une troisième source du récit ? Comme nous l'avons dit au début de ce chapitre, malgré son titre, l'*Ystoria* de Tocco ne peut pas être considérée comme une source indépendante : étant donné le but hagiographique de l'auteur, un historien sérieux ne peut se fier aux détails attestés exclusivement par l'*Ystoria* que lorsqu'ils sont confirmés par d'autres documents[50].

de superioribus suis, de fructu operum tuorum satiabitur terra''. Et ille [scil. Thomas] respondit quod bona auctoritas erat » en ajoutant à cela qu'à Paris on croyait que le dominicain qui apparut à Thomas était saint Dominique lui-même : « communis opinio erat Parisius inter fratres Predicatores quod ille fuit sanctus Dominicus » (*Naples 92*, p. 398-399).

49. « Item dixit [*scil.* G. de Tocco] quod audivit communiter dici a fratribus antiquioribus dicti ordinis Predicatorum et a domino comite predicto [*scil. Thomas de Sanseverino, neveu de saint Thomas*] quod quando dictus frater Thomas fuit factus magister in theologia, cum oraret, missus fuit ad eum frater quidam de Caputio senex, qui ei dixit quod secure reciperet magisterium et nichil aliud proponeret pro suo principio nisi hoc : ''Rigans montes de superioribus suis, de fructu operum tuorum satiabitur terra''. Quod dictus dominus comes audivit ab ore dicti fratris Thome, sicut retulerat ipsi testi » (*Naples 60*, p. 348-349). Il faut remarquer que ce témoignage cite le comte de Sanseverino, présent avec Pierre de Caputio au chateu de Maenza, où Thomas raconta ce fait. Or, le récit de ce prodige tel que Tocco l'attribue au comte, est bien affaibli par rapport à l'*Ystoria* et aux *Vitae Fratrum*, puisqu'il qu'il ne s'agit pas d'une apparition surnaturelle, mais d'un vieux frère de Caputio envoyé à Thomas pour lui suggérer le thème du *principium* et pour le rassurer devant la difficulté !

50. Il faut remarquer également que Tocco est tellement pris par son office de promoteur de la cause de Thomas qu'il ne laisse passer aucun prétexte pour créer l'événement exceptionnel qui

Si nous revenons maintenant au texte de l'*Ystoria*, nous pouvons affirmer qu'il ne fait aucune référence au fait que Thomas, quand il a été promu à la maîtrise, n'avait pas l'âge requis.

J. Weisheipl avait affirmé, sans hésitation, que Thomas avait été dispensé de l'âge de 35 ans, requis par les Statuts de 1215, au moment d'obtenir la maîtrise[51] ; cependant ni les documents[52] ni même le récit de l'*Ystoria* de Tocco ne nous autorisent à faire cette affirmation. On peut seulement formuler l'hypothèse d'une dispense d'âge, si elle avait été requise à cette époque[53].

De plus, le rôle joué dans cette nomination par le prieur du couvent Saint-Jacques, nous a poussé à étudier la procédure selon laquelle un frère dominicain, à la moitié du XIIIe siècle, était chargé d'enseigner à l'université de Paris.

1.3 Les normes de l'Ordre dominicain sur les charges du studium *de Paris*

1.3.1 Lecture 'prudente' des documents

Les Actes des assises annuelles des Frères prêcheurs ne sont pas arrivés jusqu'à nous dans des « originaux », dont une production officielle garantirait le contenu, mais dans des copies, à l'usage de couvents. Sur celles-ci, d'année en année, de nouvelles normes étaient ajoutées ; d'autres, ne concernant plus le couvent ou devenues obsolètes, étaient supprimées (mais non de façon systématique) ; bref, en fait, nous ne possédons pas d'actes complets des chapitres généraux. D'autre part, c'est avec prudence que doit être établi le laps de temps durant lequel une norme était en vigueur[54].

favorise l'heureuse issue du procès de canonisation (voir, entre autres, le récit de la découverte de Thomas par Albert à Cologne, *Ystoria 13*, p. 115-119).

51. J. WEISHEIPL, *Frère Thomas d'Aquin*, p. 120.

52. Il existe une lettre du 3 mars 1256, qu'Alexandre IV adressa au chancelier, en le félicitant d'avoir accordé la licence à Thomas d'Aquin avant qu'il n'ait reçu *sa lettre* ; voici le texte : « dilecto filio fratri Thome de Aquino Ordinis Predicatorum, ... dedisti licentiam in theologica facultate docendi, priusquam illuc nostre littere pervenirent, quas tibi super hoc specialiter mittebamus » (CUP, I, n. 270, p. 307). On aurait pu penser qu'il s'agissait d'une lettre de dispense d'âge pour le jeune Thomas, mais on peut exclure cette hypothèse : dans la situation de guerre qui secouait alors l'université de Paris, le chancelier n'aurait certainement pas agit avant d'avoir une autorisation pontificale, si celle-ci avait été requise. – Nous avons examiné systématiquement les registres imprimés des bulles d'Alexandre IV (1254-1261), mais sans succès : *Les registres d'Alexandre IV, recueil des bulles de ce pape, publiés et analysés d'après les manuscrits originaux des archives du Vatican*, t. I-III, Paris, 1895-1953.

53. Cl. J. Vansteenkiste, avait observé comment, dans un contexte de luttes acharnées entre séculiers et mendiants, il aurait été imprudent de promouvoir Thomas à la licence, s'il n'avait pas encore eu l'âge requis. Pour cette raison, à la suite du P. G. Abate, ce grand érudit a cru bon de fixer la date de naissance de Thomas vers 1220 (CL. J. VANSTEENKISTE, *Rassegna*, 24 [1991], p. 11-12 ; G. ABATE, « Intorno alla cronologia di San Tommaso », *Misc. Franc.*, 50 [1950], p. 231-247). Cependant il est également vrai que nous ne savons pas si la prescription des Statuts de 1215, qui fixait à 35 ans l'âge pour enseigner, était respectée au moment de la promotion de Thomas (CUP, I, n. 20, p. 79 ; cette norme est pourtant en vigueur dans les Statuts du XIVe siècle : CUP, II, n. 1189, p. 698; P. GLORIEUX, « L'enseignement... », p. 99).

54. Ce qu'Emilio Panella écrit à propos des actes capitulaires des provinces de Rome, d'Espagne et de Provence est valable aussi pour les actes des chapitres généraux : « Copie dunque che rispondevano principalmente all'uso e all'utilità del singolo convento » (E. PANELLA,

Nous avons parcouru ces copies des actes du XIIIe et de la première moitié du XIVe siècle, pour découvrir en vertu de quels principes ou de quelles normes les bacheliers et les maîtres étaient alors chargés d'enseigner au *studium* de Saint-Jacques de Paris. La première détermination conservée est de 1259 : « Item. Parisius non petatur licencia legendi in theologia neque licenciatus incipiat. nec legens dimittat. nisi de consilio magistri si fuerit in provincia Francie. vel de consilio prioris provincialis Francie ; si magister in Francia non fuerit »[55]. Cette norme concerne le bachelier qui, ayant terminé de commenter les *Sentences*, peut recevoir la *licencia legendi in theologia*, c'est-à-dire commencer à enseigner (*legere*) en tant que maître, après l'*inceptio* (*licentiatus incipiat*). Par cette norme, le chapitre général, dans un contexte de luttes universitaires, restreint au maître de l'Ordre et au provincial de France la possibilité de procurer le titre de licence et la charge de maître aux bacheliers du *studium* de Paris[56]. Elle ne dit rien à propos de la nomination des bacheliers.

En 1264 le *studium* de Paris est remis aux soins du maître de l'Ordre : « Item. Committimus magistro ordinis. Ut ipse de studio Parisiensi. Diligenter ordinet. Et disponat in omnibus prout generali utilitati ordinis viderit expedire »[57]. Cette norme est constante jusqu'en 1311 (avec des formulations différentes et quelques exceptions notées dans les paragraphes suivants).

Si nous étendons notre enquête aux normes concernant les autres *studia generalia*, nous pouvons mieux percevoir la portée de cette ordination. Le chapitre de 1246 avait entrepris, par une *incohatio*, la création de quatre centres d'étude pour l'Ordre et il avait prévu que leur administration serait confiée au gouvernement provincial : « IIII^or^ autem provincie scilicet Provincia. Lombardia. Theotonia. Anglia provideant ut semper in aliquo conventu magis ydoneo sit generale studium et sollempne »[58] ; confirmée dans les deux

« Iacopo di Ranuccio da Castelbuono OP testimone dell' « Alia lectura fratris Thome » », MD 19, 1988, p. 377). Certaines ordinations, p. ex., qui n'avaient pas encore été annotées dans une copie des actes, y sont reproduites une fois seulement qu'elles sont devenues normes constitutionnelles, après l'approbation de trois chapitres consécutifs : « Et hec habet iii capitula ».

55. MOPH 3, p. 99. Les chapitres de 1301 et 1317, cités ci-dessus, réaffirment les règles selon lesquelles les bacheliers doivent se présenter à la licence (cf. MOPH 3, p. 306 ; 4, p. 102). – Pour suivre avec précision l'évolution des études dans l'Ordre dominicain, il faut toujours se référer à A. MAIERÙ, « Tecniche di insegnamento », in *Le scuole degli Ordini mendicanti*, Todi 1978, p. 307-352 ; v. aussi : ID., « Figure di docenti nelle scuole domenicane della Penisola Iberica tra XIII et XIV secolo », dans *Le vocabulaire des écoles des Mendiants au moyen âge*, (CIVICIMA 9), Turnhout, 1999, p. 45-88.

56. MOPH 3, p. 99. La signification précise des termes employés (*legere ; regere ; licentiatus ; inceptio*) est étudiée par O. WEIJERS, *Terminologie*, p. 291-97, 385-90, 407-22. – Pour le contexte historique, voir J.-P. TORRELL, *Initiation*, p. 109-114 et 265-268.

57. MOPH 3, p. 126.

58. MOPH 3, p. 34-35 ; de la même année, date une autre *incohatio* concernant l'enseignement, laquelle met bien en relief le rôle du gouvernement provincial : « In constitucione ubi dicitur. Nullus fiat pubblicus doctor. nisi ad minus theologiam per quatuor annos audierit. nec disputet. nisi per licenciam prioris provincialis. et diffinitorum capituli provincialis » (MOPH 3, p. 35 ; cf. *Constitutiones*, éd. Denifle 1889, p. 564) ; l'*incohatio* est confirmée par les deux chapitres suivants (MOPH 3, p. 38 et 41).

chapitres suivants, la décision entra dans les Constitutions en 1248[59]. On en profite ici pour souligner qu'il revient au chapitre général de traiter cette matière. Neuf ans plus tard, dans le chapitre de Milan (1255), la norme suivante, à placer dans les Constitutions, est établie, selon laquelle le maître de l'Ordre doit subvenir aux besoins des provinces : « quod si in aliqua dictarum provinciarum. [c.-à-d. *Provincia. Lombardia. Theotonia. Anglia*] non inveniatur lector sufficiens pro tali studio. magister ordinis. de lectore provideat competenti »[60].

Dans ces quatre *studia generalia*, la direction ordinaire était confiée aux provinciaux avec leurs conseillers ; par contre, nous avons vu que le choix des candidats à la régence dans le *studium* de Paris, à partir de 1259, est confié premièrement au maître de l'Ordre, s'il se trouve sur le territoire de la province de France, sinon au provincial. S'agit-il d'une tendance à la centralisation ou d'une mesure provoquée par la lutte universitaire ? Si on examine les déterminations des chapitres suivants, les deux hypothèses se révèlent l'une et l'autre possibles.

Qu'il y ait une différenciation dans la considération et dans le règlement du *studium* parisien d'un côté, et des autres *studia generalia* de l'autre, cela est évident du fait que l'institution parisienne n'est jamais assimilée aux autres (sauf peut-être entre 1280-1286). Quand, à partir de 1267, les *studia generalia* sont confiés *de chapitre en chapitre* aux soins du maître de l'Ordre, celui de Paris est toujours nommé séparément et, jusqu'en 1271, la formule (*tam* ... *quam*) met précisément en évidence leur distinction : « Committimus magistro

59. MOPH 3, p. 38 et 41. – La nécessité qu'une norme soit approuvée trois fois par le chapitre général (*inchoatio*, *approbatio*, *confimatio*) pour devenir texte des Constitutions, est bien attestée dans le préambule de celles-ci, même si c'est par des formules différentes suivant les époques (cf. *Constitutiones antique*, paeambulum, éd. Thomas, p. 310 [en vigueur avant 1236 c.] et éd. Denifle 1889, p. 534 [en vigueur après 1240 c.]). De cela, on conclut qu'il aurait fallu attendre qu'une décision soit confirmée par le troisième chapitre avant qu'elle ne soit observée ; cependant, la formule « observari sicut est inchoata », concernant une *inchoatio* de 1245 (MOPH 3, p. 31, l. 25), permet de se demander s'il ne fallait pas observer, de quelque sorte, une détermination même avant la confirmation du troisième chapitre général (ce sera le cas – contesté – pendant la deuxième moitié du XIVe siècle, quand on utilisera la formule « medio tempore observetur » : v. R. CREYTENS, « Les commentateurs dominicains de la Règle de s. Augustin du XIIIe au XVIe siècle. II, Les commentateurs du XIVe siècle. B) Arnaud Bernard », dans AFP 35[1965], p. 58-59). La datation du IVe Livre du Commentaire d'Albert en 1249 (v. ci-dessous, § 1.4.5, avec les nuances exprimées par W. Senner) donne à penser que l'*inchoatio* de 1246 n'est entrée en vigueur qu'en 1248, date probable du départ d'Albert pour Cologne.

60. MOPH 3, p. 76 (répétée dans les chapitres suivants : *ibid.*, p. 79 et 84). Le système collégial dans la direction des *studia* ressort clairement de la phrase *quibus eciam de eorum consilio providebit* de l'ordination suivante, *inchoata* au chapitre de 1257 : « Item hanc. In capitulo de studentibus. ubi dicitur. [Curet prior provincialis ut si habuerit aliquos utiles ad docendum qui possint in brevi esse apti ad regendum] mittere ad studium. ad loca ubi viget studium. addatur. secundum consilium et ordinacionem diffinitorum capituli provincialis ; quibus eciam de eorum consilio providebit » (MOPH 3, p. 86; cf. *Constitutiones*, ed. Denifle 1889, p. 562) ; cette norme, répétée dans le chapitre suivant (*Ibid.* p. 90), sera reprise dans la *ratio studiorum* du chapitre de Valenciennes en 1259 (*Ibid.* p. 100, l. 17-19 ; nous allons immédiatement revenir sur ce texte). Dans la ligne d'une direction collégiale des *studia*, on trouve également une détermination du chapitre de 1304 (MOPH 4, p. 2, l. 15-17).

ordinacionem. tam studii Parisiensis. quam aliorum studiorum generalium .IIII[or]. provinciarum. ut de ipsis. in magistris et bacallariis. et in aliis ad studium pertinentibus ; curam habeat diligentem »[61].

Sauf pour les années 1280-1286 donc, la *commendatio* régulièrement réitérée distingue toujours le *studium* de Saint-Jacques des autres, jusqu'en 1311, quand le chapitre commence à nommer directement lui-même les lecteurs des *Sentences* et ceux de la Bible à Saint-Jacques. En concomitance avec cette décision, pour une fois, les autres *Studia generalia* sont confiés au gouvernement provincial ; mais à partir de l'année suivante, la *commendatio* sera réitérée au maître de l'Ordre, selon la formulation de 1287, en vigueur encore en 1306[62].

61. MOPH 3, p. 138. La norme est répétée en 1268 (p. 142), en 1269 (p. 150), en 1270 (p. 155), en 1271 (p. 161). Absente dans le texte de 1272, elle revient avec la variante *et aliorum*... en 1273: « Ordinacionem studii Parisiensis. et aliorum generalium studiorum quoad principales lectores et baccalarios ; committimus magistro ordinis. » (p. 170). Elle est répétée telle quelle dans les chapitres suivants (y compris celui de 1274, qui reprit la « constitucio de studendo » du chap. de Valenciennes de 1259 ; cf. p. 176, 182, 188, 192, 199, 204), jusqu'en 1280, quand de nombreuses mesures sur les études seront prises (cf. p. 208-210). Dans ce chapitre de 1280, la disposition est formulée sans distinction entre le *studium* parisien et les autres : « Committimus magistro ordinis ordinacionem studiorum generalium. ut ipse de magistris et bacallariis ordinet et disponat. prout generali ordinis et fratrum profectui viderit expedire » (p. 210). Elle sera répétée selon cette élaboration dans les deux chapitres suivants (cf. p. 214, 220). En 1283 la formule est ainsi abrégée : « Concedimus [?] magistro ordinis ordinacionem studiorum generalium. etc. » (p. 226) ; le chapitre de l'année d'après reprend la formule de 1280 (cf. p. 230), répétée dans le chapitre suivant (p. 236). À partir de 1287, l'institution parisienne est de nouveau distinguée des autres, sans reprendre la formulation de 1273, mais en intégrant la distinction à la formulation de 1280 : « Committimus magistro ordinis ordinacionem studii Parisiensis. et aliorum studiorum generalium. ut ipse de magistris et bacallariis ordinet et disponat. prout generali viderit utilitati ordinis expedire » (p. 241). Cette formulation est reprise encore dans les chapitres suivants, sauf en 1289 (p. 247, 260, 267, 271). En 1294, elle est de nouveau modifiée : « Committimus magistro ordinis. quod de magistris et baccalariis in studiis generalibus ordinet et disponat ; prout utilitati generali ordinis viderit expedire » (p. 277). Le chapitre de 1295 n'ayant pas été célébré, le suivant (p. 281) récupère la formulation du précédent (c.-à-d. 1294), rédigée en 1287 ; celle-ci sera répétée ensuite (p. 286, 291, 299, 310, 316, 324. MOPH 4, p. 7, 15, 20). Par après, de 1307 jusqu'en 1310, la formulation, qui maintient toujours la distinction entre le *studium* de Saint-Jacques et les autres, se présente ainsi : « Committimus magistro ordinis ordinacionem studii parisiensis et aliorum studiorum generalium, quod ipse de magistris et bacalareis et lectoribus biblie ordinet et disponat prout utilitati promocionis studencium viderit expedire. Et quantum nostra interest, ordinamus expresse, quod magister ipsam ordinacionem circa ipsos bacalareos valeat et studeat, prout expediens viderit, prevenire » (p. 27 et p. 37, 45, 50).

62. Pour le chapitre de 1311, cf. MOPH 4, p. 55 ; pour les formules de la *commendatio*, cf. la note précédente. – Le fait que, chaque année, un lecteur des *Sentences* soit nommé alternativement pour la chaire des étrangers et la chaire de la province de France, fait supposer que la lecture des quatre livres des *Sentences* se déroulait en deux ans ; en 1317, cela est considéré comme une coutume ancienne, jamais interrompue, et approuvée dans l'Ordre : « Item. Ordinamus quod in bacalareis Parisiensibus ordinarie presentandis alternacio de extraneo et intraneo inviolabiliter observetur secundum consuetudinem communem in ordine approbatam et hactenus observatam, et super hoc nulla alia licentia expectetur » (MOPH 4, p. 102).

1.3.2 L'accord des sources documentaires et des premières biographies

Cette enquête sur l'organisation des *studia generalia* nous permet de voir par quelle autorité ceux-ci étaient gouvernés et met bien en relief le rôle primordial des chapitres généraux.

D'un côté, nous avons vu que, depuis 1248, le « generale studium et sollempne » est confié par les chapitres à la direction des provinces ; celui de Paris, en 1259, a déjà un statut particulier : le maître de l'Ordre en personne, s'il se trouve sur le territoire de la province de France, s'occupe des candidats qui doivent obtenir de l'Université la licence et la maîtrise ; s'il n'est pas dans la région, la charge revient au provincial. Mais cette disposition concerne les bacheliers qui terminaient la lecture des *Sentences* ; rien n'est dit, en revanche, avant 1311, du choix de ceux qui étaient envoyés à Paris pour y lire les *Sentences*, même si ce choix impliquait qu'on les présenterait pour l'obtention de la *licentia legendi in theologia* et de la maîtrise. La détermination du chapitre de 1264, qui confie ce *studium* au maître de l'Ordre, met bien en évidence le jeu des différentes autorités dans la gestion de ce centre : le chapitre général s'en occupe assez régulièrement, mais nous ne savons pas si les candidats à lire les *Sentences* sont choisis à l'occasion de ces assises, ni sur quelles bases s'accordent les provinciaux et les définiteurs. Le maître de l'Ordre a-t-il un rôle dans le transfert des frères d'une province à l'autre pour les études ? les Constitutions ne le précisent pas[63].

L'examen que nous venons de mener montre que les indications des anciens biographes de Thomas et, en particulier, celles fournies par Guillaume de Tocco peuvent s'accorder avec les dispositions législatives dont nous avons connaissance. On peut donc supposer que, soit le chapitre général de 1251 ou de 1252, soit le maître de l'Ordre ait transféré frère Thomas de Cologne à Paris ; et en même temps, il ne faut pas exclure qu'en 1255-1256 le prieur du couvent Saint-Jacques ait eu un rôle dans les contacts avec le chancelier de l'Université pour l'attribution de la licence à Thomas, selon le récit que nous en a fait Guillaume de Tocco[64].

63. Nous conservons seulement une détermination du chapitre de 1274 concernant la désignation des étudiants qu'une province envoyait dans un *studium generale* : il est dit que cette désignation doit être faite chaque année, par le chapitre provincial (cf. MOPH 3, p. 175, l. 30-33) ; ce chapitre réaffirmait également l'observance des déterminations de Valenciennes, 1259, sur les études (*ibid*., p. 174, l. 23-26).

64. *Ystoria* 17, p. 127, l. 5. Le chapitre de 1301 n'hésite pas à joindre au provincial de France le prieur de Saint-Jacques à propos d'une détermination concernant les maîtres régents : « Prior vero provincialis Francie sive prior Parisiensis. licentiandi tales non habeant potestatem ; Nisi talis et tam urgens casus occurrerit ; quod licencia negari racionabiliter non deberet » il s'agit de permettre l'absence du couvent des deux régents au même moment (cf. MOPH 3, p. 305 ; répétée en 1302, p. 314; la prohibition date de 1288 : MOPH 3, p. 246).

Il nous reste maintenant à nous pencher sur l'enseignement même de Thomas et sur les monuments qui nous en sont parvenus pour tenter de déterminer s'il est possible de confirmer ainsi les affirmations plausibles des anciens témoignages à propos de l'enseignement des *Sentences* par Thomas d'Aquin.

1.4 Le lieu où frère Thomas lit cursorie *ou* biblice *l'Écriture sainte*

1.4.1 Une discussion récente

Après l'édition critique de la *Lecture sur Isaïe*, d'une part, et les travaux de P.-M. Gils sur les autographes thomasiens, de l'autre, aucun doute ne subsiste plus sur le genre littéraire de ce commentaire et sur la place qu'il faut lui assigner dans la production de Thomas : il s'agit d'une lecture « cursive », dont l'autographe est à placer entre les cours d'Albert sur Denys écrits à Cologne et le Commentaire au troisième Livre des *Sentences* rédigé à Paris[65]. La *Lecture sur Jérémie*, appartenant au même genre littéraire, doit être jointe à la *Lecture sur Isaïe*, et ces commentaires constituent l'œuvre de Thomas bachelier biblique[66].

Le *Super Isaiam* est sûrement l'ouvrage le plus représentatif de cette production et le fait d'en avoir conservé quarante colonnes autographes dans le ms. *Vat. lat. 9850* (f. 105ra-114vb) fournit nombre d'éléments qui permettent d'éclairer l'activité de Thomas comme bachelier biblique.

Une discussion à propos du lieu où Thomas a lu Isaïe a été soulevée ces dernières années et elle n'est pas sans répercussion quant à la datation du commencement de la lecture des *Sentences* : en effet, si Thomas a lu *cursorie* la Bible à Cologne, il a entrepris la lecture des *Sentences* l'année même où il est arrivé à Paris ; si, en revanche, la lecture sur Isaïe et celles sur Jérémie ont eu lieu la première année de sa présence à Paris, il faut repousser d'un an la datation du début de l'enseignement sur les *Sentences*.

C'est en 1974 que J. A. Weisheipl dans son *Friar Thomas D'Aquino*, après avoir analysé les opinions émises auparavant à propos de la datation du commentaire sur Isaïe, relève que, selon l'*Ystoria* de Tocco, Thomas fut envoyé de Cologne à Paris *ad legendum Sententias*, et il en conclut que les commentaires sur Jérémie et sur Isaïe doivent être situés dans le *studium* de Cologne, sous Albert le Grand[67].

65. H.-F. DONDAINE – L. REID, « Préface » dans *S. Thomae de Aq., Expositio super Isaiam ad litteram*, ed. Leonina, t. XXVIII, Roma, 1974, p. 14-20, spéc. p. 20, n. 4 ; P.-M. GILS, « Le manuscrit *Napoli, Biblioteca nazionale I. B. 54* est-il de la main de S. Thomas? », RSPT 49 (1965), p. 37-39, 41, 49-51.

66. Cf. J.-P. TORRELL, *Initiation*, p. 40. – Il est surprenant que M. M. Mulchahey se réfère seulement au commentaire sur Jérémie, sans mentionner le *Super Isaiam*, dans M. M. MULCHAHEY, *« First... »*, p. 382, n. 119.

67. J.A. WEISHEIPL, *Friar Thomas D'Aquino. His Life, Thought, and Work*, New York, 1974, p. 45, 50-53, 71-72 et p. 80, n. 2 ; 2e éd., 1983, p. 479-481 (qui rectifient p. 120-121). Cette localisation reçut une accueil favorable de la part de C. J. VANSTEENKISTE, RLT 9 (1977), p. 12 ; M.V. LEROY, RT 78 (1978), p. 666 ; L.-J. BATAILLON, RSPT 64 (1980), p. 119 ; J.-P. TORRELL,

Cet éminent chercheur a développé par la suite cette affirmation ; nous allons discuter ci-dessous ses arguments. Mais avant tout, il faut prendre en compte le fait que J. A. Weisheipl avait entrevu une objection qui remettait en cause sa théorie : dans une note propre à la première édition italienne de son *Friar Thomas*, en 1987, tout en réaffirmant la validité de sa position, il voyait dans l'évolution de l'écriture de frère Thomas entre sa copie des Commentaires d'Albert et le *Super Isaiam* une difficulté (la seule qu'il ait jamais relevée) pour situer les deux à Cologne[68].

À partir de cette remarque, nous avons entrepris une analyse des arguments sur lesquels J. A. Weisheipl a fondé sa théorie ; en particulier, nous avons étudié tous les autographes de Thomas conservés, ce qui nous a permis de maintenir à Paris cet enseignement de Thomas.

1.4.2 Les fondements de l'argumentation de J. A. Weisheipl

Pour bien saisir les raisons qui ont amené l'auteur de *Friar Thomas* (en 1974) à situer à Cologne l'œuvre de Thomas, commentateur du Livre d'Isaïe, nous suivons la recension de Weisheipl (en 1979) à l'édition critique du *Super Isaiam*, où sont bien présentés les principes de son raisonnement :

> Further, I have argued in my book [c.-à-d. *Friar Thomas D'Aquino*] (pp. 50, 53, 71-72 *et passim*) that Thomas was never a *cursor biblicus* at Paris. Rather, he was sent by the Master of the Order to Paris in 1252 « *ad legendum Sententias,* » and not to lecture cursorily on the Bible. Having agreed that *Super Isaiam* is the work of a biblical bachelor, the editors suggest that the work must have been composed at Paris during the academic year 1252-53 (§ 13, p. 20*). This argument follows if we assume Mandonnet's hypothesis that « the normal course of studies » for a secular cleric also held for the friars. This hypothesis is still open to doubt. The chronology of the autograph in itself does not indicate *where* it was composed, whether at Cologne under Albert or at Paris before the *Sentences.* Since I am not convinced of Mandonnet's hypothesis, I would tend to place the composition of *Super Isaiam* at Cologne some time before the summer of 1252, rather than at Paris during the academic year 1252-53. But this is an historical point, still open to discussion[69].

Initiation, p. 40-44 et p 54. – Une seule voix discordante : celle de S. Tugwell, que nous présentons dans les pages suivantes : cf. S. TUGWELL, *Albert & Thomas*, New York, 1988, p. 211 *et passim.*

68. « Il *Super Isaiam* di Tommaso è chiaramente opera di un *cursor biblicus* manifestamente fatta a Colonia sotto la guida di Alberto; si veda la mia recensione al t. 28 dell'ed. Leonina in « The Thomist » [cit. ci-dessous]. L'unica difficoltà nell'attribuire la data esatta ad Isaia (e a Geremia e alle Lamentazioni) durante l'apprendistato a Colonia è dovuta all'evoluzione subita dalla scrittura di Tommaso tra i commenti a Dionigi e Isaia » (J. A. WEISHEIPL, *Tommaso d'Aquino. Vita, pensiero, opere*, Milano, 1987[1], p. 51, n. 149). – La première édition italienne tient compte de certaines rectifications qui ne se trouvent pas dans la deuxième édition anglaise (toujours de 1983), qui, par exemple, a seulement la première partie de cette note : « Il Super Isaiam ... « The Thomist » » ; la traduction française, 1993, (p. 60) n'a pas contrôlé l'édition italienne et donc reprend seulement la deuxième édition anglaise de 1983.

69. *The Thomist*, 43 (1979), p. 336.

La solution de J. A. Weisheipl dépend de deux arguments : l'interprétation du texte de Tocco et le désaccord avec « Mandonnet's hypothesis that « the normal course of studies » for a secular cleric also held for the friars ». Nous allons maintenant les examiner, l'un après l'autre, en suivant la critique adressée là-dessus à J. A. Weisheipl par S. Tugwell (la seule, à notre connaissance), en particulier pour ce qui concerne l'interprétation du texte de Tocco.

1.4.2.1 Le récit de Guillaume de Tocco et les sources de la biographie de Thomas

Dans l'introduction à un recueil de textes d'Albert le Grand et de Thomas d'Aquin, S. Tugwell a proposé une diligente reconstitution chronologique de la vie des deux maîtres. Reprenant les données des anciens biographes, il fixe en 1251 la date du transfert de Thomas de Cologne à Paris. Mais il fournit surtout une intéressante analyse des sources. Il note que comme Ptolémée, Tocco, lui aussi, dans son témoignage au procès de canonisation, affirme que Thomas, après le séjour forcé en famille, aurait été envoyé directement à Cologne ; et il observe également que toute la tradition concernant Thomas, jeune étudiant dans l'Ordre dominicain, semble dériver d'une source provenant de Cologne[70].

Cela explique bien que Guillaume de Tocco n'ait pas situé à Cologne la lecture cursive sur Isaïe et sur Jérémie : en effet, on va le montrer ci-dessous, elle ne semble pas avoir eu lieu dans cette ville, mais à Paris, après l'arrivée de Thomas en 1251 ou en 1252[71]. Quand Tocco évoque l'activité intellectuelle de Thomas au *studium* de Cologne, il se borne à nous apprendre que celui-ci a écouté les leçons d'Albert sur le *De divinis nominibus*, qu'il a rédigé les leçons

70. Cf. S. TUGWELL, *Albert & Thomas*, p. 207-208, spéc. note 86 : « There is no sign in Tocco or in the canonization process of any family tradition about Thomas' student days in the Order, nor does Bartholomew allude to this period, so it looks as if there was no Dominican tradition in Naples either. But there clearly is a tradition deriving from Cologne about Albert's attitude to Thomas, brought back to Italy by people like Ugo of Lucca and Albert of Brescia (*Fontes*, pp. 382-3, 358; Ferrua pp. 324-5, 299). Since all Tocco's informations about this period concerns Cologne, it is likely that it derives from a similar tradition. For these few years Thomas is essentially part of the history of Albert the Great » (p. 303). De plus, dans l'*Ystoria* 13, (l. 11-13), Tocco dit que le maître de l'Ordre conduisit Thomas à Paris et à Cologne où Albert fit sa connaissance.

71. « ...if I am right that it is essentially a Cologne tradition we possess of Thomas' student days, it is easier to believe that Thomas' lectures on Isaiah were overlooked if they were given in Paris than if they were given in Cologne » et « ...his first task when he arrived in Paris in 1251 was to give introductory lectures on the bible, as *cursor biblicus*. He chose to lecture on Iesaiah,... » (S. TUGWELL, *Albert & Thomas*, p. 305, n. 130 et p. 211) ; voir également, dans le même ouvrage, l'analyse de la 'solution-miracle' par laquelle Tocco présente le commentaire sur Isaïe (*Ibid.*, p. 211). S. Tugwell ajoute encore une considération concernant l'âge de Thomas (mais nous reviendrons sur cette question) : « In the circumstances, it would have been sheer madness to send Thomas to Paris in 1252 to become a Master, since he was far too young to satisfy the regulations. In 1251, on the other hand, in spite of some anti-mendicant rumbles, the situation did not look all that threatening, ... » (*Ibid.*, p. 211).

du même Albert sur l'*Éthique*[72] et qu'il est intervenu sporadiquement dans des actes scolaires plus importants (*difficiles*), les disputes[73].

Après la description de cette période allemande de la vie de Thomas, Tocco entame le chapitre XV, que J. A. Weisheipl a voulu prendre à la lettre :

> Post hec autem cum [...] magistro Alberto ex commissione reuerendi patris *fratris Iohannis de Vercellis,* magistri ordinis, incumberet ut Parisiensi studio de sufficienti baccellario prouideret, magister [*scil.* Albertus] predicti sui discipuli preuidens uelocem in doctrina profectum persuasit per litteras predicto magistro [*scil.* Ordinis] ut de fratre Thoma de Aquino pro baccellario in predicto studio prouideret, [...] predictus magister [*scil.* Ordinis] ipsum in predicti studii baccellarium acceptauit, scribens ei ut statim Parisius se conferret et ad legendum Sententias se pararet[74].

Le passage de Tocco comporte un hendiadys, *scribens ei ut statim Parisius se conferret et ad legendum Sententias se pararet*, qui implique une *préparation* à la lecture des Sentences : le maître de l'Ordre lui écrit de se rendre immédiatement à Paris pour s'y préparer à l'enseignement des *Sentences*. Le problème qui reste est de savoir en quoi consiste cette préparation. S'agit-il seulement d'une préparation immédiate, de façon à être prêt à lire les *Sentences* une fois arrivé à Paris, ou bien s'agit-il d'une préparation de plus longue haleine qui doit se dérouler à Paris ? Tocco n'offre pas d'autres éléments qui précisent comment Thomas dut se préparer à cet enseignement, mais cela ne nous interdit pas d'essayer de compléter son récit, en montrant, au paragraphe suivant, qu'à l'Université de Paris, lire *cursorie* la Bible faisait précisément partie de la préparation nécessaire pour être apte à lire les *Sentences*.

1.4.2.2 Lire cursorie *la Bible à l'Université de Paris autour de 1250*

Nous en arrivons ainsi au deuxième élément sur lequel Weisheipl a fondé son argumentation, c'est-à-dire sa critique des conclusions des éditeurs léonins :

> Having agreed that *Super Isaiam* is the work of a biblical bachelor, the editors suggest that the work must have been composed at Paris during the academic year 1252-53 (§ 13, p. 20*). This argument follows if we assume Mandonnet's hypothesis that « the normal course of studies » for a secular cleric also held for the friars. This hypotesis is still open to doubt.

72. Cf. *Ystoria* 13 (lin. 25-27) : « ... cepit magister Albertus librum De diuinis nominibus beati Dyonisii legere, et predictus iuuenis [*scil.* Thomas] attentius lectionem audire ». Et *Ibid.* (lin. 70-73) : « Post hoc autem predictus magister Albertus cum librum Ethicorum cum questionibus legeret, frater Thomas magistri lecturam studiose collegit et redegit in scriptis ».

73. *Ystoria* 13, p. 116-119.

74. *Ystoria* 15, p. 120-122. Nous avons déjà noté l'erreur à propos de l'indication du maître de l'Ordre ; nous citons une observation de Cl. le Brun-Gouanvic, dont il faut tenir le plus grand compte pour l'utilisation de cette source hagiographique : « Des corrections aux chapitres 13 et 15 trahissent l'incertitude de Tocco sur les événements qui suivent la libération de saint Thomas. [Après avoir cité deux cas, elle continue en disant :] Les exemples pourraient être multipliés » (CL. LE BRUN-GOUANVIC, « Introduction » à *Ystoria*, p. 69).

En réalité, la position adoptée par les éditeurs léonins ne dépend pas de l'« hypothèse Mandonnet », mais s'explique tout simplement parce que placer à Paris la lecture sur Isaïe a sans doute paru la solution la plus cohérente (et Tocco lui-même l'y avait située) ; d'ailleurs, le problème qui se posait à eux n'était aucunement celui d'une éventuelle localisation de la lecture sur Isaïe à Cologne (éventualité dont personne n'avait encore soufflé mot à l'époque[75]), mais bien celui de déterminer s'il s'agissait d'une œuvre qu'on devait assigner à l'enseignement magistral de Thomas (en 1256-1257 ou même plus tard[76]).

La question que pose ici J. Weisheipl ne concerne pas le respect des normes universitaires de la part des religieux, respect qui est bien attesté, pour ce qui regarde les Prêcheurs, par les actes des chapitres généraux[77], mais les conditions requises en 1252 pour qu'un religieux puisse être admis à lire les *Sentences* (soulignons le fait que J. Weisheipl ne met pas en cause l'existence des bacheliers bibliques). Nous possédons un texte de février 1252 qui permet de bien analyser la question : il s'agit du fameux statut par lequel « l'Université » essaie de supprimer une des deux chaires du *studium* de Saint-Jacques[78]. La démarche du document est claire : il commence par lier chaque maître religieux à un collège (c.-à-d. à un *studium* religieux) et ensuite il dit que dans chaque collège il ne peut y avoir qu'un seul maître *actu regens*, et qu'une seule chaire (*scola*). Il réaffirme ensuite les règles générales de la promotion au magistère, en insistant sur l'examen des conditions requises et sur la nécessité de présenter la demande au chancelier[79], suivant les normes approuvées par le pape[80] et les délibérations des maîtres en théologie :

> Preterea cum grande fidei periculum immineat et a ratione plurimum dissonet, ut quisquam sibi sumat honorem cathedre sacrarum litterarum, qui nec seipsum examinavit diligenter, nec ab eo qui licentiandis preesse dignoscitur, secundum formam Universitatis a summo pontifice roboratam legitime sit

75. D'après nos recherches, J. A. Weisheipl est le premier à situer à Cologne la lecture sur Isaïe et celle sur Jérémie et les Lamentations (cf. A. WALZ-P. NOVARINA, cit., p. 77*ss*). Avant lui, H. Ch. Scheeben avait simplement remarqué qu'il était étonnant que Thomas d'Aquin, jeune étudiant à Cologne, ait pu être envoyé directement enseigner les Sentences à Paris, sans avoir eu auparavant une expérience d'enseignement, comme assistant d'Albert à Cologne : H. CH. SCHEEBEN, « Albert der Große und Thomas von Aquino in Köln », dans *Div. Th.* (Fr.), 9 (1931), p. 34. De son côté, I. T. ESCHMANN, (cit., p. 396) avait reconnu dans le Commentaire sur Jérémie et celui sur les Lamentations, l'œuvre d'un 'bachelier biblique', mais sans la situer nulle part.

76. Cf. ed. Leon., t. 28, p. 19*.

77. Cf. entre autres les textes cités ci-dessus, au § 1.3.

78. Quelques années plus tard, en avril 1256, le maître des dominicains, Humbert de Romans, dénoncera ce statut comme le fruit d'une « congregatio clandestina » de certains maîtres, qui déclanchèrent ainsi une longue querelle entre maîtres séculiers et mendiants : cf. CUP, I, n. 273, p. 310.

79. En 1250 (le 30 mai), Innocent IV ordonne au chancelier de donner la licence à ces religieux qui, ayant été approuvés, la demandent, en raison du vœu d'obéissance, à travers leurs supérieurs (cf. CUP. I, n. 191, p. 219). On peut également rappeler la détermination du chapitre général de Valenciennes de 1259, qui limite au maître de l'Ordre ou au provincial de France l'autorité de demander la promotion au magistère : MOPH 3, p. 99 (cit. ci-dessous au § 1.3).

80. Cf. la bulle *Parens scientiarum Parisius* de Grégoire IX, en 1231 (CUP, I, n. 79).

vocatus, maxime cum alias inter doctores theologicos tractatum fuerit et concorditer inhibitum, ne aliquis bachellarius in theologica facultate promoveatur ad cathedram, nisi prius seipsum examinaverit [nominaverit *Cod. Vat. Reg. 406, f. 54*], saltem aliquos libros theologie glosatos et Sententias in scolis alicujus magistri actu regentis diligenter legendo : idcirco supradicti magistri tractatum antedictum et consensum mutuo renovantes consensu firmaverunt, et ita de cetero observari debere unanimiter ordinaverunt[81].

Ce texte est très instructif sous plusieurs respects. Commençons par en expliquer certains termes : « il est interdit à un bachelier de la faculté de théologie de se présenter à la maîtrise avant d'avoir lu *aliquos libros theologie glosatos* et les Sentences, sous un maître régent ». Que faut-il entendre par *libros theologie glosatos*, sinon des livres de la Bible avec la glose[82] ? On exige donc, en février 1252, que les religieux aient lu quelques livres de la Bible en les expliquant sur la base de la *Glose* : c'est précisément ce qu'on appelle lire *cursorie*[83]. C'est là un fait dont il faut prendre acte et auquel il en faut ajouter un autre (que J. Weisheipl ne conteste pas) : Thomas, vers 1251-1252, a lu *cursorie* deux livres de la Bible, et de cette lecture une partie autographe a été conservée jusqu'à nos jours : celle du *Super Isaiam*. Ces deux faits bien établis ne nous obligent pas à recourir à ce qui fut appelé l'« hypothèse Mandonnet » pour expliquer que Thomas ait lu ces deux livres à Paris.

Ce document de février 1252, pour ce qui concerne les règles d'admission à la maîtrise, pourrait, de plus, être interprété comme la réitération d'une décision prise antérieurement : « idcirco supradicti magistri tractatum antedictum et consensum mutuo renovantes consensu firmaverunt » ; sans forcer l'interprétation de ce document, il faut constater que la période de ces décisions coïncide avec le moment où Thomas lisait la Bible *cursorie*. On pourrait encore supposer que ces déterminations étaient adressées contre une pratique des religieux n'observant pas ces règles : pas du tout. Ce document, par sa teneur même, a une seule fin : parvenir à arracher aux frères Prêcheurs leur deuxième chaire[84].

81. CUP, I, n. 200, p. 226-227.

82. À propos de l'utilisation synonymique du mot théologie pour désigner l'Écriture sainte qu'on nous permette de renvoyer à un seul exemple, précisément dans le prologue de la *Lectura super Isaiam* (ed. Leon., t. XXVIII, p. 3, l. 45-50).

83. Pour la formation du vocabulaire à ce propos, voir : O. WEIJERS, *Terminologie...*, p. 174-175 et p. 331, n. 43 ; A. MAIERÙ, « Tecniche... », p. 229ss.

84. Cela ressort explicitement d'une lettre du 4 février 1254, issue de ce même milieu, par laquelle on veut préciser ce statut (notons que la lecture cursive de la Bible par les religieux ne fait pas problème) : « diligenti deliberatione perhabita duximus statuendum ut nullus regularium conventus in collegio nostro duas simul sollempnes cathedras habere valeat actu regentium magistrorum, non intendentes per hoc statutum eos arctare quominus liceat eis inter fratres suos extraordinarios multiplicare sibi lectores, secundum quod sibi viderat expedire » (CUP, I, n. 230, p. 254). La gestion et l'organisation des *lectores extraordinarii* semble bien confiée à la chaire, c.-à-d. à l'Ordre religieux. – Que faut-il entendre par *lectores extraordinarii* ? Selon Olga Weijers, l'adjectif *extraordinarius* ou l'adverbe correspondant sont utilisés à Paris vers 1255 exclusivement pour qualifier les leçons des *magistri* ; celles-ci, pour leur part, étaient données *ordinarie* ou *extraordinarie* : « Si les bacheliers y enseignaient *extraordinarie*, ce n'était pas dans leur rôle de bacheliers (qui impliquait une obligation de « lire » *cursorie*), mais comme

Ainsi, la suspicion jetée par J. A. Weisheipl sur ce qu'il avait appelé *Mandonnet's hypothesis* se révèle dépourvue de fondement[85]. Et, dès lors, il ne subsiste plus rien des arguments sur lesquels Weisheipl avait fondé sa thèse anticipant à Cologne la lecture sur Isaïe.

1.4.3 Caractéristiques des 'supports' des manuscrits autographes de Thomas

Le *Super Isaiam* est sûrement l'écrit le plus représentatif de la production de Thomas en tant que « lecteur cursif » de la Bible et le fait d'en avoir conservé quarante colonnes autographes dans le ms. *Vat. lat. 9850* (f. 105ra-114vb ; cela correspond à un fascicule de 5 bi-folios) fournit un certain nombre d'éléments qui jettent une vive lumière sur le rôle de « lecteur cursif » et sur la façon dont Thomas s'en est acquitté.

Pour dégager ces éléments et les apprécier, nous avons comparé entre eux les divers autographes de Thomas parvenus jusqu'à nous. Pour ce faire, en suivant la chronologie relative des autographes établie par P.-M. Gils dans les études citées ci-dessus, nous avons analysé les supports matériels ainsi que les encres utilisées et les diverses caractéristiques de la présentation matérielle et nous avons confronté les données recueillies. Voici, pour l'essentiel, les résultats de cette enquête (l'autographe des commentaires d'Albert sur Denys sera présenté ci-dessous, § 1.4.4). Le parchemin utilisé pour le *Super Isaiam*, le *Super III Sententiarum*, le *Super Boetium De Trinitate* et la partie « parisienne » du *Contra Gentiles*, est de même espèce, souple et fin, à la couleur jaune-rouge côté poil, blanche côté chair. En particulier, il faut remarquer que les cahiers respectent toujours la règle de Gregory (côté chair contre côté chair et côté poil contre côté poil). La hauteur de la justification de l'écriture (dont on étudiera l'évolution au § 1.4.5) égale systématiquement la largeur du folio[86]. L'encre utilisée est homogène, bien liée, brun foncé (elle

remplaçants (*substituti*) du professeur ». Mais elle dit aussi que, à Bologne ou à Cambridge, on appelait *extraordinaria* la lecture des bacheliers qui à Paris était dite *cursoria* (O. WEIJERS, *Terminologie*, p. 308 ; cf. aussi A. MAIERÙ, « Tecniche... », p. 327-328).

85. À vrai dire, cette objection semble bien factice : dans la première édition de *Friar Thomas*, aussi bien que dans les suivantes, quelques pages avant de traiter du passage de Thomas de Cologne à Paris, J. Weisheipl avait pris en considération le même déplacement qu'Albert avait entreprit vers 1240, et alors il n'avait pas hésité à écrire (p. 40) : « We cannot be sure of Albert's chronology at this time. He may have lectured cursorily on the Scriptures as a *baccalaureus biblicus*, and then on the *Sentences* of Peter Lombard for two years, c. 1243-45 ». Ainsi donc, cette *Mandonnet's hypothesis*, que Weisheipl rejette quand il s'agit de Thomas, il l'accueille quand il s'agit d'Albert ! Cette observation met en évidence la précipitation qui a dû présider à l'élaboration de son ouvrage et invite le lecteur à l'utiliser avec prudence, ce qui d'ailleurs n'enlève rien à la grandeur de l'entreprise de J. A. Weiheipl.

86. La justification de l'écriture a été mesurée sur les piqûres qui ont servi pour la tracer. Puisque Thomas écrit quelquefois au-dessus de la première ligne tracée, dans ces cas-là, la partie écrite dépasse d'une ligne la hauteur de la justification. La hauteur (en mm), pour le *Super Isaiam*, varie entre 202 et 204 (avec deux exceptions, de 200 et de 220) ; pour le *Super III Sent.* 216/220 (avec deux pointes de 226) ; pour le *Super Boetium* 191/195 (avec deux exceptions de 198 et de 200) ; la largeur est constante pour ces ouvrages : chaque colonne mesure de 59 à 65 mm et l'espace entre les deux colonnes varie de 6 à 10 mm. – La mesure de la hauteur de la justification de l'écriture égale systématiquement la largeur du folio sur tous les autographes retenus d'origine

n'est jamais noire). Tous ces éléments communs sont en contraste avec ceux qui caractérisent les parties italiennes du *Contra Gentiles*, et également une partie (f. 1-84) du ms. *Napoli, Bibl. Naz., I.B.54*, qui contient les Commentaires d'Albert sur Denys, écrits par Thomas à Cologne. L'étude de ce ms. nous a réservé beaucoup de surprises, dont il faut tenir compte pour tirer les conclusions de cette analyse.

1.4.4 L'autographe thomiste du cours d'Albert sur Denys, à Cologne

L'étude de l'autographe du *Super Isaiam* exige la comparaison de celui-ci avec l'autographe conservé aujourd'hui à Naples, *Biblioteca Nazionale, I.B.54*, qui contient le cours d'Albert sur Denys[87]. Nous avons soumis ce manuscrit à une analyse codicologique qui complète, par certains aspects, les études bien plus importantes réalisées auparavant[88]. Après avoir présenté le résultat de cette recherche, nous allons préciser le rôle de Thomas dans la rédaction du cours d'Albert[89].

1.4.4.1 Le 'support' du manuscrit et l'unité de composition du codex

L'autographe thomiste qu'on désigne par N (= Napoli), a été minutieusement décrit par Théry, qui a pratiquement reconstitué la structure originelle du ms. Pour notre propos, nous pouvons nous en tenir à sa description, en la complétant par les éléments suivants[90].

Trois différents types de parchemin sont facilement repérables dans ce ms.

parisienne, avec le même écart de 2/4mm (avec des exceptions, naturellement, qui confirment la règle), qui reste constant même si l'œuvre change de dimensions ; par ex., la largeur des folios du *Super III Sent.* est de 220/223mm ; la justification de la hauteur de l'écriture mesure, par conséquent, 216/220mm, ce qui révèle le même écart que dans les deux autres ouvrages.

87. Pour l'histoire de ce manuscrit voir l'étude de M. Miele, qui corrige certaines affirmations de Théry (note suivante) : M. MIELE, "Un intervento della polizia murattiana per arrestare la dispersione del patrimonio librario dei conventi soppressi" in *Campania Sacra*, 2 (1971), p. 251-260, avec édition de huit documents.

88. P. G. THÉRY, « L'autographe de S. Thomas conservé à la Biblioteca nazionale de Naples », dans AFP, 1 (1931), p. 15-86 + 8 pl. ; P.-M. GILS, « La ms. *Napoli, Biblioteca nazionale I.B.54* est-il de la main de S. Thomas ? », dans, RSPT, 49 (1965), p. 37-59 + 4 pl. ; P. SIMON, « Prolegomena », dans *Alberti M., Super Dionysium De diuinis nominibus*, ed. Col., t. 37, p. V-XX ; L. E. BOYLE, « An Autograph of St. Thomas at Salerno », dans *Littera sensus sententia. Studi in onore del Prof. Cl. J. Vansteenkiste O.P.*, Milano, 1991, p. 117-134 + 2 pl. ; repris dans le recueil : L. E. BOYLE, *Facing History : A different Thomas Aquinas*, Louvain-la-Neuve, 2000, p. 123-140 + 2 pl.

89. Nous exprimons ici notre gratitude à R. Wielockx qui nous a mis sur la piste de cette recherche, dont il a déjà été question dans : W. SENNER, « Albertus Magnus als Gründungsregens des Kölner *Studium generale* der Dominikaner », (Miscellanea Mediaevalia 27), éd. J. A. AERTSEN et A. SPEER, Berlin-New York, 2000, p. 158-160. – C'est aussi en compagnie de R. Wielockx que nous avons commencé la comparaison des mss autographes de Thomas.

90. Pour être cohérent avec l'étude de Théry, à laquelle nous renvoyons constamment, nous suivrons la numération ancienne du ms., écrite à la main dans la marge supérieure ; la numérotation mécanique, dans la marge inférieure, a marqué le f. 66, 65bis, et le f. 104, 103bis, parce qu'il s'agit de folios dont une moitié est coupée : le résultat en est que, par rapport à la précédente, la numérotation mécanique comporte une unité de moins à partir du f. 67 et deux unités de moins à partir du f. 105.

Type A : vélin, très souple ; quand on tourne le folio, il produit le son caractéristique d'une feuille de papier bible ; la couleur est uniformément gris-vert et, à cause du lissage minutieux du parchemin, elle ne présente aucune différence entre le côté chair et le côté poil.

Type B : le même genre de parchemin, mais un peu moins fin ; le folio est ainsi moins souple, quand on le tourne, il fait un son comparable au doux crépitement d'un feu ou à la fraction d'une hostie ; le fait qu'il ait été moins lissé, produit une légère différence dans la couleur : on peut facilement distinguer le côté chair du côté poil, parce que celui-ci est un peu plus sombre, sans que la tonalité gris-vert ne change.

Type C : quelques folios (85-94 ; 106-116) de ce troisième genre sont moins souples et comparables au type B, tandis que les autres, plus fins, épousent la souplesse du type A ; ce parchemin se distingue immédiatement par sa couleur : blanc sale, avec des reflets gris ou jaunâtres côté chair, et jaunâtre, avec reflets gris-rouge côté poil ; quelques folios présentent, du côté poil, une couleur jaune-rouge, quelquefois uniformément distribuée sur toute la surface du folio, quelquefois seulement sur une partie, formant ainsi une grande tache.

Le type A de parchemin s'étend du f. 1 au f. 37 (+ 39-40, 81-84, 131). Dans le cahier désigné par Théry comme « pecia XV », il y a changement de parchemin : le diplôme intérieur (39-40) est encore du type A, tandis que le diplôme extérieur (38-41) est déjà du type B, lequel continue dans les cahiers suivants, jusqu'au f. 80. Dans le fascicule désigné par Théry comme « IXe cahier », f. 81-84, on retrouve deux diplômes du premier genre, type A, tandis qu'au début du fascicule suivant, « X^e^ cahier », commence le type C de parchemin, qui s'étend du f. 85 jusqu'à la fin (le f. 131 devrait se trouver après le f. 27).

La deuxième particularité est la préparation du parchemin pour l'écriture. Les folios mesurent 257/262 x 180/185 mm, mais il faut considérer que la marge supérieure a été rognée d'au moins 15/20 mm. Les f. 1r-95v (+ f. 131rv) sont écrits à longues lignes, normalement 50 par folio ; la justification de l'écriture (mesurée sur les piqûres qui ont servi à tracer les lignes ou même sur celles-ci quand elles restent) mesure 199/206 x 134/140 mm[91]. Les f. 96r-142v sont écrits sur deux colonnes : la justification de l'écriture mesure 200/204 mm de hauteur ; la largeur de la colonne a mesure 62/64, celle de la colonne b 59/63 ; l'espace entre les colonnes 8/10 mm. La réglure se fait partout de la même manière : que l'écriture soit sur une longue ligne ou sur deux colonnes, nous trouvons dans la marge extérieure les piqûres qui ont servi pour tracer les lignes ; quelquefois on aperçoit entre les deux colonnes des traces de réglure.

91. La mensuration a été effectuée sur les piqûres qui ont servi pour tracer les lignes, parce que celles-ci révèlent les caractéristiques de la préparation du parchemin avant toute écriture. En revanche, dans ce ms. Thomas écrit toujours au-dessus de la première ligne tracée, de telle sorte que l'espace occupé par son écriture est d'une ligne plus haut que la réglure des folios. Fait exception le début du commentaire sur la *Théologie mystique*, f. 132r, qui commence au-dessous de la première ligne tracée.

Dans la partie écrite sur deux colonnes on peut encore voir les piqûres qui ont servi pour tracer les marges verticales : elles sont toujours au nombre de quatre, deux pour chaque colonne, sans trace d'une cinquième piqûre, placée au milieu des deux colonnes (comme c'est le cas, en revanche, dans le *Super Isaiam*).

Contrairement à ce qu'on observe dans les autographes parisiens (où la hauteur de la justification de l'écriture égale systématiquement la largeur du folio, v. note 86), dans le ms. de Naples où les folios (qui n'ont pas été beaucoup rognés, puisqu'ils conservent souvent les piqûres dans la marge extérieure) ont une largeur de 180/185 mm, la hauteur de la justification de l'écriture mesure, dans la partie écrite à longues ligne, 199/206 mm, et dans la partie écrite sur deux colonnes 200/204 mm, ce qui dépassse nettement la tolérance admise de 2/4 mm.

L'encre employée est la même partout : brunâtre et bien liée ; la capacité d'absorption variable du parchemin, aussi bien que l'usure de la plume, déterminent les différentes épaisseurs d'écriture.

Il faut maintenant remarquer les éléments qui vont déterminer l'unité de production de ce support : il n'y a pas de coupures nettes qui nous obligeraient à séparer ce ms. en plusieurs parties. S'il est vrai qu'on trouve trois types de parchemin, cependant les deux premiers sont certainement du même genre et le passage de l'un à l'autre se fait sans interruption nette, parce que nous trouvons un cahier, « pecia XV », qui se compose des deux types et, avant de passer au type C, on trouve encore deux diplômes du type A. Le passage au type C est plus net du point de vue du parchemin : on a terminé d'employer le type A, dont il restait deux diplômes (f. 81-84) et on entame un autre cahier (f. 85) avec le nouveau type de parchemin. Cependant, la réglure des folios constitue l'élément de continuité à cet endroit, comme dans les précédents changements de parchemin : le passage des longues lignes aux deux colonnes ne commence qu'au f. 96r.

On peut conclure avec certitude que le support de ce ms. a été préparé dans un même contexte : les types A et B de parchemin proviennent certainement d'un même atelier ; là où il y a changement de réglure, on conserve le même parchemin ; là où il y a changement de parchemin, on conserve la même réglure.

Ceux qui ont présente à l'esprit l'histoire de la tradition du contenu du ms. seront contrariés par ce genre d'affirmation, parce qu'il y a un élément qui a servi – jusqu'ici – à couper ce codex en deux parties (de même que la tradition du commentaire) : il s'agit des fascicules dont il est composé. En suivant la description de Théry, on constate que jusqu'au f. 41 les fascicules sont (ou étaient) composés de deux diplômes (comme c'est souvent le cas pour les pièces d'un *exemplar*), avec une inscription dans la marge supérieure au recto du premier diplôme indiquant la pièce, comme p. ex., f. 2r, « . iij . Petia de Dyonisio » ; les fascicules suivants se composent – sauf exception – de quatre diplômes. Ce changement de régime des cahiers coïncide avec la fin du commentaire sur la *Hiérarchie céleste* (qui s'achève au f. 41v) et le passage (f. 42r) à la *Hiérarchie ecclésiastique*. On a jusqu'ici interprété ce phénomène en situant à Paris le premier commentaire d'Albert, et en faisant du copiste frère Thomas d'Aquin un des premiers producteurs d'*exemplar* parisien. Cette interprétation se heurte aux données qu'on vient de rassembler à propos de l'unité de composition du manuscrit ; et en plus elle est arbitraire, comme on va le voir tout de suite.

1.4.4.2 La confusion à propos des pièces du commentaire sur la Hiérarchie céleste

Avant d'être un mot technique, *pecia*, signifie – entre autre – cahier. La main qui trace ce mot aux débuts des cahiers contenant le commentaire sur la *Hiérarchie céleste*, ne ressemble nullement à celle de Thomas et présente plutôt des traits allemands ; la façon d'inscrire le titre de la pièce est assez générique[92]. En plus, si l'on considère l'écriture de Thomas, comment peut-on s'imaginer que ces cahiers aient pu constituer un *exemplar*, dont on peut emprunter les pièces ? Peu de copistes auraient accepté de travailler à partir de l'écriture de frère Thomas. La fragilité du vélin, employé précisément dans cette première partie du ms. (le parchemin présente plusieurs piqûres produites par l'encre – et peut-être aussi par le poids de la main qui écrit), ne donne pas à penser qu'on ait voulu faire circuler dans les mains des copistes ce support si fragile (on peut penser à l'usure subie par l'*exemplar* de Pampelune). De plus la formule par laquelle les pièces sont indiquées dans la marge supérieure n'indique pas précisément l'ouvrage et n'est pas caractéristique des usages (différents) attestés[93]. Il reste le fait que ces cahiers se composent de quatre folios (deux diplômes) comme c'est souvent le cas pour les pièces d'un *exemplar*. Cependant, l'édition de ce Commentaire par P. Simon, n'a pas révélé une tradition textuelle à pièces. Pour résoudre les problèmes qu'on vient d'évoquer, il faut situer l'autographe de Thomas dans la tradition textuelle de l'ouvrage et bien comprendre le rôle joué par ses cahiers.

P. Simon, à juste titre (pour autant que nous avons pu vérifier à partir de l'édition), a mis le texte du ms. de *Napoli, BN, I.B.54* à l'origine de la tradition de ces commentaires d'Albert[94] ; par conséquent, il faut supposer qu'on a

92. On peut le comparer au titre de la pièce 39 du manuscrit de *Pamplona, Cabildo (Catedral) 51*, qui est un *exemplar* du commentaire de Thomas d'Aquin au IIIe livre des *Sentences* : « xxxviiij – tercij thome – G. Senonensis », qui indique respectivement le numéro de la pièce, le titre précis de l'ouvrage et le propriétaire de la pièce (v. P.-M. J. GILS, « Codicologie et critique textuelle. Pour une étude du ms. Pamplona, Catedral 51 », dans *Scriptorium*, 32 (1978), p. 222 et planche 17a).

93. On peut encore se référer aux exemples transmis dans l'*exemplar* de Pampelune, décrit par H.-V. Schooner, dans *Codices*, n. 2241.

94. L. E. Boyle, qui a eu le mérite de publier un fragment difficilement accessible de ce manuscrit, dans l'étude qui accompagne l'édition, a mis en discussion le rôle d'archétype de ce ms. dans la tradition textuelle (v. L. E. BOYLE, « An Autograph ... », cit. p. 125-127 [131-134]), mais ses arguments avaient déjà été pris en considération par l'éditeur P. Simon, qui y avait apporté une réponse fort vraisemblable : P. SIMON, « Prolegomena », cit., t. 37-1, p. XIII.

produit un apographe à partir du ms. napolitain[95]. L'indication « pecia », au début des cahiers, a pu avoir été inscrite au moment de la composition de cet apographe ou bien plus tard, au moment de la reliure du ms. : en effet on ne conserve que quelques-unes de ces indications de « pecia » (dont certaines sont très rognées, cf. f. 6r) et on ne sait rien des marges des cahiers suivants qui ont été rognés (f. 51r, marge sup., on conserve l'indication du début d'un chapitre » . JJJ . Cap^m . de eucharistia. » ; f. 132r, marge sup. c'est Thomas qui indique le début du commentaire sur la *Théologie mystique*[96]).

En conclusion, puisqu'on ne conserve pas de témoignage médiéval de transmission d'aucun de ces commentaires d'Albert selon le système universitaire de *exemplar–pecia*[97], et puisque P. Simon n'a relevé dans son édition aucun manuscrit copié sur pièces, ni une tradition à pièce parallèle à l'autre, il faut donc prendre le mot *pecia* dans son sens générique de cahier, sans aucune référence stricte au système de transmission textuelle par *exemplar-pecia.* En revanche, il faut reconnaître que Thomas – ou l'équipe conventuelle de Cologne – a pu au début s'inspirer de ce système en choisissant d'employer deux diplômes par cahier seulement.

Puisque la transmission du commentaire sur la *Hiérarchie céleste* par pièces était l'argument le plus fort pour en situer la rédaction à Paris, nous pouvons maintenant exclure sans hésitation cette hypothèse. Il faut cependant rendre raison d'une proposition de P. Simon, qui, dans la tradition de ce Commentaire a relevé deux familles et a situé la première à Paris et la deuxième à Cologne, où Albert aurait révisé son texte[98]. Sans pouvoir juger de la valeur de cette distinction, nous nous bornons à observer que situer la première à Paris et la deuxième a Cologne est tout à fait arbitraire. Il semble bien que P. Simon ait opéré cette distinction sous l'influence des notices fournies par les biographes de Thomas et d'Albert[99]. Mais, puisque le commentaire sur les *Noms divins*, unanimement situé à Cologne, présente la même situation textuelle et témoigne lui aussi d'une révision du premier apographe[100], il ne peut y avoir d'inconvénients à situer pareillement à Cologne

95. C'est probablement pour faciliter la copie que les cahiers ne comptaient, au début, que deux diplômes ; ensuite la façon de travailler a dû changer. Le système des pièces aurait pu servir de modèle à frère Thomas qui commençait sa collaboration avec Albert, mais après coup il se serait révélé inutile. Cela n'enlève rien aux observations pertinentes de L. E. Boyle concernant la diffusion du système de la *pecia* à Paris : L. E. BOYLE, cit., p. 123 et 124, n. 15 [130 et 131, n. 15].

96. Le commentaire apparaît lui aussi dans l'*editio Coloniensis* : ALBERTI M., *Super Dionysii Mysticam theologiam et epistulas*, éd. par P. SIMON, ed. Col., t. 37-2, Aschendorff, 1978.

97. À propos des caractéristiques précises de cette tradition textuelle et des listes de taxation des *exemplaria*, on peut voir notre Introduction, chap. Ier (en particulier n.15, pour l'utilisation des pièces dans les couvents).

98. P. SIMON, « Prolegomena », cit., t. 37-1, p. VI ; et P. SIMON † – W. KÜBEL, « Prolegomena », dans *Alberti M., Super Dionysium De caelesti hierarchia*, ed. Col., t. 36-1, 1993, p. VII-VIII.

99. P. SIMON, « Prolegomena », cit., t. 37-1, p. VII, l. 61-70. Il faut remarquer qu'il avait commencé ce paragraphe par un « fortasse » : *ibid.*, p. VI, l. 48-52.

100. P. SIMON, « Prolegomena », cit., t. 37-1, p. VI ; dans la belle édition du commentaire sur la *Hiérarchie ecclésiastique,* M. Burger a montré que la révision du texte 'écrit' par Thomas est passée dans la tradition, mais sans donner lieu à deux familles : M. BURGER – P. SIMON † –

la première rédaction du commentaire sur la *Hiérarchie céleste*, et également sa révision.

1.4.4.3 Le Super Dionysium *d'Albert est-il entièrement un* opus coloniense ?

Si l'on considère, d'une part, les conclusions irréfutables tirées de l'analyse des supports matériels et de leur préparation pour l'écriture et, d'autre part, le fait qu'il n'existe pas de tradition à pièces du texte du Commentaire sur la *Hiérarchie céleste*, il faut conclure que n'existe plus aucun argument valable pour situer à Paris le lieu où Albert aurait réalisé ce Commentaire.

En effet les arguments des anciens biographes sont trop imprécis pour en tirer des objections contre cette conclusion[101]. En revanche, le résultat de notre recherche est tout à fait cohérent avec la précieuse note de H.-F. Dondaine, consacrée à la chronologie du commentaire sur la *Hiérarchie céleste* : sans reprendre toute son argumentation, nous nous bornons à relever que les conclusions de ce prudent chercheur se limitaient à dire, à propos du commentaire sur la *Hiérarchie céleste* et du commentaire au IVe livre des *Sentences* (dont on situe la dernière rédaction à Cologne) : « nous pouvons les dire exactement contemporains, c'est-à-dire rédigés vers 1247-1249 »[102]. Il faut cependant savoir que ces dates doivent être prises avec précaution, comme l'a montré l'étude précise de W. Senner à propos de la fondation du *Studium coloniense*[103].

La matière à partir de laquelle nous avons mené notre enquête est limitée à une analyse codicologique du ms. de Naples et, par conséquent, les conclusions certaines doivent se borner à ce champ bien défini : Thomas d'Aquin a 'transcrit', ou 'écrit', les commentaires d'Albert à Denys sur du parchemin préparé dans un même lieu[104]. Nous espérons, cependant, avoir contribué à mettre en discussion quelques lieux communs (l'enseignement parisien d'Albert sur la *Hiérarchie céleste*, par ex.) ou quelques dates trop précises (la carrière parisienne d'Albert, en particulier). Récemment, une découverte exceptionnelle a confirmé nos conclusions : M. Burger a trouvé dans la bibliothèque de la cathédrale de Cologne le manuscrit des œuvres de Denys dont Thomas s'est servi pour aider Albert dans la rédaction du Commentaire. Ce manuscrit, qui appartenait à la bibliothèque du chapitre de la cathédrale

W. KÜBEL †, « Prolegomena », dans *Alberti M., Super Dionysium De ecclesiastica hierarchia*, ed. Col., t. 36-2, 1999, p. VII-IX.

101. Cf. P. SIMON, « Prolegomena », cit., t. 37, p. V, l. 16-19 et p. VI, n. 2.

102. H.-F. DONDAINE, « Date du Commentaire de la Hiérarchie céleste de saint Albert le Grand », dans RTAM, 20 (1953), p. 322 [p. 315-322] ; v. aussi P. SIMON, « Prolegomena », cit., t. 37-1, p. V.

103. W. SENNER, « Albertus Magnus als Gründungsregens ... », cit., p. 151 et 157. Voir aussi nos précisions à propos de l'observance des *incohationes* (ci-dessus, § 1.3.1), suivant lesquelles il faudrait plutôt situer le déplacement d'Albert de Paris à Cologne entre 1246 et 1248. Ces dates correspondent très bien avec celles proposées par H.-F. Dondaine, qui fixe en avril 1246 le *terminus post quem* de la rédaction de *In IV Sent.*, d. 19, a. 6 (cit., p. 322, n. 24).

104. On peut hésiter sur ce point seulement pour le parchemin de type C, à partir du f. 85, qui ressemble beaucoup à celui que Thomas a utilisé pour les autographes certainement parisiens !

déjà avant le XIIIe siècle, a été utilisé par Thomas aussi dans la partie qui contient la *Hiérarchie céleste*[105].

1.4.5 L'origine des 'supports' des autographes thomistes

Si l'autographe de Naples n'avait présenté que du parchemin de type A et B (comme on l'a dit ces deux types appartiennent à un même genre de parchemin) la différence aurait été patente avec le *Super Isaiam* qui, au contraire, utilise le même genre de parchemin que les autographes parisiens. On aurait donc pu être enclin à exclure que le *Super Isaiam* ait été écrit (et enseigné) à Cologne. Il est cependant trop hasardeux encore de conclure.

1.4.5.1 Les parchemins

Le parchemin utilisé dans la dernière partie du ms. de Naples (f. 85-142) présente des caractéristiques identiques à celles des autographes certainement parisiens : la couleur jaune-rouge, quelquefois même brun pâle, qui caractérise les f. 85-142 de Naples, se rencontre dans le *Super III Sent.* (*Vat. lat. 9851*, par ex. f. 29v-30r, 86v-87r, 88v-89r, 90v-91r) dans le *Super Boet.* (*Vat. lat. 9850*, par ex. le diplôme 90-95, f. 96v-97r, 100v-101r) ou encore dans la partie parisienne de la *ScG* (*Vat. lat. 9850*, f. 8v-9r) ; cette couleur caractérise également plusieurs folios du *Super Isaiam*. La souplesse du parchemin de la dernière partie de Naples (f. 85-142) est elle aussi de même espèce que celle rencontrée dans la partie parisienne de la *ScG* (*Vat. lat. 9850*, f. 6-13+le diplôme 14-23), le *Super Boetium* et aussi le *Super Isaiam* ; en revanche, le parchemin du *Super III Sent.* est généralement un peu plus consistant[106].

1.4.5.2 La justification des folios

On a pu suivre l'évolution de la justification et de la réglure des folios dans le ms. de Naples ; dans les autographes parisiens, il faut constater encore un certain changement : la hauteur (203 mm environ) de la justification du *Super Isaiam* est identique à celle de la dernière partie de Naples (f. 85-142), tandis que celle du *Super Boetium* et de la partie parisienne de *ScG* est inférieure (196 mm env.), et celle du *Super III Sent.* supérieure (216 mm env.) ; en revanche la largeur des colonnes est plus constante. Cependant, la façon de tracer les lignes a changé. Le *Super Isaiam* présente à lui seul une caractéristique unique. Dans la marge supérieure de tous ses folios sont visibles les piqûres qui ont servi pour tracer les marges latérales des deux colonnes : en plus de ces quatre piqûres, une cinquième est également visible, alignée avec

105. BOURGER, M., « Codex 30 der Dombibliothek Köln. Ein Arbeitsexemplar für Thomas von Aquin als Assistent Alberts des Großen », in *Mittelalterliche Handschriften der Kölner Dombibliothek.* Erstes Symposion der Diözesan- und Dombibliothek Köln zu den Dom-Manuskripten (26. - 27 November 2004), H. FINGER ed., Köln 2005, p.190-208. Je remercie Maria Burger pour avoir voulu partager avec nous le fruit de ses recherches avant qu'elles ne soient publiées.

106. Si pour la consistance du parchemin on peut rapprocher le *Vat. lat. 9851* au *Vat. lat. 781*, qui contient la partie dictée du *De ueritate*, toutes les autres caractéristiques de ce dernier manuscrit sont très différentes de celles des autographes de Thomas (cf. A. DONDAINE, *Secrétaires de saint Thomas*, Roma, 1956, p. 26-40).

les autres, au centre du folio : elle a servi elle aussi à tracer une ligne au milieu des deux colonnes (la trace en a été conservée au f. 108r)[107] ; cet usage n'apparaît dans aucun autre autographe de Thomas. Le *Super III Sent.* présente encore une caractéristique propre à cet autographe : dans les marges supérieure et inférieure en plus des quatre piqûres utilisées pour tracer les verticales des colonnes, on en trouve quatre autres, placées aux quatre angles des colonnes (quelquesfois, elles sont un centimètre ou deux au-dessus de la marge supérieure et à même distance au-dessous de la marge inférieure) : de la sorte on trouve huit piqûres dans chacune des deux marges. Cependant, on ne constate aucune ligne tracée entre ces quatre piqûres externes.

1.4.5.3 La réglure

Il y a également une évolution dans la façon de tracer les lignes horizontales. À la limite des marges extérieures des folios du ms. de Naples, sont conservées, du début à la fin, les piqûres à partir desquelles les lignes ont été tracées (cela ne se vérifie dans aucun des autres autographes) ; tant la partie écrite à longues lignes, que celle écrite sur deux colonnes, présente des traces de la réglure des lignes.

En revanche, dans les autres autographes, il est très difficile de trouver des traces de réglure : si le nombre des lignes dans chacune des colonnes est, en général, identique, exception faite pour le cahier de voyage de la *ScG* (*Vat. lat. 9850*, f. 14-23), on ne trouve toutefois qu'exceptionnellement des traces de la réglure qui a servi à Thomas pour assurer la même hauteur aux lignes sur les deux colonnes.

Une exception cependant : en général, sur les folios où Thomas a commencé à écrire au-dessous de la justification supérieure de la colonne, des traces nettes de la première ligne de la colonne ont été conservées.

Par rapport à son habitude de commencer à écrire au-dessus de la justification supérieure de la colonne, Thomas a aussi évolué : dans le ms. de Naples, à la seule exception du f. 132r, au début du commentaire de la *Théologie mystique* de Denys, il écrit toujours au-dessus de la justification supérieure. Dans le *Super Isaiam*, il se comporte de la façon suivante : au f. 105r-v, il écrit au-dessus de la première ligne ; 106r-v, au-dessous ; 107r-109v, au-dessus ; 110r-v, au-dessous ; 111r-112v, au-dessus ; 113r-v, au-dessous ; 114r-v, au-dessus ; dans le *Super III Sent.* il écrit presque exclusivement au-dessous, même s'il commence, f. 11r-12v en écrivant au-dessus ; c'est dans cet autographe que la trace de la première ligne de la colonne (au-dessous de la justification) est souvent conservée[108]. Dans le *Super Boet.*, il écrit toujours au-dessus, à l'exception de f. 99v-100r (!) ; aucune trace

107. Entre les deux colonnes, en plus de cette ligne verticale, on peut observer aussi les traces des 4e et 5e lignes horizontales, à une distance de 5mm l'une de l'autre.

108. C'est également l'usage du secrétaire E de Thomas, qui écrit le début du *Super III Sent.*, (*Vat. lat. 9851*, f. 1ra-5rb) : il écrit toujours au-dessous de la justification supérieure de la colonne et la trace de la première ligne est aussi conservée. En revanche, la main C, qui comble une lacune dans le texte (f. 5v-10v), écrit elle aussi au-dessous de la justification supérieure ; au f. 5v, elle trace toutes les lignes ; ensuite, elle ne trace que la justification supérieure de la colonne.

de lignes horizontales n'est conservée dans ce commentaire. Dans la *ScG*, il écrit encore au-dessus de la première ligne ; exception faite pour le fameux f. 14r-v et le f. 15r (!), où il écrit au-dessous de la première ligne et trace aussi la deuxième ligne, habitude rencontrée aussi dans le *Super Isaiam* et le *Super III Sent.* La distance entre deux lignes successives dans le ms. de Naples varie entre 3 et 4 mm ; dans le *Super Isaiam*, elle est de 4 à 5 mm ; dans le *Super III Sent.* et le *Super Boet.*, elle varie à nouveau de 3 à 4 mm, tandis que dans la *ScG* elle est de 3 à 5 mm.

Il faut remarquer comment l'usage d'écrire au-dessus ou au-dessous de la justification supérieure des colonnes situe le *Super Isaiam* à côté du *Super III Sent.* : dans ce commentaire biblique, Thomas hésite encore à laisser tomber l'usage d'écrire au-dessus de la marge supérieure de la colonne[109], tandis que dans le commentaire des *Sentences*, il abandonne systématiquement cet usage ; cependant, déjà dans la partie conservée du commentaire de Boèce, il revient à sa première habitude et y reste fidèle dans la *ScG*.

1.4.5.4 La place du Super Isaiam *parmi les autographes : conclusion*

Ces constatations, et en particulier celles qui portent sur l'évolution de la réglure, s'harmonisent bien avec la position qu'occupe le *Super Isaiam* au sein des autographes : ce commentaire se situe entre l'autographe de Naples et celui du *Super III Sent.* Le parchemin, l'encre, la préparation de la page avant l'écriture, sont identiques dans le *Super Isaiam* et dans les autres autographes parisiens. Sous ce rapport, aucune différence n'est à signaler avec la dernière partie du ms. de Naples. Il y a cependant deux éléments de rupture nette qui séparent le *Super Isaiam* du ms. de Naples et le situent en ligne de continuité avec les autographes parisiens. Le premier élément est constitué par le respect de la règle qui prévoit que la hauteur de la justification de l'écriture égale la largeur du folio : ignorée dans le ms. de Naples, elle est toujours respectée, à partir du *Super Isaiam*, dans tous les autographes parisiens. Le deuxième élément consiste dans l'évolution de l'écriture qui impose une certaine distance chronologique entre le ms. de Naples et celui du *Super Isaiam*, où le trait de la main de Thomas est très proche de celui du *Super III Sent.*

Le fait de devoir supposer un certain temps entre la 'rédaction' du commentaire d'Albert sur Denys et le *Super Isaiam*, permet de situer les tâches que Tocco attribue à Thomas comme auxiliaire d'Albert : la collaboration à son commentaire sur l'*Éthique* et l'assistance dans l'enseignement et les disputes[110].

109. Il faut noter qu'on situe vers la moitié du XIIIe s. l'époque où l'on commence à écrire au-dessous de la première ligne tracée (la marge supérieure de la colonne) : v. N. R. KER, « From 'above Top Line' to 'below Top Line' : a change in scribal practice », dans *Celtica*, 5 (1960), p. 13-16, cité d'après M. E. O'CARROLL, *A Thirteenth-Century Pracher's Handbook : Studies in MS Laud Misc. 511*, Toronto, 1997.

110. *Ystoria* 13, p. 116-119, cité ci-dessus.

Ces conclusions suffisent à notre propos[111]. Après avoir montré que les arguments sur lesquels J. A. Weisheipl avait fondé son raisonnement n'ont plus aucune valeur, nous pouvons continuer à affirmer que le *Super Isaiam* a été écrit à Paris.

1.4.6 La lecture sur Isaïe : un enseignement parisien

L'autographe du *Super Isaiam* conserve des schémas de commentaire, les fameuses *collationes*, qui permettent de conclure avec certitude que la rédaction conservée est assurément la « préparation de cours ». P.-M. Gils l'a démontré d'une manière irréfutable dans son article de 1958 et personne n'a manifesté de doutes par la suite[112].

En raison du genre littéraire qui est identique pour ce Commentaire et celui de Jérémie, on a assimilé ces deux ouvrages à l'œuvre de Thomas lisant *cursorie* la Bible[113]. Nous croyons que le fait de trouver des *collationes* à l'intérieur du commentaire sur Jérémie, au moins jusqu'au chapitre 23, confirme cela[114]. Cependant, pour notre propos, nous pouvons nous en tenir au Commentaire d'Isaïe.

111. Les supports manuscrits des autographes de Thomas devraient être analysés dans des laboratoires spécialisés, comme l' « Istituto di patologia del libro » : seul un tel examen dégagerait peut-être plus d'éléments pour déterminer l'origine des parchemins et des encres.

112. P.-M. GILS, « Les *collationes* marginales dans l'autographe du Commentaire de S. Thomas sur Isaïe », RSPT 42(1958), p. 254-264. Il suffit de rappeler certains passages de l'article : « La collation *reduc deum in memoriam (quantum ad...)* (f. 111 ra) était à sa place, et corrigée, avant le texte de la fin de la colonne sous laquelle elle se trouve » (p. 260). Le P. Gils décrit soigneusement le texte de ces *collationes*, et il se demande : « Pourquoi tant de corrections, tant de recherche dans l'expression ? Pourquoi ces inscriptions dans les marges d'un texte qu'il ne semble pas avoir utilisé à nouveau dans la suite ? [...] C'est un travail extrêmement rapide, fait, croyons-nous, au jour le jour par le jeune bachelier pressé par son horaire. Nous pensons que les *collationes* appartiennent essentiellement au commentaire dont elles constituent la partie spirituelle, « mystique », comme disaient les anciens » (p. 261-262). C'est dans ce sens que l'étude des *collationes* a progressé, grâce à une analyse poussée de leur texte, par J.-P. TORRELL et D. BOUTHILLIER, « Quand saint Thomas méditait sur le prophète Isaïe », RT 98(1990), p. 5-47 ; dans les articles suivants, la grande fécondité de l'étude de ces *collationes* a été montrée : D. BOUTHILLIER, « Le Christ en son mystère dans les *collationes* du *Super Isaiam* de Thomas d'Aquin », dans *Ordo sapientiae et amoris*, Fribourg, 1993, p. 37-64 ; ID., « *Splendor gloriae Patris* : Deux collations du *Super Isaiam* de S. Thomas d'Aquin », dans *Christ among the Medieval Dominicans. Representations of Christ in the Texts and Images of the Order of Preachers*, éd. K. Emery, Jr. and J. Wawrykow, Notre Dame, Indiana, 1998, p. 139-156.

113. Il faut noter que si J. A. Weisheipl dans la première édition de *Friar Thomas D'Aquino* suivait encore la position du catalogue de Eschmann, dans la deuxième, de 1983, il écrit : « Now the Leonine editors, assuming the integral unity of the text, ... have shown that *Super Isaiam* is the work of a *cursor biblicus*, and therefore to be dated in Paris 1252-23. But, if as we have argued, Thomas was *cursor biblicus* under Albert at Cologne and not in Paris, the *Postilla super Isaiam* was composed and presented at Cologne before going to Paris in 1252 » (p. 480) ; d'après cette note, il faut donc réviser ce qu'il avait écrit aux pages 120-121.

114. C'était déjà un argument pour I. T. Eschmann, qui, en raison du même genre littéraire, avait assimilé le Commentaire sur Jérémie et celui sur les Lamentations à l'œuvre d'un 'bachelier biblique'. En revanche, il proposait de dater le *Super Isaiam* du séjour italien entre les deux régences parisiennes : I. T. ESCHMANN, « A Catalogue of St. Thomas's Works. Bibliographical Notes », dans E. GILSON, *The Christian Philosophie of St. Thomas Aquinas*, New York, 1956, p. 396, n. 21.

Nous pensons avoir développé dans la juste direction la réserve formulée par J. A. Weisheipl lui-même à sa propre théorie et avoir surtout mis en évidence l'inconsistance des considérations sur lesquelles il prétendait la fonder, à savoir l'interprétation du texte de l'*Ystoria* de Tocco et la critique de la « Mandonnet's hypothesis ». L'expression de Guillaume de Tocco, « ad legendum Sententias », reprend une formule, qui, de son temps, indiquait qu'on désignait quelqu'un pour obtenir la licence, et éventuellement la maîtrise à l'Université de Paris[115] ; Tocco ne trace en aucune façon la chronique détaillée de ce qui se passa durant les années 1251-1252. D'autre part, il ne semble pas douteux que les religieux, à Paris, lisaient la Bible *cursorie* : c'est ce qu'impliquent aussi bien le document de février 1252 que l'exemple de Thomas et même celui de Bonaventure[116]. C'est pourquoi, étant acquis que Thomas lit *cursorie* sur Isaïe et étant donné que l'autographe de cette lecture a le caractère des autographes parisiens, il n'y a plus de raisons pour situer ladite *lectura* en dehors de Paris.

1.5 Le commencement de la Lecture en classe des Sentences

Les anciens biographes nous permettent de situer pendant l'été 1251 ou 1252, au plus tard, le passage de Thomas de Cologne à Paris. La décision aurait pu être prise ou ratifiée au chapitre général de Metz (juin 1251), ou de Bologne (mai 1252). Les affirmations des sources biographiques qui attribuent la décision au maître de l'Ordre ne sont pas en contraste avec la pratique juridique qui ressort de certaines déterminations prises alors par les chapitres[117].

115. Cf. la formulation du chapitre de 1311 : « Assignamus ad legendum Parisius sentencias... » (MOPH 4, p. 55) qui, un peu modifiée (*ad legendum sentencias Parisius*), est répétée dans les années suivantes (pour les années 1312-1324, cf. MOPH 4, p. 62, 69, 75, 86, 104, 110, 118, 125, 136, 142, 150, 154).

116. La carrière de Bonaventure de Bagnoregio, qui est parallèle à celle de Thomas d'Aquin, semble attester à cette époque pour le franciscain le même engagement comme lecteur cursif de la Bible, suivant le témoignage de certains manuscrits des *Postille super Lucam* : cf. B. G. BOUGEROL, *Introduction à Saint Bonaventure*, p. 170-180 ; on peut voir également la description des mss donnée par les éditeurs de Quaracchi, « Prolegomena », dans *S. Bonaventurae, Opera Omnia*, ed. Quaracchi, t. 7, p. IX-XI ; de même, la discussion dans : TH. REIST, *Saint Bonaventure as a biblical commentator. A translation and Analysis of his Commentary on Luke, XVIII,34 – XIX, 42*, Lanham-New York-London, 1985, p. 68-70. – À propos de ce Commentaire, il faut lire la belle étude qui introduit la traduction italienne : B. FAES DE MOTTONI, « Introduzione » a *San Bonaventura, Commento al Vangelo di San Luca/1, (1-4)*, (S. Bonaventurae Opera, t. IX/1), Roma, 1999, p. 7-26.

117. Dans le § 1.3, nous avons vu l'évolution des normes à ce propos. Il faut encore préciser que si, à partir de 1264, le *studium* de Paris est confié aux soins du Maître de l'Ordre, nous ne savons pas comment les choses se passaient auparavant : la détermination de 1259, qui joint au Maître de l'Ordre le provincial de France, invite à être prudent à cet égard. Une chose est cependant certaine : le rôle principal joué par le chapitre général dans l'assignation de ces responsabilités. Cela contraste avec l'affirmation suivante : « First, it was the prerogative of the master general, not of the university or the general chapter, to appoint men to the Dominican *studium generale* at Paris to prepare for the mastership in theology. Later it became the

Arrivé à Paris, Thomas lit *cursorie* la Bible pendant un certain temps[118], après quoi il peut commencer à commenter en classe les *Sentences*. Combien de temps a-t-il consacré à cet enseignement des *Sentences* ? Si nous pouvons être sûr qu'il avait terminé en 1256, quand il devint maître régent, nous ne savons pas du tout avec précision combien de temps durait la lecture en classe des quatre Livres du Lombard. Il faut cependant essayer de répondre à la question.

2. LA MATIÈRE D'UNE LEÇON SUR LES *SENTENCES*

Le but de cette recherche est donc de tenter de déterminer combien de temps durait, vers 1252 et à l'Université de Paris, l'enseignement en classe des *Sentences* que donnait le bachelier. Nous avons déjà remarqué que, lorsqu'à partir de 1311 (ci-dessus, n. 62) le chapitre général des dominicains commence à nommer les lecteurs des *Sentences* pour le *studium* parisien, il fait alterner un lecteur pour la chaire française et un lecteur pour la chaire des étrangers, ce qui conduit à penser que la lecture se faisait, à cette époque, en deux ans. Les statuts de l'Université n'auraient limité la lecture à la durée d'une année que dans la seconde moitié du XIVe siècle[119].

Cela étant, il nous a semblé que, pour essayer de préciser quelque peu, en partant d'un terrain solide, nos connaissances relativement à la durée de l'enseignement sur les *Sentences* imparti par Thomas, il convenait avant tout de se pencher sur le texte même du commentaire et d'y étudier les références qui y sont faites à la matière d'une leçon : cela pourra peut-être nous permettre de calculer le nombre de leçons qui auront été nécessaires pour commenter les quatre livres du Lombard.

Trois fois, le *Scriptum* se réfère à la leçon « présente » (*presens*), mais, puisque le mot leçon peut avoir plusieurs significations, il pourrait indiquer aussi bien l'enseignement oral en classe que celui transmis par le commentaire écrit. Il faut donc analyser l'utilisation du mot *lectio* (et *lectura*) dans les écrits de Thomas, pour pouvoir éventuellement en déterminer la signification exacte dans ces trois occurrences du *Scriptum*.

prerogative of the Dominican general chapter to appoint two men yearly to Paris « ad legendum *Sententias* » » (J. A. WEISHEIPL, *Friar Thomas*, p. 50).

118. Il est impossible de préciser si cette lecture a couvert la durée de toute une année scolaire, même si cela aurait bien pu être le cas, si l'on tient compte des résultats des paragraphes suivants à propos de la durée de la lecture des *Sentences*.

119. Cf. CUP II, n. 1189, p. 700 ; mais surtout v. les résultats auxquels était arrivé P. GLORIEUX, « L'enseignement... », p. 117. La détermination suivante du chapitre général de 1357 des dominicains pourrait déjà attester la nouvelle coutume : « volumus et ordinamus, quod quandocumque infra eumdem annum contigerit Parisius duos bacalarios nostri ordinis legere sentencias, quorum unus legat sentencias in estate, alter vero in hyeme, ille qui in hyeme legerit sentencias, primo ad magisterium presentetur, alter vero quibuscumque bacalariis *annis sequentibus legentibus* in presentacione [pro] magisterio preferatur, nisi forte in predictis per sedem apostolicam contigerit aliter dispensari » (cf. MOPH 4, p. 379, lignes 21-27, nous soulignons) ; cf. cependant les déterminations des années 1363, 1376 et 1378 (MOPH 4, p. 400, 433 et 447).

À partir de l'*Index thomisticus*, nous avons retrouvé 110 occurrences du lemme *lectio*, ce qui est peu, surtout si l'on considère que plus de 50 de ces occurrences se trouvent dans des citations de l'Écriture, des Pères ou d'autres auteurs. Pour classer ces occurrences, nous avons suivi le *Thesaurus linguae latinae* qui distingue deux catégories de significations, selon que le mot évoque la connaissance[120] et selon qu'il exprime l'*electio* ou la *collectio*[121]. Parmi les acceptions recensées dans la première catégorie, celles qui suivent se trouvent chez Thomas d'Aquin : *lectio* dans le sens de action de lire ; *lectio* dans le sens de cours donné en classe ; enfin, *lectio* dans le sens de partie d'un texte destiné à la lecture.

2.1 Lectio *dans le sens de lecture, acte de lire*

Cette signification est employée surtout en rapport avec l'Écriture :

- « homo Deum loquentem in scripturis audit, quod fit per lectionem » (In Sent. IV, 15, 4, 1, ad 1)
- « legere vetus testamentum maxime debet convenire cum lectione novi testamenti » (In Sent. IV, 24, 2, 2, arg. 8)
- « et lectionis effectus: *igitur cum audissent omnia verba, obstupuerunt.* » (In Hierem. 36, lect. 3)
- « Per duo autem est idoneus ad docendum, scilicet per lectionem, in qua acquirit scientiam, et per exercitium, in quo efficitur promptus. Et ideo dicit: *Dum venio, attende lectioni*, scilicet librorum sanctorum. » (In I Tim. 4, lect. 3).

Mais cette acception s'applique aussi à toutes sortes de textes autres que ceux de l'Écriture :

- « prophetae in libro praescientiae dicuntur legere hac similitudine quia ex ipso libro divinae praescientiae efficitur rerum futurarum notitia in mente prophetae, sicut ex lectione libri efficitur notitia rerum quae scribuntur in libro in mente legentis » (Q. de ver. 12, 6, ad 1)
- « ...alii uero qui capere intellectu non possunt, a lectione excludantur: non enim libenter leguntur que non intelliguntur » (In Boeth. de Trin., Exp. Prohemii)
- « ...quia qui intelligunt, lectione detinentur, qui vero non intelligunt, non coguntur ad legendum » (Ibid., 2, 4, resp.)
- « Ponuntur autem tria pertinentia ad Pilatum, scilicet tituli inscriptio, tituli lectio, tituli conservatio » (In Ioh. 19, lect. 4 n° 2418).

120. Le *Thesaurus* écrit : « *respicitur* anàgnòsis (*cf.* MACR. somn. 1, 12, 10 quae apud Latinos lectio, apud Graecos vocatur repetita cognitio) » *Thesaurus linguae latinae*, t. VII-2, col. 1082. – J. F. NIERMEYER – C. VAN DE KIEFT, *Mediae latinitatis lexicon minus* (p. 591), ne retiennent que cette seule catégorie et y comptent quatorze sens dont ils distinguent les usages religieux, ecclésiastique et scolaire.

121. Nous n'avons trouvé, dans les œuvres de Thomas, aucun emploi du mot simple *lectio* dans le sens de « choix » ; mais on y trouve bien évidemment les dérivés qui comportent ce sens, et en premier lieu *dilectio*.

Ce passage serait équivoque si on ne trouvait pas tout de suite après :

- « cum dicit *Hunc ergo titulum multi Iudaeorum legerunt*, agitur de tituli lectione. Et primo ponitur tituli lectio,... » (Ibid. n° 2422).

Cette signification est également appliquée à la contemplation et à la vie religieuse :

- « et ideo posuit Hugo, ubi sup., tres contemplationis partes: primam lectionem, secundam meditationem, tertiam orationem » (In Sent. IV, 15, 4, 2, ad 2)
- « inter omnia spiritualia maxima sunt oratio, lectio et predicatio » (Quodl. 7, 7, 2, arg. 2)
- « Et sic religio videtur dicta a religendo ea quae sunt divini cultus [...]. Sive autem religio dicatur a frequenti lectione, sive ex iterata electione eius quod negligenter amissum est... » (II-II, 81, 1, resp.)
- « si qua vero sunt in religionibus instituta pertinentia ad humanos actus, quibus aliquis ordinatur ad religionis finem, scilicet ad dilectionem dei et proximi, puta lectio, oratio, visitatio infirmorum » (II-II, 186, 7, ad 2)
- « in operibus contemplativae [*scil.* vitae], potior est oratio quam lectio » (II-II, 188, 6, resp.).

Les exemples sont assez nombreux pour montrer que Thomas utilise le mot *lectio* dans son acception primaire de 'lecture' d'un texte, l'usage le plus commun.

C'est de cette signification première du mot que naquit l'usage, dans les écoles de l'antiquité, dès le IIe siècle de notre ère, de désigner par *lectio* la portion d'un enseignement donné pendant un temps déterminé ; les écoles monastiques et capitulaires, ensuite, ont transmis cet usage aux universités pour désigner la leçon académique[122].

2.2 Lectio *dans sa liaison étroite à l'activité de l'enseignant*

Nous avons réuni, dans ce paragraphe, divers emplois « universitaires » de *lectio* unifiés par la référence à l'acte même d'enseigner : professorat, cours, heure de cours[123]. Nous citerons dans un paragraphe à part les exemples tirés du *Scriptum* de Thomas, tandis que nous commençons par un emploi contenu dans son *principium* « Rigans montes... » :

122. Pour l'emploi du mot dans l'antiquité : *Thesaurus linguae latinae*, cit., col. 1082-1084 ; pour les attestations au moyen-âge : DU CANGE, *Glossarium ad scriptores mediæ et infimæ latinitatis*, t. 4, Paris 1733, col. 96-97 ; avec le supplément : P. CARPENTIER, *Glossarium novum ad scriptores medii ævi cum latinos tum gallicos seu supplementum ad auctiorem Glossarii Cangiani editionem...*, t. 2, Paris 1766, col. 1020 ; repris dans : G. A. L. HENSCHEL, *Glossarium mediæ et infimæ latinitatis...*, t. 4, Paris 1845, p. 53-54 ; et J. NIERMEYER–C. VAN DE KIEFT, *Mediae latinitatis lexicon minus*, p. 591 ; pour l'époque des universités : O. WEIJERS, *Terminologie...*, p. 324-329.

123. Par l'expression « heure de cours », il ne s'agit pas de signifier soixante minutes d'enseignement, mais un laps de temps ininterrompu durant lequel le professeur fait son cours. On reviendra par la suite sur la mesure de ce laps de temps.

– « Doctores Sacrae Scripturae...debent esse *illuminati*, ut idonee doceant legendo... Et de his tribus officiis, scilicet praedicandi, legendi et disputandi, dicitur Tit. 1 [9]: *Ut sit potens exhortari*, quantum ad praedicationem; *in doctrina sana*, quantum ad lectionem; *et contradicentes revincere* quantum ad disputationem » (cf. ed. Marietti n° 1213).

Le passage suivant reprend encore deux charges de l'enseignant :

– « Similiter etiam praecedentes cogitationes lascivae quandoque possunt esse omnino sine peccato, puta cum aliquis causa lectionis vel disputationis cogitur de talibus cogitare » (III, 80, 7 resp.).

Discutant la possibilité qu'un clerc anticipe la récitation de l'office divin, Thomas se réfère à une pratique que les premiers biographes lui attribueront :

– « puta si clericus aut magister debet videre lectiones suas de nocte... » (Quodl. 5, 14).

Et, cas assez exceptionnel pour le personnage, Thomas se réfère à ses devoirs pour justifier son retard dans la réponse à une consultation :

– « ...tum propter occupationes meas quas requirit officium lectionis... » (Ep. ad duc. Brabantiae)

Dans le cas suivant encore, *lectio* signifie un office précis :

– « ...unde qui non habent exercitium officii, vel studii, vel lectionis, periculose vivunt otiosi » (Super Thess. II, c. 3, lect. 1).

Entre la signification technique d'enseignement et la lecture proprement dite, pratiquée pendant l'enseignement, il faut situer les exemples suivants :

– « Similiter lectioni aliquis vacat quasi operi publico in scholis docendo et addiscendo, ut magistri et scholares faciunt, religiosi vel saeculares; sed quasi operi privato, qui sibi ipsis ad consolationem suam scripturas perlegunt, sicut monachi in claustris faciunt: et sic loquitur Augustinus » (Contra impugnantes, c. 5, § 4, ad 11) ;
– « Similiter, quod dicit de lectionibus, loquitur de illis qui uacant lectioni ad consolationem propriam tantum, sicut in monasteriis monachi faciunt, non autem de illis quorum uita studio scripturarum deputatur ad suam et aliorum instructionem » (Quodl. 7, 7, 2, ad 2).

Et pour expliquer le même passage d'Augustin :

– « Similiter quod dicit de lectione et oratione, referendum est ad orationes et lectiones privatas, quas etiam laici interdum faciunt, non autem ad illos qui publicas orationes in ecclesia faciunt, vel etiam publicas lectiones in scholis legunt. Unde non dicit, *Qui dicunt se vacare doctrinae vel instructioni*, sed, *Qui dicunt se vacare lectioni.* » (II-II, 187, 3, ad 3)
– « ...et scholaris quando credit audire lectionem utilem, si tempus illud amittat, reputat se multum damnificatum. » (Sermo *Puer Iesus*).

Ces exemples renvoient clairement à la signification technique que le mot reçoit à l'intérieur de la pratique scolaire, soit pour désigner l'acte d'enseigner, soit pour indiquer une portion temporelle de l'enseignement, soit pour signifier la charge d'enseignant.

2.3 Lectio *dans les sens de partie d'un texte à lire*

Dans l'antiquité classique, déjà, par métonymie, *lectio* désignait ce qu'on lit, *id ipsum quod legitur*[124]. Thomas emploie le mot dans cette acception, en ajoutant des précisions qui mettent en liaison cet usage du mot avec sa signification première d'acte de lire :

- « ...lectio que legitur... » (Quodl. 8, 5, resp.)
- « ...ille qui sacram scripturam in ecclesia recitat, puta legendo lectionem, vel epistolam, vel evangelium... » (In Cor. I, c. 11, lect. 2)
- « ...sed dicendum est, hoc intelligendum esse de orationibus ac lectionibus, quas mulieres in suis collegiis proferunt » (*Ibid.*)
- « ...tribus lectionibus dictis in uno nocturno » (*Ibid.*, c. 14, lect. 6).

Dans le cas suivant, il désigne le texte commenté :

- « Notandum est quod in hac lectione fit triplex mentio de spiritu: quia dicitur spiritus rectus, spiritus sanctus et spiritus principalis » (In Ps. 50, n. 6).

Pris toujours au sens figuré, il désigne le genre littéraire :

- « Positis diversis parabolis ad turbas, hic confirmat, vel approbat per auctoritatem prophetae. ...primo ponitur consuetudo Christi circa parabolicam lectionem » (In Matt. c. 13, lect. 3, n. 1170).

Le renvoi à la signification primaire d'acte de lire est très clair dans l'exemple suivant :

- « ...per doctrinam Prophetarum et Apostolorum, quae in ecclesia legitur per lectores et subdiacones. Post quam *lectionem*, cantatur a choro *graduale*,.. » (III, 83, 4, resp.).

Dans certains passages de Pères ou d'auteurs du moyen-âge cités par Thomas, le mot *lectio* revient souvent pour désigner le texte sacré, comme synonyme de l'Écriture, joint à l'adjectif *sacra* ou *diuina*[125] ; mais dans le cas suivant, le mot ne reçoit aucune qualification de ce genre :

- « Quod autem illis qui ad praedicationis officium deputantur praecipue studium scripturarum conveniat, patet per illud quod dicit apostolus I Tim. iv,13 « Dum venio attende lectioni, exhortationi et doctrinae » ; ex quo patet quod exhortari et docere volentibus necessarium est studium *lectionis* » (Contra impugnantes, cap. 11, u. 90-96 ; c'est nous qui soulignons).

124. Cf. *Thesaurus linguae latinae*, cit., c. 1085-88 ; l'usage est attesté par Sénèque et Quintilien.

125. Cf., entre autres, *Contra impugnantes*, c. 5 u. 400 e u. 734 ; *Quodl.* 7, 7, 2, u. 39 et u. 443 ; *Cat. in Luc.*, c. 9, lect. 6.

L'usage du mot dans le sens de *id ipsum quod legitur*, ne revient chez Thomas que dans un contexte liturgique, scripturaire, ou relatif à la vie religieuse.

2.4 Lectio *et* lectura *dans l'usage de Thomas d'Aquin*

Avant de formuler des conclusions à propos de l'emploi de *lectio* par Thomas, il nous faut analyser un mot proche : *lectura.* Ici encore nous sommes parti de l'*Index thomisticus*, où nous avons repéré huit occurrences seulement de ce mot, toujours utilisé comme synonyme de *expositio*, de *modus exponendi*, ou en composition avec les formes du verbe *expono* :

- « Vel potest totum hoc magis secundum continuationem litterae legi sic, [...] Et iterum , [...] servato tamen eodem modo exponendi, sicut in prima lectura » (In Cor. II, c. 4, lect. 1, n. 121)
- « Sed licet hec lectura sustineri possit, non tamen est secundum intentionem Apostoli. [...] ideo magis ad propositum exponitur de hoc, ... » (In Gal. c. 4, lect. 4, n. 223)
- « Istud dupliciter exponitur. Una expositio secundum Chrysostomum et Hieronymum; alia secundum Augustinum.[...] Secundum autem utramque lecturam... » (In Matt. c. 12, lect. 2, n. 1035).

L'emploi des passages suivants renvoie à l'origine étymologique du mot, sans que la signification ne change (il faut cependant remarquer que *lecturam Augustini*, peut désigner le texte même de l'interprétation d'Augustin) :

- « Magister, tamen, aliter recitat lecturam Augustini, [...] sed hoc non est secundum intentionem Augustini » (In Eph. c. 3, lect. 3, n. 161)
- « ...Et legitur multis modis. Primo sic, et est secundum Glossam, [...]. Hec est prima expositio et melior. Secunda talis est [...]. Tres sunt aliae lecturae,... » (In Hebr. c. 8, lect. 1, n. 386-387).

Dans les exemples qui suivent, le terme a la signification précise d'interprétation linguistique (*litteralis*) du texte :

- « Primi duo versus dupliciter possunt intelligi. Uno modo ut intelligatur ad Deum loqui; et sic est litteralis sensus; [...] Alio modo potest legi, ut referat sermonem ad aliquem hominem [...]. Consequenter exponit praemissa secundum primam lecturam » (In Ps. 17, n. 15)
- « Electio autem Dei potest accipi ex duplici parte. [...] Sed prima lectura est melior » (In Ps. 46, n. 3).

Il faut tout de suite remarquer que les rares occurrences de *lectura* sont attestées seulement dans des textes qui sont des *reportationes* : les considérations suivantes concernent donc plutôt les rapporteurs, *reportatores*, que Thomas lui-même.

Dans le dernier exemple, le mot *lectura* est utilisé en un sens absolu : il n'a pas besoin d'être rapporté à d'autres mots ou verbes, tels qu'*expositio, intentio* ou *exponere*, car il a un sens défini et clair. Les huit attestations du mot révèlent une signification technique et répandue : *lectura* désigne l'acte d'interpréter, d'exprimer la signification (littérale ou métaphorique) d'un texte. Enfin, il faut remarquer qu'on ne trouve pas, dans les ouvrages de Thomas, *lectura* au sens de « lecture commentée » d'une œuvre, en contexte scolaire, selon des critères bien précis qui la distinguent de *sententia* et d'*expositio*. Pour clarifier cette remarque nous citons le passage suivant d'Olga Weijers :

> « Le terme *lectio* est beaucoup plus fréquent que *lectura* dans le vocabulaire universitaire du XIIIe siècle. Du fait que *lectio* y était surtout utilisé dans le sens de leçon, séance de cours, et que *lectiones* désignait au sens strict des cours concrets plutôt qu'un enseignement basé sur la méthode de la *lectio*, le terme *lectura* semble avoir été adopté pendant la seconde moitié du XIIIe siècle pour définir le concept de « lecture », acte de lire en commentant des textes (le sens original de *lectio*). Ensuite, *lectura* a pris le sens d'ensemble des cours d'un maître, l'enseignement d'un maître sur un texte déterminé. L'histoire sémantique de *lectura* ne semble commencer qu'au XIIe et surtout au XIIIe siècles. En fait, le mot est rare avant l'époque universitaire »[126].

La distinction entre *littera* et *lectura* ressort très clairement dans la reportation du commentaire sur le Ps. 46 : le mot *littera* est employé pour désigner une variante textuelle, tandis que *lectura* est employé au paragraphe suivant pour désigner l'interprétation du texte[127].

Revenons maintenant au mot *lectio*. Les exemples cités montrent que Thomas d'Aquin l'emploie en trois sens : acte de lire, heure de cours, partie d'un texte à lire. En même temps, nous découvrons – ce qui est très important pour la suite de notre recherche – qu'il n'utilise jamais ce mot pour indiquer la division interne de son propre commentaire ; c'est d'ailleurs là un usage qui

126. O. WEIJERS, *Terminologie des universités au XIIIe siècle*, p. 302 ; v. aussi p. 326. – L'usage technique de ces mots a été élucidé également par R. A. GAUTHIER, « Praefatio », dans *S. Thomae de Aquino, Sent. lib. Ethic.*, ed. Leon. t. 47-1, p. 241*-246*, où la richesse de la documentation permet de suivre l'évolution et les variations du sens attribué aux mots ; voir aussi les observations de P. O. LEWRY, *Robert Kilwardby's Writings on the 'Logica vetus' studied with regard to their teaching and method*, thèse dactylographiée, Oxford, 1978, p. 212, n. 2, et, à propos de l'usage de R. Kilwardby : ID., « Thirteenth-century Teaching on Speech and Accentuation: Robert Kilwardby's commentary on *De accentibus* of Pseudo-Priscian », dans MS, 50 (1988), p. 99-101 [98-185]. Une autre recherche sur la production des maîtres ès arts montre l'importance de ce genre d'études pour la classification et l'attribution d'ouvrages philosophiques du moyen-âge : O. WEIJERS, « Le commentaire sur les 'Topiques' d'Aristote attribué à Robert Kilwardby (ms. Florence, B.N.C., Conv. Soppr. B.4.1618) », dans Documenti e Studi, 6 (1995), p. 107-143. Il sera également utile de se référer à la technique d'exposition d'un maître qui commente l'*Ethica noua* dans R.-A. GAUTHIER, « Le cours sur l'*Ethica nova* d'un maître ès Arts de Paris (1235-1240) », AHDLMA 42, (1975), p. 75-77 ; la sensibilité et le talent pédagogique d'un autre maître ès arts sont attestés par un autre genre de commentaire, la *lectura*, dans : *Anonymi, Magistri artium, Lectura in libro De anima*, ed. R. A. GAUTHIER, Grottaferrata, 1985, p. 13*-14*. Il faut enfin noter que cet éditeur, comme il l'avait fait en intitulant *Sententia libri Ethicorum*, le commentaire à l'Éthique, a repris l'usage de Thomas lui-même et désigné les commentaires au *Periermenyas* et au *Liber Posteriorum* par le mot *expositio* : cf. *S. Thomae de Aquino, Opera Omnia*, ed. Leon. t. 1*,1-2.

127. Cf. *Super Psalmos*, 46 (ed. Piana, t. 13, f. 62va).

semble apparaître seulement vers la fin du siècle et se répandre au siècle suivant[128].

Il faut aussi remarquer que Thomas utilise le mot *lectio* dans le sens de « texte commenté » ou de cours (leçon donnée) exclusivement dans les commentaires scripturaires ou dans le *Scriptum*, mais jamais dans un commentaire d'Aristote[129].

Fort de ces résultats, nous allons étudier trois emplois de *lectio* dans le commentaire des *Sentences*, pour discerner leur signification précise.

2.5 Le sens de presentis lectionis *dans le* Scriptum *de Thomas*

Dans le commentaire des Ier, IIe et IIIe Livres, à la fin d'une division du texte du Lombard, Thomas précise la matière qu'il va traiter dans la *lectio* qui commence. Nous reproduisons en entier le schéma des divisions du texte, ce qui permettra de saisir la correspondance entre la division de la matière, l'indication de la « leçon » correspondante et son articulation dans les articles[130].

128. Olga Weijers nous fait remarquer qu'Angelo de Camerino, avant 1296, semble utiliser le mot dans ce sens : cf. O. WEIJERS, *La 'disputatio' à la Faculté des arts de Paris (1200-1350 environ)*, p. 15. Pour le XIVe s. cf. R. A. GAUTHIER, « Praefatio », dans *S. Thomae de Aquino, Sent. lib. Ethic.*, ed. Leon. t. 47-1, p. 241*-242*. – Voici quelques exemples dans lesquels Thomas se réfère à des divisions de son propre commentaire ; il utilise le mot *capitulum*, en adoptant l'appellation des divisions du texte commenté : « ...de eo omnia possunt affirmari et omnia negari, secundum modum in praecedenti capitulo expositum » (*In Dion. De diu. nom.*, 2, 2, n. 143) ; « Et de his perscrutandum est posterius in hoc eodem capitulo » (*In Meth.* 7, 6) ; « ...hoc autem erit manifestum magis ex posterioribus in hoc capitulo, et in octavo » (*In Meth.* 7, 13, 26) ; « Et ulterius palam est ex omnibus praedictis in hoc capitulo,... » (*In Meth.* 7, 16, 11). Mais, dans son commentaire des *Sentences*, il emploie « tractatus » pour désigner des parties de son *Scriptum* consacrées à un sujet précis : « Et hoc melius dicetur in tractatu de relationibus, dist. 26 » (*I*, d. 5, q. 1, a. 1 ad 1) ; « Et quomodo hoc sit, supra in tractatu de angelis dictum est » (*II*, d. 21, q. 1, a. 2, ad 4) ; « Hoc tamen ad tractatum de resurrectione magis pertinet » (*II*, d. 30, q. 2, a. 2, ad 6) ; « Et hoc infra in tractatu de donis melius patebit » (*III*, d. 9, q. 1, a. 1, ad 4) ; « Ratio autem quare oportet quod in hoc sacramento ipse Christus contineatur, in principio huius tractatus, dist. 8, dicta est » (*IV*, d. 10, q. 1, a. 4, resp.) ; « De bigamia dicetur in tractatu de matrimonio » (*IV*, d. 25, q. 2, a. 2, set c.) ; « de dilectione, in III Libro tractatu de caritate » (*IV*, d. 49, q. 4, a. 5, ad 5) ; mais il utilise le même mot également pour la *Littera* du Lombard : cf. *I*, d. 34, q. 1, div. ; *I*, d. 35, q. 1, div. ; *I*, d. 35, q. 1, div. ; *III*, d. 34, q. 1, a. 4, resp. ; *III*, d. 39, exp. Un usage semblable de *tractatus* se retrouve souvent dans ses commentaires d'Aristote et dans la *Somme* (en particulier dans la *II Pars*) ; en revanche, un tel usage n'est jamais attesté ni dans les *Questions dip. de ueritate* ni dans la *Somme contre les Gentils*.

129. Cette constatation apporte un argument non négligeable en faveur de la thèse de R.-A. Gauthier, selon laquelle les commentaires de Thomas à Aristote ne seraient pas le fruit d'un enseignement : cf. R.-A. GAUTHIER, « Saint Thomas et l'Éthique à Nicomaque », dans *S. Thomae de Aquino, Opera Omnia*, ed. Leon. t. 48, App. p. XXIV ; ID., « Préface », dans *S. Thomae de Aqino, Sent. lib. De anima*, ed. Leon. t. 45-1, p. 288*-289*.

130. L'exemple contenu dans le commentaire au Ier Livre sera analysé en dernier lieu parce qu'il est formulé différemment des autres.

2.5.1 Super II lib. Sent., d. 24, diuisio primae partis textus [131] :

« *Nunc diligenter inuestigari oportet etc.* Postquam determinauit de scientia quam homo in primo statu habuit, hic incipit determinare de potentia naturali per quam peccatum uitare poterat. Et diuiditur in partes duas.

1. In prima ostendit quod homo habuit naturalem potentiam, per quam poterat peccatum uitare. {2. In secunda dicit que sit illa ibi *Hic considerandum est quod fuerit adiutorium* etc.}

1.1 Circa primum duo facit. Primo determinat ueritatem.

1.2 Secundo remouet duas dubitationes. Primam ibi *Set quomodo...* Secundam ibi *Ad hoc autem...*

Hic considerandum est quod fuerit adiutorium etc. Hic ostendit que fuerit illa potentia naturalis, et ostendit quod liberum arbitrium. Et diuiditur in partes duas.

2.1 In prima ostendit quid sit liberum arbitrium. {2.2 In secunda ostendit quasdam liberi arbitrii conditiones, XXV dist., ibi *Iam ad propositum redeamus* etc.} Prima diuiditur in duas:

2.1.1 In prima determinat quid est liberum arbitrium. {2.1.2 In secunda notificat quasdam uires anime, ut ostendat in quibus libertas arbitrii contineatur, ibi *Est enim sensualitas* etc.} Circa primum duo facit:

2.1.1.1 Primo ostendit quod illa potentia peccati existere poterat cum libero arbitrio.

2.1.1.2 In secunda liberum arbitrium diffinit, ibi *Liberum uero arbitrium* etc.

2.1.2 *Est enim sensualitas* etc. Hic notificat quasdam potentias anime. Et circa hoc duo facit.

2.1.2.1 Primo notificat eas.

2.1.2.2 Secundo ostendit qualiter in eis potest esse peccatum, ibi *Illud quoque pretermittendum non est* etc. [d. 24 B, *diuisio textus II*].

Et prima pars [= 2.1.2.1], cum precedentibus est **PRESENTIS LECTIONIS**. Circa quam duo queruntur. Primo de libero arbitrio [= q. 1]. Secundo de potentiis libero arbitrio annexis [= q. 2].

Circa primum [= q. 1] quatuor queruntur. Primo, utrum liberum arbitrium sit potentia uel habitus. Secundo, si est potentia, utrum sit una uel plures. Tertio, si est una, utrum sit distincta a ratione et uoluntate. Quarto utrum per liberum arbitrium homo in primo statu peccato resistere potuit. [...]

Deinde [= q. 2] queritur de uirtutibus libero arbitrio annexis; et queruntur quatuor. Primo, de sensualitate, quid sit. Secundo, de superiori et inferiori parte rationis. Tertio, de synderesi. Quarto, de conscientia ».

À ces deux questions fait suite l'*expositio prime partis textus*, après quoi nous trouvons la *diuisio secunde partis textus*, qui sera développée en une question, la q. 3, distribuée en 6 articles ; enfin la distinction se termine avec l'*expositio secunde partis textus*.

2.5.2 Super IV lib. Sent., Prologus :

« Sic ergo ex uerbis propositis tria possumus accipere circa hunc Quartum librum qui prae manibus habetur[132], scilicet materiam, [...] continuationem ad Tertium librum [...]. Item diuisionem istius libri.

131. Dans les parenthèses en forme d'accolades, « { } », nous reproduisons, pour faciliter la compréhension des divisions, le texte qui sera repris et divisé quelques lignes plus bas.

Diuiditur enim in partes duas. In prima determinat de sacramentis; in secunda de resurrectione et gloria resurgentium, 43 d., ibi: *Postremo de conditione resurrectionis* etc. Prima diuiditur in duas.

1. In prima determinat de sacramentis in communi {2. In secunda descendit ad sacramenta noue legis, 2 d., ...}. Prima in duas.

1.1 In prima dicit de quo est intentio {1.2 In secunda prosequitur, ibi: *Sacramentum est sacre rei signum etc.*} Circa primum duo facit.

1.1.1 Primo proponit materia de qua agendum est. {1.1.2 Secundo ostendit quid de ea primo dicendum sit, ibi: *De quibus quatuor* etc.}

1.2 *Sacramentum est* etc. Hic determinare incipit de sacramentis in communi. Et diuiditur in partes duas.

1.2.1 In prima determinat de sacramentis secundum se. {1.2.2 In secunda de diuisione sacramenti in suas partes, ibi: *Duo autem sunt* etc.} Prima in duas.

1.2.1.1 In prima ostendit quid est sacramentum. {1.2.1.2 In secunda necessitatem institutionis sacramentorum, ibi: *Triplici autem ex causa* etc.} Prima in duas.

1.2.1.1.1 In prima uenatur genus sacramenti. {1.2.1.1.2 In secunda differentias, ibi: *Signorum uero* etc.} Circa primum duo facit.

1.2.1.1.1.1 Primo ponit sacramentum in genere signi. {1.2.1.1.1.2 Secundo definit signum, ibi *Signum est res* etc.}

1.2.1.1.2 *Signorum uero* etc. Hic uenatur differentias.

1.2.1.1.2.1 Et primo unam differentiam communem omnibus sacramentis, que est ut imaginem gerat. {1.2.1.1.2.2 Secundo aliam que est propria sacramentorum noue legis, in quibus est perfecta ratio sacramenti, scilicet ut causa existat, ibi: *Sacramentum enim proprie dicitur* etc.}

1.2.2 *Duo autem sunt* etc. Hic diuidit sacramentum in suas partes.

1.2.2.1 Et primo in partes integrales.

1.2.2.2 Secundo in partes subiectiuas, ibi: *Iam uidere restat* etc. Et circa hoc duo facit.

1.2.2.2.1 Primo ostendit differentiam inter sacramenta ueteris et noue legis.

1.2.2.2.2 Secundo determinat de quodam sacramento ueteris legis quod maxime cum sacramentis noue legis communicat, ibi: *Fuit tamen* etc.

Quarum prima pars [= 1.2.2.2.1; cf. q. 1, a. 4-5], cum precedentibus [cf. q. 1, a. 1-3] est **DE LECTIONE PRESENTI.**

Hic [q. 1] queruntur quinque. Primo, quid sit sacramentum. Secundo, de necessitate sacramentorum. Tertio, ex quibus consistat sacramentum. Quarto, de efficacia sacramentorum noue legis. Quinto de efficacia sacramentorum ueteris legis.

Hic [q. 2] queruntur sex. Primo de necessitate circumcisionis.

La question 2, en 6 articles, qui est ici annoncée, sera développée seulement après la *divisio secundae partis textus*.

132. Cette formule semble stéréotypée, et Thomas l'utilise pour indiquer les choses les plus différentes, comme les arguments, la science, la philosophie, dont il est en train de parler : *In Phys.*, VIII, 12, 2 (p. 408b) ; *In De gen.*, I, 3, 8 (p. 275a) ; *In Meteor.*, I, 1, 4 (p. 326b) ; *In Meth.*, IV, 1 e 5. Elle est employée dans le prologue des ouvrages suivants (outre le prol. *Super IV Sent.*) pour désigner le texte à commenter : *In Is.* (u. 5) ; *In Hier.* ; *Super Boet. De Trin.* (u. 77) ; *In Dion. De diu. nom.* (ed. Marietti, p. 1) ; *In De anima*, I, 1, 2 (u. 24-25) ; *In Epist. Pauli* (ed. Marietti, p. 3a) ; *In Ioh.* (ed. Marietti, p. 3b). Cf. R.-A. GAUTHIER, « Préface », dans *S. Thomae de Aquino, Sent. lib. De anima*, ed. Leon. t. 45-1, p. 279*a.

2.5.3 Super I Sent., *d. 19*

L'exemple contenu dans le Ier Livre se trouve dans la *diuisio secunde partis textus*, mais, pour une meilleure compréhension, nous proposons le schéma général de la division de la distinction dans son ensemble (= la première division du texte), suivi de la *diuisio secunde partis textus*, qui contient la référence à la « présente leçon ».

Super I Sent., d. 19 A, *diuisio prime partis textus* [cf. ed. Mandonnet, p. 459-460] :

Nunc superest ostendere quod magnitudine uel potentia alius alium non excedat. Hic ostendit personarum equalitatem quantum ad magnitudinem. Et primo ostendit equalitatem in magnitudine. Secundo inducit quandam conclusionem, ibi *Preterea, cum Deus dicatur trinus non tamen debet dici triplex.* [= n. 4].

Prima in tres secundum tres uias quibus probat equalem magnitudinem trium personarum.

1. Primo ostendit ex mutua inhesione.
2. Secundo, ex remotione eorum que inequalitatem facere possent, ibi *Set iam nunc ad propositum redeamus.*
3. Tertio, ex ratione diuine simplicitatis et ueritatis, ibi *Sciendum est igitur tantum equalitatem esse in Trinitate* etc.

Circa primum tria facit.

1.1 Primo, manifestat propositum. [= q. 1]

1.2 Secundo, ponit intentum, ibi *Sciendum igitur est quia Pater non est maior Filio.* [= q. 2]

1.3 Tertio, ponit equalitatis signum, ibi *Et inde est quod Pater dicitur...* [= q. 3] ».

Ibid., d. 19 B, *diuisio secundae partis textus* [cf. ed. Mandonnet, p. 478] :

2. « *Sed iam nunc ad propositum redeamus.* Hic ostendit secundo modo equalitatem in magnitudine diuinarum personarum, remouendo ea que inequalitatem facere possent. Et diuiditur in partes duas:

2.1 In prima ostendit ueritatem. {2.2 In secunda soluit quamdam contrarietatem, ibi *His autem uidentur aduersari...*} Prima in duas.

2.1.1 In prima ostendit quod diuine persone non conueniunt in essentia sicut in toto. {2.1.2 In secunda ostendit quod non conueniunt in essentia sicut in parte, ibi *Notandum etiam quod essentia diuina non est materia trium personarum.*} Prima in duas.

2.1.1.1 In prima ostendit quod persone diuine non conueniunt in una essentia, sicut partes in toto integrali. {2.1.1.2 In secunda quod non conueniunt in essentia sicut partes in toto uniuersali, ibi *Hic adiciendum est.*} Primum ostendit dupliciter ex uerbis Augustini. [...]

2.1.1.2 *Hic adiciendum.* Hic ostendit quod persone non conueniunt in essentia sicut in toto uniuersali. Et probat hoc dupliciter. [...]

2.1.2 *Notandum etiam quod essentia diuina non est materia trium personarum.* Hic ostendit quod tres persone non conueniunt in essentia sicut in parte. Et circa hoc duo facit.

2.1.2.1 Primo ostendit quod non conueniunt in ipsa sicut in parte materiali.

2.1.2.2 Secundo quod non conueniunt in ipsa sicut in proprietate formali, ibi *His quoque addendum, quod tres persone non ita dicimus esse unam essentiam...*

2.2 *His autem uidentur aduersari...* Hic soluit contrarietatem. Et circa hoc duo facit.

2.2.1 Primo inducit contrarietatem ex uerbis Damasceni, qui uidetur dicere quod essentia est sicut species et persone sicut particularia.

2.2.2 Secundo ponit solutionem, ibi *Hec autem que hic dicuntur, licet in sermonis...* Et circa hoc duo facit.

2.2.2.1 Primo exponit qualiter intelligendum sit quod essentia est sicut species predicta de personis sicut de partibus...

2.2.2.2 Secundo ostendit qualiter intelligendum sit quod dicit personas numero differre, ..., ibi *Quod autem Ioannes dicit hypostases differre numero, non natura...*

3. *Sciendum est igitur, tam equalitatem esse in Trinitati* etc. Hic probat tertium equalitatem magnitudinis ex ratione ueritatis, [...]

4. *Preterea, cum Deus dicatur trinus, non debet dici triplex.* Hic concludit ex dictis quod Deus quamuis dicatur trinus non tamen dicendum est triplex. [...]

Hic queritur de duobus [= q. 4; q. 5] secundum duas rationes [= n. 2 et 3] que **IN HAC LECTIONE** habentur.

Circa primam probationem [= q. 4] queruntur duo. Primo utrum in diuinis sit totum integrale. [= 1.1.1] Secundo, utrum sit sibi totum uniuersale. [= 1.1.2]

Circa secundam [q. 5] probationem queritur de ueritate. [= 3.] Et queruntur tria. Primo quid sit ueritas. Secundo, utrum omnia sint uera una ueritate, que est ueritas increata. Tertio, de conditionibus ueritatis, scilicet eternitate et immutabilitate eius ».

Pour déterminer ce que signifie le syntagme *presentis lectionis* que nous avons rencontré dans le Commentaire des IIe et IVe Livres, il faut d'abord considérer que l'adjectif *presens* pourrait soit situer *temporellement* cette leçon par rapport aux autres, qui sont données pendant l'enseignement en classe, soit la situer *localement*, dans l'ensemble du commentaire rédigé : dans ce cas *presens* désignerait les articles consacrés à l'étude de la matière divisée dans la *diuisio textus*. Il serait, cependant, très étonnant que *lectio* ait ici ce sens, puisque, comme nous l'avons vu à la fin du paragraphe précédent, Thomas d'Aquin ne l'emploie nulle part ailleurs et cet usage ne semble attesté qu'à partir de la fin du XIIIe siècle ; de plus cette qualification comporterait un pléonasme, ce qui n'est guère dans le style de Thomas qui, comme on sait, tend plutôt vers le dépouillement le plus absolu. Nous pouvons donc attribuer une qualification exclusivement *temporelle* à l'adjectif *presens* dans ces deux cas.

À son tour, le mot *lectio*, pris dans son sens absolu, peut assumer encore différentes significations, dont trois sont attestées dans l'usage de Thomas étudié au paragraphe précédent : « passage d'un ouvrage, qui est lu », « heure de cours scolaire, pendant laquelle on lit » et « lecture qu'on fait d'un texte ». Ces trois significations, illustrées ci-dessus par plusieurs exemples, doivent être toutes trois prises en compte simultanément dans ces deux phrases du commentaire au IIe et au IVe Livre des *Sentences*.

Cependant, la qualification de l'adjectif *presens*, qui détermine temporellement le mot *lectio*, fait primer sur les autres l'une de ces trois acceptions : *lectio*, en tant qu'« heure de cours », en dehors de laquelle il n'y aurait pas « lecture » d'un « passage » de ces *Sentences*, dans le contexte d'un enseignement (*legere*).

Ce renvoi à la leçon donnée en classe, pourrait avoir passé dans le *Scriptum* à partir des divisions de la matière préparées pour le cours.

L'usage du mot *lectio* dans le contexte du Ier livre est un peu différent des deux précédents : *secundum duas rationes que in hac lectione habentur* (*Super I Sent.*, d. 19A). La référence au contenu fait interpréter le terme *lectio* plutôt dans le sens de « passage du texte » des *Sentences* ; cependant il faut tenir compte du fait que ce texte était ainsi divisé pour être lu en classe pendant une heure de cours. La référence à l'enseignement n'étant pas exclue, il faut tenir compte de cet exemple dans notre étude, même si le sens du mot *lectio* n'est pas ici celui d'une « heure de cours ».

Dans les trois divisions du texte que nous avons reproduites, on peut observer une correspondance précise entre la *diuisio*, d'un côté, et la répartition des articles, de l'autre. Cette cohérence concerne avant tout le commentaire rédigé, cependant les deux exemples tirés des Livres II et IV mettent en relation étroite la rédaction et l'enseignement oral.

Ces deux exemples sont, à notre avis, des témoignages que l'on peut référer à l'enseignement oral des *Sentences* et, bien que transmis par le *Scriptum*, ils sont en quelque sorte comme des éléments « extérieurs » à celui-ci, quant à leur signification. Le témoignage de la distinction 19 du Ier Livre pourrait alors mettre en relief la relation intrinsèque entre enseignement oral et rédaction du Commentaire. C'est ce point qu'il nous faut maintenant étudier.

2.6 Critères pour calculer la matière d'une heure de cours sur les Sentences

De quels éléments faut-il tenir compte maintenant pour déterminer la matière développée durant une *lectio* ? Premièrement nous avons découvert que, dans les trois allusions du *Scriptum* à la matière d'une heure de cours, Thomas d'Aquin établit une correspondance précise entre la matière de la leçon (développée dans les articles) et la division du texte qu'il compte commenter. De plus, les trois références à la *lectio* surviennent à un endroit où Thomas a divisé en deux le texte d'une même distinction du Lombard. Voici donc un premier résultat : il y a une correspondance entre la *diuisio textus* et la *lectio* (= heure de cours) donnée par Thomas.

On ne saurait donc évaluer la matière enseignée durant une heure de cours en divisant de façon à peu près égale le commentaire écrit, parce qu'il est constant que l'auteur a pu amplifier, et parfois considérablement, ses développements (v. paragraphe suivant) ; en revanche, nous pouvons calculer aisément le nombre des partitions de la matière des quatre Livres (c.-à-d. les divisions du texte), qui correspond, selon notre étude, au nombre des heures de cours.

Le Ier livre des *Sentences* est divisé en 48 distinctions, dont 6 (dist. 3, 8, 15, 17, 19, 37) sont à leur tour divisées en deux par Thomas : ce livre comporte donc pour Thomas qui le commente 54 unités. Avec ses 44 distinctions, dont 5 (dist. 1, 3, 11, 24, 42) sont divisées en deux, le Livre II compte 49 unités. Pour le IIIe Livre : 40 distinctions, dont 2 seulement (dist. 3, 34) sont divisées en deux, le total est de 42 unités. Quant au Livre IV, du fait de ses 50 distinctions, dont seule la première est divisée en deux, il compte 51 unités.

L'ensemble du Commentaire comprend donc 196 unités. Sur base de la correspondance établie par nous entre *diuisio textus* et *lectio*, le nombre d'heures de cours employées par Thomas pour enseigner les *Sentences* serait donc de 196 leçons, moyennant évidemment une certaine fluctuation.

Cependant, avant d'essayer de calculer le temps qu'environ 200 leçons demanderaient pour être enseignées, nous voudrions tenter une sorte de contre-épreuve du calcul du nombre des leçons, à partir de l'ampleur du texte rédigé du Commentaire.

2.7 L'ampleur du Scriptum *et l'enseignement en classe des* Sentences

Nous avons remarqué, au début de cette étude, la correspondance précise entre les sections de la *diuisio textus* et l'organisation des articles dans lesquels le Commentaire de Thomas est développé. Cela nous autorise peut-être à comparer l'ampleur de la matière des différents Livres et les unités dans lesquelles cette matière est répartie[133].

Le commentaire du Ier Livre, qui est réparti en 54 unités, comme nous venons de le voir, compte 268 965 mots ; celui du IIe Livre, divisé en 49 unités, compte 296 307 mots ; pour le Livre III, nous comptons 42 unités et 334 431 mots ; pour le IVe, 51 unités et 597 821 mots.

Si l'on compare maintenant l'ampleur des commentaires des différents Livres avec le nombre d'unités de chacun de ces commentaires, on s'aperçoit tout de suite d'une certaine incohérence : le commentaire du IVe Livre est deux fois plus ample que celui du Ier Livre ; ce dernier pourtant est divisé en 54 unités, alors que le commentaire du IVe Livre en compte 51.

De plus, si on analyse le développement interne du commentaire du Ier Livre, on retrouve encore des différences importantes entre ses 54 unités : 21 unités comptent environ 6 000 mots, 10 unités entre 4 000 et 5 000 mots, 20 unités entre 3 000 et 4 000 mots et 4 unités moins de 3 000 mots ; les 12 unités, fruit de la division en deux de 6 distinctions, comptent entre 6 000 et 7 000 mots. Dans les commentaires des autres Livres, on peut constater les mêmes proportions, compte tenu du différent nombre de mots.

Si on voulait insister sur une rigoureuse correspondance entre rédaction du commentaire et enseignement en classe des *Sentences*, il faudrait imaginer, pour les quelques distinctions qui atteignent à peine les 3 000 mots, que Thomas en a enseigné deux dans le même cours ou bien que chacune d'entre elles correspond à une *lectio breuis*. Mais nous avons exclu que, par cette voie

133. Le calcul des mots est fait à partir du texte contenu dans l'*Index thomisticus*, c.-à-d. sur un texte qui, n'étant pas critique, comporte plus de mots que l'original, soit à cause de la contamination de plusieurs rédactions soit en raison des interventions des éditeurs : on peut considérer que le texte critique du *Super II Sent.*, préparé par P.-M. Gils compte *grosso modo* 290 000 mots, tandis que celui transmis par l'*Index* en compte 296 307. Cela rend encore plus approximatifs les calculs qui vont suivre.

(c'est-à-dire par la correspondance entre rédaction et leçon en classe), on puisse arriver à une solution présentant un minimum de vraisemblance.

Quant à nous, nous nous bornerons à la suggestion qui ressort du calcul suivant, fait à partir du commentaire rédigé. Nous avons pris comme point de référence les trois cas où Thomas se réfère à sa leçon et nous avons calculé le nombre de mots des articles correspondant à la matière annoncée pour chacune des trois leçons : pour le cas de *Super II Sent.*, d. 24, q. 1+2 = 8 000 mots[134] ; dans *Super IV Sent.*, d. 1, q. 1 = 11 400 mots ; dans *Super I Sent.*, d. 19, q. 4+5 = 6 800 mots[135]. Le chiffre moyen des mots de ces trois exemples est de 8 700 mots et si on divise par ce chiffre le total des mots du Commentaire (1 497 000 : 8 700 = 172) nous trouvons le nombre moyen d'unités de quoi devrait se composer l'ensemble du commentaire : 172 unités. Si donc on choisissait comme critère pour calculer le nombre de cours donnés en classe, la longueur moyenne d'une unité, nous pourrions conclure que Thomas a donné environ 172 cours sur les *Sentences*.

Ce résultat est intéressant, car le nombre de 172 leçons est très proche de celui de 196 leçons calculé au paragraphe précédent à partir des unités entre lesquelles le texte des *Sentences* est réparti. Mais, à notre avis, le seul calcul recevable reste celui présenté au paragraphe précédent, qui aboutit à un peu moins de 200 leçons en classe ; cependant la correspondance entre enseignement et rédaction est confirmée par cette suggestive contre-épreuve.

La correspondance entre rédaction du commentaire et enseignement en classe avait été prise par le regretté P. O. Lewry comme critère pour calculer le nombre de leçons de Robert Kilwardby sur la *logica uetus* et il en avait conclut qu'une heure de cours aurait pu correspondre à des articles de 1 000 à 3 000 mots[136], ce qui le conduisait à conjecturer une possible variation de la durée des heures de cours. Et, de fait, il faut bien avouer que nous parlons de cours et de leçons, mais qu'en réalité nous ne savons pas précisément combien de temps durait une leçon. Cette variation hypothétique de la durée des cours, formulée par Lewry, est attribuée par W. Courtenay, à la variation de la durée des heures de lumière suivant les différentes saisons[137] ; mais cette observation n'est pas partagée par O. Weijers, qui se limite à exprimer « l'impression que la durée d'une *lectio* pouvait varier d'une à deux heures »[138].

134. On inclut naturellement dans le calcul les *divisio* et *expositio textus* ; nous rappelons encore la relativité de ces chiffres, calculés à partir d'éditions non critiques.

135. Si on tient compte du fait que P. O. Lewry, dans son étude sur le commentaire de R. Kilwardby (cf. ci-dessous) admet une variation de 2 000 mots entre chacune des unités qui représentent l'enseignement en classe, la divergence de 4 500 mots entre notre unité prise au IVe et celle du Ier Livre n'est pas étonnante, si l'on tient compte de la différente ampleur entre les deux Commentaires en question.

136. P. O. LEWRY, *Robert Kilwardby's Writings...*, p. 213.

137. W. COURTENAY, *Schools and scholars in fourteenth-century in England*, Princeton, 1987, p. 7-9.

138. « On a l'impression que la durée d'une *lectio* pouvait varier d'une à deux heures, mais on ne peut pas constater un accroissement et une diminution selon la saison » : O. WEIJERS, *Le maniement du savoir. Pratiques intellectuelles à l'époque des premières Universités (XIIIe-XIVe siècles)*, Turnhout, 1996, p. 52.

La même incertitude se présente à propos du calendrier annuel de l'enseignement, comme nous allons le voir maintenant.

2.8 La durée de l'enseignement des Sentences *par le bachelier*

Selon notre calcul, Thomas d'Aquin aurait donc enseigné les *Sentences* en 200 leçons environ ; pour être en mesure d'établir sur combien de mois ou d'années cet enseignement a été réparti, il faut tâcher de déterminer le nombre de leçons qu'un bachelier sententiaire pouvait donner en un an. Malheureusement nous ne sommes pas mieux renseignés sur la durée de l'année scolaire que nous ne le sommes pour les autres questions de chronologie qui viennent d'être abordées.

La détermination des *dies legibiles*, variable d'année en année, laisse encore d'amples marges d'incertitude[139] ; si l'on accepte le nombre moyen d'environ 100-130 jours de leçons par an[140], il faut conclure que Thomas n'a pas pu enseigner les *Sentences* en un an ; il a dû y employer deux années. Notons, au passage, que les résultats acquis ici excluent *ipso facto* que Thomas ait enseigné les *Sentences* durant quatre ans.

À propos des critères sur la base desquels nous avons procédé pour calculer le nombre d'environ 200 leçons pour enseigner (*legere*) les *Sentences*, c.-à-d. la correspondance entre leçon en classe (*lectio*) et distinction (ou subdivision de celle-ci), nous nous permettons de signaler que les deux éminents savants que sont C. Luna et F. Del Punta estiment qu' « en général, une distinction de Pierre Lombard est l'objet d'une leçon »[141]. Sans prétendre, pour autant, qu'ils

139. Il n'est pas possible d'établir avec précision le calendrier des jours d'enseignement à la faculté de théologie de l'université de Paris au XIIIe siècle. En 1231, la bulle *Parens Scientiarum* établissait : « Porro vacationes estive non extendantur de cetero ultra mensem, sed vacationum tempore bachellarii si voluerint suas continuent lectiones » (CUP, I, n. 79, p. 138). Sur la base du calendrier des premières décennies du XIVe siècle publié dans le *Cartularium,* on peut commencer par calculer à la faculté de théologie 284 jours *legibiles* sur les 12 mois de l'année. Si on soustrait à cet ensemble les 71 jours *legibiles* qui tombent pendant les mois de juillet, août et septembre, il reste 213 jours, dont on doit soustraire les dimanches d'octobre à juin, ce qui donne 169 jours ; il faut en outre tenir compte des jours pendant lesquels les leçons était défendues : pour les obsèques d'un maître ou d'un étudiant, les jours des *principia* et de certaines disputes, sans tenir compte des imprévus tels que la maladie du maître ou une grève ; tout bien considéré, les jours d'enseignement se réduisent aux environ de 100 (cf. CUP, II, n. 1192, p. 709-716 ; P. GLORIEUX, « L'enseignement... », p. 99-100 ; O. WEIJERS, *Terminologie...*, p. 315-323; J. P. TORRELL, *Initiation*, p. 90-91, spéc. n. 40).

140. C'est le nombre proposé par P. Glorieux, qui fixe lui aussi en deux ans la lecture des *Sentences* au XIIIe siècle. Il a calculé un nombre de 132 leçons par an à partir de l'exemple de Pierre Palaoust, qui commenta les *Sentences* (les quatre Livres en un an) en 1392-1393 : P. GLORIEUX, « L'enseignement... », p. 116-117.

141. « La *divisio textus* consiste nell'analisi letterale di una porzione di testo (generalmente una distinzione di Pietro Lombardo è oggetto di una lezione), ... » : F. DEL PUNTA-C. LUNA, « La teologia scolastica » dans *Lo Spazio letterario nel medioevo. 1. Il medioevo latino*, vol. 1, t. 2, p. 340.

auraient approuvé notre démarche, nous nous bornons à remarquer la convergence de recherches indépendantes[142].

Nous sommes donc en mesure, semble-t-il, de formuler l'hypothèse suivante : Thomas d'Aquin, après avoir lu *cursorie*, pendant un an, à Paris, quelques livres de la Bible au cours de l'année scolaire 1251-1252 ou 1252-1253, a commenté les Sentences en 200 leçons environ, pendant deux ans, de 1252 ou 1253 à 1254 ou 1255, après quoi il s'est consacré à la rédaction définitive de son *Scriptum* et aux tâches qui pouvaient lui revenir en tant que bachelier[143].

3. L'ORDRE SELON LEQUEL THOMAS A COMMENTÉ EN CLASSE LES LIVRES DU LOMBARD

L'étude qui suit répond à la question : comment Thomas a-t-il enseigné les *Sentences* ? Même si, comme pour la recherche précédente, nous partons du *Scriptum*, notre but n'est pas de déterminer l'ordre de rédaction, mais de remonter à la *Lectura* en classe des *Sentences* et de découvrir selon quel ordre les quatre Livres ont été commentés.

Nous savons en effet par plusieurs témoignages, qu'au XIIIe siècle, le commentaire en classe des *Sentences* ne suivait pas nécessairement l'ordre de succession des quatre Livres dans l'œuvre du Lombard. L'attestation la plus importante à cet égard est celle de Remigio de' Girolami, qui écrit dans le Prologue de son *Super IV Sent.* : « *Quartus Angelus tuba cecinit.* Apoc. 8, [12]. Liber iste *Sententiarum* qui secundum consuetudinem antiquam debet a nobis exponi post primum librum [...]. Et propter hoc lectura quarti libri *Sententiarum* premicti videtur lecture secundi et tertii, tum quia est magis [...] plana propter minorem questionum difficultatem, tum quia est magis oportuna propter minorem clericorum in isto tempore occupationem. Clerici enim in quadragesima non ita possent audire quia tunc magis circa sacrorum exercitium occupantur »[144]. Remigio invoque une « consuetudo antiqua » pour justifier l'ordre de sa *Lectura* en classe ; selon E. Panella, celle-ci se situe « entre 1297 et 1301 et, très vraisemblablement dans les années 1298-1300 »[145]. Nous

142. Cf. également le témoignage de Remigio de' Girolami et l'observation d'E. Panella à ce propos (ci-dessous, § 3, n. 144).

143. Le titre de *bacalarius formatus* n'est pas encore attesté à cette époque et nous ne savons pas si, alors, des tâches précises étaient imposées au bachelier qui, ayant enseigné les *Sentences*, est candidat à la licence : cf. O. WEIJERS, *Terminologie...*, p. 176 ; P. GLORIEUX, « L'enseignement... », p. 97-98. Si on s'étonnait que Thomas d'Aquin ait attendu un ou deux ans avant de devenir maître, il faudrait se souvenir que Bonaventure de Bagnoregio a dû attendre plus longtemps encore, même si, à ce qu'il semble, il prit déjà part, durant ce temps, à plusieurs disputes : cf. J. G. BOUGEROL, *Introduction à Saint Bonaventure*, p. 3-7 et surtout 201-210.

144. V. *Firenze, Bibl. Naz., Conv. soppr. G 4.936*, f. 337ra et 337rb, cit. par E. PANELLA, *Il « De subiecto theologie » [1297-1299] di Remigio dei Girolami O.P.*, Milano, 1982, p. 10, n. 7.

145. « Remigio dei Girolami ha letto le *Sentenze* in Saint-Jacques di Parigi tra il 1297 e il 1301; con molta verosimiglianza negli anni 1298-1300 » : E. PANELLA, *Ibid.*, p. 9. – Et en commentant le passage de Remigio que nous venons de citer, Emilio Panella observe : « Quanto al

devons évoquer aussi d'autres cas fameux : ceux d'Albert le Grand et de Bonaventure de Bagnoregio. Lorsque les études consacrées à leurs commentaires abordent la question qui nous occupe présentement, elles se fondent sur les renvois internes d'un livre aux autres livres, mais sans distinguer entre rédaction du *Scriptum* et lecture en classe. Spontanément, dans ces études, on suppose une correspondance directe entre rédaction et enseignement en classe. Que cette correspondance existe lorsque le commentaire rédigé ne suit pas l'ordre des livres du Lombard, c'est très vraisemblable, car on ne voit pas quel autre motif aurait pu avoir un auteur de bouleverser l'ordre du texte qu'il commente, sinon les propres options qu'il entend suivre pour son enseignement en classe. Si donc, un auteur ne donne pas d'autres raisons pour expliquer l'ordre anomal de son commentaire, on peut présumer sans courir de grands risques, que celui-ci n'est que le reflet de l'ordre suivi pendant l'enseignement en classe. Mais, selon nous, l'inverse n'est pas assuré : lorsque le commentaire écrit suit l'ordre du Lombard, on n'en est pas pour autant autorisé à induire que le commentaire oral suivait aussi cet ordre. Car si on ne voit pas pourquoi, après avoir suivi d'abord l'ordre original des livres, un commentateur du Lombard aurait ensuite bouleversé cet ordre dans la version éditée, en revanche, on comprend très bien que quelqu'un qui aurait commenté les *Sentences* en modifiant l'ordre original des livres, ait voulu rétablir cet ordre dans l'édition de son commentaire. Ainsi, puisque dans une recension écrite d'un commentaire des *Sentences*, la fidélité à l'ordre des quatre livres ne suffit pas à assurer que le commentaire oral à l'origine faisait de même, il faudra, pour déterminer l'ordre effectivement suivi par ce commentaire oral, chercher et trouver dans le commentaire écrit des indications sûres, venant de l'enseignement donné. Semblables indications se rencontrent dans l'exemple de Remigio de' Girolami que nous venons de citer, ou encore chez Albert le Grand et Bonaventure que nous envisagerons maintenant. Nous avons soumis le *Scriptum* de Thomas à une enquête de ce genre.

À l'intérieur du Commentaire d'Albert le Grand, on peut repérer deux exemples bien clairs d'expressions provenant de l'enseignement oral : « Huius ratio in secundo, Domino concedente, explanabitur ». Et encore : « Nos in fine quarti libri rationem inveniemus persuadentes hoc, Domino dante »[146]. Ces deux incises, *Domino concedente*, et *Domino dante*, autorisent à penser qu'Albert n'a certainement pas encore commenté les deux passages auxquels il renvoie. Il est vrai que les verbes au futur auraient pu être introduits au moment de la rédaction finale, pour renvoyer à des développements ultérieurs.

tempo, la temuta coincidenza del prologo al libro IV con la quaresima potrebbe stare a favore d'una lettura biennale ? » (*Ibid.*, p. 10, n. 7).

146. Dans l'ordre cité : *S. Alberti M., Super III Sent.*, d. 3, a. 28 (t. 28, p. 69) et *Super II Sent.*, d. 6, a. 7 (t. 27, p. 137), cit. selon O. LOTTIN, « Commentaire des Sentences et Somme théologique d'Albert le Grand », RTAM, 8 (1936), p. 117-153. Cet article étudie l'ordre de la rédaction du commentaire d'Albert et parvient au résultat suivant : Livre I, de la d. 1 à une distinction entre d. 8-15 ; Livre III, d. 1-10/11 ; Livre I, d'une distinction entre d. 8-15 à la fin ; Livre III, d. 12 à la fin ; Livre II ; Livre IV.

Mais on ne voit pas alors le sens qu'aurait eu, en une telle conjoncture, l'emploi des expressions que nous venons de relever, puisque l'auteur n'aurait pu ignorer avoir déjà donné les explications et apporté l'argument en cause.

Le cas de Bonaventure est plus compliqué. Il écrit à la fin du commentaire au Livre III : « *Multa dicimus et deficimus in verbis, consummator autem sermonum ipse est* Dominus noster Iesus Christus, de quo factus est sermo in hoc tertio libro, cui immensas gratias ago, quia adiuvit pervenire ad consummationem istius o p u s c u l i, miseratus paupertatem scientiae et ingenii, in quo tertius iste liber u l t i m o e s t n o t a t u s. Quem rogo ut faciat provenire mihi ad obedientiae meritum et ad fratrum profectum, propter quae duo labor iste a principio fuit assumptus »[147]. La locution *est notatus* semble bien se référer au commentaire rédigé, mais on ne peut pas exclure qu'elle concerne le commentaire sous ses deux formes : rédigé ou enseigné en classe[148].

147. S. BONAVENTURAE, *Super III Sent.*, d. 40, dub. 3 (t. III, p. 896b). – L'étude la plus complète sur les renvois internes du *Scriptum* de Bonaventure est celle de Balduinus Distelbrink, qui étudie ces renvois rédactionnels également dans leur rapport avec la lecture scolaire, fixée dans la séquence des Livres I-II-IV-III: B. DISTELBRINK, « De ordine chronologico IV Librorum 'Commentarii in Sententias' S. Bonaventurae », CF 41, (1971), p. 288-314, reprit dans ID., *Bonaventurae scripta.* Authentica dubia vel spuria critice recensita, Roma, 1975, p. 4-8. Le même ordre avait été proposé, d'une manière plus succincte, par F. HENQUINET, « De causalitate sacramentorum iuxta cod. autographum S. Bonaventurae », in *Antonianum*, 8 (1933), p. 379, n. 3. – Ignatius Brady, reprenant l'étude de Distelbrink, propose la séquence des Livres I-IV-II-III, mais ses observations nous semblent incomplètes : I. BRADY, « The edition of the 'Opera Omnia' of Saint Bonaventure (1882-1902) », in *Il Collegio S. Bonaventura di Quaracchi*, Grottaferrata, 1977, p. 133-134, aussi dans AFH, 70 (1977), p. 241-680. – Balduinus Distelbrink, dans l'article cité, fait précéder l'étude du *Scriptum* de Bonaventure de quelques notices consacrées à d'autres auteurs, mais, dans leur cas aussi, il ne distingue jamais entre renvois rédactionnels et renvois directement référés à la lecture en classe : c'est le cas pour ce qu'il écrit d'Hugues de Saint-Cher, de Thomas d'Aquin et de Pierre de Tarentaise (B. DISTELBRINK, *Ibid.*, p. 289). De façon identique, pour ce qui concerne Eudes de Rosny, nous ne pouvons rien dire de plus que ceci : la rédaction (intégrale ?) de son commentaire du IIIe livre précède celle du IIe : cf. F.-M. HENQUINET, « Eudes de Rosny, O.F.M., Eudes Rigaud et la Somme d'Alexandre de Hales », AFH, 33 (1940), p. 18 [3-54]; pour Eudes Rigaud également, on suppose que l'ordre de son commentaire a suivi la séquence des Livres du Lombard : K. F. LYNCH, « The alleged fourth book on the Sentences of Odo Rigaud and related documents », *Franciscan Studies*, 9 (1949), p. 143 [87-145]; à ce propos, Leonardo Sileo, sans étudier spécifiquement la question, traite amplement des problématiques liées au *Scriptum* du grand maître franciscain : L. SILEO, *Teoria* ..., t. 1, p. 85-95 (voir, en particulier, la note 66 à propos des analyses de V. DOUCET, « Prolegomena », in *Summa fr. Alexandri*, p. 228ss).

148. En plus de celles déjà évoquées, nous avons consulté les études citées ci-dessous, concernant la chronologie de la rédaction ou de la lecture des *Sentences*. À propos de J. Duns Scot, il faut considérer que les colophons de deux mss de son commentaire au Ier et au IVe Livre déclarent qu'il a lu ces deux livres dans la même année scolaire 1302-1303 : v. P. GLORIEUX, *Sentences*, in DTC t. 14/2, col. 1864 [il faut corriger la date de 1304-1305 qui est ici donnée, d'après l'ouvrage suivant du même auteur : ID., *Répertoire*..., t. 2, p. 205] ; cette date est assignée également par CH. BALIC, « John Duns Scotus. Some Reflections on the Occasion of the Seventh Centenary of his Birth », Roma, 1966, p. 25-27; voir aussi : A. B. WOLTER, « Reflections about Scotus's early Works », in *John Duns Scotus. Metaphysics and Ethics*, 1996, p. 49, n. 44 [37-57]; les éditeurs des *Opera omnia* ne disent rien à ce propos : IOANNIS DUNS SCOTI, *Ordinatio*, ed. Vat., t. XIX, « Praefatio », p. 33*. – L'étude de Groppo sur le cas de Pierre de la Palu ne prétend pas aller au-delà de l'ordre de rédaction (Livres I-III-II-IV) et de la détermination de la

Nous avons ainsi regroupé trois exemples, dont surtout ceux d'Albert et de Remigio nous autorisent à poursuivre, à l'intérieur du *Scriptum* de Thomas, la recherche d'éléments directement référés à la *lectura* faite en classe et à l'ordre dans lequel il y a commenté les livres des *Sentences*.

La base de notre enquête est ici encore l'*Index thomisticus*. Ne disposant pas d'une édition critique du *Scriptum*, nous n'avons pas jugé nécessaire de reproduire ici une liste complète des renvois internes qui s'y trouvent : cela, les tables de la future édition critique permettront de le faire. Tous les renvois repérés au moyen de l'*Index* ont néanmoins été étudiés et ceux qui se sont révélés susceptibles de pouvoir servir à notre recherche ont été retenus[149], puis vérifiés sur des manuscrits choisis et sur l'autographe[150].

À l'intérieur du Ier Livre nous avons noté les renvois suivants :

– renvois au IIe Livre :

1) Alibi tamen hoc habet queri in Secundo (I, d. 9, q. 2, exp.)
2) Hec tamen melius in Secundo dicentur (I, d. 17, q. 1, a. 3, ad 4)
3) Set hoc melius dicetur in Secundo (I, d. 22, q. 1, exp.)

– renvois au IIIe Livre :

4) Ad intellectum huius partis de duobus queratur: primo de missione Filii inuisibili secundum se, quia de uisibili dicetur in Tertio (I, d. 15, q. 4, a. 1)
5) Quare autem Spiritus sanctus naturam non assumpserit in unitatem persone queretur in Tertio (I, d. 16, q. 1, a. 3)[151]
6) ... gratia Christi ... secundum quid fuit infinita : in quantum scilicet ..., et in quantum .... et aliis modis ut dicetur in Tertio (I, d. 17, q. 2, a. 4, ad 3)
7) De hac filiatione adoptionis dicetur in Tertio (I, d. 26, exp.)
8) Set hoc habet queri magis in Tertio (I, d. 40, q. 2, a. 1, ad 5)

date (1310-1313) : G. GROPPO, « La teologia e il suo 'subiectum' secondo il Prologo del Commento alle Sentenze di Pietro da Palude, O.P. († 1342) », *Salesianum*, 23 (1961), p. 235-238 [219-315]. – La rédaction embrouillée du Commentaire de Pierre Auriol, semble supposer l'ordre suivant : Livres I-IV-II-III ; l'éditeur a situé la lecture des Livres I et IV dans les années 1316-1317 et celle des Livres II et III pendant les années 1317-1318 : cf. E. M. BUYTAERT, « Introduction », dans *Petri Aureoli, Scriptum super primum Sententiarum. I Prologue-Distinction I*, 1956, p. 15.

149. Déjà le fait de n'avoir trouvé aucun renvoi en contradiction avec un autre, pourrait également nous dispenser de reproduire toute la liste. Nous avons interrogé l'*Index thomisticus* aux formes : *Liber* ; *Lib.* ; *supra* ; *infra* ; (et avec une distance de 3 mots) *in primo* ; *in 1* ; *in secundo* ; *in 2* ; *in tertio* ; *in 3* ; *in quarto* ; *in 4*.

150. Le texte a été ainsi vérifié : Ier Livre, sur les mss Bx^3, Md, V^1, W^2, N^3, Kr^1 et sur le texte provisoire préparé par le P. F.-H. Dondaine ; IIe Livre, sur le texte de l'édition préparée par P.-M. Gils ; pour le IIIe Livre, nous reproduisons le texte de l'autographe du *Vat. lat. 9851* [A] quand il est disponible et en plaçant entre crochets droits [ ] les lettres exponctuées par Thomas et entre crochets pointus < > les lettres restituées ; ce texte a été également vérifié sur l'*exemplar* de Pampelune, *Pamplona, Bibl. del Cabildo 51* [Pp] (cf. P.-M. J. GILS, « Codicologie ... », p. 221-230) ; le texte du IVe Livre, a été vérifié sur les mss *Angers, 207* ; *Nürenberg, Cent. II.33* ; *Paris, Mazarine 849*. – Notre reconnaissance s'adresse ici à R. Wielockx, qui a vérifié avec nous les textes du IIIe Livre sur l'*exemplar* de Pampelune.

151. Dans tous les cas cités jusqu'ici Thomas d'Aquin conclut un paragraphe pour passer au suivant.

– renvois au IVe Livre :

9) De hoc tamen habebitur in Quarto (I, d. 15, q. 5, a. 1, ad 2).

À l'intérieur du IIe Livre nous trouvons les renvois suivants :

– renvois au Ier Livre :

10) Et similiter soluuntur multe alie similes obiectiones, ut in primo Libro dictum est[152] (II, d. 1, q. 1, a. 5, à la fin)
11) Preterea, ut in Primo dictum est, 'ex ipso' dicitur propter Patrem, 'in ipso' propter Spiritum... (II. d. 1, q. 1, a. 6, arg. 2)
12) Sicut in primo Libro dictum est, 'unum' dicitur dupliciter... (II, d. 3, q. 1, a. 3, ad 1)
13) Responsio. Dicendum quod, sicut in primo Libro dictum est, prouidentia ... (II, d. 11, q. 1, a. 3, resp.)
14) ... ut supra, dist. III de angelis, et in Primo, dist. VIII, de ipsa anima[153], expositum est. ... Hoc etiam in Primo, dist. VIII, plenius expositum est (II, 17, q. 1, a. 2, resp.)
15) ... ut in primo Libro dictum est, dist. VIII (Ibid., ad 2)
16) Et hoc est secundum quod dicuntur plures idee secundum diuersos respectus ad creaturas, ut supra in primo Libro dictum est (II, d. 18, exp.)
17) Set gratia est huiusmodi, ut in primo Libro probatum est, dist. XIV (II, d. 20, q. 2, a. 3, set c.)
18) Preterea, in superiori parte anime est imago deitatis, ut in primo Libro dictum est (II, d. 24, q. 2, a. 2, arg. 3)
... Imago enim potissime distinguitur secundum hoc quod mens tendit in obiectum quod Deus est, ut in primo Libro dictum est (Ibid., ad 3)
19) Et hoc quomodo esse possit, in primo Libro ostensum est (II, d. 25, a. 2, ad 2)
20) Ad hoc etiam possunt induci quedam rationes que supra posite sunt in primo Libro, XVII dist., de caritate. Vnde hic dimittantur (II, d. 26, q. 1, a. 1, arg. 5)
21) De augmento gratie eodem modo potest disputari sicut de augmento caritatis, de quo supra dictum est, primo Libro, dist. 17 (II, d. 26, exp.)
22) Set diuina prouidentia omnia reguntur, ut in primo Libro habitum est (II, d. 34, q. 1, a. 1, arg. 5)
De hoc autem in primo Libro dictum est (Ibid., ad 5)
23) Hec autem positio est erronea, sicut in primo Libro, dist. XXXIX, patuit, ubi dictum est prouidentiam ... (II, d. 37, q. 3, a. 1, resp.)
24) Charitas enim qua diligimus Deum, Deus non est, ut in primo Libro ostensum est (II, d. 38, q. 1, a. 1, arg. 1)

– renvois au IIIe et au IVe Livre :

25) ... hec duo in prima distinctione huius libri dicta sunt. 'Et qualis uel quomodo factus': hoc incipit hinc prosequi. 'Deinde qualiter est lapsus': hic prosequetur a XXI distinctione et deinceps. 'Postremo qualiter' etc. : hoc in III Libro et IV (II, d. 16, q. 1, exp.)
26) Et ideo oportuit ad curationem naturae ut esset Deus et homo qui naturam perfecte curaret. Set hoc ad tertium Librum magis pertinet (II, d. 33, exp.)

152. Le verbe *dictum est* ne se trouve pas dans Ep^m (*Épinal, Bibl. munic. 100* – ce ms. transmet dans ses marges [^m] la rédaction intermédiaire de l'auteur [cf. P.-M. GILS, « Saint Thomas écrivain », cit., p. 208, n. 4]).

153. Dans Ep^m, les mots *dist. VIII, de ipsa anima* ne sont pas de la première main.

27) ... de quo locus erit inquirendi in fine Quarti (II, d. 19, q. 1, a. 1, ad 6)

À l'intérieur du IIIe Livre nous trouvons les renvois suivants :

– renvois au Ier Livre :

28) Patri non conuenit mitti, ut in primo Libro habitum est, XV dist. (III, d. 1, q. 2, a. 3, arg. 3 – Pp f. 6vb, l. 11 à partir du bas et arg.)
29) Ut in primo Libro dictum est, omnis quiditas uel natura... (Ibid., a. 4, arg. 5 – Pp f. 7va, l. 4 à partir du bas)
30) ... sicut in Primo dictum est, in diuinis ... (III, d. 1, q. 2, a.4, ad 4)
31) Preterea, ut ex uerbis Augustini habitum est XXXVI dist. primi Libri, hec prepositio *de* notat... (III, d. 4, q. 1, a. 1, qla 4, arg. 2 – A f.26ra, l. 23-22 à partir du bas)
32) Set contra est quod Boetius directe ponit eam in materia ista. Et dicendum quod Magister uerum dicit, si accipiantur stricte ea que in diffinitione ponuntur; set Boetius large accipit. Et hoc patet in I Libro dist. XXV (III, d. 10, exp. – A f. 25vb, l. 48-52)
33) Postquam determinauit Magister de his que ..., hic determinat... Et quia de his que conueniunt ei ratione diuine nature ... determinatum est in I libro, restat ut hic determinetur[154]... (III, d. 13, diu. – A f. 27va, l. 9-13)
34) Et quia habuit scientiam diuinam et humanam, et de diuina in primo Libro dictum est, propter hoc queritur hic... (III, d. 14, a. 1)[155]
35) ... quod in primo Libro improbatum est, dist. XLII (III, d. 24, q. 1, a. 1, qla 2, ad 5 – A f. 58va, l. 2-3)
36) 'Sic condita est mens humana' etc. : de his que in hac notula dicuntur, dictum est in primo Libro, dist. III (III, d. 27, exp. – A f. 73vb, l. 41-42)[156]
37) 'Premissis adiciendum est' etc. Videtur quod hoc in I libro determinare debuerit. Et dicendum quod etiam in I libro poni conuenienter potuit, in quantum diuina dilectio est diuina essentia ; et hic poni congruenter potest, in quantum est exemplar nostre dilectionis. 'Dilectio Dei diuina uisa est' : id est essentia. [est] enim essentia et dilectio in Deo idem re[s], set differt ratione tantum ut in primo Libro dictum est (III, d. 32, exp. – A f. 84rb, l. 40-45)

– renvois au IIe Livre :

38) ... quia, sicut dictum est in Secundo, corruptio originalis ... (III, d. 3, q. 1, a. 2, resp., sol. 2)
39) Et de hoc in secundo Libro dist. XI planius (!) dictum est (III, d. 3, q. 3, a. 2, sol. 2, ad 2)
40) Et de hoc, qualiter improbabile uideatur, in secundo Libro dist. XXX dictum est (III, d. 3, q. 4, a. 2, resp.)
41) Hoc in prima dist. secundi Libri dictum est plenius (III, d. 11, q. 1, a. 1, resp.[157])

154. Thomas commence par écrire *determin[a]t*, mais, ensuite il change le *a* en *e*, et, en plus, il ajoute, après le *t*, une courte ligne, pour introduire la forme passive.

155. La phrase entière est absente de l'autographe (cf. f. 30vb, l. 16), mais on peut la lire dans l'*exemplar*, Pp, f. 63va, l. 29-30.

156. La *notula* est une citation que le Lombard tire d'Augustin, pour l'explication de laquelle Thomas renvoie au Ier Livre.

157. Cette phrase n'appartient pas à la première rédaction autographe de Thomas, mais à la nouvelle rédaction écrite dans la marge inférieure par le secrétaire S (cf. P.-M. GILS, « Textes

42) ... sicut in II lib., dist. 7, dictum est de angelis confirmatis[158] (III, d. 12, q. 2, a. 1, resp.)
43) Quidam autem dicunt quod caritas et gratia sunt idem per essentiam. Set[159] de hoc dictum est in secundo Libro dist. XXVI (III, d. 27, q. 2, a. 4, sol. 3, ad 2 – A f. 72va, l. 10-12)

– renvois au Ier et au IIe Livre :

44) Hoc autem contingit secundum quosdam ex hoc quod caritas nichil est aliud quam Spiritus Sanctus. Set hoc in I lib. destructum est. Secundum alio<s> uero quia[160] caritas est idem quod gratia, quod in secundo Libro reprobatum est (III, d. 27, q. 2, a. 4, sol. 4 – A f.72va, l. 35-37)

– renvois au IVe Livre :

45) Hic est triplex questio. Prima de sanctificatione beate Virginis. ... De sanctificatione enim aliorum questio pertinet ad IV Librum dist. VI (III, d. 3, q. 1, a. 1 – Pp f. 18ra l. 11-10 à partir du bas)
46) De passione autem anime secundum quod ab igne inferni patitur, [alibi] dicendum est [scilicet] in quarto Libro (III, d. 15, q. 2, a. 1, sol. 2 – A f. 34ra, l. 17-18)
47) Sacramenta uero ueteris legis gratiam non conferebant, ut in quarto Libro dicetur[161] (III, d. 40, q. 1, a. 3, resp.).

Les renvois contenus dans le IVe Livre :

48) Sic ex uerbis propositis tria possumus accipere circa hunc IV Librum qui pre manibus habetur, scilicet materiam, quia in eo agitur... Item, continuationem ad III Librum, quia in tertio agebatur de missione Verbi in carnem, in hoc autem Libro de effectibus incarnati Verbi, ut quartus respondeat tertio, sicut secundus primo. Item, diuisionem istius Libri... (IV, Prol.)

– renvois au Ier Livre :

49) Set res et signa ex opposito diuiduntur, ut patuit in I dist. I Libri (IV, d. 1, q. 1, a. 1, sol. 2, arg. 1)
50) In Littera dicitur quod datur ibi Spiritus Sanctus. Set in I Libro dictum est quod missio ... (IV, d. 7, q. 2 a. 2, set c.)
51) ... sicut in fine primi Libri dictum est (IV, d. 15, q. 4, a. 1c, ad 3)
52) ... quia esse in loco equiuoce dicitur de corpore et de angelo, ut in I Libro dist. 37, dictum est (IV, d. 44, q.2, a.3, resp.)
53) ... ut dictum est in primo, dist. XVII (IV, d. 49, q. 4, a. 1, ad 2)

inédits... », p. 203) ; la première rédaction a été éditée par P.-M. Gils dans l'article cité (p. 208-210). L'*exemplar* de Pamplona (Pp) transmet la deuxième réponse (f. 55ra).

158. Au-dessus de la ligne de l'autographe la main S ajoute *confirmatis* (cf. A f. 26va l. 29 et P.-M. GILS, *Ibid.*, p. 209, n. 27).

159. *Set* (abrégé) dans l'autographe ; *et* dans Pp et la tradition.

160. L'autographe a *quia*, qui disparaît dans Pp et dans toute la tradition ; la même chose se passe pour *set*, changé en *et*.

161. La forme future du verbe est attestée par Pp et reprise par l'ed. Piana, t. 7, f. 152ra.

– renvois au IIe Livre :

54) Videtur autem hec opinio uenisse ex hoc quod uirtutes actus tantum esse credebant, quod falsum est, ut in II Libro, dist. XXVII, dictum est (IV, d. 4, q. 2, a. 2, resp.)
55) ... predicta autem positio in II Libro, XXX dist., improbata est (IV, d. 40, q. 1, a. 1, ad 5)
56) Huiusmodi autem fundamenti falsitas in II Libri principio ostensa est (IV, d. 43, q. 1, a. 1, resp.)
57) et hec tres opiniones in II Libro, dist. XXX, plenius posite et inuestigate sunt, et ideo non oportet hic repetere nisi quantum ad propositum pertinet (IV, d. 44, q. 1, a. 2, sol. 4, resp.)
58) ... set alie multe rationes sunt contra eam, ut in II Libro, dist. XXX, patuit (IV, d. 44, q. 1, a. 2, sol. 4, ad 5)
59) ... ut in II Libro ostensum est (IV, d. 44, q. 2, a. 1 resp. et a. 2 resp.)
60) Et de hoc dictum est in I Libro, dist. II, cum de eternitate mundi ageretur (IV, d. 48, q. 2, a. 2, ad 9)
61) ... nec peruenire ad perfectam beatitudinem, sed solum ad aliquam beatitudinis participationem, qualis dicta est. Set hec opinio absurda est, ut patuit dist. XVII, II Libri (IV, d. 49, q. 1, a. 1, sol. 4, resp.)

– renvois au III[e] Livre :

62) Relicto ergo primo modo dicendi sacramentum, quia de huiusmodi sacramentis dictum est in III Libro ... (IV, d. 1, q. 1, a. 1 resp.)
63) Et de hoc in III Libro, dist. XXXIII, plura dicta sunt. (IV, d. 14, q. 1, a. 3, sol. 1, resp.)
64) Ad ea que in contrario obiciuntur, dicendum est quod ..., ut in III Libro dictum est, dist. IX. (IV, d. 15, q. 4, a. 1, ad 1)
65) De hoc aliqua dicta sunt in III Libro, dist. III, ubi de conceptione dominici corporis agebatur. (IV, d. 44, exp.)

– et cet exemple conclusif :

66) ab ipsa diuinitate trinitatis, de qua in I Libro egit, procedens per media que dum durat mundus aguntur, ut sunt creature et peccata, de quibus egit in II Libro ; ut reparatio, et uirtutes, de quibus egit in III, et ecclesiastica sacramenta, de quibus egit in prima parte IV, duce Christo, ... (IV, d. 50, exp.).

3.1 Les expressions employées dans les renvois recensés

Les exemples cités nous permettent de voir que Thomas emploie des expressions de même facture pour renvoyer d'un livre à l'autre de son commentaire ; la même régularité est employée pour les renvois à la *Littera* du Lombard ou aux *auctoritates* invoquées. Avant d'examiner les renvois en vue de déterminer l'ordre de rédaction (et éventuellement d'enseignement) des différents Livres des *Sentences*, nous voudrions en mettre en relief le style.

L'élément le plus évident est l'usage du verbe dans la formulation du renvoi. Pour renvoyer à une citation, le verbe le plus utilisé est *dicere* ; Thomas l'emploie pour citer la plupart des *auctoritates* ou *auctores*, y compris le *Magister* et sa *Littera* ; il l'utilise également pour renvoyer à son propre commentaire, mais la forme grammaticale utilisée varie selon qu'il s'agit de l'un ou de l'autre cas. À l'intérieur du *Scriptum* nous pouvons distinguer fondamentalement deux usages, selon que le verbe est employé au passif ou bien à l'actif : 1) à l'actif, Thomas utilise indifféremment le présent ou le parfait (ou encore, à l'intérieur d'une même œuvre, le futur), pour citer un auteur ou un ouvrage ; 2) au passif, Thomas emploie le présent (*dicitur*) s'il cite un ouvrage ou son contenu[162] ; il réserve le parfait (*dictum est*) et le futur (*dicetur*) aux renvois à son propre commentaire.

Dans le *Scriptum*, toujours, nous remarquons une différence entre les renvois à l'intérieur du même Livre et les renvois d'un Livre à un autre. Si nous examinons les usages d'*infra* et de *supra*, nous constatons que Thomas n'emploie ces adverbes que pour les renvois intérieurs au même Livre[163]. Il construit normalement *infra* avec un présent actif ou un futur actif pour se référer au Lombard ou à d'autres autorités citées ensuite[164] ; s'il renvoie à son propre commentaire, toujours dans le même Livre, il utilise le futur des verbes *dicere, habere, patere, probare, ostendere, querere, tangere*[165]. On constate les mêmes procédés pour l'adverbe *supra*, construit normalement avec l'actif de l'indicatif présent ou parfait pour citer le Lombard[166], tandis qu'il réserve le parfait passif pour son propre commentaire[167], ou pour renvoyer à la discussion

162. Dans le seul commentaire du Ier Livre il y a plus de 70 renvois : « ut dicitur in Littera » ; mais aussi « ut hic dicitur » (I, d. 3, q. 2, a. 1, arg. 2) ; et la même forme verbale est employée pour l'Écriture : « ut dicitur Marc. Ult. » (I, prol. A. 5, resp.) ; ou pour des ouvrages de philosophie : « ut habetur in IV Phys. » (I, d. 37, q. 4, a. 3, arg. 5 ; d. 39, q. 1, a. 3, arg. 7).

163. Les seules exceptions que nous ayons relevées sont les suivantes : « Vt infra in IV Magister dicit » (II, d. 1, q. 1, a. 3, arg. 2) ; « supra, I lib. » (II, d. 26, q. 1, a. 1, arg. 5) ; « cum supra dixerit Aug., I lib., quod... » (III, d. 7, q. 3, a. 2, exp.).

164. Cf. « sicut infra dicit Magister » (I, d. 17, q. 2, a. 4, arg. 3 ; d. 48, q. 1, a. 4, arg. 3) ; « ut infra in IV Magister dicit » (II, d. 1, q. 1, a. 3, arg. 2 ; d. 22, q. 1, a. 1, ad 7 e a. 2, arg. 1) ; « infra Magister determinat » (II, d. 31, q. 1, a. 1, arg. 3) ; « sicut infra dicet Magister » (I, d. 3, q. 1, a. 4, ad 2) ; « Magister infra, dist. xvii, ostendet » (I, d. 5, q. 3, exp.) ; « sicut infra Magister sentire uidetur » (I, d. 23, q. 1, a. 3, resp.) ; et aussi : « sicut infra dicit Greg. » (I, d. 8, q. 2, a. 3, ad 4) ; « Hilar. dicit infra, dist. xxxi » (I, d. 14, q. 2, a. 2, resp.) ; « ut infra Aug. dicit, dist. xviii » (I, 27, q. 2, a. 1, set c.). – Avec des verbes autres que *dicere* on trouve parfois le passif : « ut etiam infra per Chrys. habetur » (I, d. 23, q. 1, exp.) ; « ut infra ex uerbis Aug. habebitur » (I, d. 16, q. 1, exp.).

165. Non seulement les soixante-dix occurrences et plus de la formule *ut infra dicetur*, mais aussi tous les autres exemples de renvois avec *infra* et le verbe *dicere* respectent cette distinction entre l'usage de l'actif et l'usage du passif, ce qui n'est pas toujours le cas quand Thomas utilise d'autres verbes : « de hoc infra plenius habebitur, dist. xxvi » (I, d. 9, q. 1, a. 1, ad 4 ; *habebitur* se trouve également dans : I, d. 11, q. 1, a. 4, arg. 3 ; d. 29, q. 1, exp.) ; « ut habetur infra » (I, d. 14, q. 3, exp.), « sicut infra queretur » (I, d. 10, q. 1, a. 3, ad 1; d. 19, q. 2, diu.), « infra probabitur, dist. xxvi » (I, d. 10, q. 1, a. 5, resp. ; III, d. 1, q. 2, a. 4, resp.) ; mais : « infra patebit » (I, d. 19, q. 3, a. 2, ad 1 ; d. 22, q. 1, a. 4, ad 1 ; d. 32, q. 2, exp. ; III, d. 1, q. 2, a. 5, arg. 1 et ad 3 ; d. 2, q. 1, a. 1, arg. 1 et a d 1 ; d. 9, q. 1, a. 1, ad 4), « erit questio infra » (I, d. 14, q. 2, a. 1, ad 4), « hec tamen infra magis inquirentur » (II, d. 1, q. 1, a. 6, ad 6), « de hoc infra plenius agetur, dist. 37 » (II, d. 3, q. 2, a. 1, ad 2), « infra ostendetur » (II, d. 37, q. 2, a. 1, ad 5), « quod infra tangetur » (III, d. 2, q. 2, exp.), « sicuti infra determinabitur » (III, d. 13, q. 1, a. 2, ad 1).

166. « supra dixit Magister » (II, d. 23, q. 2, a. 2 arg. 4) ; « sicut supra Magister dicit » (III, d. 4, q. 1, a. 1b, arg. 2) ; « sicut supra, I dist., dixit Magister » (Ibid., a. 2a, arg. 5) ; « unde supra Magister dicit » (III, d. 5, q. 2, a. 3, ad 3 et q. 3, a. 3, set c.).

167. « sicut supra dictum est, d. iii » (III, d. 4, q. 2, a. 1, set c. et q. 3, a. 1, resp.) ; « quod supra improbatum est » (III, d. 6, q. 2, a. 2, set c. ; d. 11, q. 1, a. 2, set c.) ; « ut dictum est de unione, supra, d. 2 » (III, 6, q. 2, a. 2, ad 1) ; « et ideo requirendum supra, d. 7, ubi inquisitum

qu'une citation a suscitée[168]. Le choix exprès de cet usage est confirmé par le fait que Thomas, *in scriptione*, exposant la d. 27 du IIIe livre, s'est arrêté pour corriger la forme *dicitur* en *dictum est*, afin d'être cohérent avec son usage[169]. Et l'exemple n° 33, cité ci-dessus, montre également l'auteur qui réfléchit à la formulation de son renvoi[170].

Nous pouvons ainsi synthétiser les résultats de cette recherche :

Les formes des verbes dans les renvois à l'intérieur du *Scriptum*

Thomas renvoie	à un autre auteur, dans le même Livre, par	à lui-même, dans le même Livre, par	à un autre auteur et à un autre Livre, par	à lui-même, dans un autre Livre, par
infra	+	+		
supra	+	+		
Actif :				
ind. présent	+		+	
ind. futur	+		+	
ind. parfait			+	
Passif :				
ind. présent			+	
ind. futur		+		+
ind. parfait		+		+

Cette analyse de l'usage de Thomas, usage très régulier, comme nous avons pu le constater, nous permet de mieux évaluer les 66 exemples regroupés. Cependant, nous le répétons, ces observations sont limitées à l'usage de Thomas d'Aquin dans son *Scriptum*.

3.2 Thomas enseigna-t-il les Sentences *selon l'ordre des livres du Lombard ?*

Si, lors d'une première lecture, on peut avoir l'impression que les renvois sont le fruit d'un travail du genre qu'on a coutume d'appeler 'toilette du texte', en vue de le préparer pour qu'il soit copié, il suffit d'analyser l'autographe pour exclure cette possibilité : soit parce que l'auteur s'attarde à y expliciter la

est, utrum homo... » (III, d. 12, q. 1, a. 1, ad 7) ; avec une exception : « ut supra diximus » (III, d. 15, diu.).

168. « Hoc positum est supra in illo capitulo: *Set his uidentur...* [...] Exponendum est ut supra, ut homo ponatur pro natura humana, sicut ipse docuit supra, d. 5, exponere » (III, d. 7, q. 1, exp.) ; « supra habitum est ex uerbis Aug., quod... » (IV, d. 17, q. 2, a. 2, arg. 2) ; « ut habitum est supra, d. 16, in littera » (IV, d. 43, q. 1, a. 5, arg. 3) ; « Modus... supra, dist. 8, tactus est » (II, d. 21, q. 2, exp.) ; « supra probatum est » (II, d. 38, q. 1, a. 1, set c.). Avec quelques exceptions : « supra enim probauit Magister » (III, d. 6, q. 3, a. 1, arg. 1) ; « ut supra, d. 5, glossauit » (III, d. 7, q. 3, a. 2, exp.).

169. Au f. 65va, l. 21, on déchiffre sur l'autographe : « ut [-dicitur (corrigé en :)] dictum est in I libro dist. III » (III, d. 26, q. 1, a. 5, ad 4).

170. Dans ce cas, comme dans le n. 4 et le n. 60, Thomas, pour renvoyer à son Commentaire, utilise aussi le subjonctif passif : ce sont les seuls exemples trouvés, qui permettent de constater la cohérence de l'auteur avec son habitude de renvoyer à soi-même avec le passif.

forme verbale, soit parce que tous les renvois (sauf le n. 41) y sont de première main[171].

La formulation de certains d'entre eux révèle que le commentaire visé est encore à faire (sans préciser si ce sera en classe ou seulement par écrit) : le n. 8, « Set hoc habet queri magis in tertio » (I, d. 40), renvoie à une élaboration future, comme le 1er exemple également. La forme verbale *habet queri* est précisement la forme du futur élaborée par le latin médiéval[172]. Nous ne pouvons malheureusement pas discerner avec certitude si l'auteur se réfère ici au développement de la matière en classe ou dans le *Scriptum*.

Nous avons la même hésitation pour les formules suivantes : « plenius expositum est » (n° 14), « probatum est » (n° 17), « habitum est » (n° 28) « improbatum est » (n° 35), comme également à propos de la façon de se référer aux contenus (cf. les exemples 20, 40, ...) : si l'on peut être sûr que les arguments cités ont déjà été traités en classe, on ne peut cependant pas en tirer des éléments chronologiques relatifs aux sessions successives de l'enseignement. Voici quelques exemples significatifs : le n. 21, « De augmento gratie eodem modo potest disputari sicut de augmento caritatis, de quo supra dictum est, primo Libro, dist. 17 » (II, d. 26, exp.) ; le n. 44, « Hoc autem contingit secundum quosdam ex hoc quod charitas nichil est aliud quam Spiritus Sanctus. Set hoc in I lib. destructum est. Secundum alio<s> uero quia caritas est idem quod gratia, quod in secundo Libro reprobatum est. » (III, d. 27, q. 2, a. 4, sol. 4 – A f. 72va, l. 35-37) ; le n. 57, « ... et hee tres opiniones in II Libro, dist. XXX, plenius posite et inuestigate sunt, et ideo non oportet hic repetere nisi quantum ad propositum pertinet. » (IV, d. 44, q. 1, a. 2d, resp.).

Deux renvois, qui indiquent que la matière n'a pas encore été traitée, sont peut-être plus instructifs que les autres, même s'ils peuvent ne pas être référés nécessairement à l'enseignement en classe : le n. 26, « Et ideo oportuit ad curationem naturae ut esset Deus et homo qui naturam perfecte curaret. Set hoc ad tertium Librum magis pertinet. » (II, d. 33, exp.) ; et le n. 27, « ... de quo locus erit inquirendi in fine Quarti. » (II, d. 19, q. 1, a. 1, ad 6).

Il reste deux points à analyser. Certaines explications du texte (*expositio textus*) se terminent subitement par un renvoi à un Livre précédent : or les expositions du texte (comme ses divisions, nous l'avons vu à propos de la *lectio*) sont intimement liées à l'enseignement et, en conséquence, si Thomas se dispense de donner une explication, il faut penser qu'il l'a donnée auparavant ; on peut lire, de ce point de vue, en premier lieu l'exemple n. 36, et puis les n. 21, 32, 65 et la note 128. Il est vraisemblable que Thomas a résumé

171. Si dans le cas du *Super Isaiam*, les schémas (*collationes*) dans les marges (tracés en même temps que le commentaire) ne permettent pas de douter que cet autographe nous transmet la préparation du cours donné ensuite par Thomas, dans le cas du commentaire du IIIe Livre, P.-M. Gils remarque à propos de quelques notes à la mine de plomb griffonnées dans les marges par le même Thomas : « Ces notes peuvent avoir été faites aussi bien pendant ou tout de suite après son cours, qu'au moment d'une lecture postérieure » (P.M. GILS, « Textes inédits ... », RSPT 46, 1962, p. 450 ; voir également p. 460 et p. 627-628).

172. Cf. V. VÄÄNÄNEN, *Introduction au latin vulgaire*, Paris, 1981[3], p. 132 et D. NORBERG, *Manuel pratique de latin médiéval*, Paris, 1980, p. 24.

en classe ce qu'il avait déjà dit, en rappelant à ses étudiants l'endroit où cela avait été dit, et que, dans ses notes, il a inscrit simplement la référence. Dans certains cas, ces interruptions brusques renvoient au futur, comme les n. 1, 3, 7, 8, 25, 26, 27 et la note 124 [sicut infra Magister]. Si Thomas, par ces références, se justifiait de ne pas traiter à l'endroit où elles interviennent le thème évoqué, elles lui permettaient pourtant de montrer aux étudiants la connexion interne de l'œuvre qu'il commentait.

Le second point est l'étude de l'exemple n. 48, tiré du prologue au Commentaire du IVe Livre : « Sic ex uerbis propositis tria possumus accipere circa hunc IV Librum qui pre manibus habetur, scilicet materiam, quia in eo agitur... Item, continuationem ad III Librum, quia in tertio agebatur de missione Verbi in carnem, in hoc autem Libro de effectibus incarnati Verbi, ut quartus respondeat tertio, sicut secundus primo. Item, diuisionem istius Libri... ». Nous voudrions considérer cet exemple sous un aspect différent de celui sous lequel nous avons considéré les autres : c'est-à-dire du point de vue de l'intention de l'auteur. Ici Thomas nous dévoile sa vision du plan du Lombard et il se propose de commenter le IVe Livre en relation avec le IIIe, comme il avait commenté le IIe en relation avec le Ier. Il est difficile de penser qu'il n'a pas suivi ce principe pour l'exposition en classe, étant donné qu'une certaine liberté est attestée dans l'organisation du programme, comme on l'a vu pour Remigio, Albert et Bonaventure. Ce témoignage de Thomas n'est certainement pas aussi explicite que le leur, mais l'étude des renvois n'a rien révélé qui s'opposât à l'ordre annoncé dans ce quatrième prologue.

En conclusion de cette étude, il faut avant tout admettre que les renvois d'un Livre à l'autre à l'intérieur du *Scriptum* ne permettent pas de dépasser la rédaction pour rejoindre directement l'exposition donnée en classe : les exemples que nous avons fournis sont ceux qui nous laissent entrevoir le déroulement du cours, mais nous ne sommes jamais certains d'être 'entrés vraiment en classe'. Si l'on considère, cependant, que le témoignage du prologue au IVe Livre n'est contredit par aucun des renvois repérés, on est conduit à penser que Thomas a commenté en classe les *Sentences* selon l'ordre des livres du Lombard.

4. L'activité de Thomas comme bachelier *: date, durée et tâches*

Les conclusions qu'il faut maintenant tirer révèlent avant tout qu'à propos du sujet étudié notre ignorance dépasse de loin nos connaissances. L'âge que Thomas avait atteint à sa mort n'était pas plus certain pour ses biographes anciens qu'il ne l'est pour nous aujourd'hui. Et puisque toutes les autres dates ont été fixées à partir de cet âge de sa mort, il faut toujours essayer de les vérifier par des données extérieures aux biographies anciennes[173].

173. Les observations, qui ont conduit Cl. J. Vansteenkiste, à la suite de G. Abate, à proposer l'année 1220/1221 pour la naissance de Thomas, doivent donc être prises en considération, aussi bien que les recherches qui ont porté S. Tugwell à déplacer cette même date jusqu'en 1226 (cf. S. TUGWELL, *Albert & Thomas Selected Writings*, p. 201, n. 3 ; pour les références à

Passant du *studium* de Cologne à l'université de Paris, en 1251, ou en 1252 au plus tard, Thomas commence par l'enseignement *cursif* de la Bible (d'Isaïe et de Jérémie), ce qui l'occupa pendant un an environ. Il se consacra ensuite, pendant deux ans, à la lecture des *Sentences*, commentant l'un après l'autre les quatre Livres du Lombard. Ensuite, pendant un ou deux ans, il travailla à la révision de son *Scriptum* et aux tâches qui lui incombaient comme bachelier ayant lu les *Sentences* (on parlera plus tard de *bacalarius formatus*), en attendant l'admission à la licence, qui advint avant le 3 mars 1256.

Cl. J. Vansteenkiste et G. Abate, voir ci-dessus notre § 1.2.2, n. 53 ; à la note 31 nous avons montré que selon un calcul de Bernard Gui, on pourrait également repousser jusqu'en 1224 la date de la naissance).

CHAPITRE VI

LA NOUVEAUTÉ DES QUESTIONS DU PROLOGUE

1. L'INSPIRATION DU PROLOGUE AVEC SES CINQ QUESTIONS

Parmi les auteurs contemporains qui ont étudié la théorie du savoir théologique chez Thomas d'Aquin, J.-P. Torrell se distingue pour avoir su allier, de façon tout à fait remarquable, la profondeur de l'investigation à l'ampleur de la documentation, tout en prenant ses distances par rapport aux préjugés d'école : cela lui a permis d'obtenir des résultats solides. Nous lui devons, en particulier, d'avoir situé dans l'ensemble de la production théologique de Thomas les textes relatifs à la méthode du savoir et d'avoir mis en relief les conséquences de certains choix de Thomas en ce domaine pour l'ensemble de son œuvre[1]. Il a su, spécialement, éclairer le plan de la première question de la *Somme de théologie*, en portant à son terme la comparaison avec les questions sur le prologue des *Sentences* qui avait été entreprise par J. A. Weisheipl, « The Meaning of *Sacra Doctrina* in the *Summa Theologiae* I, q. 1 »[2]. Dans cet article, Weisheipl avait bien remarqué la différence entre l'ordre des cinq articles du *Commentaire* et celui des dix articles de la *Somme* et il y avait reconnu une évolution vers une façon plus claire et plus scientifique de définir la *sacra doctrina*[3].

1. J.-P. TORRELL, « Le savoir théologique chez saint Thomas », RT 96 (1996), p. 355-396 ; suivi par : ID., « Le savoir théologique chez les premiers thomistes », RT 97 (1997), p. 9-30. À la bibliographie donnée dans ces articles, il faut surtout ajouter : ID., « Philosophie et théologie d'après le Prologue de Thomas d'Aquin au *Super Boetium de Trinitate*. Essai d'une lecture théologique », dans *Documenti e studi sulla tradizione filosofica medievale*, 10 (1999), p. 299-353. De plus, il faut aussi se référer au second tome de l' « Initiation », *Saint Thomas d'Aquin, maître spirituel*, qui constitue une véritable introduction à la théologie du Maître, sans pour autant négliger certaines pages de l' « Initiation 1 », telle l'étude du plan de la *Somme de théologie*, où se manifeste la connaissance profonde et perspicace de cet ouvrage : ID., *Initiation* ..., p. 219-232.

2. Dans *The Thomist*, 38 (1974), p. 49-80, spéc. p. 64-65.

3. Nous reviendrons ci-dessous sur l'extension que Thomas attribue explicitement à cette expression.

Si notre recherche confirme cette évolution, nous devrons alors reconnaître qu'elle s'enracine dans une utilisation des *Seconds Analytiques* encore plus poussée dans la *Somme* qu'elle ne l'était dans les *Sentences* et cela ferait bien ressortir l'importance du rôle joué par les textes et la pensée du Stagirite dans l'élaboration de la *Somme de théologie*. Mais, pour pouvoir examiner comme il convient l'ensemble du prologue du commentaire de Thomas aux *Sentences*, il nous faut étudier, au moins de façon sommaire et en nous limitant ici à leur structure, les prologues des Commentaires antérieurs à celui de Thomas.

2. La structure des prologues aux commentaires des *Sentences* avant Thomas

L'étude des schémas qui structurent les introductions des ouvrages aussi bien littéraires que scientifiques constitue désormais un domaine bien défini de l'histoire littéraire[4].

Relativement à l'argument qui nous intéresse ici, on peut considérer comme acquis que les schémas qui structurent les prologues des commentaires aux *Sentences* (comme d'ailleurs ceux des commentaires à la Bible) dépendent de schémas employés dans les prologues antiques et, en particulier, dans ceux des commentaires aux œuvres philosophiques[5]. Cette influence touche aussi bien les prologues généraux des commentaires aux *Sentences*, que les questions de méthode jointes à certains de ces prologues, lesquelles, à partir des années quarante du XIIIe siècle[6] – pour autant qu'on sache –, constituent un bref traité d'introduction à la théologie ; l'exposition du prologue du Lombard a subi elle aussi cette influence[7].

Puisque l'usage s'est instauré que, pour désigner les types d'*accessus ad auctores*, l'on se réfère aux quatre schémas distingués par R. W. Hunt, nous

4. Pour ce qui regarde les études médiévales, une publication récente témoigne de l'intérêt porté à cet argument : J. HAMESSE (éd.), *Les prologues médiévaux*, Turnhout, 2000. Mais plusieurs des études citées ci-après demeurent cependant fondamentales.

5. Voir R. W. HUNT, « The Introductions to the 'Artes' in the Twelfth Century », dans *Studia mediaevalia, in honorem A. R. P. Raymundi Josephi Martin, O. P. S. Theologiae Magistri LXXum natalem diem agentis*, Bruges, 1948, p. 105-110, en tenant compte des précisions que nous apportons dans les notes suivantes. – Pour les commentaires bibliques dans leur ensemble, il faut se référer à G. DAHAN, *L'exégèse de la Bible en occident médiéval*, Paris, 1999, p. 284-297.

6. La chronologie des commentaires des *Sentences* antérieurs à celui de Thomas d'Aquin est loin d'être assurée : dans plusieurs cas, les périodes possibles de composition se superposent, en partie au moins, de sorte qu'il est impossible d'établir avec certitude l'ordre chronologique de ces commentaires.

7. Nous venons de faire la liste des trois élément qui peuvent constituer le prologue du commentaire des *Sentences* : prologue général ; questions jointes à ce prologue ; l'explication de la *littera* de Pierre Lombard, qui peut elle aussi inclure de brèves questions (*dubia circa litteram*). Puisque le terme « prologue » est assez bien attesté pour désigner cet ensemble, nous l'avons préféré à des termes plus ambigus, comme *introitus*, *ingressus* et *accessus*, qui désignent eux aussi l'introduction à un texte. Ces trois termes, comme l'a fait remarquer O. Weijers, désignent, au moins pendant le XIIIe siècle, l'introduction à un texte, sans indiquer nécessairement la séance inaugurale de la lecture des bacheliers : O. WEIJERS, *Terminologie ...*, p. 415.

devons maintenant les présenter brièvement[8]. Les modèles 'A' et 'B' sont fondés sur la pratique des rhéteurs de l'antiquité et comprennent les éléments suivants: 'A' (*persona, locus, tempus* ; il s'agit d'une simplification des *septem circumstantiae* : *tempus, locus et persona, res, causa, qualitas* [*modus*], *facultas* [*materia*]) ; 'B' (*vita, titulus operis, qualitas carminis, scribentis intentio, numerus librorum, ordo librorum, explanatio*)[9]. Le schéma 'C' dérive des anciens commentateurs grecs d'Aristote et a été diffusé dans la latinité par Boèce, en particulier par son prologue au premier commentaire de l'*Isagoge* de Porphyre ; nous reproduisons la liste des six éléments énumérés ici par Boèce, avec les termes médiévaux qui, selon Hunt, leurs correspondent : « I, operis intentio [au m. âge *finis, intentio, materia*]. II, quae utilitas. III, qui ordo. IV, cuius esse opus [*nomen auctoris*]. V, operis inscriptio [*titulus*]. VI, ad quam partem philosophiae cuiuscumque libri ducatur intentio [cui parti philosophiae supponitur]»[10]. Le modèle 'D' se fonde sur le prologue du commentaire de Boèce au *De differentiis topicis* et il comprend « de genere artis et speciebus et materia et partibus et instrumento instrumentique partibus, opere etiam officioque actoris et fine»[11].

Alexandre de Halès

En suivant, autant qu'il est possible, l'ordre chronologique, le premier texte que nous devons prendre en considération est l'introduction à la *Glose* d'Alexandre de Halès, où l'on reconnaît deux éléments caractéristiques des *accessus* : la *materia* et l'*ordo*[12]. La matière des quatre livres des *Sentences* est organisée à partir de la division d'un texte biblique[13], dont les mots sont exposés un par un, pour être ensuite appliqués à la matière des livres de l'ouvrage. Cette technique, propre à un vrai *introitus* et caractéristique, à

8. R. W. HUNT, « The Introductions ... », p. 94-97.

9. Les sept éléments du schéma 'B' sont eux aussi réduits à quatre seulement, comme l'atteste, au XIIe siècle, un fameux texte de Conrad de Hirsau : « [...] moderni IIII requirenda censuerunt : operis materiam, scribentis intentionem, finalem causam et cui parti philosophiae subponatur quod scribitur » (CONRADUS HIRSAUGIENSIS, *Dialogus super auctores sive Didascalicon*, (ed. G. Schepss), Würzbourg, 1889, cité d'après E. A. QUAIN, « The medieval Accessus ad Auctores », dans *Traditio*, 3 (1945), p. 217.

10. Voir A. M. S. BOETHIUS, *In Isagogen Porphyrii. Editio prima*, prol. (CSEL 48, ed. S. Brand, Vienne, 1906, p. 4-5). Pour ce modèle v. : R. W. HUNT, « The Introductions ... », p. 95 ; A. J. MINNIS, « The Influence of academic Prologues on the Prologues and literary Attitudes of late-medieval English Writers », *Mediaeval Studies*, 43 (1981), p. 346 ; et aussi : J.-L. SOLÈRE, « Du commencement : axiomatique et rhétorique dans l'antiquité et au moyen âge », dans *Entrer en matière. Les prologues*, par J.-D. DUBOIS ET B. ROUSSEL, Paris, 1998, p. 326-327.

11. A. M. S. BOETIUS, *De differentiis topicis*, prol. (PL 64, 1207 A-B ; cf. col. 1211 B).

12. MAGISTRI ALEXANDRI DE HALES, *Glossa in quatuor libros Sententiarum Petri Lombardi*, ed. PP. Collegii S. Bonaventurae, Quaracchi (Florence), 1951, p. 1-4 ; les éditeurs proposent, comme date de rédaction, les années 1223-1227 (*ibid.*, p. 114*).

13. « Materia huius primi libri potest sumi ab eo quod dicit Dominus in 3 Ex., 14-15: *Ego sum qui sum. Ego sum Deus Abraham, Deus Isaac, Deus Iacob, et hoc nomen mihi in aeternum.* Materia subsequentium librorum ab eo quod [...] *Dicit Dominus : Vidi afflictionem populi mei qui est in Aegypto et duritiam eorum qui praesunt in operibus. Audiens eorum clamorem et sciens dolorem, descendi ut liberem eum et introducam in terram fluentem lacte et melle* » (Ex. 3, 7-8).

l'époque, de l'enseignement universitaire de la Bible[14], invite à situer la rédaction de la glose d'Alexandre sur les *Sentences* dans le contexte de l'enseignement universitaire. L'*ordo*, qui constitue le second élément de l'*introitus* de cette *Glose*[15], renvoie également à un composant de certains *accessus* bibliques, qui, comme l'a montré G. Dahan, fait son apparition dans les commentaires de la moitié du XIIe siècle, environ, et, qui est repris ensuite par les commentaires universitaires[16]. La présence simultanée des deux éléments *materia* et *ordo* nous permet de rattacher le schéma suivi par Alexandre au schéma que Hunt a désigné par la lettre 'C'.

Hugues de Saint-Cher

Il nous faut, en deuxième lieu, prendre en considération le prologue du commentaire des *Sentences* d'Hugues de Saint-Cher[17]. Cet *opus* est précédé de deux écrits : l'un, qui commence par les mots *Iuxta sanctorum traditionem* (p. 35-43), semble être un *tractatus* isolé ; Barbara Faes de Mottoni en a bien étudié la transmission manuscrite et le genre littéraire dans un remarquable article sur la tradition du commentaire[18]. L'autre, *Statuit Moyses terminos* (p. 43-46), constitue le vrai prologue général de l'*opus* et, contrairement à ce que suppose l'édition de Stegmüller, forme, selon nous, une seule unité jusqu'à la citation du Lombard « Cupientes aliquid, etc. » qui introduit la *divisio textus* (p. 46)[19].

Ce prologue s'ouvre par un texte biblique[20], dont l'exposition permet à Hugues de commencer à situer l'œuvre du Lombard dans la hiérarchie des *auctoritates*, au sommet desquelles est placée l'Écriture sainte, et de mettre en relief, à la fin de ce premier paragraphe, l'utilité des *Sentences* : « Propter tria genera istorum, scilicet timidos, pigros et blasphemos, aggressus est Magister

14. Cf. G. DAHAN, « Les prologues des commentaires bibliques (XIIe-XIVe siècle) », dans *Les prologues médiévaux*, cit., p. 437.

15. Éd. cit., p. 6, l. 28-33.

16. G. DAHAN, « Genres, Forms and Various Methods in Christian Exegesis of the Middle Ages », dans M. SÆBØ, avec Ch. BREKELMANS et M. HARAN (ed.), *Hebrew Bible / Old Testament. The History of Its Interpretation. Vol. I, From the Beginnings to the Middle Ages (Until 1300). Part 2, The Middle Ages*, Göttingen, 2000, chapitre 29, p. 229-230.

17. Bien qu'Hugues ait été disciple et successeur de Roland de Crémone, son *Scriptum* est cependant antérieur à la *Somme* de ce dernier et se situe entre 1229-1231. Voir, à ce propos, l'étude qui précède l'édition du prologue au Commentaire, dans : « Hugo de Sancto Caro OP. Commentarius in I et IV Sententiarum », dans *Analecta Upsaliensia, Theologiam Medii Aevi Illustrantia*, t. I, *Opera Systematica*, éd. par FR. STEGMÜLLER, Uppsala–Wiesenbaden, 1953, p. 33 ; nos citations renvoient toujours à cette édition.

18. B. FAES DE MOTTONI, « Les manuscrits du commentaire des *Sentences* d'Hugues de Saint-Cher », dans *Hugues de Saint-Cher († 1263) bibliste et théologien*, études réunies par L.-J. BATAILLON, G. DAHAN, P.-M. GY, Turnhout, 2004, p. 273-298. Nous remercions ici B. Faes de Mottoni d'avoir bien voulu relire ce chapitre et d'avoir mis à notre disposition le texte de son article avant parution.

19. B. Faes de Mottoni donne, dans l'article cité (p. 274), la même division de ce texte. C'est encore elle qui nous apprend que le terme générique d'*opus* est le plus utilisé dans les manuscrits pour désigner le Commentaire d'Hugues (cit., p. 273).

20. « Constituesque terminos populo per circuitum, et dices ad eos : Cavete ne ascendatis in montem, nec tangatis fines illius : omnis qui tetigerit montem, morte morietur » (Ex. 19, 12).

[...] enchiridion, id est manuale volumen, componere » (p. 45). Immédiatement après il précise le sujet ou la matière de l'ouvrage *(Tractaturus autem Magister* ... p. 46) et sa répartition dans les quatre livres (*Eleganter ergo distinguit Magister opus suum* ... p. 46). Enfin, il résume la matière et expose l'intention de l'auteur, en renvoyant au prologue de ce dernier : « Materia duplex est, scilicet creator et opera creatoris; si mavis dicere: res et signa. Intentio triplex est. Intendit enim hic timidos revocare, pigros exhortari, blasphemos confutare. Quod patet in littera » (p. 46). Pour expliquer l'*intentio*, Hugues reprend le texte de l'Exode placé en épigraphe, ce qui montre bien l'unité littéraire de son prologue. Si l'on se réfère encore à la structure (du type 'C') des *accessus*, bibliques et philosophiques, dont nous venons de parler à propos de la *Glose* d'Alexandre, nous retrouvons ici quatre de leurs éléments : *utilitas, materia, ordo, intentio*.

Roland de Crémone

Le prologue de la *Somme* de Roland de Crémone laisse apparaître une certaine évolution du genre[21] : pour la première fois – pour autant qu'on sache – on trouve à l'intérieur du prologue des *questiones* (ou articles) d'introduction ; l'ensemble forme toutefois une unité littéraire, comme le montre bien le fait que la conclusion de la dernière question répond parfaitement au texte scripturaire qui ouvre le prologue.

Roland, en effet, commence, selon l'usage, son prologue par une citation de la Bible[22], mais il ne fait pas l'exégèse de ce texte. Il se limite à y faire référence et il rédige un prologue dans le style de celui de Pierre Lombard : après avoir souligné l'utilité, pour l'Église, de l'entreprise scientifique des Pères, il se présente lui-même et demande la bienveillance du lecteur, auquel, enfin, il confie son ouvrage. Si, par ce choix, Roland revient à l'usage de la tradition rhétorique[23], il se montre cependant novateur en introduisant trois questions : « An sit principium rerum unum an plura et quod sit subiectum theologie et qualiter alie artes se habeant ad illam ». Les deux dernières questions peuvent être facilement rattachées au schéma 'C' de Hunt : la deuxième question concerne le *subiectum* ou *materia*, mais Roland y examine aussi le statut de la science théologique ; la troisième question traite de façon fort originale du rapport entre la théologie et les autres sciences et *artes*, ce qui

21. On sait que Roland a été maître régent avant Hugues, mais sa *Somme* a été datée du milieu des années trente : G. CREMASCOLI, « La "Summa" di Rolando da Cremona. Il testo del prologo », dans *Studi medievali*, serie terza, 16 (1975), p. 825-876 ; R. A. Gauthier a repoussé la date de la rédaction de la *Somme* vers 1244 : R. A. GAUTHIER, « Notes sur les débuts (1225-1240) du premier "averroisme" », dans RSPT 66 (1982), p. 331, opinion partagée par L. SILEO, *Teoria della scienza teologica. Quaestio de scientia theologiae di Odo Rigaldi e altri testi inediti (1230-1250)*, Roma, vol. 1, p. 69, n. 13.

22. « Habet argentum principia venarum suarum et est locus auro in quo conflatur » (Iob 28, 1) et « argentum tuum et aurum tuum confla » (Eccli. 28, 29).

23. Pour le développement de ce genre, depuis Aristote jusqu'à Thomas d'Aquin, v. R. A. GAUTHIER, « Préface », dans *S. Thomae de Aq., Sententia libri De anima*, ed. Leon., t. 45-1, p. 4, n. 28.

peut être considéré comme un développement du sixième point du schéma du prologue du commentaire de Boèce à l'*Isagoge* : « ad quam partem philosophiae cuiuscumque libri ducatur intentio »[24]. Quant à la première question, son contenu pourrait renvoyer au rôle joué par Roland dans le combat contre l'hérésie dans le sud de la France ; sa forme, elle, indique clairement sa dépendance par rapport à un autre genre d'*introitus*, qui peut être rattaché au schéma appelé des *circumstantiae*[25]. Ce schéma est formulé d'une manière très personnelle par Boèce au début de sa deuxième rédaction du commentaire sur Porphyre[26], où il semble tenir compte du début des *Seconds Analytiques*[27]. Ce schéma est très diffusé indépendamment de Boèce : il inspire, en partie, le début de la *Métaphysique* et le *De anima* d'Avicenne[28] ; par lui s'ouvre la *Philosophia* de Guillaume de Conches[29], aussi bien que plusieurs traités philosophiques du début du XIIIe siècle, qui, comme nous l'avons déjà dit, semblent avoir inspiré la structure des prologues théologiques. Rappelons, parmi ces derniers, le *Tractatus de anima* de Jean Blund : « Unde cum prima questio de re sit, an sit, primo loco inquirendum est an anima sit »[30] ; et, surtout, le prologue de Pierre d'Espagne à la *Sentencia De anima cum questionibus*[31], cours donné, selon R. A. Gauthier, à Toulouse vers 1240 : ce

24. A. M. S. BOETHIUS, *In Isagogen... Editio prima*, prol. (cit., p. 5, l. 6-7) ; voir aussi le développement de ce point opéré par la *Summa fr. Alexandri*, tract. intr. cap. 2 (ed. Quaracchi, t. 1, p. 4a et 5b) : « Theologia non est sicut alia scientia, nec connumerabitur inter alias, ut alicui parti Philosophiae supponatur » (p. 5a).

25. C'est le modèle qui est à la base du schéma 'A' de Hunt, dont il cite les éléments suivants : « tempus, locus et persona, res, causa, qualitas (modus), facultas (materia) » (R. W. HUNT, cit., p. 94, n. 1).

26. « Illud quoque ei naturae proprium est, ut per ea quae sibi nota sunt ignota uestiget et non solum unum quodque an sit, sed quid sit etiam et quale sit nec non cur sit optet agnoscere » (A. M. S. BOETHIUS, *In Isagogen... Editio secunda*, prol. [CSEL 48, ed. S. BRAND], Vienne, 1906, p. 137, l. 16-19).

27. ARISTOTELES, *Post.*, I, 71a1-2 ; 71a11-13, transl. Iacobi (AL IV. 1-4, p. 5, l. 1-2 et 12-15) : « Omnis doctrina et omnis disciplina intellectiva ex preexistente fit cognitione. [...] Dupliciter autem necessarium est precognoscere ; alia namque, quia sunt, prius opinari necesse est, alia vero, quid est quod dicitur, intelligere oportet, quedam autem utraque » ; v. aussi *ibid.*, II, 89b24-25.

28. AVICENNA LATINUS, *Liber de Philosophia prima sive scientia divina*, tr. 1 (ed. VAN RIET, p. 4-5, l. 57-91) ; voir aussi le début de son *De anima* : ID., *De anima seu sextus De naturalibus*, cap. 1 (ed. van Riet, p. 14, l. 69-71).

29. « Undecim sunt quae inquiruntur circa unamquamque rem: an sit, quid sit, quantum sit, ad quid sit, quale sit, quid agat, quid in ipsum agatur, ubi sit, qualiter in loco situm sit, quando sit, quid habeat. Perfecte ergo aliquid cognoscere est ista undecim de illo scire » (GUILLELMUS DE CONCHIS, *Philosophia*, éd. G. MAURACH, Pretoria, 1980, p. 18).

30. IOHANNES BLUND, *Tractatus de anima*, prol. (ed. D. CALLUS et R. W. HUNT, p. 1, l. 5-7).

31. « Circa ea que determinantur in sciencia de anima dubitantur principaliter tria: primum est de stabilitate subiecti sciencie de anima et de necessitate istius sciencie. Secundum est de comparacione istius sciencie ad alias sciencias. Tercium est de modo procedendi » (PETRUS HISPANUS, *Sentencia libri De anima*, prol. [éd. M. ALONSO, *Pedro Hispano. Obras filosóficas. II. Comentario al « De anima » de Aristoteles*, Madrid, 1944, p. 59]) ; question présente aussi dans l'autre rédaction : « Ad evidentiam eorum que sequuntur queruntur octo questiones: Prima est utrum de anima sit scientia. et que sit necessitas scientie de anima » (*ibid.*, p. 163). Cf. R. A. GAUTHIER, « Introduction », dans *S. Thomae de Aq., Sentencia libri De anima*, ed. Leon., t. 45-1, p. 239*-242*.

prologue pourrait être voisin de la *Summa* rolandienne, quant au temps et au lieu de composition.

Eudes Rigaud

Nous conformant à la chronologie le plus généralement reçue aujourd'hui, nous traiterons successivement des prologues d'Eudes Rigaud, de Richard Fishacre et d'Albert le Grand. Ces prologues diffèrent dans leur structure : un style ne l'a pas encore emporté sur les autres, mais celui adopté par Eudes Rigaud ne tardera pas à s'imposer.

Le maître franciscain Eudes Rigaud[32] ouvre l'introduction au Commentaire par un texte scripturaire[33] qui commandera l'articulation de son prologue, mais il sent immédiatement la nécessité de préciser le plan qu'il suivra et, pour ce faire, il utilise un autre verset biblique : « Prov. 4 : *Palpebrae tuae praecedant gressus tuos.* Per « gressus » opera [c.-à-d. le commentaire qui suit], per « palpebras » vero considerationes finis et huiusmodi; quae considerationes debent praecedere ipsum opus. Et sunt specialiter tres huiusmodi considerationes : primo enim considerare debemus quid est quod a nobis debet quaeri ; secundo, ubi possit inveniri ; tertio, quomodo ad illud possit attingi »[34]. Après avoir brièvement répondu à ces trois questions, Eudes présente en deux étapes la matière des quatre livres. Il commence par montrer (p. 79-81, l. 2-47) que chacun des livres répond à une des quatre questions posées dans le texte scripturaire pris comme épigraphe (Eccli. 1, 6-7) ; il montre ensuite (p. 81-83, l. 48-83) que la matière des livres est en harmonie avec les réponses données dans le verset suivant[35].

Après ce prologue général, Eudes annonce trois questions[36] : la première concerne l'*auctor* et ses titres à étudier la matière déterminée au début du prologue ; la deuxième concerne la façon d'étudier cette matière *modo disputatorio ;* la troisième détermine l'utilité de la science en question : *de fine huius scientiae*. Ces trois questions sont à rapprocher du schéma 'D' de R. W. Hunt (« de genere artis et speciebus et materia et partibus et instrumento instrumentique partibus, opere etiam officioque actoris et fine»). À ces trois

32. La lecture en classe des *Sentences* par Eudes Rigaud doit être placée entre 1240 et 1244 ; on pourrait même préciser, selon L. Sileo, entre 1240 et 1242 : L. SILEO, *Teoria...*, t. 1, p. 90-93. L. Sileo offre aussi une remarquable étude de la structure et des contenus de ce prologue : p. 98-173.

33. « Radix sapientiae cui revelata est ? Et astutias illius quis agnovit ? Disciplina sapientiae cui revelata est et manifestata ? Et multiplicationem ingressus illius quis intellexit ? » (Eccli. 1, 6-7).

34. ODO RIGALDI, *Lectura super quattuor libros Sententiarum*, prol. (éd. par L. SILEO, *Teoria...*, t. 2, p. 77, l. 7-13).

35. « Unus est altissimus Creator omnipotens, et Rex potens, et metuendus nimis, sedens super thronum illius et dominans Deus » (Eccli. 1, 8).

36. « Quaeruntur autem hic tria: primum est, utrum magister debuit aggredi hoc opus ; secundum, utrum debuit aggredi modo disputatorio ; tertium est de fine huius scientiae » (*ibid.*, p. 83, l. 2-4).

questions il faut en ajouter une quatrième, *de subiecto theologiae*, examinée à l'occasion du commentaire de la première distinction (p. 96-106)[37].

Enfin, l'explication du texte du prologue du Lombard, articulée en quatre questions (*dubia*, dans l'édition), termine le prologue d'Eudes.

La première observation que nous devons faire sur ce prologue d'Eudes Rigaud est qu'il reprend un élément présent dans les premiers prologues des commentaires des *Sentences* : le fait de présenter la matière des quatre livres suivant l'articulation d'un texte biblique placé en épigraphe. En second lieu, il faut remarquer que les questions sont séparées du prologue général et précèdent l'explication de la *littera Magistri.*

Quant à la structure, ce prologue semble s'inspirer du schéma 'C' de R. W. Hunt, mais Eudes introduit un élément original lorsque, à côté de la détermination de la *materia* (*quid est*), il introduit la question *ubi possit inveniri*, qui fait penser à l'*instrumentum* des prologues du type 'D' de la liste de R. W. Hunt et aussi à la question *ubi sit* de la *Philosophia* de Guillaume de Conches (v. ci-dessus, n. 29) ; nous avions déjà observé, ci-dessus, que les trois questions formulées à la fin du prologue général (p. 83), avec la quatrième, posée au début de la dist. 1, *de subiecto theologiae* (p. 96), renvoient elles aussi au schéma 'D'.

Richard Fishacre

Le premier maître dominicain à Oxford[38], Richard Fishacre, a composé un prologue assez complexe[39], très proche de celui de la *Somme* de Roland de Crémone. Il commence par proposer une division du savoir qui lui permet de décrire l'objet de la recherche (*videamus quae sit ista*). Il formule ensuite quatre questions[40] et procède à leur examen. Enfin, il sollicite la bienveillance des lecteurs en reconnaissant ses limites (p. 97) et il conclut en indiquant la répartition de la matière entre les quatre livres (p. 98).

37. L'ensemble de ces quatre questions semble nous renvoyer au schéma aristotélicien des quatre causes et le rapprochement a été proposé par L. SILEO (cit.). Cependant, nous croyons devoir remarquer que l'expression *finis scientiae* ne suffit pas, à elle seule, à justifier une référence aux causes aristotéliciennes (p. 83, l. 2-4 et p. 90, l. 155) ; Eudes, d'ailleurs, n'emploie jamais, dans ces textes, le mot *causa.* C'est avec R. Fishacre que le schéma des quatre causes intervient explicitement.

38. Il faut placer son enseignement des *Sentences* après 1241 et avant 1246 : cf. R. J. LONG and M. O'CARROLL, *The Life and Works of Richard Fishacre OP. Prolegomena to the Edition of his Commentary on the Sentences*, München, 1999, p. 39-46. Nous citons le prologue d'après l'édition de R. J. LONG, « The Science of Theology according to Richard Fishacre : Edition of the Prologue to his *Commentary on the Sentences* » dans *Medieval Studies*, 34 (1972), p. 71-98 (édition : p. 79-98).

39. Il s'ouvre par un bref verset de Rom. 11, 33 : « O altitudo divitiarum sapientiae et scientiae Dei ».

40. « De hac ergo quae desursum est sapientia secundum quod scripta est in sacra Scriptura intendimus. De qua quattuor videamus secundum quattuor genera causarum, scilicet necessitatem vel utilitatem quod spectat ad causam finalem, auctorem quod spectat ad efficientem, subiectum quod spectat ad causam materialem, unitatem et divisionem quod spectat ad causam formalem » (p. 80).

Nous remarquons premièrement comment, à l'intérieur de son introduction générale – où il reprend certains éléments (*materia* et *ordo*) du schéma 'C' –, il a inséré quatre questions sur la science théologique ; certes, il n'emploie pas le mot question, mais il donne la structure d'articles à l'examen des quatre arguments annoncés[41].

L'organisation des quatre articles dépend donc des quatre causes aristotéliciennes, suivant un usage qui s'était affirmé depuis le début des années trente dans le prologue de certains commentaires philosophiques[42] et, un peu plus tard, dans celui des commentaires bibliques[43]. R. Fishacre a introduit ce procédé dans son prologue du commentaire des *Sentences*, en réunissant deux ou même trois schémas différents[44].

41. On le pressentait déjà dans la distribution de la matière (note précédente) et cela ressort clairement des expressions suivantes : « Quod autem sit non tantum utilis sed necessaria sic constare potest. Innatum est ... » (p. 80) ; « Sed omnia scripta sunt in mente divina. Quid ergo ... ? » (p. 81) ; « Sed quis potest esse auctor huius Scripturae vel sapientiae ? Constat quod Deus vel angelus. Non enim ... » (p. 87) ; « Item quod non potest minus, non potest maius » (p. 88) ; « De quo autem sit haec tamquam de subiecto vel materia divisione investigandum » (p. 91) ; « Sed quaeris forsitan quia superius diximus ... » (p. 93) ; « De unitate huius scientiae videtur primo quod nulla sit. Dicit Philosophus [...]. Item dicit Philosophus [...] Solutio. Dico ad primum [...]. Dico ad secundum [...] » (p. 94-95).

42. Un des témoignages les plus anciens est le prologue de JEAN PAGUS, *In Peryermenias* (édition et commentaire par R. A. GAUTHIER, « Introduction », dans *S. Thomae de Aq., Exp. libri Periermenias*, ed. Leon., t. 1*-1, p. 65-66). De la même époque est la présentation du *Timée* de Platon, dans : ANONYMI, MAGISTRI ARTIUM PARISIENSIS, *Accessus philosophorum .VII. artium liberalium*, éd. par CL. LAFLEUR, *Quatre introductions à la philosophie au XIIIe siècle. Textes critiques et étude historique*, Montréal-Paris, 1988, p. 332-336. Le commentaire de maître Jourdain de Saxe sur Priscien, autrefois daté de 1220 environ, ne peut plus être considéré comme le premier témoignage de cet usage après l'étude de R. A. GAUTHIER, « Notes sur les débuts (1225-1240) du premier "averroïsme" », dans RSPT, 66 (1982), p. 371-373. Ce même usage est bien attesté dans les commentaires de R. Kilwardby sur la *Logica vetus* (à situer vers 1237-45) : P. O. LEWRY, *Robert Kilwardby's Writings on the* Logica Vetus, *studied with regard to their Teaching and Method*, (D. Phil. thesis), Oxford, 1978, p. 6 et 215-217 (et p. 65-68 pour les commentaires douteux) ; O. WEIJERS, « Le commentaire sur les « Topiques » d'Aristote attribué à Robert Kilwardby (ms. Florence, B.N.C., Conv. Soppr. B.4.1618) », dans *Documenti e studi*, 6 (1995), p. 124-126. V. aussi : A. J. MINNIS, « The Influence ... », cit., p. 350-351 ; Id., *Medieval Theory of Authorship. A scholastic literary Attitudes in the later Middle Ages*, Philadelphia, 1982, p. 28-29.

43. V. par exemple, l'*introitus* de Jean de la Rochelle sur le Pentateuque, édité par F. M. DELORME, « Deux leçons d'ouverture de Cours Biblique données par Jean de la Rochelle », dans *La France franciscaine*, 16 (1933), p. 351-360 [345-360]. L'ensemble de nos connaissances sur le sujet est bien résumé dans A. T. SULAVIK, « *Principia* and *Introitus* in Thirteenth Century Christian Biblical Exegesis with related Texts », *La Bibbia del XIII secolo. Storia del testo, storia dell'esegesi*, Firenze, 2004, p. 269-321). À propos de Guerric de Saint-Quentin, il faut se référer à J.-P. TORRELL, « Guerric de Saint-Quentin et ses Quodlibets. Introduction historique et théologique », dans GUERRIC OF SAINT-QUINTIN, *Quaestiones de quolibet*, critical Edition by † W. H. PRINCIPE, with editorial Revision and Preface by J. BLACK, Introduction by J.-P. TORRELL, Toronto, 2002, p. 1-166, spéc. p. 6-9 et 11. Sur le sujet dans son ensemble, v. A. J. MINNIS, *Medieval Theory* ..., cit., p. 78-79 ; R. W. HUNT, « The Introductions ... », cit., p. 107-109 ; P. O. LEWRY, *Robert Kilwardby*'s *Writings*..., cit., p. 216-217.

44. En effet, dans ce prologue de R. Fishacre, outre le modèle qui remonte à Boèce et celui des quatre causes aristotéliciennes, on trouve aussi le schéma rhétorique (rendre le lecteur « benivolum, attentum, docilem » cf. ci-dessus, n. 23). R. Kilwardby avait déjà fait explicitement le rapprochement entre ces trois schémas dans le prologue de son commentaire à l'*Isagoge* :

On retrouve le schéma des quatre causes, à la même époque, à Paris, dans les prologues de certains commentaires des *Sentences* qui ont servi de source à la *Summa fratris Alexandri* et qui ont été recueillis dans deux mss fameux : *Paris, BnF lat. 15652* et *lat. 15702*[45]. En revanche, dans l'*introitus* des gloses du *Vat. lat. 691* (f. 1r, mg. inf.) il n'y a aucune mention des causes aristotéliciennes et la structure du prologue est comparable à celle du prologue d'Hugues : il commence par décrire, sous forme de commentaire du verset placé en épigraphe[46], l'office des docteurs de l'Église et il présente leurs instruments ; ensuite une paraphrase littérale du prologue de la *Glossa* d'Alexandre de Halès permet de présenter la matière des *Sentences*. Après cela, un « alius introitus » (f. 1va, mg. inf.) ne fait qu'exposer le verset placé en épigraphe[47], pour l'appliquer ensuite à la matière des quatre livres ; enfin, l'intention du Lombard est explicitée par une paraphrase de la finale du prologue des *Sentences* elles-mêmes[48].

Fishacre est, dans l'état actuel de nos connaissances, le dernier auteur chez qui les questions se trouvent à l'intérieur du prologue général ; après lui, elles sont toujours placées à la suite de celui-ci, selon le schéma adopté par Eudes Rigaud.

Albert le Grand

L'introduction du Commentaire d'Albert le Grand présente elle aussi une structure originale[49]. Le prologue général, il est vrai, est rédigé dans le style

« Patet igitur de quo est hic intencio siue subiectum siue causa materialis. Patet eciam ex iam dictis ad quid siue causa finalis siue utilitas. Qualiter autem consistit in modo et ordine: modus autem operandi et causa formalis idem est. [...] De causa tamen efficiente, cum sit omnino extra, non multum curandum est. Titulus talis est : [...]. Patet eciam cui parti philosophie supponatur [...] » (éd. Lewry, cit., p. 359) ; et encore « Patet eciam sufficientia harum parcium: cum enim in parte ista principali tria determinet, scilicet de quo et ad quid et qualiter, ut per li 'de quo' reddat auditores dociles, per li 'ad quid' benivolos, per li 'qualiter' attentos » (*ibid.*, p. 363). V. aussi le commentaire des *Topiques* attribué à Kilwardby (cit. n. 42).

45. Voir [V. DOUCET], « Prolegomena », dans *Summa fr. Alexandri*, t. 4, l. 3, p. 348, n. 60-61 ; M. D. CHENU, « Maîtres et bacheliers de l'Université de Paris vers 1240. Description du manuscrit, Paris, Bibl. Nat. lat. 15652 », in *Études d'Histoire littéraire et doctrinale du XIIIe siècle*, 1 (1932), p. 11-39. – Nous espérons avoir plus tard le loisir de publier quelques-uns de ces prologues, dont la transcription n'est pas aisée.

46. « En lectulum Salomonis sexaginta fortes ambiunt ex fortissimis Israel : omnes tenentes gladios et ad bella doctissimi » (Cant. 3,7-8).

47. « Altissimus creavit de terra medicamenta, et vir prudens non abhorrebit illa » (Eccli. 38, 4).

48. Ces gloses ont été étudiées par J. G. BOUGEROL, « La Glose sur les Sentences du manuscrit Vat. Lat. 691 », dans *Antonianum*, 55 (1980), p. 108-173 (dans l'*explicit*, p. 117, à la place de *terre datum*, il faut lire *circumdatum*). – Le vocabulaire de cet auteur semble assez caractéristique : il emploie des mots classiques comme, par exemple, *versucias* (*hereticas*) ou *refellere*.

49. Il est fort malaisé de préciser quand Albert a commencé à lire les *Sentences* à Paris. Si l'on tient compte du fait assuré qu'il succède, en tant que maître, à Guerric de Saint-Quentin en 1245, on peut conjecturer – mais seulement conjecturer – qu'il a commencé cette lecture en 1243 et peut-être même avant : v. J. A. WEISHEIPL, « Life and Works of St. Albert the Great », dans *Albertus Magnus and the Sciences. Commemorative Essays 1980*, Toronto, 1980, p. 21-22 ; pour la chronologie des œuvres : H. ANZULEWICZ, *De forma resultante in speculo des Albertus*

simple dont avait donné l'exemple le prologue de la *Glose* d'Alexandre et il en reprend la structure, comme c'était déjà le cas chez Hugues : ces trois auteurs, en effet, commencent par présenter la matière des quatre livres à partir d'un texte biblique[50] et enchaînent immédiatement par l'explication littéraire du prologue du Lombard. Mais, à la différence de ces deux prédécesseurs, Albert développe plusieurs brèves questions sur la méthode en théologie. Il est cependant important de présenter le plan suivi par Albert dans l'ensemble du prologue.

Au Prologue général, dont nous venons de parler, fait suite immédiatement l'explication de la *littera* du prologue des *Sentences*. Nous retrouvons ici quelques éléments du schéma 'C' : *auctor, materia, forma, finis, modus agendi*. La façon dont Albert procède ici sera reprise par son élève, Thomas d'Aquin, comme nous le montrerons en détail.

L'explication du texte de la dist. 1, *Veteris ac novae legis* ..., sert à Albert pour introduire les cinq articles qu'il consacre à l'examen de la méthode en théologie, suivant ainsi le choix de Pierre Lombard lui-même, qui avait consacré sa première distinction à l'approfondissement de la matière à étudier. Alors que Roland de Crémone et Richard Fishacre avaient situé à l'intérieur du prologue général les articles consacrés à ce même examen, et qu'Eudes Rigaud les avait placés à la suite de son prologue général avant l'explication du prologue du Lombard, Albert les transpose à l'intérieur de la dist. 1, choix unique à notre connaissance (il se rapproche, dans une certaine mesure, d'Eudes Rigaud qui a traité du sujet de la théologie au début de cette même distinction, comme le texte du Lombard le suggérait).

On peut encore repérer dans l'explication du texte de la dist. 1 quelques éléments du schéma 'C'[51], et l'on peut aussi retrouver, dans l'énoncé des articles 1-4 du commentaire à la première distinction deux des quatre causes, la cause matérielle et la cause formelle. Il faut cependant reconnaître à Albert le mérite d'avoir été, pour autant qu'on sache, le premier à introduire au début de son commentaire (dist. 1[52]) les arguments qui, en théologie, n'avaient été

Magnus. Handschriftliche Überlieferung, literargeschichtliche und textkritische Untersuchungen, Textedition, Übersetzung und Kommentar, Münster, 1999, t. I, p. 6-17. – Les textes que nous citons ont été contrôlés sur le ms. *Troyes, Bibl. mun., 825*.

50. Eudes avait lui aussi utilisé ce procédé, mais de façon plus complexe et plus étendue.

51. Non seulement dans le prologue général, mais aussi dans l'exposition du prologue du Lombard et, en particulier, dans la division de la distinction 1, on peut relever quelques expressions qui renvoient à ce schéma : « *Veteris ac novae legis*. Doctrina istius libri, quae modo disputationis procedit et ad perfectionem intellectus secundum scientiam theologiae est ordinata, dividitur in tres partes tota. In quarum prima modo prooemiali proponit ea de quibus ut subiecti partibus est haec doctrina. In secunda autem exsequitur quaesita circa subiectum et partes ipsius, ut de subiecto et passionibus eius scientia habeatur. Quia vero materia diffuse per quatuor partes tractatur in libro, [...] ideo in epilogo, in fine libri, repetit ea de quibus dixit » (ALBERTUS M., *In I Sent.*, d. 1, div. textus [ed. Borgnet, p. 14]) ; on peut remarquer dans ce texte les éléments suivants du schéma 'C' : *materia, intentio, ordo*.

52. « Et quaeruntur quatuor : quorum primum est, quid sit Theologiae subiectum ? Secundum, Utrum ipsa sit scientia una, vel plures ? Tertium, Utrum sit speculativa, vel practica ? Quartum de modis expositionum, et probationum ejus » (ALBERTUS M., *In I Sent.*, d. 1, a. 2 [ed. Borgnet, p. 15]).

développés jusqu'alors que dans des *Quaestiones* sur le statut de cette *doctrina*[53]. On peut sans doute aussi reconnaître dans les articles qui ouvrent la *Summa fratris Alexandri* une trace de ce genre de questions[54].

Richard Rufus

Il faut consacrer un mot à Richard Rufus, auquel on attribue un commentaire des *Sentences*, que l'on situe à Oxford avant 1251[55]. La structure du prologue de ce commentaire rappelle celui d'Eudes Rigaud. En revanche, Rufus se rapproche d'Albert le Grand par le choix et l'ordre des questions. Ayant terminé son prologue proprement dit, Rufus ajoute ces observations qui nous seront utiles pour interpréter un passage de Thomas : « Quibusdam placet hic quedam generalia de ipsa theologia dubitare et hoc gratia huius summe Magistri. Quod non uidetur michi necessarium, cum hec summa non sit ipsa theologia; nec aliqua pars eius. Est enim diuina scriptura in se integra. perfecta. absque hac et omni alia summa. Set sunt tales [summa *exponctué*] summe elucidationes aliqua [*pour* –que] aliquorum que in illa obscure dicta sunt. propter nos utiles et adhibite. § Quia tamen mos est, aliqua et nos tangamus. § De subiecto ergo primo. »[56]. Après avoir traité du sujet de la théologie, il examine son caractère de science et puis il se refuse à traiter des modalités de cette science et de la division de l'Écriture, pour passer à l'exposition du prologue, exposition qui comporte plusieurs questions[57].

Cependant, quelques années plus tard, quand il écrit une *Abreuiatio* du commentaire de Bonaventure, Rufus a modifié sensiblement sa position. Il

53. V. la *Quaestio de divina scientia*, (éd. L. SILEO, *Teoria* ..., t. 2, p. 132ss, suivant le ms. *Praha, Univ. IV. D. 13*, f. 79rb-80vb et le ms. *Vat. lat. 782*, f. 123ra-124rb), à propos de laquelle l'éditeur écrit : « La mia opinione è che possa davvero trattarsi di una questione autentica di Guerrico [de Saint-Quentin] che ha insegnato nella cattedra dei Domenicani fino al 1242 » (L. SILEO, *ibid.*, vol. 1, p. 75). Sur l'apparition et la portée de certaines questions relatives au statut scientifique de la théologie, on peut se reporter en premier lieu à l'étude précise de L. SILEO, *Teoria...*, t. 1, chap. 3 et t. 2, append. 1-4. On devra cependant remarquer que le Commentaire d'Albert doit être considéré comme chronologiquement antérieur à la *disputatio* d'Eudes Rigaud et comme postérieur ou contemporain de la *Q. de divina scientia.*

54. « ... inquirentes in primis de doctrina Theologiae : 1. utrum sit scientia ; 2. utrum distinguatur ab aliis scientiis ; 3. de quo sit ista scientia ; 4. de modo traditionis huius scientiae » (*Summa fr. Alexandri*, tr. intr., q. 1 [ed. Quaracchi, 1924, p. 1]).

55. V. P. RAEDTS, *Richard Rufus of Cornwall and the Tradition of Oxford Theology*, Oxford, 1987, p. 20-39.

56. *Oxford, Balliol Coll. 62*, f. 6va, l. 11-5 à partir du bas.

57. *Oxford, Balliol Coll. 62*, f. 7ra l. 2 du bas-7rb l. 3 : « § Placet etiam quibusdam quod non sit hec doctrina demonstratiua, quia subiectum huius, siue sit Christus magister siue aliud, non per se notum est neque per scientiam acceptum, set sola fide assumptum et ideo credibilia magis sunt huius scientie propria quam scibilia. et ideo a credibilibus siue fide potius quam a scibilibus debet hec incohare. Credibilia autem sunt dupliciter ... » ; f. 7va l. 3-4 : « Forte plena est hec doctrina de demonstracionibus efficacissimis. Set de modo non curo » et l. 13-18 : « Diuidere autem sacram scripturam propter officium assumptum ad presens non curo. Non est enim presens summa aliqua pars sacre scripture ut estimo. § Cupientes etc. Hec summa diuiditur in 2. in prologum et executionem. prologus ... ».

commence par la question : « Hic solet queri an theologia scientia sit. Item de eius subiecto »[58] ; mais le début de la deuxième question mérite d'être remarqué : « Postea queritur quid sit subiectum theologie siue huius operis. quod idem est » (f. 4rb, l. 18-19). On ne peut manquer de s'étonner de la différence entre sa façon de considérer l'œuvre du Lombard ici et dans son commentaire (*Oxford, Ball. Coll. 62*, f 6va, l. 11-10 en partant du bas, cité ci-dessus) : dans le commentaire, voulant affirmer la différence entre la *theologia* ou la *diuina scriptura* et l'œuvre du Lombard, il en arrive à laisser soupçonner une sorte d'extranéité entre les deux : *cum haec summa non sit ipsa theologia; nec aliqua pars eius ;* et, pour cette raison, il voudrait éviter de poser la question du sujet de la *diuina Scriptura* ; en revanche, dans l'*Abreuiatio* il n'hésite pas à préciser que l'une et l'autre ont le même sujet et en traitant donc du sujet de l'une il traitera également du sujet de l'autre (mais il faut se rappeler qu'une science se distingue des autres par son sujet[59]). En tout état de cause, d'ailleurs, cette *Abreuiatio*, que l'on situe après 1256, est sans influence aucune sur Thomas d'Aquin[60].

Bonaventure de Bagnoregio

Dans le prologue de son commentaire aux *Sentences*, Bonaventure de Bagnoregio ne laisse pas ignorer le schéma dont il s'inspire : « Verbum istud[61] ... nobis aperuit viam ad praecognoscendum quadruplex genus causae in libro Sententiarum, scilicet materialis, formalis, efficientis et finalis » et ce même prologue se termine par ces mots : « Patet igitur in verbo proposito praesentis libri causa materialis, formalis, efficiens et finalis »[62]. Mais ce n'est pas seulement le prologue général qui est structuré sur les quatre causes aristotéliciennes, mais aussi les questions du prologue : « Ad intelligentiam eorum quae primo tacta sunt, quatuor possunt quaeri iuxta quatuor praedicta »[63]. Il convient toutefois de remarquer qu'en deux occasions, il énumère les quatre causes en plaçant la cause finale en dernier lieu, alors que, dans les développements du prologue et des questions, il suit un ordre logique qui le conduit à finir par la cause efficiente. Si l'on considère le schéma réellement suivi par Bonaventure (*materialis, formalis, finalis, efficiens*), on constate que le premier

58. *Vat. lat., 12993*, f. 4ra l. 11.

59. « ... per subiectum distinguitur scientia ab omnibus aliis, quia secantur scientie quemadmodum et res, ut dicitur in III De anima » (THOMAS DE AQ., *In I Sent.*, prol., a. 4, resp. [textus l. 26-28] ; cf. ARISTOTELES, *De anima*, III, 431b24-25 [ed. Gauthier, Grottaferrata, 1985, p. 484]).

60. Pour l'*Abreuiatio* et sa datation, v. P. RAEDTS, cit., p. 40-63.

61. Il s'agit du verset mis en épigraphe : « Profunda fluviorum scrutatus est, et abscondita produxit in lucem » (Iob 28, 11).

62. S. BONAVENTURAE, *In I Sent.*, prooem. (ed. Quaracchi, t. 1, p. 1a). – On s'accorde à fixer la lecture des *Sentences* par Bonaventure en deux années, de 1250 à 1252. Pour la chronologie de Bonaventure, on peut voir J. G. BOUGEROL, *Introduction à saint Bonaventure*, Paris, 1988.

63. *Ibid.*, p. 6.

et le dernier élément correspondent dans l'ordre au schéma 'C' : *materia* et *nomen auctoris*, alors que, par rapport à celui-ci, les éléments intermédiaires sont intervertis : *utilitas* et *ordo*[64].

Robert Kilwardby

Pour compléter la présentation de l'usage du schéma qui utilise les causes aristotéliciennes, il nous faut dire un mot du commentaire de Robert Kilwardby, bien qu'il soit postérieur à celui de Thomas[65]. Nous avons déjà signalé (note 44) comment Kilwardby, dans ses commentaires à des œuvres de logique, met en relation le schéma qui s'inspire du commentaire de Boèce sur l'*Isagoge* (schéma 'C' de Hunt) avec le schéma des quatre causes aristotéliciennes énumérées dans l'ordre suivant : *materialis*, *finalis*, *formalis*, *efficiens*. Mais dans le prologue de son commentaire aux *Sentences*, Kilwardby suit un ordre différent, qui lui semble sans doute plus approprié à l'expression de sa pensée : *efficiens*, *materialis*, *formalis*, *finalis*[66].

Les exemples de Bonaventure et de Kilwardby montrent bien qu'il n'y a pas un ordre fixe des quatre causes qui devrait structurer un prologue. Au contraire, chaque auteur se sent libre de disposer les causes selon l'ordre qui lui convient le mieux.

Ce parcours, rapide mais nécessaire, nous semble suffisant pour permettre d'apprécier l'originalité de Thomas d'Aquin dans la façon dont il organise son prologue[67].

64. Il est à noter que ce même ordre est suivi par Jean de La Rochelle dans le prologue de son commentaire au Pentateuque : v. F. M. DELORME, « Deux leçons d'ouverture de Cours Biblique données par Jean de la Rochelle », dans *La France franciscaine*, 16 (1933), p. 351-360 [345-360] ; et aussi R. W. HUNT, « The introductions ... », cit., p. 108, n. 3.

65. ROBERT KILWARDBY, *Quaestiones in Librum Sententiarum*, ed. J. SCHNEIDER, München 1986.

66. Ordre suivi aussi dans le commentaire sur les douze petits Prophètes du ms. *Oxford, Bodl. Lib., MS. Laud. misc. 160*, cité par R. W. HUNT, « The introduction ... », p. 108, n. 3.

67. La structure et les contenus des prologues des auteurs du XIIIe s. postérieurs à Thomas ont été bien étudiés par U. KÖPF, *Die Anfänge der Theologischen Wissenschaftstheorie im 13. Jahrhundert*, Tübingen, 1974, avec les compléments fournis par la recension de J.-P. TORRELL, dans RT 76 (1976), p. 101-103. Pour les contenus théologiques il faut se référer à : ID., « Le savoir théologique chez les premiers thomistes », dans RT 97 (1997), p. 9-30. – Quant à l'influence que le prologue de Thomas a pu avoir sur d'autres prologues, nous voulons attirer l'attention sur un cas spécial, celui d'un corpus d'écrits alchimiques attribué à Thomas : v. C. CRISCIANI, « Tommaso, pseudo-Tommaso e l'alchimia », à paraître dans les actes du colloque : *« Letture e interpretazioni di Tommaso d'Aquino oggi : cantieri aperti »*, organisé à Milan, sous la direction du Prof. Alessandro Ghisalberti, de l'Université Catholique de Milan, du 12 au 13 septembre 2005.

3. L' « OUVERTURE » DU *SCRIPTVM* DE THOMAS D'AQUIN

3.1 Structure et contenu du prologue général

Dans le prologue général, Thomas suit une structure que nous avons rencontrée à dater de la *Glose* d'Alexandre : à partir d'un texte de l'Ériture (ici : *Ego sapientia effudi flumina*, etc. [Eccl. Sir. 24, 40-42]), l'auteur présente le contenu de l'ouvrage qu'il s'apprête à commenter. Thomas exprime le dessein qui l'a guidé dans ce prologue général, quand, à la fin de celui-ci, il déclare : « Et sic patet ex predictis uerbis intentio Libri sententiarum » (u. 104). Et, de fait, ce prologue ne fait qu'exposer la matière des quatre Livres afin de faire ressortir l'intention de l'*ouvrage*.

Lorsque, comme nous venons de le faire, on s'est employé à analyser les structures littéraires souvent complexes qui ont présidé à la rédaction de certains prologues, on pourrait marquer quelque étonnement à constater la simplicité de la structure choisie par Thomas, qui se réduit à exposer la *materia* et l'*intentio*[68].

Il faut cependant observer immédiatement que cette simplicité se déploie, grâce à une élaboration littéraire soignée, en un exposé remarquable par l'équilibre de ses différentes parties.

Reprenant les premiers mots du texte biblique choisi comme thème, Thomas commence par présenter la *sapientia*, qui est ainsi indiquée, au seuil du commentaire, comme la clef qui permet de lire toute l'œuvre du Lombard, un peu à la façon dont, en musique, la clef permet de lire la partition.

Dès l'abord, cette Sagesse est, en effet, identifiée au Christ, par la citation de I Cor. 1, 24, et, à la fin du prologue, nous retrouvons encore le Christ qui « enivre de sa débordante fruition »[69] les bienheureux (« Istos inebriat habundantissima sui fruitione » l. 99). Et le Christ s'identifie ainsi à la Sagesse (« Dei uirtutem et Dei sapientiam » l. 8) parce qu'il est le Fils, deuxième personne de la Trinité, « quia sapientia quodam speciali modo Filio appropriatur » (l. 11). Le fondement de l'affirmation paulinienne, tel qu'il est mis en évidence par Thomas, est donc l'appropriation, *in diuinis*, de la sagesse au Verbe, d'où il découle que, par son incarnation et dans sa nature humaine, « nobis a Deo factus est sapientia » (cit. l. 8-9). Ainsi donc, dès le prologue s'affirme la dimension trinitaire de la christologie de Thomas d'Aquin[70], en même temps que le principe « divin » qui unifie notre connaissance théologique, l'« ens

68. Ces deux éléments commandent aussi les prologues aux commentaires de Thomas sur Aristote, qui présentent cependant une structure propre, différente de celle qui est mise en œuvre quand on développe le prologue à partir d'un texte mis en épigraphe. Nous pouvons maintenant bénéficier d'une étude des structures et surtout des contenus de ces prologues grâce à l'ouvrage : THOMAS VON AQUIN, *Prologe zu den Aristoteleskommentaren*, herausgegeben, übersetzt und eingeleitet von Fr. CHENEVAL und R. IMBACH, Frankfurt am Main, 1993, spéc. p. LIX-LXV.

69. Trad. de G. EMERY, *La Trinité créatrice*, Paris, 1995, p. 535.

70. Cette dimension trinitaire a bien été mise en évidence par I. BIFFI, *I misteri di Cristo in Tommaso d'Aquino. Tomo I, La costruzione della teologia, 1*, Milano, 1994, spéc. p. 33-82 ; et par J.-P. TORRELL, *Le Christ en ses mystères. La vie et l'œuvre de Jésus selon saint Thomas d'Aquin*, Paris, 1999, 2 vol.

diuinum cognoscibile per inspirationem », comme il dira un peu plus loin (prol., a. 4, l. 33)[71].

Au début de ce prologue général, après avoir ainsi identifié la sagesse au Christ Thomas, présente brièvement quatre œuvres de la Sagesse : « per sapientiam enim Dei [1] *manifestantur* diuinorum abscondita, [2] *producuntur* creaturarum opera, nec tantum producuntur set [3] *restaurantur* et [4] *perficiuntur* » (l. 12-14). C'est à partir de ces quatre œuvres de la sagesse (et non directement à partir du texte de l'Ecclésiaste choisi pour thème) qu'il structure ensuite son exposé en quatre parties, en faisant correspondre à chacune des œuvres un livre des *Sentences*.

Chacune de ces quatre parties est structurée selon un schéma précis et constant. Après avoir énoncé le contenu : « manifestatio diuinorum » (l. 16), « creaturarum productio » (l. 34), « operum restauratio » (l. 54), « perfectio » (l. 74), Thomas formule le motif (*ratio*) qui autorise à attribuer l'œuvre considérée à la sagesse. Ce motif consiste en un bref raisonnement[72], rapporté ensuite à une autorité scripturaire (introduite par la formule presque uniforme : « unde dicitur »). Ensuite, Thomas s'applique à manifester, en se fondant sur l'Écriture, que l'œuvre en question est convenablement attribuée au Fils. Il reprend alors le verset biblique pris comme thème, il en développe l'exégèse et il termine en rapportant chacune des quatre œuvres considérées à l'un des livres des *Sentences*[73].

71. Cf. G. EMERY, *ibid.*, p. 254-259. Nous avons là, certainement, l'étude la plus complète de ce prologue et nous y renvoyons volontiers, en exprimant de surcroît notre reconnaissance à l'auteur pour avoir patiemment discuté avec nous certaines de nos opinions sur ce sujet.

72. Nous indiquons en italique les axiomes impliqués dans le raisonnement : 1) « [...] ipse Deus per suam sapientiam se ipsum plene et perfecte cognoscit. Vnde si quid de ipso cognoscimus, oportet quod ex eo deriuetur, *quia omne imperfectum a perfecto trahit originem* » (l. 17-19) ; 2) « Secundum quod pertinet ad Dei sapientiam est creaturarum productio. Ipse enim de rebus creatis non tantum speculatiuam set etiam *operatiuam sapientiam habet, sicut artifex de artificiatis* » (l. 34-36) ; 3) « *Per idem enim debet res reparari per quod facta est.* Vnde quae per sapientiam condita sunt, decet ut per sapientiam reparentur » (l. 54-56) ; 4) « Quartum quod ad sapientiam Dei pertinet est perfectio qua res conseruantur in suo fine. *Subtracto enim fine, uanitas relinquitur* quam sapientia non patitur secum. [...] *Vnumquodque dispositum est quando in suo fine quem naturaliter desiderat collocatum est* » (l. 74-78). – Deux remarques sont nécessaires pour bien apprécier ces explications, par ailleurs très synthétiques : tout d'abord, si l'on considère le texte 1), il apparaît évident que Thomas, quand il parle ici de la création, se réfère premièrement à l'homme, « quasi horizon et confinium » ; cette riche et fameuse expression vient du prologue au Commentaire du IIIe Livre, où, en commentant le texte de Eccl. [Qohélet] 1,7 *Ad locum unde exeunt, flumina revertuntur, ut iterum fluant*, Thomas dit : « Ista flumina [*c.-à-d. les* naturales bonitates quas Deus creaturis influit] in aliis creaturis inveniuntur distincta ; sed in homine quodammodo omnia congregantur. Homo enim est quasi horizon et confinium spiritualis et corporalis naturae, ut quasi medium inter utrasque, utrasque bonitates participet » (ed. MOOS, p. 1-2). Deuxièmement, à propos de la portée des axiomes, philosophiques, que Thomas met en œuvre dans les quatre argumentations qu'on vient de présenter, il faut lire l'étude détaillée de D. OLS, *Le Cristologie contemporanee e le loro posizioni fondamentali al vaglio della dottrina di S. Tommaso*, Città del Vaticano, 1991, p. 125-136.

73. Pour les troisième et quatrième parties, qui présentent la matière des Livres III et IV, le développement s'articule en deux moments. Pour le troisième Livre, Thomas distingue les mystères du Verbe incarné et les fruits qui nous en reviennent (« in [...] prima parte agitur de misteriis nostre reparationis, in secunda de gratiis nobis collatis per Christum » l. 72-73). Pour le

On peut remarquer non seulement que Thomas a suivi ce schéma avec rigueur, mais aussi que l'ampleur du développement qu'il consacre à chacun des Livres est en rapport avec la longueur de celui-ci (pour le premier Livre, 20 lignes ; pour le deuxième Livre, 21 lignes ; pour le troisième Livre, 23 lignes ; pour le quatrième Livre, 32 lignes).

3.2 L'analyse thomiste du prologue de Pierre Lombard

Contrairement à ce qu'il fera dans le commentaire des distinctions, Thomas réunit ici *diuisio textus* et *expositio textus*[74].

Il reconnaît, bien évidemment, dans le prologue de Pierre Lombard, le schéma rhétorique (cf. ci-dessus, note 23), qui vise à rendre le lecteur *beniuolum, docilem, attentum*, ce qui le conduit à structurer son explication en trois parties fort inégales (l. 4-116 ; l. 117-133 ; l. 134-140).

Dans la première partie (l. 4-117), Thomas emploie le mot « causa » pour exposer les motifs qui ont poussé Pierre Lombard à rédiger son ouvrage (*cause mouentes*) et celles qui l'ont fait hésiter à l'entreprendre (*cause retrahentes*).

Ce n'est que dans la deuxième partie (l. 117-133) qu'apparaissent les quatre causes aristotéliciennes, pour servir à l'analyse de l'ouvrage du Lombard (*causas operis* l. 117). Comme il était normal depuis qu'on avait commencé d'appliquer ce schéma aux prologues, Thomas introduit des subdivisions à l'intérieur de chacune des quatre causes. Il convient de souligner, en outre, qu'il rattache l'*utilitas* [*operis*], qui est un élément présent dans les schémas antérieurs au schéma des causes, à la cause finale (l. 118 et 64-65). Nous pouvons encore noter que deux éléments du schéma 'C' de Hunt (cf. le début du § 2) apparaissent à la fin de l'*expositio* de Thomas : *materia* (l. 136) et *ordinatio modi procedendi* (l. 139), éléments directement suggérés par la structure du texte exposé. Thomas, en revanche, remplace l'expression *intentio auctoris* par la terminologie des *cause* (*operis* ; *mouentes ; retrahentes*), commune dans les explications antérieures à la sienne, où l'on peut reconnaître une évolution du schéma 'B' de Hunt, schéma qui structure surtout des prologues aux commentaires de Virgile[75].

Il ressort de ce bref survol que Thomas, qui n'utilise pas le schéma des quatre causes aristotéliciennes pour son propre prologue, ne le met en œuvre dans l'explication du texte du Lombard (l. 117-133) que pour souligner certains éléments de la *littera* de celui-ci. Il en va de même pour les expressions qui s'inspirent du schéma 'C' de Hunt.

quatrième Livre, il distingue l'œuvre de préparation, qui consiste en une purification (« Ad consecutionem enim finis exigitur preparatio, per quam omne quod fini non competit tollatur » (l. 82-83), et l'œuvre de glorification (« inductio [...] in gloriam » [l. 94]).

74. C'est ce qu'avait fait aussi Albert le Grand. Bien que la structure du commentaire de Thomas au prologue de Pierre Lombard soit très personnelle, il est cependant évident qu'il dépend fortement (parfois presque à la lettre) de l'exposition d'Albert à ce même prologue.

75. R. W. HUNT, « The introductions ... », cit., p. 94.

*3.3 Le plan des cinq articles (*questiones*) du prologue*

On pourrait s'attendre à retrouver le schéma des causes aristotéliciennes dans ces cinq questions du prologue, d'autant que l'exemple en avait été donné par R. Fishacre et par Bonaventure. Mais le choix de Thomas est tout autre et démontre son assimilation aussi bien de la philosophie que de la méthode aristotélicienne.

3.4 L'intention de Thomas dans la présentation de sa théorie de la sacra doctrina

Les cinq articles sont ainsi présentés : « Ad euidentiam huius sacre doctrine que in hoc Libro traditur, queruntur quinque. Primo de necessitate ipsius. Secundo, supposito quod sit necessaria, an sit una uel plures. Tertio si sit una, an practica uel speculatiua; et si speculatiua, utrum sapientia uel scientia uel intellectus. Quarto de subiecto ipsius. Quinto de modo » (Prol. quest., l. 1-5).

Ce clair énoncé est, comme nous allons le voir, d'une grande utilité pour une compréhension correcte de la formule *sacra doctrina.* En étudiant ici l'intention de Thomas dans ces questions, nous nous attacherons avant tout à déterminer ce que le jeune bachelier a fait (ou semble avoir fait) et nous prendrons ensuite en considération certaines explications modernes, viciées selon nous pour avoir voulu juger du plan de ces questions à partir de la première question de la *Somme.*

La démarche de Thomas dans ces articles consiste à aller du général au particulier (c'est la méthode qu'il avait déjà exposée au début du *De ente*[76]). Il choisit d'employer l'expression *sacra doctrina* pour désigner la matière dont il traite : et, de fait, dans l'énoncé des articles 1-3, il emploie le mot *doctrina*, qui ne sera remplacé par le mot *scientia* que dans l'énoncé des deux derniers articles, après que l'on aura déterminé, dans l'article 3, que la *sacra doctrina* est une science. Il faut remarquer toutefois que, si nous passons de l'énoncé des articles aux articles eux-mêmes, la *sacra doctrina* est déjà qualifiée de science dans les deux premiers articles ! La *Somme* a évité cet inconvénient en déterminant dès l'article 2 que la *sacra doctrina* est une science. Mais, précisément, cela nous permet de mettre en lumière la différence qui existe entre le plan du *Scriptum* et celui de la *Somme.*

Dans le *Scriptum*, en effet, Thomas commence par établir la nécessité de la *sacra doctrina* par rapport à la philosophie et aux autres disciplines qui sont censées couvrir le domaine entier du savoir (a. 1).

Il se demande ensuite si cette *sacra doctrina* est une ou bien si elle désigne une pluralité de disciplines indépendantes. Le fait que cette question soit posée à propos de la *sacra doctrina* en tant que telle revêt une grande importance du point de vue de la théorie de la science théologique : l'argumentation de la *responsio* de l'art. 2 montre bien que Thomas veut reconnaître la qualité

76. THOMAS DE AQ., *De ente*, prol. (ed. Leon., t. 43, p. 369).

d'« unité » (propre à la science) à la *sacra doctrina* prise dans toute son ampleur[77].

Mais, si la *sacra doctrina* est une, à laquelle des deux branches entre quoi se divisent les sciences appartient-elle ? est-elle spéculative ou bien pratique ? Et, si elle est spéculative, lequel des trois *habitus* spéculatifs perfectionne-t-elle ?

La *responsio* principale de l'art. 3, qui résout ces questions, montre bien le projet qui a inspiré la succession des cinq articles : c'est sur les conclusions acquises dans les deux premiers articles que Thomas bâtit sa réponse à ces trois interrogations. De plus, nous pouvons noter comment, de fait, Thomas procède du général au particulier.

Les deux derniers articles concernent le *subiectum* et le *modus* de cette science qui est la *sacra doctrina.*

La démarche que nous venons d'esquisser est bien différente de celle mise en œuvre dans la *Somme de Théologie.* Dans cette dernière, en effet, Thomas ne démontre pas du tout (q. 1, a. 2) que la *sacra doctrina* soit une science : il le suppose, sur la base de ce qu'il vient de dire dans l'art. 1 à propos de la nécessité de cette doctrine. L'art. 2 se limite ensuite à montrer *comment* (*quia*) elle est science. Autrement dit, dans l'art. 1, Thomas montre la nécessité d'une connaissance par révélation des réalités qui dépassent la raison et, dans l'article 2, il explique les modalités de cette connaissance.

Dans l'art. 3 du prologue des *Sentences*, en revanche, en se fondant sur les conclusions établies dans les deux articles précédents[78], il s'efforce de démontrer qu'il faut reconnaître à cette doctrine le statut de science. À partir de l'acquis de l'art. 2 (*ut ex predictis patet*), qui a fondé dans l'*efficacia diuini luminis* l'unité et la perfection de la *sacra doctrina* et donc sa compatibilité avec le statut de science, il y reconnaît une science simultanément spéculative et pratique, parce qu'elle perfectionne l'homme dans toutes ses opérations, qui sont à la fois spéculatives et pratiques. Comme les autres sciences, cette *doctrina* est spécifiée par sa finalité (*scientia omnis pensanda est ex fine*) ; cette finalité a été déterminée dans l'art. 1 et les résultats qui ont été alors acquis permettent à Thomas de préciser que la *sacra doctrina* est une science principalement spéculative, qui perfectionne les trois *habitus* spéculatifs énumérés par Aristote (*sapientia*, *scientia*, *intellectus*), et mérite ainsi d'être reconnue non seulement comme science, mais aussi comme sagesse.

Thomas semble donc vouloir revendiquer, pour la *sacra doctrina* en tant que telle, une place nécessaire à côté des sciences philosophiques : de même que celles-ci ont pour fin le perfectionnement de l'homme, de même la *sacra doctrina* est *sufficiens ad omnem humanam perfectionem*. Pour ce faire, il s'emploie premièrement à montrer que les critères de scientificité propres à ces

77. Le raisonnement de Thomas suit de près celui d'Aristote : *Seconds Analytiques*, I 28, 87a38-39 (cf. la trad. de Jacques de Venise, dans AL IV.1-4, p. 60, l. 21-22).

78. Cette façon de faire de Thomas rappelle les conditions de la connaissance scientifique exposées au début du chapitre 2 des *Seconds Analytiques* (I, 2, 71b9-13).

sciences-là, s'appliquent, de quelque sorte, à cette doctrine ; Thomas est alors en mesure de situer cette doctrine dans l'ordre des sciences et de discerner les rapports qu'elle entretient avec les autres sciences (cf. a. 3, resp. et a. 1, resp.).

3.5 L'organisation des cinq articles et son inspiration aristotélicienne

Ayant donc ainsi dégagé la cohérence du plan des trois premiers articles, nous sommes en mesure de considérer les cinq articles (*questiones*) dans leur ensemble et de tenter de découvrir l'inspiration globale de leur organisation.

On doit, à ce propos, remarquer en premier lieu que le schéma 'C' de Hunt ne peut s'appliquer ici car aussi bien l'ordre des arguments que les mots employés diffèrent. Si donc l'on ne peut rapprocher le plan de ces cinq articles de celui du prologue de Boèce à son premier commentaire de l'*Isagoge* de Porphyre, on doit, en revanche, y reconnaître une application presque parfaite du programme qui structure le prologue du second commentaire consacré par Boèce à ce même ouvrage, programme d'inspiration évidemment aristotélicienne : « Illud quoque ei naturae proprium est, ut per ea quae sibi nota sunt ignota uestiget et non solum unum quodque an sit, sed quid sit etiam et quale sit nec non cur sit optet agnoscere »[79]. Conformément à ce schéma, Thomas suit, comme nous le montrerons, la méthode *per nota ignota* et procède, à peu de choses près, selon les quatre questions *an sit*, *quid sit*, *quale sit*, *cur sit.* Certes, nous ne prétendons nullement affirmer par là une dépendance directe de Thomas par rapport à Boèce, mais nous voulons plutôt mettre en évidence que le prologue de Boèce et les cinq articles de Thomas procèdent de la même matrice aristotélicienne.

On sait, en effet, que les quatre questions énumérées par Boèce sont celles-là mêmes qui ouvrent le deuxième livre des *Seconds Analytiques*[80]. De plus, le début de la phrase de Boèce (« illud quoque ei naturae proprium est, ut per ea quae sibi nota sunt ignota uestiget »), résume non seulement l'explication qu'Aristote donne de ces quatre questions[81], mais renvoie aussi au tout début de l'ouvrage du Stagirite, là où sont exposés les fondements de la méthode de la démonstration[82]. C'est là qu'il faut chercher l'origine de ce schéma.

79. A. M. S. BOETHIUS, *In Isagogen... Editio secunda*, (CSEL 48, ed. S. BRAND), Vindobonae-Lipsiae, 1906, p. 137, l. 16-19.

80. Voici le texte d'Aristote dans la traduction de Gérard de Crémone : « Et questionum quidem numerus est quatuor ; quarum una est an hoc insit huic, et secunda quare istud insit huic, et tertia an hoc sit, et quarta quid est hoc » (ARISTOTELES, *Post., II*, 89b24-25, transl. Gerardi [AL IV.1-4, p. 247, l. 2-5]) et dans celle de Jacques de Venise : « Querimus autem quatuor, quia, propter quid, si est, quid est » (*ibid.*, II, 1, 89b24-25, transl. Iacobi [AL p. 69, l. 2]). – À propos de ces questions on peut voir : M. MIGNUCCI, *La teoria aristotelica della scienza*, Firenze, 1965, p. 49-65.

81. ARISTOTELES, *Post.*, II, 89b23-35.

82. « Omnis doctrina et omnis disciplina intellectiva ex preexistente fit cognitione. [...] Dupliciter autem necessarium est precognoscere ; alia namque, quia sunt, prius opinari necesse est, alia vero, quid est quod dicitur, intelligere oportet, quedam autem utraque » (ID., *Post.*, I 71a1-2 ; 71a11-13, transl. Iacobi [AL IV. 1-4, p. 5, l. 1-2 et 12-15]).

Certes, ces quatre mêmes questions se retrouvent dans le schéma des *circumstantiae*[83]. On ne saurait cependant révoquer en doute que, lorsqu'on les trouve utilisées à propos du sujet de la science et de sa modalité, leur référence ultime soit les *Seconds Analytiques*, et, bien sûr, leur référence plus immédiate les prologues aux commentaires des *Sentences* qui les ont mises en œuvre avant que Thomas lui-même ne le fasse.

L'enquête à laquelle nous venons de nous livrer nous permet d'embrasser en connaissance de cause les positions exprimées par J. A. Weisheipl et J.-P. Torrell dans les études citées au début de ce chapitre relativement au rôle des *Seconds Analytiques* comme élément inspirateur aussi bien du prologue du *Super Sententias* que de la q. 1 de la *Summa theologiae*. Mais, si l'on parcourt les plans des prologues des *Sentences* qu'on vient d'examiner (§ 2), il faut reconnaître que Thomas d'Aquin est le premier, de la série examinée, à organiser un plan qui pose en premier lieu la question *an sit*, suivie des trois autres questions formulées par Aristote[84]. Et en même temps on constate qu'aucun des prologues étudiés ne suit non plus l'ordre original des quatre questions des *Seconds Analytiques* (ici la demande *an sit* vient en troisième place).

Assurément, les prédécesseurs de Thomas avaient déjà traité de la « nécessité » de la théologie : ils l'avaient fait dans les questions sur la théologie et aussi dans certains articles des prologues sur la finalité de la théologie[85] mais, pour autant qu'on sache, aucun d'entre eux n'en avait fait l'objet d'un article spécifique ni n'en avait traité au début des questions du prologue du commentaire aux *Sentences*, comme l'a fait Thomas[86].

83. Boèce présente les questions dans l'ordre inverse de celui adopté par Aristote. Cet ordre correspond à celui de la paraphrase de Thémistius (comme, d'autre part, à celui du commentaire de Philopon) : v. sur ce point H. HUGONNARD-ROCHE, « Averroès et la tradition des *Seconds Analytiques* », dans *Averroes and the Aristotelian Tradition*, ed. G. ENDRESS and J. A. AERTSEN, Leiden-Boston-Köln, 1999, p. 184-186. Voici le texte de Thémistius : « res quaesite sunt quattuor : an res sit et quid est res et an hoc existat in hac, quare sit quod hoc existit in hoc » (J. R. O'DONNELL, « Themistius' Paraphrasis of the Posterior Analytics in Gerard of Cremona's Translation », dans *Mediaeval Studies*, 20 (1958), p. 290 ; nous renvoyons au commentaire de Philopon, même si sa diffusion au moyen âge est encore peu attestée : IOHANNIS PHILOPONI, *In Aristotelis Analytica posteriora commentaria*, ad loc. (« Commentaria in Aristotelem graeca », t. 13, 3, ed. M. WALLIES, Berlin, 1919, p. 336, l. 19-20). R. Grosseteste suit le même ordre dans son commentaire, ad loc. (ed. P. ROSSI, p. 290, l. 66-69). – On se souviendra ici en particulier de la *Philosophia* de Guillaume de Conche et des commentaires d'Avicenne (v. ci-dessus notes 28-31).

84. On a suffisamment montré que les trois questions posées par Roland de Crémone doivent plutôt être rattachées au schéma des *circumstantiae*, et surtout au modèle 'C' de Hunt.

85. Cf. *De fine theologiae secundum magistrum Willermum* (ed. SILEO, *Teoria…*, t. 2, p. 117-127) ; ODO RIGALDI, *Q. de scientia theologiae*, pars I, q. 2, (ed. SILEO, *Teoria…*, t. 2, p. 19-28) ; R. FISHACRE, *In I Sent.*, prol. (ed. R. J. LONG, « The Science… », p. 81-83).

86. Il faut donc rectifier l'affirmation de J. A. Weisheipl : « Every good introduction to a new book should, in scholastic procedure, declare three things : (1) the *an sit* of the subject, (2) the nature, or *quod quid est*, of that subject, and (3) the method, or modality of that subject » (J. A. WEISHEIPL, « The meaning ... », cit., p. 64). De même, dans la remarquable étude de C. Dumont, il faut rectifier l'allégation de la p. 1046 : « Ce n'est nullement une nouveauté, c'est au contraire déjà une routine, quand saint Thomas, au début de son commentaire sur le *De Trinitate* de Boèce, pose la question préalable d'existence de la théologie en demandant : "Utrum de divinis

Il est vraisemblable que, si l'on n'a pas suffisamment remarqué la nouveauté apportée ici par Thomas, c'est qu'on n'a pas vraiment prêté attention à la portée de la question des *Seconds Analytiques*. Les textes de cet ouvrage que nous avons cités montrent bien que la question *si est* ou *an sit* – selon la version utilisée – a pour fin de vérifier l'existence de la *res* dont on veut acquérir la connaissance. Cependant, Aristote précise dans le IIe livre que la question *si est* peut être posée *in parte* ou *simpliciter*. La question est posée *in parte* quand elle se limite à constater quelque chose du sujet (*aliquid* dira Thomas d'Aq., dans son commentaire *ad loc.*) (« si albus est [homo] aut non », s'il y a un homme blanc) ; tandis que *simpliciter*, la question de l'existence d'un sujet est posée de manière absolue (« si est aut non est [homo] simpliciter », si l'homme existe ou pas)[87]. C'est en ce second sens que Thomas entend la question de l'a. 1 du prologue, comme le montre l'énoncé même de cette question[88].

Étant ainsi établi le caractère absolu de la demande que Thomas va poser à propos de l'existence de la *doctrina theologie* (a. 1, l. 41), il reste à déterminer si celle-ci concerne le *an sit* ou le *quid sit*, selon la distinction énoncée par Aristote au début du Ier livre des *Seconds Analytiques*[89]. Or, il est évident que le premier article n'a pas d'autre but que de déterminer l'existence de cette doctrine sur la base d'une connaissance générique de celle-ci : « oportet esse aliquam doctrinam que ex fidei principiis procedat » (a. 1, l. 23-24) ; « oportet esse aliquam doctrinam altiorem que per reuelationem procedat » (*ibid.*, l. 29-30)[90]. Il s'agit donc bien ici de prouver le *quia est* de cette doctrine dont les articles suivants devront déterminer le sujet.

possit esse scientia". Après la Somme dite d'Alexandre de Halès, plus aucun théologien n'omettra l'introduction à la théologie qui comporte au moins les deux questions essentielles : *an est scientia* ? et *quid est secundum causas* ? » (C. DUMONT, « La réflexion sur la méthode théologique », dans NRTL, 83 [1961], p. 1034-1050 et 84 [1962], p. 17-35).

87. V. ARISTOTELES, *Post.*, II, 1, 89b33, transl. Iacobi (AL IV.1-4, p. 69, l. 13-14), avec le commentaire de Thomas : THOMAS DE AQ., *ad loc.* (ed. Leon., t. I*-2, p. 175, l. 145-155).

88. « Videtur quod preter philosophicas disciplinas nulla doctrina sit homini necessaria » (l. 1-2). Dans quelques mss, à la place de l'expression « philosophicas disciplinas » on trouve « phisicas disciplinas » : à ce propos on peut voir un texte de Thomas qui indique bien l'ampleur de signification qu'il peut attribuer au mot *physica* : « [...] tunc etiam partes eius [c.-à-d. de la *prudence*, au sens large du mot] ponuntur dialectica, rhetorica et physica, secundum tres modi procedendi in scientiis. Quorum unum est per demonstrationem ad scientiam causandam: quod pertinet ad *physicam*; *ut sub physica intelligantur omnes scientiae demonstrativae* » (*IIa-IIae*, q. 48, art. unic., resp. [ed. Leon., t. 8, p. 366a ; c'est nous qui nous soulignons]).

89. V. ARISTOTELES, *Post.*, I, 1, 71a1-b8, transl. Iacobi (AL IV.1-4, p. 5-7), avec le commentaire de Thomas : THOMAS DE AQ., *ad loc.* (ed. Leon., t. 1*-2, p. 3-16, spec. p. 10-13).

90. Il faut remarquer que parmi les disciplines philosophiques, ce sont les traités sur l'âme qui commencent par poser la question de l'existence de leur sujet, l'âme, car celle-ci n'est pas perceptible immédiatement par tous et de la même façon (cf. ci-dessus, n. 28-31). On peut supposer que l'application d'une telle question au cas de la science théologique n'ait pas été envisageable pour deux raisons différentes : soit parce que la question aurait pu sembler superflue ; soit parce que la question à poser aurait dû concerner l'existence de Dieu ou l'existence d'une révélation, questions qui relèvent déjà de la science elle-même.

Le rapprochement des deux textes des *Seconds Analytiques* que nous venons d'évoquer avec la démarche du premier article du prologue de Thomas à son *Scriptum*, permet de supposer que cet ouvrage d'Aristote n'a pas été étranger à l'inspiration du plan des articles de ce prologue.

Si nous considérons les prologues analysés ci-dessus au § 2, il apparaît aussitôt qu'aucun de ces textes n'a pour but de prouver que la matière à l'enseignement de laquelle ils introduisent est bien une « matière d'enseignement » et donc est à même de fonder une science. De plus, il faut aussi remarquer qu'au début de cette production, la détermination du sujet de la science en question n'est pas un problème pour ces prologues : pour eux, le sujet s'identifie avec la matière (v. le prologue de la Glose d'Alexandre). C'est seulement ensuite que ces prologues mettent l'enseignement auquel ils introduisent en rapport avec les enseignements dispensés dans les autres facultés (la faculté des Arts, principalement) et s'emploient à traiter de son sujet, non plus uniquement comme matière, mais aussi comme élément distinctif, spécifique de l'enseignement en question et à mettre en évidence son caractère de science au sens aristotélicien[91]. Précisons, toutefois, que ces observations ne s'appliquent qu'aux prologues des commentaires aux *Sentences*, auxquels notre enquête est limitée.

La question *an theologia sit scientia*, qui est posée à ce moment par plusieurs auteurs examinés, revêt pour nous un intérêt tout particulier. Elle ne regarde pas l'*existence* de la théologie (qui ne faisait pas de doute), mais son statut scientifique : la théologie est-elle une science et de quel genre ? Cette question correspond donc à la question *quid sit* d'Aristote[92].

Les documents que nous avons analysés ci-dessus nous conduisent à être d'avis que c'est seulement avec le prologue de Thomas que la question de l'existence de la *res* occupe le premier lieu, conformément à l'énumération dérivée des commentateurs grecs, de Boèce et de Grosseteste (sans écarter toutefois une possible influence du schéma des *circumstantiae*).

À notre connaissance, avant Thomas, un seul théologien a traité explicitement dans le prologue à son commentaire des *Sentences* de la nécessité de la théologie, Richard Fishacre. Mais le schéma qu'il suit ne s'inspire pas directement des *Seconds Analytiques* ; Fishacre déclare expressément, en effet, suivre les quatre causes aristotéliciennes. Nous sommes donc ici très loin du schéma suivi par Thomas et on peut ajouter que le contenu même est loin d'y recevoir un traitement aussi développé.

Nous pouvons donc tenir pour acquis que le schéma suivi par Thomas d'Aquin s'inspire des *Seconds Analytiques* et peut-être aussi du second commentaire de Boèce à Porphyre. Il nous faut maintenant examiner comment ce schéma permet à Thomas de décrire la *sacra doctrina*.

Dans son précieux article sur la signification de *sacra doctrina*, J. A. Weisheipl souligne les déficiences du plan mis en œuvre dans le prologue

91. On peut suivre ce parcours chez : L. SILEO, *Teoria ...*, t. 1, chapitre III.
92. Ch. Dumont s'était mépris à ce propos (v. ci-dessus, n. 86).

du *Super Sententias* par rapport au plan de la première question de la *Somme de théologie*[93]. Il signale, en particulier, que le schéma emprunté aux *Seconds Analytiques* reste sans rapport avec les contenus qu'il prétend organiser[94]. Nous voudrions examiner de plus près ces critiques de J. A. Weisheipl.

Elles supposent que Thomas voulait dire dans le prologue du commentaire aux *Sentences* la même chose que ce qu'il dit dans la question 1 de la *Somme de Théologie* et qu'il aurait donc dû, pour ce faire, suivre le même plan. S'il en est ainsi, l'exposé du *Super Sententias* ne peut apparaître, en effet, que comme une tentative maladroite. Mais, avant d'en venir à cette conclusion, il aurait fallu se demander si Thomas avait vraiment l'intention qu'on lui prête ou si, au contraire, il ne visait pas, dans le *Super Sententias*, un autre but que celui visé dans la *Somme*. L'examen que nous avons mené du plan suivi dans le prologue du commentaire aux *Sentences* et, en particulier, la mise en évidence de son enracinement aristotélicien invitent clairement à reconnaître l'originalité de l'intention de Thomas dans cet écrit par rapport à la question 1 de la *Somme*. Le contenu du premier article du prologue confirme d'ailleurs ce sentiment. Quand il écrit ce prologue, Thomas – qui a reçu une solide formation philosophique à l'école d'Albert – se trouve à Paris, au contact d'une faculté des arts en pleine effervescence[95]. Dans ce climat, Thomas se préoccupe de revendiquer pour la *sacra doctrina* un statut de science et une place précise (*necessaria*) dans l'ensemble des connaissances scientifiques de l'époque, en face d'un public (celui de l'Université de Paris) qui est loin d'être homogène. C'est pourquoi, suivant la méthode annoncée dès le début des *Seconds Analytiques*, comme également dans le prologue de Boèce au second commentaire de l' *Isagoge*, Thomas choisit d'aller du général au particulier, c'est-à-dire de partir de ce que tout le monde admet (la définition aristotélicienne de la science) et de montrer, en respectant les exigences posées par les *Seconds Analytiques* de façon plus rigoureuse qu'il ne le fera dans la *Somme* (comparez *Scriptum*, prol. a. 3 et *Summa theol.* I, q. 1, a. 2), que la théologie mérite le statut de science.

93. « One can not ask wheter *sacra doctrina* is one or many until some logical genus has been established for it, such as ''science''. Similarly, the question of whether it is practical or speculative does not arise until we know that it is a science of some sort, of a kind that can be divided into practical or speculative. Further, one cannot ask whether this doctrine is wisdom until is compared with all other sciences » (J. A. WEISHEIPL, « The meaning ... », cit., p. 65).

94. « Finally, Thomas's consideration of its modality is too narrow, and the ''artificiality'' of its method is extrinsic to the doctrine » (*ibid.*).

95. Dans l'exposition de la *Littera*, Thomas semble se faire l'écho des controverses qui opposent certains courants théologiques et philosophiques de l'époque. Pierre Lombard, dans son prologue, cite saint Hilaire qui s'en prend à ceux « qui non rationi voluntatem subiciunt nec doctrinae studium impendunt » (ed. Grottaferrata 1971, p. 3, l. 22-23) ; Thomas force ce texte, puisqu'il commente : « Ostendit [Pierre Lombard] ex duobus esse inordinatos, quia uoluntas non sequitur rationem set e conuerso ; [...] et quia rationem suam non subiciunt sacre doctrine » (diu. et exp. litt., l. 101-103 – on ne peut cependant exclure tout à fait que Thomas ait eu entre les mains un manuscrit des *Sentences* qui aurait laissé tomber les mots « studium impendunt »). De même, un peu plus loin, Thomas écrit : « Illa uera que dicunt, quamuis in se uera sint, tamen quantum ad usum eorum falsa sunt, quia falso utuntur eis » (*ibid.*, l. 110-112).

La finalité de la q. 1 de la *Somme* est, en revanche, plus générale et plus systématique. J. A. Weisheipl la définit, pour les art. 2-6, comme « search for generic definition ».

À notre avis, c'est précisément cette généralité que Thomas a voulu éviter dans le prologue de son commentaire aux *Sentences* (v. au § 3.4 la présentation de l'art. 3). La *Somme* est écrite dans un contexte différent et a pour but d'organiser « secundum ordinem disciplinae », c'est-à-dire scientifiquement, « ea quae ad Christianam religionem pertinent » (v. le prologue général de la *Somme*).

À cela il faut cependant ajouter qu'entre le prologue au commentaire des *Sentences* et le début de la *Somme*, Thomas a commenté le *De Trinitate* de Boèce, ce qui lui a certainement fourni l'occasion d'affiner sa conception de la méthode théologique[96]. Cela se traduit, dans la *Somme*, par la formulation de certains articles (comme celui sur l'unité de la science) et par la simplification de certains développements[97].

3.6 Note à propos d'une question débattue : que faut-il entendre par sacra doctrina ?

Le sujet même de cette étude nous impose de nous interroger sur la signification de l'expression *sacra doctrina.* Pour ce faire, nous chercherons à éviter de répéter tout ce qui a déjà été dit sur l'argument et nous nous limiterons à reprendre certaines données bien acquises et à ajouter quelques éléments nouveaux.

Le connaisseur réputé de la doctrine de Thomas qu'est A. Patfoort a consacré plusieurs études à la notion de *sacra doctrina.* Nous ne pouvons qu'être d'accord avec lui, quant il écrit que la première question de la *Somme de théologie* concerne directement la *sacra doctrina*[98]. Cela est aussi confirmé par la façon de procéder de Thomas dans le prologue de son commentaire aux *Sentences* : les cinq articles (qui constituent un parallèle de la question 1 de la *I pars*) sont, sans l'ombre d'un doute, consacrés directement à la *sacra doctrina* comme Thomas le dit lui-même : « Ad euidentiam huius sacre doctrine [...] queruntur quinque ». De plus, nous avons noté au paragraphe précédent que dans l'intitulé des articles de ce prologue le terme *scientia* n'apparaît qu'après les explications de l'article 3.

Cependant, nous ne pouvons pas suivre A. Patfoort dans les conclusions qu'il prétend tirer de l'analyse de ces mêmes textes et qu'il synthétise ainsi :

96. V. l'article de J.-P. TORRELL, « Philosophie et théologie... », cit. à la note 1.

97. On peut considérer, de ce point de vue, les articles 1 des deux *introitus* et aussi l'article 5 des *Sentences*, réparti en trois articles dans la *Somme*. L'on peut voir aussi notre étude sur la subalternation de la théologie : chap. IV, § 3.3.4.

98. L'introduction de *I pars*, q. 1, ne permet pas de doute à ce propos : « [...] necessarium est primo investigare de ipsa sacra doctrina, qualis sit et ad quae se extendat. Circa quae quaerenda sunt decem » (ed. Leon., t. 4, p. 6a), non plus que l'introduction à la deuxième question (*ibid.* p. 27), comme l'a bien montré A. PATFOORT, *Les clefs d'une théologie*, Paris, 1983, p. 35 ; version italienne augmentée : ID., *Tommaso d'Aquino. Introduzione a una teologia*, Genova, 1988, p. 28.

« [...] dans l'esprit de notre auteur [c.-à-d. de Thomas d'Aquin], *Sacra Doctrina* et *Somme de Théologie* se présentent comme deux entités distinctes. D'où l'on peut conclure que lorsqu'il fait la description de la *Sacra Doctrina*, il ne cherche pas directement à faire la théorie de ce qu'il pratiquera dans son ouvrage »[99].

Commençons, comme cet auteur, par l'examen du texte de la *Somme de théologie*. Dans l'introduction générale, Thomas vient de dire que pour remédier aux nombreux obstacles que rencontrent ceux qui commencent l'étude de cette doctrine (*huius doctrinae novitios*), il veut entreprendre la rédaction de la *Somme* : « [...] tentabimus, cum confidentia divini auxilii, ea quae ad sacram doctrinam pertinent, breviter ac dilucide prosequi, secundum quod materia patietur ». Ce sont donc bien les contenus de la *sacra doctrina* dont il va traiter (*prosequi*). Et comment les traitera-t-il ? Suivant la méthode exigée par la matière de la *sacra doctrina* (*secundum quod materia patietur*), comme on le fait pour les autres sciences (cf. *I pars*, a. 8, resp. ; *In I Sent.*, prol. a. 5, l. 18-20 et 55-58). Et c'est précisément pour cela que la « théorie de ce qu'il [c.-à-d. Thomas] pratiquera » dans la *Somme* ne peut pas être autre chose que la « théorie » de la *sacra doctrina*.

Le texte par lequel Thomas introduit les cinq articles du prologue à son commentaire des *Sentences* nous permet d'être encore plus clair : « Ad euidentiam huius sacre doctrine que in hoc Libro traditur, queruntur quinque » (*Prol. quest.*, l. 1-2). Le premier problème qui se pose au lecteur de cette phrase est de déterminer l'antécédent du relatif *que*. Si c'est *euidentiam*, Thomas veut dire que le Lombard a pour but de transmettre une exégèse de la *sacra doctrina*, ce qui impliquerait que, de même qu'il y a distinction de nature entre la sainte Écriture et son exégèse, de même il y a distinction de nature entre la *sacra doctrina* et son exégèse (c'est-à-dire la théologie) : en ce cas, A. Patfoort est dans le vrai. Si, au contraire, il faut voir, comme d'ailleurs une lecture naïve y invite, dans *sacre doctrine* l'antécédent de *que*, on est conduit à penser que le contenu du livre du Lombard fait partie de la *sacra doctrina*, puisque c'est elle que ce livre a pour fin de nous transmettre ; cette interprétation est d'ailleurs confirmée par l'affirmation formulée un peu plus loin par Thomas et selon laquelle, dans l'ouvrage du Lombard, nous est enseignée la doctrine des réalités divines[100]. Les cinq articles ont donc pour but d'introduire à l'exposition de cette *sacra doctrina* qui est transmise dans le Livre de Pierre Lombard.

99. A. PATFOORT, *Les clefs* ..., p. 36. Thèse reprise dans : ID., « *Sacra doctrina*. Théologie et unité de la *Ia Pars* », dans *Angelicum*, 62 (1985), p. 306-315, et dans : ID., *La Somme de saint Thomas et la logique du dessein de Dieu*, Saint-Maur, 1998, p. 35-36 et 42.

100. « [...] hoc est initium praesentis operis, in quo Magister, diuinorum nobis doctrinam tradere intendit » (THOMAE DE AQ., *In I Sent.*, d. 1, diu. text. [ed. Piana, t. 6, f. 3vb]). Il ne semblerait guère raisonnable de vouloir contester que les expressions *sacra doctrina* et *divinorum doctrina* désignent la même réalité. V. à ce propos : A. OLIVA, « *Doctrina* et *sacra doctrina* chez Thomas d'Aquin et quelques-uns de ses contemporains », dans les Actes du colloque « *Vera doctrina* ». *Zur Begriffsgeschichte der doctrina von Augustinus bis Descartes*. ... Wiesbaden, à paraître.

L'étude des implications de la transmission, de l'enseignement, de cette *sacra doctrina* nous permettra de confirmer cette unité substantielle de la *sacra Scriptura*, de la *sacra doctrina* et de ce qu'aujourd'hui nous appelons la théologie. Présentant le texte de la première distinction du Lombard, Thomas écrit (c'est nous qui soulignons) : « [...] hoc est initium præsentis operis, in quo Magister, diuinorum nobis doctrinam *tradere* intendit quantum *ad inquisitionem veritatis*, et *destructionem erroris*. vnde et *argumentatiuo modo procedit in toto opere*, et præcipue argumentis ex autoritatibus sumptis »[101]. Or, à l'article 5 du prologue, c'est à la *sacra Scriptura* qu'il attribue la destruction des erreurs, la contemplation de la vérité et le caractère argumentateur[102]. Et l'on voudra bien remarquer que, dans ce texte, Thomas englobe sous l'expression *sacra Scriptura* aussi bien la Bible que les écrits des Pères et que l'ouvrage de Pierre Lombard lui-même. Ce fait révèle que pour Thomas il existe une continuité (voir une unité) de méthode entre ces différents moments de déploiement d'une même science, la *sacra doctrina*.

Il convient aussi d'observer que ces analyses de Thomas qui prennent occasion de l'ouvrage du Lombard, ont une portée générale : il ne s'agit pas seulement de décrire ce qu'a voulu faire le Maître dans les *Sentences*, mais bien de déterminer en quoi consiste la *sacra doctrina* et sa *traditio* (ou, si l'on préfère, la *sacra doctrina* au sens concret et au sens actif) ; c'est pourquoi il est déraisonnable de vouloir supposer qu'après ces exposés, Thomas mette en œuvre, dans l'élaboration de son propre commentaire aux *Sentences* (et aussi de la *Somme de Théologie*[103]), une autre conception et une autre méthode.

En réalité, lorsqu'il fait précéder ces deux ouvrages d'une analyse de la méthode scientifique, Thomas ne fait qu'obéir à la règle formulée par Aristote, règle à laquelle il se réfère explicitement dans son commentaire sur le *De Trinitate* de Boèce : *ante scientiam oportet inquirere modum scientie*[104]. C'est

101. THOMAS DE AQ., *In I Sent.*, d. 1, diu. text. (ed. Piana, t. 6, f. 3vb).

102. « [...] ad tria proceditur in sacra Scriptura, scilicet : *ad destructionem errorum, quod sine argumentis fieri non potest.* Et ideo oportet modum huius scientie quandoque esse argumentatiuum, tum per auctoritates, tum etiam per rationes et similitudines naturales.

Proceditur etiam *ad instructionem morum.* Vnde, quantum ad hoc, modus eius debet esse preceptiuus, sicut in Lege ; comminatorius et promissiuus, ut in prophetis ; et narratiuus exemplorum, sicut in hystorialibus.

Proceditur tertio *ad contemplationem ueritatis* in questionibus sacre Scripture. Et *ad hoc etiam oportet esse modum argumentatiuum*, quod precipue obseruatur in originalibus sanctorum et in isto libro qui quasi ex eis conflatur » (*In I Sent.*, prol., a. 5, resp. [l. 35-44]).

103. Thomas énonce, dans le prologue de la *Somme*, son intention de « ea quae ad christianam religionem pertinent, eo modo tradere, secundum quod congruit ad eruditionem incipientium » (*I pars*, prol. [ed. Leon., p. 5a]). Or, il ne saurait faire de doute que, pour Thomas, l'expression *christianam religionem* est ici équivalente à l'expression *sacram doctrinam*, comme le montre à l'évidence le fait que, dans la phrase suivante, il parle des *huius doctrinae novitios*, où *huius* représente *christianam religionem* et que, quelques lignes plus bas, précisant ce qu'il entend faire dans son ouvrage, il qualifie spontanément cette *doctrina*, dont il vient de parler, de *sacra* : « [...] tentabimus, cum confidentia divini auxilii, ea quae ad sacram doctrinam pertinent, breviter ac dilucide prosequi, secundum quod materia patietur » (*ibid.*).

104. « Et quia secundum sententiam Philosophi in II Metaphisice, ante scientiam oportet inquirere modum scientie, ideo pars ista diuiditur in duas : in prima Boetius ostendit modum

pourquoi, on ne saurait prétendre que les cinq articles du prologue du commentaire aux *Sentences* soient sans rapport direct avec le commentaire qui leur succède ou bien que la première question de la *Somme* soit un hors-d'œuvre sans lien nécessaire avec le reste de l'ouvrage. D'ailleurs, si la science que s'emploient à décrire les cinq articles en question ou bien la question 1 de la *Somme* était autre que celle analysée dans le *Commentaire* ou bien dans la *Somme*, quelle utilité auraient eue ces articles, quelle utilité aurait eue cette première question ?

Dans les textes que nous venons de citer, Thomas utilise comme synonymes diverses expressions et, en particulier, comme nous l'avons fait remarquer, *sacra doctrina* et *sacra Scriptura* (nous examinerons plus loin *theologia*). Cette synonymie, qui tient de façon générique au fait que l'enseignement aussi bien que l'écriture transmettent un savoir, se précise spécifiquement par le fait que le savoir transmis est le même : *sacra Scriptura* et *sacra doctrina* transmettent toutes deux la révélation divine[105]. Mais, comme on sait, deux synonymes ne sont jamais parfaitement tels[106] et cela explique que Thomas choisisse d'utiliser tantôt une expression, tantôt l'autre. Il est clair, en particulier, que *sacra Scriptura*, par sa référence à l'écrit, évoque plus immédiatement un donné, alors que, comme il est évident, *sacra doctrina* insiste davantage sur la transmission de ce donné[107] : le sens premier de *sacra Scriptura*, à partir duquel se déploie l'acception globale de l'expression, reste

proprium huius inquisitionis, que est de rebus diuinis, in secunda uero parte secundum modum assignatum procedit ad propositum inquirendum [...]. Prima pars diuiditur in duas : in prima ponit necessitatem ostendendi modum inquisitionis, in secunda modum congruum inquisitioni presenti ostendit [...] » (THOMAS DE AQ., *In Boet. De Trinitate*, exp. cap. 2 [ed. Leon., t. 50, p. 133, l. 5-15]). Thomas se réfère à ARISTOTELES, *Metaph.*, II 5, 995a13-15, transl. Iacobi (AL XXV 1-1a, p. 40, l. 12-14) : « Ex quo oportet instrui quomodo unaqueque demonstranda sunt, tamquam inconveniens sit simul querere scientiam et modum scientie ; est autem neutrum facile comprehendere ».

105. « [...] revelatio divina [...] super quam fundatur sacra scriptura seu doctrina » (*I pars*, q. 1, a. 2, ad 2 [ed. Leon., t. 4, p. 9b]).

106. « [...] ce qui constitue deux ou plusieurs mots synonymes, c'est d'abord un sens général qui est commun à ces mots ; et ce qui fait ensuite que ces mots ne sont pas toujours synonymes, ce sont des nuances, souvent délicates, et quelquefois presque imperceptibles, qui modifient ce sens primitif et général » (Jean LE ROND D'ALEMBERT, *Éloge de Girard* [*Œuvres complètes*, t. 3, Paris 1821, p. 360], cit. dans le Grand Robert, s. u.).

107. Nous renvoyons à la *lectio* 4 du commentaire sur Matthieu 13, qui atteste à la fois l'emploi de *sacra doctrina* comme synonyme de *docrina euangelica* et illustre en même temps la signification que Thomas attribue à l'expression *sacra doctrina* : « Ideo omnis scriba doctus etc. Hic ostendit officium quod imminebat eis [*scil.* discipulis], quasi iam examinatis. Et haec conclusio dupliciter potest sequi ex praemissis. Primo retorquendo hoc quod dictum est de thesauro. Potest ergo esse sensus, ut Dominus velit istud exponere: Vos dicitis, quod intelligitis. Si intelligitis, potestis scire quod thesaurus est *sacra doctrina.* De isto thesauro poteritis proferre nova et vetera. Et notandum quod isti dicuntur scribae, quia possunt conferre in regno caelorum, et in *doctrina sacra*, ubi nova et vetera continentur » (THOMAS DE AQ., *In Matt.*, c. 13, lect. 4 [ed. Marietti 1951, n. 1204]).

celui d'Écriture sainte, telle que nous l'entendons aujourd'hui, alors que la signification de *sacra doctrina* s'organise autour de l'idée d'enseignement[108].

Cela est confirmé, entre autres, par le fait que Thomas, dans la *Somme contre les Gentils*, met souvent en parallèle la *doctrina fidei* et la *doctrina philosophie* : pour lui, comme pour tout le monde au moyen âge, le terme *doctrina* possède la même extension que le mot « enseignement » en français[109] qui peut indiquer soit l'acte d'enseigner soit ce qui est enseigné[110]. Il est bon de ne point perdre de vue cette ambivalence du terme lorsqu'on lit Thomas ou les autres auteurs médiévaux.

L'usage fait par Thomas du mot *theologia* comme synonyme de *sacra doctrina* nous fournit une preuve supplémentaire du fait qu'il n'identifie pas purement et simplement la *sacra doctrina* et l'Écriture sainte[111]. Aussi bien l'article 1 du prologue du commentaire aux *Sentences* que la question 1 de la *I pars* offrent l'exemple de cet usage de *theologia* comme synonyme de *sacra doctrina* ; de plus, l'article 1 de la question 1 de la *Somme de théologie* (obj. 2 et ad 2) fournit quelques éléments qui éclairent la relation entre les deux termes. Thomas y institue un parallèle entre la *theologia quae pertinet ad sacram doctrinam* et la *theologia quae pars philosophiae ponitur*. On peut remarquer, dès l'abord, qu'alors qu'il présente la théologie philosophique comme une *partie* de la philosophie, Thomas évite de dire que la théologie sacrée est une partie de la doctrine sacrée ; il dit simplement, en utilisant une expression plus vague à première vue mais en fait propre à indiquer une

108. On trouve l'illustration de ce que nous venons de dire dans le texte suivant où l'unité de la science est fondée sur son objet formel, un et identique : « Quia igitur sacra Scriptura considerat aliqua secundum quod sunt divinitus revelata, secundum quod dictum est, omnia quaecumque sunt divinitus revelabilia, communicant in una ratione formali obiecti huius scientiae. Et ideo comprehenduntur sub sacra doctrina sicut sub scientia una » (*I pars*, q. 1, a. 3, resp. [ed. Leon., t. 4, p. 12a]).

109. Cf. Y. CONGAR, « Tradition et « sacra doctrina » chez saint Thomas d'Aquin » dans *Eglise et tradition*, ed. J. BETZ et H. FRIES, Le Puy–Lyon, 1963, p. 162 et 168-169 (repris dans Y. CONGAR, *Thomas d'Aquin : sa vision de théologie et de l'Église*, London, 1984) ; on trouve la même position chez Cl. GEFFRÉ, « Introduction » dans THOMAS D'AQUIN, *Somme théologique*, Paris 1984, t. 1, p. 145 et chez J.-P. TORRELL, « Le savoir théologique chez saint Thomas », RT 96 (1996), p. 373.

110. Nous citons, dans notre texte, maints exemples où le mot *doctrina* est employé au sens concret ; voici maintenant un cas particulièrement pertinent de l'emploi du sens actif de *doctrina*, emprunté à Thomas lui-même : « Et ideo scientia acquiritur dupliciter: et sine doctrina, per inventionem; et per doctrinam. Docens igitur hoc modo incipit docere sicut inveniens incipit invenire: offerendo scilicet considerationi discipuli principia ab eo nota, quia *omnis disciplina ex praeexistenti fit cognitione*, et illa principia in conclusiones deducendo; et proponendo exempla sensibilia, ex quibus in anima discipuli formentur phantasmata necessaria ad intelligendum » *ScG*, II 75 (ed. Leon., t. 13, p. 475, l. 44-53).

111. Le problème posé dans l'art. 1 du prologue concerne directement la *sacra doctrina* : « Videtur quod preter philosophicas disciplinas nulla *doctrina* sit homini necessaria ». Or Thomas y affirme : « Vnde oportet ut ea que sunt ad finem proportionentur fini, quatenus homo manuducatur ad illam contemplationem in statu uie *per cognitionem non a creaturis sumptam, set immediate ex diuino lumine inspiratam. Et hec est doctrina theologie* » (*In I Sent.*, prol., a. 1 [l. 38-41]). En outre, il est à noter que, dans cet article, le terme *theologia* est en parallèle avec le terme *philosophia* (*ibid.*, l. 47-49), selon une habitude de Thomas dont on dira un mot ci-dessous.

certaine identification entre les deux termes envisagés, qu'elle appartient à la *sacra doctrina.* De plus, il précise que les deux théologies diffèrent quant au genre, puisque l'une relève du *lumen naturalis rationis* et l'autre du *lumen divinae revelationis*[112]. Nous retrouvons ici, attribué à la théologie sacrée, l'un des éléments constitutifs de la synonymie entre *sacra doctrina* et *sacra Scriptura* : le rapport à la révélation divine. Le second élément, que nous avions décelé, l'idée d'enseignement, se retrouve aussi dans l'étymologie du mot *theologia*, « quasi sermo de Deo »[113]. Mais il nous faut noter en outre que, dans le prologue de la *Somme*, lorsqu'il expose l'intention de son ouvrage, Thomas dit qu'il traitera *ea quae ad sacram doctrinam pertinent*[114] ; or, dans le texte que nous avons cité plus haut Thomas dit bien que la *theologia* « pertinet ad sacram doctrinam » (*I pars*, q. 1, a. 1, ad 2) ; c'est donc bien d'elle qu'on traitera dans la suite, c'est-à-dire dans la *Somme de théologie.* Cependant, nous ne pouvons reconnaître une parfaite synonymie entre *sacra doctrina* et *theologia.* L'évocation même de l'étymologie du mot *theologia* aussi bien dans le prologue du commentaire aux *Sentences* que dans l'article 7 de la première question de la *Somme* oriente l'esprit à voir dans ce vocable une insistance plus particulière sur le caractère d'élaboration technique impliquée par la *sacra doctrina*, élaboration à laquelle Thomas lui-même va s'appliquer avec la rédaction d'abord du *Scriptum* et ensuite de la *Somme*[115].

112. « Unde nihil prohibet de eisdem rebus, de quibus philosophicae disciplinae tractant secundum quod sunt cognoscibilia lumine naturalis rationis, et aliam scientiam tractare secundum quod cognoscuntur lumine divinae revelationis. Unde theologia quae ad sacram doctrinam pertinet, differt secundum genus ab illa theologia quae pars philosophiae ponitur » (*I pars*, q. 1, a. 1, ad 2 [ed. Leon., t. 4, p. 7a]).

113. « [...] in hac scientia fit sermo de Deo: dicitur enim *theologia*, quasi *sermo de Deo* » (*I pars*, q. 1, a. 7, set c. [ed. Leon., t. 4, p. 19a]).

114. « [...] tentabimus, cum confidentia divini auxilii, ea quae ad sacram doctrinam pertinent, breviter ac dilucide prosequi, secundum quod materia patietur » (*I pars*, prol. [ed. Leon., t. 4, p. 5b]).

115. Cette synonymie fondamentale et ces nuances de sens ne sont pas propres à Thomas ; nous pourrions multiplier à ce propos les exemples de ses contemporains. Nous nous limiterons à en citer quelques-uns particulièrement éloquents. Avant tout il faut rappeler Richard Rufus (v. ci-dessus, § 2) qui, à la fin du prologue de son commentaire des *Sentences* écrit : « Quibusdam placet hic quedam generalia de ipsa theologia dubitare et hoc gratia huius summe Magistri. Quod non uidetur michi necessarium, cum hec summa non sit ipsa theologia; nec aliqua pars eius. Est enim diuina scriptura in se integra. perfecta. absque hac et omni alia summa » (*Oxford, Balliol Coll. 62*, f. 6va, l. 11-15 du bas ; comment ne pas rapprocher ces quelques mots des considérations d'A. Patfoort ?) ; cependant, quelques années plus tard, le même Rufus écrit : « Postea queritur quid sit subiectum theologie siue huius operis [c.-à-d. les *Sentences*]. quod idem est » (*Vat. lat. 12993*, f. 4rb, l. 18-19), ce qui est bien surprenant, car c'est par son sujet qu'une science se distingue de toutes les autres ! Trois autres exemples sont empruntés aux premières pages du *Breviloquium* de Bonaventure (nous soulignons) : « In principio intelligendum est quod *sacra doctrina videlicet theologia* quae principaliter agit de primo principio scilicet de Deo trino et uno de septem agit in universo scilicet primo de trinitate dei secundo de creatura mundi tertio de corruptela peccati quarto de incarnatione verbi quinto de gratia spiritus sancti sexto de medicina sacramentali et septimo de statu finalis iudicii » (S. BONAVENTURAE, *Breviloquium*, c. 1 ; ed. Quaracchi, t. 5, p. 210a) ; « [...] cum *sacra Scriptura sive theologia* sit scientia dans sufficientem notitiam de primo principio secundum statum viae [...] » (*Ibid.* [p. 210a]) ; « Huic autem fidei in quantum dictat de Deo piissime sentiendum esse attestatur *tota sacra scriptura quae dicitur*

Et, pour conclure cette enquête, il nous faut attirer l'attention sur un texte important qui exprime sans ambages la pensée de Maître Thomas, pour peu qu'on le lise avec attention. Il s'agit du *Quodlibet I*, disputé durant le carême 1269. On y trouve une parfaite confirmation des positions exprimées aussi bien dans le prologue au commentaire des *Sentences* que dans la première question de la *Somme*, ce qui montre bien la continuité du sentiment de Thomas relativement à la signification de *sacra doctrina* : « Et similiter theologie doctores sunt quasi principales artifices, qui inquirunt et docent qualiter alii debeant salutem animarum procurare. Simpliciter igitur melius est docere sacram doctrinam, et magis meritorium, si bona intentione agatur, quam impendere particularem curam saluti huius et illius »[116]. Ainsi donc, la tâche des *doctores theologie* consiste à *docere sacram doctrinam*[117], être professeur de théologie, c'est enseigner la doctrine sacrée : comme on le voit Thomas utilise comme synonymes les expressions *theologia* et *sacra doctrina*[118].

On peut toutefois remarquer que Thomas emploie souvent le mot *theologia* quand il met en relation la *sacra doctrina* avec la *philosophia*, ce qui oriente vers le dialogue entre l'élaboration théologique et l'élaboration philosophique et aussi, plus concrètement, entre la faculté de théologie et la faculté des arts.

À la suite de cette brève analyse, il résulte qu'il est impossible à nos yeux d'attribuer à l'expression *sacra doctrina*, telle que Thomas l'emploie, une signification univoque : pour faire cela il faudrait que Thomas ait donné une définition au sens strict du mot et Thomas ne l'a pas fait[119] ; A. Patfoort lui-même a dû se limiter à en donner une définition descriptive qui n'apporte rien pour une interprétation correcte[120] et, en outre, comme déjà J. Weisheipl[121], il

'doctrina secundum pietatem' [...] » (*Ibid.*, c. 2 [p. 211a]). – Cela étant dit, on comprendra que nous jugions partielle l'interprétation du terme de *theologia* qu'offre H. DONNEAUD, « Insaisissable sacra doctrina ? À propos d'une réédition récente », dans RT 98 (1998), p. 196-198.

116. S. THOMAE DE AQ., *Q. de quolibet*, I, q. 7, a. 2 [14] (ed. Leon., t. 25-2, l. 51-57). Sauf erreur, ce texte n'a été pris en compte par aucune des études que nous citons.

117. On aura sans doute relevé l'assertion de Thomas sur la recherche comme tâche propre des professeurs de théologie, conjointement à l'enseignement : « inquirunt et docent » ; il faut peut-être rappeler ici que Thomas place l'enseignement parmi les actes de charité les plus nobles : « [...] sollicitudo quae adhibetur circa bona communia, pertinere potest ad caritatem, licet etiam per hoc impediri possit aliquis altior caritatis actus, puta contemplationis divinae aut instructionis proximorum » (*IIa-IIae*, q. 188, a. 7, resp. [ed. Leon., t. 10, p. 531a] et encore *Q. de quolibet*, I, q. 7, a. 2 [14] ad 2m [ed. Leon., t. 25-2, p. 197, l. 107-123]).

118. Cette seule observation suffit amplement à réfuter certaines thèses d'un livre récemment publié par F. GABORIAU, *Au seuil de la Somme. Un quiproquo chez Thomas d'Aquin ?*, Paris, 1999 ; recensé par L. BIZET, RT 101 (2001), p. 479-482.

119. Le fait que, pour construire ses introductions au commentaire des *Sentences* et à la *Somme*, Thomas ait suivi les *Seconds Analytiques* n'autorise pas à conclure que les cinq articles du prologue du commentaire aux *Sentences* ou la première question de la *Somme* fournissent des définitions proprement dites : qui prétendrait encore l'affirmer passerait à un langage métaphorique et non plus scientifique (voir ci-dessus § 3.5).

120. « L'ensemble de l'enseignement donné en christianisme par Dieu sur la base de la Bible, en un mot la doctrine chrétienne » (A. PATFOORT, *Les clefs...*, p. 34).

121. « The very first question of the *Summa* is an introduction to the whole of *sacra doctrina*, or *Christiana religio*, which is analyzed throughout the tree parts. Strictly speaking, as we shall see, this first question is not an introduction to the *Summa* or to scholastic theology; it is rather an

s'est trouvé conduit à insinuer entre la *sacra doctrina* et les ouvrages qui la transmettent (c'est-à-dire le *Commentaire des Sentences* et la *Somme de théologie*) une solution de continuité inadmissible et, disons-le, contraire au simple bon sens[122].

La première conséquence d'une telle solution de continuité serait la rupture entre la pratique de la théologie et celle de l'Écriture sainte[123]. La seconde conséquence serait l'exclusion de toute possibilité de pratiquer la théologie en dehors de la définition univoque de *sacra doctrina*, telle qu'elle aurait été fixée par Thomas dans les introductions de ses ouvrages, ce qui paraît bien exorbitant.

Au terme de cette rapide enquête nous pouvons faire nôtre la conclusion de Cl. Geffré :

> Il faut donc garder à l'expression « doctrine sacrée » [...] l'indétermination qui était la sienne dans la langue commune du temps. Elle recouvre tout le champ de l'enseignement chrétien et, selon le contexte, elle peut désigner l'enseignement même qui procède de la Révélation, ou bien l'Écriture sainte [...], ou bien le commentaire de l'Écriture, ou bien la spéculation théologique proprement dite[124].

Et nous ajouterons volontiers ces considérations de J.-P. Torrell, qui a su tirer profit des recherches de J. Weisheipl, tout en se gardant de forcer les textes de Thomas :

> On ne sera pas trop loin de la vérité, croyons-nous, si l'on comprend la *sacra doctrina* comme le « milieu vital » dans lequel s'enracine la *theologia* pratiquée par lui [Thomas d'Aquin]. Reçue par et tenue dans la foi, cette *sacra doctrina* comporte une *theologia* qui est elle-même en dépendance étroite de la foi, et même inséparable de la doctrine révélée. C'est pourquoi ses liens tant avec l'Écriture sainte [...], qu'avec la Tradition interprétative de l'Écriture [...], sont si forts qu'elle prend elle-même place dans cette Tradition comme un organe particulier qui ne trouve et qui ne garde son caractère spécifique qu'en symbiose avec ces autres éléments[125].

Ce texte doit cependant être interprété correctement : « le "milieu vital" dans lequel s'enracine la *theologia* pratiquée par » Thomas d'Aquin ne doit pas être compris comme si la *sacra doctrina* constituait le *genus* auquel appartiendrait, comme *species* autonome, la *theologia* pratiquée par Thomas ; la suite de

introduction to the subject matter, the doctrine possessed by every Christian and studied by every theologian » (J. A. WEISHEIPL, « The meaning ... », p. 54).

122. A. PATFOORT, *Les clefs* ..., p. 36. J. A. Weisheipl et A. Patfoort ont été, sur ce point, suivi de près par H. DONNEAUD, « Insaisissable ... », p. 182 ss et surtout p. 199-215.

123. J-P. Torrell a montré, dans plusieurs de ses études, la continuité « vitale » de ces deux pratiques chez Thomas d'Aquin : v. en part. J.-P. TORRELL, « Le savoir théologique chez saint Thomas », RT 96 (1996), p. 392-396, et aussi, spécialement, p. 356-365.

124. Cl. GEFFRÉ, « Introduction », cit., p. 145. Nous rapprochons volontiers de cette citation, l'expression « jeu des synonymies », utilisée, dans un autre contexte (a. 1), par H. DONNEAUD, « Insaisissable ... », p. 191.

125. J.-P. TORRELL, « Le savoir théologique chez saint Thomas », p. 374.

la citation interdit d'ailleurs une telle interprétation, que Thomas lui-même a exclue (v. ci-dessus note 112, avec notre commentaire à *I pars*, q. 1, a. 1, ad 2 et a. 3, resp.).

La conclusion qui s'impose, nous semble-t-il, au terme de cette brève enquête est que le sens de l'expression *sacra doctrina* doit être saisi non dans l'univocité, mais dans l'analogie, comme l'insinue le texte de J.-P. Torrell que nous venons de citer[126].

Entendue strictement comme l'enseignement donné par Dieu, la *sacra doctrina*, dans son déploiement analogique, s'étend de façon nuancée mais réelle à tout ce qui transmet, interprète, approfondit cet enseignement, de l'Écriture sainte aux sermons, en passant par les écrits des Pères et les œuvres des théologiens ; elle n'est la chose de personne en particulier, mais elle appartient à chacun selon sa condition et son génie propre ; elle aspire à être, non pas l'élaboration solitaire et quelque peu hautaine d'un esprit isolé, mais le résultat d'une conspiration ancienne comme le christianisme même ; elle n'exclut pas la rigueur dans la recherche ni la controverse qui souvent en découle, mais elle est attentive à ne rien laisser se perdre de l'héritage reçu, parfois même au prix de quelque *benigna interpretatio* ; elle se fait accueillante à toute vérité d'où qu'elle vienne, sachant qu'elle vient, en fait, de l'Esprit-Saint, mais elle se montre inflexible dans le refus de tout ce qui est incompatible avec son fondement même qui est la Révélation divine[127].

126. Sur ce point, on lira avec profit A. DI MAIO, *Il concetto di comunicazione. Saggio di lessicografia filosofica e teologica sul tema di 'communicare' in Tommaso d'Aquino*, Roma, 1998, p. 334-358.

127. Dans la *lectio* 4 du commentaire au chapitre 13 de l'Évangile de Matthieu, Thomas d'Aquin n'hésite point à attribuer à la *doctrina sacra* ou *euangelica* certaines caractéristiques du « royaume de Dieu », caractéristiques auxquelles nous faisons écho dans ces lignes (S. THOMAS DE AQ., *In Matt.*, 13, lect. 4 [ed. Marietti 1951, n. 1189-1197 ; à noter le passage (n. 1201-1204) où les disciples semblent être « en classe », en train d'être instruits et interrogés par le Christ]).

CHAPITRE VII

LA PRÉSENTATION DU TEXTE

1. La graphie du texte édité et les problèmes de restitution de la polygraphie médiévale

Les critères qui devraient présider à la restitution de la graphie d'un texte médiéval sont de nos jours fort débattus. Nous devons cependant justifier les choix de notre édition et, par conséquent, tenter de proposer une solution à ce problème de la graphie à adopter pour publier un texte médiéval[1]. Pour ce faire, il faut, avant toute chose, s'employer à prendre en compte de la façon la plus scrupuleuse possible les données de fait devant lesquelles se trouve placé l'éditeur. Ces données sont de deux ordres distincts qui doivent, autant qu'il est possible, être respectés l'un et l'autre dans leur spécificité.

Qu'est-ce, en effet, qu'une édition critique ? Comme on l'a dit au chapitre premier, c'est une édition qui s'efforce de procurer de façon accessible au lecteur moderne le texte le plus ressemblant possible à celui qui est sorti de la plume ou de la bouche de l'auteur. La situation de l'éditeur se définit donc par la tension perpétuelle entre le texte et son auteur, d'un côté, et le lecteur, de l'autre, et cela en particulier quand il s'agit de l'orthographe.

1.1 Les textes des manuscrits

Chacun sait qu'il n'existe pas, au moyen âge, une orthographe universellement reçue du latin. Bien sûr, n'importe quel mot ne s'écrit pas de n'importe quelle façon, mais, du moment que le mot peut être reconnu, sa graphie peut offrir une marge importante de variations. Non seulement chaque scribe a ses habitudes orthographiques, relevant de l'école à laquelle il a été formé et de sa propre pratique, mais souvent le même scribe écrit le même mot de façon

1. Comme bien l'on pense, ce problème a été et est l'objet de débats parfois passionnés entre savants. Limitons-nous à renvoyer à ce propos à l'étude de R. Hissette, « *Auerrois* ou *mystice* plutôt qu'*Auerroys* ou *mistice* ? À propos des graphies dans les éditions des textes scolastiques latins », dans *Bulletin de philosophie médiévale*, 40 (1998), p. 77-90 (ce texte a été présenté à une rencontre organisée par l'*Albertus-Magnus-Institut* de Bonn, cf. n. 5), où l'on trouvera une riche bibliographie, ainsi que des vues stimulantes, et à la réplique de J. Long, « Scholastic Texts and Orthography : a Response to Roland Hissette », *ibid.*, 41 (1999), p. 149-151.

différente à quelques lignes (ou mots) de distance. C'est donc à juste raison que P. Tombeur a proposé de parler, pour le latin du moyen âge (et « quasiment de toutes les époques »), non pas d'« orthographe », mais de « polygraphie »[2].

La polygraphie touche tous les genres de manuscrits médiévaux, qu'ils soient produits par des scribes de profession, ou bien par des étudiants, ou bien par les auteurs eux-mêmes.

Pour nous limiter au cas de Thomas d'Aquin, la précieuse étude de P.-M. Gils fournit beaucoup d'exemples qui nous apprennent, avant tout, que Thomas, probablement dans l'abbaye du Mont-Cassin, a bien appris les règles de l'écriture : « L'orthographe de s. Thomas est approximativement celle de son époque, à l'exception de quelques mots qu'il a appris à écrire d'une façon moins corrompue, plus conforme aux graphies anciennes »[3]. Cependant, Thomas lui-même nous offre de nombreux exemples de polygraphie. Dans l'autographe de Naples, par exemple, nous lisons sur la même ligne (f. 111rb, l. 12), *chimera* et *cimera* et, dans celui des *Sentences* (f. 39vb, l. 34), « *culparum cirographa*, etc. *cyrographum* dicitur a cyros ». On peut en même temps remarquer, ça et là, une certaine attention à la façon d'écrire un mot. Il lui arrive, en effet, de corriger sa graphie première, comme dans Naples (f. 134rb, l. 14) le *h* de *hystoria* est ajouté après coup par Thomas[4] et où (*ibid.*, f. 58v, l. 21), dans *horam uestimenti*, le *h* a été, cette fois, supprimé après coup. Dans le commentaire sur Isaïe (f. 109va, l. 12), il commence par écrire *syn*, le rature et écrit *sinagoga*. Ces exemples montrent que Thomas se soucie d'écrire certains mots de façon jugée plus exacte ; il s'agit là sans doute d'un effet de la préoccupation manifeste qu'il avait de rendre sa graphie le plus précise possible et de permettre ainsi une reproduction correcte de son écriture[5].

Cela dit, il ne serait pas difficile de multiplier les exemples pour avoir un cadre plus complet et surtout plus confus de la fluctuation de la graphie (et donc de l'orthographe) au moyen âge. Devant ce constat, quelles règles peut-on suivre pour l'édition ?

1.2 Typologie des textes et principes orthographiques

Le respect de la graphie médiévale (en tant que donnée des manuscrits) s'impose à la tâche même de l'éditeur, qui doit en définir les caractéristiques et les structures, pour être en mesure de déterminer les règles qui la sauvegardent le plus fidèlement possible.

2. « ... une pluralité de graphies, et ce quasiment pour toutes les époques où on a écrit en latin (si l'on excepte l'époque la plus récente du néo-latin) » : P. TOMBEUR, « De polygraphia », dans *Grafia e interpunzione del latino nel medioevo*, ed. A. MAIERÙ, Roma, 1987, p. 69 et surtout p. 97-101.

3. P.-M. GILS, « S. Thomas écrivain », cit., p. 187.

4. Il faut remarquer qu'écrire *ystoria*, sans *h*, est un usage très commun en Italie, moins à l'étranger, où se trouve Thomas quand il écrit ce manuscrit.

5. Pour les exemples cités : P.-M. GILS, « S. Thomas écrivain », cit., p. 190 ; à propos de l'application de Thomas en écrivant : *ibid.*, p. 177-181.

Les aberrations dans lesquelles on risque de tomber quand on ne respecte pas la graphie du latin de l'époque ont été bien mises en évidence par plusieurs études[6].

Comment se définit la graphie, ou polygraphie, médiévale? Non pas par le manque de toute règle (on peut constater des constantes, soit dans l'usage des régions et des écoles, soit chez un même auteur), mais par l'équivalence de plusieurs règles ou plutôt de différents usages[7].

Une fois qu'on a constaté la polygraphie, on est obligé de reconnaître une égale autorité à chacune des graphies (sauf erreurs ou méprises, naturellement), même si l'une peut être plus 'classique' que certaines autres.

En conséquence, le respect complet de la polygraphie des copies d'un texte exigerait, en poussant jusqu'à l'absurde, l'édition des variantes graphiques de tous les manuscrits. Or personne ne prétend arriver nécessairement jusque là, pour la simple raison que ce serait inutile pour l'édition du texte. Et cela serait même absurde : ce serait accorder aux variantes graphiques une importance qu'elles n'avaient certes pas aux yeux des médiévaux.

On constate plutôt que l'éditeur de chaque ouvrage a le devoir de faire des choix quant aux graphies du texte qu'il édite. Suivant les différentes typologies d'ouvrages conservés, nous allons donc proposer quelques principes graphiques.

1.3 Le cas d'un seul manuscrit conservé

Le cas de l'édition diplomatique mis à part, même l'édition d'un seul manuscrit conservé comporte plusieurs interventions de l'éditeur, tant dans l'élucidation de certaines abréviations, que dans la correction de certaines fautes ou bien dans l'adjonction de l'un ou l'autre mot. Si le fait de suivre l'orthographe du manuscrit telle quelle réduit l'arbitraire de l'éditeur, cependant, là où il lui faut compléter la graphie ou corriger l'orthographe d'un mot qui n'est attesté nulle part ailleurs par le manuscrit, il sera obligé de recourir à des sources contemporaines de l'auteur (ou bien du manuscrit). Cela montre la nécessité de chercher à reconstituer des modèles de graphie, qui tiennent compte en même temps de l'époque, du genre littéraire et du lieu de copie.

Quand d'un texte donné, la tradition manuscrite ne comporte que l'autographe de l'auteur, l'édition diplomatique est souhaitable ; si, en revanche, en plus de l'autographe, on conserve plusieurs autres témoins, alors

6. En plus des articles cités ci-dessus, voir l'imposante étude de P. TOMBEUR, « Science et inconscience : les éditions critiques. Propositions et esquisse d'une dynamique du provisoire », dans *Philologie und Philosophie*, Tübingen, 1998, p. 144-182 (pour notre propos, p. 149-157).

7. Par le terme « polygraphie », on désigne l'usage graphique médiéval dans l'ensemble de ses pratiques ; ainsi, la polygraphie désigne en même temps le phénomène qui en linguistique peut être appelé d'une part homographie, quand par une même graphie sont désignés des mots différents, et d'autre part allographie, quand un même mot est écrit suivant différentes graphies.

il convient de décider cas par cas, sur la base de certains principes que nous allons exposer ci-dessous[8].

En traitant de l'utilisation de l'édition par le lecteur, nous présenterons quelques suggestions pour faire état des différentes graphies rencontrées à l'intérieur d'un même ouvrage.

1.4 La tradition à plusieurs témoins

1.4.1 La solution de facilité : l'orthographe « néo-latine »

Depuis l'humanisme, il s'est établi une orthographe du latin qui a été généralement reçue jusqu'aux dernières décennies du XIXe siècle. Il s'agit d'un système qui facilite énormément le travail de l'éditeur et qui assure l'uniformité de la graphie.

Mais ce système de restitution d'un texte médiéval ne respecte pas la réalité de celui-ci ; il trompe sur la graphie dans laquelle l'ouvrage nous a été transmis et il impose une règle datant d'une époque souvent postérieure à celle du texte. Si, comme nous l'avons rappelé, une édition critique se doit de donner le texte qui ressemble le plus possible à celui de l'auteur, on devra exclure par principe l'utilisation de l'orthographe néo-latine et on devra s'employer à maintenir le plus possible les graphies médiévales.

1.4.2 L'orthographe privilégiée d'un des témoins

Pour surmonter les difficultés posées par l'édition du texte polygraphique d'un ouvrage attesté par plusieurs témoins et pour éviter, en même temps, la graphie néo-latine, on peut décider de reproduire l'orthographe d'un seul manuscrit (quel que soit le nombre des témoins). Ce parti n'est pas, cependant, exempt de problèmes. En fait, il se heurte aux difficultés déjà évoquées (fluctuations orthographiques au sein d'un même manuscrit) et à d'autres encore (insertion dans le texte critique de variantes provenant d'autres manuscrits) : en réalité un tel choix ne permet pas de sortir des difficultés posées par la polygraphie, et finalement accorde une part qu'on peut juger excessive à l'arbitraire de l'éditeur. Au nom de quoi, en effet, choisir de reproduire la graphie d'un manuscrit plutôt que celle d'un autre ? On ne peut même pas dire que, parce que le texte donné par un manuscrit est 'le meilleur', il faut nécessairement reproduire sa graphie : les deux aspects n'ont aucun rapport nécessaire.

1.4.3 L'orthographe du manuscrit d'auteur

Quand on a l'heur de posséder des autographes de l'auteur (soit pour une partie du texte édité, soit pour d'autres œuvres), on peut décider de restituer, pour l'ensemble du texte à éditer, une orthographe conforme à celle de l'auteur. Cette solution, cependant, se heurte à diverses difficultés.

8. Un modèle, pour ce genre d'édition, a été réalisé par P.-M. Gils dans S. THOMAE DE AQ., *Super Boetium De Trinitate*, ed. Leon., t. 50, 1992.

La première est celle de la 'polygraphie d'auteur', qu'on vient de voir pour Thomas d'Aquin : ce fait confirme que, du point de vue de la graphie en tant que telle, l'orthographe de l'auteur n'a pas plus d'autorité que celui des copistes de ses œuvres : l'auteur lui-même sait trop bien comment seront reproduites les copies ! Si l'auteur s'applique dans l'effort de l'écriture c'est, avant tout, pour transmettre un texte qui signifie ce qu'il veut lui faire dire. Or, puisque cela est précisément ce à quoi une édition critique veut atteindre, il est hors de doute que suivre l'autographe de l'auteur sera préférable, même s'il faut la compléter et la corriger. L'étude « S. Thomas écrivain » et l'édition de *Super Boetium De Trinitate* nous apprennent beaucoup sur les difficultés et les solutions relativement à ce genre d'édition.

Quand l'autographe (comme c'est le cas pour tous ceux de Thomas d'Aquin) ne couvre pas toute l'œuvre, quelle orthographe faudra-t-il suivre pour le reste du texte ? P.-M. Gils a montré avec quelle prudence il faut procéder :

> « La grande diversité de l'origine des manuscrits et leur extrême dispersion dans le temps rendent aléatoire la fabrication d'une orthographe tant soit peu cohérente dans la partie non autographe de notre texte. Il n'est pas possible non plus de reproduire celle du plus ancien et de l'unique pur de nos témoins (P^{49}), tant il est déficient. On a donc unifié l'orthographe en restaurant cette première partie dans le style des autographes de l'auteur »[9].

La deuxième question est celle de savoir dans quelle mesure, quand on possède un ou des autographes d'un auteur, il faut les suivre lors de l'édition d'autres ouvrages de ce même auteur. À ce propos, l'expérience de P.-M. Gils, est très instructive : entre l'édition de la *Q. disp. de malo* et celle du *Super II Sententiarum*, il a changé d'avis. Il écrivait dans la Préface à la *Q. disp. de malo* :

> « [...] on a choisi une orthographe médiévale. Il s'agit d'un choix, car tout médiéviste sait qu'il n'y a pas une orthographe, mais plusieurs. L'idéal aurait été de pouvoir utiliser celle de S. Thomas. [...] Aussi a-t-on introduit quelques graphies dûment attestées de l'auteur, [...]. On a écrit *diabolus, Dionisius, his, metaphora, metaphisica, tibia.* Une deuxième norme a été d'adopter de préférence la graphie de l'auteur quand les manuscrits se dispersent. [...] On n'a pas unifié : l'orthographe varie dans l'édition et l'apparat donne les exceptions »[10].

Or, dans l'édition du *Super II Sententiarum*, dont il venait d'achever le texte peu de temps avant sa mort, ce même savant philologue a adopté de nouvelles options dans le choix de l'orthographe, en restituant autant que possible les graphies du texte qui est à l'origine de la tradition. Il s'agit d'une graphie de l'école 'française' (celle des ancêtres de la tradition), privilégiée par rapport à celle de l'école 'italienne', attestée par l'usage de Thomas lui-

9. P.-M. J. GILS, « Préface », dans *S. Thomae de Aq., Super Boetium De Trinitate*, ed. Leon., t. 50, p. 66.

10. ID., « Préface », dans *S. Thomae de Aq., Q. disp. de malo*, ed. Leon., t. 23, 1982, p. 67*.

même[11]. Dans certains cas ambigus, l'usage de Thomas servira à trancher. Naturellement le lecteur est averti en apparat de ces variantes graphiques.

On voit immédiatement que la partie réservée à l'autographe dans la *Q. disp. de malo* est bien plus grande que dans le *Super II Sententiarum*. Cela est d'autant plus surprenant que la *Q. disp. de malo* est datée de la deuxième régence parisienne, tandis que le *Super II Sententiarum* s'encadre entre deux autographes dont P.-M. Gils a suivi l'évolution graphique : le *Super Isaiam* et le *Super III Sententiarum*. Cela est très instructif au sujet de l'autorité qu'il faut accorder à l'autographe de l'auteur et de l'importance qu'il faut attribuer à la graphie médiévale de la tradition manuscrite.

1.4.4 La restitution de la graphie médiévale

Notre enquête est très limitée. Elle se base sur des travaux plus vastes déjà cités, mais son seul but est de trouver des critères raisonnables en vue de l'édition de notre texte.

À partir des énoncés précédents, il faut retenir au moins deux conclusions. La première est que quand on édite un texte, on doit en éditer aussi la graphie ! La deuxième confirme ce que nous écrivions au début de ce paragraphe, à savoir que toute restitution de texte en dehors de l'édition diplomatique, comporte une normalisation. En effet, on choisit un critère de normalisation et, conformément à celui-ci, on édite une graphie. C'est ce qui se vérifie dans les trois solutions adoptées par P.-M. Gils.

À partir de la constatation qu'il est impossible d'échapper à toute normalisation, il nous semble absurde de vouloir imposer à des textes du moyen âge une normalisation néo-latine, qu'on prétend classique.

En même temps, imposer à la tradition d'un texte la graphie d'un seul témoin est aussi une normalisation par rapport aux graphies de la tradition manuscrite : elle est un peu myope, mais moins que la solution précédente.

Ces observations veulent montrer qu'on ne peut pas poser le problème entre deux extrêmes : accepter ou refuser purement et simplement la normalisation, mais qu'il faut chercher à déterminer quel genre de normalisation il est raisonnable d'employer en fonction du type d'édition réalisée.

Il reste cependant une autre voie pour restituer la graphie médiévale : c'est celle adoptée par les publications de l'édition Léonine – entre autres – à partir de 1971 (t. 48), voie qui, comme le montre bien l'évolution de P.-M. Gils, s'efforce d'éviter de tomber dans l'a priori doctrinaire.

Nous sommes d'avis que les recherches de la Commission Léonine ont fourni beaucoup d'éléments sûrs, à partir desquels un éditeur peut définir des règles de restitution du texte, sans négliger les particularités de la tradition de celui-ci.

11. Ce choix graphique respecte l'origine de la diffusion manuscrite. Cela se justifie d'autant plus par le fait que l'orthographe ne se transmet pas d'apographe en copie : chaque copie a la sienne. Il y a en revanche des variantes qui passent à travers toute la tradition, et celles-ci doivent être sauvegardées.

Et précisément, il faut partir des recherches de H.-F. Dondaine et L.-J. Bataillon dans la « Préface » au tome XLVIII de l'édition Léonine[12], où les deux chercheurs nous disent, entre autres, avoir dressé des statistiques des différentes graphies sur la base d'une analyse minutieuse des manuscrits.

Les publications de P.-M. Gils, on l'a vu, ont constitué un dossier complet des usages graphiques de Thomas d'Aquin, pour les parties conservées des autographes. Ce dossier devient complémentaire des données des manuscrits dans l'édition des ouvrages de Thomas dont on n'a pas conservé d'autographe, mais de façon différente dans l'édition de la *Q. disp. de malo* et dans le *Super II Sententiarum*. Cette évolution montre bien que l'éditeur sait que des difficultés et une part inévitable d'arbitraire subsistent, même après qu'une étude statistique ait dégagé certaines orientations.

Il est bien vrai que ce système oblige à éditer une graphie, qui s'ajoute aux autres déjà nombreuses qu'attestent les témoins manuscrits. Mais dans la mesure où l'on présente dans l'introduction les critères suivis dans la restitution de la graphie, cette opération revient à ce qu'opère une édition critique : son texte (l'édition diplomatique mise à part) n'est ni celui d'un manuscrit ni celui de tous les manuscrits, c'est un état de l'histoire de ce texte, dont l'introduction nous apprend les caractéristiques et la relation à l'auteur. C'est un principe analogue qui est adopté pour la restitution de la graphie médiévale.

1.5 Les exigences du destinataire de l'édition : le lecteur

Il ne faut pas perdre de vue, en effet, que le texte est pour le lecteur et, si le travail critique s'efforce de restituer un texte le plus proche possible du texte de l'auteur, c'est pour permettre au lecteur de lire ce texte dans les meilleures conditions possibles, afin de lui donner le moyen de comprendre et d'interpréter au mieux la pensée que l'auteur a confiée à son ouvrage. Et, de ce point de vue aussi, la question de l'orthographe n'est pas entièrement négligeable[13].

Si, d'un côté, il ne faut soustraire au lecteur aucune des particularités graphiques qui favorisent une compréhension la plus complète possible du texte, de l'autre, l'éditeur a la tâche d'informer le lecteur de la complexité impliquée dans l'orthographe de l'ouvrage qu'il publie[14]. On peut citer deux exemples de graphies ambiguës, telle l'abréviation employée pour les verbes *signatur* et *significatur* ou encore *phisica* et *philosophica* ; ou l'exemple de

12. H.-F. DONDAINE - L.-J. BATAILLON, « Préface », dans *Thomae de Aq., Sent. lib. Politic.*, ed. Leon., t. 48, 1971, p. A63-A65.

13. Pour illustrer par une seule référence la relation de l'orthographe au vaste domaine de la philologie, nous nous bornons à renvoyer à un unique exemple, celui de *decindere*, lié à l'édition du *Scriptum* de Thomas d'Aquin : P.-M. GILS, « Un hommage à Guillaume de Moerbeke. Pour le septième centenaire de sa mort en 1286 », dans *Scriptorium*, t. 43 (1989), p. 326-328.

14. Nous croyons qu'on ne peut être plus utile au lecteur qu'en lui offrant la possibilité de maîtriser lui-même les questions d'orthographe. Or, ce qu'on peut appeler 'normalisation classique néo-latine' enlève au lecteur la possibilité de juger certains cas douteux et lui propose une solution univoque.

graphies facilement confondues, comme *causatur* et *creatur*. Si, d'un côté, l'éditeur doit tenir compte de cela dans la restitution du texte, de l'autre, il doit prévenir le lecteur du degré d'ambiguïté que ces termes comportent. On voit donc à quel point il est nécessaire que l'introduction d'une édition critique informe l'utilisateur sur les options graphiques adoptées et le renvoie éventuellement à des études de référence.

En second lieu, il faut redire que le but de l'édition est de rendre le texte accessible au lecteur, non pas à un lecteur abstrait, mais au lecteur contemporain. Cela implique, dans la perspective d'une 'normalisation raisonnable', que l'on ne conserve que les variations graphiques vraiment utiles au lecteur, c'est-à-dire vraiment signifiantes. On peut se demander quelle est l'utilité de conserver en plein texte plusieurs graphies pour le même mot, quand on a déjà présenté dans l'introduction ces variations (cela aussi, et pour les raisons exposées ci-dessus, dans le cas où suivrait la graphie d'un seul manuscrit, pour les raisons exposées ci-dessus). C'est seulement dans le cas de l'autographe d'auteur que le principe même de suivre celui-ci impose d'en respecter toutes les variations graphiques.

On peut d'ailleurs remarquer qu'en ne conservant que les variations utiles au lecteur, on retrouve le souci du lecteur qui est à l'origine d'un certain nombre de variations dans la graphie médiévale. On peut prendre l'exemple bien connu de la distinction graphique des signes « u » et « v » : s'il y a des scribes universitaires soigneux qui écrivent *v-* en début des mots, même en composition (v*enire* / *invenire*) et en suscription, par ex. *sensi*^{va} (*sensitiva*), pour identifier la consonne (P.-M. Gils, en préparant l'édition du *Super II Sent.*, a relevé cet usage des scribes), cependant pour l'ensemble des copistes du moyen âge ces deux signes sont parfaitement interchangeables et représentent indifféremment la consonne *v* et la voyelle *u*. Sans s'attarder sur la façon d'écrire u*el*, on peut remarquer que Thomas d'Aquin emploie les deux signes pour la même lettre mais dans deux mots différents : il distingue *vñ* (v*nde*) et *uñ* (u*num*) ; cependant la main C de W^2, par ex., écrit régulièrement v*nus*, v*nicus*, v*nicitas*[15]. On peut encore rappeler qu'à l'intérieur d'une séquence de jambages, la forme -v- est souvent employée pour faciliter la lecture. Or, nous ne connaissons pas d'édition qui, voulant restituer la graphie médiévale, ait restauré « vnde » ou « vnicitas », e. a. : ces graphies, qui avaient leur utilité au temps de l'écriture gothique, n'en ont plus aucune à l'époque de l'imprimerie et c'est tellement évident qu'aucun éditeur récent, jamais, n'a songé à les respecter[16]. Puisque dans les manuscrits le -v- est plutôt exceptionnel, on se range à l'usage de la majorité des témoins.

À coté du cas de « u » et « v », nous pensons à celui des lettres « c » et « t », elles aussi interchangeables et quelquefois tracées de façon difficilement distincte ; en particulier il faut retenir le cas des terminaisons en *–tia –tio* / *–cia*

15. À propos du rôle de la main C, on peut voir au chap. II, notre description de W^2.

16. Il faut naturellement faire exception pour la description des manuscrits, en particulier des *incipit* et *explicit*, pour lesquels il est nécessaire de transcrire fidèlement la graphie du ms. ; dans les tables, cependant, on est obligé d'unifier ces graphies.

–cio et *–ctia –ctio*. On a jugé bon, même dans le cas des autographes de Thomas (v. ci-dessus), d'unifier la graphie sur ce point, selon l'usage généralement suivi par l'auteur, parce qu'il ne s'agit pas de variantes graphiques significatives (elles ne laissent pas percevoir l'usage d'une école, comme, dans certains cas, l'usage de « y » à la place de « i » ; ou encore, elles peuvent difficilement expliquer une variante textuelle dans les témoins recopiés postérieurement).

Cela montre comment les éditeurs contemporains, qui veulent restituer la graphie médiévale, opèrent cependant certains choix graphiques qui comportent une normalisation ; on ne leur impute pas pour autant d'avoir trahi le respect de la graphie médiévale. On ne saurait trop l'affirmer : l'édition critique est dans l'introduction. En effet, c'est dans l'introduction qu'on fait la critique de la tradition manuscrite, à laquelle l'*eliminatio codicum* est essentielle. C'est là que l'on explique comment on a réalisé l'édition et pourquoi ; et il est évident que le texte publié ne sera critique que dans la mesure de sa conformité aux critères d'édition énoncés dans l'introduction ; ce texte sera également « historique » dans la mesure où il sera critique, parce que c'est à partir de la critique textuelle qu'on peut envisager la reconstitution de son histoire[17]. Par conséquent, on pourrait se borner à exposer dans l'introduction les variations et les choix graphiques, tout en unifiant la graphie du texte pour en faciliter l'utilisation sans appesantir, néanmoins, l'apparat[18]. L'introduction doit aussi transmettre toutes les particularités utiles à un large public : tous les éléments qui peuvent servir tant aux philologues qu'aux historiens et, en général, aux spécialistes de différentes disciplines.

1.6 L'orthographe de notre édition

En tenant compte des termes du problème, notre orthographe a été établie selon les critères que l'édition Léonine a mis en œuvre dans les dernières décennies et qui ont été exposés par H.-F. Dondaine et L.-J. Bataillon dans la « Préface » au tome XLVIII (cit.) ; on peut se référer à cette même étude pour la ponctuation[19]. Puisqu'on édite la tradition « universitaire » et non l'autographe

17. À ce propos, on peut relire au chap. Ier, n. 25, les considérations de G. Pasquali sur le jugement de l'éditeur sur son travail et l'observation de P. Bourgain sur les différents états du texte qu'on peut atteindre par l'édition critique. Cf. aussi R. HISSETTE, cit., p. 85 et 90.

18. C'est la solution adoptée pour le texte de Thomas d'Aquin dans le t. 48 de l'édition Léonine (cit.), à part certains mots grecs pour lesquels il fallait nécessairement suivre l'usage de la traduction, suivant les lemmes adoptés par le texte de Thomas.

19. À ce propos il faut signaler un texte de Thomas qui rappelle les usages différents de la virgule, du point-virgule et du point, en poésie et en prose : *Super Isaiam*, exp. prol. Hieron., (ed. Leon., t. 28, p. 5, u. 22-60). Pour sa part, P.-M. Gils a décrit par une formule heureuse, que nous avons cherché d'appliquer, les caractéristiques de la ponctuation qu'il emploie : « On n'a adopté aucun des systèmes courants [...], on s'est rapproché du rythme qu'on respire dans les autographes [*scil.* de Thomas]. La ponctuation y est sobre, logique, et si l'expression est permise, 'parlée'. [...] elle est donc discrète et lente, de façon à s'imposer le moins possible à une lecture réfléchie » (P.-M. GILS, « Préface », dans *S. Thomae de Aq., Q. d. de malo*, ed. Leon., t. 23, p. 67*).

de Thomas d'Aquin qu'on ne connaît pas, il est nécessaire de reproduire l'orthographe la plus attestée par les témoins ; cependant nous avons fait recours à l'usage de Thomas lui-même quand il s'agissait d'élucider des abréviations ambiguës. Si, d'une part, certaines particularités de l'orthographe de l'auteur ont été sacrifiées à l'usage commun des mss (nous avons toujours écrit *methaphisic–* (*–th–*) comme la majorité des copistes, au lieu de *metaphisic–* employé régulièrement par Thomas), d'autre part, la façon d'écrire de l'auteur a été choisie pour unifier l'usage des copistes (souvent le même copiste suit tantôt son modèle, tantôt son usage personnel à deux lignes près). Cela nous a semblé plus correct du fait que nous possédons des autographes de Thomas d'Aquin qui encadrent de près son commentaire au Ier Livre des *Sentences* : le *Super Isaiam*, d'un côté, les *Super III Sententiarum* et *Super Boetium De Trinitate*, de l'autre.

L'usage de Thomas nous est facilement accessible désormais grâce à la précieuse étude de P.-M. Gils, « Saint Thomas écrivain », à laquelle nous avons eu régulièrement recours[20].

2. Les apparats

2.1 Les variantes

Les critères pour dresser l'apparat des variantes ont été exposés à la fin de l'étude des regroupements des mss en familles[21]. Nous nous limitons ici à préciser que notre apparat est mixte: 'négatif' dans la plupart des cas (indiquant une divergence par rapport au texte reçu), 'positif', quand cela est requis pour la compréhension des variantes. Quand dans une variante interviennent des mss individuels appartenant à des familles différentes, ils sont séparés par une virgule. Le deux-point et le point-virgule, à l'intérieur d'une variante, indiquent que ce qui suit doit être référé au lemme.

2.2 Les sources

Nous avons décidé de ranger les sources dans deux apparats, suivant qu'elles sont clairement mentionnées dans le texte ou qu'elles ne le sont pas.

20. La rédaction du *Primus Thome* s'insère entre la *Lectura super Isaiam* (cf. chap. v) et le *Tertius Thome* ; pour l'ensemble : v. P.-M. Gils, « S. Thomas écrivain », cit.; mais aussi R. A. Gauthier, « Praefatio » dans *S. Thomae de Aq., Sent. lib. Ethic*, ed. Leon., t. 47-1, p. 195*-201*. – A propos de la confusion entre les formes -ci-, -ti- (-cia ; -tia ; -ccia ; -ctia ; -cio ; -tio ; -ccio ; -ctio ; et leurs déclinaisons) s'il faut avouer qu'il y a des préférences parmi les copistes pour écrire -tio plutôt que -cio, mais -cia plutôt que -tia, il faut cependant conclure que les deux signes sont presque équivalents. Contrairement au cas des diphtongues -ae-, -oe-, qu'on ne trouve jamais au moyen âge chez les auteurs scolastiques et qui ne seront donc pas rétablies, nous avons décidé de distinguer les formes en -ci- et -ti- selon l'usage adopté par L.-J. Bataillon et H.-F. Dondaine (« Préface », dans ed. Leon., t. 48, cit., p. A65), de même que par P.-M. Gils dans ses trois éditions pour la Léonine que nous avons citées.

21. L'ordre de présentation des mss dans les variantes peut être différent dans la préface et dans l'apparat : dans celui-ci nous suivons l'ordre imposé par notre progression dans l'étude de la tradion manuscrite, tandis que dans l'introduction nous suivons l'ordre imposé au fur et à mesure que nous avançons dans l'étude de la tradition manuscrite.

Dans un premier apparat sont donc rangées les sources proprement dites, c'est-à-dire les citations indiquées dans le texte même, soit par le renvoi à l'auteur ou à l'œuvre, soit par un renvoi anonyme, comme par exemple le simple *alii*[22]. Dans le cas où cette indication n'est pas suffisamment explicitée par le texte même, comme par exemple « ut dicit Philosophus » ou « in De celo », nous avons cherché à identifier le passage, soit en nous reportant aux lieux parallèles de Thomas lui-même, soit en nous référant aux textes analogues de ses contemporains[23].

Dans un deuxième apparat[24] sont rangés les emprunts tacites, c'est-à-dire les textes qui pourraient avoir influencé (ou inspiré) l'auteur au moment de la rédaction, et les passages parallèles, qui nous montrent, par exemple, le recours à une même autorité par différents auteurs à propos d'un même argument[25].

Le choix à ce niveau est évidemment très lié à l'expérience (ou à l'inexpérience) de l'éditeur, mais il nous a semblé utile de relever certaines formulations communes à différents auteurs. Bien entendu, à partir des mêmes principes, on pourrait également dresser un apparat des divergences, mais cela engagerait une discussion des textes propre au genre du commentaire : c'est dans cette partie de notre travail, en effet, que le deuxième apparat des sources révélera sa véritable utilité, mais nous avons jugé utile de le placer en bas de page surtout pour faciliter l'utilisation de l'édition.

Conformément au principe sur la base duquel nous distinguons les deux apparats, c'est naturellement dans ce second que trouveront leur place les nombreux *adagia*, que l'auteur n'indique jamais dans le texte comme étant des citations.

Dans les citations des textes d'Aristote, nous avons pris comme critère de référence les lignes de l'édition grecque de Bekker, sans citer les chapitres, afin d'éviter les confusions[26].

22. Nous nous inspirons ici de G. Madec, qui écrivit : « Citer, c'est appeler, convoquer, invoquer comme témoin ou garant. En conséquence, il n'y a citation proprement dite, littérale ou non, que lorsque l'emprunt est annoncé, présenté par une insérende, précise ou non, un « ut aiunt » au moins » (G. MADEC, « Les embarras de la citation », *in* FZPT, 29 (1982), p. 362 ; le mot *insérende* est emprunté à J. FONTAINE, *Isidore de Séville et la culture classique dans l'Espagne wisigothique*, t. 2, p. 745).

23. Il faut remarquer que suivant notre définition de « source proprement dite », seront donc rangées dans ce premier niveau de l'apparat celles qu'on a l'habitude d'appeler « sources explicites » et « sources implicites » ; nous avons évité d'utiliser cette formule, qui créerait confusion si, par erreur, on devait l'appliquer à nos deux apparats des sources.

24. Afin qu'on puisse immédiatement voir auquel des deux apparats une note appartient, on a fait suivre d'un double crochet,]], les lemmes du deuxième apparat des sources.

25. En dressant un second apparat pour ce genre de 'sources', nous ne voulons pas empêcher le lecteur de percevoir l'originalité de Thomas. Nous avons plutôt suivi la suggestion de G. Madec, qui a écrit dans l'article déjà cité : « Mais comment pourrait-on apprécier correctement l'originalité d'un auteur, sans avoir pris la mesure de ses dépendances culturelles ? Il faut seulement éviter de mêler inconsidérément les considérations doctrinales aux investigations philologiques ; il faut considérer les emprunts, non comme de simples signes de dépendance littéraire et doctrinale, mais comme de véritables actes doctrinaux » (G. MADEC, cit., p. 372).

26. *Aristotelis Opera*, ex rec. I. BEKKERI, [ed. prima], t. I-II, Berlin 1831. – A propos des traductions médiévales cf. *Aristoteles Latinus, Codices,* par G. LACOMBE, A. BIRKENMAJER,

2.2.1 La Bible

Pour ce qui concerne la façon de citer la Bible on peut partir d'un instrument fort utile, *Identifier sources et citations*[27].

Nous possédons une édition récente de la *Vulgate*[28]. mais son texte (ou même l'apparat) ne donne pas toujours la leçon employée par Thomas d'Aquin ; l'*editio princeps* de la *Glose*[29] transmet un texte de la Bible très diffusé au moyen âge et atteste parfois la leçon de notre texte, négligée en revanche dans l'édition critique. Pour citer la Bible nous avons ainsi adopté la méthode suivante : (a) quand notre texte présente un passage complet de la Bible tel qu'il est reproduit en même temps dans l'édition critique et dans la Bible éditée avec la *Glose*, nous n'indiquons en apparat que le Livre biblique, suivi du chapitre et du verset ; (b) si le passage cité par Thomas est incomplet, nous le donnons en apparat selon l'édition critique et le confrontons toujours au texte de la Bible de la *Glose*, par rapport auquel nous relevons les divergences éventuelles ; (c) quand le texte incomplet donné par Thomas correspond à l'édition de la Bible de la *Glose*, on reproduit le texte de celle-ci, en renvoyant ensuite à l'édition critique.

Quelques fois le texte allégué par Thomas ne correspond à aucune de ces deux éditions et dans ce cas nous avons vérifié soit le texte appelé *Biblia parisiensis*, représentée par le sigle Ω dans l'apparat de l'édition critique, soit un manuscrit du *Correctoire de la Bible* dû à Hugues de Saint-Cher[30].

M. DULONG, AET. FRANCESCHINI, t. I-1, Roma, 1939, p. 43-111 ; et R.-A. GAUTHIER, « L'Aristote de saint Thomas dans la *Somme contre les Gentils* », dans « Introduction » à S. THOMAS D'AQ., *Somme contre les Gentils*, Paris, 1993, p. 59-107 ; et pour la *Métaphysique* : G. VUILLEMIN-DIEM, « Praefatio », dans *Aristoteles Latinus, Metaphysica*, rec. et transl. Guillelmi de Moerbeka, AL XXV-3.1, p. 254-256. – Quand nous renvoyons au texte d'Aristote ou d'Averroès de l'« *Aristotelis Opera cum Averrois commentariis*, Venetiis apud Iunctas, 1562 », nous n'indiquons le numéro du texte ou du commentaire que lorsque cela est utile pour identifier le passage cité.

27. Voir la notice : « La Bible latine et les gloses », par L.-J. BATAILLON, J. BERLIOZ, G. DAHAN, B.-G. GUYOT, dans *Identifier sources et citations*, éd. par J. Berlioz et collaborateurs, Turnhout, 1994, p. 11-25.

28. *Biblia sacra iuxta latinam vulgatam*, Romae, 1926ss, abrégé dans les sources : *Biblia sacra...* Pour le Nouveau Testament, on utilise : J. WORDSWORTH et H.J. WHITE, *Nouum Testamentum Domini N. I. C. secundum editionem sancti Hieronymi*, Oxford, 1898-1954, 3 vol. (dans l'apparat : « ed. Wordsworth – White »).

29. *Biblia latina cum Glossa Ordinaria*, Facsimile Reprint of the Editio Princeps, Adolph Rusch of Strassbourg 1480/81, Introd. by K. FROELICH and M. T. GIBSON, reprinted Turnhout, 1992, 4 vol. (indiqué dans les sources : « ed. Rusch »).

30. Pour l'ensemble, voir G. DAHAN, *L'exégèse chrétienne de la Bible en Occident médiéval*, Paris 1999, p. 175-184 ; le texte de Ω est vérifié sur les mss : *Paris, BnF, lat. 15467* (= Ω^S) ; *BnF, lat. 16719-1722* (= Ω^J) ; *Paris, Bibl. Mazarine, lat. 5* (= Ω^M) : cf. H. QUENTIN, « Prolegomena », dans *Biblia sacra...*, t. I, p. XXXVII-XXXVIII ; nous citons le *Correctoire* d'Hugues d'après le ms. *Ottob. lat. 293*, utilisé dans l'édition de la *Biblia sacra...*, cité ci-dessus.

DEUXIÈME PARTIE

ÉDITION DU TEXTE

THOME DE AQVINO

SCRIPTVM SVPER PRIMVM LIBRVM SENTENTIARVM

< Prologus >

Ego sapientia effudi flumina ; ego quasi trames aque immense de fluuio ; ego quasi fluuius Dorix et sicut aqueductus exiui de paradiso. Dixi : rigabo ortum plantationum et inebriabo partus mei fructum.

Eccli. XXIV.

Inter multas sententias que a diuersis de sapientia prodierunt, quid scilicet esset uera sapientia, unam singulariter ueram et firmam Apostolus protulit dicens 'Christum Dei uirtutem et Dei sapientiam', qui etiam 'nobis a Deo factus est sapientia', I Cor. I. Non autem hoc ita dictum est quasi solus Filius sit sapientia, cum Pater et Filius et Spiritus Sanctus sint una sapientia sicut una essentia, set quia sapientia quodam speciali modo Filio appropriatur, eo quod sapientie opera cum propriis Filii plurimum conuenire uidentur : per sapientiam enim Dei manifestantur diuinorum abscondita, producuntur creaturarum opera,

---

2 de fluuio] deflui β

---

5 Eccli. XXIV] u. 40–42 (iuxta ed. Rusch, t. 2, p. 770a, praeter : *ortum*] *ortum meum* apud ed. Rusch ; cf. et *Bibliam Sacram* ... , t. XII, p. 254, in app.).
8 Christum ... sapientiam] I Cor. 1, 24.
8–9 nobis ... sapientia] I Cor. 1, 30 (ed. Wordsworth–White, t. 2, p. 181) : « qui factus est sapientia nobis a deo ».

10–11 Pater ... essentia]] cf. Petri Lomb., *Sent.*, I, d. 32, c. 2 (ed. Grottaferrata, t. I.2, p. 235, u. 12–14 cum adn.) : « Ad quod dicimus quia una est sapientia Patris et Filii et Spiritus Sancti, sicut una essentia, quia sapientia in illius naturae simplicitate est essentia » (et *Ibid.*, d. 5, c. 1 [p. 82, u. 25–27 et p. 83, u. 8–10]). Ex Aug., *De Trin.*, VII, III, 6 (CCSL 50, p. 254, u. 104–107) : « Et ideo sapientia pater, sapientia filius, sapientia spiritus sanctus ; et simul non tres sapientiae, sed una sapientia ; et quia hoc est ibi esse quod sapere, una essentia pater et filius et spiritus sanctus » (uide et *Ibid.*, VII, III, 3 [ed. laud., p. 251, u. 28–45]).
11 sapientia ... appropriatur]] cf. Petri Lomb., *Sent.*, I, d. 32, c. 5 (ed. Grottaferrata, t. I.2, p. 238, u. 9–13) : « Ita in Trinitate sapientia est quae est Pater, Filius et Spiritus Sanctus, quae est essentia diuina, et tamen Filius est sapientia quae non est Pater vel Spiritus Sanctus ; nec ideo duae sapientiae ibi sunt, quia sapientia quae proprie est Filius, est sapientia quae est Trinitas, ipsa tamen non est Trinitas ». Cf. *In I Sent.*, d. 31, q. 1, a. 2, resp. (ed. Piana, t. 6, f. 96r) : « sapientia filio [appropriatur], qui procedit vt verbum » (uide et *In I Sent.*, d. 34, q. 2 ; d. 32, q. 2).
12–14 per sapientiam ... perficiuntur]] opera diuinae sapientiae iuxta Thomae doctrinam dilucide G. Emery exquirit, *La Trinité créatrice*, Paris, 1995, praesertim p. 323–28, ubi de hac auctoritate disserit : Alexandri de Hales, *In I Sent.*, intr. (ed. Quaracchi, t. I, p. 4, u. 29–32) : « Est ordo rerum prout exeunt a Creatore vel Recreatore vel Reparatore, et sic proceditur in hoc opere. Et est ordo rerum prout reducuntur ad Creatorem ».

nec tantum producuntur set restaurantur et perficiuntur — illa dico perfectione qua unumquodque perfectum dicitur prout proprium finem attingit.

Quod autem manifestatio diuinorum pertineat ad Dei sapientiam patet ex eo quod ipse Deus per suam sapientiam se ipsum plene et perfecte cognoscit. Vnde si quid de ipso cognoscimus, oportet quod ex eo deriuetur, quia omne imperfectum a perfecto trahit originem. Vnde dicitur Sap. IX 'Sensum tuum quis sciet nisi tu dederis sapientiam'. Hec autem manifestatio specialiter per Filium facta inuenitur : ipse enim est Verbum Patris, secundum quod dicitur Io. I. Vnde sibi manifestatio dicentis Patris conuenit et totius Trinitatis. Vnde dicitur Mat. XI 'Nemo Patrem nouit nisi Filius et cui Filius uoluerit reuelare'. Et Io. I 'Deum nemo uidit unquam, unigenitus' etc.

Recte ergo dicitur ex persona Filii : *Ego sapientia effudi flumina.* Flumina ista intelligo fluxus eterne processionis qua Filius a Patre et Spiritus Sanctus

---

23 Et] *om.* β (– O^4) **24** unigenitus] nisi *praem.* Bl Kr^1, *pr.m.* W^2 (nisi *exp. sec.m.* W^2) P^1 C^3 F^1, β

19–20 Sap. IX] u. 17 (ed. Rusch, t. 2, p. 732b) : « Sensum autem tuum quis sciet nisi tu dederis sapientiam » (cf. *Bibliam sacram* ... , t. XII, 1964, p. 57, in app.).
21 Io. I] cf. u. 1–2 (ed. Wordsworth–White, t. 1, p. 507) : « et uerbum erat apud deum et deus erat uerbum || hoc erat in principio apud deum » ; et Io. I, 14 (ed. Wordsworth–White, t. 1, p. 508) : « et uidimus gloriam eius || gloriam quasi unigeniti a patre plenum gratiae et ueritatis ».
22–23 Mat. XI] u. 27 (ed. Wordsworth–White, t. 1, p. 84) : « Et nemo nouit filium nisi pater neque patrem quis nouit nisi filius et cui uoluerit filius reuelare ».
23–24 Io. I] u. 18 (ed. Wordsworth–White, t. 1, p. 509) : « Deum nemo uidit umquam || unigenitus filius qui est in sinu patris ipse enarrauit ».

---

15 unumquodque ... attingit]] Arist., *Metaph.*, IV (Δ), 1021b23–25, a Michaele Scoto transl. (in : Auerr., *In Metaph.*, V, ed. Venetiis, 1562, t. VIII, f. 130ra) : « Item quibus finis studiosus est, ea perfecta dicuntur. etenim secundum quod habent finem, perfecta dicuntur » et Auerr., in hunc locum, comm. 21 (*ibid.*, f. 130vb–131ra) : « illa enim dicuntur perfecta, quae habent finem perfectum ». Axioma hoc a Thoma iterum laudatur, *IIa-IIae*, q. 184, a. 1, resp. (ed. Leon., t. 10, p. 450a).
18–19 omne imperfectum ... originem]] quod dictum Boethio ipse Thomas tribuit, *In II Sent.*, d. 18, q. 1, a. 1, s. c. (ed. Piana, t. 6B, f. 57b) : « Boet. in lib. de consol. necesse est quod imperfectum a perfecto sumat originem », ibique diffusius inuenitur : Boethius, *Phil. consol.*, III, m. 10 (ed. Moreschini, p. 81, u. 9-13 ; CCSL 94^2, p. 53, u. 8–12 ; cf. J. Gruber, *Kommentar zu Boethius De Consolatione Philosophiae* Berlin–New York, 1978, p. 290-291). Axioma illud ita laudatur in *ScG*, II, c. 15 (ed. Leon., t. 13, p. 295b, u. 44–45) : « Imperfecta a perfectis sumunt originem : ut semen ab animali », quod sumi uidetur ex Arist., *De part. animal.* I, 641b32–35, a Michaele Scoto transl. (ms. *El Escorial f.III.22*, f. 52ra ; *Vat. Chigi E.VIII.251*, f. 48vb–49ra ; *Vat. lat. 2092*, f. 38vb) : « Illud ergo corpus a quo exit semen est principium illius quod exit ab eo et ipsum est artifex eius. [...] semen dicitur duobus modis scilicet a quo et propter quod. quantum semen est attributum illi a quo exit sicut sperma equi et quod est attributum illi a quo exiuit prius sicut semen grani » ; aliter a Guillelmo transl. (*Vat. lat. 2095*, f. 74rb) : « ... est enim sperma huiusmodi duplex. a quo quidem et cuius facturum. et enim a quo uenit huius sperma. puta equi. et huius quod erit ex ipso. puta muli » ; uide et *Metaph.*, XII (Λ), 1072b35–1073a3, a Michaele Scoto transl. (in : Auerr., *In Metaph.*, XII, ed. Venetiis 1562, t. VIII, f. 323) : « Semina enim sunt ex aliis praecedentibus perfectis. primum autem non est semen, sed aliquid perfectum. verbi gratia, quod hominem oportet esse ante sperma, non illud quod fit ex hoc, sed aliud, ex quo fit semen ». — Philosophus autem idem cogitatum frequentius ita exponit : Arist., *Physica*, VIII, 265a22–24, a Iacobo transl. (AL VII.1-2, p. 331, u. 4–6) : « Prius autem et natura et ratione et tempore est perfectum quidem imperfecto, corruptibili autem incorruptibile » ; ac *De caelo*, I, 269a19–21, a Gerardo transl. (ed. Opelt, p. 14, u. 73–74) ; *Ibid.*, II, 286b16–18 et 286b22, a Gerardo transl. (ed. Opelt, p. 125, u. 63–65 et u. 67–68) ; ita etiam Thomas saepe scribit, iam tum in opusculo quod compositum ante ipsius *Scriptum* censetur, *De principiis naturae*, § 4 (ed. Leon., t. 43, p. 44, u. 45–58) ; et postea : *In Phys.*, II (260b19), lect. 14 (ed. Leon., t. 2, p. 417, n. 5) ; *In Metaph.*, I, lect. 4 (ed. Piana, f. 7raE) ; *In De caelo*, II, lect. 1, n. 4 (ed. Leon., t. 3, p. 121b).

ab utroque ineffabili modo procedit. Ista flumina olim occulta et quodam modo infusa erant tum in similitudinibus creaturarum, tum etiam in enigmatibus scripturarum, ut uix aliqui sapientes Trinitatis misterium fide tenerent. Venit Filius Dei et infusa flumina quodam modo effudit, nomen Trinitatis publicando, Mat. ult. 'Docete omnes gentes, baptizantes' etc. Vnde Iob XXVIII 'Profunda fluuiorum scrutatus est et abscondita produxit in lucem'. Et in hoc tangitur materia primi libri.

Secundum quod pertinet ad Dei sapientiam est creaturarum productio. Ipse enim de rebus creatis non tantum speculatiuam, set etiam operatiuam sapientiam habet, sicut artifex de artificiatis. Vnde Ps. 'Omnia in sapientia fecisti'. Et ipsa

---

28 tum] *om.* N3 V2 P1 P2 P4 V4 C3 (*mg. sec.m.* P5 Tr2), β

30–31 Mat. ult.] c. 28, u. 19 (ed. Wordsworth–White, t. 1, p. 170) : « euntes ergo docete omnes gentes baptizantes eos in nomine patris et filii et spiritus sancti ».
31–32 Iob XXVIII] u. 11 ; laud. a Bonauentura, *In I Sent.*, prol. (ed. Quaracchi, t. I, p. 1b et 5a).
36 Ps.] 103, 24

27–29 flumina ... tenerent]] compendiatur hic Petri Lomb., *Sent.*, I, d. 3, c. 1 (ed. Grottaferrata, t. I.2, p. 70–71, n. 7–9). Cf. praesertim *Ibid.* (ed. laud., p. 71, u. 20–25) : « Unde illi antiqui Philosophi quasi per umbram et de longinquo viderunt veritatem, deficientes in contuitu Trinitatis, ut magi Pharaonis in tertio signo » (antiqui philosophi : cf. Aug., *De civ. Dei*, XI 25 [CCSL 48, p. 344–45], laud. ab Alexandro de Hales, *Glosa in I Sent.*, d. 3, [ed. Quaracchi, 1951, p. 49–50] ; magorum mentio sumitur ex Aug., *Quaest. Exodi* 25 [CCSL 33, p. 80, u. 365–369], laud. apud *Glosam Exodi* VIII [ed. Rusch, t. 1, p. 126b]). Et ipse Thomas, *In I Sent.*, d. 3, q. 1, a. 4, resp. (ed. Piana, t. 6, f. 12va) : « Omnia autem que dicuntur de Deo per respectum ad creaturas, pertinent ad essentiam, et non ad personas, et ideo ex naturali ratione non uenitur nisi in attributa diuine essentie : tamen personas, secundum appropriata eis, philosophi cognoscere potuerunt, cognoscentes potentiam, sapientiam, bonitatem ». De « enigmatibus scripturarum » tractat Guillelmus Altiss., *Summa Aurea*, III, tr. 12, c. 8, q. 1–2 (ed. Ribaillier, t. III,1, p. 233–38), ubi quaestio est utrum Iudaei personas Trinitatis cognouerint ; haec quaestio inuestigatur a Thoma, *In III Sent.*, d. 25, q. 2, a. 2, ad 3 (ed. Piana, t. 7, f. 92vb) : « non fuit positum mysterium trinitatis manifeste in veteri testamento, sed velate, vt sapientes capere possent » et *Ibid.*, ad 2.
34–36 Ipse ... habet]] cf. Albertum, *In I Sent.*, prol. (ed. Borgnet, t. 25, p. 2) : « Erat autem creatura in hoc Verbo dupliciter, scilicet sicut in medio cognoscendi secundum rationem, et sicut in causa operativa et productiva. [...] *Vita* autem erat secundum quod est operativum Verbum ».
36 artifex de artificiatis]] doctrinam istam explanat et dictum 'sicut artifex de artificiatis' repetit Thomas, *In I Sent.*, d. 36, q. 2, a. 1, resp. (ed. Piana, t. 6, f. 112v) : « Vnde apud omnes philosophos communiter dicitur, quod omnia sunt in mente Dei : sicut artificiata in mente artificis » (atque *Ibid.*, d. 39, q. 2, a. 1, resp. et d. 45, q. 1, a. 3, s. c. [ed. Piana, t. 6, f. 124r et f. 138va]). Quae philosophorum sententiae apud Commentatorem inueniuntur conglutinatae : Auerr., *In Metaph.*, XI (Λ, 1070a27–30), comm. 18 (ed. Venetiis 1562, t. VIII, f. 303rb, ss.), ubi legitur (f. 303rb) : « Ars enim agens sanitatem est forma sanitatis existens in anima medici. et sicut artifex, cum agit, non indiget exemplari, ad quod respiciat cum agit, cum illud, quod habet de forma illius quod fit, sufficiat ei in actione, ita est de natura agente, scilicet quod non agit, nisi secundum quod habet formam illius, quod fit » ; quod enodatur *Ibid.*, comm. 36 (f. 318vb) : « formae artificiales habent esse in actu in materia, et in potentia in anima artificis ». — Aristoteli dictum hoc tribuitur ab Alberto, *Super Ethicam*, VI, lect. 8 (ed. Col., t. 14.2, p. 446, n. 521, u. 41–43, ubi perperam Auicenna affertur) : « cum omnia inferiora sint in primis sicut artificiata in artifice, ut dicit Philosophus » ; nam Aristoteles non semel de arte disseruit (cuius modum cum ceterarum disciplinarum modis comparauit) atque artificis sapientiam exposuit, uelut in *Anal. post.*, I, 71a1–5, transl. Iacobi (AL IV.1-4, p. 5, u. 3–6) : « Omnis doctrina et omnis disciplina intellectiva ex preexistente fit cognitione. Manifestum est autem hoc speculantibus in omnes ; mathematiceque enim scientiarum per hunc modum fiunt et aliarum unaqueque artium » (cum expositione Thomae, *In Anal. post.*, I, 1 [ed. Leon., t. I*,2, p. 3, u. 9–12]) ; ac *Metaph.*, I, 981a12–13, transl. Composita siue 'Vetus' (AL XXV.1-1, p. 90, u. 3) et 981a25–981b5 (AL XXV.1-1, p. 90, u. 13–24) ; VII, 1032a18-b14, a Michaele Scoto transl. (in : Auerr., *In Metaph.*, ed. Venetiis 1562, t. VIII, f. 173r). — In quaestionibus autem disputatis *De ueritate* aliam auctoritatem Thomas affert : *De ueritate*, q. 2, a. 8 (ed. Leon., t. 22,1, p. 69, u. 43–52) : « Sed sciendum quod artifex de operabili habet duplicem cognitionem, scilicet speculativam

sapientia loquitur Prou. VIII 'Cum eo eram cuncta componens'. Hoc etiam specialiter Filio attributum inuenitur, in quantum est ymago Dei ad cuius formam omnia formata sunt. Vnde Col. I 'Qui est ymago Dei inuisibilis, primogenitus omnis creature, quoniam in ipso condita sunt uniuersa' ; et Io. I 'Omnia per ipsum facta sunt'.

Recte ergo dicitur ex persona Filii : *Ego quasi trames aque immense de fluuio* ; in quo notatur et ordo creationis et modus. — Ordo, quia sicut trames a fluuio deriuatur, ita processus temporalis creaturarum ab eterno processu personarum. Vnde in Psalmo dicitur 'Dixit et facta sunt', idest Verbum genuit in quo erat ut fieret, secundum Augustinum ; semper enim illud quod est primum est causa eorum que sunt post, secundum Philosophum. Vnde primus processus

---

37 Prou. VIII] u. 30

37–39 specialiter ... sunt] cf. Petri Lomb., *Sent.*, I, d. 3 (ed. Grottaferrata, t. I.2, p. 71, u. 1–4) : « Perfectissima pulcritudo intelligitur Filius, scilicet 'veritas Patris nulla ex parte ei dissimilis, quam cum ipso et in ipso Patre veneramur ; quae forma est omnium quae ab uno facta sunt et ad unum referuntur' » ; ex Aug., *De uera rel.*, 55, n. 113 (CCSL 32, p. 259–60, u. 125–27).

39–40 Col. I] u. 15–16 (ed. Wordsworth–White, t. 2, p. 502, cum adn.) : « qui est imago dei inuisibilis primogenitus omnis creature quia in ipso condita sunt uniuersa ».

40–41 Io. I] u. 3

45 in Psalmo] 32, 9 ac Ps. 148, 5.

45–46 secundum Augustinum] Aug., *Super Gen. ad litt.*, II, c. 6 (CSEL 28-1, p. 41, u. 20–p. 42, u. 8) : « Vnum quippe uerbum ille genuit, in quo dixit omnia, priusquam facta sunt singula ; ... Cum ergo audimus : *et dixit Deus : fiat*, intellegimus quod in uerbo Dei erat ut fieret. Cum uero audimus : *et sic est factum*, intellegimus factam creaturam non excessisse praescriptos in uerbo Dei terminos generis sui ». Coniungitur hic sententia Augustini super *Genesim 1,3* cum littera *Psalmi 32,9* ut iam fecerant theologi quidam, quos inter Albertus, *In I Sent.*, prol. (ed. Borgnet, t. 25, p. 2) : « Sicut enim dicit Psal. XXXII, 9 : *Ipse dixit, et facta sunt.* Et dicit Augustinus, id est, Verbum genuit in quo erat ut fieret » ; expositionem Augustini super *Genesim* denuo laudat Thomas, litteram autem Psalmi semper exhibens : *Quodl. IV*, q. 4, a. 1 [6] (ed. Leon., t. 25,2, p. 326, u. 28-29, cum adn.). Recte tamen auctoritatem posuerat Guillelmus Altiss., *Summa aurea*, II, tr. 8, c. 2, q. 1, a. 4 (ed. Ribaillier, t. II,1, p. 182, u. 111 et 114) : « *Dixit Deus : fiat lux ... Dixit*, id est Verbum genuit in quo erat ut fieret lux ». — Cf. Petri Lomb., *Sent.*, II, d. 13, c. 6 (ed. Grottaferrata, t. I.2, p. 393, u. 14–16) : « Dixit ergo : *Fiat* etc. non temporaliter, non sono vocis, sed in Verbo sibi coaeterno, id est Verbum genuit intemporaliter in quo erat, et disposuit ab aeterno ut fieret in tempore, et in eo factum est » ; et praesertim *Sententias diuinitatis*, tr. VI (ed. Geyer, 1909, p. 156*) : « Omnia in ipso ab aeterno fuerunt, antequam essent. Sicut arca antequam fiat est in mente artificis, ita in Deo omnia ab aeterno ».

46–47 secundum Philosophum] cf. Arist., *Metaph.*, II, (α) 994a11–12, a Michaele Scoto transl. (in : Auerr., *In Metaph.*, II, ed. Venetiis, 1562, t. VIII, f. 30vb) : « Res enim mediae etiam sunt ea, in quibus sunt prius et posterius, et necesse est ut prius sit causa eius quod est postremum » ; uel superius, *Ibid.*, (α) 993b24–27, a Michaele Scoto transl. (ed. laud., f. 29vb). Huius, qua saepe utitur, sententiae Thomas semper affert fontem hunc *Metaphysicae* locum, e. gr. *In Anal. post.*, I, 4 (ed. Leon., t. I*,2, p. 22, u. 320–23, cum adn.).

---

et practicam : speculativam quidem sive theoricam [...] et secundum hoc medicina diuiditur in theoricam et practicam, ut Auicenna dicit » (cf. Auic., *Canon medicinae*, I, fen 1, doctr. 1, c. 1 [ed. Venetiis, 1507, f. 1a]). Eadem doctrina inuenitur in *Summa fr. Alexandri*, II, n. 12 (ed. Quaracchi, t. II, p. 21a) : « ars enim est, secundum quod huiusmodi, principium faciendi et cogitandi quae sunt facienda ». De progressu et distinctione doctrinae huius uocumque significatione uide R.-A. Gauthier, « Apparatus fontium », in *S. Thomae de Aq., Q. de quolibet*, II, q. 7, a. 2 [14], resp. (ed. Leon., t. 25,2, p. 195, adn. 37).

47–48 primus processus ... processionis]] cf. Albertum, *In I Sent.*, prol. (ed. Borgnet, t. 26, p. 3) : « [*Ego ex ore Altissimi prodivi primogenita ante omnem creaturam*] : notatur ibi ordo causae ad causatum, et aeternitatis ad tempus : et nihil prohibet aliquid esse commune, non univoce ens in utroque, sed per prius et posterius » et praecipue *Ibid.*, d. 20, a. 3, s. c. (ed. Borgnet, t. 25, p. 517) : « Anselmus dicit, quod processus personarum est causa processionis creaturarum » (iterum : *Ibid.*, d. 29, a. 2, s. c. [ed. Borgnet, t. 26, p. 76]) ; auctoritatem Anselmi diligenter inuestigat G. Emery, *La Trinité ...* , p. 99.

est causa et ratio omnis sequentis processionis. — Modus autem significatur quantum ad duo : scilicet ex parte creantis qui, cum omnia impleat, nulli tamen se commetitur ; quod notatur in hoc quod dicitur *immense*. Item ex parte creature, quia sicut trames procedit extra alueum fluminis, ita creatura procedit a Deo extra unitatem essentie, in qua sicut in alueo fluxus personarum continetur. Et in hoc notatur materia secundi libri.

Tertium quod pertinet ad Dei sapientiam est operum restauratio. Per idem enim debet res reparari per quod facta est. Vnde que per sapientiam condita sunt, decet ut per sapientiam reparentur. Vnde dicitur Sap. IX 'Per sapientiam saluati sunt qui tibi placuerunt ab initio'. Hec autem reparatio specialiter per Filium facta est in quantum ipse homo factus est qui, reparato hominis statu,

---

56–57 Sap. IX] u. 19 (ed. Rusch, t. 2, p. 732b) : « Nam per sapientiam sanati sunt quicunque placuerunt tibi domine a principio » (cf. *Bibliam sacram* ... , t. XII, p. 57, in app.).

54–55 Per idem ... facta est]] Apud Augustinum haec doctrina in communem usum recepta uidetur, e. gr. : Aug., *Sermo 176*, c. 5 (PL 38, 952) : « Nemo recreat nisi qui creat ; nemo reficit nisi qui fecit » et *In Ioh.*, tr. 72, 3 (CCSL 36, p. 509, u. 13–16). Quam sententiam Thomas uidetur interpretari, cum dicit, e. gr., in scripto *In III Sent.*, d. 20, a. 1[B], arg. 1 (ed. Moos, p. 611) : « Per eadem enim res reparatur, per quae constituitur » uel in libro *De rationibus fidei*, c. 5 (ed. Leon., t. 40, p. B 61, u. 21–23) : « Unaquaeque autem res per eadem fit et reparatur ; si enim domus collapsa fuerit, per formam artis reparatur per quam a principio condita fuit », ut iam dixerat Guillelmus Altiss., *Summa aurea*, III, tr. 1, c. 1 (ed. Ribaillier, t. III,1, p. 12, u. 5–10) : « Prima [*scil.* ratio conuenientiae Incarnationis] est ut eadem sit ymago recreationis que fuit creationis. Sicut enim per Filium *omnia facta sunt*, sicut dicitur in Evangelio Ioannis, I, et illud : *Omnia in Sapientia fecisti*, ita competens fuit ut per eundem reedificarentur omnia, ut qui per fidem videt Filium Dei in carne, qui est expressissima ymago Dei, ipsum imitando recuperet similitudinem Dei, quod est eius recreatio ; et sic recreabitur per quem creatus est ». Vide iam Anselmum, *Cur Deus homo*, I, 4 (ed. Schmitt, t. I-2, p. 52, u. 10–11) ; Hugonem de S. Victore, *Sententiae de diuinitate*, prol. (ed. Piazzoni, p. 924, u. 381–382) ; Robertum de Meloduno, *Sent.*, II, c. 4 (ed. Anders, p. 11, u. 14–15) ; ac *Summam fr. Alexandri*, III, tr. 1, q. 1, c. 8 (ed. Quaracchi, t. IV, p. 23a) : « eiusdem virtutis est creare et recreare, scilicet virtutis infinitae ». Legitur autem in prologo Alberti, *In I Sent.*, prol. (ed. Borgnet, t. 26, p. 3) : « homo per idem redeat, per quod recessit a Deo ». Cf. etiam Thomam, *In I Sent.*, d. 14, q. 2, a. 2, resp. (ed. Piana, t. 6, f. 43va) : « in exitu creaturarum a primo principio attenditur quaedam circulatio, vel regiratio, eo quod omnia revertuntur sicut in finem in id, a quo sicut a principio prodierunt. Et ideo oportet, vt per eadem quibus est exitus a principio et reditus in finem attendatur. [...] Quia per filium et per spiritum sanctum sicut et conditi sumus ita etiam et fini ultimo coniungimur, ut patet ex verbis Augustini positis in 3 distinc. ubi dicit : Principium ad quod recurrimus, scilicet patrem, et formam quam sequimur, scilicet filium, etc. Et Hylarius dicit infra 31 distinc. : Ad vnum initiabile omnium initium per filium vniuersa referimus » (cf. Aug., *De uera rel.*, 55, n. 113 [CCSL 32, p. 260, u. 138–139], laud. a Petro Lomb., *Sent.*, I, d. 3, c. 1 [ed. Grottaferrata, t. I.2, p. 71, u. 12–13] et Hilarius, *De synodis*, prop. XXVI [PL 10, 521A], laud. a Petro Lomb., *Sent.*, I, d. 31, c. 2 [ed. Grottaferrata, t. I.2, p. 229, u. 4–5]). — In philosophicis uero scriptis cogitatum, 'per idem enim debet res reparari per quod facta est', plane explicatum non inuenimus ; primordia tamen huius sententiae suppeditare uidetur Aristoteles : *Phys.* II, 199a8–15, a Iacobo transl. (AL VII.1.2, p. 85–86) : « in quibuscumque finis aliquis est, huius causa agitur quod prius et quod consequenter ... Ut si domus esset eorum que natura fiunt, sic utique facta esset sicut nunc ab arte est » ; et superius, *Ibid.*, 193b12–19, a Iacobo transl. (AL, p. 49, u. 1-9) ; ac *Ibid.*, 198a24–27, a Iacobo transl. (AL, p. 79–80 ; cum expositione Thomae, *ad loc.*, lect. 11 [ed. Leon., t. 2, p. 88a]) ; cf. etiam *Ethic.*, II, 1104a27–29, a Roberto transl. (AL, XXVI.1-3 fasc. 3, p. 165, u. 27–29) : « Set non solum generaciones et augmentaciones et corrupciones ex eisdem et ab eisdem fiunt, set et operaciones in eisdem erunt » (cum expositione Thomae, *ad loc.*, c. 2 [ed. Leon., t. 47,1, p. 81, u. 137–139]). — In arte medicinae uero remedium ex similibus peruulgatum est, ut refert Isidorus, *Etym.* IV, IX, 5 (ed. Lindsay, t. I, n. 5) : « Omnis autem curatio aut ex contrariis aut ex similibus adhibetur » et Auic., *Metaph.*, IX, 7 (ed. Van Riet, p. 513, u. 33–34) : « sicut infirmus qui obliviscitur eius quod opus est restaurare pro eo quod resolvitur ».

quodam modo omnia reparauit que propter hominem facta sunt. Vnde Col. I 'Per eum reconcilians omnia, siue que in celis, siue que in terris sunt'.

Recte ergo ex ipsius Filii persona dicitur : *Ego quasi fluuius Dorix et sicut aqueductus exiui de paradiso*. Paradisus iste gloria Patris de qua exiuit in uallem nostre miserie, non quod eam amitteret, set quia occultauit. Vnde Io. XIII 'Exiui a Patre et ueni in mundum'. Et circa hunc exitum duo notantur, scilicet modus et fructus. — *Dorix* enim fluuius rapidissimus est, unde designat modum quo, quasi impetu quodam amoris, nostre reparationis Christus compleuit misterium. Vnde Ysa. LIX 'Cum uenerit quasi fluuius uiolentus quem spiritus Domini cogit'. — Fructus autem designatur ex hoc quod dicitur : *sicut aqueductus*. Sicut enim aqueductus ex uno fonte producuntur diuisim ad fecundandam terram, ita de Christo profluxerunt diuersarum graciarum genera ad plantandam Ecclesiam, secundum quod dicitur Eph. IV 'Ipse dedit quosdam quidem apostolos' etc. Et in hoc tangitur materia tertii libri, in cuius prima parte agitur de misteriis nostre reparationis, in secunda de gratiis nobis collatis per Christum.

Quartum quod ad sapientiam Dei pertinet est perfectio qua res conseruantur in suo fine. Subtracto enim fine, uanitas relinquitur quam sapientia non patitur secum. Vnde dicitur Sap. VIII quod sapientia 'attingit a fine usque ad finem fortiter et disponit omnia suauiter'. Vnumquodque dispositum est quando in suo fine quem naturaliter desiderat collocatum est. Hoc etiam specialiter ad Filium pertinet, qui, cum sit uerus et naturalis Dei Filius, nos in gloriam paterne hereditatis induxit. Vnde Hebr. II 'Decebat eum propter quem et per quem facta sunt omnia, qui multos filios' etc.

Vnde dicitur *Dixi : Rigabo ortum plantationum*. Ad consecutionem enim finis exigitur preparatio, per quam omne quod fini non competit tollatur. Ita

---

67 fluuius] filius α*, α (– C^3 F^1 : fluuius *rest. sec.m.* P^5 Tr^2 O^2) ; *ac* C^4 **69** ita de] ita h' de α*, α (– N^3 ? W^1 : ita et de F^1, *sec.m.* W^2 : ita contra de Tr^2 : ita hoc de hoc de V^4), β **78** collocatum] collatum β **78** hoc] hoc quod β (= C^4 O^4 : quod P^3) **82** Vnde dicitur] unde recte dicitur α* (– V^1 : recte *mg.* Md), Bl V^2 O^2 P^5 Tr^2 F^1 : unde recte (dicitur *om.*) β

59–60 Col. I] u. 20 (ed. Rusch, t. 4, p. 389b) : « et per eum reconciliare omnia in ipsum pacificans per sanguinem crucis eius sive quae in caelis sive quae in terris sunt » (cf. ed. Wordsworth–White, t. 2, p. 503–504).
63–64 Io. XIII] rect. 16, 28 (ed. Wordsworth–White, t. 2, p. 618) : « exiui a patre et ueni in mundum iterum relinquo mundum et uado ad patrem » ; sed etiam Io. 13, 3 (ed. Wordsworth–White, t. 1, p. 599) : « [Sciens ...] quia a deo exiuit et ad deum uadit ».
67 Ysa. LIX] u. 19 ; uide ipsius Thomae lecturam ad loc. (ed. Leon., t. 28, p. 234, u. 152–55).
71 Eph. IV] u. 11–12 (ed. Wordsworth–White, t. 2, p. 435–36) : « et ipse dedit quosdam quidem apostolos quosdam autem prophetas alios uero euangelistas alios autem pastores et doctores ad consummationem sanctorum in opus ministerii in aedificationem corporis christi ».
76–77 Sap. VIII] u. 1
80–81 Hebr. II] u. 10 (ed. Wordsworth–White, t. 2, p. 698) : « decebat enim eum propter quem omnia et per quem omnia || qui multos filios in gloriam adduxerat ».

---

65 fluuius rapidissimus]] cf. *Glosam super Eccli.*, 24, 41 (ed. Rusch, t. 2, p. 770b) : « sapientia comparatur fluuio rapidissimo et aquae egredienti de paradiso ».
75 Subtracto ... relinquitur]] eadem ratio affertur *In I Sent.*, d. 3, q. 1, a. 1, s. c. 2 (ed. Piana, t. 6, f. 11va) : « quia uanum est secundum philosophum, quod ad aliquem finem est, quem non attendit » et sumi uidetur ex Arist., *Phys.*, II, 197b22–27, a Iacobo transl. (AL VII.1.2, p. 76, u. 2–7) : « Signum autem est quod vanum est, quoniam dicitur cum non fiat propter aliud illius causa, ut ambulare depositionis causa est ; si vero non fiat ambulanti, frustra dicimus ambulasse et ambulatio vana est, tamquam cum hoc sit frustra quod aptum natum est alius causa, cum non includat illud cuius causa erat et aptum natum » (cum expositione Thomae, *ad loc.*, lect. 10 [ed. Leon., t. 2, p. 85a]).

Christus etiam ut nos in finem eterne glorie induceret, sacramentorum medicamenta preparauit, quibus a nobis peccati uulnus abstergitur. Vnde duo notantur in uerbis predictis, scilicet preparatio que est per sacramenta et inductio in gloriam. — Primum per hoc quod dicit *Rigabo ortum plantationum*. Ortus enim iste Ecclesia est, de qua Cant. IV 'Ortus conclusus' etc., in qua sunt plantationes diuerse, secundum diuersos sanctorum ordines, quos omnes manus omnipotentis plantauit. Iste ortus irrigatur a Christo sacramentorum riuis, que ex eius latere profluxerunt ; unde in commendationem pulcritudinis Ecclesie dicitur Num. XXIV 'Quam pulcra tabernacula' etc., et post sequitur 'ut orti iuxta fluuios irrigui'. Et ideo etiam ministri Ecclesie, qui sacramenta dispensant, rigatores dicuntur I Cor. III 'Ego plantaui, Apollo rigauit'. — Inductio autem in gloriam notatur in hoc quod sequitur : *et inebriabo partus mei fructus*. Partus ipsius Christi fideles Ecclesie, quos suo labore quasi mater parturiuit, de quo partu Ysa. ult. 'Numquid ego qui alios parere facio' etc. Fructus autem istius partus sunt sancti qui sunt in gloria, de quo fructu Cant. V 'Veniet dilectus meus in ortum' etc. Istos inebriat habundantissima sui fruitione, de qua ebrietate Ps. 'Inebriabuntur ab ubertate domus tue'. Et dicitur ebrietas quia omnem mensuram rationis et desiderii excedit, unde Ysa. LXIV 'Oculus non uidit' etc. Et in hoc tangitur materia quarti libri, in cuius prima parte agitur de sacramentis, in secunda de gloria resurrectionis.

Et sic patet ex predictis uerbis intentio Libri sententiarum.

84–85 medicamenta] *scripsi cum* β, P[5] C[3], *sec.m.* Bg[2] *sup. ras. sec.m.* F[1] : medicamentis α*, cett codd α (*pr.m.* Bg[2]) **94** III] *scr.* : II *codd* **95** fructus] *codd* : fructum *supra, ad u. 4* **98** ueniet] *scr. cum codd* (ueniat *textus Bibliae : cf. app. font. I)*

---

88 Cant. IV] u. 12–13 (*Biblia sacra ...* , t. XI, p. 187) : « hortus conclusus soror mea sponsa hortus conclusus fons signatus || emissiones tuae paradisus malorum punicorum cum pomorum fructibus ».
92–93 Num. XXIV] u. 5–7 (ed. Rusch, t. 1, p. 337a–b) : « quam pulcra tabernacula tua Iacob et tentoria tua Israhel ut valles nemorosae ut horti iuxta fluvios irrigui ut tabernacula quae fixit Dominus quasi cedri prope aquas fluet aqua de situla eius et semen illius erit in aquas multas » (prope] propter *Biblia sacra ...* , t. III, p. 213).
94 I Cor. III] u. 6.
97 Ysa. ult.] c. 66, 9 (*Biblia sacra ...* , t. XIII, p. 233) : « numquid ego qui alios parere facio ipse non pariam dicit Dominus ».
98–99 Cant. V] u. 1 (*Biblia sacra ...* , t. XI, p. 187) : « Veniat dilectus meus in ortum suum et comedat fructum pomorum suorum ».
99–100 Ps.] 35, 9.
101 Ysa. LXIV] u. 4 (*Biblia sacra ...* , t. XIII, p. 226) : « oculus non uidit Deus absque te quae praeparasti expectantibus te ».

< Prologi questiones >

Ad euidentiam huius sacre doctrine que in hoc Libro traditur, queruntur quinque. Primo de necessitate ipsius. Secundo, supposito quod sit necessaria, an sit una uel plures. Tertio si sit una, an practica uel speculatiua ; et si speculatiua, utrum sapientia uel scientia uel intellectus. Quarto de subiecto ipsius. Quinto de modo.

< Articulus primus >

Ad primum sic proceditur. Videtur quod preter philosophicas disciplinas nulla doctrina sit homini necessaria. Sicut enim dicit Dyonisius in Epistola ad Policarpum 'Philosophia est cognitio existentium'. Et constat, inducendo in singulis, quod de quolibet genere existentium in philosophia determinatur, quia de creatore et creaturis, tam de hiis que sunt ab opere nature quam de hiis que sunt ab opere nostro. Set nulla doctrina potest esse nisi de existentibus, quia non entis non est scientia. Ergo preter philosophicas disciplinas nulla doctrina debet esse.

<2.> Item. Omnis doctrina est ad perfectionem, uel quantum ad intellectum sicut speculatiue, uel quantum ad affectum procedentem in opus sicut practice.

---

1 philosophicas] phi'cas (= phisicas, *set etiam* philosophicas — *cf. supra, cap. VI, 3.5, n. 88*) V^1, W^2 N^3 Kr^1 O^2 P^4 V^4 P^5 F^1, β (– P^3) **7–8** nulla doctrina debet esse] doctrina nulla debet esse β : nulla debet esse doctrina N^3 **9** est] debet esse β (– *pr. m.* C^4)

2–3 Dyonisius] ex Dionysio, *Epist. ad Polycarpum*, Sarraceno interprete (*Dionysiaca*, t. II, p. 1487) : « Etenim existentium cognitione, pulcre dicta ab ipso [*scil.* ab Apollophane] philosophia [...] » ; laud. ab Alberto, *Super Dionysii Epistolas*, VII [in hunc locum] (ed. Col., t. 37.2, p. 504, u. 83–86) : « Apollophanes diffiniens philosophiam dixit, quod *philosophia* est *cognitio existentium*, et ex hoc est quod philosophia dividitur secundum divisionem entis », de qua diuisione : *Ibid.*, IX (p. 539, u. 85 – p. 540, u. 9) : « ea quae considerantur in philosophia, accipit theologus sicut imagines divinorum ; philosophia autem est de ente, sicut ipse [*scil.* Dionysius] dixit in Epistula ad Polycarpum ; ens autem vel est ab opere nostro, et de istis est civilis, vel est a natura, et hoc vel est in materia secundum esse et rationem, et de his est physica, vel in materia secundum esse, non secundum rationem, et de his est mathematica, vel separatum secundum esse et secundum rationem, et de his est metaphysica ». Cf. etiam dubitationem Aristotelis, *Metaph.*, II, 996b1–10, a Iacobo transl. (AL IV.1-4, p. 44, u. 8–15).

---

1 Ad primum]] parall. : *In III Sent.*, d. 24, a. 3, qla 1 (ed. Moos, p. 771–772), sol. I et ad 1, ad 2 (p. 773–775) ; *Q. disp. de uerit.*, q. 14, a. 10 (ed. Leon., t. 22, p. 464–468) ; *Super Boet. De Trinit.*, q. 2, a. 3 (ed. Leon., t. 50, p. 97–100) ; q. 3, a. 1 (*ibid.*, t. 50, p. 106–109) ; *ScG*, Lib. I, c.1-5 (ed. Leon., t. 13, p. 3–11) ; Lib. II, c. 4 (*ibid.*, p. 278–279) ; Lib. III, c. 48 (*ibid.*, t. 14, p. 130–132) ; Lib. IV, c. 1 (*ibid.*, t. 15, p. 3–5) ; *I pars*, q. 1, a. 1 (ed. Leon., t. 4, p. 6–8) ; *IIa-IIae*, q. 2, a. 3 et 4 (ed. Leon., t. 8, p. 28–31).
7 non entis ... scientia]] axioma excerptum ex Arist., *Anal. post.*, I, 71b25–26, a Iacobo transl. (AL IV.1-4, p. 7, u. 19–22) : « Sillogismus quidem enim erit et sine his [*scil.* propriis principiis], demonstratio autem non erit ; non enim faciet scientiam. Verum quidem igitur oportet esse, quoniam non est quod non est scire ». Nota tamen Alberti argumentationem in app. font. I, u. 2–3, allatam.
9–10 Omnis ... practice]] cf. Arist., *Ethic. ad Nic.*, I, 1102a5–6 et 1103a4–7, a Roberto transl. (AL XXVI.1-3 fasc. 3, p. 159, u. 28–29 et p. 162, u. 11–12) : « Si autem est felicitas anime operacio quedam secundum virtutem perfectam, de virtute scrutandum. [...] Determinatur autem virtus, secundum differenciam hanc. Dicimus enim harum has quidem intellectuales, has autem morales. Sapienciam quidem et intellectum et prudenciam, intellectuales ; liberalitatem autem et sobrietatem, morales » atque *Ibid.*, II, 1103a14–17, a Roberto transl. (loc. laud. p. 163, u. 5–8) : « Duplici autem virtute existente, hac quidem intellectuali, hac autem morali, ea quidem que intellectualis, plurimum ex doctrina habet et generacionem et augmentum. Ideo experimento indiget et tempore. Moralis vero

Set utrumque completur per philosophiam quia per demonstratiuas scientias perficitur intellectus, per morales affectus. Ergo non est necessaria alia doctrina.

<3.> Preterea. Quecumque naturali intellectu possunt cognosci ex principiis rationis, uel sunt in philosophia tradita, uel per principia philosophie inueniri possunt. Set ad perfectionem hominis sufficit illa cognitio que ex naturali intellectu potest haberi. Ergo preter philosophiam non est necessaria alia doctrina. — Probatio medie. Illud quod per se suam perfectionem consequitur nobilius est eo quod per se consequi non potest. Set alia animalia et creature insensibiles ex puris naturalibus consecuntur finem suum, quamuis non sine Deo qui omnia in omnibus operatur. Ergo et homo, cum sit nobilior eis, per naturalem intellectum cognitionem sufficientem sue perfectionis habere potest.

Contra. Hebr. XI 'Sine fide impossibile est placere Deo'. Placere autem Deo est summe necessarium. Cum igitur ad ea que sunt fidei philosophia non possit, oportet esse aliquam doctrinam que ex fidei principiis procedat.

<2.> Item. Effectus non proportionatus cause imperfecte ducit in cognitionem sue cause. Talis autem effectus est omnis creatura respectu creatoris, a

---

15 illa] alia β (= *pr. m.* C^4 O^4 : illa *rest. sec. m.* C^4 O^4 : aliqua P^3) **18** Set] *scr. cum* V^1, Bx^4 *ac sec.m.* W^2 N^3 ? Bl Bg^2 O^2 Tr^2 P^5 (*non leg.* W^1) : et *cet. codd* α^* *atque* α, *nec non* β

---

22 Hebr. XI] u. 6

---

ex more fit », atque *Ibid.*, VI, 1139a16–17, a Roberto transl. (AL XXVI.1-3 fasc. 3, p. 253, u. 22–23) : « Sumendum ergo utriusque horum [*scil.* intellectualium moraliumque uirtutum] quis optimus habitus. Hic enim virtus utriusque. Virtus autem ad opus proprium » ; *Metaph.*, II, 993b20–21, a Iacobo transl. (AL XXV.1-1, p. 37, u. 1–2) : « Speculative quidem enim finis veritas est, practice vero opus » ; cf. et lemmata quaedam Compositae siue 'Veteris' uersionis in hunc locum (AL XXV.1-1, p. 119, u. 19, in app.).

17–18 Illud ... potest]] sententia haec ab Arist., *De caelo* II, 292a22–25, originem ducit, quem locum saepe Thomas, cum eam laudat, ut etiam in responsione ad argumentum hoc, affert. En Aristotelis uerba, secundum Michaelis Scoti interpretationem (in Auerr. : *In De coelo*, ed. Venetiis, 1562, t. V, f. 140rb) : « illud, quod est nobile perfecte, est nobile sine actione, et sine operatione, qua acquirit nobilitatem : et illud, quod est propinquum nobili, est illud quod acquirit ipsum una actione parua ; et illud, quod est remotum a nobili, est quod acquirit ipsum pluribus actionibus » (aliter a Gerardo transl. [ed. Opelt, 1971, p. 172, u. 82–84]). Atque ipse Auerroes, *In De caelo*, II (292b2–7), comm. 63K (ed. Venetiis, 1562, t. V, f. 141vb) : « ea, quorum nobilitas est in actione, sunt diminuta : cum non acquirunt nobilitatem per se, sed oportet ut aliquid habeant extrinsecum, quod det eis illud, propter quod est actio ».

19–20 qui ... operatur]] cf. I Cor. 12, 6 (ed. Wordsworth–White, t. 2, p. 241) : « idem uero deus qui operatur omnia in omnibus ».

22–23 placere Deo ... necessarium]] cf. Arist., *Ethic.*, X, 1179a22-33, a Roberto transl., rec. pura (AL XXVI.1-3, p. 364, u. 5–14) : « Secundum intellectum autem operans et hunc curans et dispositus optime, et dei amantissimus videtur esse. Si enim quedam cura humanorum a diis fit quemadmodum videtur, et erit utique bene racionabile et gaudere ipsos optimo et cognatissimo ; hoc autem utique erit intellectus ; et diligentes maxime hoc et honorantes rebeneficiare, ut amicis ipsis curatis, et recte et bene operantes. Quoniam autem hec omnia sapienti maxime existunt, non inmanifestum. Deo amantissimus, ergo. Eundem autem conveniens, et felicissimum. Quare et utique sic erit sapiens maxime, felix », cum expositione Thomae, *ad loc.*, c. 13 (ed. Leon., 47-2, p. 595, u. 109-149.)

25–26 effectus ... sue cause]] quod ita explicatur *In III Sent.*, d. 23, q. 1, a. 2 resp. (ed. Moos, p. 702) : « Si autem effectus non fuerint proportionati causae, non facient causam cognoscere quid est, set quia est tantum, sicut patet de Deo » et amplius *Super Boet. De Trin.*, q. 1, a. 2 resp. (ed. Leon., t. 50, p. 84, u. 82–95). Diffusius super hoc — Augustini etiam considerationes de antiquorum philosophorum opinionibus ex libris VIII et IX *De Ciuitate Dei* exponendo — dicit Albertus, *In I Sent.*, d. 3, A, a. 1–3 (ed. Borgnet, t. 25, p. 91–95), praesertim a. 1, s. c. (p. 92) : « Philosophus non investigat eum [*scil.* Deum] in Philosophia, nisi per creaturas, sicut causam per effectum : sed in Philosophia omnis causa proportionata est effectui : ergo non investigabant Deum, nisi ut quo in infinitum distat. Ergo imperfecte ducit in ipsius cognitionem. Cum igitur philosophia non procedat nisi per rationes sumptas ex creaturis, insufficiens est ad Dei cognitionem faciendam. Ergo oportet esse aliquam doctrinam altiorem, que per reuelationem procedat et philosophie defectum suppleat.

Solutio. Ad huius euidentiam sciendum est quod omnes qui recte senserunt posuerunt finem humane uite Dei contemplationem. Contemplatio autem Dei est duplex. Vna per creaturas, que est imperfecta ratione iam dicta, in qua contemplatione Philosophus felicitatem contemplatiuam posuit, que tamen felicitas est uie, et ad hanc ordinatur tota cognitio philosophica que ex rationibus creaturarum procedit. Est alia contemplatio Dei, qua uidetur immediate per suam

---

28 ex creaturis] a creaturis β

---

34 Philosophus] cf. Arist., *Ethic.*, VI, 1144a1–6, a Roberto transl. (AL XXV.1-3, p. 268, u. 3–9) : « [sapientia et prudentia] secundum se ipsas necessarium eligibiles ipsas esse, virtutes quidem existentes utrasque utriusque particule, et si non faciunt nichil neutra ipsarum. Deinde et faciunt quidem, non ut medicinalis autem sanitatem, sed ut sanitas, sic sapiencia felicitatem. Pars enim existens tocius virtutis, in haberi facit et in operari, felicem » *Ibid.* X, 1177a12-b26 ; praesertim 1177a12–18, a Roberto transl. (ed. laud., p. 358, u. 25–359 u. 2) : « Si autem est felicitas secundum virtutem operacio, racionabile secundum optimam. Hec autem utique erit, optimi. Sive utique intellectus hoc sive aliud quid, quod utique secundum naturam videtur principari et dominari et intelligentiam habere de bonis et divinis, sive divinum et ipsum sive eorum que in nobis divinissimum, huius operacio secundum propriam virtutem erit utique perfecta felicitas. Quoniam autem est speculativa, dictum est » (locum, ad quem hic remittit Aristoteles, inuestigauerunt R.-A. Gauthier – J. Y. Jolif, *Aristote. L'Éthique à Nicomaque*, Louvain-Paris, 1970, p. 876 [1177a17–18], qui laudauerunt *Protrepticon*, fr. 6 [ed. Walzer, p. 33–36] et *Metaph.* I, 982a4–983a23). Auctoritates easdem ipse Thomas adfert, *ScG*, III, 44 (ed. Leon., t. 14, p. 115b, u. 18–46, ubi concluditur u. 39–42) : « Patet ergo quod opinio Aristotelis fuit quod ultima felicitas quam homo in vita ista acquirere potest, sit cognitio de rebus divinis qualis per scientias speculativas haberi potest ». — Vide etiam Auerr., *In Phys.*, Prooemium (ed. Venetiis, 1562, t. IV, f. 1v H) : « Et declaratum est in sciencia consyderante in operationibus voluntarijs quod esse hominis secundum vltimam perfectionem ipsius, et substantia eius perfecta est ipsum esse perfectum per scienciam speculatiuam : et ista dispositio est sibi foelicitas, et sempiterna vita ».

---

causam proportionatam effectui : talis autem causa non est Deus : ergo per effectum hoc modo non cognoscunt Deum, nec cognoscere possunt ». Et *Ibid.*, ad 2 : « Ad aliud dicendum quod in Philosophia causa physica proportionata est causato, et motor mobili : sed quia proportionatum in virtute causandi non potest esse primum quod habet influentiam ad omnia, ideo extendit se ratio ad probandum illud esse, licet non probet nisi quia est tantum, et non possit determinare proprietates ejus. Unde Philosophus in primo de *Caelo et Mundo* dicit : 'Adhibuimus nosipsos magnificare Deum gloriosum creatorem omnium, eminentem proprietatibus eorum quae sunt creata'. Unde patet quod cognovit quod eminet super creata ; sed rationem eminentiae, et differentiam, et proprietatem sui esse non potest per rationem aliquis investigare. Unde etiam circa talia attributa inveniuntur Philosophi multos errores dixisse : circa esse vero Deum, sive quia est, et quod unus est, pauci Philosophi qui vere erant Philosophi, erraverunt » (sententia Aristotelis legitur tantum in interpretatione Gerardi : Arist., *De Caelo* I, 268a14–15, a Gerardo transl. [ed. I. Opelt, 1971, p. 6, u. 87]). Cf. ipsum Albertum, *In Dion. De diu. nom.*, IX (ed. Col., t. 37.1, p. 387, n. 16.), super hunc Dionysii locum, a Iohanne Sarraceno transl. (*Dionysiaca*, t. I, 469) : « In causa autem et causatis non recipiemus conuersionem » (laud. ab Alberto *Super Ethicam*, VI, lect. 4 [ed. Col., t. 14.2, p. 419, n. 489, u. 24–25]) ; et praesertim eiusdem Alberti *Super Ethicam*, VI, lect. 5 [1139b18] (ed. laud., p. 420, n. 490, u. 15–27). Vide etiam *Summam fr. Alexandri*, I, tr. intr., q. 2, c. 2, arg. 2, cum resp. (ed. Quaracchi, t. I, p. 31–32, n. 21).

27 in infinitum distat]] cf. Boethium, *Phil. cons.*, II, 7, 17 (ed. Moreschini, p. 52, u. 56-58) : « Etenim finitis ad se invicem fuerit quaedam, infiniti vero atque finiti nulla umquam poterit esse collatio » (cf. CCSL 94, p. 33, u. 51–53).

32–33 contemplatio ... duplex]] non semel haec distinctio inuenitur apud Thomam : v. H. de Lubac « Duplex hominis beatitudo (Saint Thomas, 1ª 2ªᵉ, q. 62, a. 1) » in *Recherches de Sciences Religieuses*, 35 (1948), p. 290–299.

essentiam, et hec perfecta est, que erit in patria et est homini possibilis secundum fidei suppositionem. Vnde oportet ut ea que sunt ad finem proportionentur fini, quatenus homo manuducatur ad illam contemplationem in statu uie per cognitionem non a creaturis sumptam, set immediate ex diuino lumine inspiratam. Et hec est doctrina theologie.

Ex hoc possumus duas habere conclusiones. Vna est quod ista scientia imperat omnibus tamquam principalis. Alia est quod ipsa utitur in obsequium sui omnibus aliis scientiis, quasi usualis, sicut patet in omnibus artibus ordinatis quarum finis unius est sub fine alterius, sicut finis pigmentarie artis, qui est confectio medicinarum, ordinatur ad finem medicine qui est sanitas. Vnde medicus imperat pigmentario et utitur pigmentis ab ipso factis ad suum finem. Ita cum finis totius philosophie sit infra finem theologie et ordinatus ad ipsum, theologia debet omnibus aliis scientiis imperare et uti hiis que in eis traduntur.

<1.> Ad primum ergo dicendum quod, quamuis philosophia determinet de existentibus secundum rationes a creaturis sumptas, oportet tamen esse aliam <doctrinam> que existentia consideret secundum rationes ex inspiratione diuini luminis acceptas.

<2.> Et per hoc patet solutio ad secundum, quod philosophia sufficit ad perfectionem intellectus secundum cognitionem naturalem et affectus secundum uirtutem acquisitam. Et ideo oportet esse aliam scientiam per quam intellectus perficiatur quantum ad cognitionem infusam et affectus ad dilectionem gratuitam.

---

44 usualis] *cf. supra, cap. III, 4.4* **50** quamuis ... de] quamuis de α^* (philosophia determinet *suppl. sec. m.* Md : philosophia sit *suppl. sec. m.* V^1), W^1, *pr. m.* Tr^2 : quamuis (philosophia determinet de *om.*) V^4 P^1, *pr. m.* C^3 : quamuis de philosophia determinet V^2 : quamuis philosophia (determinet de *om.*) Kr^1 : quamuis philosophia de (determinet *om.*) O^2 : quamuis sit de (philosophia *om.*) F^1, *pr. m.* P^5 : quamuis philosophia sit de P^2, *sec. m.* P^5 **52** doctrinam] *suppleui*

43–44 utitur ... usualis]] cf. Arist., *Phys.* II, 194b1–5, a Iacobo transl. (AL VII.1.2, p. 54, u. 4–8) : « Due igitur sunt principantes materie et cognoscentes artes, queque utitur et active architectonica est. Unde et usualis architectonica est quodammodo, differt autem secundum quod hec quidem speciei perceptiva est, architectonica autem tamquam activa, materie » (enodatum a Thoma, *In Phys.* II, lect. 4 [ed. Leon., t. 2, p. 66, n. 8]) ; hunc locum affert ipse Thomas : *In II Sent.*, d. 10, q. 1, a. 3, ad 1 (ed. Piana, t. 6.2, p.34a) : « ... talis dicitur architector, quasi princeps artificum, vel vsualis inquantum vtitur ministerio subditorum in suum finem, vt ex 2 Physicorum habetur ». Praeter expositionem in hunc locum *Physicae*, Thomas tantum in *Scripto* scientiam (uel artem) 'usualem' dicere videtur : *In III Sent.*, d. 33, q. 3, a. 1 resp. (ed. Moos, p. 1076) et d. 35, q. 2, a. 1, sol. 2. (ed. Moos, p. 1194) : « Unde qui habet artem usualem, quae architectonica dicitur, in singulis artificiis sapiens illius artificii dicitur ». Verumtamen legitur iam in *Super Is.*, cap. 11 (ed. Leon., t. 28, p. 80, u. 175-177) : « per prima aliquis regulatur in secundis, sicut metaphysica alias scientias » ; cf. et *Ibid.*, cap. 3 (ed. Leon., t. 28, p. 25-26, u. 65-87) ac R.-A. Gauthier, « Apparatus fontium » in *S. Thomae de Aq., Q. de quolibet*, II, q. 7, a. 2 [14], resp. (ed. Leon., t. 25,2, p. 195, adn. 37).
45 finis ... alterius]] cf. Arist., *Ethic.*, I, 1094a6-b11, a Roberto transl., praecipue 1094a6–14 (AL XXVI.1-3 fasc. 3, p. 141, u. 12–20) : « Multis autem operacionibus entibus et artibus et doctrinis, multi fiunt et fines. Medicinalis quidem enim, sanitas. Navifactive vero, navigacio. Militaris autem, victoria. Iconomice vero, divicie. Quecumque autem sunt talium, sub una quadam virtute ; quemadmodum sub equestri, frenifactiva, et quecumque alie, equestrium instrumentorum sunt ; hec autem et omnis bellica operacio, sub militari ; secundum eundem utique modum, alie sub alteris ». Vide etiam *Metaph.*, II, 996b10–13, a Iacobo transl. (AL XXV.1-1, p. 44, u. 15–18) : « Secundum quidem enim quod principalior et presidior [sapientia] sit et secundum quod sicut famulas neque contradicere alias scientias iustum est, que est finis et boni huiusmodi est (huius enim gratia alia sunt) ». Et ipse Thomas *In Ethic.*, VI [1145a6–11] 11, (ed. Leon., t. 47,2, p. 377, u. 182–207).

<3.> Ad tertium dicendum quod in hiis que acquirunt equalem bonitatem pro fine tenet propositio inducta, scilicet 'nobilius est' etc. Set illud quod acquirit bonitatem perfectam pluribus auxiliis et motibus est nobilius eo quod imperfectam bonitatem acquirit paucioribus uel per se ipsum, sicut dicit Philosophus in secundo Celi et mundi. Et hoc modo se habet homo respectu aliarum creaturarum, qui factus est ad ipsius diuine glorie participationem.

< Articulus secundus >

Circa secundum sic proceditur. Videtur quod non una tantum doctrina debeat esse preter philosophicas doctrinas, set plures. De omnibus enim de quibus instruitur homo per rationes creaturarum potest instrui per rationes diuinas. Set scientie procedentes per rationes creaturarum sunt plures, differentes genere et specie, sicut moralis, naturalis, etc. Ergo et scientie procedentes per rationes diuinas debent esse plures.

<2.> Item. Vna scientia est unius generis, sicut dicit Philosophus in primo Posteriorum. Set Deus et creatura, de quibus in diuina doctrina tractatur, non reducuntur in unum genus neque uniuoce neque analogice. Ergo diuina scientia

---

60 propositio] proportio α* (propositio *rest. sec. m.* Md), O^2 : *om.* W^1 Tr^2, *pr. m.* V^4 P^2 P^5 (propositio *mg. sec. m.* V^4 P^2 : ratio *mg. sec. m.* P^5) **3** instruitur homo] instruitur (homo *def.*) α*, Bx^4 P^1, (homo *mg.*) P^5 : *inu.* P^2 F^1 **7** in primo] in libro β **8–9** non reducuntur] ideo *praem.* α*, P^4 (*exp. sec. m.* Md V^1, P^4)

---

60 nobilius est etc.] supra, u. 18–19.
62–63 in secundo Celi et mundi] Arist., *De caelo* II, 292a28-b4, a Michaele Scoto transl. (ed. in : Auerr., *In De coelo*, ed. Venetiis, 1562, t. V, f. 141vb) : « perficere unum est facilius, quam perficere plura. et perficere aliud semel aut bis est facilius, quam perficere multotiens. Et, cum aliquid acquiritur una actione, aut duabus, facilius est eo, quod acquiritur pluribus, et quod acquiritur pluribus, est difficilius » ; auctoritas haec laudatur etiam *In II Sent.*, d. 26, q. 1, a. 1, ad 3 (ed. Piana, t. 7, f. 86r). Re uera Thomas hic pendere uidetur ex Auerroe, *In De caelo* II (292a28-b4), comm. 63 M (ed. Venetiis, 1562, t. V, f. 141vb) : « quae scilicet sunt in primo ordine, acquirunt nobilitatem paucis operationibus, et quod sequitur ipsum in ordine, est illud quod acquirit nobilitatem pluribus actionibus. in hoc autem sermone declarat quod sub secundo ordine scilicet in quo acquiritur nobilitas pluribus actionibus, ea, quae habent paucas operationes, cum impossibile sit ea acquirere nobilitatem pluribus operationibus, sunt minus nobilia ».
7–8 in primo Posteriorum] Arist., *Anal. post.*, I, 87a38, a Iacobo transl. (AL IV.1-4, p. 60, u. 21) : « Vna autem sciencia est que est unius generis » ; cf. et *Metaph.* IV, 1003b20, a Michaele Scoto transl. (ed. in : Auerr., *In Metaph.*, IV, Venetiis, 1562, t. VIII, f. 65r D) : « vnumquodque genus habet vnam scientiam ». Idem argumentum ex *Anal. post.* inuenitur apud Albertum, *In I Sent.*, d. 1, (A), a. 3, arg. 1 (ed. Borgnet, t. 25, p. 17a).

---

1 Circa secundum]] parall. : *I pars*, q. 1, a. 3 (ed. Leon., t. 4, p. 11–12).
5 moralis, naturalis, etc.]] cf. Aug., *De ciu. Dei*, VIII, 4 (CCSL 47, p. 219–220, u. 17–28) : « Itaque cum studium sapientiae in actione et contemplatione uersetur, unde una pars eius actiua, altera contemplatiua dici potest (...) Socrates in actiua excelluisse memoratur ; Pythagoras uero magis contemplatiuae, quibus potuit intellegentiae uiribus, institisse. Proinde Plato utrumque iungendo philosophiam perfecisse laudatur, quam in tres partes distribuit : unam moralem, quae maxime in actione uersatur ; alteram naturalem, quae contemplationi deputata est ; tertiam rationalem, qua uerum disterminatur a falso » ; enodationem eandem praebet Thomas in suo *Super Boet. De Trin.*, q. 5, a. 1, ad 4 (ed. Leon., t. 50, p. 140, u. 268–273). Sed etiam legitur apud Ambrosium, *Exp. Eu. sec. Lucam*, prol. (CCSL 14, p. 1, u. 7–10) : « Tria sunt enim quae philosophi mundi istius praecellentissima putauerunt, triplicem scilicet esse sapientiam, quod aut naturalis sit aut moralis aut rationalis », laud. ab Odone Rigaldi, *Q. de scientia theologiae*, II, a. 1, q. 1, arg. 2 (ed. L. Sileo, p. 54, n. 123, u. 13–16, cum adn.). De philosophiae diuisionibus deque earundem traditionibus v. G. d'Onofrio (ed.), *La Divisione della Filosofia e le sue ragioni*, Cava de' Tirreni, 2001.

non est una. — Probatio medie. Quecumque conueniunt in uno genere, uniuoce uel analogice, participant aliquid idem uel secundum prius et posterius, sicut substantia et accidens rationem entis, uel equaliter, sicut equs et bos rationem animalis. Set Deus et creatura non participant aliquid idem, quia illud esset simplicius et prius utroque. Ergo nullo modo reducuntur in idem genus.

<3.> Item. Ea que sunt ab opere nostro, sicut opera uirtutum, et que sunt ab opere nature non reducuntur ad eandem scientiam, set unum pertinet ad moralem, alterum ad naturalem. Set diuina scientia determinat de hiis que sunt ab opere nostro, tractando de uirtutibus et preceptis ; tractat etiam de hiis que non sunt ab opere nostro, sicut de angelis et aliis creaturis. Ergo uidetur quod non sit una scientia.

Contra. Quecumque conueniunt in ratione una possunt ad unam scientiam pertinere, unde etiam omnia, in quantum conueniunt in ratione entis, pertinent ad methaphisicam. Set diuina scientia determinat de rebus per rationem diuinam que omnia complectitur : omnia enim et ab ipso et ad ipsum sunt. Ergo ipsa una existens potest de diuersis esse.

<2.> Preterea. Ea que sunt diuersarum scientiarum, distinctim et in diuersis libris determinantur. Set in sacra Scriptura permixtim in eodem libro quandoque determinatur de moribus, quandoque de creaturis, quandoque de creatore, sicut patet fere in omnibus libris. Ergo ex hoc non diuersificatur scientia.

Responsio. Ad hoc notandum est quod aliqua cognitio, quanto altior est, tanto est magis unita et ad plura se extendit. Vnde intellectus Dei, qui est al-

---

21 ratione una] *inu.* β : ratione (una *om.*) C^3 **23** methaphisicam] mechanicam α* (Md, $mecha^{ā}$ Bx^3 : methafisicam *sic* V^1), O^2 **24** et ad] ad (et *def.*) α* (et per *sec. m.* V^1), *om.* P^5 **30** aliqua] quando *praem.* α*, Tr^2 P^5, *pr. m.* W^2 ; V^6

---

10 probatio medie]] uide infra adn. in responsionem ad hoc argumentum.

10–11 quecumque ... posterius]] cf. Auerr., *In Metaph.* IV [1003a34–35], comm. 2 (ed. Venetiis, 1562, t. VIII, f. 65rb E) : « quae attribuuntur eidem non attribuuntur eodem modo, sed modis diuersis, et quaedam attribuuntur eodem modo, sed diuersantur secundum magis et minus. sicut hoc nomen substantia, quae dicitur de formis et de indiuiduo ». Vide etiam Arist., *Metaph.*, IV, 1003a21–b19, a Michaele Scoto transl. (in : Auerr., *In Metaph.*, IV, text. 1 et 2, ed. Venetiis, 1562, t. VIII, f. 63vb–64ra et 64vb-65rb), a Iacobo transl. (AL XXV.1-1, p. 62–63).

12–13 equs ... animalis]] exemplo equi et bouis utitur Arist., *Ethic. Nic.*, I, 1098a1-2, a Roberto transl. (AL XXVI.1-3 fasc. 3, p. 150, u. 28-30) : « Videtur vero et hec [*scil.* sensitiva vita] communis et equo et bovi et omni animali ».

21–23 quecumque ... methaphisicam]] cf. Arist., *Metaph.* IV, 1003a33–b22, praesertim : 1003b12–17 et 1003b21–22, a Michaele Scoto transl. (in : Auerr., *In Metaph.*, IV, Venetiis, 1562, t. VIII, f. 65r B C et D) : « Quoniam non est unius scientiae consideratio de rebus, quae dicuntur de vno tantum, sed etiam consideratio de rebus, quae attribuuntur uni naturae. Et quia ista dicuntur de unoquoque modo, manifestum est igitur quod vnius scientiae est consideratio de entibus vniversaliter. Et scientia, quae est scientia in rei veritate in omnibus rebus, est scientia rei prioris, per quam continuantur aliae res, et propter quam vocantur, et dicuntur. [...] Et ideo dicimus, quod consideratio de omnibus formis entis vniversaliter est vnius scientiae secundum genus. formae autem sunt formae formarum » (aliter a Iacobo transl. : AL XXV.1-1, p. 63, u. 6–12 et u. 16–18).

30–31 cognitio ... se extendit]] hanc sententiam Platonicis ita tribuit Thomas : *In Dionysium De diu. nom.*, IV, lect. 2 (ed. Marietti, n. 296) : « secundum Platonicos ... quanto aliqua causa est altior, tanto ad plura se extendit eius causalitas » et *Quodl. III*, q. 5, a. 1 [6] (ed. Leon., t. 25,2, p. 249, u. 28, cum adn.) ; expressius *IIa-IIae*, q. 45, a. 3, ad 1 (ed. Leon., t. 8, p. 342a) : « quanto aliqua virtus est altior, tanto ad plura se extendit ; ut habetur in libro *de Causis* », uide *Lib. de causis*, prop. XVI (XVII) (ed. Pattin, p. 171 [83], u. 15–16 et p. 84 [172], u. 27–29) : « Omnis virtus unita plus est infinita quam virtus multiplicata. ... ipsa [*scil.* virtus] quanto magis aggregatur et unitur, magnificatur et vehementior fit et efficit operationes mirabiles » atque *Ibid.*, prop. IX (X) (ed. laud., p. 70–71 [158–159], u. 18–20) : « Et in primis intelligentiis est virtus magna, quoniam sunt tissimus, per unum quod ipse est Deus, omnium rerum distincte cognitionem habet. Ita etiam cum ista scientia sit altissima et per ipsum lumen inspirationis diuine efficaciam habens, ipsa, unica manens, non multiplicata, diuersarum rerum considerationem habet. Nec tantum in communi, sicut methaphisica que considerat omnia in quantum entia, non descendens ad propriam cognitionem moralium uel naturalium : ratio enim entis, cum sit diuersificata in diuersis, non est sufficiens ad specialem rerum cognitionem, ad quarum manifestationem diuinum lumen, in se unum manens — secundum beatum Dyonisium in principio Celestis ierarchie — efficaciam habet.

<1.> Ad primum ergo dicendum quod diuinum lumen, ex cuius certitudine procedit hec scientia, est efficax ad manifestationem plurium que in diuersis scientiis in philosophia traduntur, ex eorum rationibus in eorum cognitionem procedentibus. Et ideo non oportet istam scientiam multiplicare.

<2.> Ad secundum dicendum quod creator et creatura reducuntur in unum non communitate uniuocationis, set analogie. Talis autem communitas potest

---

32 ipse est Deus] ipse Deus est β (– P^3) ; *sec. m.* P^4 **38** cognitionem] comunicationem α* (– V^1) : considerationem *pr. m.* N^3 (cognitionem *rest. mg.* N^3) : cognitionem *om. pr. m.* P^5 (*rest. mg. sec. m.* P^5) **43** cognitionem] comunicationem α (– V^1) **46** communitate] unitate β

39–40 in principio Celestis ierarchie] Dionysius, *De cael. hier.*, I, 1, a Iohanne Eriugena transl. (*Dionysiaca*, t. II, p. 727) : « Omnem divinam lucem, tametsi summa benignitate varie ad creaturas prodeuntem, simplicem tamen manere, et quae illustrat unum efficere ».

---

vehementioris unitatis quam intelligentiae secundae inferiores » et *Ibid.*, prop. I (ed. laud., p. 48–49 [136–137], u. 39–41, 49–52) : « Iam igitur manifestum est et planum quod causa prima longinqua est plus comprehendens et vehementius causa rei quam causa propinqua. ... omnem operationem quam causa efficit secunda, et prima causa efficit ; verumtamen efficit eam per modum alium, altiorem et sublimiorem ». — Quae sententia aliquotiens a Thoma diffusius affertur, exempli gratia : *ScG*, I, 65 (ed. Leon., t. 13, p. 179b, u. 17–21) : « In omnibus virtutibus ordinatis hoc communiter invenitur quod virtus superior ad plura se extendit et tamen est unica, virtus vero inferior se extendit ad pauciora, et multiplicatur tamen respectu illorum : sicut patet in imaginatione et sensu » ; et *Ibid.*, II, 100 (p. 596a, u. 25–27) : « Virtus enim quanto est superior, tanto magis colligitur et unitur ; e contrario vero virtus inferior dividitur et multiplicatur » ; atque *I Pars*, q. 57, a. 2, resp. (ed. Leon., t. 5, p. 70b) : « Hoc enim rerum ordo habet, quod quanto aliquid est superius, tanto habeat virtutem magis unitam et ad plura se extendentem : sicut in ipso homine patet quod sensus communis, qui est superior quam sensus proprius, licet sit unica potentia, omnia cognoscit quae quinque sensibus exterioribus cognoscuntur, ... ». Postea, Thomas sententiam hanc Proclo tribuit : *In De causis*, prop. 1 (ed. Saffrey, p. 8, u. 7–8) : « Hoc autem uno medio Proclus sic probat. Causa prima est magis causa quam secunda ; ergo est perfectioris virtutis. Sed quanto virtus alicuius causae est perfectior, tanto ad plura se extendit » et legimus apud Proclum : *Elementatio theol.*, prop. 57, a Guillelmo transl. (ed. Boese, p. 31, u. 3–4) : « *57. Omnis causa et ante causatum operatur et post ipsum plurium est substitutiua.* Qua enim est causa, perfectius est et potentius eo quod post ipsum ; et si hoc, plurium causa » et *Ibid.*, prop. 60 (ed. laud., p. 33, u. 9–10) : « Quod autem plura potest maiorem potentiam habet et totaliorem ; hoc autem propinquius cause omnium », ac : prop. 61 (*ibid.*, u. 1–2) : « Omnis potentia impartibilis manens maior est, partita autem minor ».
46–47 communitas ... duplex]] distinctionis hic allatae fons extat Arist., *Metaph.* IV, 1003a34–b11, a Iacobo transl. (AL XXV.1-1, p. 62–63), a Michaele Scoto transl. (in : Auerr., *In Metaph.*, IV, ed. Venetiis, 1562, t. VIII, f. 64va-65ra) ; et *Metaph.* VII, 1030a34–b3, a Michaele Scoto transl. (ed. laud., f. 164vb M–165ra) ; et etiam Auerr., *In Metaph.*, IV (1003a33-b22), comm. 2 (ed. Venetiis, 1562, t. VIII, f. 65rb–66rb) et *In Metaph.*, XI (Λ, 1071a29–b1), comm. 28 (ed. laud., f. 312 E). — Prima Thomae de analogiae formis disquisitio in *De principiis naturae*, § 6 (ed. Leon., t. 43, p. 46–47) inuenitur ; quae doctrina, in posterioribus operibus, paulum immutata reperitur, ut demonstrat B. Montagnes, *La doctrine de l'analogie de l'être d'après saint Thomas d'Aquin*, Louvain-Paris 1963, praecipue p. 24–60. — Eadem distinctio inuenitur apud Odonem Rigaldi, *In I Sent.*, d. 1, q. 3, ad 2m (ed. Sileo, p. 104–105, n. 33).

esse duplex. — Aut ex eo quod aliqua participant aliquid unum secundum prius et posterius, sicut potentia et actus rationem entis et similiter substantia et accidens. — Aut ex eo quod unum esse et rationem ab altero recipit et talis est analogia creature ad creatorem : creatura enim non habet esse nisi secundum quod a primo ente descendit, nec nominatur ens nisi in quantum ens primum imitatur. Et similiter est de sapientia et de omnibus aliis que de creatura dicuntur.

---

48 rationem entis] rationem actus α^* (ratione actus Bx^{3} : entis *rest. mg. sec. m.* Md, V^{1}), F^{1} : ratione cāntis (causantis ?) Bx^{4} : *om. pr. m.* P^{5} (rationem entis *suppl. mg. sec. m.* P^{5}) — *(cf. supra, cap. III, 1.1.3.1)* **49** esse] est α^*, Bl Kr^{1} V^{2} W^{1} O^{2} P^{1}, *pr. m.* V^{4} F^{1} (esse *rest. sec. m.* V^{4} F^{1}) : esse *pr. m.* C^{3}, est *sec. m.* C^{3}

47–49 aliqua ... accidens]] cf. supra adn. ad u. 10–11. De duplici communitate participationis secundum Thomam perualide disceptavit L.-B. Geiger, BT 6 (1940–42), p. 257, laudatus a B. Montagnes, *La doctrine de l'analogie* ... , laud., p. 62. Apud Aristotelem huius distinctionis exordium inuenitur in : Arist., *Metaph.* IV, 1003a33–b10, a Michaele Scoto transl. (in : Auerr., *In Metaph. IV*, ed. Venetiis, 1562, t. VIII, f. 64vb–65ra) : « Et ens dicitur multis modis, et non dicitur aequiuoce, sed attribuitur vni rei, et vni naturae, sicut omne sanans attribuitur sanitati. quoddam enim dicitur sanum, quia conservat sanitatem : quoddam autem sic, quia facit sanitatem : et quoddam quia significat : et quoddam quia recipit. Et similiter attribuitur esse medicum medicinae. [...] et secundum hunc modum possibile est nobis inuenire res, quae attribuuntur vni rei, sicut ista, quae diximus. Et similiter etiam ens dicitur multis modis. sed omnes illi modi attribuuntur vni primo. quaedam enim dicuntur entia, quia sunt substantiae : et quaedam etiam quia sunt viae ad substantiam, aut ad relationem, aut quia sunt non ens, aut qualitates, aut agentes : aut generantia substantiam, aut aliud eorum, quae dicuntur esse in substantia, aut quia negant aliquod istorum accidentium, aut substantia<m>. Et similiter dicimus etiam de eo, quod non est ens vnum, quod non est ens » (interpunctionem correxi). Vide etiam : *Ibid.*, VII, 1030a17–27, a Michaele Scoto transl. (ed. laud., f. 164rBC) : « Illud enim quod dicitur quoquo modo significat substantiam et hoc, et alio modo unumquodque praedicamentorum, v.gr. et quantitatem, et qualitatem et alia talia » ; addit autem interpretatio Anonymi, siue 'media' (AL XXV.2, p. 128, u. 17–19 [=1030a21–23]) : « Sicut enim ens in omnibus, sed non similiter, verum huic quidem primum illi vero consequenter, ita et quid simpliciter quidem substantiae, quomodo uero aliis » et *Ibid.*, 1030a32–b3, a Michaele Scoto transl. (ed. laud., f. 164vb M – 165ra A) : « Oportet igitur ut non dicantur entia eodem modo aequiuocationis, sed secundum magis et minus sicut illud quod non est notum et verum, etiam de noto et ignoto. sermo enim verus, qui non est modo aequiuoco, sed secundum similitudinem. sicut Medicina, quae attribuitur alicui, ita quod sit idem, non quia est idem cum eis vnum, neque modo aequiuoco etiam. Non enim dicitur corpus medicinale, et actio medicinalis aequiuoce, nec vno modo, sed respectu vnius ». Ipse Thomas, *De principiis naturae*, § 6 (ed. Leon., t. 43, p. 47, u. 55–56) : « Et ideo ens dicitur per prius de substantia et per posterius de aliis ».

49–50 unum ... creatorem]] alterum communitatis analogiae genus sumi plane potest ex Arist., *Metaph.*, XII (Λ), 1070a31–1071b1, a Michaele Scoto transl. (in : Auerr., *In Metaph.*, XII, ed. Venetiis, 1562, t. VIII, f. 305vb L–312ra E), praesertim 1070a33–b10, (ed. laud., f. 305vb LM – 307va G) : « Et debet homo dubitare, vtrum materia et elementa substantiarum, et relationum, et omnium praedicamentorum sint similiter eadem. Sed est inconueniens, si principia sint eadem, substantia autem et relatio erunt ex eisdem, ex eo quod hoc non erit ens, quoniam inuenitur extra substantiam, et illa alia aliquod vniuersale, et elementum quam illud, quod est elementum eis. Et substantia non est elementum rerum relatiuarum, neque istae etiam substantiae. Neque etiam ex elementis intellectus, vt de vno, aut de ente. hec enim duo existunt in omni composito. nullum enim eorum est substantia, aut relatio. sed necessarium. Elementa igitur omnium non sunt eadem ». Vide etiam : *Ibid.*, 1071a30–b3, a Michaele Scoto transl. (ed. laud., f. 312r CD) : « Quoniam autem quaestio nostra, quae sunt principia, et elementa substantiae, relationis, et quantitatis, vtrum sint eadem aut diuersa, manifestum est, quod sunt quae dicuntur multis modis in quolibet, et cum diuidatur, non sunt eadem, sed diuersa, praeter hoc quod sunt omnium etiam. sic autem sunt eadem secundum aequalitatem comparationis forma mouens. et sic etiam causae substantiarum, sicut similia eorum omnium, quae auferuntur cum illa auferuntur. Et etiam primum in perfectione. et sic aliud, et prima omnia, quae sunt contraria, quo iam ista non sicut genera dicuntur, neque multis modis, et etiam materia eorum » ; explicatum ab Auerr., *in hunc loc.* (ed. laud., f. 312b EF).

51–52 nominatur ... imitatur]] cf. Arist., *Metaph.*, V, 1017b1–6, a Michaele Scoto transl. (in : Auerr., *In Metaph. V*, ed. Venetiis, 1562, t. VIII, f. 116vb LM) : « Et etiam quaedam entia sunt potentia et quaedam actu. quaedam enim sunt entia per visum, quia videntur : et quaedam quia habent virtutes, quae videntur. et similiter est de scientia. in eis enim est qui habet virtutem, vt vtatur scientia : et in eis qui habent usum. ... Et similiter in substantia etiam. dicimus enim

<3.> Ad tertium dicendum quod ea que sunt ab opere nostro et ea que sunt ab opere nature, considerata secundum proprias rationes creatas, non cadunt in eandem doctrinam. Vna tamen scientia utrumque potest considerare, que per lumen diuinum certitudinem habet, quod est efficax ad cognitionem utriusque. Potest tamen aliter dici, quod uirtus quam theologus considerat non est ab opere nostro : immo eam 'Deus in nobis sine nobis operatur', secundum Augustinum.

< Articulus tertius >

Circa tertium sic proceditur. Videtur quod ista doctrina sit practica. Finis enim practice est opus, secundum Philosophum in secundo Methaphisice. Set ista doctrina que fidei est, principaliter est ad bene operandum, unde Iac. I 'Fides sine operibus mortua est' et Ps. 'Intellectus bonus omnibus facientibus eum'. Ergo uidetur quod sit practica.

<1.2> Contra. In principio Methaphisice dicit Philosophus quod nobilissima scientiarum est sui gratia. Practice autem scientie non sunt sui gratia, immo propter opus. Ergo cum ista sit nobilissima scientiarum, non erit practica.

<1.3> Preterea. Practica scientia determinat tantum ea que sunt ab opere nostro. Hec autem doctrina considerat angelos et alias creaturas que non sunt ab opere nostro. Ergo non est practica set speculatiua.

---

2 est opus] *inu.* β ; P^5 **3** principaliter est] principaliter (est *om.*) α* (est *rest. sup. u.* V^1), Bx^4 V^2 P^2 P^1, *pr. m.* Tr^2 (est *suppl. sup. u. sec. m.* Tr^2) : *inu.* F^1 C^3

---

58 secundum Augustinum] haec definitio uirtutis, ex dictis Augustini a Petro Lombardo conflata, secundum Guillelmi Altissiodorensis sententiam praebetur : *Summa aurea*, III, tr. 10, c. 1 (ed. Ribaillier, t. III,1, p. 171, u. 2–4) : « Beatus Augustinus sic diffinit virtutem : 'Virtus est bona qualitas mentis qua recte vivitur, qua nemo male utitur, quam Deus in nobis sine nobis operatur' » (cf. et Petrum Pictauiensem, *Sent.*, III, c. 1 [PL 211, 1041] : « Virtus est qualitas mentis qua recte vivitur, qua nemo male utitur, quam Deus in homine sine homine operatur »). Apud Petrum Lombardum uero legitur, *Sent.*, II, d. 27, c. 1 (ed. Grottaferrata, t. I.2, p. 480, u. 8–10, cum adn.) : « Virtus est, ut ait Augustinus, bona qualitas mentis, qua recte vivitur et qua nullus male utitur, quam Deus solus in homine operatur » (uide et *Ibid.*, c. 2 [ed. laud., p. 481, u. 25–27]) et auctoritas Augustini sumi plane potest ex *De libero arbitrio*, II, c. 19 (CCSL 29, p. 271, u. 1–17), ut ipse Thomas dicit : *Ia-IIae*, q. 55, a. 4, s. c. (ed. Leon., t. 6, p. 353a).
2 in secundo Methaphisice] Arist., *Metaph.*, II, 993b20–21, a Iacobo transl. (AL XXV.1-1, p. 37, u. 1–2) : « Speculative quidem enim finis veritas est, practice vero opus ».
3–4 Iac. I] 2, 26.
4–5 Ps.] 110, 10.
6–7 in principio Methaphisice] Arist., *Metaph.*, I, 982b24–28, a Iacobo transl. (AL XXV.1-1, p. 9, u. 24 – p. 10, u. 1) « Manifestum igitur est quod propter neque unam ipsam querimus utilitatem alteram, sed sicut, dicimus, homo liber cum sui ipsius causa sit et non alterius, sic et hec sola liberalis scientiarum est ; sola enim hec sui ipsius gratia est » et infra, de eadem : *Ibid.*, I, 983a5, a Iacobo transl. (ed. laud., p. 10, u. 9–10) : « Divinissima enim et honorabilissima est ».

---

quod in lapide est idolum mercurii et semilineae ». *Ibid.*, 1017b23–26, a Michaele Scoto transl. (ed. laud., f. 118ra BC) : « Accidit igitur, vt substantia dicatur duobus modis. quorum vnus est vltimum subiectum, quod non dicitur de alio : alius autem, quod significat hoc demonstratum, et est distinctum a rebus, sicut forma cuiuslibet rei, et eius exemplar ».
1 Circa tertium]] parall. : *I pars*, q. 1, a. 4 et 5 (ed. Leon., t. 4, p. 14 et 16)
6–8 Contra.]] idem argumentum inuenitur apud Albertum, *In I Sent.*, d. 1, a. 4, arg. 1 (ed. Borgnet, t. 25, p. 18).
9–10 practica ... opere nostro]] cf. Arist., *Ethic.*, II, 1103b27–30, a Roberto transl. (AL XXVI.1-3 fasc. 3, p. 164, u. 25 – p. 165, u. 2) : « non enim ut sciamus quid est virtus scrutamur, set ut boni efficiamur, quia nullum utique esset proficuum eius, necessarium est scrutari ea que circa operaciones qualiter operandum est eas ».

<2.1> Vlterius queritur utrum sit scientia et uidetur quod non. Nulla enim scientia est de particularibus secundum Philosophum. Set in sacra Scriptura traduntur gesta particularium hominum sicut Abraham, Ysaac, etc. Ergo non est scientia.

<2.2> Preterea. Omnis scientia procedit ex principiis per se notis que cuilibet sunt manifesta. Hec autem scientia procedit ex credibilibus que non ab omnibus conceduntur. Ergo non est scientia.

<2.3> Preterea. In omni scientia acquiritur aliquis habitus per rationes inductas. Set in hac doctrina non acquiritur aliquis habitus quia fides, cui tota hec doctrina innititur, non est habitus acquisitus set infusus. Ergo non est scientia.

Contra. Augustinus, De Trinitate 'Theologia est scientia de rebus que ad salutem hominis pertinent'. Ergo est scientia.

19–20 per rationes ... habitus] *hom. om.* α^* (– Bx^3)

---

13 secundum Philosophum] multifariam haec doctrina apud Philosophum inuenitur, sententiae uero hic allatae fons esse uidetur Arist., *Anal. post.*, I, 88b30–35, a Iacobo transl. (AL IV.1-4, p. 65, u. 11–15) : « Scibile autem et scientia differt ab opinabili et opinione, quoniam scientia universalis et per necessaria est, necessarium autem non contingit aliter se habere. Manifestum igitur est quod *circa hec scientia non est* ; esset enim utique inpossibilia aliter se habere possibilia aliter se habere » atque *Ibid.* I, 81a40–b1, a Iacobo transl. (ed. laud., p. 40, u. 7–8) : « Est autem demonstratio quidem ex universalibus, inductio autem ex his que sunt secundum partem » ; et *Ibid.*, I, 75b24–25, a Iacobo transl. (ed. laud., p. 20, u. 22–23) : « Non est ergo demonstratio corruptibilium neque scientia simpliciter, sed sic est sicut secundum accidens », ac I, 75b33–36, a Iacobo transl. (ed. laud., p. 21, u. 9–12) : « Eorum autem que sepe fiunt demonstrationes et scientie, ut lune defectus, manifestum est quod secundum quod huiusmodi sunt, semper sunt, in quantum autem non semper, secundum partem sunt. Sicut autem defectus est, similiter est aliis » ; cf. etiam : *Ibid.*, I, 71b9–16 (AL, p. 7) ; I, 73a21 (AL, p. 12) ; I, 74b6 (AL, p. 16) ; I, 75a30–35 (AL, p. 19) ; I, 87b37–39 (AL, p. 62) ; uide autem praecipue *Ethic.*, VI, 1140a33–b2, a Roberto transl. (AL XXVI.1-3 fasc. 3, p. 257, u. 20–24) : « Quare si scientia quidem cum demonstracione, quorum autem principia contingunt aliter habere, *horum non est demonstracio*, omnia enim contingunt et aliter habere, et non est consiliari de hiis que ex necessitate sunt, non utique erit prudencia sciencia. Neque ars » ; ac *Metaph.*, III, 999a24–b3, a Iacobo transl. (AL XXV.1-1, p. 51, u. 12 – p. 52, u. 1) ; et VII, 1039b27–1040a5, a Michaele Scoto transl. (ed. in : Auerr., *In Metaph. VII*, Venetiis 1562, t. VIII, f. 201v L M) ; etiam *De anima*, II, 417b23, a Iacobo transl. (ed. Gauthier, p. 281) : « sciencia autem uniuersalium ».

22–23 Augustinus, De Trinitate] totum argumentum sumitur ex *Summa fr. Alexandri*, I, tr. intr., q. 1, c. 1 (ed. Quaracchi, t. I, p. 2a ; iuxta cod. *Avignon, Bibl. mun. 280*, f. 15ra ; *Paris, BnF lat. 3034*, f. 3ra ; *15327*, f. 6ra ; *15329*, f. 1rb ; *Vat. lat. 701*, f. 3ra) : « [Contra.] Item, Augustinus, XIV *De Trinitate* : Theologia est scientia quae est in rebus quae ad salutem hominis pertinent ; ergo

---

14 Abraham, Ysaac, etc.]] exemplum praebetur simile ab Odone Rigaldi, *Q. de scientia theologiae*, I, q. 1, arg. 5 (ed. Sileo, p. 7, n. 5, u. 40–44) : « cum historialia non habeant certitudinem (sicut patet de hoc quod dicitur quod Abraham genuit Isaac et consimilibus), et theologia sit de talibus, manifestum quod non est scientia ».

16–17 omnis ... manifesta]] cf. Arist., *Anal. post.*, I, 71b19–23, a Iacobo transl. (AL IV.1-4, p. 7, u. 16–19) : « Si igitur est scire ut posuimus, necesse est et demonstrativam scientiam ex verisque esse et primis et inmediatis et notioribus et prioribus et causis conclusionis ; sic enim erunt et principia propria ei quod demonstratur » et *Ibid.*, I, 77a26–28, a Iacobo transl. (AL IV.1-4, p. 27, u. 19–22) : « Communicant autem omnes scientie secundum communia. Communia autem dico quibus utuntur tamquam ex his demonstrantes, sed non de quibus demonstrant neque quod demonstrant » atque *Ibid.*, I, 88b27–29 (AL IV.1-4, p. 65, u. 6–10). — Odo Rigaldi uero, in *Q. de scientia theologiae*, I, q. 1, arg. 1 (ed. Sileo, p. 5, n. 1, u. 8–10), sic ait : « Omnis scientia habet principia, quae per seipsa nota sunt nec quaerunt fidem ab extrinseco : 'Principia enim cognoscimus in quantum terminos cognoscimus' » (haec sententia Aristotelis sumitur ex : *Anal. post.*, I, 72b23–25).

19–20 in omni ... inductas]] cf. Arist., *Categ.*, 8b27–30, a Boethio transl. (AL I.1.1-5, p. 23, u. 25 – p. 24, u. 2) : « Differt autem habitus affectione quod permanentior et diuturnior est ; tales vero sunt scientiae vel virtutes ; scientia enim videtur esse permanentium et eorum quae difficile moveantur » et *Ethic.*, II, 1103b21–22, a Roberto transl. (AL XXVI.1-3 fasc. 3, p. 164, u. 19) : « ex similibus operacionibus, habitus fiunt. Propter quod oportet operaciones, quales reddere ».

<3.> Vlterius queritur utrum sit sapientia et uidetur quod non. Sicut enim dicit Philosophus in principio Methaphisice : 'Sapiens debet esse certissimus causarum'. Set in ista doctrina non est aliquis certissimus, quia fides, cui hec doctrina innititur, est infra scientiam et supra opinionem. Ergo non est sapientia.

Contra. I Cor. II 'Sapientiam loquimur inter perfectos' etc. Cum ergo hanc doctrinam ipse docuerit et de ipsa loquatur, uidetur quod ipsa sit sapientia.

Responsio. Dicendum quod ista scientia, quamuis sit una, tamen perfecta est et sufficiens ad omnem humanam perfectionem propter efficaciam diuini luminis, ut ex predictis patet. Vnde perficit hominem et in operatione recta et quantum ad contemplationem ueritatis, unde quantum ad quid practica est et etiam speculatiua. Set quia scientia omnis principaliter pensanda est ex fine, finis autem ultimus istius doctrine est contemplatio prime ueritatis in patria, ideo principaliter speculatiua est. Et cum habitus speculatiui sint tres secundum

---

est scientia » ex Aug., *De Trin.*, XIV, i (CCSL 50A, p. 423-424, n. 3, praesertim u. 48-63) ; iterum laud. apud *Summam fr. Alexandri*, ibid., c. 4, sol. (ed. laud., p. 8a). Aliter uero apud Anon., *Q. de doctrina theologiae*, 1 (*Vat. lat. 782*, f. 184vb, u. 19 imo) : « Item, conceptio cognitionis theologie ordinata est ad salutem [...]. Ergo non est scientia ».

25–26 in principio Methaphisice] Arist., *Metaph.*, I, 982a12–14, a Iacobo transl. (AL XXV.1-1, p. 8, u. 7–9) : « ... hunc sapientem ; adhuc certiorem et doctissimum causarum sapientiorem esse circa omnem scientiam ».

28 I Cor. II] u. 6–10 (ed. Wordsworth–White, t. 2, p. 182–184) : « Sapientiam autem loquimur inter perfectos || sapientiam uero non huius saeculi neque principum huius saeculi qui destruuntur sed loquimur dei sapientiam in mysterio quae abscondita est || quam praedestinauit deus ante secula in gloriam nostram || quam nemo principum huius saeculi cognouit || si enim cognouissent numquam dominum gloriae crucifixissent. Sed sicut scriptum est quod oculus non uidit nec auris audiuit nec in cor hominis ascendit || quae praeparauit deus his qui diligunt illum. Nobis autem reuelauit deus per spiritum suum ».

32 ex predictis] cf. art. praec.

36–37 secundum Philosophum] ipse Thomas, *Super Boet. De Trin.*, q. 5, a. 1, arg. 1 (ed. Leon., t. 50, p.136, u.14–17 cum adn.) : « Set Philosophus in VI Ethicorum ponit quod scientificum anime, quod est pars eius contemplatiua, perficitur tribus habitibus : scilicet sapientia, scientia, et intellectu » (iam *In III Sent.*, d. 34, q. 1, a. 1, arg. 3 [ed. Moos, p. 1111] : « Sed fere omnia nomina donorum ad

---

26–27 fides ... opinionem]] cf. Hugonem de S. Victore, *De sacram.*, I, 10, 2 (PL 176, 330C) : « si quis plenam ac generalem diffinitionem fidei signare voluerit dicere potest : 'Fidem esse certitudinem quamdam animi de rebus absentibus, supra opinionem et infra scientiam constitutam » ; et *Summam sententiarum*, I, 1 (PL 176, 43C) : « Quare sic [fides] diffiniri potest : *Fides est voluntaria certitudo absentium supra opinionem et infra scientiam constituta* ». Eadem sententia inuenitur apud Anon., *Q. de divina scientia* (ed. Sileo, p. 155, u. 116–120).

34 scientia ... ex fine]] cf. ipsum Thomam, *In Anal. post.*, I, 41 (ed. Leon., t. I*,2, p. 153, u. 129–141, cum adn.) : « Dicit [87a38] ergo primo quod *sciencia* dicitur *una* ex hoc quod *est unius generis*. Cuius ratio est quia processus sciencie cuiusque est quasi quidam motus rationis ; cuiuslibet autem motus unitas ex termino principaliter consideratur, ut patet in V Physicorum, et ideo tenet quod unitas sciencie consideretur ex fine siue ex termino sciencie ; est autem cuiuslibet sciencie finis seu terminus genus circa quod est sciencia, quia in speculatiuis scienciis nichil aliud queritur quam cognitio generis subiecti, in practicis autem scienciis intenditur quasi finis constructio ipsius subiecti » et Arist., *Phys.* V, 224b7–8, a Iacobo transl. (AL VII.1.2, p. 193, u. 10–11) : « Magis enim in quod quam ex quo movetur denominatur mutatio » ; cf. *Ethic.*, I, 1097a15–22, a Roberto transl. (AL XXVI.1-3 fasc. 3, p. 149, u. 4–11) : « Rursus autem redeamus ad quesitum bonum, quid utique sit. Videtur quidem enim aliud in alia operacione et arte ; aliud enim in medicinali et militari et reliquis similiter. Quid igitur unicuique bonum ? Vel cuius gracia reliqua operata sunt. Hoc autem in medicinali quidem sanitas. In militari vero, victoria. In edificativa, autem, domus. In alio vero, aliud. In omni autem operacione et eleccione, finis. Huius enim gracia reliqua operantur omnes ». Albertus, *In I Sent.*, d. 1, a. 4, sol. (ed. Borgnet, t. 25, p. 18b) : « Dicendum quod ista scientia ex fine determinanda est ».

35 finis ... in patria]] cf. supra, a. 1, resp.

Philosophum, scilicet sapientia, scientia, intellectus, dicimus quod est sapientia eo quod altissimas causas considerat, et est sicut caput et principalis et ordinatrix omnium scientiarum, et est etiam magis dicenda sapientia quam methaphisica, quia causas altissimas considerat per modum ipsarum causarum, quia per inspirationem a Deo immediate acceptam ; methaphisica autem considerat causas altissimas per rationes ex causatis assumptas. Vnde et ista doctrina magis etiam diuina dicenda est quia est diuina quantum ad subiectum et quantum ad modum accipiendi ; methaphisica autem quantum ad subiectum tantum. Set sapientia, ut dicit Philosophus in VI Ethic., considerat conclusiones et principia et ideo sapientia est, scientia et intellectus, cum scientia sit de conclusionibus et intellectus de principiis.

42–43 magis ... est] magis etiam est diuina dicenda β (magis est dicenda P^3)

---

aliquas virtutes pertinent ; ... consilium autem pertinet ad prudentiam, ut dicit Philosophus, in VI Eth., scientia autem et intellectus et sapientia ponuntur a Philosopho virtutes intellectuales » ; et *Ibid.*, d. 35, q. 2, a. 1, resp. et a. 2, qla 3, s. c. [ed. laud., p. 1193 et p. 1198]). Coniunctio talis trium habituum non inuenitur apud Philosophum expresse, ac postea ita explanat Thomas, *In Anal. post.*, I, 44 (ed. Leon., t. I*,2, p. 170, u. 283–313) : « sciendum est quod Aristoteles in VI Ethicorum ponit quinque quae semper se habent ad uerum, scilicet artem, scienciam, prudenciam, sapienciam et intellectum, ... set tria eorum, scilicet sapiencia, sciencia et intellectus, inportant rectitudinem cognitionis circa necessaria » et *Ibid.*, II, 20 (ed. laud., p. 246–247, u. 305–311) : « ... habitus qui semper sunt ueri ; huiusmodi autem sunt *scientia et intellectus* (additur autem in VI Ethicorum tercium, scilicet sapiencia ; sed quia sapiencia, ut ibidem dicitur, comprehendit in se scientiam et intellectum, est enim quedam sciencia et capud scienciarum, hic eam pretermittit) » (cf. Arist., *Ethic.*, VI, 1139b15–17, a Roberto transl. [AL XXVI.1-3, p. 255, u. 13–15]) et Thomam, *In Ethic.*, VI, c. 3 [in 1139b15-17 et in 1140a1-5] (ed. Leon., t. 47,2, p. 340, u. 15–19 ; p. 341, u. 119–120) et c. 5 [in 1140b31 ss.] (*ibid.* p. 348, u. 1–9). Legitur uero apud Aristotelem, *Ethic.*, VI, 1141a3–5, a Roberto transl. (AL XXVI.1-3 fasc. 3, p. 259, u. 3–5) : « Si utique quibus verum dicimus et nequaquam mentimur circa non contingencia vel et contingencia aliter habere, sciencia et prudencia est et sapiencia et intellectus » et infra : VI, 1141b2–3, a Roberto transl. (ed. laud., p. 260, u. 14–15) : « Ex dictis utique manifestum quoniam sapiencia est et sciencia et intellectus honorabilissimorum natura » (uide etiam : VI, 1141a18–19, a Roberto transl. [ed. laud., p. 259, u. 21–22] : « Quare erit utique sapiencia, intellectus et sciencia ») ; cf. et *Ibid.*, I, 1103a3–6, a Roberto transl. (ed. laud., p. 162, u. 11–13) : « Determinatur autem virtus, secundum differentiam hanc. Dicimus enim harum has quidem intellectuales, has autem morales. Sapientiam quidem et intellectum et prudenciam, intellectuales » (hanc doctrinam Aristotelis exquirit R.-A. Gauthier, in *Aristote, L'Éthique à Nicomaque*, p. 450–452). Iam dignoscit Petrus Lombardus, *Sent. III*, d. 35, c. 2 (ed. Grottaferrata, t. II, p. 200, u. 23–24) : « Sic ergo distingui potest inter illa tria, scilicet scientiam, intellectum et sapientiam », sed pendere uidetur ab Augustino (cf. ed. laud., p. 200, in adn.).
44–45 in VI Ethic.] Arist., *Ethic.*, VI, 1140b31–1141a8, a Roberto transl. (AL XXVI.1-3 fasc. 3, p. 258–259), et 1141a16–19, a Roberto transl. (ed. laud., p. 259, u. 17–21) : « Quare manifestum quoniam certissima utique scientiarum, erit sapiencia. Oportet ergo sapientem non solum que ex principiis scire, set et circa principia verum dicere. Quare erit utique sapiencia, intellectus et sciencia ».

37–39 est sapientia ... scientiarum]] sententiae huc allatae plerumque ex Aristotelis dictis compositae sunt, uerbi gratia : Arist., *Ethic.*, VI, 1141a16–20, a Roberto transl. (AL XXVI.1-3 fasc. 3, p. 259, u. 17–22 ; laud. infra, u. 50), cum expositione Thomae, *ad loc.*, c. 6 (ed. Leon., t. 47,2, p. 350 et 352, praesertim u. 15–22 : « ... [sapientia habet] rationem capitis inter omnes scientias ») ; *Metaph.*, I, 981b25–29, a Iacobo transl. (AL XXV.1-1, p. 7, u. 20–23) : « Dictum quidem igitur in Ethicis est que differentia artis et scientie et aliorum similium generum sit ; cuius autem causa nunc facimus orationem hoc est, quoniam denominatam sapientiam circa primas causas et principia opinantur omnes ». *Ibid.*, I, 982a8–12, praesertim : I, 982a14–19, a Iacobo transl. (ed. laud., p. 8, u. 9–13) : « et scientiarum illam autem +que sui ipsius causa et sciendi gratia, cum virtus sit, magis est sapientia+ quam que aduenientium causa est, et hanc antiquiorem famulante magis esse sapientiam ; non enim oportet ordinari sapientem sed ordinare, neque huic ab altero suaderi, sed ab hoc minus sapienti ».

<1.1> Ad primum ergo dicendum quod opus non est ultimum intentum in hac scientia, immo potius contemplatio prime ueritatis in patria, ad quam depurati ex bonis operibus peruenimus, sicut dicitur Mat. v 'Beati mundo corde' etc., et ideo principalius est speculatiua quam practica.

Alia duo concedimus.

<2.1> Ad id quod ulterius queritur dicendum quod ista doctrina scientia est, ut dictum est ; et quod obicitur de particularibus dicendum quod non est de particularibus in quantum particularia sunt set in quantum sunt exempla operandorum. Et hoc usitatur etiam in scientia morali quia operationes particularium et circa particularia sunt, unde per exempla particularia ea que ad mores pertinent melius manifestantur.

<2.2-A> Ad aliud dicendum quod ista doctrina habet pro principiis primis articulos fidei, qui per lumen fidei infusum per se noti sunt habenti fidem, sicut et principia naturaliter nobis insita per lumen intellectus agentis. Nec est mirum si infidelibus nota non sunt, qui lumen fidei non habent, quia nec etiam principia naturaliter insita nota essent sine lumine intellectus agentis. Et ex istis principiis, non respuens communia principia, procedit ista scientia ; nec habet

---

50 depurati] *conieci cum sec.m.* W^2 V^2 Bx^4 ? (α) : dispositi *sup.u. sec.m.* P^3 (β) : deputati *cet. codd* **53–54** scientia est] *inu.* β (= P^3 C^4 : est *om.* O^4) ; V^2 P^2 (est *om.* P^1) **56–57** et circa particularia] et circa operationes α* (particularia *rest. mg. sec. m.* Md) : *om.* W^2 V^2 (*mg.* P^5) : et circa (particularia *om. pr. m.*) N^3 Bl (particularia *suppl. sup. u. sec. m.* N^3 Bl : et *ac* particularia *sup. u.* Bg2) : particularia (et circa *om.*) Bx^4 Kr^1 V^4 P^1 C^3 : exempla Tr^2 : et exempla P^4 : particulares P^2 *(cf. supra, cap. III, 1.1.3.5)* **57–58** unde ... manifestantur] *def.* α* (*rest. marg.* Md ; *cf. supra, cap. III, 1.1.3.2*) **59–66** Ad aliud ... sua principia] *ante hanc responsionem, codd permulti ponunt alteram responsionem (« Vel dicendum ... principia sua », u. 67-90) quam postponendam arbitrati sumus (cf. supra, cap. IV, 1.3)* **59** doctrina] scientia β ; N^3 **64** respuens] respiciens α*, Bx^4 P^5 F^1 *pr. m.* C^3 (respuens *rest. sec. m.* C^3) : *lac. 4/5 litt.* P^2 : respuens *scripsit et transp. post* communia principia *pr. m.* Tr^2, respuens] respiciens *sup. u. sec. m.* Tr^2 : res^{ns} Bg^2

50–51 Mat. V] u. 8.
54 ut dictum est] supra, u. 13–25.

56–57 in scientia ... sunt]] cf. Arist., *Ethic.*, II, 1107a29–31, a Roberto transl. (AL XXVI.1-3 fasc. 3, p. 172, u. 19–21) : « In hiis enim qui circa operaciones sermonibus, universales quidem communiores sunt, particulares autem veriores. Circa singularia enim operaciones ». *Ibid.*, III, 1109b30, a Roberto transl. (ed. laud., p. 179, u. 5) : « Virtute itaque et circa passiones et operaciones existente » ac *Metaph.*, I, 981a15–16, a Iacobo transl. (AL XXV.1-1, p. 6, u. 8) : « experimentum quidem singularium est cognitio, ars autem universalium est ».

59–64 ad aliud ... scientia]] huius argumentationis fons repetendus est apud Guillelmum Altiss., *Summa aurea*, III, tr. 12, c. 1 (ed. Ribaillier, t. III,1, p. 199, u. 59–72) : « Quarto modo dicitur fides *argumentum non apparentium* propter articulos fidei, qui sunt principia fidei per se nota. Unde fides sive fidelis respuit [cf. u. 69] eorum probationes. Fides enim, quia soli veritati innititur, in ipsis articulis invenit causam quare credat eis, scilicet Deum, sicut in alia facultate intellectus in hoc principio : 'Omne totum est maius sua parte', causam invenit per quam cognoscit illud, quoniam si in theologia non essent principia, non esset ars vel scientia. Habet ergo principia, scilicet articulos, qui tamen solis fidelibus sunt principia ; quibus fidelibus sunt principia per se nota, non extrinsecus aliqua probatione indigentia. Sicut enim hoc principium 'Omne totum est maius sua parte', habet aliquantam illuminationem per modum nature illuminantis intellectum, ita hoc principium 'Deus est remunerator omnium bonorum', et alii articuli habent in se illuminationem per modum gratie, qua Deus illuminat intellectum. Unde Ysaias : *Nisi credideritis non intelligetis* ». Cf. *Ibid.*, IV, tr. 12, c. 3 (ed. laud., p. IV, p. 115–116, u. 76–84).

64–65 nec habet ... contradicentibus]] ipse Thomas, *Super Boet. De Trin.*, q. 2, a. 2, ad 4 (ed. Leon., t. 50, p. 96) : « Articuli autem fidei in hac scientia non sunt quasi conclusiones, set quasi uiam ad ea probanda, set solum ad defendendum a contradicentibus, sicut nec aliquis artifex potest probare sua principia.

<2.2-B> Vel dicendum quod in scientia duo est considerare, scilicet certitudinem, quia non quelibet cognitio set certitudinalis tantum dicitur scientia. Item quod ipsa est terminus discipline : omnia enim que sunt in scientia ordinantur ad scire. Ex hiis autem duobus habet scientia duo. — Ex primo habet quod est ex necessariis : ex contingentibus enim non potest causari certitudo. — Ex secundo quod est ex aliquibus principiis ; set hoc est diuersimode in diuersis, quia superiores scientie sunt ex principiis per se notis, sicut geometria et huiusmodi habentia principia per se nota, ut 'si ab equalibus equalia demas' etc. Inferiores autem scientie, que superioribus subalternantur, non sunt ex principiis per se notis, set supponunt conclusiones probatas in superioribus scientiis et eis utuntur pro principiis, que in ueritate non sunt principia per se nota, set in superioribus scientiis per principia per se nota probantur. Sicut perspectiua

---

67–90 uel dicendum ... principia sua] *habent* α (= Bx[4] Kr[1] V[4] P[2] Tr[2] P[1] C[3], *mg.* N[3], *transp. ante « dicimus quod », u. 37* P[5]), *ac* β, *atque codices recensiti in cap. IV, 1.1 ; omnes hii codices (praeter* N[3] *ac* P[5]*) hanc responsionem responsioni praecedenti anteponunt (« Ad aliud ... sua principia », u. 59-66) ; sed rectius eam postponendam censuimus, ut supra exposuimus, cap. IV, 1.3* **67** duo est] *inu.* β **68** tantum dicitur] *inu.* β ; tantum *om.* P[5] **77** utuntur] utimur β

74–75 si ... demas] Euclides, *Elem.*, I, ab Adelardo transl. [Versio I] (ed. Busard, p. 33, u. 74) : « Si ab equalibus equalia demas, que relinquuntur equalia sunt » ; laud. ab Arist., *Anal. post.*, I, 76a41, a Iacobo transl. (AL IV.1-4, p. 124, u. 31) : « equalia ab equalibus si auferas, quod equalia reliqua ».

---

principia, que etiam defenduntur ab impugnantibus, sicut Philosophus in IV Methaphisice disputat contra negantes principia, et manifestantur per aliquas similitudines » (Arist., *Metaph.*, IV, 1004b23 ss., a Michaele Scoto transl. [ed. in : Auerr., *In Metaph.*, IV, ed. Venetiis, 1562, t. VIII, f. 74v ss.]).
65–66 nec aliquis ... principia]] cf. Arist., *Anal. post.*, I, 76a16–18, a Gerardo transl. (AL IV.1-4, p. 205, u. 12–14) : « Et cum hoc sit ita, tunc manifestum est apparens quod inpossibile est quod cuiusque artis opifex ostendat principia sue artis ei propria » ; a Iacobo transl. (ed. laud., p. 22, u. 16–17) : « manifestum est et quod non est uniuscuiusque propria principia demonstrare » ; et Robertus Grosseteste, *In Anal. post.*, ad hunc locum (ed. Rossi, p. 152, u. 146–147 et p. 153, u. 154–157) : « nullius scientis est demonstrare propria principia ... tunc nullius scientis est propria principia ostendere, sed philosophi communis est explanare illa ».
70 ex hiis ... duo]] cf. Arist., *Anal. post.*, I, 71b9–25, a Iacobo transl. (AL IV.1-4, p. 7, u. 4–21) : « Scire autem opinamur unumquodque simpliciter, sed non sophistico modo qui est secundum accidens, cum causamque arbitramur cognoscere propter quam res est, quoniam illius causa est, et non est contingere aliter se habere. ... Demonstrationem autem dico sillogismum *epistemonicon*, id est facientem scire. Sed *epistemonicon* dico secundum quem in habendo ipsum scimus. Si igitur est scire, ut posuimus, necesse est et demonstrativam scientiam ex verisque esse et primis et inmediatis et notioribus et prioribus et causis conclusionis ; sic enim erunt et principia propria ei quod demonstratur. Sillogismus quidem enim erit et sine his, demonstratio autem non erit ; non enim faciet scientiam » (quod explicatur infra : *Ibid.*, I, 74b5–75a17 et 75a38–b36).
71 ex necessariis]] cf. Arist., *Anal. post.*, I, 73a21, a Iacobo transl. (AL IV.1-4, p. 12, u. 8–9) : « Quoniam autem inpossibile est aliter se habere cuius est scientia simpliciter ».
78–81 perspectiua ... uisualis]] exempla haec inueniuntur apud Arist., *Anal. post.*, I, 75b12–17, a Iacobo transl. (AL IV.1-4, p. 20, u. 9–18) : « Propter hoc geometrie non est monstrare quod contrariorum eadem sit scientia, sed neque quod duo cubi cubus sint ; neque alteri scientie quod alterius est, sed aut quecumque sic se habent ad invicem et quod sit alterum sub altero, ut optika, id est perspectiva, ad geometriam kai ta armonika, id est consonativa, ad arithmeticam » (cf. etiam *Phys.* II, 194a9–12, a Iacobo transl. [AL VII.1-2, p. 51, u. 10–13]) ; de « linea uisuali » hos exponens locos — et saepe alibi — locutus est Thomas, ut iam Auerroes usurpauerat : Auerr., *In Phys. II* [194a9–12], comm. 10 (ed. Venetiis, 1562, t. IV, f. 55vb K) ; Robertus Anglicus uero eosdem exponens locos de « linea radiosa » locutus erat : Robertus Grosseteste, *In Anal. post.*, I, 7 et 12

que est de linea uisuali et subalternatur geometrie, a qua etiam supponit que probantur de linea in quantum linea, et per illa tamquam per principia probat conclusiones que sunt de linea in quantum uisualis. Potest autem aliqua scientia esse superior alia dupliciter : uel ratione subiecti, ut geometria que est de magnitudine superior est ad perspectiuam que est de magnitudine uisuali ; uel ratione modi cognoscendi, et sic theologia est inferior scientia que in Deo est. Nos enim imperfecte cognoscimus illud quod ipse perfectissime cognoscit. Et sicut scientia subalternata a superiori supponit aliqua et per illa tamquam per principia procedit, sic theologia articulos fidei qui infallibiliter sunt probati in scientia Dei supponit et eis credit, et per istud procedit ad probandum ulterius illa que ex articulis sequntur. Est ergo theologia scientia quasi subalternata diuine scientie a qua accipit principia sua.

<2.3> Ad aliud dicendum quod sicut habitus principiorum primorum non acquiritur per alias scientias set habetur a natura, set <acquiritur> habitus conclusionum a primis principiis deductarum ; ita etiam in hac doctrina non acquiritur habitus fidei, qui est quasi habitus principiorum, set acquiritur habitus eorum que ex eis deducuntur et que ad eorum defensionem ualent.

Aliud concedimus.

87 principia] cognita *add.* β, N^3 **88** istud] illud β **92** a natura] per naturam β (– C^4 V^6) **92** acquiritur] *suppleui* **93** deductarum] –ctorum α* (–V^1), Bl N^3 V^2 P^4 V^4 P^2 P^1 O^2 *pr. m.* N^3 ? : deducantur C^3

(ed. Rossi, p. 138, u. 77 ; p. 194, u. 131) et *In Phys. II*, ad loc. laud. (ed. Dales, p. 37). Vide etiam Magister G., *Q. de subiecto theologiae* (ed. Sileo [ex ms. *Douai, Bibl. mun. 434*, I, f. 101ra], p. 116, u. 23–25) : « Sed, sicut dicitur quod linea visualis habeat se ut scientia subalternans et subalternata, ita videtur quod scientia de Deo et creaturis se habeant. Nec est ratio ea univocans ».

82 dupliciter]] huius distinctionis fons uidetur esse Arist., *Anal. post.*, I, 76a8–25, a Iacobo transl. (AL IV.1-4, p. 22, u. 6–24) et I, 78b32–79a16, a Iacobo transl. (ed. laud., p. 31–32), ut colligi potest ex iis quae postea dixit Thomas in sua expositione *In Anal. post.*, I 17 et 25 (ed. Leon., t. I*,2, p. 64–65 et p. 89–92, praesertim p. 91, u. 122–144). Iam scripserat in suo *Super Boet. De Trin.*, q. 5, a. 1, ad 5 (ed. Leon., t. 50, p. 140, u. 294-303) : « Ad quintum dicendum, quod aliqua scientia continetur sub alia dupliciter : uno modo ut pars ipsius, quando scilicet subiectum eius est pars aliqua subiecti illius, sicut planta est quedam pars corporis naturalis, unde et scientia de plantis continetur sub scientia naturali ut pars ; alio modo continetur una scientia sub alia ut ei subalternata, quando scilicet in superiori scientia assignatur propter quid eorum de quibus scitur in scientia inferiori solum quia, sicut musica ponitur sub arismetica ».

88 eis credit]] cf. Arist., *Anal. post.*, I, 72a25–b11, a Iacobo transl. (AL IV.1-4, p. 9–10).

90 principia sua]] cf. Arist., *Anal. post.* I, 75b8–9, a Iacobo transl. (AL IV.1-4, p. 20, u. 5–6).

91 ad aliud]] cf. Guillelmi Altiss., *Summam auream*, III, tr. 12, c. 1 (ed. Ribaillier, t. III,1, p. 198–199, u. 53–58) : « Tertio enim modo intelligitur, ut dicatur fides *argumentum* per similitudinem, quoniam sicut per argumentum pervenitur in notitiam conclusionis, ita per fidem magis et magis illuminantem intellectum venitur paulatim in perfectam notitiam eternorum bonorum non apparentium ; quod soli fidei convenit, quoniam sola fides est que prima et per se illuminat intellectum ».

91–92 habitus ... natura]] cf. Arist., *Anal. post.*, II, 99b17–19 et 100b10–14, a Iacobo transl. (AL IV.1-4, p. 104, u. 11–13 et p. 106, u. 22 – p. 107, u. 4) : « De principiis autem, qualiter fiunt cognita et quis est cognoscens habitus, hinc est manifestum dubitantibus primum. ... principiorum quidem scientia non utique erit, quoniam autem nichil verius contingit esse scientie quam intellectus, intellectus utique erit principiorum, ex his considerantibus et quod quidem demonstrationis principium sit non demonstratio, quare neque scientie scientia est » et *Ethic.*, VI, 1141a3–8, a Roberto transl. (AL XXVI.1-3 fasc. 3, p. 259, u. 3–7).

92–93 habitus ... deductarum]] cf. Arist., *Ethic.*, IV, 1139b31–34, a Roberto transl. (AL XXVI.1-3 fasc. 3, p. 256, u. 5–8) : « Scientia quidem ergo est habitus demonstrativus, et quecumque alia determinavimus in Analeticis. Cum enim aliqualiter credita et cognita ipsi sint principia, scit » ; et *Anal. post.*, I, 71b17–25, a Iacobo transl. (AL IV.1-4, p. 7, u. 13–21 ; laud. supra in adn. ad u. 70).

<3.> Ad id quod ulterius queritur, an sit sapientia, dicendum quod propriissime sapientia est, sicut dictum est. Et quod obicitur quod non est certissimus, dicimus quod falsum est : magis enim fidelis et firmius assentit hiis que sunt fidei quam etiam primis principiis rationis. Et quod dicitur quod fides est infra scientiam, non loquitur de fide infusa, set de fide que est opinio fortificata rationibus. Habitus istorum principiorum, scilicet articulorum, ideo dicitur fides et non intellectus, quia ista principia supra rationem sunt et ideo humana ratio ipsa perfecte capere non ualet. Et sic fit quedam defectiua cognitio, non ex defectu certitudinis cognitorum, set ex defectu cognoscentis. Set tamen ratio, manuducta per fidem, excrescit in hoc ut ipsa credibilia plenius comprehendat et tunc ipsa quodam modo intelligit. Vnde dicitur Ysa. VII, secundum aliam litteram 'Nisi credideritis, non intelligetis'.

< Articulus quartus >

Videtur quod Deus sit subiectum istius scientie. Omnis scientia debet intitulari et denominari a suo subiecto. Set ista scientia dicitur theologia, quasi

---

97 Ad id] ad illud β **101** set de fide] *def.* α* (– V^1 : *rest. sec. m.* Md), α (– O^2 F^1 : *suppl. ead. m.* W^2, *suppl. sec. m.* N^3 Bg^2 Bl P^4 V^4 P^5 C^3) **102** scilicet articulorum] *def.* α*, *om.* Bg^2 Bx^4 P^5 P^1 : scilicet *sup. ras.* (articulorum) W^2 : est (articulorum) V^2 — *(cf. supra, cap. III, 1.1.3.5)* **104** cognitio] comunicatio α* ($_9{}^{i}$tō Md : cognitio *om.* V^1) : $_9{}^{i}$tō *pr. m.* Bl N^3 W^2, $^{co}g^{i}$tō *rest.* Bl N^3 W^2 **1** Videtur ... scientie] *sic incipit articulus in codd*

107–108 Ysa. VII] u. 9, secundum litteram uersionis LXX uirorum, in Correctorio Hugoni de Sancto Caro adscripto relatam (*Ottob. lat. 293*, f. 35vb, u. 6-3 imo) ; et idem Hugo hunc locum exponens (*Ottob. lat. 96*, f. 14va, u. 10 imo) : « Si non credideritis non permanebitis. lxx. non intelligetis. qua saepe utitur Augustinus » (cf. ed. Venetiis 1754, t. IV, f. 19va ; ac *Paris, BnF lat. 59*, f. 416va). Iam uero Hieronymus, *In Esaiam* III, VII, 9 (CCSL 73, p. 99. u. 84–90) : « Vnde subiungitur : *Si non credideritis, non permanebitis*, ut Symmacus transtulit. ... Vel certe iuxta LXX : non intellegetis. Et est sensus : quia quae Dominus dicit futura, non creditis, intellegentiam non habebitis ».
2–3 theologia ... de Deo] huius sententiae fons Augustinus uidetur esse, *De ciuitate Dei*, VIII 1 (CCSL 47–48, p. 216–217, u. 17–20) : « neque enim hoc opere omnes omnium philosophorum uanas opiniones refutare suscepi, sed eas tantum, quae ad theologiam pertinent, quo uerbo graeco significari intellegimus de diuinitate rationem siue sermonem » ; in saec. XII, Hugo de S. Victore, in libro qui inscribitur *Didascalicon*, II, 3 (ed. Buttimer, p. 25, u. 14-16) explanat : « ... quam Graeci 'theologiam' nominant. Dicta autem 'theologia' quasi sermo habitus de divinis, 'theos' enim Deus,

---

101–102 opinio ... rationibus]] cf. Arist., *De anima*, II, 428a20–23, a Iacobo transl. (ed. Gauthier, p. 425–426) : « opinioni quidem inheret fides : non enim contingit opinantem de quibus uidetur non credere [...] Amplius, si omnem quidem opinionem consequitur fides, fidem autem suasum esse, suasionem autem ratio » ; cf. Anon., *In De anima*, II, 26 [428a18–22] (ed. Gauthier, p. 434, u. 208–210) : « superius loquebatur de opinione que est sine intellectu, et hec est in brutis quibusdam, et dicitur uirtus opinatiua ; hic autem loquitur de opinione que non est sine intellectu » ; cf. etiam Arist., *Ethic.*, VI, 1139a6–15, a Roberto transl. (AL XXVI.1-3 fasc. 3, p. 253, u. 12–21), enodatum a R. -A. Gauthier, *Aristote. L'Éthique à Nicomaque*, p. 440–442.
105–107 ratio ... intelligit]] cf. Guillelmi Altiss., *Summam auream*, III, tr. 12, c. 1 (laud. supra in adn. ad u. 91).
1 <Articulus quartus>]] parall. : *Super Boet. De Trin.*, q. 5, a. 4 (ed. Leon., t. 50, p. 153–154) ; *I pars*, q. 1, a. 7 (ed. Leon., t. 4, p. 19).
1–2 omnis ... subiecto]] cf. Rolandum de Cremona, *Summa*, prol., q. 2 (ed. Cremascoli, p. 863, u. 133-135) : « Constat, cum [theologia] sit scientia, quod habeat subiectum, de quo agit. In alia facultate [scil. artium] didicimus quod omnis scientia habet subiectum praeter dialecticam, quae non est determinati generis ». De subiecto scientiae distincte tractat U. Köpf, *Die Anfänge der theologischen Wissenschaftstheorie im 13. Jahrhundert*, p. 79–115.

sermo de Deo. Ergo uidetur quod Deus sit subiectum. — Contra. Boetius, De Trinitate, <dicit> quod 'simplex forma subiectum esse non potest'. Set Deus est huiusmodi. Ergo non potest esse subiectum.

<2.> Item. Videtur per Hugonem de S. Victore quod opera restaurationis sint subiectum : sic enim dicit libro De sacramentis, quod opera prime conditionis sunt materia aliarum scientiarum, opera autem restaurationis sunt materia theologie. Ergo etc. — Contra. Quidquid determinatur in scientia debet contineri sub subiecto ipsius. Set in theologia determinatur de operibus creationis, ut patet Gen. I. Ergo uidetur quod opera restaurationis non sunt subiectum.

<3.> Item. Videtur quod res et signa sunt subiectum. Illud enim est subiectum in scientia circa quod tota scientie intentio uersatur. Set tota intentio theologie uersatur circa res et signa, ut dicit Magister Sententiarum. Ergo res et signa sunt subiectum. — Contra. Per rationes subiecti debet scientia differre ab aliis scientiis, cum quelibet scientia habeat proprium subiectum. Set de rebus et signis considerant etiam alie scientie. Ergo non sunt proprium subiectum huius scientie.

Responsio. Dicendum quod subiectum ad scientiam habet ad minus tres comparationes. — Prima est quod quecumque sunt in scientia debent contineri

---

4 dicit] *suppleui* **11** opera] solum *praem.* β

'logos', *sermo* vel *ratio* interpretatur» ; quae explanatio in posterum apud theologos inuenitur, ut e. gr. apud Albertum, *In I Sent.*, d. 1, a. 2, arg. 3 (ed. Borgnet, t. 25, p. 16a, emendatum iuxta cod. *Troyes, Bibl. mun. 825*, f. 6va) : « theologia dicitur a 'theos', quod est 'deus', et 'logos', quod est 'sermo' ; ergo ipsa est sermo de deo » ; ac iam apud Odonem Rigaldi, *In I Sent.*, d. 1, pars I, arg. 6 (ed. Sileo, p. 97, n. 6) : « Item theologia dicitur a 'theos', quod est Deus, et 'logos' quod est sermo, quasi 'sermo de Deo' » ; et Idem, *Q. de scientia theologiae*, I, q. 3, arg. 2 (ed. Sileo, p. 29, n. 62) : « Isidorus in libro *Etymologiarum* : 'Theologia est sermo de Deo' » ; quae sententia non inuenitur ad uerbum apud Isidorum ; cf. tamen : « Dicti autem Theologi, quoniam in scriptis suis de Deo dixerunt » (*Etymologiae*, VIII, VI, 18 [ed. Lindsay, t. I] ; atque II, xxiv, 13 [*ibid.*]).

3–4 De Trinitate] ex Boethio, *De Trin.*, c. 2 (ed. Moreschini, p. 170, u. 92–94, 102–104) : « Sed divina substancia sine materia forma est atque ideo unum est, et est id quod est .... Quocirca hoc vere unum, in quo nullus numerus, nullum in eo aliud praeterquam id quod est. Neque enim subiectum fieri potest : forma enim est, formae uero subiectae esse non possunt » (cf. ed. Stewart–Rand, p. 10, u. 29–31, 40–43). Sed ex his Boethii uerbis iam ab Alberto expressum est dictum « simplex forma ... non potest », ut demonstrat R.-A. Gauthier, « Apparatus fontium », in *S. Thomae de Aq., Q. de quolibet*, VII, q. 3, a. 2 [7], arg. 2 (ed. Leon., t. 25,1, p. 18, adn. 9).

7 De sacramentis] Hugo de S. Victore, *De sacram.*, prol., 2 (PL 176, col. 183) : « Mundanae sive saeculares scripturae materiam habent opera conditionis. Divina Scriptura materiam habet opera restaurationis ».

11 Gen. I] per totum ; idem argumentum legitur apud Odonem Rigaldi, *Q. de scientia theologiae*, I, q. 3, arg. contr. (ed. Sileo, p. 32, n. 74).

14 Magister Sententiarum] Petrus Lombardus, *Sententiae*, I, d. 1, c. 1 (ed. Grottaferrata, t. I.2, p. 55, n. 1), ex Aug., *De doctr. christ.*, I, c. 2 (CCSL 32, p. 7, u. 1–2).

9–10 quidquid ... ipsius]] cf. Arist., *Anal. post.*, I, 75a38-b20 et 87a39-b4 (AL IV.1–4, p. 19–20 et p. 151, u. 16-20).

12–13 illud ... uersatur]] argumentum simile usurpatur ab Odone Rigaldi, *In I Sent.*, d. 1, p. I, q. 1, ad 1m (ed. Sileo, p. 98–99, n. 13) : « Illud circa quod versatur intentio, est proprie subiectum » (cf. L. Sileo, *Teoria della scienza teologica*, p. 211-214) ; uide Roberti Grosseteste, *Hexaëmeron*, part. I, c. I, 1 (ed. Dales-Gieben, p. 49, u. 1-2) : « Omnis scientia et sapientia materiam habet et subiectum aliquod, circa quod eiusdem versatur intentio » ; et iam Auicennae, *Metaph.*, II, 2 (ed. Van Riet, p. 9, u. 57–58) : « Oportet igitur ut monstremus quid sit subiectum huius scientiae sine dubio, ad hoc ut pateat nobis quae sit intentio huius scientiae ».

15–16 per rationes ... aliis scientiis]] cf. Arist., *Anal. post.*, I, 75a38–b20 et 87a39–b4, laud. supra.

20–21 quecumque ... sub subiecto]] cf. supra adn. in arg. 2.

sub subiecto. Vnde considerantes hanc conditionem posuerunt res et signa esse subiectum huius scientie ; quidam autem totum Christum, idest caput et membra, eo quod quicquid in hac scientia traditur, ad hoc reduci uidetur. — Secunda comparatio est quod subiecti cognitio principaliter intenditur in scientia. Vnde, quia ista scientia principaliter est ad cognitionem Dei, posuerunt Deum esse subiectum eius. — Tertia comparatio est quod per subiectum distinguitur scientia ab omnibus aliis, quia secantur scientie quemadmodum et res, ut dicitur in III De anima. Et secundum hanc considerationem posuerunt quidam credibile esse subiectum huius scientie : hec enim scientia in hoc ab omnibus aliis differt,

---

21–22 res et signa] supra, u. 15-16. Cf. Hugonem de Sancto Caro, *In I Sent.*, exp. prol. (ed. Stegmüller, p. 46) : « Tractaturus autem Magister sacram Scripturam compendiose, consideravit, quod sacra Scriptura tantum agit de duobus, scilicet de creatore et opere creatoris. Opus autem creatoris dividitur in opus creationis et in opus recreationis et opus ultimae retributionis. Item opus recreationis subdividitur in opus quod gessit Christus in propria persona ; et huiusmodi opera sunt incarnatio, passio, et similia ; et in opus ecclesiae, quod recreat per sacramenta. Eleganter ergo distinguit Magister opus suum in quatuor volumina, [...]. Materia duplex est, scilicet creator et opera creatoris ; si mavis dicere : res et signa ».

22–23 totum Christum] legitur apud *Summam fr. Alexandri*, tract. intr., q. 1, c. 3, arg. contr. 6 (ed. Quaracchi, t. I, p. 6a, cum adn.) : « ponunt alii quod materia divinarum Scripturarum est 'Christus integer, caput et corpus, Christus et Ecclesia, sponsus et sponsa', iuxta Glossam in principio Psalterii » ; Odo Rigaldi, *Q. de scientia theologiae*, I, q. 3, resp. (ed. Sileo, p. 35, n. 81, cum adn.) : « Verae igitur sunt illae auctoritates quae dicunt quod Deus est subiectum, et quod Christus est subiectum, et quod opera reparationis sunt subiectum. Sed tamen si dicatur subiectum proprie, de quo agitur in tota scientia [...], dicemus quod unum subiectum theologiae est Christus ratione membrorum et capitis, ratione divinitatis et humanitatis, in quantum conditor, informator et reparator » ; Anon., *Q. de diuina scientia*, (ed. Sileo, p. 144, u. 40-45) : « Solutio. Dicimus quod subiectum theologiae est totus Christus, finis vero Deus, tota Trinitas. Unde non tractat nisi de toto Christo, scilicet sponso et sponsa ; tamen de omnibus loquitur, sed prout reducuntur ad Christum totum, qui est subiectum » (secundum aliam reportationem : *ibidem*, p. 160, u. 21-28). Cf. E. Mersch, « L'Objet de la théologie et le *Christus Totus* », in RTAM, 26 (1936), p. 129-157.

25–26 posuerunt Deum esse subiectum eius] huic sententiae Albertus consentire uidetur, *In I Sent.*, d. 1, a. 2, resp. (ed. Borgnet, t. 25, p. 16b) : « Speciale autem dicitur subiectum, id quod est dignius inter considerata in scientia, et sic subiectum huius scientiae Deus est, a quo denominatur : non autem absolute tantum est subiectum, sed secundum quod ipse est Alpha et Omega, principium et finis ». Vide etiam conclusionem *Summae fr. Alexandri*, tract. intr., q. 1, c. 3, arg. 2 et resp. (ed. Quaracchi, t. I, p. 5-6) : « Si vero assignemus materiam divinarum Scripturarum secundum rationem essentiae, dicemus quod materia divinarum scripturarum est Deus sive divina substantia. Unde secundum hoc Theologia est scientia de substantia divina cognoscenda per Christum in opere reparationis » ; atque Anon., *Q. de doctrina theologie*, (*Vat. lat. 782*, f. 185va) : « Similiter possumus nos dicere quod theologia primo est de Deo, de aliis uero est secundum intentiones communes, scilicet secundum quod sunt opera Dei et secundum quod sunt uia ad cognoscendum et habendum ipsum ». — Odo Rigaldi, cuius doctrinam supra laudaui (u. 22-23), ita enuntiat eandem sententiam in *Q. de scientia theologiae*, I, q. 3, arg. 1–4 (ed. Sileo, p. 28–29, n. 61–64) : « Et videtur quod subiectum huius scientiae sit Deus, auctoritate et ratione. Auctoritate sic : Isidorus in libro Etymologiarum : 'Theologia est sermo de Deo' ; [...] Item Boethius De Trinitate : 'Theologia est abstracta, separabilis et sine motu, quia est de Deo qui est abstractus et sine motu' ; ergo etc. Item, ratione [...] illud est subiectum in omni scientia a quo scientia est una ; sed tam metaphisica quam theologia habent unitatem ratione unius quod est Deus ad quem reducuntur omnia quae sunt in illa scientia ; ergo subiectum in his est Deus ».

27–28 in III De anima] Arist., *De anima*, III, 431b24-25, a Iacobo transl. (ed. Gauthier, 1985, p. 484) : « Secantur igitur scientia et sensus in res ».

28–29 posuerunt quidam credibile] Albertus credibile ut subiectum theologiae sic exponit, *In I Sent.*, prol. (ed. Borgnet, t. 25, p. 16) : « Alio modo dicitur subiectum specialiter, [...] et sic quidam antiqui dixerunt, quod credibile generaliter acceptum est subiectum Theologiae. Voco autem credibile generaliter acceptum, praeambulum articulo, sicut Deum esse veracem, Deum esse, sacram Scripturam a Spiritu sancto esse factam, ... » et ibidem articulos Symbolorum enumerat ; v. etiam Albertum, *In III Sent.*, d. 23, a. 12, sol. (ed. Borgnet, t. 28, p. 426). Magister G., *Q. de subiecto theologie* (ed. Sileo [ex cod. *Douai, Bibl. mun. 434*, I, f. 101ra] p. 115, u. 1-6) : « Augustinus, Super Leviticum : 'Fides est mensura scientiae Dei' ; sed mensura non excedit mensuram ; ergo theologia quod per inspirationem fidei procedit ; quidam autem opera restaurationis, eo quod tota scientia ista ad consequendum restaurationis effectum ordinatur. Si autem uolumus inuenire subiectum quod hec omnia comprehendat, possumus dicere quod ens diuinum cognoscibile per inspirationem est subiectum huius scientie. Omnia enim que in hac scientia considerantur, sunt aut Deus aut ea que ex Deo et ad Deum sunt, in quantum huiusmodi — sicut etiam medicus considerat signa et causas et multa huiusmodi in quantum sunt sana, idest ad sanitatem aliquo modo relata. Vnde quanto aliquid magis accedit ad ueram rationem diuinitatis, principalius consideratur in hac scientia.

<1.> Ad primum ergo dicendum quod Deus non est subiectum nisi sicut principaliter intentum et sub cuius ratione omnia que sunt in scientia considerantur. Quod autem obicitur in contrarium quod forma simplex non potest esse subiectum, dicimus quod uerum est accidentis. Nichilominus tamen potest esse subiectum predicati in propositione, et omne tale potest esse subiectum in scientia, dummodo illud predicatum de eo probari possit.

<2.> Ad aliud dicendum quod opera restaurationis non sunt proprie subiectum huius scientie, nisi in quantum omnia que in hac scientia dicuntur ad restaurationem nostram quodammodo ordinantur.

<3.> Ad aliud dicendum quod res et signa communiter accepta non sunt proprie subiectum huius scientie, set in quantum sunt quedam diuina.

< Articulus quintus >

Ad quintum sic proceditur. Nobilissime scientie debet esse nobilissimus modus. Set quanto modus est magis artificialis, nobilior est. Ergo cum hec scientia sit nobilissima, modus eius debet esse artificialissimus.

<2.> Preterea. Modus scientie debet ipsi scientie proportionari. Set ista scientia maxime est una, ut probatum est. Ergo et modus eius debet esse maxime

---

32 comprehendat] apprehendat β **2** nobilior] tanto *praem.* β

---

non agit nisi de fide vel de hiis quae subsunt fidei. — Contra, ubi dicit Augustinus : 'Theologia agit de fide et moribus' ». In hoc argumento Magister G. auctoritatem Augustini inuocat, quem in antiquis adnumerare licet ; cf. et Guillelmum Altiss., *Summa aurea*, I, prol. (ed. Ribaillier, t. I, p. 15-21). Inter modernos vide Robertum Grosseteste, *Hexaëmeron*, part. I, c. II, 1-2 (ed. Dales-Gieben, p. 50-51) ; ac Rolandum de Cremona, *Summa*, prol., q. 2 (ed. Cremascoli, p. 863-865). A Richardo Fishacre ut pars diuisionis huius scientiae et ut *passio* eius subiecti « fides vel credulitas articulorum fidei » ponitur : *In I Sent.*, prol. (ed. Long, p. 96). Bonauentura autem dicit, *In I Sent.*, Prooem., q. 1, resp. (ed. Quaracchi, t. I, p. 7-8) : « credibile, prout tamen credibile transit in rationem intelligibilis, et hoc per additionem rationis ; et hoc modo proprie loquendo est subiectum in hoc libro » et *Ibid.*, q. 2, ad 4 (ed. laud. p. 11b).

30 quidam] cf. supra, adn. ad u. 7 et 11.

35–37 medicus ... relata]] cf. Arist., *Metaph.*, IV, 1003a34-b1, a Michaele Scoto transl. (in : Auerr., *In Metaph. IV*, ed. Venetiis 1562, t. VIII, f. 64vb) : « omne sanans attribuitur sanitati. quoddam enim dicitur sanum, quia conservat sanitatem : quoddam autem sic, quia facit sanitatem : et quoddam, quia significat : et quoddam quia recipit » ; aliter a Iacobo transl. (AL XXV.1-1, p. 62).

1 Ad quintum]] parall. : *Quodl. VII*, q. 6, a. 1 [14] (ed. Leon., t. 25,1, p. 27–29) ; *Super Boet. De Trin.*, q. 2, a. 1 et a. 4 (ed. Leon., t. 50, p. 92–94 et 100–102) ; *ScG*, I, c. 2 et c. 9 (ed. Leon., t. 13, p. 6. 22) ; *Q. de pot.*, q. 4, a. 1 (ed. Marietti, p. 102–110) ; *I pars*, q. 1, a. 8 et a. 10 (ed. Leon., t. 4, p. 21–22. 25–26) ; *Quodl. IV*, q. 9, a. 3 [18] (ed. Leon., t. 25,2, p. 339–340).

2 artificialis]] cf. infra adn. in princ. resp. u. 19-20 et in resp. ad arg., u. 55-57.

4 modus ... proportionari]] cf. auctoritatem Aristotelis infra allatam, u. 19-20.

unicus. Cuius contrarium uidetur cum quandoque comminando, quandoque precipiendo, quandoque aliis modis procedat.

<3.> Preterea. Scientiarum maxime differentium non debet esse unus modus. Set poetica, que minimum continet ueritatis, maxime differt ab ista scientia que est uerissima. Ergo, cum illa procedat per metaphoricas locutiones, modus huius scientie non debet esse talis.

<4.> Preterea. Ambr. 'Tolle argumenta ubi fides queritur'. Set in sacra scientia precipue queritur fides. Ergo modus eius nullo modo debet esse argumentatiuus.

Contra. I Petr. III 'Parati' etc. Hoc autem sine argumentis fieri non ualet. Ergo debet quandoque argumentis uti. — Idem habetur ex hoc quod dicitur <Ad> Titum Titum I 'Vt potens sit' etc.

Responsio. Dicendum quod modus cuiusque scientie debet inquiri secundum considerationem materie, ut dicit Boetius De Trinitate et Philosophus in principio Ethice. Principia autem huius scientie sunt per reuelationem accepta et ideo modus accipiendi ipsa principia debet esse reuelatiuus ex parte infun-

---

9 que^1] qui α^* : que *mg. sec. m.* N^3, *sup. u.* P^4 F^1, *om.* P^2 **12** Ambr.] I'o^9 (Ieronimus) α^*, Kr^1 V^4 Tr^2 P^5 C^3 F^1 : I'o^9 + *lac. 3 uel 4 litt.* Bx^4 : *lac. 3/4 litt.* P^2 : I'ab' P^1 — *(cf. supra, cap. III, 1.1.3.3)* **15** parati] sunt *add.* α^* : semper *add.* F^1 **17** <Ad> Titum] Ad *suppl.* ; Titum *codd*

---

12 Ambr.] *De fide*, I 13, 84 (CSEL 78, p. 36-37, u. 43-45) : « Auferas argumenta ubi fides queritur ».

15 I Petr. III] u. 15 ; ab ipso Thoma haec auctoritas ita laudatur, *Super Boet. De Trin.*, q. 2, a. 1, s. c. 1 (ed. Leon., t. 50, p. 92, u. 50-52, cum adn.) : « Parati semper ad satisfactionem omni poscenti uos rationem de ea que in nobis est fide » (cf. ed. Wordsworth-White, t. 3, p. 295 in app. ; ed. Rusch, t. 4, p. 525) ; laud. etiam a Guillelmo Altiss., *Summa aurea*, I, prol. (ed. Ribaillier, t. I, p. 16, u. 25-26).

17 <Ad> Titum I] u. 9 ; eodemque loco quo superior, haec etiam laudatur auctoritas : *Super Boet. De Trin.*, q. 2, a. 1, s. c. 2 (ed. Leon., t. 50, p. 93, u. 56-58, cum adn.) : « ut sit potens exhortari in doctrina sana et contradicentes reuincere ». Quam auctoritatem Thomas ad uerbum usurpat etiam in *Quodl. IV*, q. 9, a. 3 [18] s. c. (ed. Leon., t. 25,2, p. 339, u. 11-13, cum adn.). Haec sententia Pauli iisdem uerbis expressa inuenitur in *Vetere latina*, t. XXV.2, p. 869-71 (uide etiam ed. Wordsworth-White, t. 2, p. 656 in app. ; ed. Rusch, t. 4, p. 419a). — De huius auctoritatis usu cf. R.-A. Gauthier, « Préface », in *S. Thomae de Aq., Sent. De anima*, ed. Leon., t. 45,1, p. 289*-290*.

19 Boetius] *De Trinitate*, prol. (ed. Moreschini, p. 165, u. 5 - p. 166, u. 11) : « Qua in re quid mihi sit animi quotiens stilo cogitata commendo, cum ex ipsa materiae difficultate tum ex eo quod raris, id est vobis tantum, conloquor, intelligi potest. Neque enim famae iactatione et inanibus vulgi clamoribus excitamur, sed, si quis est fructus exterior, hic non potest aliam nisi materiae similem sperare sententiam » (cf. ed. Rand, p. 2.4, u. 5-11).

19–20 in principio Ethice] Arist., *Ethic.*, I, 1094b11-12, a Roberto transl. (AL XXVI.1-3 fasc. 3, p. 142, u. 28-29) : « Dicetur autem utique sufficienter, si secundum subiectam materiam manifestetur. Certum enim non similiter in omnibus sermonibus querendum est, quemadmodum neque in conditis » ; laud. a Bonauentura, *In I Sent.*, Prooem., q. 2, arg. 5 (ed. Quaracchi, p. 10a).

---

18 Responsio]] huius initii ratio fontem uidetur habere apud Albertum, *In I Sent.*, d. 1, a. 5, arg. 1 (ed. Borgnet, t. 25, p. 19) : « Omnis scientia distincta ab aliis proprium habet habitum regentem et proprium instrumentum [...] : haec scientia distincta est ab aliis : ergo proprium habet habitum regentem in ea, et instrumentum. Quod concedimus, dicentes quod habitus ejus lumen fidei est : instrumentum autem duplex secundum duplicem finem doctrinae et artis, qui duplex finis promissus est ab auctoritate Apostoli, scilicet, exhortari in doctrina sana, et contradicentes revincere ».

21–23 reuelatiuus ... in Psalmis]] eadem exempla aliter disposita erant in *Summa fr. Alexandri*, tr. intr., q. 1, c. 4, a. 1, ad 2 (ed. Quaracchi, p. 8b) : « Praeterea, modus praeceptivus est in Lege et Evangelio, exemplificativus in historiographis, exhortativus in libris Salomonis et Epistolis, revelativus in Prophetis, orativus in Psalmis » ; item, *ibid.*, a. 3 (ed. laud., p. 10a).

dentis, ut in uisionibus prophetarum, et oratiuus ex parte recipientis, ut patet in Psalmis.

Set quia preter lumen infusum oportet quod habitus fidei distinguatur ad determinata credibilia ex doctrina predicatoris, secundum quod dicitur Ro. x 'Quomodo credent' etc. — sicut etiam intellectus principiorum naturaliter insitorum determinatur per sensibilia accepta — ; ueritas autem predicantis per miracula confirmatur, ut dicitur Marc. ult. 'Illi autem profecti' etc. ; oportet etiam quod modus istius scientie sit narratiuus signorum que ad confirmationem fidei faciunt.

Quia etiam ista principia non sunt proportionata humane rationi secundum statum uie, que ex sensibilibus conuenit accipere, ideo oportet ut ad eorum cognitionem per sensibilium similitudines manuducatur. Vnde oportet modum huius scientie esse metaphoricum siue symbolicum uel parabolicum.

Ex istis autem principiis ad tria proceditur in sacra Scriptura, scilicet : ad destructionem errorum, quod sine argumentis fieri non potest. Et ideo oportet modum huius scientie quandoque esse argumentatiuum, tum per auctoritates, tum etiam per rationes et similitudines naturales.

Proceditur etiam ad instructionem morum. Vnde, quantum ad hoc, modus eius debet esse preceptiuus, sicut in Lege ; comminatorius et promissiuus, ut in prophetis ; et narratiuus exemplorum, sicut in hystorialibus.

22 ut in uisionibus prophetarum] *def.* α*, *om. pr. m.* P[5] (*suppl. mg. sec. m.* Bx[3] P[5]) : *transp. ante* ex parte infundentis W[1] — *(cf. supra, cap. III, 1.1.3.5)* **22** recipientis] accipientis β **32** ut] *def.* α* (*rest. sup. u. sec. m.* Bx[3]) : quod O[2] F[1] **33** similitudines] -dinem α*, Bx[4] Bl W[1] V[4] P[2] P[1] C[3] F[1] **39** etiam] autem β (autem *mg.* V[6])

25–26 Ro. X] u. 14 (ed. Wordsworth–White, t. 2, p. 117) : « aut quomodo credent ei quem non audierunt ? quomodo autem audient sine praedicante ? quomodo uero praedicabunt nisi mittantur ? ».
28 Marc. ult.] c. 16, u. 20 (ed. Wordsworth-White, t. 1, p. 268) : « illi autem profecti praedicauerunt ubique domino cooperante et sermonem confirmante sequentibus signis ».

26–27 intellectus ... accepta]] cf. Arist., *Anal. post.*, II, 100a6-11, a Iacobo transl. (AL IV.1-4, p. 105 u. 20-106 u. 5) : « Ex experimento autem aut ex omni quiescente universali in anima, uno preter multa, quodcumque in omnibus unum sit illis idem est, artis principium et scientie, si quidem est circa generationem, artis est, si vero circa esse, scientie. Neque igitur determinati habitibus, neque ab aliis habitibus fiunt notioribus, sed a sensu » ; atque *Ibid.*, 100b14-15, a Iacobo transl. (ed. laud., p. 107, u. 4-6).
32 ex sensibilibus ... accipere]] cf. Arist., *Anal. post.*, II, 99b15-100b17, a Iacobo transl. (AL IV.1-4, p. 104-107, praesertim p. 106, u. 14-16 [100b3-5]) : « Manifestum est quoniam nobis prima inductione cognoscere necessarium est ; et namque et sensus sic universale facit » ; ac *De sensu*, I, 445b16-17, ab Anonymo transl. (*Paris, BnF lat. 6325*, f. 156ra) : « nec sentit mens que exterius [sunt] intelligibilia sine sensu » (cf. *Urb. lat. 206*, f. 330r).
34 metaphoricum ... parabolicum]] de hac enumeratione cf. G. Dahan, « Saint Thomas d'Aquin et la métaphore. Rhétorique et herméneutique », in *Medioevo*, 18 (1992), p. 95.
35–38 ad destructionem ... naturales]] cf. Albertum, *In I Sent.*, d. 1, a. 5, sol. (ed. Borgnet, t. 25, p. 20) : « In quantum autem finis est, scilicet contradicentes revincere, habet alium modum. Contradicens enim non revincitur nisi duobus, scilicet probatione veritatis, et manifestatione erroris. Hoc autem non fit nisi per argumentationem congruam a ratione auctoritatis, vel naturalis rationis, vel similitudinis congrue sumptam ». Postea ipse Thomas, *Super Boet. De Trin.*, prol. (ed. Leon., t. 50, p. 76, u. 99-106) : « Modus autem de Trinitate tractandi duplex est, ut dicit Augustinus in I De Trinitate, scilicet per auctoritates et per rationes. Quem utrumque modum Augustinus complexus est, ut ipsemet dicit ; quidam vero sanctorum patrum, ut Ambrosius et Hylarius, alterum tantum modum prosecuti sunt, scilicet per auctoritates. Boethius vero elegit prosequi per alium modum, scilicet per rationes, presupponens hoc quod ab aliis per auctoritates fuerat prosecutum ».
39–41 ad instructionem ... in hystorialibus]] eadem diuisio legitur in *Summa fr. Alexandri*, tr. intr., q. 1, c. 4, a. 1, ad 2 (ed. Quaracchi, p. 8b), laud. supra ad u. 21-23 ; cf. ipsum Thomam, *Quodl. VII*, q. 6, a. 2 [15] (ed. Leon., t. 25,1, p. 30, u. 47-52, cum adn.).

Proceditur tertio ad contemplationem ueritatis in questionibus sacre Scripture. Et ad hoc etiam oportet esse modum argumentatiuum, quod precipue obseruatur in originalibus sanctorum et in isto libro qui quasi ex eis conflatur.

Et secundum hoc etiam potest accipi quadruplex modus exponendi sacram scripturam : quia secundum quod accipitur ipsa ueritas fidei est sensus hystoricus ; secundum autem quod ex eis proceditur ad instructionem morum est sensus moralis ; secundum autem quod proceditur ad contemplationem ueritatis eorum que sunt uie est sensus allegoricus ; eorum que sunt patrie est sensus anagogicus.

Ad destructionem autem errorum non proceditur nisi per sensum litteralem, eo quod alii sensus sunt per similitudines accepti, et ex similitudinariis locutionibus non potest sumi argumentatio. Vnde etiam Dionysius dicit in Epistola ad Titum quod 'symbolica theologia non est argumentatiua'.

<1.> Ad primum ergo dicendum quod modus artificialis dicitur qui competit materie. Vnde modus qui est artificialis in geometria, non est artificialis in ethica. Et secundum hoc, modus huius scientie maxime artificialis est quia maxime congruus materie.

<2.> Ad secundum dicendum quod quamuis ista scientia una sit, tamen de multis est et ad multa ualet secundum que oportet modos eius multiplicari, ut iam patuit.

<3.> Ad tertium dicendum quod poetica scientia est de hiis que propter defectum ueritatis non possunt a ratione capi, unde oportet quod quasi quibus-

---

46 fidei] *om.* β (– V^6) **53** etiam] et β

53–54 Epistola ad Titum] huius sententiae fons uidetur esse Dionysius, *Epist. IX ad Titum*, a Iohanne Eriugena transl. (*Dionysiaca*, t. I, p. 637 v. 1-4) : « Sed itaque et hoc intelligere oportet duplicem esse theologorum traditionem : unam quidem arcanam et mysticam, alteram uero manifestam et notiorem ; et eam quidem symbolicam et perfectiuam, hanc uero philosophicam et approbatiuam » (uide R.-A. Gauthier, « Apparatus fontium » in *S. Thomae de Aq., Q. de quolibet*, VII, q. 6 a. 1 [14], arg. 4 [ed. Leon. t. 25,1, p. 28, adn. 36-38]) ; ipse Thomas, *De forma absolutionis*, c. 2 (ed. Leon., t. 40, p. C 36, u. 92-94, cum adn.) : « arguitur ex metaphoricis, ex quibus non est arguendum, ut Dionysius et Augustinus dicunt » (locum Dionysii uide supra ; quantum ad Augustinum attinet, uide ex. gr. *Epist.*, 93, n. 24 [PL 33, 334] ac *Contra Donat. epist.*, c. 5 [PL 43, 396]).
60–61 ut iam patuit] in resp. princ.

42–44 tertio ... conflatur]] idem dicit Albertus, *In I Sent.*, d. 1, a. 5, sol. (ed. Borgnet, t. 25, p. 20).
52–53 ex similitudinariis ... argumentatio]] cf. iam Albertum, *Super Dionysii Epistulas*, IX (ed. Colon., t. 37.2, p. 356, u. 9-10) : « ex symbolicis nullo modo trahitur argumentatio, sicut dicit Magister in III Sententiarum » ; auctoritas Magistri legitur in Petri Lomb., *Sent.*, III, d. 11, c. 2 (ed. Grottaferrata, t. II, p. 80, u. 3-4) : « Sed ex tropicis locutionibus non est recta argumentationis processio », laudata a Thoma, *Super Boet. De Trin.*, q. 2, a. 3, ad 5 (ed. Leon., t. 50, p. 100, u. 204-206). — Aliter tamen, ut iam uidimus supra (ad u. 35-38), Albertus, *In I Sent.*, exp. prol. (ed. Borgnet, t. 25, p. 8b) : « Armatura autem fortium est syllogismus et similitudo congrua quibus progredimur in hac scientia » ; et *Ibid.*, d. 1, a. 5, sol. (ed. Borgnet, t. 25, p. 20) : « [...] per argumentationem congruam a ratione auctoritatis, vel naturalis rationis, vel similitudinis congrue sumptam ».
55–57 artificialis ... in ethica]] cf. supra adn. in resp., u. 19-20 ; artificialis ut *arti conueniens* et *rite effectus* sumi hic a Thoma uidetur, sicut etiam a technicis, musicis, metricis ac theologis usurpatur : cf. *Mittellateinisches Wörterbuch*, t. I, col. 997. De artificiali scientiae theologicae modo diffusius tractant Odo Rigaldi, *Q. de scientia theologiae*, II, q. 1 (ed. Sileo, p. 54-59, n. 123-135), ac *Summa fr. Alexandri*, tr. intr., q. 1, c. 4, a. 1 (ed. Quaracchi, p. 7-9). Vide G. Dahan, *L'exégèse chrétienne de la Bible en occident médiéval*, p. 416-423.
62–64 poetica ... seducatur]] cf. ipsum Thomam, *Quodl. VII*, q. 6, a. 3 [16], arg. 2 (ed. Leon., t. 25,1, p. 32, u. 10-11) : « Poetice artis est ueritatem rerum aliquibus similitudinibus fictis designare » et *In Anal. post.* I, 1 (proemium), (ed. Leon., t. I*,2, p. 7, u. 111-118, cum adn.). Quamquam post

dam similitudinibus ratio seducatur. Theologia autem est de hiis que sunt supra rationem. Et ideo modus symbolicus utrique communis est, cum neutra rationi proportionetur.

<4.> Ad quartum dicendum quod argumenta tolluntur ad probationem articulorum fidei. Set ad defensionem fidei et inuentionem ueritatis in questionibus ex principiis fidei, oportet argumentis uti, sicut Apostolus facit I Cor. XV 'Si Christus resurrexit, ergo et mortui resurgent'.

< *Prologi Sententiarum* diuisio et expositio littere >

Huic operi Magister prohemium premittit in quo tria facit. Primo reddit auditorem beniuolum. Secundo docilem, ibi *horum igitur*. Tertio attentum, ibi *non ergo debet* etc.

Beniuolum autem reddit assignando causas mouentes ipsum ad compilationem huius operis, ex quibus ostenditur affectus ipsius in Deum et proximum. Sunt autem tres cause mouentes. Prima sumitur ex parte sui, scilicet desiderium proficiendi in Ecclesia. Secunda ex parte Dei, scilicet promissio mercedis et auxilii. Tertia ex parte proximi. — E contra sunt tres cause retrahentes. Prima ex parte sui : defectus ingenii et scientie. Secunda ex parte operis : altitudo materie et magnitudo laboris. Tertia ex parte proximi : inuidorum contradictio.

Harum autem causarum mouentium due prime insinuant caritatem in Deum, tertia in proximum. Vnde diuiditur in duas. In prima ponit causas mouentes

---

11 autem] uero β

69–70 I Cor. XV] cf. u. 12-13 (ed. Wordsworth-White, t. 2, p. 261) : « si autem christus praedicatur quod resurrexit a mortuis quomodo quidam dicunt in uobis quoniam resurrectio mortuorum non est ? si autem resurrectio mortuorum non est neque christus resurrexit ». Ita Hugo de Sancto Caro, *In Epist. I ad Cor.*, 15 (*Opera*, Venetiis 1754, t. VII, f. 115va*l-n*) : « Solut. Bona est argumentatio haec, si Christus resurrexit, mortui resurgent » ; atque ipse Thomas, *In I Cor.* 15, lc. 2 (ed. Piana, t. 16, f. 86vb) : « Probat autem [Apostolus] mortuorum resurrectionem ex resurrectione Christi tali ratione. Si Christus resurrexit : ergo et mortui resurgent » — Cf. etiam I Cor. 15, 20 (ed. Wordsworth-White, t. 2, p. 262) : « nunc autem christus resurrexit a mortuis primitiae dormientium ».
2 *horum igitur*] *Litt.* (ed. Grottaferrata, t. I.2, p. 4, u. 11).
3 *non ergo debet* etc.] *Litt.* (ed. Grottaferrata, t. I.2, p. 4, u. 21-30).

Thomae *Scriptum super Sent.* translatam, uide Auerrois *Poetriam* (AL XXXIII, p. 73) : « veritas enim quam complectitur veniam largitur paucitati decoris et paucitati transumptionis metaphorice et paucitati transumptionis poetice ».
64–66 theologia ... proportionetur]] cf. *Summam fr. Alexandri*, tr. intr., q. 1, c. 4, a. 1 (ed. Quaracchi, t. I, p. 8a) : « Ex quibus verbis B. Dionysii patet quod ratio quare sacra Scriptura valde artificialiter secundum modum poeticum tradatur, potest esse necessitas intellectus nostri, qui deficit in comprehensione divinorum » (auctoritas sumitur ex Dionysii, *Cael. hier.*, II, 2, a Iohanne Eriugena transl. [*Dionysiaca*, t. II, p. 743-744]). Ipse Thomas, *Ia-IIae*, q. 101, a. 2, ad 2 (ed. Leon., t. 7, p. 225b) : « Sicut poetica non capiuntur a ratione humana propter defectum veritatis qui est in eis, ita etiam ratio humana perfecte capere non potest divina propter excedentem ipsorum veritatem. Et ideo utrobique opus est repraesentatione per sensibiles figuras ».
2–3 beniuolum ... attentum]] ordo enumerationis huius refertur ab Isidoro, *Etym.*, II, VII, 1-2 (ed. Lindsay, t. I) : « ut benivolum, docilem, uel adtentum auditorem faciamus » ; sententia haec pendet ex Cicerone, qui ex Aristotelis *Rhetorica* eam conflauit : v. Ciceronem, *Rhetorici libri duo de inuentione*, I XV 20 (ed. Ströbel, p. 18b) : « Exordium est oratio animum auditoris idonee comparans ad reliquam dictionem : quod eueniet, si eum beniuolum, attentum, docilem confecerit » ; et Arist., *Rhetorica*, III, 1415b1-1415b33, ab Anonymo transl. (AL XXXI.1-2, p. 150-151) ; cf. R.-A. Gauthier, « Apparatus fontium » in *S. Thomae de Aq., Sent. De anima*, I, 1 (ed. Leon., t. 45,1, p. 4, adn. 24-32).

que ostendunt caritatem in Deum. In secunda, causam que ostendit caritatem in proximum, ibi *non ualentes*.

Causis autem mouentibus adiungit etiam retrahentes. Vnde primo ponit quasi quandam controuersiam causarum mouentium et retrahentium. Secundo uictoriam, *quam uincit*.

Cupientes : in hoc notatur prima causa mouens, scilicet desiderium proficiendi ; *aliquid* sonat in modicitatem.

De penuria etc. Hic tangitur prima causa retrahens, scilicet defectus scientie. Et dicitur penuria proprie defectus exterioris substantie, unde transfertur ad defectum scientie acquisite. *Tenuitate*, que proprie est defectus substantie interioris, unde transfertur ad defectum ingenii. *Cum paupercula*, de qua Marc. XII, Luc. XXI. *Gazophilacium* : gazophilacium repositorium dicitur diuitiarum, gaze enim persice, diuitie latine dicuntur et philaxe grece, latine seruare. Et quandoque sumitur pro archa in qua reponitur thesaurus, sicut IV Reg. XII 'Tulit Ioada pontifex gazophilacium unum' etc., quandoque pro loco in quo archa reponitur, sicut Io. VIII 'Hec locutus est Ihesus in gazophilacio'. Hic autem significatur studium sacre Scripture in quo sancti sua opera reposuerunt.

Ardua scandere. Hic secunda causa retrahens ex parte operis. Et dicuntur ardua diuina quantum in se. Scanduntur autem quasi triplici gradu. Primus est in derelinquendo sensus. Secundo in derelinquendo fantasias corporum. Tertius in derelinquendo rationem naturalem.

Opus ultra uires. Hic ostenditur altitudo materie per comparationem ad nos. — Contra. Eccli. III 'Altiora' etc. — Responsio. Verum est ex consideratione

---

35 Verum est] uerum est quod *habent codd* (quod *secl. cum sec.m.* Bx[3])

---

14 *non ualentes*] *Litt.* (ed. Grottaferrata, t. I.2, p. 3, u. 13-15)
17 *quam uincit*] *Litt.* (ed. Grottaferrata, t. I.2, p. 3, u. 8).
18 *Cupientes*] *Litt.* (ed. Grottaferrata, t. I.2, p. 3, u. 2).
19 *aliquid*] *Litt.* (ed. Grottaferrata, t. I.2, p. 3, u. 2).
20 *De penuria* etc.] *Litt.* (ed. Grottaferrata, t. I.2, p. 3, u. 2-3).
22 *Tenuitate*] *Litt.* (ed. Grottaferrata, t. I.2, p. 3, u. 2).
23 *Cum paupercula*] *Litt.* (ed. Grottaferrata, t. I.2, p. 3, u. 2).
23 Marc. XII] u. 42-43 (ed. Wordsworth-White, t. 1, p. 250) : « cum uenisset autem una uidua pauper misit duo minuta quod est quandrans ».
24 Luc. XXI] u. 1 (ed. Wordsworth-White, t. 1, p. 450-51) : « Respiciens autem uidit eos qui mittebant munera sua in gazophylacium diuites ».
24 *Gazophilacium*] *Litt.* (ed. Grottaferrata, t. I.2, p. 3, u. 3).
26–27 IV Reg. XII] u. 9 (*Biblia sacra* ... , t. VI, p. 268) : « et tulit Ioiada pontifex gazophylacium unum aperuitque framen desuper [...] mittebantque in eo sacerdotes qui custodiebant ostia omnem pecuniam quae deferebatur ad templum Domini ».
28 Io. VIII] u. 20 (ed. Wordsworth-White, t. 1, p. 564) : « haec uerba locutus est in gazophylacio docens in templo ».
30 *Ardua scandere*] *Litt.* (ed. Grottaferrata, t. I.2, p. 3, u. 2).
34 *Opus ultra uires*] *Litt.* (ed. Grottaferrata, t. I.2, p. 3, u. 2).
35 Eccli. III] u. 22 (*Biblia sacra* ... , t. XII, p. 160) : « altiora te ne scrutaueris et fortiora te ne exquisieris ».

24–28 Gazophilacium ... in gazophilacio]] Thomas pendet hic ex Beda, *In Marc.*, III, 12 (CCSL 120, p. 593, u. 2005-2014) ; sententia Bedae laudatur a *Glosa super Marc. XII* (u. 42-43 ; ed. Rusch, t. 4, p. 123b ; *Vat. Chigi, A VIII 248, f. 232r*), ubi tamen auctoritatem Euangelii Iohannis deest.
28–29 Hic ... reposuerunt]] cf. *Glosam super Ioh. VIII* (u. 20 ; ed. Rusch, t. 4, p. 245a) : « Gaze diuitiae, phylaxe seruare. Typice gazophilatium est misteria scripturarum quae sunt in templo idest in Xto. Haec secreta post resurrectionem operuit apostolis, sed in his modo loquitur per parabolas non intelligentibus iudaeis », ex Alcuino, *In Ioh.*, VIII (PL 100, 860).

propriarum uirium. Set ex consideratione diuini auxilii possumus eleuata supra nostrum posse speculari. *Presumpsimus* : Eccli. XXXVII 'O presumptio nequis'. — Ergo uidetur quod peccauerit. — Respondeo. Expone 'presumpsimus', idest pre aliis sumpsimus, uel dic quod esset presumptio per comparationem ad uires humanas, set per comparationem ad Dei auxilium, quo omnia possumus — sicut dicitur Phil. ult. 'Omnia possum' etc. —, non est presumptio.

Consumationis fiduciam. Hic ponit secundam causam mouentem ex parte Dei. *In Samaritano* sumitur de parabola que est Luce X, per quem significatur Deus in Ps. 'Ecce non dormitabit' etc. — samaritanus enim interpretatur custos. *Semiuiui* hominis per peccatum spoliati gratia et uulnerati in naturalibus. *Duobus denariis* : duobus testamentis quasi regis ymagine insignitis, dum ueritatem continent a prima ueritate exemplatam. *Supereroganti*, idest superaddenti — sicut sancti patres suis studiis fecerunt. — Contra. Apoc. ult. 'Si quis apposuerit' etc. — Responsio. Est apponere dupliciter, uel aliquid quod est contrarium uel diuersum, et hoc est erroneum uel presumptuosum, uel quod continetur implicite exponendo, et hoc est laudabile.

Delectat. Hic colligit quatuor causas enumeratas. *Quam uincit*. Hic ponit uictoriam. *Zelus* secundum Dyonisium est amor intensus, unde non patitur ali-

---

37 Eccli. XXXVII] Eccli. XXXVIII α*, α (– Bx[4] Bl W[1] P[4] P[2] Tr[2] P[5] O[2]) : Eccli. XXXVIII *iter. et exp. ead. m.* P[1]

---

37 *Presumpsimus*] *Litt.* (ed. Grottaferrata, t. I.2, p. 3, u. 3).
37 Eccli. XXXVII] u. 3 (*Biblia sacra* ... , t. XII, p. 306) : « O praesumptio nequissima unde creata es cooperire aridam malitiam et dolositatem illius ».
41 Phil. ult.] Philipp. 4, 13 (ed. Wordsworth-White, t. 2, p. 486) : « omnia possum in eo qui me confortat » (confortat] confortauit *ed. Rusch, t. 4, p. 387b*).
42 *Consumationis fiduciam*] *Litt.* (ed. Grottaferrata, t. I.2, p. 3, u. 3).
43 *In Samaritano*] *Litt.* (ed. Grottaferrata, t. I.2, p. 3, u. 5).
43 Luce X] u. 30-37 (ed. Wordsworth-White, t. 1, p. 381-82 ; ed. Rusch, t. 4, p. 179b-180a).
44 in Ps.] 120, 4 (*Biblia sacra* ... , t. X, p. 266) : « ecce non dormitabit neque dormiet qui custodit Israel ».
45 *Semiuiui*] *Litt.* (ed. Grottaferrata, t. I.2, p. 3, u. 5).
45–46 *Duobus denariis*] *Litt.* (ed. Grottaferrata, t. I.2, p. 3, u. 5-6).
47 *Supereroganti*] *Litt.* (ed. Grottaferrata, t. I.2, p. 3, u. 6).
48–49 Apoc. ult.] c. 22, 18 (ed. Wordsworth-White, t. 3, p. 595) : « si quis adposuerit ad haec adponet deus super illum plagas scriptas in libro isto » (in libro isto] quae sunt in libro isto *ed. Rusch, t. 4, p. 587b*).
52 *Delectat*] *Litt.* (ed. Grottaferrata, t. I.2, p. 3, u. 6).
52 *Quam uincit*] *Litt.* (ed. Grottaferrata, t. I.2, p. 3, u. 8).
53–54 secundum Dyonisium] Dionysius, *De diu. nom.*, c. 4, a Iohanne Eriugena transl. (*Dionysiaca*, t. I, p. 218-219) : « Propter quod zeloten eum [Deum] diuini sapientes appellant, velut multum in existentia amorem, ut ad zelum suscitatorem concupiscientiae suae amatoriae, et ut zeloten eum ostendentem, et concupita zelantem, et ut provisis eum existentibus per semetipsa zelantibus » ut refert ipse Thomas, *Ia-IIae*, q. 28, a. 4, s. c. ac resp. (ed. Leon., t. 6, p. 200) : « Sed contra est quod Dionysius dicit, 4 cap. *de Div. Nom.*, quod *Deus appellatur Zelotes propter multum amorem quem habet ad existentia*. Respondeo dicendum quod zelus, quocumque modo sumatur, ex intensione amoris provenit. Manifestum est enim quod quanto aliqua virtus intensius tendit in aliquid, fortius etiam repellit omne contrarium vel repugnans [... et] facit hominem moveri contra omne illud quod repugnat bono amici ». Cf. Albertum, *In Dion. De diu. nom.*, cap. 4 (ed. Colon., t. 37.1, p. 222, u. 46-52) : « zelus nihil aliud est quam amor refutans consortium in amato [...] Non autem refutat zelus nisi amorem contrarium ».
53 *Zelus*] *Litt.* (ed. Grottaferrata, t. I.2, p. 3, u. 8).

44–48 samaritanus ... fecerunt]] cf. *Glosam super Luc. X* (ed. Rusch, t. 4, p. 179b), ex Ambrosio, *In Luc.*, X, lib. 7 (CCSL 14, p. 237-240).

quid contrarium amato. *Domus Dei*, idest Ecclesia. *Quo inardescentes*, scilicet dum non patimur Ecclesiam ab infidelibus impugnari. *Carnalium*, quantum ad illos qui inueniunt sibi errores, ut carnis curam faciant in desideriis, sicut qui negant prouidentiam diuinam de rebus humanis et anime perpetuitatem, ut impune possint peccare. *Animalium*, quantum ad errantes, ex eo quod non eleuantur super sensibilia, set secundum rationes corporales uolunt de diuinis iudicare. *Dauidice turris* : hic sumitur Cant. IV 'Sicut turris Dauid' etc. — per Dauid significatur Christus, turris eius est fides uel Ecclesia, clypei sunt rationes et auctoritates sanctorum.

Vel potius munitam ostendere, quia ipse non inuenit rationes, set potius ab aliis inuentas compilauit. Et in hoc tangit unam utilitatem, scilicet exclusionem erroris. *Ac theologicarum* : hic tangit aliam, quantum ad manifestationem ueritatis ; et hoc in tribus primis libris. *Nec non et sacramentorum* : et hoc quantum ad quartum.

Non ualere. Hic ponit causam mouentem que ostendit caritatem in proximum. Et primo ponit causam mouentem. Secundo retrahentem, ibi *quamuis non ambigamus.*

Lingua : ad presentes uel quantum ad communicationem doctrine ; *stilo* : propter absentes uel ad perpetuandum memoriam. *Bigas*, id est lingua et stilum,

---

61 Christus] etc. *add.* β **68** *Non ualere*] *scr. cum codd* : non ualentes *Litt. (ed. 1971)* **68–69** que ... mouentem] *hom. om.* α* (– Md), *pr. m.* N^3 P^5 (*rest. mg. sec. m.* N^3 P^5) : que ostendit caritatem *om.* C^3 **72** *Bigas* id est] bigas (id est *def.*) α* (– V^1), (id est *sup. ras.*) C^3 : bigasa (id est *om.*) Tr^2

---

54 *Domus Dei*] *Litt.* (ed. Grottaferrata, t. I.2, p. 3, u. 8).
54 *Quo inardescentes*] *Litt.* (ed. Grottaferrata, t. I.2, p. 3, u. 9).
55 *Carnalium*] *Litt.* (ed. Grottaferrata, t. I.2, p. 3, u. 9).
58 *Animalium*] *Litt.* (ed. Grottaferrata, t. I.2, p. 3, u. 10).
60 *Dauidice turris*] *Litt.* (ed. Grottaferrata, t. I.2, p. 3, u. 10).
60 Cant. IV] u. 4 (*Biblia sacra ...* , t. XI, p. 186) : « sicut turris Dauid collum tuum que aedificata est cum propugnaculis mille clypei pendent ex ea omnis armatura fortium » ; laud. et inde glosatum ab Alberto, *In I Sent.*, exp. prol. (ed. Borgnet, t. 25, p. 8b) : « Collum [...] significat fidem quae Ecclesiam Deo iungit. Clypei autem sunt auctoritates veritatis repertae a Sanctis, habentes signa ducum nostrorum, scilicet Augustini, Hieronymi, et aliorum Doctorum. Armatura autem fortium est syllogismus et similitudo congrua quibus progredimur in hac scientia ».
63 *Vel potius munitam ostendere*] *Litt.* (ed. Grottaferrata, t. I.2, p. 3, u. 10-11).
65 *Ac theologicarum*] *Litt.* (ed. Grottaferrata, t. I.2, p. 3, u. 11).
66 *Nec non et sacramentorum*] *Litt.* (ed. Grottaferrata, t. I.2, p. 3, u. 11-12).
68 *Non ualere*] *Cf. Litt.*, (ed. 1971, p. 3, u. 13).
69–70 *quamuis non ambigamus*] *Litt.* (ed. Grottaferrata, t. I.2, p. 3, u. 16).
71 *Lingua*] *Litt.* (ed. Grottaferrata, t. I.2, p. 3, u. 14).
71 *stilo*] *Litt.* (ed. Grottaferrata, t. I.2, p. 3, u. 14).
72 *Bigas*] *Litt.* (ed. Grottaferrata, t. I.2, p. 3, u. 15).

56–58 ut carnis ... peccare]] cf. Rom. 13, 14 (ed. Wordsworth-White, t. 2, p. 134) : « Et carnis curam ne feceritis in desideriis », cum *Glosa* (ed. Rusch, t. 4, p. 302) ex Petro Lombardo, in hunc loc. (PL 191, 1511) : « ... *ne feceritis* non dico in necessariis ad sustentationem, sed in desideriis illicitis ». Inter negantes prouidentiam diuinam et animae perpetuitatem pagani philosophi ut Empedocles, Democritus et Epicurus, atque inter Iudaeos Sadducaei enumerantur a Thoma : *In I Sent.*, d. 39, q. 2, a. 2, resp. (ed. Piana, t. 6, f. 124v), *In II Sent.*, d. 3, q. 1, a. 3 (ed. laud., f. 11v) ; *Catena super Mat.*, c. 22 (ed. Piana, t. 16, f. 77va) ex Origene, *Super Matth.*, in hunc loc. (PG 13, 1563 et 1565) ; *ScG*, III, 95 (ed. Leon., t. 14, p. 295). Cf. D. Chardonnens, *L'homme sous le regard de la providence*, Paris 1997, p. 41-46 et 58-59.
68–69 hic ponit ... retrahentem]] cf. Albertum, *In I Sent.*, exp. prol. (ed. Borgnet, t. 25, p. 8b) : « Hic tangit causam mouentem ex parte dilectionis proximi, et sicut prius miscet cum hac causa etiam causam retrahentem, et sic sunt hic duo. Primo, causa movens est amor proximi. Secundo causa retrahens, obtrectatio invidorum, ibi *Quamvis non ambigamus* ».

quibus quasi duobus rotis uehitur a magistro in discipulum. *Agitat caritas Christi* : hoc sumitur II Cor. V 'Caritas Christi urget nos'. — Contra. Eccl. IX 'Nemo scit' etc. Ergo etc. — Responsio. Caritas uno modo dicitur habitus infusus, et hunc nullus potest scire se habere certitudinaliter (set potest cognoscere per aliqua signa probabilia) nisi per reuelationem. Alio modo dicitur caritas 'amor multum appretians amatum' et sic aliquis potest scire se habere caritatem.

Quamuis non ambigamus. Hic ponit tertiam causam retrahentem, scilicet contradictionem inuidorum. Et circa hoc tria facit. Primo ponit contradictionis euidentiam per simile in aliis. Secundo contradictionis causam ex inordinatione uoluntatis, ex qua error, ex quo inuidia, ex qua contradictio oritur, ibi *quod dissentientibus*. Tertio contradicentium nequitiam, ibi *qui non rationi*.

Calumpnie, que est occulta et particularis impugnatio. *Contradictionem*, que est aperta in toto et uniuersalis. *Obnoxium*, quasi pene uel noxe addictum. *Veri ratione perfectum*, idest perfici debeat secundum rationem ueritatis. *Videtur*, quantum ad illos qui male intelligunt et tamen malum nullum pertinaci uoluntate defendunt. *Complacet*, quantum ad illos quorum uoluntas inordinate post se trahit iudicium rationis, ut illud iudicetur uerum quod placet. *Offendenti*, idest que displicet. — Contra. III Esdre IV 'Omnes benignantur in operibus eius'. Ergo

74 sumitur] uia *add.* β **75** Ergo etc.] *om.* β ; V^1 N^3 **83** ex quo inuidia] ex qua inuidia N^3 V^2 W^1 V^4 P^5 C^3 (α) **83–84** quod dissentientibus] quod distanti β (quod *scr. cum codd* : quia *Litt., ed. 1971, p. 3, u. 17*) **85** *Contradictionem,*] *scr. cum codd* : contradictioni *Litt. (ed. 1971)* **86** *Obnoxium*] *scr. cum Litt. (ed. 1971)* : obnoxii *codd* **88** nullum] ullum α^* (intellectum *sup. ras., ead. m.?,* Md), α (= W^2 N^3 Bg^2 V^4, *mg. sec.m.* C^3) : intellectum F^1 : *lac. 4/5 litt.* O^2 : nulli P^2 : nulla P^3 (β) **89** post se] posse β **91** III] *scr.* : II *codd* (*def.* α^*)

73–74 *Agitat caritas Christi*] *Litt.* (ed. Grottaferrata, t. I.2, p. 3, u. 15).
74 II Cor. V] u. 14.
74–75 Eccl. IX] u. 1 (*Biblia sacra ...* , t. XI, p. 162) : « nescit homo utrum amore an odio dignus sit ». Quae auctoritas, iisdem uerbis enuntiata, inuenitur apud : Albertum, *In I Sent.*, exp. prol. (iuxta cod. *Troyes, Bibl. mun. 825*, f. 5vb [aliter in ed. Borgnet, t. 25, p. 9a]) : « Nemo scit utrum odio uel amore dignus sit » ; *Summam fratris Alexandri*, I, p. 2, inq. 2, tract. 3, sect. 2, q. 2, tit. 3, c. 2 (ed. Quaracchi, t. I, p. 739, n. 515) ; Bonauenturam, *In I Sent.*, exp. prol., dub. 4 (ed. Quaracchi, p. 23). Nota expositionem Hugonis de Sancto Caro, *Postille in Ecclesiasten*, 9 (*Opera*, Venetiis, 1754, t. III, p. 94vb) : « Haec auctoritas solet induci ad ostendendum, quod nemo scit se habere charitatem ».
78 amor ... amatum] cf. Albertum, *In I Sent.*, exp. prol. (ed. Borgnet, t. 25, p. 9a) : « Charitas potest sumi secundum virtutem nominis, scilicet, ut est amor appretians multum amatum, et sic certi possumus esse de charitate per conjecturas experientiae » ; Bonauentura, *In I Sent.*, exp. prol. (ed. Quaracchi, t. I, p. 23-24, dub. 4) : « alio modo dicit large amorem multum appretiantem amatum ».
80 *Quamuis non ambigamus*] *Litt.* (ed. Grottaferrata, t. I.2, p. 3, u. 16).
83–84 *quod dissentientibus*] *Litt.* (ed. Grottaferrata, t. I.2, p. 3, u. 17-18).
84 *qui non rationi*] infra, adn. ad u. 98.
85 *Calumpnie*] *Litt.* (ed. Grottaferrata, t. I.2, p. 3, u. 17).
85 *Contradictionem*] *Litt.* (ed. Grottaferrata, t. I.2, p. 3, u. 17).
86 *Obnoxium*] *Litt.* (ed. Grottaferrata, t. I.2, p. 3, u. 17).
87 *Veri ratione perfectum*] *Litt.* (ed. Grottaferrata, t. I.2, p. 3, u. 19).
87 *Videtur*] *Litt.* (ed. Grottaferrata, t. I.2, p. 3, u. 20).
89 *Complacet*] *Litt.* (ed. Grottaferrata, t. I.2, p. 3, u. 20).
90 *Offendenti*] *Litt.* (ed. Grottaferrata, t. I.2, p. 3, u. 20).
91 III Esdre IV] u. 39 (ed. Rusch, t. 2, p. 307b, u. 4-1 imo) : « Nec est apud eam accipere personas : neque differentias : sed quam iusta sunt facit omnibus : iniustis ac malignis : et omnes benignantur in operibus eius. Et non est in iudicio eius iniquum » ; apud Albertum, *In I Sent.*, exp. prol. (ed. Borgnet, t. 25, p. 9a) : « Omnes benignantur in operibus ejus, scilicet veritatis : et non est in judicio ejus iniquum ».

etc. — Responsio. Veritas secundum se semper amatur, set per accidens potest haberi odio ; et hoc accidens est infinitum, quia cause per accidens secundum Philosophum infinite sunt. *Deus huius seculi* sumitur II Cor. IV et exponitur uel de Deo uero, qui operatur inuidiam permittendo, uel de dyabolo, cui seculum obedit, qui operatur suggerendo. *Diffidentie*, uel quia diffidunt de Deo, uel quia de eis diffidendum est ex ratione morbi, quamuis non ex potestate medici.

Qui non rationi. Hic ostendit contradicentium nequitiam. Et primo ex inordinata professione. Secundo ex simulata religione, ibi *habent rationem sapientie*. Tertio ex pertinaci contentione, ibi *qui contentioni*.

Ostendit autem in primo ex duobus eos esse inordinatos, scilicet quia uoluntas non sequitur rationem set e conuerso ; quod tangit ubi dicit *qui non rationi*. Et quia rationem suam non subiciunt sacre doctrine, quod ibi *nec doctrine* etc. *Sompniarunt*. Quasi fantasiando sicut homo in sompnis. *Set ad fabulas* sumitur de II Tim. IV ; fabula enim composita est ex miris, secundum Philosophum, et isti semper uolunt noua audire : *professio est* etc. *Docenda*, idest digna doceri. *Rationem*, idest argumentum ad ostendendum sapientiam, *in superstitione*, superflua religione exterius simulata. *Quia fidei defectionem* sumitur I

---

93 est infinitum] est in infinitum α*, α (– Bl Kr[1] V[2] W[1] P[2] P[5] : in *exp. sec. m.* Tr[2]) : infinitum (est *om.*) N[3] P[4] : est diffinitum V[4] **94** II Cor. IV] enim coiiii β (ēi *ex* .ii. *?*) **105** II] II *scr.* : I *codd* **106** est] *scr. cum Litt. (ed. 1971)* : 7(= et) sta *habent codd* **106** docenda] *scr. cum Litt. (ed. 1971)* : doc'e (docere) *codd*

93–94 secundum Philosophum] Arist., *Phys.*, II, 196b27-28, a Iacobo transl. (AL VII.1-2, p. 69, u. 5-6) : « per se quidem igitur causa finita est, secundum accidens autem infinita ».
94 II Cor. IV] u. 4. Ad hanc auctoritatem Lombardus addit proximam istam ex Eph. 2, 2 (ed. Grottaferrata, t. I.2, p. 3, u. 21-22) : « [Deus huius saeculi] operatur in illis diffidentiae filiis ». Eas auctoritates uero Thomas disiungit prioremque exponit cum *Glosa in II Cor.*, IV (ed. Rusch, t. 4, p. 342a).
94 *Deus huius seculi*] *Litt.* (ed. Grottaferrata, t. I.2, p. 3, u. 21-22).
96 *Diffidentie*] *Litt.* (ed. Grottaferrata, t. I.2, p. 3, u. 22).
98 *Qui non rationi*] *Litt.* (ed. Grottaferrata, t. I.2, p. 3, u. 22).
99 *habent rationem sapientie*] *Litt.* (ed. Grottaferrata, t. I.2, p. 4, u. 3).
100 *qui contentioni*] *Litt.* (ed. Grottaferrata, t. I.2, p. 4, u. 8).
102 *qui non rationi*] *Litt.* (ed. Grottaferrata, t. I.2, p. 3, u. 22).
103 *nec doctrine* etc.] *Litt.* (ed. Grottaferrata, t. I.2, p. 3, u. 23).
104 *Sompniarunt*] *Litt.* (ed. Grottaferrata, t. I.2, p. 3, u. 23).
104–105 II Tim. IV] u. 3-4 (ed. Wordsworth-White, t. 2, p. 640-641) : « sed [...] a ueritate quidem auditum auertent ad fabulas autem conuertentur » ; amplius infra u. 113 : *Erit tempus*.
104 *Set ad fabulas*] *Litt.* (ed. Grottaferrata, t. I.2, p. 3, u. 26).
105 secundum Philosophum] Arist., *Metaph.*, I, 982b19, a Iacobo transl. (AL XXV.1-1, p. 9, u. 18-19) : « fabula enim componitur ex miris » ; laud. ab Alberto, *In I Sent.*, exp. prol. (ed. Borgnet, t. 25, p. 9b-10a) : « Mira dicere quaerunt : quia dicit Philosophus in primo Metaphysicae, quod fabula composita est ex miris ».
106 et isti ... audire] cf. infra, apparatum font. II, adn. ad u. 112 : *Pruriginem* ... audiendi.
106 *professio est*] *Litt.* (ed. Grottaferrata, t. I.2, p. 4, u. 1-2).
106 *Docenda*] *Litt.* (ed. Grottaferrata, t. I.2, p. 4, u. 2).
107 *Rationem*] *Litt.* (ed. Grottaferrata, t. I.2, p. 4, u. 3).
108–109 I Tim. IV] u. 1 (ed. Wordsworth-White, t. 2, p. 596, in app.) : « discedent quidem a fide ».
108 *Quia fidei defectionem*] *Litt.* (ed. Grottaferrata, t. I.2, p. 4, u. 3).

92–93 ueritas ... odio]] cf. Albertum, *In I Sent.*, exp. prol. (ed. Borgnet, t. 25, p. 9a) : « Veritas per se delectabilis est omni homini, et omni naturae intellectivae et rationali : sed per accidens offendit, aut habet contradictores » ; ac *Ia-IIae*, q. 29, a. 5 (ed. Leon., t. 6, p. 206-207).

Tim. IV 'Discedent quidem a fide' etc. *Omni uerborum*. — Contra. Beda 'Nulla falsa doctrina est que non aliqua uera intermisceat.' — Responsio. Illa uera que dicunt, quamuis in se uera sint, tamen quantum ad usum eorum falsa sunt, quia falso utuntur eis. *Pruriginem*, idest inordinatum desiderium noua audiendi, sicut pruritus concitatur ex calore inordinato ; sumitur II Tim. IV 'Erit tempus' etc. *Dogmate*, propter hoc quod ratio uoluntatem sequitur. *Contentioni* que secundum Ambrosium ad Romanos 'est impugnatio ueritatis cum confidentia clamoris'. *Veritas tenet*, III Esdre IV 'Veritas manet et inualescit' etc.

Horum igitur. Hic reddit auditorem docilem prelibando causas operis. — Et primo ponit causam finalem quantum ad duas utilitates, scilicet destructionem erroris, unde dicit *odibilem ecclesiam* . Ps. 'Odiui ecclesiam malignantium', *ne*

---

109 discedent quidem a fide] discedenti quidam affidunt α^*, *pr. m.* P^2 P^5 Tr^2 (affid. *sec. m.* P^2 P^5 Tr^2) : discedenti quidam affident Kr^1 : discedenti quidam affidet Bx^4 V^2, *pr. m.* Bl N^3 ? : discedent quidam affide V^4 P^1 F^1, *sec. m.* Bl N^3 **109** Contra. Beda] contra benedicendi α^* : contra. beda benedicendi Bx^4 W^1 : contrahenda P^1 — *(cf. supra, cap. III, 1.1.3.4)* **114** *Dogmate*] *scr. cum* Kr^1 F^1, *ac Litt. (ed. 1971)* : dogma de α^*, α, β : dogma dicitur Tr^2 **114** que] quia β **116** ueritas tenet] *scr. cum Litt. (ed. 1971)* : ueritas de α^*, α (ueritas de se V^2 Kr^1 V^4 Tr^2 O^2 C^3), β **116** III] *scr.* : II *codd* **117** docilem] beniuolum β **119** *odibilem ecclesiam*] *scr. cum Litt. (ed. 1971)* : odies eum α^*, α : odibilem (ecclesiam *om.*) C^3 : odibilem essenciam *pr. m.* F^1 (essenciam *del. sec. m.* F^1) : odies eam β

---

109 *Omni uerborum*] *Litt.* (ed. Grottaferrata, t. I.2, p. 4, u. 5).
109–110 Beda] *In Luc.*, V, super 17, 12 (CCSL t. 120, p. 321, u. 663-664) : « Nulla porro falsa doctrina est quae non aliqua vera intermisceat », ad uerba ex Aug., *Quaest. Evang.*, II, q. 40 (PL 35, 1354).
112 *Pruriginem*] *Litt.* (ed. Grottaferrata, t. I.2, p. 4, u. 7).
113–114 II Tim. IV] u. 3-4 (ed. Wordsworth-White, t. 2, p. 640-641) : « erit enim tempus cum sanam doctrinam non sustinebunt sed ad sua desideria coaceruabunt sibi magistros prurientes auribus et a ueritate quidem auditum auertent ad fabulas autem conuertentur » ; laud. apud Albertum, *In I Sent.*, exp. prol. (ed. Borgnet, t. 25, p. 10a).
114 *Dogmate*] *Litt.* (ed. Grottaferrata, t. I.2, p. 4, u. 8).
114 *Contentioni*] *Litt.* (ed. Grottaferrata, t. I.2, p. 4, u. 8).
115–116 secundum Ambrosium] sententia nulli auctori tributa legitur in *Glosa ordin. super Rom. I* (ed. Rusch, t. 4, p. 277a), atque in Petri Lombardi *Glosa super Rom. I* (PL 191, 1335C). — Auctoritatem eandem Ambrosio adscribunt : Albertus, *In I Sent.*, prol. (ed. Borgnet, t. 25, p. 10b) ; Bonauentura, *In I Sent.*, prol., dub. 7 (ed. Quaracchi, t. I, p. 25a) ; et ipse Thomas, *Expos. super Iob*, VI (ed. Leon., t. 26, p. 45, u. 313).
116 *Veritas tenet*] *Litt.* (ed. Grottaferrata, t. I.2, p. 4, u. 10).
116 III Esdre IV] u. 35 (ed. Rusch, t. 2, p. 307b, u. 5-4 imo) : « Veritas manet et invalescit in aeternum et vivit et obtinet in saecula saeculorum » ; laud. apud Albertum, *In I Sent.*, exp. prol. (ed. Borgnet, t. 25, p. 10b).
117 *Horum igitur*] *Litt.* (ed. Grottaferrata, t. I.2, p. 4, u. 11).
119 *odibilem ecclesiam*] *Litt.* (ed. Grottaferrata, t. I.2, p. 4, u. 11).
119 Ps.] 25, 5 ; laud. ab Alberto, *In I Sent.*, exp. prol. (ed. Borgnet, t. 25, p. 10b).
119–120 *ne uirus*] *Litt.* (ed. Grottaferrata, t. I.2, p. 4, u. 12).

---

112 *Pruriginem* ... audiendi]] cf. Hugonem de Sancto Caro, *In I Sent.*, prol. (ed. Stegmüller, p. 49) : « Pruriginem. Id est cupiditatem audiendi noua » ; eundem, *Postille in Ep. II ad Tim.*, 4 (*Opera*, Venetiis 1754, t. VII, p. 229rb*n*) : « Prurientes auribus] idest, desiderio audiendi quasi desiderantes semper noua audire : *Act.* 17. Athenienses ad nihil aliud vacabant, nisi aut dicere aut audire aliquid novi » (laud. Act. 17, 19-21) ; ac iam Hilarium, *De trin.*, X, c. 2 (CCSL t. 62A, p. 460, u. 30-35) : « Auribus enim prurigine incitatis, dum per audiendi impatientem oblectationem sub nouella desiderii sui praedicatione scalpuntur, ipsi paenitus ab auditu ueritatis alieni, totos se fabulis destinant : ut his quae loquantur ueritatis speciem adquirant, dum quae uera sunt et loqui et audire non possunt ».
113 pruritus ... inordinato]] cf. Isidori, *Etymol.*, IV, VIII, 7 (ed. Lindsay, t. I) : « Prurigo vocata est a perurendo et ardendo ».

uirus, idest uenenum ; et manifestationem ueritatis, unde dicitur *lucernam* etc. : sumitur de Luca VIII 'Nemo accendit lucernam'. *In candelabro*, idest in aperto. — Secundo tangit causam efficientem, scilicet principalem : *Deo prestante* ; instrumentalem : *compegimus*, quia hoc opus est quasi compaginatum ex diuersis auctoritatibus. *Sudore* : quocumque defectu corporali qui sequitur laborem spiritualem. — Tertio ostendit causam materialem, ibi *ex testimoniis ueritatis*, Ps. 'Initio cognoui' etc. — Quarto causam formalem, quantum ad distinctionem librorum : *in quatuor libris* ; et quantum ad modum operis : *in quo maiorum exempla* ; quantum ad similitudines : *doctrinam* ; quantum ad rationes : *uiperee*, idest heretice : heretici enim pariendo alios in sua heresi pereunt sicut uipera. *Prodidimus*, manifestauimus. *Aditum*, uiam. *Complexi*, amplexantes. *Impie*, infidelis. *Inter utrumque*, scilicet nimis altum et nimis humile, uel inter duos

---

122 *Deo prestante*] *scr. cum Litt. (ed. 1971)* : deo patri *codd* **131** altum et nimis humile] altum et minus humile α*, *ac* F¹ : altum nimis humile (et *om.*) W² N³ V² P² P¹ C³ : altum humile P⁴ Tr² : humile Bl : altum et nimis humile et sublime V⁴ : humile et sublime (altum et nimis *om.*) β, (et sublime altum et nimis humile V⁶)

120–121 Luca VIII] u. 16 (ed. Wordsworth-White, t. 1, p. 357) : « Nemo autem lucernam accendens operit eam uase aut subtus lectum ponit sed supra candelabrum ponit ut intrantes uideant lumen ».
120 *lucernam* etc.] *Litt.* (ed. Grottaferrata, t. I.2, p. 4, u. 12).
121 *In candelabro*] *Litt.* (ed. Grottaferrata, t. I.2, p. 4, u. 13).
122 *Deo prestante*] *Litt.* (ed. Grottaferrata, t. I.2, p. 4, u. 14).
123 *compegimus*] *Litt.* (ed. Grottaferrata, t. I.2, p. 4, u. 14).
124 *Sudore*] *Litt.* (ed. Grottaferrata, t. I.2, p. 4, u. 13).
125 *ex testimoniis ueritatis*] *Litt.* (ed. Grottaferrata, t. I.2, p. 4, u. 14).
126 Ps.] 118, 152 (*Biblia sacra* ... , t. X, p. 264) : « initio cognoui de testimoniis tuis quia in aeternum fundasti ea » ; laud. a Bonauentura, *In I Sent.*, exp. prol., dub. 8, resp. (ed. Quaracchi, t. I, p. 25a).
127 *in quatuor libris*] *Litt.* (ed. Grottaferrata, t. I.2, p. 4, u. 15).
127–128 *in quo maiorum exempla*] *Litt.* (ed. Grottaferrata, t. I.2, p. 4, u. 15).
128 *doctrinam*] *Litt.* (ed. Grottaferrata, t. I.2, p. 4, u. 16).
128 *uiperee*] *Litt.* (ed. Grottaferrata, t. I.2, p. 4, u. 17).
130 *Prodidimus*] *Litt.* (ed. Grottaferrata, t. I.2, p. 4, u. 17).
130 *Aditum*] *Litt.* (ed. Grottaferrata, t. I.2, p. 4, u. 17).
130 *Complexi*] *Litt.* (ed. Grottaferrata, t. I.2, p. 4, u. 18).
130 *Impie*] *Litt.* (ed. Grottaferrata, t. I.2, p. 4, u. 18).
131 *Inter utrumque*] *Litt.* (ed. Grottaferrata, t. I.2, p. 4, u. 19).

---

121 in candelabro]] cf. Hugonis de Sancto Caro, *Postillas in Lucam*, 8 (ed. *Opera*, Venetiis, 1754, t. VI, f. 178rb*s*) : « Sed supra candelabrum ...] idest in manifesto ».
129 heretici ... uipera]] cf. Ambrosii, *Exp. in Psalm. XXXV* (CSEL 64, p. 54, u. 3-21) : « *Dixit iniustus, ut delinquat sibi.* quid dixerit non expressit, et ideo sic intelligendum arbitror, quia, quicquid dicit iniustus, peccatum est. [...] quicquid ergo loquitur iniustus, iniquitas est, quae in suum refertur auctorem sicut uiperae partus, qui primo suam scindit parentem, ut frequens sermo est ; sibi ergo delinquit. [...] loquitur iniustus et interior eius conscientia uulneratur, quia in omni sermone quem loquitur non est fraudis immunis. [...] serpens aliis infundit uenenum, iniustus sibi ». De generatione uiperarum, Thomas de Cantimprato, *Liber de natura rerum*, VIII 45, (ed. Boese, 1973, p. 291, u. 19-23), et Vincentius Bellouacensis, *Spec. natur.*, XX 50 (ed. Duaci 1624, col. 1486), auctoritatem adducunt Plinii : cf. *Hist. Natur.*, X, LXII-82 (ed. E. de Saint Denis, 1961, p. 86, cum adn. p. 147, ubi Herodotus [*Historiae* III, 109 ; cfr. ed. Ph.-E. Legrand, Paris, 1949², p. 150-151] huius opinionis fons designatur). Cf. etiam Gregorium, *Moralia in Iob*, l. XV, 15 (CCSL 143A, p. 759, u. 1-21). — Cum Thomas exemplum aliquod de uiperis adducit, uelut *Exp. in Mat.* III (ed. Piana, t. XIV, f. 10rb), saepe auctoritatem Chrysostomi commemorat (Ps.-Iohannes Chrysostomus, *Opus imperf. in Matth.*, hom. 3, in PG 56, 651). — De perditione haereticorum dixerat etiam in suo prologo Hugo de Sancto Caro, *In I Sent.*, prol. (ed. Stegmüller, p. 45) : « Sunt et alii, qui terminos transgrediuntur et pereunt, ut haeretici ». — Aliter eandem metaphoram adhibet Ps.-Bonauentura, *Super Sap.* XI, 21 (ed. Quaracchi, t. VI, p. 181, cum adn.).

contrarios errores, sicut Sabellii et Arrii. *Non a paternis*, secundum illud Prou. xxii 'Non transferes terminos' etc.

Non igitur debet. Hic reddit auditorem attentum. Et primo ex utilitate operis. *Sententias*. Sententia secundum Auicennam est 'diffinitiua et certissima conceptio'. Secundo ex profunditate materie, ibi *in hoc autem tractatu, pium lectorem*, qui secundum fidem intelligat. *Liberum correctorem*, qui solum propter correctionem corrigat — liber enim secundum Philosophum dicitur 'qui causa sui est' — et non propter odium uel inuidiam. Tertio ex ordinatione modi procedendi, ibi *ut autem quod queritur*.

---

136 pium] *scr. cum* F^1, *sec. m.* P^4 C^3, *ac Litt. (ed. 1971)* : primum *cet. codd*

---

132 Sabellii et Arrii] cf. *In I Sent.*, d. 24, q. 2, a. 1, resp. (ed. Piana, t. 6, f. 78vb) : « circa fidem trinitatis fuerunt duae haereses, scilicet Arrij, qui induxit pluralitatem essentiae, et Sabellij, qui abstulit pluralitatem personarum, quorum neutrum [neutrum *scripsi cum mg.* Md : utrumque *plurimi codices et editiones*] concedit fides catholica. et ideo ea oportet concedere, quae vtrique haeresi aduersantur, et ea negare quae vtrique sunt consona ».
132–133 Prou. xxii] u. 28 (*Biblia sacra* ... , t. XI, p. 94) : « ne transgrediaris terminos antiquos quos posuerunt patres tui » ; laud. ab Alberto, *In I Sent.*, exp. prol. (ed. Borgnet, t. 25, p. 10b).
132 *Non a paternis*] *Litt.* (ed. Grottaferrata, t. I.2, p. 4, u. 20).
134 *Non igitur debet*] *Litt.* (ed. Grottaferrata, t. I.2, p. 4, u. 21).
135 *Sententias*] *Litt.* (ed. Grottaferrata, t. I.2, p. 4, u. 24).
135–136 secundum Auicennam] Auicenna, *Liber De anima*, V 1 (ed. Van Riet, p. 79, u. 45) : « Sententia autem est conceptio definita vel certissima » laud. etiam ab Alberto, *In I Sent.*, exp. prol. (ed. Borgnet, t. 25, p. 12a) : « Et nota quod Auicenna dicit, quod sententia est conceptio definita et certissima ».
136 *in hoc autem tractatu, pium lectorem,*] *Litt.* (ed. Grottaferrata, t. I.2, p. 4, u. 26).
137 *Liberum correctorem*] *Litt.* (ed. Grottaferrata, t. I.2, p. 4, u. 27).
138 secundum Philosophum] Arist., *Metaph.*, I, 982b26, a Iacobo transl. (AL XXV.2, p. 9, u. 26-27) : « sed sicut dicimus, homo liber cum sui ipsius causa sit et non alterius, sic ... » aliter 'Media' interpr. (ed. laud., p. 11, u. 2) : « homo liber qui suimet et non alterius causa est » ; laud. ab Alberto, *In I Sent.*, exp. prol. (ed. Borgnet, t. 25, p. 12b), atque a Bonauentura, *In I Sent.*, exp. prol., dub. 9 (ed. Quaracchi, t. I, p. 25b).
140 *ut autem quod queritur*] *Litt.* (ed. Grottaferrata, t. I.2, p. 4, u. 29).

CONCLUSION GÉNÉRALE

Au terme de ce travail, nous voulons nous limiter à mettre en évidence quelques éléments majeurs qui ont caractérisé notre recherche.

La rédaction du premier chapitre a montré que nous connaissons encore très peu de choses sur les débuts de l'enseignement des *Sentences* du Lombard à l'université de Paris au XIIIe siècle. Cette constatation nous a poussé à approfondir, dans le chapitre V, l'étude des règles et de la pratique de l'enseignement des bacheliers vers 1250, à Paris. Dès le début de notre recherche, nous avons pu toucher du doigt que l'on va répétant nombre de lieux communs concernant l'enseignement universitaire, qui ne sont souvent que la transformation d'épisodes singuliers en règle générale valable pour n'importe quelle époque. Cela nous a convaincu qu'il ne fallait accepter pour acquise aucune donnée sans l'avoir préalablement soumise à vérification : cette précaution a d'ailleurs constitué une règle pour notre travail, règle que nous espérons avoir appliquée sans faillir.

En nous employant à fixer dans le chapitre Ier les critères d'édition de notre texte, nous avons pu rédiger une brève introduction à la méthode de l'édition Léonine, qui peut se révéler utile pour qui s'initie à la lecture des remarquables introductions de cette collection. En même temps, nous avons défini précisément les critères scientifiques de notre édition, qui nous ont permis de publier le texte du prologue du commentaire des *Sentences*, selon la tradition universitaire par pièces, à partir de tous les témoins manuscrits conservés. Ce texte universitaire est certainement le plus diffusé et peut-être le seul existant (nous n'avons repéré aucune tradition parallèle) ; il résulte de cela que le texte que nous éditons coïncide, selon toute probabilité, avec celui de l'édition définitive du *Super I Sententiarum* complet. Comme nous l'avons expliqué dans ce chapitre Ier, nous n'avons cependant pas qualifié notre édition d'« édition critique », parce que nous pensons devoir réserver cette appellation à l'édition complète du commentaire au Livre premier.

Celui qui parcourt la liste des manuscrits au chapitre II est certainement surpris par l'ampleur des descriptions qui concernent les volumes de la *Biblioteca Apostolica Vaticana* : cela est dû, en partie, au fait qu'habitant à Grottaferrata nous avons pu facilement fréquenter cette bibliothèque. De plus, il faut remarquer que les collections de la Vaticane ont parfois une histoire assez complexe ; nous sommes toutefois parvenu à situer à l'intérieur de celle-ci les témoins du *Primus Thome* (*Super I Sent.*) que nous avons décrits. Cette enquête nous a permis aussi d'enrichir la connaissance des manuscrits qui ont appartenu à Pierre Roger, le futur Clément VI, et qui ont été annotés de sa main.[1] Nous avons également enrichi les descriptions de *Codices*, surtout en identifiant l'origine des copistes de certains manuscrits et en précisant les copies auxquelles ils ont travaillé.

L'étude de la tradition imprimée nous a permis de conclure qu'il est important de se référer à l'édition Vives (Ed^{16}) (ou Mandonnet, Ed^{17}), en la comparant avec l'édition Piana (Ed^{7}), pour contrôler le texte du *Super I Sententiarum* et découvrir d'éventuelles incohérences dans la tradition imprimée.

La critique textuelle de la première pièce est d'une importance primordiale. Elle nous a d'abord permis de constater l'existence d'une seule tradition universitaire, confiée originairement à la *pecia* 1 du premier *exemplar* α ; nous avons également détecté l'existence d'une deuxième *pecia* 1, appartenant à un second *exemplar*, β, dont le texte dépend de celui de α corrigé.

L'étude de la pièce 1 de α a permis d'établir que la rédaction originaire du texte du *Super I Sent.* est celle qui est attestée par les manuscrits de α*. Il a même été possible d'isoler certaines leçons fautives qui peuvent avoir leur origine dans la difficulté d'interpréter les graphies correspondantes de Thomas lui-même. Cela est un indice que l'apographe dont dépend toute la tradition a été préparé à partir de l'autographe de Thomas (dont nous ne disposons pas).

La première révision du texte présente également les caractéristiques qu'avait relevées P.-M. Gils dans l'autographe du *Super III Sententiarum* : corrections de fautes de lecture de l'apographe et additions de certaines phrases explicatives.

Cette étude nous a donc mis en mesure de saisir la formation du texte universitaire du *Primus Thome* et les premières étapes de sa diffusion.

Le chapitre IV est important aussi bien du point de vue de la critique textuelle que de celui de la critique interne. Nous y étudions les rectifications majeures au *Super I Sent.* : le passage sur la locution du Verbe *in diuinis*, la rectification d'un texte sur les attributs divins à la distinction 2 et enfin la rectification d'un passage sur la théologie comme science subalternée dans l'article 3 du prologue.

La rectification au prologue, qui appartient à la pièce 1 de l'*exemplar* α que nous éditons, est d'abord étudiée du point de vue da la critique textuelle. Des deux autres rectifications nous étudions l'origine, l'insertion dans l'*exemplar* α et la diffusion par la tradition manuscrite, sans offrir cependant l'édition de leur texte. Ensuite, l'étude de certaines formules de style de ces trois rectifications, aussi bien que l'étude de certains éléments de contenu, nous a permis de situer chronologiquement ces trois rectifications : la rectification au prologue (texte D à propos de la subalternation de la théologie) est certainement antérieure à la rédaction du commentaire de Thomas au *Super III*

1. V. la description de V^2.

Sententiarum, et elle se situe donc pendant la première année scolaire de l'enseignement des *Sentences* par Thomas (et peut aussi être proche de la rédaction du prologue). Il est plus difficile de déterminer le moment où elle devient une note à insérer obligatoirement parmi les réponses aux objections. La façon dont elle est insérée fait penser qu'à l'origine elle s'est trouvée dans la marge de l'*exemplar* comme réponse concurrente possible à la première rédaction (2.2-A) de la réponse de Thomas à l'objection 2. L'étude de cette insertion sur l'*exemplar* nous a permis de lui assigner sa place correcte parmi les réponses aux objections, en rectifiant ainsi une erreur qui remonte à l'insertion même sur l'*exemplar* α.

La critique interne du passage D nous a fourni l'occasion d'approfondir la conception de la théologie chez quelques maîtres qui ont enseigné à l'université de Paris entre 1242 et 1252.

Pour ce qui regarde la nouvelle rédaction du passage sur la locution du Verbe *in diuinis* dans la distinction 27 (texte A), nous avons pu aisément la situer avant la question 4 des *Q. disp. de ueritate*. En plus, nous avons repéré deux manuscrits qui témoignent du moment où cette deuxième rédaction a été insérée sur l'*exemplar*. Les données de la tradition manuscrite ont également permis de lui assigner une date un peu postérieure à la rectification, dans la distinction 2, sur les attributs divins (texte B).

La rectification dans la distinction 2 du *Super I Sent.* a été étudiée, tout d'abord, du point de vue codicologique et paléographique. Cela a montré que ce texte a été inséré sur l'*exemplar* α tout au début de la circulation de celui-ci, peu avant l'insertion du texte A dans la d. 27, texte qu'il faut dater certainement d'avant le début de l'enseignement du *De ueritate* par Thomas. De plus, l'étude littéraire du texte B a mis en évidence que, comme le texte A, il a été rédigé antérieurement aux questions disputées *De ueritate* et probablement avant le texte A lui-même. Ces deux éléments critiques permettent d'exclure que l'article 3 de la distinction 2 (texte B) ait été le texte d'une question sur les attributs divins que Thomas aurait disputée à Rome ou à Orvieto.

On constate ainsi que les trois rectifications majeures qu'on vient de présenter datent toutes de la même époque. Cela s'accorde parfaitement avec l'observation suivante.

L'étude du passage refait sur la locution du Verbe (texte A) nous a permis de constater, pour le *Super I Sententiarum*, un certain désintérêt éprouvé par Thomas à l'égard de ses œuvres, une fois qu'elles avaient été publiées : attitude normale, surtout chez un auteur très engagé comme il l'était.[2] Cela s'accorde avec les conclusions auxquelles nous sommes arrivé dans notre étude, à savoir que les trois rectifications majeures au *Super I Sententiarum* doivent être datées d'un moment très proche de la rédaction de ces ouvrages par Thomas. En même temps, nous ne devons pas être surpris de n'avoir pu être plus précis quant à la date de l'insertion obligatoire, dans l'article 3 du prologue, du passage sur la théologie comme science subalternée (texte D).

2. V. P.-M. GILS, « S. Thomas écrivain », (cit., p. 208, n. 6).

Nous avons également étudié l'utilisation du commentaire de Thomas par ses premiers bacheliers et disciples, en remarquant leur façon de réécrire les sources employées.

Le chapitre V est consacré à l'étude de la chronologie du *Scriptum* de Thomas, et donc de celle du prologue que nous éditons. Il a fallu déterminer la date de l'arrivée de Thomas à Paris et ensuite celle du début de son enseignement des *Sentences*. Pour ce faire, il a fallu également étudier comment les frères dominicains étaient alors désignés pour lire les *Sentences*.

Cette étude nous a permis de placer à nouveau les commentaires cursifs d'Isaïe et de Jérémie, au début de l'enseignement universitaire de Thomas. Thomas semble être ainsi le premier cas attesté avec certitude de la lecture cursive de la Bible à l'université de Paris ; cela rend aussi plus probable que Bonaventure ait fait de même. À l'occasion de l'étude du commentaire d'Isaïe, dont une partie autographe est conservée, nous avons entrepris d'étudier de près les manuscrits eux-mêmes, dans leur aspect matériel ; nous avons surtout étudié les supports matériels des autographes qui remontent aux débuts de la carrière de Thomas, à commencer par le cours d'Albert sur Denys, conservé à Naples, dans lequel nous avons été conduit à reconnaître intégralement un *opus coloniense*.

Une fois fixée la période du début de l'enseignement des *Sentences* à Paris, il fallait déterminer la durée de cet enseignement. Il n'a pas été facile de préciser les jours d'enseignement pendant une année scolaire à Paris, ni d'établir que la lecture comportait deux livres par an, suivant un ordre choisi par le bachelier lui-même. Ainsi nous avançons que Thomas a lu en classe les *Sentences* seulement pendant deux ans, probablement de l'automne 1252 à l'été 1254 ou, au plus tard, de l'automne 1253 à l'été 1255.

Enfin, nous avons étudié l'ordre selon lequel Thomas a commenté en classe les quatre livres du Lombard et nous avons cru pouvoir conclure que Thomas a suivi l'ordre du Lombard lui-même. L'étude de ces deux derniers points a permis de découvrir au moins deux références de Thomas à l'heure de cours pendant laquelle il exposait un passage des *Sentences*. Nous avons pu également observer l'usage constant de Thomas quant à la formulation des renvois à l'intérieur de son *Scriptum*.

La documentation réunie dans ce chapitre à propos de l'usage du mot *lectio* chez Thomas d'Aquin ainsi que celle relative aux renvois internes du *Scriptum* pourront se révéler utiles, si elles sont étudiées en comparaison avec des travaux analogues sur d'autres auteurs. La lecture des manuscrits, en vue de nouvelles éditions, est toujours promesse de découvertes ultérieures.

Le chapitre VI étudie les structures littéraires du prologue général du *Scriptum* et surtout la méthode suivie par Thomas pour sa rédaction, ainsi que les cinq articles sur la théorie de la *doctrina theologie* et l'explication de la *littera* du Lombard. Avant d'aborder le prologue de Thomas, nous avons étudié tous les prologues connus par nous aux commentaires des *Sentences* précédant celui de Thomas. Cela nous a permis de bien mettre en évidence les principes mis en œuvre par Thomas dans l'élaboration de cet ensemble et son originalité.

Grâce à cette enquête, nous avons pu découvrir que Thomas est – à ce qu'il semble – le premier à structurer un prologue théologique d'après les *Seconds Analytiques* d'Aristote. La dernière partie de ce chapitre comporte une étude de la formule *sacra doctrina*, thème aujourd'hui assez débattu.

Le chapitre VII est consacré à un problème des plus discutés actuellement dans le domaine de l'édition des textes latins du moyen âge : la graphie du latin médiéval. Sans prétendre entrer dans ce débat, nous avons cru devoir présenter avec une certaine ampleur les critères d'édition de la graphie médiévale suivis par l'Édition Léonine, puisque nous les avons adoptés.

La fin de ce chapitre expose les critères qui ont servi à rédiger les apparats du texte, qui est édité à la suite.[3]

Les contenus du texte que nous éditons ont été étudiés à plusieurs reprises dans ce livre, en particulier dans le chap. IV et dans le chap. VI. Ici je me borne à souligner l'importance du premier des cinq articles du prologue, consacré à la « nécessité » de la *doctrina theologie*, en plus de la philosophie.

Ce thème nous a retenu pour deux raisons : premièrement, parce que nous avons découvert que, pour autant que nous sachions, c'est la première fois qu'un commentaire des *Sentences* s'ouvre par une telle question. Cela signifie donc un choix spécial de la part de Thomas, choix qui est en continuité avec la logique des *Seconds Analytiques* que nous venons de mentionner.

La deuxième raison concerne les contenus de cet article.[4] Ceux-ci nous révèlent que Thomas, en le rédigeant, pense aux premiers destinataires de ce texte : de jeunes étudiants arrivant à la théologie après les cours de la faculté des arts, la faculté du Philosophe. Et la façon dont Thomas traite de la philosophie et de la *doctrina theologie* dans ce texte, nous fait penser qu'il voulait, dès le début de son enseignement, déterminer précisément les principes et les domaines de chacune de ces deux sciences, connexes en un rapport vital qui a l'homme comme lieu de rencontre et la contemplation de Dieu comme fin unique et ultime. Ainsi comprises, ces deux sciences ont chacune leur valeur propre et leur dignité. Dans cet article, Thomas évite d'utiliser l'exemple de la *domina* et de l'*ancilla*, dont se servaient, en revanche, les théologiens traditionalistes dans leurs assauts contre l'étude de la philosophie. Et on doit noter que, lorsque, plus tard, il appliquera la métaphore des *ancillae* aux sciences philosophiques comparées à la théologie, ce sera dans un tout autre

3. Une traduction française du texte édité ici est en préparation : elle constituera un volume, préparé par J.-B. Brenet, R. Imbach et A. Oliva, de la collection « Translatio » (Vrin).

4. Qu'il nous soit permis d'anticiper ici quelques-unes des réflexions que nous avons faites en préparant un commentaire de ce prologue avec ses cinq articles. Un premier résultat de cette réflexion paraîtra dans : A. OLIVA, « Quelques éléments de la *doctrina theologie* selon Thomas d'Aquin », in *What is 'Theology' in the Middle Ages? Religious Cultures of Europe (8th-15th Centuries) as reflected in Their Selfunderstanding. International Conference at Warszawa, June 23-26, 2004 organized by the International Society for the Study of Medieval Theology and the Institute of Philosophy of the Polish Academy of Sciences in co-operation with the Thomas-Institute of Warszawa*, edited by R. BERNDT and M. OLSZEWSKI together with H. ANZULEWICZ, M. PALUCH and R. STAMMBERGER, Münster i. W., à paraître.

contexte : celui du *studium* de Sainte-Sabine, lorsqu'il rédige la Ire partie de la *Somme de théologie*.

Quand Thomas analyse les différentes opinions des hommes concernant la félicité ultime, il ne critique jamais les philosophes qui ont indiqué dans la contemplation de Dieu *per creaturas* la béatitude de cette vie, mais il réprimande régulièrement ceux qui situent la félicité ultime dans les biens de ce monde. Le fondement des rapports entre la *doctrina philosophie* et la *doctrina sacre Scripture*[5] ou *theologie*, se trouve admirablement énoncé dans le premier article de ce prologue : c'est à la philosophie que Thomas assigne la tâche non seulement d'indiquer, parmi les sciences, la place de la *doctrina theologie*, mais aussi d'en postuler la « nécessité ».

5. L'expression est tirée de : THOMAS DE AQ., *Sermo « Homo quidam fecit »* (éd. L. J. BATAILLON, « Un sermon inédit ... », RSPT, 67 [1983], p. 363) : « Hec est differentia inter doctrinam sacre Scripture et philosophie quod doctrina philosophie est ex creatura, sed doctrina sacre Scripture est ex inspiracione ».

TABLE DES OUVRAGES CITÉS

EXPLICATION DES SIGLES

ADAMS — ADAMS, H.M., *Catalogue of Books Printed in the Continent of Europe 1501-1600 in Cambridge Libraries*, 2 vol., Cambridge 1967.

AFH — Archivum Franciscanum Historicum, Quaracchi – Grottaferrata, 1908ss.

AFP — Archivum Fratrum Praedicatorum, Romae, 1930ss.

AHDLMA — Archives d'histoire doctrinale et littéraire du Moyen Âge, Paris, 1926ss.

AHP — Archivum Historiae Pontificiae, Romae, 1963ss.

AL — Aristoteles Latinus, Roma, 1939ss.

ALKGMA — Archiv für Litteratur- und Kirchen- Geschichte des Mittelalters, Berlin, 1885-1893.

BAVI — *Bibliothecae Apostolicae Vaticanae Incunabola*, ed. W.J. Sheehan, Studi e Testi, 380-383, 4 vol., Città del Vaticano, 1997.

BGPTM — Beiträge zur Geschichte der Philosophie (und Theologie) des Mittelalters. Texte und Untersuchungen, Münster i. W. 1891ss.

BMC — *Catalogue of Books printed in the XVth century now in the British Museum*, London, 1908-1985.

BT — Bulletin thomiste, Le Saulchoir, Kain et Etiolles, 1924-1965 <suivi par la Rassegna>.

CCSL — Corpus Christianorum Series Latina, Turnhout, 1949ss.

CIBN — *Catalogue des Incunables*, Bibliothèque Nationale, Paris, t. II, 1985 ; t. I, 1992ss.

CIE — *Catalogo general de incunables en Bibliotecas Españolas*, Biblioteca Nacional , ed. F. García Craviotto, 2 vol., Madrid, 1988-1990.

Codices — Codices manuscripti operum Thomae de Aquino, 1967ss.

CSEL — Corpus Scriptorum Ecclesiasticorum Latinorum, Vindobonae, 1866ss.

CUP — Chartularium Universitatis Parisiensis, Parisiis, 1889ss.

DBI — Dizionario Biografico degli Italiani, Roma, 1960ss.

Dionysiaca — Dionysiaca, *Recueil donnant l'ensemble des traductions latines des ouvrages attribués au Denys de l'Aréopage...*, 2 vol., Paris – Bruges, Desclée de Brouwer, 1937-1950.

ed. Leon. — (editio Leonina) – *SANCTI THOMAE DE AQUINO Opera omnia iussu Leonis XIII P.M. edita*, cura et studio Fratrum Praedicatorum, Romae, 1882ss.

ed. Col. — (editio Coloniensis) – *ALBERTI MAGNI Opera Omnia... curavit Institutum Alberti Magni Coloniense...*, Monasterii Westfalorum, 1951ss.

ETL — Ephemerides Theologicae Lovanienses, Louvain, 1924ss.

Fontes	— *Fontes vitae S. Thomae Aquinatis* ..., 1911ss
FZPT	— Freiburger Zeitschrift für Philosophie und Theologie, Freiburg (CH), 1954ss.
Hain	— HAIN, L., *Repertorium bibliographicum in quo libri omnes ab arte typographica inventa usque ad annum MD. typis expressi ordine alphabetico vel simpliciter enumerantur vel adcuratius recensentur*, 2 vol. en 4 t., Stuttgardiae et Parisiis 1826-1838, <réimpression anastatique> Milano 1966.
HC	— Copinger, W. A, *Supplement to Hain's «Repertorium bibliographicum»*, London, vol. 1, 1895.
ITQ	— Irish Theological Quaterly, Maynooth, 1906-1922, 1951ss.
MEFR	— Mélanges de l'École Française de Rome, Rome-Paris, 1971ss.
MD, n. s.	— Memorie Domenicane, nuova serie, Pistoia, 1970ss.
MOPH	— Monumenta Ordinis Fratrum Praedicatorum Historica, Romae, 1896ss.
NRTL	— Nouvelle Revue Théologique, Louvain e.a., 1869ss.
PG	— Patrologia Graeca : J.P. Migne, *Patrologiae cursus completus, Patres Graeci*, 161 vol., Parisiis, 1857-1868.
PL	— Patrologia Latina : J.P. Migne, *Patrologiae cursus completus, Patres Latini*, 221 vol., Parisiis, 1844-1864.
Rassegna	— Rassegna di letterattura tomista, Roma e.a., 1966-1992.
RNSP	— Revue Néo-Scolastique de Philosophie, Leuven, 1894ss
RPL	— Revue Philosophique de Louvain <Revue Néo-Scolastique...> 1894ss.
RSPT	— Revue des Sciences Philosophiques et Théologiques, Paris e.a., 1907ss.
RT	— Revue Thomiste, Toulouse, 1899ss.
RTAM	— Recherches de Théologie ancienne et médiévale, Louvain, 1929-1996 ;
RTPM	— Recherche de Théologie et Philosophie Médiévales, Leuven-Köln, 1997ss.
SOP	— *Scriptores Ordinis Prædicatorum*, éd. J. QUETIF–J. ECHARD, Paris, t. I, 1719 ; t. II, 1721.
SISMEL	— Società Internazionale per lo Studio del Medioevo Latino, Firenze.
TOB	— Traduction œcuménique de la Bible, Paris, 1972.
Ystoria	— GUILLELMUS DE TOCCO, *Ystoria sancti Thomae* ..., éd. CL. LE BRUN-GOUANVIC, Toronto, 1996.
ZKT	— Zeitschrift für katholische Theologie, Wien, 1877ss.

LISTE DES MANUSCRITS [1]

Angers, Bibl. munic., 209 : Thomas de Aq., *Super IV Sent.* (*Codices*, n. 37)

Assisi, Bibl. com., 119 : Thomas de Aq., *Super IV Sent.* (*Codices*, n. 69)

* *Avignon, Bibl. munic. 280 :* v. Summa fratris Alexandri

Bologna, Bibl. univ., 1506 : Bombolognus de Bononia, *Super I Sent.* (v. chap. IV, § 4.2.1ss.)

Brescia, Bibl. civ. Queriniana, B. VI. 2 : Anonymus, *Super I Sent.* (v. chap. IV, n. 159)

Carpentras, Bibl. Inguibertine, 124 (*L. 140*) : Annibaldus, *Super I Sent.* (v. chap. IV, § 6.1, n. 136)

Città del Vaticano : v. *Vaticano (Città del)*

Dubrovnik, Dominik. bibl., 8 : Thomas de Aq., *Super IV Sent.* (*Codices*, n. 669)

Douai, Bibl. mun., 434 I: v. Magister G., *Quaestio de subiecto* ... ; Magister Willermus, *De fine* ...

* *El Escorial f.III.22* : v. Aristoteles, *De part. animal.*

Epinal, Bibl. munic., 41 (100) : Thomas de Aq., *Super II Sent.* (*Codices*, n. 712)

Firenze, BN, Conv. soppr., D. 2. 76 : Bernardus Guidonis, *Vita S. Thome* (v. chap. V, § 1.1.1.1, n. 21)

Firenze, BN, Conv. soppr., F. 6. 1189 : Bernardus Guidonis, *Vita S. Thome* (v. chap. V, § 1.1.1.1, n. 21)

Firenze, BN, Conv. soppr., G 4.936 : Remigius de Girolamis, *Super IV Sent.*

Firenze, BN, Conv. soppr., G. I. 516 : Iohannes de Sancto Giminiano, *Sermo* « Magister scimus quia uerax es »

Firenze, BN, Conv. soppr., J. I. 41 : Iohannes de Sancto Giminiano, *Sermo* « Magister scimus quia uerax es »

Firenze, Laurenziana, Fiesol., 149 : v. V^5 (chap. II, n. 82)

Linz, Studienbibl., 439 : Thomas de Aq., *Super IV Sent.* (*Codices*, n. 1475)

Milano, Ambr. C.285 inf. : Ptolomeus de' Fiadoni de Lucca, *Historia Eccl. Noua*

München, Bayerische Staatsbibliothhek, Clm. 317 : fragm. (v. *Codices*, n. 1718)

Napoli, Biblioteca Nazionale, I.B.54 : Albertus M., *Super Dionys.* (cod. autographus Thomae de Aq. ; v. *Codices*, n. 4)

Napoli, Biblioteca Nazionale, VII. C. 2 : Iohannes Pecham, *Super I Sent.*

Nürnberg, Stadtbibl. Cent., II.33 : Thomas de Aq., *Super IV Sent.* (*Codices*, n. 1985)

Oxford, Balliol Coll., 62 : Richardus Rufus, *Super Sent.*

Oxford, Merton Coll. 237 : Latino Malabranca, *Sermo in III dominica quadragesime ... de festo beati gregorii.*

Padova, Capit., A.41 : Ptolomeus de' Fiadoni de Lucca, *Historia Eccl. Noua*

Pamplona, Bibl. del Cabildo, 51 : Thomas de Aq., *Super III Sent.* (*Codices*, n. 2241)

1. Sont précédés d'un astérisque les mss qui ont été cités seulement dans les apparats du texte. Pour trouver les occurences des manuscrits il faut se rapporter à la table des apparats et à celle des noms propres et des œuvres.

BAV, Regin., 404 : Liste de taxation de l'Université de Paris (v. chap. I, n. 20)

* *BAV, Urb. lat. 206* : v. Aristoteles, *De sensu et sensato*

BAV, Vat. lat., 691 : v. J. G. BOUGEROL, « La Glose ... », cit.

* *BAV, Vat. lat., 701* : v. *Summa fr. Alexandri*

BAV, Vat. lat., 781 : Thomas de Aq., *Q. disp. de ueritate* (*Codices*, n. 3324)

* *BAV, Vat. lat., 782* : v. Anonymus, *Questio de doctrina ...*

BAV, Vat. lat., 784 : Thomas de Aq., *Opuscula uaria* (*Codices*, n. 3326)

BAV, Vat. lat., 926 : Petrus de Tarantasia, *In I Sent.* (v. chap. IV, n. 168)

BAV, Vat. lat., 1218 : Bernardus Guidonis, *Vita S. Thome* (v. chap. V, § 1.1.1.1, n. 21)

* *BAV, Vat. lat., 2092* : v. Aristoteles, *De part. animal.*

* *BAV, Vat. lat., 2095* : v. Aristoteles, *De part. animal.*

BAV, Vat. lat., 3847 : Bernardus Guidonis, *Vita S. Thome* (v. chap. V, § 1.1.1.1, n. 21)

BAV, Vat. lat., 3958 : *Catalogue de la « Bibliotheca Collegii Capranicensis »* (v. chap. II, n. 80, description du ms. V^4)

BAV, Vat. lat., 6218 : Bernardus Guidonis, *Vita S. Thome* (v. chap. V, § 1.1.1.1, n. 21)

BAV, Vat. lat., 9850 : Thomas de Aq., *Summa contra Gentiles, Super Boet. De Trin., Super Isaiam*, cod. autographus (*Codices*, n. 1)

BAV, Vat. lat., 9851 : Thomas de Aq., *Super III Sent.*, cod. autographus (*Codices*, n. 2)

BAV, Vat. lat., 12993 : Richardus Rufus, *Abreviatio Super Sent.* (v. ch. VI, § 2, n. 58)

Venezia, Marciana, Ant. lat., 125 (1932) : Thomas de Aq., *Super II Sent.* (v. chap. II, n. 86, description du ms. Ve)

OUVRAGES IMPRIMÉS

ÉCRITURE SAINTE

VETUS LATINA, die Reste der Altlateinischen Bibel, nach Petrus Sabatier neu gesammelt und herausgegeben von der Erzabtei Beuron, Freiburg (Breisgau), Herder, 1949ss

Epistulae ad Thessalonicenses, Thimoteum, Titum, Philemonem, Hebraeos, Vetus Latina, t. 25-2, hrg. von H. J. Frede, 1983.

VULAGATA S. HIERONYMI

VETUS TESTAMENTUM :

Biblia Sacra, iuxta latinam vulgatam versionem ad codicum fidem edita ... cura et studio Monachorum S. Benedicti Commissionis Pontificiae a Pio P. X Institutae Sodalium ..., Romae, Typis Polyglottis Vaticanis,1926-1987.

NOVUM TESTAMENTUM :

Novum testamentum domini nostri Iesu Christi secundum editionem sancti Hieronymi, ad codicum manuscriptorum fidem recensuit I. WORDSWORTH, S.T.D. Episcopus Sarisberiensis in operis societatem adsumto H.I. WHITE, A.M. Collegii Mertoniensis socio.

Pars Prior : *Quattuor Euangelia*, Oxonii, Clarendon, 1889-1898 ;

Pars Secunda : *Epistulae Paulinae*, rec. I. WORDSWORTH..., H.I. WHITE... in operis societatem adsumtis A. RAMSBOTHAN, H.FR. DAVIS SPARCS, CL. IENKINS, 1913-1941 ;

Pars Tertia : *Epistulae Iacobi*, rec. I. WORDSWORTH..., H.I. WHITE..., 1954.

Biblia latina cum Glossa Ordinaria, Facsimile Reprint of the Editio Princeps, A. RUSCH of Strassburg 1480/81, introd. by K. FROELICH and M.T. GIBSON, Turnhout, Brepols, 1992, 4 vol.

Traduction œcuménique de la Bible, édition intégrale. Nouveau Testament, Paris, Cerf – Les Bergers et Mages, 1972.

AUTRES SOURCES

Acta capitulorum generalium Ordinis Fratrum Praedicatorum, iussu A. Frühwirth, Mag. Gen., rec. B. M. REICHTER, vol. I, Ab anno 1220 usque ad annum 1303, MOPH, 3, 1898; vol. II, Ab anno 1304 usque ad annum 1378, MOPH, 4, 1899.

Acta capitulorum provincialium provinciae Romanae (1243-1344), ed. TH. KAEPPELI, auxiliante A. DONDAINE, MOPH, 20, 1941.

AEGIDIUS ROMANUS

Aegidii Romani «Apologia», ed. R. WIELOCKX, Unione Accademica Nazionale. Corpus Philosophorum Medii Aevi, Testi e Studi, IV. *Aegidii Romani Opera Omnia*, III.1, Firenze, Leo S. Olschki Editore, 1985.

ALBERTUS MAGNUS

—, *Commentarii in primum librum Sententiarum (dist. 1-25)*, ed. A. BORGNET, *B. Alberti Magni Opera Omnia*, t. 25, Paris, Vivès, 1893.

—, *Commentarii in II Sententiarum (dist. 1-44)*, ed. A. BORGNET, *B. Alberti Magni Opera Omnia*, t. 27. Paris, Vivès, 1894.

—, *Commentarii in III Sententiarum*, ed. A. BORGNET, *B. Alberti Magni Opera Omnia*, t. 28. Paris, Vivès, 1894.

—, *Super Dionysii Mysticam theologiam et Epistulas*, ed. P. SIMON, ed. Col., t. 37-2, Münster i.W., Aschendorff, 1978.

—, *Super Dionysium De divinis nominibus*, ed. P. SIMON, ed. Col., t. 37-1, Münster i.W., Aschendorff, 1972.

—, *Super Ethica commentum et quaestiones*, libros quinque priores primum edidit W. KÜBEL, ed. Col., t. XIV.1-2, Münster i.W., Aschendorff, 1968-1972.

—, *De Resurrectione*, primum edidit W. KÜBEL, ed. Col., t. XXVI, Münster i.W., Aschendorff, 1958, p. 337-354.

ALCUINUS, *Commentaria in S. Johannis Evangelium*, PL 100, Paris, J.P. Migne 1851, col. 733-1008. <Reprint, Turnhout, Brepols, 1979>.

ALEXANDER DE HALES

—, *Magistri Alexandri de Hales Glossa in quatuor libros Sententiarum Petri Lombardi, I. In librum primum*, studio et cura P. Collegii S. Bonaventurae,

Bibliotheca Franciscana Scholastica Medii Aevi, 12, Quaracchi <Florentiae>, Ed. P. Collegii S. Bonaventurae, 1951.

—, *Summa Theologica* ... v. *Summa fratris Alexandri*

AMBROSIUS MEDIOLANENSIS, Sanctus

—, *De fide*, ed. O. FALLER, CSEL 78, Vindobonae, Tempsky, 1962.

—, *Expositio Evangelii secundum Lucam*, ed. M. ADRIAEN, dans *Sancti Ambrosii Mediolanensis Opera, Pars IV*, CCSL, 14, Turnholti, Brepols, 1957.

—, *Exp. in Psalm.*, rec. M. PETSCHEINING, ed. M. ZELZER, CSEL 64, Vindobonae, Verlag der Österreichischen Akademie der Wissenschaften, 1999.

ANONYMUS, *Questio de doctrina theologiae*, ex cod. *Vat. lat. 782*, f. 184rb-186vb.

ANONYMUS <Guerricus de Sancto Quintino ?>, *Quaestio de divina scientia*, ex cod. *Praha, Univ. IV. D. 13*, f. 79rb-80vb, ed. L. SILEO, dans ID., *Teoria*..., t. 2, ap. IV, p. 131-148.

—, *Quaestio de divina scientia*, ex cod. *Vat. lat. 782*, f. 123ra-124rb, ed. L. SILEO, *ibid.*, ap. V, p. 151-164.

ANONYMI, Magistri Artium <c.1245-1250>, *Lectura in librum De anima a quodam discipulo reportata (Ms. Roma Naz. V.E. 828)*, ed. R.-A. GAUTHIER, Spicilegium Bonaventurianum, 24, Grottaferrata, Ed. Coll. S. Bonaventurae ad Claras Aquas, 1985.

ANONYMI, Magistri Artium Parisiensis, *Accessus philosophorum*, ed. CL. LAFLEUR in ID., *Quatre introductions*..., p. 175-253.

ANSELMUS CANTUARIENSIS, *Cur Deus homo*, ed. F.S. SCHMITT, *S. Anselmi Cantuariensis Opera omnia*, t. I, vol. 2, Seckau – Edinburgh, Abtei – Nelson, 1938 ; reprint, Stuttgart – Bad Cannstatt, Frommann, 1968.

ARISTOTELES

Aristotelis Opera, ex rec. I. BEKKERI, t. I-II, Berlin, Reimer, 1831 ; reprint Berlin, de Gruyter, 1960.

Aristotelis dialogorum fragmenta, in usum scholarum selegit R. WALZER, 'Hildesheim', G. Olms , 1963[2].

ARISTOTELES LATINUS

—, *Analytica posteriora*, translationes Iacobi, Anonymi Sive 'Ioannis', Gerardi et Recensio Guillelmi de Morbeka, ed. L. MINIO-PALUELLO et B.G. DOD, AL IV.1-4, Bruges – Paris, Desclée de Brouwer, 1968 : — transl. Iacobi, AL IV.1, p. 1-107 ; transl. Gerardi, AL IV.3[2], p. 185-282.

—, *Categoriae vel Praedicamenta*, translatio Boethii, ed. L. MINIO-PALUELLO, AL I.1-5, Bruges – Paris, Desclée de Brouwer, 1961, p. 5-41.

—, *De anima*, transl. Guillelmi de Moerbeke, ed. R.-A. GAUTHIER, dans *S. THOMAE DE AQVINO Sentencia libri De anima*..., ed. Leon. t. XLV-1, Roma – Paris, 1984, p. 1-258.

—, *De anima*, transl. Iacobi Veneti, ed. R.-A. GAUTHIER, dans *ANONYMI, Magistri Artium <c.1245-1250>, Lectura in librum De anima*..., Grottaferrata, 1985.

—, *De anima*, transl. Michaelis Scoti, ed. F.S. CRAWFORD, dans *AVERROIS CORDUBENSIS Commentarium Magnum in Aristotelis De Anima Libros...*, Cambridge, Mass., The Medieval Accademy of America, 1953.

—, *De caelo*, transl. Gerardi Cremonensis, ed. I. OPELT, dans *ALBERTUS MAGNUS, De caelo et mundo...*, ed. Col., t. V-1, Münster i.W., Aschendorff, 1971.

—, *De caelo*, transl. Michaelis Scoti, dans *ARISTOTELIS « De coelo » cum AVERROIS CORDUBENSIS Commentariis*, Aristotelis Opera cum Averrois commentariis, t. V, Venetiis, apud Iunctas, 1562, f. 1-271, <reprint, Frankfurt am Main, Minerva, 1962>.

—, *De generatione et corruptione*, a Burgundione transl., ed. J. JUDYCKA, AL IX.1, Leiden, E.J. Brill, 1986.

—, *De part. animal.*, a Michaele Scoto transl., *Mss. El Escorial f.III.22, Vat. Chigi, E.VIII.251, Vat. lat. 2092* ; — a Guillelmo transl., *Ms. Vat. lat. 2095.*

—, *De sensu et sensato*, ab Anonymo transl., *Ms. Paris, BN lat. 6325* et *Urb. lat. 206*

—, *Ethica Nicomachea*, transl. Antiquissima libr. II-III sive 'Ethica Vetus' et translationis Antiquioris quae supersunt sive 'Ethica Nova', 'Hoferiana', 'Borghesiana', ed. R.-A. GAUTHIER, AL XXVI.1-3, fasc.2, Leiden – Bruxelles, E.J. Brill – Descléée de Brouwer, 1972.

—, *Ethica Nicomachea*, transl. Roberti Grosseteste Lincolniensis sive 'Liber Ethicorum'. A. Recensio pura, ed. R.-A. GAUTHIER, AL XXVI.1-3, fasc. 3, Leiden – Bruxelles, E.J. Brill – Desclée de Brouwer, 1972.

—, *Ethica Nicomachea*, transl. Roberti Grosseteste Lincolniensis sive 'Liber Ethicorum'. B. Recensio recognita, ed. R.-A. GAUTHIER, AL XXVI.1-3, fasc. 4, Leiden – Bruxelles, E.J. Brill – Desclée de Brouwer, 1973.

—, *Metaphysica, Lib. I-IV.4,* translatio Iacobi sive «Vetustissima», cum Scholis et Translatio Composita sive « Vetus », ed. G. VUILLEMIN-DIEM, AL XXV.1-1a. Bruxelles – Paris, Desclée de Brouwer, 1970, p. 5-73.

—, *Metaphysica,* a Michaele Scoto transl., dans *ARISTOTELIS Metaphysicorum libri XIII cum AVERROIS CORDUBENSIS in eosdem commentariis et Epitome,* Aristotelis Opera cum Averrois commentariis, vol. VIII, Venetiis apud Iunctas, 1562 <reprint, Frankfurt am Main Minerva, 1962>.

—, *Physica*, translatio Vetus, ed. F. BOSSIER et J. BRAMS, AL VII.1, fasc. secundus, Leiden – New York, E.J. Brill, 1990.

—, *Rhetorica*, ab Anonymo transl., ed. B. SCHNEIDER, AL XXXI.1-2, Leiden, E.J. Brill, 1978.

AUGUSTINUS HIPPONENSIS

—, *Ad Catholicos Epistula contra Donatistas, vulgo De unitate Ecclesiae liber unus*, PL 43, Paris, J.P. Migne, 1841, col. 391-446 <Reprint, Turnhout, Brepols, 1979>.

—, *Enarrationes in Psalmos*, ed. E. DEKKERS, J. FRAIPONT, CCSL, 38-40, Turnholti, Brepols, 1956, 3 vol.

—, *De libero arbitrio libri tres*, ed. W.M. GREEN, CCSL 29, Turnholti, Brepols, 1970, p. 209-321.

—, *De civitate Dei*, ed. B. DOMBART et A. KALB, Libri I-X : CCSL 47, Libri XI-XXII : CCSL 48, Turnholti, Brepols, 1955 <editio altera>.

—, *De doctrina christiana*, ed. J. Martin, CCSL 32, Turnholti, Brepols, 1962.

—, *De Genesi ad litteram libri duodecim*, ed. J. Zycha, CSEL 28-1, Pragae – Vindobonae – Lipsiae, Tempsky – Freytag, 1894.

—, *De Trinitate libri XV*, ed., W.J. Mountain, auxiliante Fr. Gloire, CCSL t. 50-50^{A}, Turnholti, Brepols, 1968.

—, *De vera religione*, ed. K.D. Daur, CCSL, 32, Turnholti, Brepols, 1962.

—, *Enarrationes in Psalmos*, ed. E. Dekkers, J. Fraipont, CCSL 38-40, Turnholti, Brepols, 1956, 3 vol.

—, *Epistola*, 93, PL 33, Paris, J.P. Migne, 1865, col. 321-347.

—, *In Iohannis Evangelium tractatus*, ed. R. Willems, CCSL 36, Turnholti, Brepols, 1954 <editio altera>.

—, *Quaestiones in Heptateuchum libri septem*, ed. J. Fraipoint, CCSL 33, Turnholti, Brepols, 1958.

—, *Quaestionum Evangeliorum libri duo*, PL 35, Paris, J.P. Migne, 1845, col. 1323-1364.

—, *Sermo 126*, ed. C. Lambot, *Rev. Bénédictine*, 69 (1959), p.177-190.

—, *Sermo 176*, PL 38, Paris, J.P. Migne, 1841, col. 949-953. <Reprint, Turnhout, Brepols, 1978>.

Averroes

Averrois Cordubensis Commentarium Magnum in Aristotelis «De Anima» Libros, [a Michaele Scoto transl.], ed. F.S. Crawford, Corpus Commentariorum Averrois in Aristotelem, t. VI.1, Cambridge, Mass., The Mediaeval Academy of America, 1953.

—, *In De caelo*, dans *Aristotelis «De coelo» cum Averrois Cordubensis Commentariis*, transl. Michaelis Scoti, Aristotelis Opera cum Averrois commentariis, t. V, Venetiis, apud Iunctas, 1562, <reprint, Frankfurt am Main Minerva, 1962>.

—, *In Metaph.*, dans *Commentarium magnum in Aristotelis «Metaphysica»*, Michaele Scoto interprete, in *Aristotelis Opera cum Averrois commentariis*, t. VIII, Venetiis apud Iunctas, 1562 <reprint, Frankfurt am Main Minerva, 1962>.

—, *In Phys.*, dans *Commentarium magnum in Aristotelis «Physica»*, a Michaele Scoto transl., in Aristotelis Opera cum Averrois commentariis, t. IV, Venetiis apud Iunctas, 1562, <reprint, Frankfurt am Main Minerva, 1962>.

—, *Averrois Expositio Poeticae, interprete Hermanno Alemanno seu Poetria Ibinrosdin*, Textum receptum revisit L. M.-P., dans AL XXXIII (Editio Altera), p. 39-74.

Avicenna Latinus

—, *Liber Canonis...*, a Gerardo Cremonensi transl., dans *Liber Canonis Avicenne reuisus et ab omni errore mendaque purgatus summaque cum diligentia impressus cum priuilegio*, Venetiis, 1507 <reprint, Georg Olms, Hildesheim, 1964>.

—, *Liber De anima seu sextus De naturalibus, IV-V*, ed. S. Van Riet, (introduction par G. Verbeke), Louvain – Leiden, Éditions Orientalistes – E.J. Brill, 1968.

—, *Liber de Philosophia prima sive Scientia divina, I-IV*, ed. S. VAN RIET, (introduction doctrinale par G. VERBEKE), Louvain – Leiden, E. Peeters – E.J. Brill, 1977.

BEDA Venerabilis

—, *In Lucae Evangelium expositio*, ed. D. HURST, *OPERA, pars II, 3 : Opera exegetica*, CCSL 120, Turnholti, Brepols, 1960, p. 1-425 <PL 92, 301-634>.

—, *In Marci Evangelium expositio Bedae Venerabilis*, ed. D. HURST, *OPERA, pars II, 3 : Opera exegetica*, CCSL 120, Turnholti, Brepols, 1960, p. 427-648.

BERNARDUS GUIDONIS, « Vita S. Thomae Aquinatis », dans *Fontes vitae S. Thomae Aquinatis...*, fasc. III, ed. D. PRÜMMER, Tolosae – Saint-Maximin, s.a.

[BIRKENMAJER, A.,] « Der Brief der Pariser Artistenfakultät über den Tod des hl. Thomas von Aquin », dans *Vermischte Untersuchugen zur Geschichte der Mittelalterlichen Philosophie*, Beiträge zur Geschichte der Philosophie des Mittelalters, Texte und Untersuchungen, bd. XX.-5., Münster i. W., Aschendorff, 1922, p. 1-35 <édition de la lettre p. 2-5>.

—, « Neues zu dem Briefe der Pariser Artistenfacultät über den Tod des hl. Thomas von Aquin », in *Xenia Thomistica*, ed. S. Szabó, Romae, Typis Poliglottis Vaticanis, 1925, p. 57-72.

BOETHIUS, Anicius Manlius Severinus

—, *De consolatione philosophiae. Opuscula theologica*, ed. C. MORESCHINI, Bibliotheca Scriptorum Graecorum et Romanorum Teubneriana, Monachii et Lipsiae, K. G. Saur, 2000.

—, *The Theological Tractates with an English Translation*, ed. H.F. STEWART, E.K. RAND, S.J. TESTER, The Loeb Classical Library, 74, Cambridge, Mass. – London, Harvard University Press – William Heinemann LTD, 1978.

—, *De differentiis topicis libri quatuor*, PL 64, Paris, J.P. Migne, 1847, col. 1173-1216 <Reprint, Turnhout, Brepols, 1979>.

—, *De ebdomadibus*, voir : ID., *Quomodo substantiae...*

—, *De Trinitate*, ed. H.F. STEWART, E.K. RAND, S.J. TESTER, dans *Boethius. The Theological Tractates...*, p. 2-31.

—, *In Isagogen Porphyrii commentorum editio prima*, ed. S. BRANDT, in *A.M.S. Boethii In Isagogen Porphyrii commenta*, copiis a G. SCHEPPS comparatis suisque usus recensuit S. BRANDT, CSEL 48, Vindobonae – Lipsiae, Tempsky – Freytag, 1906, p. 1-132.

—, *In Isagogen Porphyrii commentorum editio secunda*, ed. S. BRANDT, in *A.M.S. Boethii In Isagogen Porphyrii commenta*, copiis a G. SCHEPPS comparatis suisque usus recensuit S. BRANDT, CSEL 48, Vindobonae – Lipsiae, Tempsky – Freytag, 1906, p. 133-348.

—, *Philosophiae consolatio*, ed. L. BIELER, CCSL 94, Turnholti, Brepols, 1984[2].

—, *Quomodo substantiae in eo quod sint bonae sint cum non sint substantialia bona*, ed. H.F. STEWART, E.K. RAND, S.J. TESTER, dans *Boethius. The Theological Tractates...*, p. 38-50.

BONAVENTURA, Sanctus

—, *Breviloquium*, dans *Seraphici Doctoris S. Bonaventurae Opuscula varia theologica, Doctoris Seraphici S. Bonaventurae... Opera Omnia...* studio et cura P. Collegii a S. Bonaventura ad plurimos codices mss. emendata..., t. V, Ad Claras Aquas <Quaracchi> prope Florentiam, 1891, p. 201-291.

—, *Commentaria in Quatuor libros Sententiarum Magistri Petri Lombardi, Doctoris Seraphici S. Bonaventurae... Opera Omnia...*, t. I-IV, Ad Claras Aquas <Quaracchi> prope Florentiam, 1882-1889.

— (Ps.), *Super Sapientiam, Doctoris Seraphici S. Bonaventurae... Opera Omnia...*, t. VI, Ad Claras Aquas <Quaracchi> prope Florentiam, 1893.

Chartularium Universitatis Parisiensis, t. I : *Ab anno 1200 usque ad annum 1286*, ed. H. DENIFLE ET A. CHÂTELAIN, Parisiis, Delalain, 1889 ; t. II : 1891.

CICERO, M. TULLIUS

—, *Rethorici libri duo de inuentione*, Bibliotheca Scriptorum Graecorum et Romanorum Teubneriana, fasc. 2, ed. Stroebel, ed. Stereotypa editionis prioris (1915), Stuttgardiae, B.G. Teubneri, 1965.

CONRADUS HIRSAUGIENSIS, *Dialogus super auctores sive Didascalicon*, eine Literaturgeschichte aus dem XII. Jahrhundert, erstmals herausgegeben von Dr G. SCHEPSS, Würzbourg, A. Stuber, 1889.

Constitutiones antiquae Ordinis Praedicatorum,

THOMAS, A.H., *De oudste constituties van de Dominicanen. Voorgeschiedenis, tekst, bronnen, ontstaan en ontwikkeling (1215 – 1237). Mit uitgave van de tekst.* Bibliothèque de la Revue d'Histoire Écclésiastique, 42, Leuven, Universitaire Uitgaven, 1965.

DENIFLE, H., « Die Constitutionen des Prediger-Ordens vom Jahre 1228 », ALKGMA, 1 (1885), p. 165-227 <texte : p. 193-227>.

—, « Die Constitutionen des Predigerordens in der Redaction Raimundus von Peñafort », ALKGMA, 5 (1889), p. 530-564 <texte : p. 533-564 ; texte des constitutions après 1240>.

CREYTENS, R., « Les Constitutions des Frères Prêcheurs dans la rédaction de s. Raymond de Peñafort (1241) », AFP, 18 (1948), p. 5-68 <texte : p. 29-68>.

TUGWELL, S., « The Evolution of Dominican Structures of Government. III : The early Development of the second Distinction of the Constitutions », AFP, 71 (2001), p. 5-182 <texte : p. 161-182>.

DIONYSIUS Ps.-Areopagita

DIONYSIACA. Recueil donnant l'ensemble des traductions latines des ouvrages attribués au Denys de l'Aréopage, [ed. Ph. CHEVALLIER], Paris – Bruges, Desclée de Brouwer, 1937-1950, 2 vol.

—, *De caelesti hierarchia*, a Iohanne Eriugena transl., *DIONYSIACA...*, t. II, p. 725-1039.

—, *De divinis nominibus*, a Iohanne Eriugena transl., *DIONYSIACA...*, t. I, p. 3-561.

—, *Epist. IX ad Titum*, a Iohanne Eriugena transl., *DIONYSIACA...*, t. I, p. 624-669.

—, *Epist. ad Policarpum*, Sarraceno interprete, *DIONYSIACA...*, t. II, p. 1482-1500.

DUNS SCOTUS, IOANNES : *Ordinatio*, *Opera omnia*... studio et cura Commissionis Scotisticae ad fidem codicum edita..., Civitas Vaticana, Typis Polyglottis Vaticanis, 1950ss.

Fontes vitae S. Thomae Aquinatis notis historicis et criticis illustrati, ed. D. PRÜMMER, Documents inédits publiés par la *Revue Thomiste*, fasc. I-III, Tolosae – Saint-Maximin, Revue Thomiste, 1911ss.

GAUTHIER DE BRUGES, *Super I Sent.*, Prologus, éd. par J. BEUMER, dans ID., « Die vier Ursachen der Theologie nach dem unedierten Sentenzenkommentar des Walter vom Brügge OFM », *Franziskanische Studien*, 40 (1958), p. 361-381.

GERARDUS DE FRACHETO

Fratris Gerardi de Fracheto,... Vitae fratrum ordinis praedicatorum necnon cronica ordinis ab anno 1203 usque ad 1254, ad fidem codicum manuscriptorum accurate recognovit, notis breviter illustravit Fr. B.M. REICHERT,... accedit praefatio R.P. Fr. J.J. BERTHIER..., Monumenta Ordinis Fratrum Praedicatorum Historica, t. I, Lovanii, E. Charpentier & J. Schoonjans, 1896.

GREGORIUS MAGNUS, *Moralia in Iob*, libri XI-XXII, ed. M. ADRIAEN, CCSL, 143-A, Turnholti, Brepols, 1979.

GUILLELMUS ALTISSIODORENSIS

Magistri Guillelmi Altissiodorensis «Summa aurea», ed. J. Ribaillier, Spicilegium Bonaventurianum, 16-20. Paris – Grottaferrata, Éditions du Centre National de la Recherche Scientifique – Editiones Collegii S. Bonaventurae ad Claras Aquas, 1980-1987, 5 vol.

GUILLELMUS DE CONCHIS, *Philosophia*, Studia/UNISA, 16, hrsg., übersetzt und kommentiert von G. MAURACH, unter Mitarbeit von H. TELLE, Pretoria, University of South Africa, 1980.

GUILLELMUS DE LA MARE, *Scriptum in primum librum Sententiarum*, ed. H. KRAML, Bayerische Akademie der Wissenschaften, Veröffentlichungen der Kommission für die Herausgabe ungedruckter Texte aus der mittelalterlichen Geisteswelt, Bd. 15, München, Verlag der Bayerischen Akademie der Wissenschaften, 1989.

—, *Scriptum in secundum librum Sententiarum*, ed. H. KRAML, Bayerische Akademie der Wissenschaften, Veröffentlichungen der Kommission für die Herausgabe ungedruckter Texte aus der mittelalterlichen Geisteswelt, Bd. 18, München, Verlag der Bayerischen Akademie der Wissenschaften, 1995. <Recension : AFH 89 (1996), p. 308-309>.

GUILLELMUS DE TOCCO, *Ystoria sancti Thomae de Aquino de Guillaume de Tocco (1323) : Édition critique, introduction et notes*, ed. CL. LE BRUN-GOUANVIC, Studies and Texts, 127, [Toronto], Pontifical Institute of Mediaeval Studies, [1996], <ed. textus p. 94-271>.

HANNIBALDUS DE HANNIBALDIS, *Super I Sententiarum*, in *THOMAS DE AQUINO... editio Piana*, t. XVII, Roma 1570.

HERODOTUS, *Historiae*

HÉRODOTE, *Histoires, Livre III. Thalie*, Collection des Universités de France publiée sous le patronage de l'Association Guillaume Budé, texte établi et traduit par

Ph.-E. Legrand, deuxième édition revue et corrigée, Paris, Société d'édition « *Les Belles Lettres* », 1949².

HIERONYMUS, *Opera. Pars I : Opera Exegetica 2. Commentariorum in Esaiam libri 1-18*, ed. M. ADRIAEN, CCSL 73, Turnholti, Brepols, 1963.

HILARIUS PICTAVIENSIS, episcopus

—, *De Trinitate*, ed. P. SMULDERS, CCSL 62-62A, Turnhout, Brepols, 1979-1980.

—, *Liber de Synodis seu de fide Orientalium*, PL 10, Paris, J.P. MIGNE, 1845, col. 479-546. <Reprint, Turnhout, Brepols, 1979>.

HUGO DE SANCTO CARO OP,

—, « Commentarius in I et IV Sententiarum », dans *Analecta Upsaliensia, Theologiam Medii Aevi Illustrantia*, t. I, *Opera Systematica*, collegit et edidit FR. STEGMÜLLER, Uppsala Universitets årsskrift, Uppsala, Lundequist, 1953 <édition du prol. au Ier livre : p. 35-37>.

— *Hugonis Cardinalis, Opera Omnia in Universum Vetus, & Novum Testamentum*, Tomi octo, Venetiis, Apud Nicolaum Pezzana, 1754.

—, *Postille in Ecclesiastes*, t. III.

—, *Postille in Isaiam*, t. III ; *Ottob. lat. 96* ; *Paris, BN, lat. 59.*

—, *Postille in Lucam*, t. VI.

—, *In Epist. I ad Cor.*, t. VII.

—, *Postille in Ep. II ad Tim.*, t. VII.

—, *Correctorium Biblie* : *Ottob. lat. 293.*

HUGO DE SANCTO VICTORE

De sacramentis Christianae fidei, PL 176, Paris, J.P. Migne, 1854, col. 173-618.

—, *Didascalicon de studio legendi*, ed. C.H. BUTTIMER, Studies in Medieval and Renaissance Latin, 10, Washington D.C., 1939.

—, *Eruditionis Didascalicae libri septem*, [=*Didascalicon*], PL 176, Paris, J.P. Migne, 1854, col. 739-838.

—, *Sententiae de diuinitate*, ed. A.M. PIAZZONI, dans *Studi Medievali*, 23 (1982), p. 912-955.

IOHANNES BLUND, *Tractatus de anima*, ed. D.A. CALLUS et R.W. HUNDT, Auctores Britannici Medii Aevi, 2, London, The British Academy, 1970.

IOANNES CHRYSOSTOMUS, *Homiliae super Joannem*, trad. par Burgundio de Pise, d'après le *Ms. Ottob. 227* <cf. PG 59, Paris, J.-P. Migne, 1859>.

IOHANNES CHRYSOSTOMUS, -Ps., *Opus imperf. in Matth.*, PG 56, Paris, J.-P. Migne, 1839.

IOHANNES DAMASCENVS

John Damascene, «De Fide Orthodoxa». Versions of Burgundio and Cebanus, ed. E.M. BUYTAERT, Franciscan Institute Publications, Text Series N. 8, St. Bonaventure, NY – Louvain – Paderborn, Franciscan Institute – E. Nauwelaerts – F. Schöningh, 1955.

IOHANNES PECHAM, *Super I Sent.*, Prologus, *Ms. Napoli, BN, VII.C.2.*

IOHANNES PHILOPONUS

Ioannis Philoponi In Aristotelis Analytica priora commentaria, ed. M. WALLIES, Commentaria in Aristotelem graeca, edita consilio et auctoritate Academiae Litterarum Regiae Borussicae, t. 13-2, Berolini, Reimeri, 1905.

IOHANNES DE SANCTO GIMINIANO,

« *Sermo* 'Magister scimus quia uerax es' », d'après les mss : *Firenze, BN, Conv. soppr., G. I. 516*, f. 49ra et *Conv. soppr. J. I. 41*, f. 360ra, cité dans H.-V. SHOONER, *Listes anciennes* ..., p. 46.

ISIDORI HISPALENSIS Episcopi, *Etymologiarum sive originum libri XX*, ed. W.M. LINDSAY, Scriptorum Classicorum Bibliotheca Oxoniensis, Oxford, Clarendon Press, 1971 <1911>, 2 vol.

Liber de causis, [transl. Gerardi Cremonensis], édition établie à l'aide de 90 manuscrits avec introduction et notes par A. PATTIN, Uitgave van *Tijdschrift voor Philosophie*, [1966], p. 1-115 <dans *Tijdschrift voor Filosofie* 28 (1966), 90-203 : cette pagination est indiquée entre crochets droits>.

MAGISTER G., *Quaestio de subiecto theologiae*, ex cod. *Douai 434 I*, f. 101ra, ed. L. SILEO, *Teoria* ..., t. 2, ap. II, p. 113-116.

Mittellateinisches Wörterbuch bis zum Ausgehenden 13. Jahrhundert, In Gemeinschaft mit den Akademien der Wissenschaften zu Göttingen, Heidelberg, Leipzig, Mainz, Wien und der Schweizerischen Geistenwissenschaftlichen Gesellschaft, herausgegeben von der Bayrischen Akademie der Wissenschaften und der Deutschen Akademie der Wissenschaften zu Berlin, ed. O. PRINZ – J. SCHNEIDER, t. I A-B, München, C.H. Beck, 1967.

ODO RIGALDI

—, *Lectura super quattuor libros Sententiarum*, Prologus et dist. I (libri primi), ed. L. SILEO, in ID., *Teoria...*, t. 2, ap. I, p. 77-112.

—, *Quaestio de scientia theologiae*, ed. L. SILEO, in ID., *Teoria...*, t. 2, p. 6-74.

ORIGENES, *Super Mattheum*, PG 13, Paris, J-P. MIGNE, 1862.

PETRUS DE TARANTASIA, *Super Libros Sententiarum* :

Innocentii V, P. M., Ex Ordine Praedicatorum Assumpti, Qui antea Petrus de Tarantasia dicebatur, In IV. Libros Sententiatum Commentaria. Ex manuscriptis Bibl. Tholosanae Conventus S. Thomae Aq., t. I, Tolosae, Apud Arnaldum Colomerium, 1652, cum Priv. Regis <Reprint, Ridgewood, New Jersey, Gregg, 1964>.

PETRUS HISPANUS, *Sentencia libri De anima*, ed. M. ALONSO, in ID., *Pedro Hispano Obras Filosóficas. II : Comentario al «De anima» de Aristoteles*, Consejo Superior de Investigaciones Científicas, Instituto de Filosofía Luis Vives, Serie A, n. 3, Madrid, 1944.

PETRUS LOMBARDUS

Magistri Petri Lombardi, Parisiensis Episcopi, Sententiae in IV libris distinctae, editio tertia ad fidem codicum antiquiorum restituta, [ed. I. BRADY], Spicilegium Bonaventurianum, IV-V, Grottaferrata, Editiones Collegii S. Bonaventurae ad Claras Aquas, t. I, lib. I-II, 1971 ; t. II, lib. III-IV, 1981.

—, *Commentarius in Psalmos Davidicos*, PL 191, Paris, J.P. Migne, 1854[1], col. 61-1296. <Reprint, Turnhout, Brepols, 1981>.

PETRUS PICTAVIENSIS, *Sententiarum libri quinque*, PL 211, Paris, J.P. Migne, 1855, col. 789-1280. <Reprint, Turnhout, Brepols, 1081>.

PLINIUS, *Naturalis historia*, ed. E. DE SAINT DENIS, t. 9, Paris, Les Belles Lettres, 1955.

PROCLUS, *Elementatio Theologica translata a Guillelmo de Morbecca*, ed. H. BOESE, Ancient and Medieval Philosophy, De Wulf-Mansion Centre, Series 1.V, Leuven, University Press, 1987.

Ptolomaei Lucensis Historia ecclesiastica nova, Lib. XXII 17 – XXIII 16, ed. L. A. MURATORI, Rerum italicarum scriptores, t. XI, Mediolani, Societas Palatinae, 1727.

RICHARDUS FISHACRE, *In I Sententiarum*, prologus, ed. R. J. LONG, dans ID., « The Science... », p. 79-98.

ROBERT KILWARDBY, *Quaestiones in Librum Primum Sententiarum*, ed. J. SCHNEIDER, t. I, Bayerische Akademie der Wissenschaftens Veröffentlichungen der Kommission für die Herausgabe ungedruckter Texte aus der Mittelalterlischen Geistwelt, Bd 13, München, Verlag der Bayerischen Akademie der Wissenschaftens, 1986.

ROBERTUS DE MELODUNO, « Sententie ». *Œuvres de Robert de Melun,* t. III, vol. 2, ed. R.-M. MARTIN, R.M. GALLET, Spicilegium Sacrum Lovaniense, 25, Louvain, Spicilegium Sacrum Lovaniense, 1952.

FR. ANDERS, *Die Christologie des Robert von Melun*, Forschungen zur christlichen Literatur– und Dogmengeschichte, t. XV 5, Paderborn, F. Schöning, 1927 [avec édition des « Sententie », l. II, chap. 1-65, p. 1-129].

ROBERTUS GROSSETESTE, *Commentarius in Posteriorum Analyticorum libros*, Introduzione e testo critico, ed. P. ROSSI, Corpus Philosophorum Medii Aevi. Testi e Studi, 2, Firenze, Unione Accademica Nazionale ; L.S. Olschki Editore, 1981.

—, *Commentarius in VIII libros Physicorum*, ed. R.C. DALES, Studies and Texts in Medieval Thought, Boulder, Colorado, University of Colorado Press, 1963.

—, *Hexaëmeron*, ed. R.C. DALES, S. GIEBEN, Auctores britannici medii aevi, 6, Oxford – New York, Oxford University Press, 1990.

ROGER BACON, *Opus minus*, ed. J. S. BREWER, London, 1859.

ROLANDUS DE CREMONA,

—, *Summa*, prologus, ed. G. CREMASCOLI, dans ID., « La « Summa »... », p. 858-876.

Sententiae divinitatis, voir : GEYER, B., *Die «Sententiae divinitatis», ein Sentenzenbuch der Gilbertschen Schule*, BGPTM, Bd. 7, Hft. 2-3, Münster i. W., Aschendorff, 1909.

Summa fratris Alexandri,

ALEXANDER DE HALES, *Summa Theologica seu sic ab origine dicta «Summa fratris Alexandri»*, studio et cura P. Collegii S. Bonaventurae, Ad Claras Aquas <Quaracchi>, 1924-1948, 4 vol.

—, *Paris, BN, lat. 3034.*

—, *Paris, BN, lat. 15327.*

—, *Paris, BN, lat. 15329.*

—, *Vaticano, Vat. lat. 701.*

Summa sententiarum, PL 176, Paris, J.P. Migne, 1854, col. 43-174.

THOMAS DE AQVINO, Opera :

—, *Scriptum super libros Sententiarum Magistri Petri Lombardi Episcopi Parisiensis*, dans *Divi Thomae Aquinatis doctoris Angelici... Opera omnia*, t. VI-VII, Romae, Apud haeredes Antonij Bladi e.a., 1570 <Editio Romana seu Piana>.

—, *Scriptum super libros Sententiarum Magistri Petri Lombardi Episcopi Parisiensis*, editio nova, ed. R.P. MANDONNET, t. I-II, Parisiis, P. Lethielleux, 1929.

—, *Scriptum super Sententiis Magistri Petri Lombardi*, ed. M.F. MOOS, t. III-IV, Parisiis, P. Lethielleux, 1933-1947.

—, *Summa contra Gentiles*, ed. Leon., t. XIII-XV, Romae, Garroni, 1918-1930.

—, *Summa Theologiae*, ed. Leon. t. IV-XII, Romae, Typographia polyglotta S. C. de Propaganda Fide, 1888-1906.

Quaestiones disputatae :

—, *Quaestiones disputatae De potentia Dei*, [ed. R.-A. GAUTHIER], ed Leon., t. XXI, Roma, Commissio Leonina (*in praep.*).

—, *Quaestiones de quolibet*, [ed. R.-A. GAUTHIER], ed. Leon. t. XXV.1-2, Roma – Paris, Commissio Leonina – Cerf, 1996.

—, *Quaestiones disputatae De veritate*, ed. Leon. t. XXII.1-3, Roma, Editori di san Tommaso, 1972-1976.

Commentaria in sacram Scripturam :

—, *Expositio super Iob ad litteram*, [ed. A. DONDAINE], ed. Leon., t. XXVI, Romae <Ad Sanctae Sabinae>, 1965.

—, *Expositio super Isaiam ad literam*, [ed. H.F. DONDAINE et L. REID], ed. Leon., t. XXVIII, Roma, Editori di San Tommaso, 1974.

—, *Glossa continua super Evangelia (Catena aurea)*, ed. Piana t. XV, Romae, Apud haeredes Antonij Bladi e.a., 1570.

—, *Expositio in omnes Sancti Pauli Epistolas*, ed. Piana, t. XVI, Romae, 1570.

—, *Postilla super Psalmos*, ed. Piana, t. XIII, Romae, 1570.

—, *Super Evangelium S. Ioannis lectura*, ed. Piana, t. XIV, Roma, 1570.

—, *Super Evangelium S. Ioannis lectura*, ed. R. CAI, Taurini – Romae, Marietti, 1952.

—, *Super Evangelium S. Matthaei lectura*, ed. Piana, t. XIV, Roma, Apud haeredes Antonij Bladi e.a., 1570.

—, *Super Evangelium S. Matthaei lectura*, ed. R. CAI, Taurini, Marietti, 1951[5].

Commentaria in Aristotelem :

—, *Commentaria in octo libros Physicorum Aristotelis*, ed. Leon. t. II, Romae, Typographia poliglotta S. C. de Propaganda Fide, 1884.

—, *In duodecim libros Metaphysicorum Aristotelis expositio*, ed. M.-R. CATHALA – R.M. SPIAZZI, Taurini – Romae, Marietti, 1964.

—, *In libros Aristotelis De caelo et mundo expositio*, ed. Leon., t. III, Romae, Typographia poliglotta S. C. de Propaganda Fide, 1886 p. 1-257.

—, *In libros Aristotelis Meteorologicorum expositio*, ed. Leon. t. III, 1886, p. 325-421.

—, *Expositio libri Peryermenias*, editio altera retractata, [ed. R.-A. GAUTHIER], ed. Leon. t. I*-1, Roma – Paris, Commissio Leonina – J. Vrin, 1989.

—, *Expositio libri Posteriorum*, [ed. R.-A. GAUTHIER], ed. Leon. t. I*-2, Roma – Paris, Commissio Leonina – Vrin, 1989.

—, *Sentencia libri De anima*, [ed. R.-A. GAUTHIER], ed. Leon., t. XLV-1, Roma – Paris, Commissio Leonina – Vrin, 1984.

—, *Sententia libri Ethicorum*, [ed. R.-A. GAUTHIER], ed. Leon. t. XLVII.1-2, Romae <Ad Sanctae Sabinae>, 1969.

—, *Sententia super libros De generatione et corruptione*, ed. Leon. t. III, Romae, 1886, Typographia poliglotta S. C. de Propaganda Fide, p. I-CXLV.

Alia commentaria :

—, *In librum Beati Dionysii De divinis nominibus expositio*, cura et studio C. PERA, cum introductione historica P. CARAMELLO et synthesi doctrinali C. MAZZANTINI, Taurini – Romae, Marietti, 1950.

—, *Super Boetium De Trinitate*, [ed. P.-M.J. GILS], ed. Leon., t. L. Roma – Paris, Commissio Leonina – Cerf, 1992, p.75-171.

—, *Super librum De causis expositio*, ed. H.D. SAFFREY, Textus Philosophici Friburgenses, 4/5, Fribourg – Louvain Societé Philosophique – Éditions de Nauwelaerts, 1954 <2 e éd., Paris, Vrin, 2002>.

Opuscula :

—, *Compendium theologiae seu Brevis compilatio theologiae ad fratrem Raynaldum*, ed. Leon. t. XLII, Opuscula, vol. III, Roma, Editori di San Tommaso, 1979, p. 77-205.

—, *De ente et essentia*, [ed. H.F. DONDAINE], ed. Leon., t. XLIII, Opuscula, vol. IV, Roma, Editori di San Tommaso, 1976, p. 369-381.

—, *De forma absolutionis paenitentiae sacramentalis ad Magistrum Ordinis*, [ed. H.F. DONDAINE], ed. Leon., t. XL, Opuscula, vol. I. Romae <Ad Sanctae Sabinae>, 1969, p. C.33-C.41.

—, *De principiis naturae ad fratrem Sylvestrum*, [ed. H.F. DONDAINE], ed. Leon. t. XLIII, Opuscula, vol. IV, Roma, Editori di san Tommaso, 1976, p. 39-47.

—, *Liber Contra impugnantes Dei cultum et religionem*, [ed. H.F. DONDAINE], ed. Leon., t. XLI, Opuscula, vol. II, Romae <Ad Sanctae Sabinae>, 1970, p. A.51–A.166.

—, *Responsio ad magistrum Ioannem de Vercellis de 108 articulis*, [ed. H.F. DONDAINE], ed. Leon., t. XLII, Opuscula, vol. III, Roma, Editori di san Tommaso, 1979, p. 279-294.

THOMAS AQUINAS, *Lectura romana in primum Sententiarum Petri Lombardi*, ed. L.E. BOYLE & J.F. BOYLE, Studies and Texts, 152, Toronto : Pontifical Institute of Mediaeval Studies, 2006.

THOMAS VON AQUIN, *Prologe zu den Aristoteleskommentaren*, herausgegeben, übersetzt und eingeleitet von Fr. CHENEVAL und R. IMBACH, Frankfurt am Main Vittorio Klostermann, 1993.

THOMAS CANTIMPRATENSIS, *Liber de natura rerum*, ed. H. BOESE, t. I : Text, Berlin – New York, de Gruyter, 1973.

VINCENTIUS BELLOVACENSIS,

Vincentii Burgundi, ex Ordine Praedicatorum, Ven. Episcopi Bellovacensis, Speculum Quadruplex, Naturale <t. 1>, Doctrinale <t. 2>, Morale <t. 3>, Historiale <t. 4>, ... Dvaci, Baltazaris Belleri, sub Circino aureo, 1624 <reprint, Graz, Akademische Druck - u. Verlagsanstalt, 1964, 4 vol.>.

WILLERMUS, Magister

De fine theologiae secundum magistrum Willermum, ex cod. *Douai 434, I*, f. 15ra-16ra, ed. L. SILEO, in ID., *Teoria...*, t. 2, ap. III, p. 117-127.

TRAVAUX DIVERS

ABATE, G., « Intorno alla cronologia di San Tommaso », *Misc. Franc.*, 50 (1950), p. 231-247.

Actes du colloque : «Terminologie de la vie intellectuelle au moyen âge», Leyde/La Haye, 20-21 septembre 1985, édité par O. WEIJERS, Études sur le vocabulaire intellectuel du Moyen Âge, 1, Turnhout, Brepols, 1988.

« Ad un fine fur l'opere sue ». *Miscellanea di studi per commemorare i trent'anni di permanenza della Commissione Leonina (OP) nel Collegio di S. Bonaventura (OFM) di Grottaferrata (1973-2003)*, édité par F. IOZZELLI, A. OLIVA, P. SELLA, Grottaferrata, Frati editori di Quaracchi, AFH, 98 (2005).

ALEMBERT, J. LE ROND d', « Éloge de Girard », Œuvres complètes, t. 3, Paris, A. Belin, 1821.

AMARGIER, P., « Éléments pour un portrait de Bernard Gui », dans *Bernard Gui et son monde*, ed. M.-H. VICAIRE, Cahiers de Fanjeaux, 16, Toulouse – Fanjeaux, Privat, 1981, p. 19-37.

ANZULEWICZ, H., *De forma resultante in speculo des Albertus Magnus. Handschriftliche Überlieferung, Literargeschichtliche und Textkritische Untersuchungen, Textedition, Übersetzung und Kommentar*, t. I, Münster, Aschendorff, 1999.

ARISTOTE, *Organon. IV. Les Seconds Analytiques*, trad. et notes par. J. TRICOT, Paris, J. Vrin, 1938.

Aristoteles Latinus, Codices, par G. Lacombe, A. Birkenmajer, M. Dulong, Aet. Franceschini, t. I-1, Roma, Libreria dello Stato, 1939.

BALIC, CH., *John Duns Scotus : Some Reflections on the Occasion of the Seventh Centenary of his Birth*, Roma, Scotistic Commission, 1966.

[BANDINI, A.M.], *Bibliotheca Leopoldina Laurentiana, seu Catalogus manuscriptorum qui jussu Petri Leopoldi, arch. Austr., magni Etr. ducis... in Laurentianam translati sunt...* ANGELUS MARIA BANDINIUS,... recensuit, illustravit, edidit, Florentiae, typ. Caesareis, 1791-1793, 3 vol.

BALDWIN, J. W., *Masters Princes and Merchants. The social Views of Peter the Chanter & his Circle*, vol. I (Text) et vol. II (Notes), Princeton, New Jersey, Princeton University Press, 1970.

BANNISTER, H. M., « A short Notice of some Mss. of the Cambridge Friars, now in the Vatican Library », *British Society of Franciscan Studies*, 5 (1914), p. 124-140.

BATAILLON, L.-J., DONDAINE, H.F., « Préface », dans *S. THOMAE DE AQUINO Sententia libri Politicorum*..., ed. Leon., t. XLVIII, Romae <Ad Sanctae Sabinae>, 1971, p. A.5-A.66.

BATAILLON, L.-J., ed., voir : *La production du livre universitaire au Moyen Âge, «exemplar» et «pecia»*..., Paris, 1988.

—, ed., voir : *Hugues de Saint-Cher († 1263)* ..., Turnhout, 2004.

—, *La prédication au XIII e siècle en France et en Italie.* Études et documents, Aldershot-Brookfield, Variorum, 1993.

—, « Bulletin d'histoire des doctrines médiévales. Le treizième siècle *(suite)* », RSPT, 64 (1980), p. 101-131.

—, « Bulletin d'histoire des doctrines médiévales. La fin du XIII e siècle » RSPT, 75 (1991), p. 505-515.

—, « Chronique des doctrines médiévales », RSPT 84 (2000), p. 357-366.

—, « Les conditions de travail des maîtres de l'université de Paris au XIII e siècle », RSPT, 67 (1983), p. 417-432.

—, « Exemplar, Pecia, Quaternus », *Vocabulaire du livre et de l'écriture au Moyen Âge. Actes de la table ronde, Paris 24-26 septembre 1987*, ed. O. WEIJERS, CIVICIMA, 2, Turnhout, 1989, p. 206-219.

—, « Problèmes posés par l'édition critique des textes latins médiévaux », RPL 75 (1977), p. 234-250.

—, « Un sermon inédit de Saint Thomas *Homo quidam fecit cenam magnam.* Introduction et édition », RSPT, 67 (1983), p. 353-369 [texte, p. 360-368].

—, « "Status quaestionis" sur les instruments et techniques de travail de S. Thomas et S. Bonaventure », *1274 — Année charnière — Mutations et continuités : Colloques internationaux du Centre National de la Recherche Scientifique, 1977*, ed. M. MOLLAT, Colloques Internationaux du CNRS, 558, Paris, Éditions du CNRS, 1977, p. 647-658.

—, « Les textes théologiques et philosophiques diffusés à Paris par "exemplar" et "pecia" », *La production du livre universitaire au Moyen Âge, "exemplar" et "pecia"*..., Paris 1988, p. 155-163.

—, « L'Università » *Lo spazio letterario del medioevo. 1. Il medioevo latino, vol. III : La ricezione del testo*, ed. G. CAVALLO, C. LEONARDI, E. MENESTÒ, Roma, Salerno Editrice, 1996, p. 415-427.

BELTRÁN DE HEREDIA, V., « Los manuscritos de Sancto Tomas en la Biblioteca Real de Madrid », *La Ciencia Tomista*, 34 (1926), p. 196-216.

BERLIOZ J., ed., voir : *Identifier sources*..., Turnhout, 1994.

Bibliographie annuelle du Moyen Âge tardif. Auteurs et textes latins. Rassemblée et compilée à la section latine de l'I.R.H.T., Turnhout, Brepols, 1991ss.

La Bibliothèque de l'abbaye de Clairvaux du XII e au XVIII e siècle, t. I : *Catalogues et répertoires*, publ. par A. VERNET avec la collab. de J.-F. GENEST, Documents, études et répertoires, Institut de recherche et d'histoire des textes, Paris, Editions du CNRS, 1979.

La Bibliothèque de l'abbaye de Clairvaux du XII*e au* XVIII*e siècle*. t. II : *Premiere partie, Les manuscrits conservés : Manuscrits bibliques, patristiques et théologiques*, notices établies par J.-P. BOUHOT et J.-F. GENEST sous la direction d'ANDRÉ VERNET, Documents, études et répertoires, Institut de recherche et d'histoire des textes, Paris – Turnhout, CNRS – Brepols, 1997.

BIFFI, I., *I misteri di Cristo in Tommaso d'Aquino. Tomo I, La costruzione della teologia, 1*, con prefazione di M.-D. Chenu, Biblioteca di Cultura Medievale, Milano, Jaca Book, 1994.

—, « Introduzione generale », dans S. TOMMASO D'AQUINO, *Commento alle Sentenze di Pietro Lombardo e testo integrale di Pietro Lombardo. Libro primo. Distinzioni 1-21. Il mistero di Dio. La Trinità delle Persone - 1a parte*, Bologna, Edizioni Studio Domenicano, 2001, p. 5-87.

BIGNAMI-ODIER, J., *La bibliothèque vaticane de Sixte IV à Pie XI. Recherches sur l'histoire des collections de manuscrits*, avec la collaboration de J. RUYSSCHAERT, Studi e testi, 272, Città del Vaticano, Biblioteca Apostolica Vaticana, 1973.

—, *Première recherches sur le fond Ottoboni*, Studi e testi, 245, Città del Vaticano, Biblioteca Apostolica Vaticana, 1966.

BOOTH, E., « The three pecia systems of St. Thomas Aquinas's Commentary "In I Sententiarum", » *La production du livre universitaire au Moyen Âge, "exemplar" et "pecia"...*, Paris 1988. p. 225-251.

BOUGEROL, J.G., *Introduction à saint Bonaventure*, À la recherche de la vérité, Paris, Vrin, 1988.

—, « La Glose sur les Sentences du manuscrit Vat. Lat. 691 », *Antonianum*, 55 (1980), p. 108-173.

BOURGAIN, P., « Sur l'édition des textes littéraires latins médiévaux », *Bibliothèque de l'École des chartes*, 150 (1992), p. 5-49.

BOUTHILLIER, D., « Le Christ en son mystère dans les "collationes" du "Super Isaiam" de Thomas d'Aquin », *Ordo sapientiae et amoris...*, p. 37-64.

—, « "Splendor gloriae Patris" : Deux collations du "Super Isaiam" de S. Thomas d'Aquin », *Christ among the Medieval Dominicans. Representations of Christ in the Texts and Images of the Order of Preachers*, ed. K. EMERY, Jr., J. WAWRYKOW, Notre Dame, Indiana, University Press, 1998, p. 139-156.

BOYLE, J.F., v. THOMAS AQUINAS, *Lectura romana in primum Sententiarum Petri Lombardi*, Toronto, 2006.

BOYLE, L.E., « Alia lectura fratris Thomae », *Mediaeval Studies* 45 (1983), 418-42.

—, « "Epistulae venerunt parum dulces" : La place de la codicologie dans l'édition de textes latins médiévaux », *Les problèmes posés par l'édition critique des textes anciens et médiévaux...*, Louvain-la-Neuve – Turnhout, 1992, p. 207-222.

—, « An Autograph of St. Thomas at Salerno », *Littera, sensus, sententia : Studi in onore del Prof. Clemente J. Vansteenkiste*, ed. A. LOBATO, Milano, 1991, p. 117-134 + 2 pl. — Repris dans BOYLE, L.E., *Facing History...*, p. 123-140.

—, *Facing history : A different Thomas Aquinas*, with an introduction by J.-P. TORRELL, Textes et Études du Moyen Âge, 13, Louvain-la-Neuve, Fédération Internationale des Instituts d'Études Médiévales, 2000.

BRADY, I., « The edition of the "Opera Omnia" of Saint Bonaventure (1882-1902) », *Il Collegio S. Bonaventura di Quaracchi*, Grottaferrata, 1977, p. 116-140, <voir aussi : AFH 70 (1977), p. 400-420>.

BROTTO, G., ZONTA, G., *La facoltà teologica dell'Università di Padova*, Parte I. (secoli XIV e XV), Padova, Tip. del Seminario, 1922.

BRUN-GOUANVIC LE, CL., *Ystoria sancti Thomae de Aquino de Guillaume de Tocco (1323) : Édition critique, introduction et notes*, Studies and Texts, 127, [Toronto], Pontifical Institute of Mediaeval Studies, [1996].

BUONOCORE, M., *Bibliografia dei fondi manoscritti della Biblioteca Vaticana (1968-1980)*, t. I-II, Studi e testi, 318-319, Città del Vaticano, Biblioteca Apostolica Vaticana, 1986.

—, *Bibliografia retrospettiva dei fondi della Biblioteca Vaticana*, t. I, Studi e testi, 361, Città del Vaticano, Biblioteca Apostolica Vaticana, 1994.

BURGER M, « Prolegomena », dans *Alberti Magni Super Dionysium De ecclesiastica hierarchia*, ed. M. BURGER, † P. SIMON, † W. KÜBEL, ed. Col., t. XXXVI-2, Münster i.W., Aschendorff, 1999, p. I-XI.

BUSARD, H.L., *The First Latin Translation of Euclid's Elements commonly ascribed to Adelard of Bath*, Asfār Publicaties van het Documentatiebureau van de Rijksuniversiteit te Leiden, Leiden, Brill, 1984.

BUYTAERT, E.M., « Introduction », *Petri Aureoli Scriptum super primum Sententiarum. I. Prologue – Distinction I*, Franciscan Institute publications, Text series n. 3, St Bonaventure, N.Y., Franciscan Institute – Louvain E. Nauwelaerts – Paderborn, F. Schöning, 1956.

CARPENTIER, P., *Glossarium novum ad scriptores medii aevi cum latinos tum gallicos seu Supplementum ad auctiorem Glossarii Cangiani editionem...*, Parisiis, Le Breton, 1766, 4 vol.

Catalogue général des manuscrits des bibliothèques publiques des départements. Publié sous les auspices du ministre de l'état, t. III, [Saint-Omer, par M. MICHELANT et collab.], Paris, Imprimérie Impériale, 1861.

Catalogue général des manuscrits des bibliothèques publiques en France. Départements. T. I. Rouen, par H. OMONT, Paris, Librairie Plon, 1886.

Catalogue des manuscrits en écriture latine portant des indications de date, de lieu ou de copiste, par Ch. SAMARAN et R. MARICHAL, t. III, Bibliothèque Nationale, Fonds latin (n°s 8001 à 18613), M.-T. D'ALVERNY (dir.), notices par M. MABILLE, M.-C. GARAND et D. ESCUDIER, Paris, Editions du CNRS, 1974.

« Catalogue des ouvrages de Saint Thomas d'Aquin », *Catalogue général des livres imprimés de la Bibliothèque Nationale* [de Paris], t. 187 : « This-Thomov », Paris, Imprimerie Nationale, 1961.

CETTO, A., « I codici viennesi della Biblioteca vescovile di Trento », *Studi trentini di scienze storiche*, 37 (1958), p. 483-497.

CERESA M., *Bibliografia dei fondi manoscritti della Biblioteca Vaticana (1981-1985)*, Studi e testi, 342, Città del Vaticano, Biblioteca Apostolica Vaticana, 1991.

—, *Bibliografia dei fondi manoscritti della Bilioteca Vaticana (1986-1990)*, Studi e testi, 379, Città del Vaticano, Biblioteca Apostolica Vaticana, 1998.

CHARDONNENS, D., *L'homme sous le regard de la providence*, Bibliothèque thomiste, 50, Paris, Vrin, 1997.

CHENU, M.-D., *La théologie comme science au XIIIe siècle*, Bibliothèque thomiste, 33, Paris, Vrin, 1957 <pro manuscripto : Paris, 1943 ; 2e éd. 1965 ; 3e éd. 1969>.

—, « Maîtres et bacheliers de l'Université de Paris vers 1240. Description du manuscrit, Paris, Bibl. Nat. lat. 15652 », in *Études dHistoire littéraire et doctrinale du XIIIe siècle*, 1 (1932), p. 11-39, + 1 pl.

—, « Recension » dans *Bull. thom.*, t. v 14, (1937), n. 213-216, p. 153-154.

Codices manuscripti operum Thomae de Aquino, vol. I, ed. H.F. DONDAINE et H.V. SHOONER, Romae (Ad Sanctae Sabinae) : Commissio Leonina, 1967 ; — t. II, ed. H.V. SHOONER, Romae, Commissio Leonina, 1973 ; — t. III, ed. H.-V. SHOONER, Montréal, Presses Universitaires – Paris, J. Vrin, 1985 ; t. IV (à paraître) par D. BOUTHILLIER.

I codici del Collegio di Spagna di Bologna studiati e descritti da D. MAFFEI, E. CORTESE, A. GARCÍA Y GARCÍA, C. PIANA, G. ROSSI et coll., Milano, Giuffré, 1992.

COLISH, M.L., « From the Sentence Collection to the «Sentence» Commentary and the « Summa » : Parisian Scholastic Theology, 1130-1215 », *Manuels, programmes de cours et techniques d'enseignement dans les Universités médiévales...*, p. 9-29.

CONGAR, Y., *Thomas d'Aquin sa vision de théologie et de l'Église*, London, Variorum, 1984.

—, « Tradition et "sacra doctrina" chez saint Thomas d'Aquin » dans *Eglise et tradition*, ed. J. BETZ et H. FRIES, Le Puy – Lyon, Mappus, 1963, p. 157-194.

CONTENSON P.-M. DE, « Documents sur les origines et les premières années de la Commission Léonine », dans *St. Thomas Aquinas 1274-1974. Commemoratives Studies*, vol. II, Toronto, 1974, p. 357-359.

COURTENAY, W., *Schools and scholars in fourteenth-century in England*, Princeton, 1987.

CREMASCOLI, G., « La "Summa" di Rolando da Cremona. Il testo del prologo », *Studi medievali*, serie terza, 16 (1975), p. 825-876.

CREYTENS, R., « Les commentateurs dominicains de la Règle de s. Augustin du XIIIe au XVIe siècle. II : Les commentateurs du XIV siècle. B) Arnaud Bernard », AFP 35 (1965), p. 21-66.

—, « Les Constitutions ... », v. *Constitutiones antique Ordinis Predicatorum.*

—, « Les vicaires généraux de la Congrégation dominicaine de Lombardie (1459-1531) », dans AFP, 32 (1962), p. 211-284.

C. CRISCIANI, « Tommaso, pseudo-Tommaso e l'alchimia », à paraître dans les actes du colloque : *« Letture e interpretazioni di Tommaso d'Aquino oggi : cantieri aperti »*, organisé à Milan, sous la direction du Prof. Alessandro Ghisalberti, de l'Université Catholique de Milan, du 12 au 13 septembre 2005.

CROWE, M.B., « The Date of St. Thomas's Commentary on the Sentences », ITQ 24 (1957), p. 310-319.

DAHAN, G., ed., voir : *Hugues de Saint-Cher († 1263)* ..., Turnhout, 2004.

—, *L'exégèse chrétienne de la Bible en occident médiéval. XIIe-XIVe siècle*, Patrimoines. Christianisme, Paris, Cerf, 1999.

—, « Les classifications du savoir aux XIIe et XIIIe siècles », *L'Enseignement Philosophique*, 40 (1990), p. 5–27.

—, « Genres, Forms and Various Methods in Christian Exegesis of the Middle Ages », dans M. SÆBØ, avec Ch. BREKELMANS et M. HARAN, ed., *Hebrew Bible / Old Testament. The History of Its Interpretation. Vol. I : From the Beginnings to the Middle Ages (Until 1300). Part 2 : The Middle Ages*, Göttingen, 2000, p. 196-236.

—, « Les prologues des commentaires bibliques (XIIe-XIVe siècle) », dans HAMESSE, J., ed., *Les prologues médiévaux*..., p. 427-470.

—, « Saint Thomas d'Aquin et la métaphore. Rhétorique et herméneutique », *Medioevo. Rivista di storia della filosofia medievale* (Antenore, Padova), 18 (1992), p. 85-117.

D'AMATO, A., « Bombologno de Musolinis da Bologna », *Sapienza*, 1 (1948) p. 75-90.

DELISLE, L., *Le Cabinet des manuscrits de la bibliothèque impériale*, t. I, Paris, 1868.

DELORME, F.M., « Deux leçons d'ouverture de Cours Biblique données par Jean de la Rochelle », *La France franciscaine*, 16 (1933), p. 345-360.

DEL PUNTA, F., LUNA, C., « La teologia scolastica », dans *Lo spazio letterario del Medioevo. 1 : Il Medioevo latino*, direttori G. CAVALLO, C. LEONARDI, E. MENESTO, vol. 1.2 : *La produzione del testo*, t. II, Roma, Salerno, 1993, p.323-353.

DENIFLE, H., ed., voir : *Chartularium Universitatis Parisiensis*..., Parisiis 1889ss.

—, « Die Constitutionen ... » : v. *Constitutiones antique Ordinis Predicatorum.*

DESTREZ, J., *Études critiques sur les œuvres de saint Thomas d'Aquin d'apres la tradition manuscrite*, t. I, Bibliothèque thomiste, 18, Paris, Vrin, 1933.

—, *La Pecia dans les manuscrits universitaires du XIIIe et du XVIe siècle*, Paris, Éditions Jacques Vautrain, 1935.

DI MAIO, A., *Il concetto di comunicazione. Saggio di lessicografia filosofica e teologica sul tema di 'communicare' in Tommaso d'Aquino*, Analecta Gregoriana 274, Roma, Editrice Pontificia Università Gregoriana, 1998.

DISTELBRINK, B., « De ordine chronologico IV Librorum «Commentarii in Sententias» S. Bonaventurae », CF 41, (1971), p. 288-314, <publié à part : ID., *Bonaventurae scripta authentica, dubia vel spuria critice recensita*, Subsidia scientifica franciscalia, 3, Roma, Istituto Storico dei Cappuccini, 1975>.

DONDAINE, A., « Introduction », dans *S. THOMAE DE AQUINO Quaestiones disputatae De veritate*, ed. Leon. t. XXII.1, Roma, Editori di san Tommaso, 1972, p. 5*-182 + V doc.

—, « La Collection des œuvres de saint Thomas dite de Jean XXII et Jaquet Maci », *Scriptorium* 29 (1975), 127-152.

—, « Les «opuscula fratris Thomae» chez Ptolémée de Lucques », AFP 31 (1961), p. 142-203.

—, « Préface », dans *S. THOMAE DE AQVINO Epistola ad Bernardum abbatem Casinensem*, ed. Leon., t. XLII, Opuscula, vol. III. Roma, Editori di San Tommaso, 1979, p. 399-409.

—, *Secrétaires de saint Thomas*, Roma (S. Sabina, Aventino), Editori di S. Tommaso, 1956.

—, « Saint Thomas a-t-il disputé à Rome la question des attributs divins? (I Sent., dist.2 q.1 art.3) », dans « Notes et communications du Bulletin Thomiste » (Le Saulchoir, Kain et Etiolles) t. III 10 (1933), 171*-182* <Rec. par A.-R. MOTTE, dans *Bull. Thom.*, t. IV 11 (1934), n. 188, p. 135-136.>

—, « Saint Thomas et la dispute des attributs divins (I Sent., d.2, a. 3) : Authenticité et origine », *Archivum Fratrum Praedicatorum*, 8 (1938), 253-262.

—, « La vie et l'œuvre de Jean de San Gimignano », AFP 9 (1939), p. 128-183.

DONDAINE H.F., BATAILLON, L.-J., « Préface », dans *S. THOMAE DE AQUINO Sententia libri Politicorum...*, ed. Leon., t. XLVIII, Romae <Ad Sanctae Sabinae>, 1971, p. A.5-A.66.

DONDAINE, H.-F., GUYOT, B.-G., « Guerric de Saint-Quentin et la condamnation de 1241 », dans RSPT, 44 (1960), p. 225-242.

DONDAINE, H.-F., REID, L., « Préface » dans *S. THOMAE DE AQVINO Expositio super Isaiam ad literam*, ed. Leon., t. XXVIII. Romae <Ad Sanctae Sabinae>, Editori di San Tommaso, 1974, p. 1*-68*.

DONDAINE, H-F., « Alia lectura fratris Thomae? (Super I Sent.) », *Mediaeval Studies* 42 (1980), p. 308-336.

—, « Cognoscere de Deo «quid est» », RTAM 22 (1955), p. 72-78.

—, « Date du Commentaire de la Hiérarchie céleste de saint Albert le Grand », RTAM 20 (1953), p. 315-322.

—, « L'objet et le medium de la vision béatifique chez les théologiens du XIIIe siècle », dans RTAM, 19 (1952), p. 60-130.

—, « Préface », *S. THOMAE DE AQVINO Responsio ad magistrum Ioannem de Vercellis de 108 articulis*, ed. Leon., t. XLII, Opuscula, vol. III. Roma, Editori di san Tommaso, 1979, p. 263-273.

DONNEAUD, H., « Insaisissable sacra doctrina ? À propos d'une réédition récente », dans RT 98 (1998), p. 179-224.

[DOUCET, V.], « Prolegomena », dans *ALEXANDRI DE HALES Summa Theologica seu « Summa fratris Alexandri » lib. III*, t. 4, studio et cura P. Collegii S. Bonaventurae, Ad Claras Aquas <Quaracchi>, 1948.

DU CANGE, Ch. Dufresne, *Glossarium ad scriptores mediae et infimae latinitatis*, auctore Carolo Dufresne, domino Du Cange..., editio nova locupletior et auctior, opera et studio monachorum ordinis S. Benedicti e congregatione S. Mauri [DD. TOUSTAIN, LE PELLETIER, DANTINE et CARPENTIER], Parisiis, Oliva C. Osmont, 1733-1736, 6 vol.

DUMONT, C., « La réflexion sur la méthode théologique », NRTL 83 (1961), p. 1034-1050 et 84 (1962), p. 17-35.

Dykmans, M., *Pour et contre Jean XXII en 1333 : Deux traités avignonnais sur la vision béatifique*, Studi e testi, 274, Città del Vaticano, Biblioteca Apostolica Vaticana, 1975.

Ehrle, F., *Historia bibliothecae romanorum pontificum tum Bonifatianae tum Avenionensis enarrata et antiquis earum indicibus aliisque documentis illustrata..., Vulgata sumptu Academiae historico-iuridicae*, t. I, Biblioteca dell'Accademia storico-giuridica, 7, Romae, Typis Vaticanis, 1890.

Emery, G., *La Trinité créatrice. Trinité et création dans les commentaires aux Sentences de Thomas d'Aquin et de ses précurseurs Albert le Grand et Bonaventure*, Bibliothèque Thomiste, 47, Paris, Vrin, 1995.

—, « Le traité de saint Thomas sur la Trinité dans la *Somme contre les Gentils* », RT, 96 (1996), p. 5-40.

Eschmann, I.T., « A Catalogue of St. Thomas's Works. Bibliographical Notes », dans E. Gilson, *The Christian Philosophi of St. Thomas Aquinas*, New York, 1956 : Random House, p. 381-439.

La face cachée du livre médiéval : L'histoire du livre vue par Ezio Ornato, ses amis et ses collègues, avec une préface d'Armando Petrucci, I libri di Viella 10, Roma, Viella, 1997.

Faes de Mottoni, B., « Introduzione », dans San Bonaventura, *Commento al Vangelo di San Luca (1-4)*, introduzione, revisione e note a cura di B. Faes de Mottoni, trad. di P. Müller (cc. I-III) e S. Martignoni (c. IV), Sancti Bonaventurae Opera, t. IX/1, Roma – Città Nuova, 1999, p. 7-26.

—, « Les manuscrits du commentaire des *Sentences* d'Hugues de Saint-Cher », dans *Hugues de Saint-Cher († 1263)* ..., p. 273-298.

Faucon, M., *La Librairie des papes d'Avignon, sa formation, sa composition, ses catalogues (1316-1420), d'apres les registres de comptes et d'inventaires des archives vaticanes*, Bibliothèque des écoles françaises d'Athènes et de Rome, Fascicules 43 et 50, Paris, E. Thorin, 1886-1887, 2 tomes en 1 vol.

Floyer, J.K., Hamilton, S.G., *Catalogue of manuscripts preserved in the Chapter Library of Worcester cathedral*, compiled by the Rev. J. K. Floyer... and edited and revised throughout by S.G. Hamilton, Oxford, J. Parker, 1906.

Fontaine, J., *Isidore de Séville et la culture classique dans l'Espagne wisigothique*, Études augustiniennes, 2 vol., Paris, Études augustiniennes, 1959.

Forte, B., *Teologia in dialogo. Per chi vuol saperne di più e anche per chi non ne vuole sapere*, Scienza e idee. Collana diretta da Giulio Giorello, Milano, Cortina, 1999.

Fossier, F., « Premières recherches sur les manuscrits latins du Cardinal Marcello Cervini (1501-1555) », MEFR 91 (1979), p. 381-450.

Gaboriau, F., *Au seuil de la Somme. Un quiproquo chez Thomas d'Aquin?*, Essais [FAC], 12, Paris, FAC, 1999. <Recensé par L. Bizet, RT, 101 (2001), p. 479-482>.

Gargan, L., *Le Studio teologico e la biblioteca dei domenicani a Padova nel tre e quattrocento*, Padova, Antenore, 1971.

GAUTHIER, R.-A., JOLIF, J.Y., *Aristote. L'Éthique à Nicomaque*, Louvain – Paris, Nauwelaerts, 1970.

GAUTHIER, R.-A., ed., voir : *ANONYMI, Magistri Artium Lectura in librum De anima...*, Grottaferrata, 1985.

—, <Apparat des sources>, dans *S. THOMAE DE AQUINO Sentencia libri De anima...*, ed. Leon., t. XLV-1.

—, <Apparat des sources>, dans *S. THOMAE DE AQUINO Quaestiones de quolibet...*, ed. Leon. t. XXV.1-2.

—, « Les 'Articuli in quibus frater Thomas melius in «Summa» quam in «Scriptis»' », RTAM 19 (1952), 271-326.

—, « Concordances », BT 9 (1954-56), p. 935-943, n. 1797-1800 <rectifié dans>

—, <Compte rendu>, BT, 10 (1957-59), p. 869, n. 1897-98.

—, « Le cours sur l'"Ethica nova" d'un maître ès Arts de Paris (1235-1240) », AHDMLA 42 (1975), p. 71-141.

—, *« Introduction » à S. THOMAS D'AQUIN, « Somme contre les Gentils »*, Paris, P.U.F., 1993.

—, « Notes sur les débuts (1225-1240) du premier "averroïsme" », RSPT 66 (1982), p. 321-374.

—, « Préface », dans *S. THOMAE DE AQVINO Expositio libri Periermenias*, ed. Leon., t. I*-1 1989, p. 1*-88*.

—, « Préface », dans *S. THOMAE DE AQVINO Quaestiones disp. de potentia*, ed. Leon., t. XXII <à paraître>.

—, « Préface », dans *S. THOMAE DE AQUINO Quaestiones de quolibet*, ed. Leon., t. XXV.1, 1996, p. 1*-160*.

—, « Préface », dans *S. THOMAE DE AQVINO Sentencia libri De anima*, ed. Leon. t. XLV-1, p. 1*-294*.

—, « Praefatio », dans *S. THOMAE DE AQVINO Sententia libri Ethicorum*, ed. Leon., t. XLVII-1, 1969, p. 1*-275*.

—, « Saint Thomas et l'Éthique à Nicomaque », dans *S. THOMAE DE AQUINO Sententia libri Politicorum. Tabula libri Ethicorum*, Appendix, ed. Leon., t. XLVIII, Romae <Ad Sanctae Sabinae>, 1971, p. V-XXV.

—, « Trois commentaires « averroistes » sur l'Éthique à Nicomaque », AHDLMA, 22-23 (1947-1948), p. 187-336.

GEFFRÉ, CL., « La théologie comme science. Introduction et notes <à *I pars*, q. 1> » dans THOMAS D'AQUIN, *Somme théologique*, publié sous la direction d'A. RAULIN, t. 1, Paris, Cerf, 1984, p. 145-164.

GEIGER, L.-B., *Penser avec Thomas d'Aquin. Etudes thomistes de Louis-Bertrand Geiger OP, présentées par Ruedi Imbach*, Vestigia 26, Fribourg – Paris, Editions Universitaires – Cerf, 2000.

GEYER, B., *Die «Sententiae divinitatis», ein Sentenzenbuch der Gilbertschen Schule*, Beiträge zur Geschichte der Philosophie und Theologie des Mittelalters. Texte und Untersuchungen, Bd. 7, Hft. 2-3, Münster i. W., Aschendorff, 1909.

GILS, P.-M.J., « Codicologique et critique textuelle. Pour une étude du ms. Pamplona, Catedral 51 », *Scriptorium*, 32 (1978), p. 221-230.

—, « Le manuscrit «Napoli, Biblioteca Nazionale I.B.54» est-il de la main de S. Thomas? », RSPT 49 (1965), p. 37-59.

—, « Les 'Collationes' marginales dans l'autographe du Commentaire de S. Thomas sur Isaïe », RSPT 42(1958), p. 254-264.

—, « Préface », dans *S. THOMAE DE AQVINO Quaestiones disputatae De malo*, ed. Leon., t. XXIII, Roma – Paris, Commissio Leonina – Vrin, 1982, p. 1*-68*.

—, « S. Thomas écrivain », dans *S. Thomae de Aquino, Super Boetium de Trinitate. Expositio libri Boetii De ebdomadibus*, ed. Leon. t. L., Roma – Paris, Commissio Leonina – Cerf, 1992, p. 175-209.

—, « Textes inédits de S. Thomas : Les premières rédactions du 'Scriptum super Tertio Sententiarum' », RSPT, 45 (1961), p. 201-228 ; 46 (1962), p. 445-462 et p. 609-628.

—, « Un hommage à Guillaume de Moerbeke. Pour le septième centenaire de sa mort en 1286 », *Scriptorium*, 43 (1989), p. 323-329.

GLORIEUX, P., « L'enseignement au Moyen Âge. Techniques et méthodes en usage à la Faculté de Théologie de Paris au XIII e siècle », AHDLMA, 43 (1968), p. 65-186.

—, ed., *Les premières polémiques thomistes : I. – Le Correctorium corruptorii «Quare»*, Bibliothèque Thomiste, 9, Le Saulchoir – Kain (Belgique), RSPT, 1927.

—, *Répertoire des Maîtres en Théologie de Paris au XIII e siècle*, Études de philosophie médiévale, 17-18, Paris, Vrin, 1933, 2 vol.

—, « Sentences », *Dictionnaire de théologie catholique*, t. 14/2, 1941, col. 1860-1884.

Glossarium mediae et infimae latinitatis..., ed. G.A.L. HENSCHEL, t. 4, Paris, 1845.

GRABMANN, M., *Die Werke des hl. Thomas von Aquin Eine literarhistorische Untersuchung und Einführung*, Münster, Aschendorff, 1949, 3. stark erweiterte Auflage.

GRAFINGER, C.M., *Beiträge zur Geschichte der Biblioteca Vaticana*, Studi e testi, 373, Città del Vaticano, Biblioteca Apostolica Vaticana, 1997.

GROFF, S., PAOLINI, A., « I codici della Biblioteca comunale di Trento », *Studi trentini di scienze storiche*, 79 (2000), p. 221-282.

GROPPO, G., « La teologia e il suo «subiectum» secondo il Prologo del Commento alle Sentenze di Pietro da Palude, O.P. (†1342) », *Salesianum*, 23 (1961), p. 219-315.

GRUBER, J., *Kommentar zu Boethius De Consolatione Philosophiae*, Texte und Kommentare. Eine altertumswissenschaftliche Reihe 9, Berlin-New York, de Gruyter, 1978.

GUNTEN, F. von, « Gibt es eine zweite Redaktion des Sentenzenkommentars des hl. Thomas von Aquin ? », FZPT 3 (1956), p. 137-168.

—, « "In principio erat Verbum" : Une évolution de saint Thomas en théologie trinitaire », in *Ordo sapientiae et amoris. Image et message de saint Thomas d'Aquin à travers les récentes études historiques, herméneutiques et doctrinales. Hommage au professeur Jean-Pierre Torrell OP à l'occasion de son 65 e anniversaire*, ed. C.-J. PINTO DE OLIVEIRA OP, Studia friburgensia, Nouvelle série, 78, Fribourg, Éditions Universitaires, 1993, p. 119-141.

Gutierrez del Caño, M., *Catálogo de los manuscritos existentes en la Biblioteca Universitaria de Valencia*, prólogo de F. Rodríguez Marín, Valencia, Maraguat, 1913, 3 vol.

Guyot, B.G., ed., voir : *La production du livre universitaire au Moyen Âge, « exemplar » et « pecia »...*, Paris 1988.

Gy, P.-M., ed., voir : *Hugues de Saint-Cher († 1263) ...*, Turnhout, 2004.

Hamesse, J., ed., voir : *Les problèmes posés par l'édition critique...*, Louvain-la-Neuve – Turnhout, 1992.

—, ed., voir : *Les prologues médiévaux...*, Turnhout, 2000.

—, ed., voir : *Manuels, programmes de cours et techniques d'enseignement...*, Louvain-la-Neuve 1994.

Haskins, C. H., « The university of Paris in the sermons of the thirteenth century », dans Id., *Studies in Mediaeval Culture*, New York, F. Ungars, 1929, p. 36-71.

Hayen, A., « Saint Thomas a-t-il édité deux fois son Commentaire sur le livre des Sentences? », RTAM 9 (1937), p. 219-236.

Heid-Guillaume, C. ; Ritz, A., *Manuscrits médiévaux de Chambéry. Textes et enluminures*, Corpus des manuscrits enluminés des collections publiques des départements, Paris, CNRS – Brepols, 1998.

Henquinet, F.-M, « De causalitate sacramentorum iuxta cod. autographum S. Bonaventurae », *Antonianum*, 8 (1933), p. 337-424.

—, « Eudes de Rosny, O.F.M., Eudes Rigaud et la Somme d'Alexandre de Hales », AFH 33 (1940), p. 3-54.

Hissette, R., « "Averrois" ou "mystice" plutôt qu'"Averroys" ou "mistice" ? À propos des graphies dans les éditions des textes scolastiques latins », *Bulletin de philosophie médiévale*, 40 (1998), p. 77-90.

—, « Le 'corpus averroicum' des manuscrits vaticans 'urbinates latins 220' et '221' et Nicoleto Vernia », *Miscellanea Bibliothecae Apostolicae Vaticanae*, [comitato editoriale, L.E. Boyle et al.], t. III, Studi e testi, 333, Città del Vaticano, Biblioteca Apostolica Vaticana, 1989, p. 257-356.

Hugonnard-Roche, H, « Averroès et la tradition des *Seconds Analytiques* », dans *Averroes and the Aristotelian tradition : Sources, Constitution and Reception of the Philosophy of Ibn Rushd (1126 -1198). Proceedings of the Fourth Symposium Averroicum (Cologne, 1996)*, ed. G. Endress, J. Aertsen, Islamic philosophy, theology and science, 31, Leiden – Boston – Köln, Brill, 1999, p. 172-187.

Hugues de Saint-Cher († 1263) bibliste et théologien, études réunies par L.-J. Bataillon, G. Dahan, P.-M. Gy, Turnhout, Brepols, 2004.

Hunt, R.W., « The Introductions to the 'Artes' in the Twelfth Century », dans *Studia mediaevalia, in honorem A. R. P. Raymundi Josephi Martin, O. P. S. Theologiae Magistri* lxx*um natalem diem agentis*, Brugis, De Tempel, 1948, p. 85-112.

Identifier sources et citations, ed. par J. Berlioz et collaborateurs, L'atelier du médieviste, 1, [Turnhout], Brepols, [1994].

Imbach, R., *Dante, la philosophie et les laïcs. Initiation à la philosophie médiévale 1*, Vestigia 21, Pensée antique et médiévale, Paris, Cerf, 1996.

—, « Autonomie des philosophichen Denkens? Zur historischen Bedingtheit der mittelalterlischen Philosophie, dans *Was ist Philosophie im Mittelalter? Qu'est-ce que la philosophie au Moyen Âge? What is Philosophy in the Middle Ages ?*, éd. J. A. AERTSEN et A. SPEER, Berlin – New York, 1998, p. 125-137.

—, « Einführungen in die Philosophie aus dem XIII. Jahrhundert. Marginalien, Materialien und Hinweise im Zusammenhang mit einer Studie von Claude Lafleur », dans FZPT, 38 (1991), p. 471-493 (éd. de huit textes p. 486-493).

—, « Notule sur le commentaire du Liber de causis de Siger de Brabant et ses rapports avec Thomas d'Aquin », FZPT, 43 (1996), p. 304-323.

—, éd., GEIGER, L.-B., *Penser avec Thomas d'Aquin ...*

Index thomisticus..., Sancti Thomae Aquinatis operum omnium indices et concordantiae..., digessit R. BUSA,.., Stuttgart – Bad Cannstatt, F. Frommann, 1974-1980, 49 vol. + 7 vol. <texte>.

International medieval Bibliography, Leeds, University of Leeds, 1967ss.

« Introduction au Nouveau Testament », dans *Traduction œcumenique de la Bible ...*

JOHNSON, M.F., « Alia lectura fratris thome. A List of the New Texts of St. Thomas Aquinas found in Lincoln College, Oxford, MS. lat. 95 », RTAM 57 (1990), p. 34-61.

KAEPPELI, TH., « Mittellungen über Thomashandschriften der Biblioteca Nazionale in Neapel », *Angelicum*, 10 (1933), p. 111-396.

—, *Scriptores Ordinis Praedicatorum ...* .

—, « Zerstreute Autographblätter des hl. Thomas von Aquin », dans AFP, 2 (1932), p. 382-402.

KER, N.R., « Cardinal Cervini's Manuscripts from the Cambridge Friars », *Xenia Medii Aevi historiam illustrantia, oblata Th. Kaeppeli O.P.*, ed. R. CREYTENS, P. KÜNZLE, Storia e letteratura, 141-142, Roma, Edizioni di Storia e Letteratura, 1978, p. 51-80.

KÖPF, U., *Die Anfänge der Theologischen Wissenschaftstheorie im 13. Jahrhundert*, Beiträge zur historischen Theologie, 49, Tübingen, Mohr, 1974.

LAFLEUR, CL., *Quatre Introductions à la philosophie au XIIIe siècle : Textes critiques et étude historique.* Université de Montréal, Publications de l'Institut d'Études Médiévales, 23, Montréal – Paris, Institut d'Études Médiévales – Vrin, 1988 <réc. : IMBACH, R., « Einfürungen ... »>.

LAMARRIGUE, A.-M., « Les prologues de Bernard Gui : l'affirmation de préoccupations techniques », *Les prologues médiévaux...*, Turnhout, 2000, p. 171-187.

LEHMANN, P., *Mittelalterliche Bibliothekskataloge Deutschlands und der Schweiz*, I. Bd. : *Die Bistümer Konstanz und Chur*, München, Königlich Bayerischen Akademie der Wissenschaften, 1918.

LEMAIGRE, B.M., « Perfection de Dieu et multiplicité des attributs divins. Pourquoi S. Thomas a-t-il inséré la dispute des attributs divins (I Sent., d.2 q.1 a.3) dans son commentaire des Sentences? », *Revue des sciences philosophiques et théologiques*, 50 (1966), 198-227.

LEROY, M.V., « Recensions et comptes rendus. Vie et œuvres de Saint Thomas » <réc. de J. A. WEISHEIPL, *Friar Thomas ...*>, RT 78 (1978), p. 665-669.

LEWRY, P.O., *Robert Kilwardby's Writings on the «Logica Vetus», studied with regard to their teaching and method*, D. Phil. thesis (thèse dactylographiée), Oxford University, 1978.

—, « Thirteenth-century Teaching on Speech and Accentuation : Robert Kilwardby's commentary on «De accentibus» of Pseudo-Priscian », MS 50 (1988), p. 98-185.

LIBERA, A. de , *L'art des généralités. Théories de l'abstraction*, Paris, Aubier, 1999.

LITTLE, A.G., PELSTER, F., *Oxford Theology and Theologians, c. A.D. 1282 – 1302*, Oxford, Clarendon Press, 1934.

LONG, J., « Scholastic Texts and Orthography : a Response to Roland Hissette », *Bulletin de philosophie médiévale*, 41 (1999), p. 149-151.

LONG, R.J. – O'CARROLL, M., *The Life and Works of Richard Fishacre OP. Prolegomena to the Edition of his Commentary on the « Sentences »*, Veröffentlichungen der Kommission für die Herausgabe ungedruckter Texte aus der mittelalterlichen Geisteswelt, 21, München, Verlag der Bayerischen Akademie der Wissenschaften, 1999.

LONG, R.J., « The Science of Theology according to Richard Fishacre : Edition of the Prologue to his "Commentary on the Sentences" », *Medievals Studies*, 34 (1972), p. 71-98 <édition : p. 79-98>.

LOTTIN, O., « Commentaire des Sentences et Somme théologique d'Albert le Grand », RTAM 8 (1936), p. 117-153.

LUBAC, H. de, *Exégèse médiévale. Les quatre sens de l'Ecriture*, Théologie. Études publiées sous la direction de la faculté de Théologie S. J. de Lyon-Fourvière, 41, t. 1-3, Paris, Aubier, 1959.

LUNA, C., « Die Ausgabe der Werke von Thomas von Aquin Philologische Begriffe und Modelle der Übertragung », *Thomas von Aquin. Werk und Wirkung im Licht neuerer Forschung*, ed. A. ZIMMERMANN, C. KOPP, Miscellanea Mediaevalia, 19, Berlin, de Gruyter, 1988, p. 342-358.

—, « L'édition léonine de saint Thomas d'Aquin vers une méthode de critique textuelle et d'ecdotique », RSPT, 89 (2005), p. 31-110.

LYNCH, K.F., « The alleged fourth book on the Sentences of Odo Rigaud and related documents », *Franciscan Studies*, 9 (1949), p. 87-145.

KER, N. R., « From 'above Top Line' to 'below Top Line' : a change in scribal practice », dans *Celtica*, 5 (1960), p. 13-16.

KRUPA, P., « Teologia jaco narzędzie 'Poznania uszczęśliwiającego' w Compendium theologiae świętego Tomasza z Akwinu », dans *Studia Theologica Varsaviensia*, 39 (2001), p. 47-61 <résumé : p. 59-61>.

MADEC, G., « Les embarras de la citation », FZPT 29 (1982), p. 361-372.

MAIER, A., *Ausgehendes Mittelalter. Gesammelte Aufsätze zur Geistesgeschichte des 14. Jahrhunderts*, t. III, ed. par A. PARAVICINI BAGLIANI, Roma, Edizioni di Storia e letteratura, 1977.

—, *Codices Burghesiani Bibliothecae Vaticanae*, Città del Vaticano, Biblioteca Apostolica Vaticana, 1952.

—, « Die Borghese-Handschriften der Biblioteca Vaticana », *Traditio*, 6 (1948), p. 351-356 <repris dans ID., *Ausgehendes Mittelalter...*, t. II, p. 1-11>.

—, « Der Katalog der Päpstlichen Bibliothek in Avignon vom Jahr 1411 », AHP 1 (1963), p. 97-177.

—, « Der literarische Nachlass des Petrus Rogerii (Clemens VI.) in der Borghesiana », RTAM, 15 (1948), p. 332-356 et 16 (1949), p. 72-98.

—, « Handschriftliches zum «Opus metricum» Stefaneschis », *Italia Medioevale e Umanistica*, 10 (1967), p. 111-141 <repris dans ID., *Ausgehendes Mittelalter...*, t. III, p. 249-279>.

MAIERÙ, A., « Figure di docenti nelle scuole domenicane della Penisola Iberica tra XIII et XIV secolo », dans *Le vocabulaire des écoles des Mendiants au Moyen Âge*, (CIVICIMA 9), Turnhout, 1999, p. 45-88.

—, « Tecniche di insegnamento », *Le scuole degli Ordini mendicanti*, Todi, Centro di Studi sula spiritualità medievale – Accademia Tudertina, 1978, p. 307-352.

MANFREDI, A., *I codici latini di Nicolò V. Edizione degli inventari e identificazione dei manoscritti*, Studi e testi, 359, Città del Vaticano, Biblioteca Apostolica Vaticana, 1994.

Manuels, programmes de cours et techniques d'enseignement dans les universités médiévales : Actes du colloque international de Louvain-la-Neuve, 9-11 septembre 1993, ed. par J. HAMESSE, Publications de l'Institut d'études médiévales. 2 ; Textes, études, congrès, 16, Louvain-la-Neuve, Université catholique de Louvain, 1994.

MAZZATINTI, G., *La biblioteca dei re d'Aragona in Napoli*, Rocca di S. Casciano, L. Cappelli, 1897.

Medioevo latino. Bollettino bibliografico della cultura europea..., Spoleto, Centro Italiano di Studi sull'alto Medioevo, 1980-1997 – Firenze, SISMEL, Edizioni del Galluzzo, 1998ss.

MERCATI, G., *Codici latini Pico Grimani Pio e di altra biblioteca ignota del secolo XVI esistenti nell'Ottoboniana e i codici greci Pio di Modena, con una digressione per la storia dei codici di S. Pietro in Vaticano*, Studi e testi, 75, Città del Vaticano, Biblioteca Apostolica Vaticana, 1938.

MERSCH, E., « L'Objet de la théologie et le Christus Totus », RTAM 26 (1936), p. 129-157.

MEROLA, A., « Altemps, Giovanni Angelo », dans DBI, t. II, p. 550-551.

MICHELANT, M., v. *Catalogue général des manuscrits des bibliothèques publiques des départements. ...*

MIELE, M., « Un intervento della polizia murattiana per arrestare la dispersione del patrimonio librario dei conventi soppressi » in *Campania Sacra*, 2 (1971), p. 251-260 <avec édition de huit documents>.

MIGNUCCI, M., *L'argomentazione dimostrativa in Aristotele. Commento agli Analitici Secondi. I*, Padova, 1975.

—, *La teoria aristotelica della scienza*, Pubblicazioni della Facoltà di Magistero dell'Università di Padova, 7, Firenze, Sansoni, 1965.

MINNIS, A.J., *Medieval theory of authorship. A scholastic literary attitudes in the later Middle Ages*, Philadelphia, University of Pennsylvania Press, 1989[2].

—, « The Influence of academic Prologues on the Prologues and literary Attitudes of late-medieval English Writers », *Mediaeval Studies*, 43 (1981), p. 342-383.

MOGENET, J., *Autolycus de Pitane. Histoire du texte, suivie de l'édition critique des traités de la sphère en mouvement et des levers et couchers*, Université de Louvain, Recueil de Travaux d'Histoire et de Philologie, 3e série, fascicule 37, Louvain Bibliothèque de l'Université – Publications Universitaires de Louvain, 1950.

MONTAGNES, B., *La doctrine de l'analogie de l'être d'après saint Thomas d'Aquin*, Philosophes Médiévaux, 6, Louvain Publications Universitaires, 1963.

MULCHAHEY, M.M., *« First the Bow is Bent in Study » : Dominican Education Before 1350*, Studies and texts, 132, Toronto, Pontifical Institute of Mediaeval Studies, 1998 <avec le compte rendu de L. J. BATAILLON et celui de S. PIRON>.

—, « The Dominican Studium System and the Universities of Europe in the thirteenth Century. A Relationship redefined », voir : *Manuels, programmes de cours et techniques d'enseignement ...*, p. 277-324.

MURANO, G., *Opere diffuse per* exemplar *e pecia*, F.I.D.E.M., Textes et Études du Moyen Âge, 29, Turnhout, Brepols, 2005.

MURATORI, L.A., ed., voir : *Ptolomaei Lucensis Historia ecclesiastica nova...*, Mediolani 1727.

MUZERELLE, D., *Vocabulaire codicologique. Répertoire méthodique des termes français relatifs aux manuscrits*, (Rubricae. histoire du livre et des textes – I -), [par les soins du] Comité International de Paléographie, Paris, Editions CEMI, 1985.

NIERMEYER, J.F., *Mediae latinitatis lexicon minus...*, perficiendum cur. C. VAN DE KIEFT,.... Abbreviationes et indicem fontium composuit C. VAN DE KIEFT,... adiuvante G.S.M.M. LAKE-SCHOONEBEEK, Leiden – New York – Köln, E. J. Brill, 1997.

NORBERG, D.L., *Manuel pratique de latin médiéval*, Connaissance des langues, 4, Paris, Éditions A. & J. Picard, 1980.

NORTIER, G., « Les bibliothèques médiévales des abbayes bénédictines de Normandie. Chapitre IV, La bibliothèque de l'Abbaye de Jumièges », *Revue Mabillon*, 48 (1958), p. 99-127.

O'CARROLL, M., *A Thirteenth-Century Preacher's Handbook : Studies in MS Laud Misc. 511*, Studies and Texts, 128, Toronto, Pontifical Institute of Mediaeval Studies, 1997.

—, « Two Versions of a Sermon by Richard Fishacre OP for the Fourth Sunday of Lent on the Theme : «Non enim heres erit filius ancille cum filio libere» (Gal. IV 30) », AFP, 54 (1984) p. 113-141.

O'DONNELL, J. R., « Themistius' Paraphrasis of the Posterior Analytics in Gerard of Cremona's Translation », *Mediaeval Studies*, 20 (1958), p. 239-315.

OLIVA, A., « La deuxième rédaction du *Correctorium* de Guillaume de la Mare : les questions concernant la *I Pars* », dans *« Ad un fine fur l'opere sue ». Miscellanea di studi...*, p. 423-464.

—, « *Doctrina* et *sacra doctrina* chez Thomas d'Aquin et quelques-uns de ses contemporains », dans les Actes du colloque *« Vera doctrina ». Zur Begriffsgeschichte der doctrina von Augustinus bis Descartes*. International interdisziplinäre Tagung, 26.-28. April 2006, organisé à la Herzog August

Bibliothek, Wolfenbüttel, ed. PH. BÜTTGEN, R. IMBACH, U. J. SCHNEIDER, H. J. SELDERHUIS, Wiesbaden : Harrassowitz, à paraître.

—, « Quelques éléments de la *doctrina theologie* selon Thomas d'Aquin », in *What is 'Theology' in the Middle Ages? Religious Cultures of Europe (8th-15th Centuries) as reflected in Their Selfunderstanding.* International Conference at Warszawa, June 23-26, 2004 organized by the International Society for the Study of Medieval Theology and the Institute of Philosophy of the Polish Academy of Sciences in co-operation with the Thomas-Institute of Warszawa, edited by R. BERNDT and M. OLSZEWSKI together with H. ANZULEWICZ, M. PALUCH and R. STAMMBERGER, Münster i. W., à paraître.

OLMOS CANALDA, E., *Catálogo descriptivo de los códices de la catedral de Valencia*, Madrid, 1928.

OLS, D., *Le Cristologie contemporanee e le loro posizioni fondamentali al vaglio della dottrina di S. Tommaso*, Studi tomistici, 39, Città del Vaticano, Pontificia Accademia di S. Tommaso e di Religione Cattolica, 1991.

OMONT, H., v. *Catalogue général des manuscrits des bibliothèques publiques en France. ...*

Ordo sapientiae et amoris : Image et message de saint Thomas d'Aquin à travers les récentes études historiques, herméneutiques et doctrinales. Hommage au professeur Jean-Pierre Torrell OP à l'occasion de son 65 e anniversaire, édité par C.-J. PINTO DE OLIVEIRA, Studia friburgensia, Nouvelle série, 78, Fribourg, Éditions Universitaires, 1993.

OUY, G., *Les manuscrits de l'Abbaye de Saint-Victor : Catalogue établi sur la base du répertoire de Claude de Grandrue (1514)*, Bibliotheca Victorina, 10, Turnhout, Brepols, 1999, 2 vol.

PAISSAC, H., *Théologie du Verbe. Saint Augustin et saint Thomas*, Paris, Cerf, 1951.

PAJDA, Z., *Hugo Sneyth et ses Questions de l'âme*, Bibliothèque Thomiste, 48, Paris, Vrin, 1996.

PANELLA E., ed., voir : *Scriptores Ordinis Praedicatorum...*, t. IV, Romae, 1993.

—, « Iacopo di Ranuccio da Castelbuono OP testimone dell'"Alia lectura fratris Thome" », MD, Nuova Serie 19 (1988), p. 369-395 <édition de 15 documents : p. 386-395>.

—, *Il «De subiecto theologie» [1297-1299] di Remigio dei Girolami O.P.*, Studia Universitatis S. Thomae in Urbe, 14, Milano, Massimo, 1982.

—, « Note di biografia domenicana tra XIII e XIV secolo », AFP 54 (1984), p. 231-280.

PASQUALI, G., *Storia della tradizione e critica del testo*, Firenze, F. Le Monnier, 1934 <1952²>.

PATERA A., PODLAHA, A., *Soupis rukopisů knihovny metropolitní kapitoly Pražské*, Vol. I, Praha, 1910.

PATFOORT, *A., La Somme de saint Thomas et la logique du dessein de Dieu*, Sagesse et cultures, Saint-Maur, Parole et silence, 1998.

—, *Saint Thomas d'Aquin Les clefs d'une théologie*, Paris, FAC Éditions, 1983. <Version italienne augmentée : ID., *Tommaso d'Aquino. Introduzione ad una teologia*, Dabar, Saggi teologici, 15, Genova, Marietti, 1988>.

—, « “Sacra doctrina”. Théologie et unité de la “I^a^ Pars” », *Angelicum*, 62 (1985), p. 306-315.

PELSTER, F., « Die älteren Biographen des hl. Thomas von Aquino : Eine kritische Studie, » *Zeitschrift für katholische Theologie* 44 (1920), p. 242-274.

—, « Die älteste Abkürzung und Kritik vom Sentenzenkommentar des hl. Bonaventura, ein Werk des Richardus Rufus de Cornubia (1253-1255) », *Gregorianum*, 17 (1936), p. 195-223.

—, « Die Pariser Verurteilung von 1241. Eine Frage der Datierung », AFP 18 (1948), p. 405-417.

—, « La giovinezza di S. Tommaso d'Aquino : Studio critico sulle fonti », *La Civiltà Cattolica* 74/1 (1923), p. 385-400.

PELZER, A., *Codices Vaticani Latini. Pars prior : Codices 679-1134*, [Città del Vaticano], Bibliotheca Vaticana, 1931.

—, « L'édition Léonine de la Somme contre les Gentils », dans RNSP, 22 (1920), p. 217-245 <repris dans ID., *Études d'histoire littéraire* ..., p. 336-368>.

—, *Études d'histoire littéraire sur la scolastique médiévale*, par A. PATTIN et E. VAN DE VYVER, Philosophes médiévaux, Louvain Publications Universitaires – Paris, Nauwelaert, 1964.

PERGAMO, B., « De quaestionibus ineditis Fr. Odonis Rigaldi, Fr. Gulielmi de Melitona et codicis 'Vat. lat. 782', circa naturam theologiae deque earum relatione ad Summam theologicam Fr. Alexandri Halensis », AFH 29 (1936), p. 3-54 et 308-364.

PICCARI, P., « La «Opinio de difficultatibus contra doctrinam fratris Thome» di Erveo di Nedellec. Edizione critica », MD, n.s., 26 (1995), p. 5-193.

PIRON, S., *Annales*, 60 (2005), p. 604-606 <compte rendu de : MULCHAHEY, M.M., *«First the Bow... »*>.

POMMEROL, M.-H. JULLIEN de, MONFRIN J., *La bibliothèque pontificale à Avignon et a Peñiscola pendant le Grand schisme d'Occident et sa dispersion : Inventaires et concordances*, Collection de l'École française de Rome, 141, Rome – Paris, École française de Rome, 1991, 2 vol.

PORRO, P., « Il posto della metafisica nella divisione delle scienze speculative di Tommaso d'Aquino («Super Boetium De Trinitate», qq. V-VI) », dans *La divisione della filosofia e le sue ragioni*, ed. G. D'ONOFRIO, Cava de' Tirreni, 2001, p. 185-249.

« Praefatio », dans *S. THOMAE AQUINATIS Secunda secundae Summae Theologiae a quaestione I ad quaestionem LVI*, ed. Leon., t. VIII, Romae, Ex Typographia Polyglotta, 1895, p. IX-XLI.

Les problèmes posés par l'édition critique des textes anciens et médiévaux, volume en collaboration internationale édité par J. HAMESSE, Publications de l'Institut d'Études Médiévales de l'Université Catholique de Louvain Textes, Études, Congrès, vol. 13, Louvain-la-Neuve – Turnhout, Institut d'Études Médiévales – Brepols, 1992.

La production du livre universitaire au Moyen Âge, « exemplar » et « pecia ». Actes du Symposium tenu au Collegio San Bonaventura de Grottaferrata en mai 1983, textes réunis par L. J. BATAILLON, B.G. GUYOT et R.H. ROUSE, Paris, Editions du CNRS, 1988.

« Prolegomena », dans *Magistri Alexandri de Hales Glossa in quatuor libros Sententiarum Petri Lombardi, I. In librum primum*, ..., p. 5*-130.

Les prologues médiévaux : Actes du Colloque international organisé par l'Academia Belgica et l'Ecole française de Rome avec le concours de la F.I.D.E.M. (Rome, 26-28 mars 1998), ed. par J. HAMESSE, Textes et Etudes du Moyen Âge, 15, Turnhout, Brepols, 2000.

PRÜMMER, D., ed., *Fontes vitae S. Thomae Aquinatis*..., fasc. III, Saint-Maximin, Revue Thomiste, s.a.

PUTALLAZ, F.-X., *Insolente liberté : Controverses et condamnations au* XIIIe *siècle*, Vestigia, 15 — Pensée antique et médiévale, Fribourg – Paris, Éditions Universitaires – Cerf, [1995].

—, *Le sens de la réflexion chez Thomas d'Aquin*, Études de Philosophie Médiévale, 66, Paris, Vrin, 1991 <avec Préface de R. IMBACH>.

QUAIN, E.A., « The medieval Accessus ad Auctores », *Traditio*, 3 (1945), 215-264.

QUENTIN, H., « Prolegomena », dans *Biblia sacra*..., t. I, p. XI-XLVIII.

RABEAU, G., *Species. Verbum : L'activité intellectuelle élémentaire selon Thomas d'Aquin*, Bibliothèque thomiste, 22, Paris, Vrin, 1938.

RAEDTS, P., *Richard Rufus of Cornwall and the Tradition of Oxford Theology*, Oxford Historical Monographs, Oxford, Clarendon Press,1987.

Rationes decimarum Italiae nei secoli XIII *e* XIV *: Campania*, ed. M. INGUANEZ, L. MATTEI-CERASOLI, P. SELLA, Città del Vaticano, Biblioteca Apostolica Vaticana, 1942.

Recueil des histoires des Gaules et de la France, t. 21 : *Depuis* MCCXXVI *jusqu'en* MCCCXXVIII, par MM. GUIGNIAUT et DE WAILLY, Paris, Imprimerie Nationale, 1855.

Les registres d'Alexandre IV*, recueil des bulles de ce pape, publiés et analysés d'après les manuscrits originaux des archives du Vatican*, par C. BOUREL DE LA RONCIERE, J. DE LOYE, P. DE CENIVAL ET A. COULON, t. I-III, Paris, E. de Boccard, 1895-1953.

REICHERT, B.M., ed., voir : GERARDUS DE FRACHETO : *« Vitae fratrum ordinis praedicatorum »*...

REIST, TH., *Saint Bonaventure as a biblical commentator : A translation and Analysis of his « Commentary on Luke », XVIII,34 – XIX, 42*, Lanham (Md.) – New York – London, University Press of America, 1985.

ROBLES SIERRA, A., « Fragmento autógrafo del IV de las Sentencias de Santo Tomás », dans *Escritos del Vedat*, 10 (1980), p. 565-581.

R. H. ROUSE & M. A. ROUSE, « The Book Trade at the University of Paris, Ca. 1250 – Ca. 1350 », dans *La production du livre universitaire au Moyen Âge, « exemplar » et « pecia »*..., Paris 1988, p. 41-114.

—, « The Early Library of the Sorbonne », dans *Scriptorium*, 21 (1967), p. 42-71 et 227-251.

—, *Manuscripts and their Makers. Commercial Book Producers in Medieval Paris 1200-1500*, London, Harvey Miller Publishers, 2000, vol. I : 413 p. + 13 tables; vol. II : 407 p.

RUBEIS, J.B.M. de, « Dissertatio I », d'après *S. THOMAE AQUINATIS Opera Omnia*, ed. Leon. t. I, p. LV-LXXV.

SAFFREY, H.D., v. *Thomae de Aq., Super librum De causis expositio…*

San Tommaso e San Bonaventura nella Biblioteca Vaticana. Mostra in occasione del VII centenario (1274-1974) : Catalogo, Città del Vaticano, Biblioteca Apostolica Vaticana, 1974.

Scriptores Ordinis Praedicatorum, ed. J. QUETIF et J. ÉCHARD, t. I, 1719 ; t. II, 1720, Lutetiae Parisiorum.

Scriptores Ordinis Praedicatorum Medii Aevii, t. I-III, ed. TH. KAEPPELI, Romae <Ad S. Sabinae>, 1970-1980 ; t. IV : T-Z, praemissis addendis et corrigendis ad volumina I-III, ed. TH. KAEPPELI (†1984), E. PANNELLA, Romae <Ad S. Sabinae> : Institutum Historicum FF. Praedicatorum, 1993.

SENNER, W., « Albertus Magnus als Gründungsregens des Kölner "Studium generale" der Dominikaner », Miscellanea Mediaevalia 27, par J. A. AERTSEN et A. SPEER, Berlin – New York, de Gruyter, 2000, p. 158-160.

—, *Johannes von Sterngassen OP und sein Sentenzenkommentar, Teil I : Studie*, ed. I.W. Frank, Quellen und Forschungen zur Geschichte des Dominikanerordens, Neue Folge, Band 4, [Berlin], Akademie Verlag, [1995].

—, « Gli *Studia generalia* nell'Ordine dei Predicatori nel Duecento », dans « Ad un fine fur l'opere sue ». *Miscellanea di studi per commemorare i trent'anni di permanenza della Commissione Leonina (OP) nel Collegio di S. Bonaventura (OFM) di Grottaferrata (1973-2003)*, AFH, 98 (2005), p. 151-175.

—, « Zur Wissenschaftstheorie der Theologie im Sentenzenkommentar Alberts des Grossen », *Albertus Magnus, Doctor Universalis : 1280-1980*, ed. G. MEYER, A. ZIMMERMANN, Walberberger Studien, Philosophische Reihe, 6. Mainz, 1980, p. 323-43.

SCHEEBEN, H. CH., « Albert der Große und Thomas von Aquino in Köln », *Divus Thomas* (Fr.), 9 (1931), p. 28-34.

SHOONER, H.-V., ed., v. *Codices...*, Romae, 1967-1985.

—, *Listes anciennes des écrits de Thomas d'Aquin*, Thèse présentée en vue de l'obtention du grade de « Philosophiae Doctor » (Ph. D.) en théologie, Ottawa, Collège Dominicain de Philosophie et de Théologie, 1974.

SILEO, L., ZANATTA, F., « I maestri di teologia della seconda metà del Duecento », dans *Storia della Teologia nel Medioevo...*, t. III, Casale Monferrato, 1996, p. 9-225.

SILEO, L., *Teoria della scienza teologica. « Quaestio de scientia theologiae » di Odo Rigaldi e altri testi inediti (1230-1250)*, Studia Antoniana, 27, Roma, Pontificium Athenaeum Antonianum, 1984, 2 vol.

—, « Il libro : forme d'insegnamento e generi letterari », dans *Storia della teologia nel Medioevo...*, t. II, Casale Monferrato, 1996, p. 551-601.

—, « I primi maestri francescani di Parigi e di Oxford », dans *Storia della Teologia nel Medioevo...*, t. II, Casale Monferrato, 1996, p. 684-686.

—, « La 'via' teologica di Bonaventura da Bagnoregio », dans *Storia della teologia nel Medioevo*, t. II, Casale Monferrato, 1996, p. 699-759.

—, « Università e teologia », dans *Storia della teologia nel Medioevo...*, t. II, Casale Monferrato, 1996, p. 471-550.

SILVA TAROUCA, C., « La biblioteca Rossiana », *La Civiltà Cattolica*, 73 (1922), p. 230-335.

SIMON, P., « Prolegomena », dans *Alberti Magni Super Dionysium De divinis nominibus*, ed. P. SIMON, ed. Col. t. XXXVII-1, Münster i.W., Aschendorff, 1972, p. v-xx.

SOLÈRE, J.-L., « Du commencement : axiomatique et rhétorique dans l'Antiquité et au Moyen Âge », *Entrer en matière. Les prologues*, par J.-D. DUBOIS et B. ROUSSEL, Patrimoines : Religions du Livre, Paris, Cerf, 1998, p. 307-336.

—, « D'un commentaire l'autre : l'interaction entre philosophie et théologie au Moyen Âge, dans le problème de l'intensification des formes », *Le commentaire entre tradition et innovation : Actes du colloque international de l'Institut des traditions textuelles (Paris et Villejuif, 22-25 septembre 1999)*, M.-O. GOULET-CAZÉ et al. (dir.), Bibliothèque d'Histoire de la philosophie, n. s., Paris, Vrin, 2000, p. 411-424.

Lo Spazio letterario del Medioevo, G. CAVALLO, CL. LEONARDI, E. MENESTÒ (dir.), Roma, Salerno Ed., 1992-1998.

STIRNEMANN, P., « Fils de la vierge. L'initiale à filigranes parisienne : 1140-1314 », *Revue de l'art*, 1990, p. 58-73.

Storia della Teologia nel Medioevo, G. D'ONOFRIO (dir.), t. I : *I princìpi*, t. II : *La grande fioritura*, t. III : *La teologia delle scuole*, Casale Monferrato : Piemme, 1996.

STORNAJOLO, C., *Codices urbinates latini*, t. I : *Codices 1-500. Accedit appendix ad descriptionem picturarum*, Romae, typis Vaticanis, 1902.

SULAVIK, A.T., « *Principia* and *Introitus* in Thirteenth Century Christian Biblical Exegesis, with related Texts », dans *La Bibbia del XIII secolo. Storia del testo, storia dell'esegesi*, Convegno della Società internazionale per lo Studio del Medioevo Latino (SISMEL) Firenze, 1-2 giugno 2001, a cura di G. CREMASCOLI e di F. SANTI, Millennio medievale 49, Firenze, Sismel – Edizioni del Galluzzo, 2004, p. 269-321.

THÉRY, P.G., « L'autographe de S. Thomas conservé à la Biblioteca nazionale de Naples », AFP, 1 (1931), p. 15-86 + 8 pl.

Thesaurus linguae latinae, t. 7, II : *Intestabilis-lyxipyretos*. Editus iussu et auctoritate consilii ab academiis societatibusque diversarum nationum electi, [ed. Viktor Pöschl], Leipzig, B.G. Teubner, 1956.

St. Thomas Aquinas 1274-1974. Commemoratives Studies, éd. par A. A. MAURER et al., Toronto, Pontifical Institute of Mediaeval Studies, 1974, 2 vol.

TOMBEUR, P., « De polygraphia », *Grafia e interpunzione del latino nel medioevo : Seminario Internazionale. Roma, 27-29 settembre 1984*, ed. A. MAIERÙ, Lessico Intellettuale Europeo, vol. XLI. [Roma], Edizioni dell'Ateneo, [1987], p. 69-101.

—, « Science et inconscience : les éditions critiques. Propositions et esquisse d'une dynamique du provisoire », *Philologie und Philosophie : Beiträge zur VII. Internationalen Fachtagung der Arbeitsgemeinschaft philosophischer Editionen (12.-14. März 1997 München)*, hrsg. von H.G. Senger, Beihefte zu Editio, 11, Tübingen, M. Niemeyer, 1998, p. 144-182.

TORRELL, J.-P., BOUTHILLIER, D., « Quand saint Thomas méditait sur le prophète Isaïe », RT 98 (1990), p. 5-47 <dans ID., *Recherches thomasiennes* ..., p. 242-281>.

TORRELL, J.-P., *Initiation à saint Thomas d'Aquin. Sa personne et son œuvre*, Vestigia, 13, Fribourg – Paris, Éditions Universitaires – Cerf, 1993 <2e édition 2002 revue et augmentée d'une mise à jour critique et bibliographique 2002^2>.

—, *Saint Thomas d'Aquin, maître spirituel. Initiation 2*, Vestigia, 19, Fribourg – Paris, Éditions Universitaires – Cerf, 1996 <2e édition revue et augmentée d'une Postface 2002^2>.

—, *Le Christ en ses mystères. La vie et l'œuvre de Jésus selon saint Thomas d'Aquin*, Paris, Desclée, 1999, 2 vol.

—, *Recherches thomasiennes : Études revues et augmentées*, Bibliothèque thomiste, 52, Paris, Vrin, 2000.

—, « Les 'Collationes in decem preceptis' de Thomas d'Aquin. Édition critique avec introduction et notes », RSPT, 69 (1985), p. 5-40 et 227-263 <dans ID., *Recherches thomasiennes* ..., p. 47-117>.

—, « Guerric de Saint-Quentin et ses Quodlibets. Introduction historique et théologique », dans GUERRIC DE SAINT-QUENTIN, *Quaestiones de quolibet*, ed. † W. PRINCIPE, Toronto, 2002.

—, « Lire saint Thomas autrement », « Préface » à L.E. BOYLE, *Facing History*..., p. IX-XXXIV.

—, « Philosophie et théologie d'après le Prologue de Thomas d'Aquin au "Super Boetium de Trinitate". Essai d'une lecture théologique », dans *Documenti e studi sulla tradizione filosofica medievale*, 10 (1999), p. 299-353.

—, « Recension » de U. KÖPF, *Die Anfänge*..., RT, 76 (1976), p. 101-103.

—, « Le savoir théologique chez les premiers thomistes », RT 97 (1997), p. 9-30 <dans ID., *Recherches thomasiennes* ..., p. 121-157 ; traduction italienne dans *Storia della teologia nel Medioevo* ..., p. 849-898>.

—, « Le savoir théologique chez saint Thomas », RT 96 (1996), p. 355-396 <dans ID., *Recherches thomasiennes* ..., p. 158-176 ; traduction italienne dans *Storia della teologia nel Medioevo* ..., p. 898-922>.

—, « La vision de Dieu *per essentiam* selon saint Thomas d'Aquin », dans *Views and Vision in the Middle Ages — Micrologus. Nature, Science and Medieval Soceties*, 5 (1997), p. 43-68 <dans ID., *Recherches thomasiennes* ..., p. 177-197>.

TROTTMANN, CH., *La Vision béatifique, des disputes scolastiques à sa définition par Benoît XII*, Bibliothèque des Écoles françaises d'Athènes et de Rome, 289, Rome, École française de Rome, 1995.

—, *Théologie et noétique au XIIIe siècle. À la recherche d'un statut*, Études de philosophie médiévale, 78, Paris, Vrin, 1999.

TUGWELL, S., *Albert & Thomas : Selected writings*, preface by L.E. BOYLE, The classics of western spirituality, New York – Mahwah (N.J.), Paulist Press, 1988.

—, « The Evolution ... » : v. *Constitutiones antique Ordinis Predicatorum*

VÄÄNÄNEN, V., *Introduction au latin vulgaire*, Bibliothèque française et romane ; Série A. Manuels et études linguistiques, 6, Paris, Klincksieck, 1981³.

VALENTINELLI, J., *Bibliotheca manuscripta ad S. Marci Venetiarum. Codices mss. latini...*, Venetiis, ex Typogr. Commercii, 1868-1873, 6 vol.

VANSTEENKISTE, C. J., éditeur principal : *Rassegna di letteratura tomista*, 9 (1977).

—, *Rassegna* ..., 16 (1983).

—, *Rassegna* ..., 24 (1991).

VERGER, J., « 'Nova et Vetera' dans le vocabulaire des premiers statuts et privilèges universitaires français », dans *Vocabulaire du livre et de l'écriture au Moyen Âge...*, p. 191-205.

—, *Les Universités françaises au Moyen Âge*, Education and Society in the Middle Ages and Renaissance, 7, Leiden-New York-Köln, E.J. Brill, 1995.

VERNET, A., ed., voir : *La Bibliothèque de l'abbaye de Clairvaux...*

« Verzeichnis der Handschriften der Bibliothek des Stiftes Stams », [HARNACH, A.], *Die Handschriften-Verzeichnissse des Cistercienser-Stifte*, Xenia Bernardina II, Pars secunda, t. II, Wien, 1891, p. 463-479.

Le vocabulaire des écoles des Mendiants au Moyen Âge : Actes du colloque, Porto (Portugal), 11-12 octobre 1996, éd. par M. C. PACHECO, Études sur le vocabulaire intellectuel du Moyen Âge, 9, Turnhout, Brepols, 1999.

Vocabulaire du livre et de l'écriture au Moyen Âge : Actes de la table ronde, Paris, 24-26 septembre 1987, éd. par O. WEIJERS, Études sur le vocabulaire intellectuel du Moyen Âge, 2, Turnhout, Brepols, 1989.

VUILLEMIN-DIEM, G., « Praefatio » : ARISTOTELES LATINUS, *Metaphysica, Lib.I-XIV*, Recensio et translatio Guillelmi de Moerbeka, ed. G. VUILLEMIN-DIEM, AL XXV.3.1, Leiden – New York – Köln, E.J. Brill, 1995.

WALZ, A., *Luoghi di San Tommaso*, Roma, 1961.

—, « Papst Johannes XXII. und Thomas von Aquin. Zur geschichte des Heiligsprechung des Aquinaten », in *St. Thomas Aquinas 1274-1974. Commemoratives Studies*, vol. I, Toronto, 1974, p. 29-47.

—, *Saint Thomas d'Aquin*, adaptation française par P. NOVARINA, Philosophes Médiévaux, 5, Louvain – Paris, Nauwelaerts, 1962.

WEIJERS, O., ed., voir : *Actes du colloque : «Terminologie de la vie intellectuelle...*, Turnhout, 1988.

—, ed., voir : *Vocabulaire du livre et de l'écriture au Moyen Âge...*, Turnhout, 1989.

—, *La « disputatio » à la Faculté des arts de Paris (1200-1350 environ) : Esquisse d'une typologie*, Studia Artistarum. Études sur la faculté des arts dans les Universités médiévales 2, Turnhout, Brepols, 1995.

—, « Le commentaire sur les "Topiques" d'Aristote attribué à Robert Kilwardby (ms. Florence, B.N.C., Conv. Soppr. B.4.1618) », *Documenti e Studi*, 6 (1995), p. 107-143.

—, *Le maniement du savoir : Pratiques intellectuelles à l'époque des premières Universités (XIII*[e]*-XIV*[e] *siècles)*, Studia Artistarum. Études sur la Faculté des arts dans les Universités médiévales – Subsidia, 3, Turnhout, Brepols, 1996.

—, *Terminologie des universités au XIII*[e] *siècle*, Lessico intellettuale europeo, 39, Roma, Edizioni dell'Ateneo, 1987.

WEISHEIPL, J.A., *Albertus Magnus and the Sciences. Commemorative Essays*, Studies and Texts, 49, Toronto, Pontifical Institute of Mediaeval Studies, 1980.

—, *Friar Thomas d'Aquino : His life, thought, and work*, Garden City (N.Y.) – New York, Doubleday & Company, 1974 <2. ed., Washington (D.C.), Catholic University of America, 1983>.

—, *Tommaso d'Aquino : Vita, pensiero, opere*, edizione italiana a cura di I. BIFFI e C. MARABELLI, editoriale di INOS BIFFI, Milano, Jaca Book, 1988 <fondée sur la 2e éd. anglaise, cette édition a bénéficié de nouvelles notes de l'auteur ; 2e éd., 1994>.

—, *Frère Thomas d'Aquin. Sa vie, sa pensée, ses œuvres*, trad. par Ch. Lotte et J. Hofmann, Paris, Cerf, 1993 <fondée sur la 2e éd. anglaise, cette traduction ignore les révisions confiées par l'auteur à la 1re éd. italienne>.

—, « Life and Works of St. Albert the Great », dans ID., *Albertus Magnus and the Sciences...*, p. 13-21.

—, « The Meaning of "Sacra Doctrina" in the "Summa Theologiae"» I, q. 1 », *The Thomist*, 38 (1974), p. 49-80.

—, « Review » : *S. Thomae de Aq., ... Super Isaiam, ...* ed. Leon., t. XVIII, *The Thomist*, 43 (1979), p. 331-337.

WIELOCKX, R., ed., *Aegidii Romani «Apologia»*, Unione Accademica Nazionale : Corpus Philosophorum Medii Aevi, Testi e Studi, IV – *Aegidii Romani Opera Omnia*, III.1, Firenze, Leo S. Olschki Editore, 1985.

—, « Zur «Summa theologiae» des Albertus Magnus », ETL 66 (1990), p. 68-110.

WIMMER, J.-B., « Thomasschriften », *Zeitschrift für katholische Theologie*, 43 (1919), p. 344-351.

WOLTER, A.B., « Reflections about Scotus's early Works », *John Duns Scotus : Metaphysics and ethics*, edited by L. HONNEFELDER, R. WOOD, M. DREYER, Studien und Texte zur Geistesgeschichte des Mittelalters, 53, Leiden – New York, E.J. Brill, 1996, p. 37-57.

TABLE DES OUVRAGES
CITES DANS LES APPARATS DU TEXTE

À la fin de la référence au lemme du texte, nous indiquons par la lettre B *le premier apparat des sources et par la lettre* C *le deuxième.*

MANUSCRITS

ÉCRITURE SAINTE

GLOSSA ORDINARIA

OUVRAGES DIVERS

TABLE DES ŒUVRES ET DES NOMS PROPRES [1]

1. Pour la commodité du lecteur, nous avons réuni dans une même table, les noms anciens et les noms modernes. Cependant, nous n'avons pas indiqué les occurrences de la Bible, et de ses éditions, de Thomas d'Aquin, de ses œuvres et de leurs éditions, de *Codices manuscripti operum Thomae de Aq.*, des *Sentences* de Pierre Lombard. Le présent index ne concerne pas les apparats de l'édition du prologue, pour lesquels nous avons rédigé un index spécial de toutes les citations.

TABLE DES MATIÈRES

DEUXIÈME PARTIE : ÉDITION DU TEXTE

TABLES

Imprimerie de la Manutention à Mayenne (France) – Novembre 2006 – N° 324-06
Dépôt légal : 4e trimestre 2006